VIOLÊNCIA SEXUAL
CONTRA CRIANÇAS
E ADOLESCENTES

V795 Violência sexual contra crianças e adolescentes / Maria Regina Fay de
Azambuja, Maria Helena Mariante Ferreira... [et al.]. – Porto Alegre :
Artmed, 2011.
392 p. ; 25 cm.

ISBN 978-85-363-2453-1

1. Psiquiatria – Violência sexual. 2. Direito – Violência sexual.
I. Azambuja, Maria Regina Fay de. II. Ferreira, Maria Helena Mariante.

CDU 616.89-008.442:340-053.2/.6

Catalogação na publicação: Ana Paula M. Magnus – CRB 10/2052

VIOLÊNCIA SEXUAL CONTRA CRIANÇAS E ADOLESCENTES

MARIA REGINA FAY DE AZAMBUJA
MARIA HELENA MARIANTE FERREIRA
E COLABORADORES

2011

© Artmed Editora S.A., 2011

Capa
Paola Manica

Preparação do original
Ingrid Frank de Ramos/Aline Pereira de Barros

Leitura final
Josiane Santos Tibursky

Editora Sênior – Ciências humanas
Mônica Ballejo Canto

Editora responsável por esta obra
Amanda Munari

Projeto e editoração
Armazém Digital® Editoração Eletrônica – Roberto Carlos Moreira Vieira

Reservados todos os direitos de publicação, em língua portuguesa, à
ARTMED® EDITORA S.A.
Av. Jerônimo de Ornelas, 670 – Santana
90040-340 – Porto Alegre, RS
Fone: (51) 3027-7000 Fax: (51) 3027-7070

É proibida a duplicação ou reprodução deste volume, no todo ou em parte, sob quaisquer formas ou por quaisquer meios (eletrônico, mecânico, gravação, fotocópia, distribuição na Web e outros), sem permissão expressa da Editora.

SÃO PAULO
Av. Embaixador Macedo de Soares, 10.735 – Pavilhão 5
Cond. Espace Center – Vila Anastácio
05095-035 São Paulo SP
Fone: (11) 3665-1100 Fax: (11) 3667-1333

SAC 0800 703-3444
IMPRESSO NO BRASIL
PRINTED IN BRAZIL
Impresso sob demanda na Meta Brasil a pedido de Grupo A Educação.

AUTORES

Maria Regina Fay de Azambuja (org.). Procuradora de Justiça. Especialista em Violência Doméstica pela Universidade de São Paulo (USP). Mestre em Direito pela Universidade do Vale do Rio dos Sinos (UNISINOS). Doutoranda em Serviço Social pela Pontifícia Universidade Católica do Rio Grande do Sul (PUCRS). Professora de Direito da Criança e Direito de Família na Faculdade de Direito da Pontifícia Universidade Católica do Rio Grande do Sul (PUCRS). Professora convidada na Fundação Escola Superior do Ministério Público do Rio Grande do Sul (FMP); Fundação Escola da Magistratura do Trabalho do Rio Grande do Sul (FEMARGS) e na Universidade da Amazônia (UNAMA). Sócia da Sociedade de Bioética e da Associação Brasileira dos Magistrados e Promotores de Justiça da Infância e da Juventude (ABMP). Voluntária no Programa de Proteção à Criança do Hospital de Clínicas de Porto Alegre. Diretora Cultural do Instituto Brasileiro de Direito de Família (IBDFAM/RS).

Maria Helena Mariante Ferreira (org.). Psicóloga. Psiquiatra. Professora do Curso de Extensão em Psicoterapia da Infância e Adolescência na Universidade Federal do Rio Grande do Sul (UFRGS). Assistente Técnica do Setor de Proteção do Centro de Estudos, Atendimento e Pesquisa da Infância e da Adolescência (CEAPIA).

Alexandre Morais da Rosa. Doutor em Direito pela Universidade Federal do Paraná (UFPR). Juiz de Direito do Tribunal de Justiça de Santa Catarina (TJSC). Professor de Direito da Universidade Federal de Santa Catarina (UFSC).

Ana Margareth Siqueira Bassols. Médica Especialista em Psiquiatria pela Universidade Federal do Rio Grande do Sul (UFRGS). Psiquiatra da Infância e Adolescência pela Associação Brasileira de Psiquiatria. Mestre em Psiquiatria pela UFRGS. Psicanalista e Membro Associado da Sociedade Psicanalítica de Porto Alegre. Professora Assistente do Departamento de Psiquiatria e Medicina Legal da Faculdade de Medicina da UFRGS. Preceptora da Residência e do Curso de Especialização em Psiquiatria da Infância e Adolescência do Hospital de Clínicas de Porto Alegre (HCPA). Chefe do Serviço de Psiquiatria da Infância e Adolescência do HCPA.

Andréa Higert Cardoso Zelmanowicz. Psicóloga pela Pontifícia Universidade Católica do Rio Grande do Sul (PUCRS). Especialista em psicoterapia da infância e adolescência pelo Centro de Estudos, Atendimento e Pesquisa da Infância e da Adolescência (CEAPIA). Diretora de Atendimento do CEAPIA. Membro do Setor de Proteção Integral à Infância e Adolescência do CEAPIA.

Aurea Satomi Fuziwara. Assistente Social licenciada do Tribunal de Justiça do Estado de São Paulo (TJSP). Mestre e doutoranda em Serviço Social pela Pontifícia Universidade Católica de São Paulo (PUCSP). Militante do Movimento de Defesa dos Direitos Humanos da Criança e do Adolescente.

Camile Fleury Marczyk. Graduada em Psicologia pela Pontifícia Universidade Católica do Rio Grande do Sul (PUCRS). Psicoterapeuta de orientação analítica da infância e da adolescência pelo Centro de Estudos, Atendimento e Pesquisa da Infância e da Adolescência (CEAPIA). Coordenadora do Setor de Ambientoterapia do CEAPIA. Psicoterapeuta de orientação analítica de adultos pelo Centro de Estudos Luis Guedes (CELG).

Cláudia Estrella. Médica especialista em Psiquiatria da Infância e da Adolescência do Hospital de Clínicas de Porto Alegre (HCPA).

David Simon Bergmann. Médico Especialista em Pediatria pela Sociedade Brasileira de Pediatria.

Médico Especialista em Psiquiatria pela Associação Brasileira de Psiquiatria. Médico Especialista em Psiquiatria da Infância e da Adolescência pela Universidade Federal do Rio Grande do Sul (UFRGS). Psiquiatra contratado do Serviço de Psiquiatria da Infância e Adolescência do Hospital de Clínicas de Porto Alegre (HCPA). Graduado pelo Instituto de Psicanálise da Sociedade Psicanalítica de Porto Alegre. Professor convidado do Centro de Estudos Luis Guedes.

Dóris Helena Kappel. Psicóloga. Psicoterapeuta.

Edila Pizzato Salvagni. Professora Adjunta da Faculdade de Medicina da Universidade Federal do Rio Grande do Sul (UFRGS). Mestre em Pediatria pelo Programa de Pós-graduação em Ciências Médicas: Pediatria na UFRGS. Médica Pediatra do Programa de Proteção do Hospital de Clínicas de Porto Alegre (HCPA). Médica Assistente de Pediatria do HCPA.

Esther Maria de Magalhães Arantes. Professora do Departamento de Psicologia da Pontifícia Universidade Católica do Rio de Janeiro (PUCRJ) e do Programa de Pós-graduação em Políticas Públicas e Formação Humana da Universidade do Estado do Rio de Janeiro (UERJ). Doutora pela Universidade de Boston/USA. Membro colaborador da Comissão de Direitos Humanos do Conselho Regional de Psicologia do Rio de Janeiro.

Eunice Teresinha Fávero. Assistente Social no Tribunal de Justiça do Estado de São Paulo (TJSP). Doutora em Serviço Social pela Pontifícia Universidade Católica de São Paulo (PUCSP). Professora da graduação em Serviço Social e do Mestrado em Políticas Sociais da Universidade Cruzeiro do Sul/SP.

Fernanda Munhoz Driemeier. Psicóloga. Especialista em Psicoterapias de Orientação Analítica da Infância, Adolescência e Adulto pelo Instituto Contemporâneo de Psicanálise e Transdisciplinaridade. Pesquisadora voluntária do Ambulatório de Interação Pais-Bebê do Hospital de Clínicas de Porto Alegre.

Fernanda Caldas Jardim. Psicóloga. Especialista em Avaliação Psicológica pela Universidade Federal do Rio Grande do Sul (UFRGS). Colaboradora do Ambulatório de Interação Pais-Bebê do Hospital de Clínicas de Porto Alegre (HCPA).

Fernanda Lia de Paula Ramos. Psiquiatra, Especialista em Dependência Química pela Universidade Federal de São Paulo (UNIFESP) e Hospital Mãe de Deus (HMD). Especialista em Psicoterapia de Orientação Analítica do Centro de Estudos Luis Guedes (CELG).

Gabriele Jongh Pinheiro Bragatto. Acadêmica de Enfermagem da Universidade Federal do Rio Grande do Sul (UFRGS), bolsista do projeto de extensão da UFRGS: Atendimento e Prevenção a Crianças Vítimas de Violência.

Geneviève Lopes Pedebos. Assistente Social do Serviço de Oncologia Pediátrica do Hospital de Clínicas de Porto Alegre (HCPA). Membro do Programa de Proteção à Criança do HCPA. Mestre em Serviço Social pela Pontifícia Universidade Católica do Rio Grande do Sul (PUCRS). Aluna da Formação em Terapia de Família e Casal no Centro de Estudos da Família e do Indivíduo (CEFI).

Gladis Alsina Mergen Bohrer. Graduada em Direito pela Pontifícia Universidade Católica do Rio Grande do Sul (PUCRS). Advogada com atuação na área de Direito de Família e da Criança e Adolescente.

Graziela Aline Hartmann Zottis. Enfermeira da Prefeitura Municipal de Porto Alegre. Coordenadora de Enfermagem do Projeto Proteger: Saúde e Comportamento Violento da Universidade Federal do Rio Grande do Sul (UFRGS). Mestranda em Psiquiatria pela Faculdade de Medicina da UFRGS.

Ieda Portella. Psiquiatra. Professora do Curso de Extensão em Psicoterapia da Infância e Adolescência na Universidade Federal do Rio Grande do Sul (UFRGS). Professora do Centro de Estudos, Atendimento e Pesquisa da Infância e Adolescência (CEAPIA). Membro do Conselho Gestor do CEAPIA.

Ivone M. Candido Coelho de Souza. Psicóloga. Psicoterapeuta. Vice-Presidente do IBDFAM-RS. Vice-Presidente do JUSMULHER-RS. Vice-Presidente do Instituto Brasileiro de Direito de Família do Rio Grande do Sul (IBDFAM-RS)

Jaina Raqueli Pedersen. Assistente Social. Doutoranda pelo Programa de Pós-graduação em Serviço Social da Pontifícia Universidade Católica do Rio Grande do Sul (PUCRS). Bolsista CAPES. Membro do Núcleo de Estudos e Pesquisa em Violência, Ética e Direitos Humanos (NEPEVEDH). Professora Assistente no Curso de Serviço Social da Universidade Federal do Pampa – UNIPAMPA.

Joana Bücker. Psicóloga. Mestre em Psiquiatria pela Universidade Federal do Rio Grande do Sul

(UFRGS). Doutoranda no Programa de Pós-graduação em Psiquiatria da UFRGS.

José Roberto Goldim. Biólogo. Doutor em Medicina. Chefe do Serviço de Biotécnica do Hospital de Clínicas de Porto Alegre. Professor Adjunto da Faculdade de Medicina e do Instituto de Geriatria e Gerontologia da PUCRS. Professor Convidado do PPG em Medicina: Ciências Médicas da UFRGS.

Leila Maria Torraca de Brito. Professora Adjunta do Instituto de Psicologia da Universidade do Estado do Rio de Janeiro (UERJ). Pós-Doutora em Direito pela Universidade Federal do Paraná (UFPR). Mestre e Doutora em Psicologia pela Pontifícia Universidade Católica do Rio de Janeiro (PUCRJ).

Lisieux E. B. Telles. Médica pela Pontifícia Universidade Católica do Rio Grande do Sul (PUCRS). Psiquiatra Forense pela Associação Brasileira de Psiquiatria (ABP). Mestre em Psiquiatria Forense pela Universidad Nacional de La Plata (UNLP), Argentina. Doutora em Medicina pela UNLP, Argentina. Professora colaboradora de Psiquiatria Forense da Residência Psiquiátrica do HCPA e PUCRS. Diretora do Departamento de Ensino e Pesquisa do Hospital São Pedro. Membro da Foresinc Section da World Psychiatric Association. Sócia-Fundadora e secretária da Red Iberolatinoamericana de Investigaión y Docencia em Salud Mental aplicada a lo Forense.

Lucilene de Souza Pinheiro. Psicóloga Clínica pela Universidade do Vale do Rio dos Sinos (UNISINOS). Especialista em Violência contra Crianças e Adolescentes pela Universidade de São Paulo (USP/SP). Especialista em Aconselhamento das Relações Familiares pela Pontifícia Universidade Católica do Rio Grande do Sul (PUCRS). Docente em cursos de formação e qualificação profissional nas áreas de infância, violência e família. Assistente Técnica e Perita em processos judiciais envolvendo crianças vítimas de maus-tratos. Técnica Social/Psicóloga da Fundação de Assistência Social e Cidadania (FASC), Prefeitura Municipal de Porto Alegre.

Luiz Antonio Miguel Ferreira. Promotor de Justiça do Ministério Público do Estado de São Paulo. Coordenador da Área de Educação do Centro de Apoio Operacional das Promotorias de Justiça Cível e de Tutela Coletiva do Ministério Público de São Paulo. Especialista em Direitos Difusos e Coletivos pela Escola Superior do Ministério Público (ESMP). Mestre em Educação pela Universidade Estadual Paulista (UNESP).

Malviluci Campos Pereira. Enfermeira. Residente em Onco-hematologia no Grupo Hospitalar Conceição. Estagiária de Enfermagem do Programa de Proteção à Criança do Hospital de Clínicas de Porto Alegre (HCPA).

Márcia de Castro Quaglia. Assistente Social na Ouvidoria do Hospital de Clínicas de Porto Alegre (HCPA). Membro do Programa de Proteção à Criança do HCPA. Especialista em Prevenção à Violência Doméstica pela Pontifícia Universidade Católica do Rio Grande do Sul (PUCRS). Terapeuta de Família e Casal pelo Centro de Estudos da Família e do Indivíduo (CEFI).

Maria Aracy Menezes da Costa. Mestre em Direito pela Pontifícia Universidade Católica do Rio Grande do Sul (PUCRS). Doutora em Direito pela Universidade Federal do Rio Grande do Sul (UFRGS). Juíza em Direito aposentada. Professora de Direito de Família e Sucessões na PUCRS e Escola Superior da Magistratura (AJURIS). Professora convidada nos cursos de Pós-Graduação da Faculdade ICD, ESADE, UFRGS e PUCRS.

Maria Lucrécia Scherer Zavaschi. Psiquiatra pela Universidade Federal do Rio Grande do Sul (UFRGS). Psicanalista pela Sociedade Psicanalítica de Porto Alegre. Chefe do Departamento de Psiquiatria e Medicina Legal da UFRGS. Professora do Serviço de Psiquiatria da Infância e Adolescência do Hospital de Clínicas de Porto Alegre (HCPA). Coordenadora da Equipe de Psiquiatria da Infância e Adolescência do Centro de Atenção Psicossocial da Infância e da Adolecência do HCPA.

Marlene Silveira Araujo. Médica, psiquiatra, psicanalista da Sociedade Psicanalítica de Porto Alegre. Especialista em crianças e adolescentes. Membro Efetivo da Sociedade Psicanalítica de Porto Alegre.

Marli Kath Sattler. Psicóloga. Mestre em Psicologia Clínica. Psicoterapeuta Individual, de Casal e de Família. Membro da Coordenação e Supervisão do Centro de Terapia de Casal e Família (DOMUS). Coordenadora do Grupo de Estudos e Atendimento à Violência Doméstica do DOMUS.

Michele Casser Csordas. Licenciatura Plena em Educação Física pela Universidade Federal do Rio Grande do Sul (UFRGS). Especialista em Recreação, Lazer e Jogos Cooperativos pela Pontifícia Universidade Católica do Rio Grande do Sul (PUCRS). Recreacionista Terapêutica no Hospital de Clínicas de Porto Alegre (HCPA). Membro do Programa de Proteção à Criança do HCPA.

Miriam Fontoura Barros de Santis. Médica Psiquiatra pela Universidade Federal do Rio Grande do Sul (UFRGS) e Associação Brasileira de Psiquiatria (ABP). Graduada pelo Instituto de Psicanálise da Sociedade Psicanalitica de Porto Alegre (SPPA). Membro da Câmara Técnica de Psiquiatria do Conselho Regional de Medicina do Estado do Rio Grande do Sul (CREMERS). Professora colaboradora de Psiquiatria Forense do Centro de Estudos Luis Guedes (CELG). Psiquiatra Forense.

Myriam Fonte Marques. Assistente Social do Serviço de Pediatria do Hospital de Clínicas de Porto Alegre (HCPA). Membro do Programa de Proteção à Criança do HCPA. Especialista em Prevenção à Violência Doméstica pela Pontifícia Universidade Católica do Rio Grande do Sul (PUCRS).

Natália Soncini Kapczinski. Psicóloga contratada do Hospital de Clínicas de Porto Alegre (HCPA). Membro do Programa de Proteção à Criança do HCPA.

Olga Garcia Falceto. Médica. Especialista em Psiquiatria Geral, Psiquiatria da Infância e Adolescência pela Temple University e University of Pennsylvania, Estados Unidos. Terapeuta Familiar pela Associação Brasileira de Terapia Familiar (ABRATEF) e pela Associação Gaúcha de Terapia Familiar (AGATEF). Mestre em Terapia Familiar pela Academia de Psicoterapia Familiar de Roma, Itália. Doutora em Medicina: Clínica Médica, pelo Programa de Pós-graduação em Clínica Médica da Faculdade de Medicina da Universidade Federal do Rio Grande do Sul (UFRGS). Professora Adjunta do Departamento de Psiquiatria e Medicina Legal da UFRGS. Preceptora da Residência e do Curso de Especialização em Psiquiatria da Infância e Adolescência do Hospital de Clínicas de Porto Alegre (HCPA). Professora e Coordenadora Geral do Instituto da Família de Porto Alegre.

Patrícia Krieger Grossi. Assistente Social. Ph.D. em Serviço Social pela Universidade de Toronto, Canadá. Professora do Programa de Pós-graduação em Serviço Social da Pontifícia Universidade Católica do Rio Grande do Sul (PUCRS). Coordenadora do Núcleo de Estudos e Pesquisa em Violência, Ética e Direitos Humanos (NEPEVEDH) e do Núcleo de Estudos e Pesquisa em Violência (NEPEVI) da Faculdade de Serviço Social da PUCRS. Pesquisadora Produtividade do CNPq.

Patrícia Miranda Lourenzon. Pós-graduada em Direito Civil e Processual Civil pela Fundação Getúlio Vargas (FGV). Assessora de Procuradoria de Justiça – Ministério Público do Rio Grande do Sul.

Paulo Oscar Teitelbaum. Médico. Especialista em Psiquiatria pela Universidade Federal do Rio Grande do Sul (UFRGS) e Associação Brasileira de Psiquiatria (ABP). Psicanalista e Membro Associado da Sociedade Psicanalítica de Porto Alegre (SPPA). Mestre em Psiquiatria Forense pela Universidade Nacional de La Plata, Argentina. Membro da *Foresinc Section* da *World Psychiatry Association* (WPA). Supervisor de Perícias do Instituto Psiquiátrico Forense Maurício Cardoso de Porto Alegre. Docente da Escola dos Serviços Penitenciários do Rio Grande do Sul. Professor colaborador do Programa de Residência Médica em Psiquiatria do Hospital de Clínicas de Porto Alegre (HCPA), área de psiquiatria forense. Preceptor e Supervisor da Residências Médica em Psiquiatria Forense da Universidade Federal de Ciências da Saúde de Porto Alegre (UFCSPA) junto ao Instituto Psiquiátrico Forense Maurício Cardoso.

Rodrigo Grassi-Oliveira. Psiquiatra. Mestre e Doutor em Psicologia. Professor Adjunto do Programa de Pós-Graduação em Psicologia – Área Cognição Humana – da Pontifícia Universidade Católica do Rio Grande do Sul (PUCRS). Coordenador do Grupo de Pesquisa Neurociência Cognitiva do Desenvolvimento.

Rúbia Suzana Stein Borges. Especialista em Metodologia do Ensino Superior pela Faculdade de Educação da Universidade Federal do Rio Grande do Sul (UFRGS). Enfermeira do Programa de Assistência à Criança do Hospital de Clínicas de Porto Alegre (HCPA). Membro do Programa de Proteção à Criança do HCPA.

Sandra Cristina Soares. Psicóloga. Mestranda do Grupo de Pesquisa Neurociência Cognitiva do Desenvolvimento do Programa de Pós-Graduação em Psicologia – Área Cognição Humana – da Pontifícia Universidade Católica do Rio Grande do Sul (PUCRS).

Sérgio Fernando de Vasconcellos Chaves. Desembargador do Tribunal de Justiça do Rio Grande do Sul.

Sheila Rovinski Almoarqueg. Enfermeira. Especialista em Educação Psicomotora pela Faculdade Porto Alegrense. Enfermeira Chefe da Unidade de Internação Pediátrica do Hospital de Clínicas de Porto Alegre (HCPA). Membro do Programa de Proteção à Criança do HCPA.

Simone Algeri. Enfermeira. Professora Adjunta III do Departamento Materno Infantil da Escola de Enfermagem da Universidade Federal do Rio Grande do Sul (UFRGS). Especialista em Saúde Mental e Psiquiatria pela UFRGS. Mestre em Enfermagem pela UFRGS. Doutora em Educação pela Pontifícia Universidade Católica do Rio Grande do Sul (PUCRS). Membro do Programa de Proteção à Criança do Hospital de Clínicas de Porto Alegre (HCPA).

Sônia Domingues Lueska. Professora Adjunta do Departamento de Pediatria da Faculdade de Medicina da Universidade Federal do Rio Grande do Sul (UFRGS). Médica Assistente do Serviço de Pediatria do Hospital de Clínicas de Porto Alegre (HCPA). Psicoterapeuta de Orientação Psicanalítica – Instituto de Terapias Integradas.

Tiago Silveira Araújo. Psicólogo e Advogado pela Pontifícia Universidade Católica do Rio Grande do Sul (PUCRS).

Valeria Rocha. Psicóloga Clínica. Especialista em Psicoterapia da Infância e Adolescência. Especialista em Violência Doméstica contra Crianças e Adolescentes. Coordenadora do Setor de Proteção do Centro de Estudos, Atendimento e Pesquisa da Infância e da Adolescência (CEAPIA).

Vera Lucia Fornari. Psicóloga. Psicanalista com formação no Centro de Estudos Psicanalíticos de Porto Alegre, RS. Capacitação em Psicologia Hospitalar – Hospital de Clínicas de Porto Alegre (HCPA).

Victor Mardini. Médico Especialista em Pediatria pela Sociedade Brasileira de Pediatria. Médico Especialista em Psiquiatria pela Associação Brasileira de Psiquiatria. Médico Especialista em Psiquiatria da Infância e da Adolescência pela Universidade Federal do Rio Grande do Sul (UFRGS). Psiquiatra contratado do Serviço de Psiquiatria da Infância e Adolescência do Hospital de Clínicas de Porto Alegre (HCPA). Professor convidado do Centro de Estudos Luis Guedes (CELG).

Vivian Peres Day. Graduação e Residência em Psiquiatria pela Universidade Federal do Rio Grande do Sul (UFRGS). Membro Efetivo da APRS. Membro do Corpo Clínico do Instituto Psiquiátrico Forense. Perita forense habilitada e concursada pelo Estado do Rio Grande do Sul. Graduada pela Sociedade Psicanalítica de Porto Alegre. Colaboradora do Curso de Especialização em Saúde Mental e Lei (SGSML)..

SUMÁRIO

Prefácio 15
Munir Cury

Introdução 17
Maria Helena Mariante Ferreira, Maria Regina Fay de Azambuja

PARTE I
A integração da linguagem

1 O abuso sexual intrafamiliar e a violência estrutural 25
Jaina Raqueli Pedersen, Patrícia Krieger Grossi

2 A violência sexual e os direitos da criança e do adolescente 35
Aurea Satomi Fuziwara, Eunice Teresinha Fávero

3 Aspectos jurídicos e psíquicos da inquirição da criança vítima 48
Maria Helena Mariante Ferreira, Maria Regina Fay de Azambuja

4 A visão do psiquiatra de crianças e adolescentes na avaliação e
no atendimento de crianças abusadas sexualmente 67
Ana Margareth Siqueira Bassols, David Simon Bergmann, Olga Garcia Falceto, Victor Mardini

5 O depoimento sem dano 79
Esther Maria de Magalhães Arantes

6 O depoimento sem dano e o advogado do diabo:
a violência "branda" e o "quadro mental paranoico"
no processo penal 88
Alexandre Morais da Rosa

7 A bioética complexa como abordagem para
situações de abuso de crianças e adolescentes 107
José Roberto Goldim

8 O papel da universidade na formação de profissionais
competentes para lidar com casos de violência sexual 116
Leila Maria Torraca de Brito

PARTE II
A integração da avaliação

9 A intervenção interdisciplinar na família atingida pelo abuso 129
Ivone M. Candido Coelho de Souza, Maria Aracy Menezes da Costa

10 A avaliação da criança vítima de violência sexual 136
Maria Lucrécia Scherer Zavaschi, Cláudia Estrella, Fernanda Caldas Jardim, Fernanda Munhoz Driemeier

11 O brinquedo no diagnóstico de abuso 150
Maria Helena Mariante Ferreira, Camile Fleury Marczyk, Marlene Silveira Araujo, Andréa Higert Cardoso Zelmanowicz

12 Instrumentos de avaliação do abuso sexual na infância 162
Sandra Cristina Soares, Rodrigo Grassi-Oliveira

13 Laudo psicológico e psiquiátrico no abuso sexual 183
Maria Helena Mariante Ferreira, Camile Fleury Marczyk, Tiago Silveira Araújo

14 Normalidade e desvios do comportamento vincular materno 204
Maria Helena Mariante Ferreira, Valeria Rocha

15 O desenvolvimento da personalidade e a violência sexual 216
Dóris Helena Kappel, Maria Helena Mariante Ferreira, Ieda Portella

16 Psicoterapia de orientação psicanalítica de crianças
vítimas de abuso sexual intrafamiliar 226
Miriam Fontoura Barros de Santis, Camile Fleury Marczyk, Fernanda Lia de Paula Ramos

17 O abusador: o que sabemos 234
Marli Kath Sattler

18 A avaliação do abusador 248
Lisieux E. B. Telles, Paulo Oscar Teitelbaum, Vivian Peres Day

PARTE III
A integração do atendimento

19 O assistente social e o atendimento a famílias
em situação de violência sexual infantil 261
Márcia de Castro Quaglia, Myriam Fonte Marques, Geneviève Lopes Pedebos

20 O papel do enfermeiro diante da família da criança abusada 286
Simone Algeri, Graziela Aline Hartmann Zottis, Malviluci Campos Pereira, Sheila Rovinski Almoarqueg, Rúbia Suzana Stein Borges

21 O pediatra diante da criança abusada 291
Edila Pizzato Salvagni, Sônia Domingues Lueska

22 O papel do psicólogo nos casos de violência
contra a criança e o adolescente... 298
Lucilene de Souza Pinheiro, Vera Lucia Fornari

23 O Ministério Público e o direito da criança à convivência familiar........... 318
Luiz Antonio Miguel Ferreira

24 A atuação do advogado nos casos de violência
sexual contra crianças e adolescentes... 327
Gladis Alsina Mergen Bohrer, Patrícia Miranda Lourenzon

25 O papel do poder judiciário.. 340
Sérgio Fernando de Vasconcellos Chaves

PARTE IV
A integração do cuidado da vítima, família e equipe

26 As visitas dos filhos aos pais suspeitos de abuso sexual 354
Maria Regina Fay de Azambuja

27 O Programa de Proteção à Criança: uma proposta interdisciplinar na
assistência a crianças em situação de violência 365
Myriam Fonte Marques, Simone Algeri, Natalia Soncini Kapczinski, Gabriele Jongh Pinheiro Bragatto,
Joana Bücker, Rúbia Suzana Stein Borges, Sheila R. Almoarqueg, Márcia de Castro Quaglia,
Michele Csordas, Edila Pizzato Salvagni, Maria Regina Fay de Azambuja,
Maria Lucrécia Scherer Zavaschi, Sônia Domingues Lueska

28 Dinâmica e riscos do trabalho dos profissionais 380
Maria Helena Mariante Ferreira, Ieda Portella

Índice 388

PREFÁCIO

Prefaciar uma obra de tamanha envergadura, que enfrenta temas extremamente atuais, dolorosos e importantes que oprimem a sociedade moderna, nos coloca frente a uma grande responsabilidade, tanto pelo respeito aos renomados especialistas, os quais, cada qual na sua respectiva área, abordam e procuram estabelecer diagnósticos e pistas para a solução da grave questão da violência quanto pela intrepidez das coordenadoras ao conceberem e desenvolverem a sua concepção.

Violência sexual contra crianças e adolescentes, inquirição da criança vítima, formação de profissionais, a família atingida pelo abuso, o papel do enfermeiro diante da família da criança abusada, o Poder Judiciário e a atuação do advogado nos casos de violência sexual contra crianças e adolescentes, se acaso podem parecer peças isoladas do valioso mosaico que ora é apresentado ao leitor, na verdade representam o negativo de uma fotografia que desejaríamos apresentar a título de prefácio.

A sociedade moderna padece pela doença da falta de valores, daí a razão e a essência da sua desestrutura e dos grandes males que a afligem. Não sendo característica exclusiva do nosso país emergente, observamos com muita clareza que, embora o homem moderno tenha à sua disposição os recursos tecnológicos mais modernos, nunca como hoje existiu tanta infelicidade, angústia, depressão individual ou coletiva, as quais geram as chagas sociais mencionadas com tanta veemência na presente obra.

Daí porque, nestas breves palavras, nos propomos a considerar o reverso da violência, em uma perspectiva de paz para o homem e para a sociedade.

Não poderíamos falar de uma sociedade pacificada sem que na sua base o homem estivesse em paz consigo mesmo, em paz nos seus relacionamentos, trazendo como consequência a almejada paz social. Esta é a base, na verdade, para a solução dos grandes conflitos mundiais, os quais, curiosa e sintomaticamente, partem da paz construída inicialmente do homem consigo mesmo, como agente transmissor do seu estado de espírito e da misteriosa convivência consigo mesmo.

Falar de paz no mundo conturbado e violento em que vivemos pode parecer uma ingenuidade ou, no mínimo, atitude irrefletida. Inquietações como: de que forma enfrentar os conflitos e os problemas do homem moderno, as dificuldades e as divisões existentes nas famílias ou a ansiedade e a competição que brotam nos mais diversos setores da atividades humana ou, ainda, a história de perversão que marca a vida de alguns seres humanos.

Na verdade, o caminho para o equacionamento desses e de outros tantos graves problemas está na busca da pacificação do homem em cada momento presente da sua vida, momento presente para o qual deve estar atento, sob pena de se perder em um mar de aflições e ansiedades que o conduzirão ao caos. O momento presente é objeto de reflexão de grandes pensadores e filósofos antigos e contemporâneos, porém, se reveste da simplicidade e da singeleza da própria vida. É em cada momento presente que o homem constrói a sociedade pacificadora ou violenta pela qual tem o direito de optar, mas que trará inevitavelmente as consequências da sua escolha.

Eis, prezado leitor, o sonho do autor deste prefácio e pelo qual se dedica e luta a cada momento do seu dia a dia – colaborar para a construção de uma sociedade pacificada, humanista, solidária, na qual serão automaticamente derrotados os grandes males que continuam nos afligindo neste início de século.

Essa sociedade que certamente surgirá no futuro da humanidade depende do enfrentamento de problemas e dificuldades que os autores dos vários trabalhos ora apresentam ao leitor.

Finalmente, ao agradecer às Dras. Maria Helena Mariante Ferreira e Maria Regina Fay de Azambuja pela honra deste colóquio inicial com o leitor, desejamos registrar a nossa admiração e respeito pelas suas atividades, bem como a nossa solidariedade pelos grandes ideais que nos impulsionam a acreditar em uma nova humanidade.

MUNIR CURY
*Procurador de Justiça aposentado
do Ministério Público de São Paulo*

INTRODUÇÃO

Maria Helena Mariante Ferreira
Maria Regina Fay de Azambuja

Cenas de violência fazem parte do dia a dia de todos nós. Geram medo e exigem medidas capazes de fazer frente ao problema. Não se trata de fenômeno novo, embora sejam relativamente recentes as pesquisas e os estudos voltados a conhecer suas causas e consequências. No Relatório Mundial sobre Violência e Saúde, lançado em Bruxelas, em 3 de outubro de 2002, a Organização Mundial da Saúde (OMS) aponta a violência como um dos maiores problemas de saúde pública do mundo, definindo-a como o uso intencional da força física ou do poder, real ou por ameaça, contra a própria pessoa, contra outra pessoa ou contra um grupo ou comunidade, que possa resultar ou tenha alta probabilidade de resultar em morte, lesão, dano psicológico, problemas de desenvolvimento ou privação de direitos.

Nesse sentido, conhecer e compreender as diversas manifestações de violência é fundamental para pensar, planejar e executar ações e políticas públicas na área da prevenção.

Não só para a área da saúde a violência tem sido motivo de atenção. Todas as áreas do conhecimento voltam seu olhar para os seus nefastos prejuízos – em especial, aqueles que atingem o homem –, na tentativa de contribuir para a diminuição de seus alarmantes índices. Trata-se de um problema multicausal e multisetorial, exigindo propostas de enfrentamento de cunho interdisciplinar, com o envolvimento de profissionais da saúde pública, da educação e do bem-estar social, bem como dos sistemas de proteção e Justiça, entre outros.

A dinâmica da violência é tão complexa que apenas uma perspectiva interdisciplinar, envolvendo os conhecimentos da história, da antropologia, do direito e de outros ramos do saber que atuam no desenvolvimento físico e mental do homem, da família e da sociedade permite conhecê-la e entendê-la.

Através dos tempos, observa-se um movimento oscilatório entre tentativas de controlar os impulsos primitivos e agressivos do homem – visto que são lesivos a ele –, bem como aos outros e ao ambiente, e direcionar a agressividade para algo construtivo, impulsionando a melhora nas condições de vida.

Alguns segmentos sociais são mais vulneráveis às diversas formas de violência. Crianças, mulheres e idosos compõem um grupo de risco, sendo vítimas de diversos tipos de violência, cujos perpetradores costumam ser pessoas da família ou das relações domésticas da vítima. Estudo das Nações Unidas sobre a violência contra a criança aponta 1,8 milhão de crianças envolvidas em rede de prostituição, 1,2 milhão submetidas ao tráfico de seres humanos, 230 milhões vítimas de abuso sexual e 270 milhões vítimas de violência doméstica. Os Estados Unidos, por sua vez, registram 1.200 crianças assassinadas por ano, sendo que 60% delas passaram por programas de proteção e 50% contavam com menos de 1 ano de vida (Swerdlin e Berkowitz, 2007).

No Brasil, os dados também assustam e nos alertam para a dimensão do problema. Segundo o jornal "O Globo" (20/4/2008), no período de 1999 a 2007, 159.754 crianças foram vítimas de violência doméstica (65.669 casos de negligência, 49.482, de violência física, 26.590, de violência psicológica e 17.482, de violência sexual). Pesquisa realizada pelo Ministério da Saúde em hospitais públicos de 27 municípios do Brasil, no período de 2007, detectou 4.309 meninos e meninas com sinais de maus-tratos – uma média de 12 pacientes por dia. A ocorrência de estupro entre essas crianças foi de 43,7% em meninos e meninas de até 9 anos, chegando a 56,3% entre as vítimas com mais de 10 anos. Isso significa que mais de 800 crianças foram vítimas de estupro em 2007.

O disque-denúncia, por sua vez, registrou, entre 2003 a 23 de março de 2010, dois milhões de atendimentos, englobando várias formas de maus-tratos. Recebeu e encaminhou mais de 100 mil denúncias vindas de todas as partes do país. A média diária de denúncias passou de 12, em 2003, para 87, em setembro de 2009 (Exploração..., 2009).

A violência doméstica não atinge só as crianças. Segundo o Relatório Mundial de Saúde (OMS 2002), os registros apontam que 70% das mulheres são vítimas de violência doméstica, sendo que 20% das mulheres e 10% dos homens são vítimas de violência sexual na infância, enquanto 5% dos idosos são vítimas de abuso em seu próprio lar.

As consequências da violência para a saúde abrangem o aspecto físico, a saúde mental, a conduta das pessoas, a saúde reprodutiva e as infecções de transmissão sexual, com elevados custos diretos (médicos especialistas em saúde mental, serviços de emergência, serviços legais e serviços judiciais) e indiretos (devido a mortes prematuras e às perdas de produtividade, econômicas, de qualidade de vida, entre outras perdas intangíveis).

Segundo o modelo ecológico, entre os fatores de risco no âmbito social, podem ser citadas as normas que apoiam a violência, tais como a disponibilidade de armas de fogo, a debilidade da segurança pública e da justiça criminal, bem como a violência nos meios de comunicação. No âmbito comunitário, é dado destaque à posição social da mulher, à concentração de pobreza, ao isolamento social e ao tráfico ilegal de drogas. No aspecto das relações humanas, o Relatório Mundial sobre Violência e Saúde (OMS, 2002) aponta os frágeis vínculos afetivos dos pais para com os filhos, os conflitos de casal e amigos envolvidos em atos de violência, sendo que, no âmbito individual, cita os fatores demográficos, os transtornos psicológicos e de personalidade dos indivíduos e as histórias de abuso.

Os elevados índices de violência geram danos no campo pessoal, familiar e social, atingindo também a esfera pública, que deve propor e executar políticas de prevenção primária, secundária e terciária. Voltando ao Relatório Mundial sobre Violência e Saúde (OMS, 2002), encontramos no documento, entre os diversos exemplos de prevenção, a redução da pobreza e das desigualdades, o fortalecimento dos sistemas de segurança e judicial, os investimentos na educação, os programas de geração de emprego, a redução de acesso ao uso de bebidas alcóolicas, a melhoria de acesso aos serviços de saúde e de trauma, a implementação de programas de treinamento a pais e familiares, de visitas domiciliares, de terapia de família, assim como de programas de desenvolvimento social, treinamento vocacional, cuidado e apoio às vítimas.

No Brasil, são recentes as iniciativas legislativas voltadas à proteção da criança. Somente a partir da Constituição Federal de 1988, a criança passa a ser sujeito de direitos, merecedora da proteção integral em face de se encontrar em fase especial de desenvolvimento físico, psíquico, cognitivo e social. Novos princípios constitucionais passam a orientar as ações na área da infância, a saber:

a) princípio da proteção integral;
b) princípio do respeito à peculiar condição de pessoa em desenvolvimento;
c) princípio da prioridade absoluta;
d) princípio da igualdade de crianças e adolescentes e, por último,
e) o princípio da participação popular, responsável pelo chamamento da comunidade organizada a engajar-se na defesa dos direitos da criança.

Desde então, no enfrentamento da violência que atinge a criança, a mulher e o idoso, medidas começam a ser buscadas no âmbito legislativo, tais como a edição do Estatuto da Criança e do Adolescente (1990), do Estatuto do Idoso (2003) e da Lei Maria da Penha (2006). Trata-se de leis que diferem das tradicionais, pois, além de exigir a prática interdisciplinar, trazem, no seu âmago, como linha mestra, a prevenção, estabelecendo mecanismos que possibilitam, sempre que possível, produzir ações antes que o problema se instale. A eficácia dessas legislações passa pelas mudanças estruturais e culturais que elas propõem, envolvendo a participação da sociedade e do poder público – por meio dos Conselhos de Direitos da Criança, Conselhos do Idoso e da Mulher nos três níveis (municipal, estadual e nacional) – sendo, muitas delas, voltadas ao poder público, a quem incumbe de criar programas de atendimento às vítimas e aos violadores de direitos.

No âmbito da infância, o Estatuto da Criança e do Adolescente, em seu artigo 87, arrola como linhas de ação da política de atendimento:

a) políticas sociais básicas;
b) políticas e programas de assistência social, em caráter supletivo, para aqueles que deles necessitem;
c) serviços especiais de prevenção e atendimento médico e psicossocial às vítimas de negligência, maus-tratos, exploração, abuso, crueldade e opressão;
d) serviços de identificação e localização de pais ou responsáveis e de crianças e adolescentes desaparecidos;
e) proteção jurídico-social por entidade de defesa dos direitos da criança e do adolescente;
f) políticas e programas destinados a prevenir ou abreviar o período de afastamento do convívio familiar e a garantir o efetivo exercício do direito à convivência familiar de crianças e adolescentes; bem como
g) campanhas de estímulo ao acolhimento sob forma de guarda de crianças e adolescentes afastados do convívio familiar e à adoção, sobretudo a inter-racial, a de crianças maiores, a de grupos de irmãos e a de adolescentes com necessidades específicas de saúde ou com deficiências.

A partir da vigência do Estatuto da Criança e do Adolescente, as notificações e os registros de maus-tratos envolvendo violência física, psicológica e sexual, praticados contra a infância e adolescência, devem ser comunicados ao Conselho Tutelar. A obrigatoriedade de notificação pelos profissionais da área da saúde e da educação tem trazido à tona casos de violência que antes ficavam na clandestinidade, impedindo que seus índices fossem conhecidos e que medidas de atendimento fossem aplicadas com o intuito de proteger a criança.

No caso de violência sexual praticada contra a criança, muitos fatores contribuem para a demora na revelação e para os entraves que surgem aos profissionais ao longo do atendimento. Entre eles, encontra-se a dificuldade de papéis na família. Os pais precisam ver e respeitar a criança em seu próprio direito, reforçando a identificação com papéis femininos e masculinos, mas tendo sempre em mente os limites de gerações. Ocorre uma confusão e perplexidade que se instala em todos os envolvidos – criança, família, profissionais e sociedade. A violência sexual praticada contra a criança inclui o segredo e a negação dos fatos pela criança e pela família, assim como a patologia aditiva para a pessoa que comete o abuso.

A violência sexual pode ser definida como o envolvimento de crianças e adolescentes, dependentes e imaturos quanto ao seu desenvolvimento, em atividades sexuais que eles não têm condições de compreender plenamente e para as quais são incapazes de dar consentimento, ou que violam as regras sociais e os papéis familiares. Tais atividades incluem a pedofilia, os abusos sexuais violentos e o incesto, sendo classificadas como intrafamiliares ou extrafamiliares. Especialistas apontam que aproximadamente 80% são praticados por membros da família ou por pessoa conhecida e confiável, sendo que cinco tipos de relações incestuosas são conhecidas: pai-filha, irmão-irmã, mãe-filho, pai-filho e mãe-filha. É possível que o mais comum seja entre irmão e irmã; o mais relatado, entre pai e filha (75% dos casos), e o mais patológico, entre mãe e filho, frequentemente relacionado com psicose (Zavaschi et al., 1991).

O abuso sexual contra a criança está inserido em uma gama extensa de situações de violação dos direitos da infância, passando a figurar na pauta nacional e internacional como desafio posto aos diversos segmentos sociais. Nesse sentido, cabe mencionar a realização do III Congresso Mundial de Enfrentamento da Exploração Sexual da Criança e do Adolescente, no Rio de Janeiro (RJ), no período de 25 a 28 de novembro de 2008, oportunidade em que foi redigida a Declaração do Rio de Janeiro para Prevenir e Eliminar a Exploração Sexual de Crianças e Adolescentes, chamando a atenção para o artigo 34 da Convenção das Nações Unidas sobre os Direitos da Criança.

A Declaração assinala, ao lado da relevância do papel da sociedade civil e do setor privado, entre outros pontos, a urgência na adoção de medidas de cooperação internacional para o enfrentamento da exploração sexual da criança e do adolescente, em especial, na esfera de coordenação e cooperação, de políticas de prevenção, de participação de crianças e adolescentes, de assistência jurídica e psicossocial às vítimas, de acesso à Justiça e de aplicação dos procedimentos penais eficazes para os perpetradores – incluindo o caráter universal de Justiça e a extraterritorialidade do delito. O documento sugere, ainda, no campo da prevenção, proteção, recuperação e reintegração, conclusões e recomendações relevantes, constituindo-se em importante diretriz a orientar ações na área da violência sexual praticada contra a criança.

A partir da trama dos fatores de desenvolvimento e das identificações dentro da atmosfera familiar e cultural, a criança organiza seu desenvolvimento de forma normal ou patológica. No caso de a criança sofrer violência sexual, essa trama leva a uma distorção das funções parentais e a encaminha para um desenvolvimento patológico.

A ciência começa a fornecer a comprovação da influência do trauma na configuração do aparato neuroendócrino, da arquitetura cerebral, da estruturação permanente da personalidade e dos padrões de relacionamento posteriores (Perry, 1995). O estudo da transmissão transgeracional adiciona ainda mais preocupação, pois, sabe-se que as experiências ficam marcadas na herança genética e nos padrões de vínculo, sendo, portanto, repassadas de uma forma ou outra para a descendência.

A situação de violência sexual se impõe de uma forma intrusiva na prática diária dos profissionais que trabalham com a criança. O impacto da situação de violência sexual nas equipes começa por reeditar o trauma e suas reações de negação, validação e dano no paciente e em sua família. Levanta reações emocionais (contratransferência) poderosas que interferem na relação e manejo dos pacientes. Instala-se uma paralisia em que se vê aprisionada a progressão do atendimento destas vítimas em função do impacto da reação paradoxal de perplexidade ante a uma situação tão devastadora. Isto está na base da morosidade da integração de equipes e serviços no atendimento das vítimas. A perplexidade diante da identificação da violência sexual impede que medidas de proteção e saúde sejam desencadeadas de forma ágil e eficiente. O reconhecimento da violência como um problema social significativo exige o estabelecimento de locais de segurança para abrigo do sobrevivente. Finalmente, necessita o estabelecimento do controle do desenvolvimento após a revelação. Tais recursos, no Brasil e na maioria dos países, são parcos ou nulos. Existe indignação moral e um falso reforço à capacidade da criança para se defender só, aliado à preocupação instigante de "preservar" a família que merece maior consideração.

Diante dessa realidade é que se encontram os profissionais da educação, do serviço social, da saúde e do direito, quando envolvidos no atendimento conjunto, de quem é exigido um redirecionamento curativo e reconstrutivo. A família, como elemento protetor inicial, falhou, cabendo aos profissionais das diversas áreas a identificação da suspeita ou confirmação da violência sexual, a avaliação, o estabelecimento do diagnóstico e o acompanhamento, tanto nas fases extrajudiciais como judiciais. Se essa integração falha, o problema é reeditado com consequências nefastas para todos os envolvidos, em especial, para a criança.

No sistema de Justiça, muitas são as dificuldades constatadas pelos profissionais. Por vezes, laudos da área da saúde mental são elaborados, expondo a criança a várias avaliações, realizadas em locais diversos, por profissionais diferentes. Diante da inexistência de prova da materialidade do fato, uma vez que na maioria dos casos não são registradas alterações físicas, a inquirição da criança passa a ser valorizada, sendo chamada a depor em vários momentos processuais, permitindo observar contradições que acabam reforçando a tese defensiva, levando à absolvição do réu. De grande relevância é o sofrimento apresentado pela criança vítima ao perceber que, em razão da revelação que fez do abuso, o pai, o padrasto ou o avô será afastado do lar, ou mesmo encaminhado ao sistema prisional, quando ela própria não é abrigada, vendo-se privada do direito à convivência familiar.

As dificuldades no trabalho realizado na área da infância, em especial voltado à criança vítima de violência sexual intrafamiliar, motivaram a iniciativa de reunir, nesta obra, dividida em quatro partes, a experiência de profissionais da educação, do serviço social, da saúde e do direito. Cada parte do livro é ilustrada com a descrição de um caso que, embora não guarde inteira identidade com a realidade específica de um processo judicial, busca mostrar alguns aspectos comuns a muitas crianças que sofrem a violência sexual intrafamiliar.

Aproximar os conhecimentos científicos em uma perspectiva de integração das diversas etapas a que a criança se vê exposta a partir da revelação da violência sexual, incluindo a linguagem, a avaliação, o atendimento e o cuidado da vítima, família e equipe, pode contribuir para uma melhor compreensão do fenômeno que atinge milhares de crianças no mundo inteiro, permitindo a adoção de medidas mais eficazes e capazes de assegurar a proteção integral que a Constituição Federal assegura àqueles que ainda não atingiram os 18 anos.

Sejam bem-vindos à obra!

REFERÊNCIAS

EXPLORAÇÃO sexual em debate no canal Futura. [S.l.]: Rede ANDI Brasil, 2009. Disponível em: <http://www.redeandibrasil.org.br/>. Acesso em: 27 jan 2010.

KERNBERG, P. F. Mother child interaction and mirror behaviour. *Infant Mental Health Journal*, v. 8, n. 4, 1987.

MEES, L. A. *Abuso sexual, trauma infantil e fantasias femininas*. Porto Alegre: Artes e Ofícios, 2001.

ORGANIZAÇÃO MUNDIAL DA SAÚDE. *Relatório mundial sobre a violência e a saúde*. Genebra: PMS, 2002.

SWERDLIN, A.; BERKOWITZ, C, CRAFT, N. Cutaneous signs of child abuse. *J. Am. Acad. Dermatol.*, v. 57, n. 3, p. 371-392, 2007.

ZAVASCHI, M. L. S. et al. Abuso sexual em crianças: uma revisão. *Jornal de Pediatria*, v. 67, v. 3-4, p. 130-136, 1991.

PARTE I
A integração da linguagem

Por meio de ligação telefônica, o Conselho Tutelar é comunicado de que Luiz, com 29 anos, estaria praticando violência sexual contra sua filha, Ana, com 5 anos e 7 meses. O fato é confirmado pela professora de Ana, para quem a menina relatou dormir na mesma cama que os pais; que o pai costumava beijar sua orelha, pescoço e boca, além de colocar o dedo em sua vagina; que a mãe nada fazia, somente ria; que o pai bebia e namorava, ao mesmo tempo, com ela e com a mãe, chamada Antonia, com 29 anos. Quando se recusava a participar dos atos incitados pelo pai, era chamada por ele de puta, vagabunda, diabinha e feia. Ana afirma que a mãe, Antonia, embora presente, nada fazia para impedir que isso acontecesse; pelo contrário, estimulava a ação de Luiz. No Conselho Tutelar, Ana reafirmou tais fatos, sendo encaminhada, na mesma data, ao Posto de Saúde. O médico que a atendeu constatou abuso sexual por meio da história relatada pela criança, além das cicatrizes pelo corpo, que, segundo a criança, decorreriam das surras com cinta, descrevendo heperemia vulva (assadura), sem sangramento.

No mesmo dia, o Conselho Tutelar registrou boletim de ocorrência na delegacia de polícia e, no dia seguinte, no DML, o perito oficial aponta a existência de lesão constituída de vestígio de ato libidinoso diverso da conjunção carnal, afirmando que a lesão vaginal poderia referir-se à vulvovaginite (infecção vaginal), traumatismo local ou manipulação genital. Na mesma data, o Conselho Tutelar providenciou o abrigamento de Ana e seus dois irmãos. Foi decretada a prisão de Luiz e Antonia.

Luiz e Antonia foram denunciados pela prática de atos libidinosos diversos da conjunção carnal, configurando o crime de atentado violento ao pudor, em concurso de pessoas, com aumento de pena por ser cometido por ascendente, com abuso do poder familiar e violência presumida em razão da idade da vítima.

Um mês após a decretação da prisão, Antonia foi posta em liberdade e, menos de 30 dias após, Luiz obteve o mesmo benefício, permanecendo ambos em liberdade durante todo o desenrolar do processo.

Luiz e Antonia negaram, de forma veemente, a prática dos fatos descritos na denúncia. Luiz afirmava que a acusação havia se baseado somente nas assaduras encontradas na vítima, dizendo que a levava para a cama do casal unicamente quando fazia frio. Antonia, por sua vez, limitava-se a dizer que a filha sofria de alergia. Várias testemunhas foram ouvidas. O médico que atendeu a menina no Posto de Saúde confirmou a presença de assaduras e sinais de violência física constatadas no dia do atendimento; já o perito do DML disse não lembrar do caso. A professora de Ana confirmou a versão que a menina havia lhe relatado, acrescentando que ela pedia para ir ao banheiro com muita frequência, e dizia que os abusos ocorriam na hora de ir dormir, "queria dormir e não podia".

A vítima, quando inquirida, apresentou algumas contradições, ora afirmando dormir na cama dos pais, ora negando; renovou a versão do abuso sofrido relatado à professora e ao Conselho Tutelar; mostrou-se envergonhada, sendo que, em uma das oportunidades, foi inquirida no colo da professora; disse não gostar de morar no abrigo, manifestando o desejo de voltar a residir com os pais. Os Conselheiros Tutelares reafirmaram o relato de Ana. Uma das testemunhas da defesa informou ter atendido a vítima oito meses antes, oportunidade em que apresentava infecção na pele, parecendo queimadura de cigarro, e que a piodermite pode se localizar inclusive nos órgãos genitais.

Os irmãos de Ana, também abrigados em razão dos fatos, negaram que Ana dormisse na cama dos pais, e afirmaram quererem retornar ao convívio familiar e gostarem do pai. O parecer psicológico indicou que Ana apresentava bloqueio emocional, provavelmente desenvolvido em função das ameaças que recebeu da mãe (Antonia) quando revelou o abuso sofrido. Ana teria verbalizado, durante a avaliação psicológica, que havia um lobo mau que queria namorá-la, levando-a para o mato, fazendo fique-fique, mordendo-a nas

---

O caso apresentado é meramente ilustrativo.

costas e nas nádegas. O segundo parecer, emitido por outro serviço, concluiu que os sintomas são sugestivos da hipótese de abuso envolvendo a paciente e seu pai, preenchendo a avaliada os critérios para o diagnóstico de Transtorno de Estresse Pós-Traumático.

Os réus foram absolvidos, pois, embora possa efetivamente ter havido o abuso, como relata de forma veemente a criança, a coceira na região da vagina pode ter sido causada por infecção em face das más condições de higiene, mostrando-se a prova insuficiente para um juízo condenatório.

A acusação, diante da absolvição, recorreu. Em suas razões, enfatiza que a materialidade está comprovada pelos diversos laudos periciais, parecer técnico e pelos depoimentos colhidos durante a instrução do processo; a autoria, em que pese a negativa dos réus, restou incontroversa, como demonstram os relatos da menina, confirmados pela palavra da professora, dos Conselheiros Tutelares e pelo teor dos laudos periciais. A absolvição foi confirmada, afastando-se a procedência da denúncia, por considerar as provas insuficientes, uma vez resumirem-se à palavra da vítima, não se mostrando consistente o bastante para embasar, isoladamente, um decreto condenatório.

A ação de destituição do poder familiar foi julgada improcedente, retornando as crianças ao convívio com os pais.

O ABUSO SEXUAL INTRAFAMILIAR E A VIOLÊNCIA ESTRUTURAL

Jaina Raqueli Pedersen
Patrícia Krieger Grossi

INTRODUÇÃO

A violência, em suas mais diversas formas de expressão, sempre esteve presente na história de crianças e adolescentes. Embora pareça ser um problema contemporâneo, ela é fruto de um processo histórico que colocou a criança em lugar de pouca atenção e visibilidade, tanto no âmbito da família como da sociedade e do poder público, fato que se justifica por não ter sido a criança, por muito tempo, considerada sujeito de direitos e merecedora de proteção. Somente com a Constituição Federal de 1988 e com a implantação do Estatuto da Criança e do Adolescente, em 1990, em consonância com a Convenção das Nações Unidas sobre os Direitos da Criança, as diversas formas de violência praticadas contra crianças e adolescentes, bem como as demais ações que violam os direitos desses sujeitos, ganharam maior visibilidade, e o Estado passou a prestar assistência a essa população que sempre foi vítima da violência, seja ela caracterizada por abusos físicos, sexuais, psicológicos ou por negligência.

Especificamente a violência intrafamiliar, em suas diferentes manifestações, se destaca por sua universalidade, sendo praticada em todas as culturas, sociedades, religiões e classes sociais, embora sua ocorrência seja mais evidente nas classes sociais empobrecidas, tendo em vista os diversos processos de exclusão social e/ou de inclusão social precária que vivenciam. Esses decorrem de aspectos como a pobreza, o desemprego, o não acesso às políticas públicas, dentre outros direitos que não lhes são garantidos, o que acaba contribuindo para a vulnerabilidade da família e, consequentemente, para a desproteção dos membros que a constituem, especialmente crianças e adolescentes.

Este capítulo tem como objetivo analisar o processo de vitimização de crianças e adolescentes pelo abuso sexual intrafamiliar – uma forma de violência sexual atrelada às circunstâncias que assolam as famílias, ou seja, atrelada à violência estrutural que se constitui a partir das desigualdades geradas no sistema de produção capitalista. Além disso, o capítulo se propõe a discutir o desafio que o enfrentamento desse problema coloca aos profissionais do serviço social, no sentido de implementar políticas, programas e ações que forneçam soluções para essa realidade.

A efetivação da proteção e garantia dos direitos de crianças e adolescentes, assim como a superação das situações que violam seus direitos, requer pensar na forma como o Estado, a família e a sociedade se articulam com vistas à garantia dessa proteção e desses direitos. Entendemos que, para a criança e o adolescente serem protegidos, sendo-lhes garantidos e assegurados todos os cuidados que lhes são de direito, é necessário que a família tenha condições de desempenhar suas funções protetivas. Assim, torna-se necessária a superação das dificuldades decorrentes da questão social que perpassam o cotidiano da mesma.

E, mais do que superar e/ou garantir o acesso às necessidades básicas não satisfeitas, é imperativa a criação de condições que modifiquem a conjuntura que dá origem a tais necessidades. Essa modificação só é possível por meio de um trabalho conjunto com as famílias, pois, assim como vivenciam esses processos de privação, elas representam um poder de mobilização e resistência frente a essas condições adversas. Exige, como forma de solucionar tal problema, a implementação de políticas sociais públicas por parte do Estado que ultrapassem ações paliativas e imediatas que não interferem nas circunstâncias sociais que geram tais dificuldades.

O ABUSO SEXUAL INTRAFAMILIAR COMO MANIFESTAÇÃO DA VIOLÊNCIA

O abuso sexual intrafamiliar como manifestação da violência é a categoria explicativa da vitimização sexual; refere-se ao processo, ou seja, à natureza da relação (de poder) estabelecida quando do abuso sexual (Faleiros, 2000, p. 20). Esse tema tem gerado polêmica, discussão e reflexão entre aqueles que buscam evidenciar suas causas, características e consequências, principalmente por ser um tipo de violência muitas vezes camuflada e imperceptível, uma vez que ocorre onde menos se esperaria – no próprio lar. Além disso, o abuso sexual intrafamiliar é um fenômeno que acontece em escala mundial e sempre se fez presente na história da humanidade, atingindo todas as classes sociais.

A história social da infância, revela que, no Brasil, por exemplo, desde o período colonial, crianças não eram consideradas sujeitos de direitos, e, por isso, eram vítimas das mais variadas formas de violência. Contam os historiadores que as primeiras embarcações que Portugal lançou ao mar, mesmo antes do descobrimento, navegavam repletas de crianças órfãs do rei, que recebiam a incumbência de prestar serviços aos homens durante a viagem, que era longa e trabalhosa; além disso, eram submetidas aos abusos sexuais praticados pelos marujos rudes e violentos. Em caso de tempestade, era a primeira carga a ser lançada ao mar (Azambuja, 2006, p. 4).

Compreender o fenômeno do abuso sexual intrafamiliar, assim como as demais expressões da violência que vitimizam crianças e adolescentes, requer entender que a violência que determina as demais formas de sua manifestação é a violência causada pelas alterações da sociedade, e que, no presente, trazem a marca do individualismo moderno (Leal e César, 1998).

Ressalta-se que os termos "agressão" e "violência" não podem ser entendidos como sinônimos, pois, enquanto "agressão" se refere a um fenômeno natural, uma "herança biológica" dos homens e dos outros animais, "violência" refere-se a uma construção do homem, e pode ser considerada como um aspecto culturalmente determinado e historicamente construído (Santos, 1997).

Além disso, o conceito de "violência" caracteriza ações e/ou omissões que podem cessar, impedir, deter ou retardar o desenvolvimento pleno dos seres humanos, sobretudo quando tais ações e/ou omissões forem praticadas contra crianças e adolescentes, que, por estarem em uma condição peculiar de desenvolvimento, precisam de cuidado e de proteção.

No que se refere à violência intrafamiliar, destaca-se que essa não é uma questão recente; ela atravessa os tempos e se constitui em uma situação historicamente construída a partir das relações de poder, gênero, etnia e classe social. Em outras palavras, a violência intrafamiliar é uma expressão extrema da distribuição desigual de poder entre homens e mulheres, da distribuição desigual de renda e da discriminação de raça e de religião. Ela representa todo o ato ou omissão praticado por pais, parentes ou responsáveis contra a criança e/ou adolescente, que, sendo capaz de causar dano físico, sexual e/ou psicológico à vítima, implica, de um lado, uma transgressão do poder/dever de proteção do adulto e, de outro, uma coisificação da infância, isto é, uma negação do direito que a criança e o adolescente têm de serem tratados como sujeitos e pessoas em condições peculiares de desenvolvimento (Guerra apud Scobernatti, 2005, p. 83).

De acordo com Scobernatti (2005), a violência intrafamiliar constitui-se historicamente em fator desencadeador de outros tipos de violência. Dentre as formas de abusos intrafamiliares estão presentes:

- negligências, que se expressam pela indiferença e pela rejeição afetiva, manifestadas por humilhações e depreciações constantes que bloqueiam os esforços de autoaceitação da criança; ou, ainda, podem ser caracterizadas pela omissão dos pais ou responsáveis em garantir os cuidados e a satisfação das necessidades da criança e do adolescente, sejam elas primárias (alimentação, higiene e vestuário), secundárias (escolarização, saúde e lazer), ou terciárias (afeto e proteção);
- abusos físicos, geralmente associados a uma forma de punição ou disciplina, sendo que, com frequência, é possível encontrar a marca do instrumento utilizado na agressão, como: cintos, fivelas, cordas, correntes, dedos e dentes, bem como queimaduras, hematomas e fraturas;
- abusos psicológicos, presentes em todas as formas de violência, embora possam ocorrer isoladamente e variar desde a desatenção ostensiva até a rejeição total. É muito difícil serem documentados e diagnosticados, porque não deixam sinais visíveis;
- abusos sexuais, definidos como qualquer interação, contato ou envolvimento da criança ou adolescente em atividades sexuais que ela não compreende, nem consente. Inclui todo ato ou relação sexual erótica, destinada a buscar prazer sexual. A gama de atos é bastante ampla abrangendo atividades sem contato físico (voyeurismo, cantadas obscenas, etc.) ou com contato físico (implicando diferentes graus de intimidade que vão dos beijos e carícias nos órgãos sexuais até cópulas oral, anal ou vaginal); e atividades sem emprego da força física ou mediante emprego da força física.

Tais fenômenos, como ressaltado anteriormente, perpassam todas as classes sociais, o que requer uma abordagem histórica da questão, uma vez que eles são consequência da estrutura desigual da sociedade brasileira, pautada não só pela dominação de classes, como também pela imperante dominação de gênero e raça e, ainda, pelas relações de autoritarismo estabelecidas entre adultos e crianças.

Vários fatores podem ser destacados como facilitadores da violência. Fatores sociais, como a miséria, o desemprego e as más condições de vida e de sobrevivência são fatores que podem facilitar a ocorrência dos maus-tratos e do abuso sexual, devido à presença de um montante de frustrações presente nessas situações, que muitas vezes excede a capacidade de buscar soluções criativas e construtivas.

É fato que a ocorrência de violência intrafamiliar é encontrável em qualquer classe social (Santos, 1997), mas, na classe popular, os maus-tratos são mais visíveis, uma vez que chegam com mais frequência aos serviços públicos de atendimento, e também por isso, a atuação junto a esse público fica facilitada. Cabe dizer que, por mais difícil que seja a intervenção, é aqui que se visualizam maiores possibilidades de atendimento e proteção à criança. Há que se destacar que, nas famílias de classe média e alta, o abuso sexual intrafamiliar, bem como as demais formas de violência, também ocorre, mesmo que essas não vivenciem, ou vivenciem de forma menos intensa, as diferentes expressões da questão social. O que acaba impedindo seu reconhecimento é o fato de essas famílias não buscarem e/ou não serem atendidas pelo serviço público, diferentemente das famílias pobres, que já são acompanhadas e atendidas pelas políticas públicas, gerando uma maior visibilidade desse fenômeno.

Quanto ao abuso sexual, esse deve ser entendido como uma situação de extrapolação de limites diversos: de direitos humanos, legais, de poder, de papéis, do nível de desenvolvimento da vítima, do que essa sabe e compreende, do que o abusado pode consentir, fazer e viver, de regras sociais e familiares e de tabus. E, principalmente deve ser compreendido que as situações de abuso infringem maus-tratos às vítimas (Faleiros, 2000, p. 15).

Dentre as diversas variáveis relacionadas às causas dos abusos, encontram-se problemas de saúde mental, tais como dependência e abuso de álcool e outras drogas, problemas neurológicos, problemas genéticos e problemas derivados de uma história familiar pregressa ou presente de violência doméstica; ocorrência de perturbações psicológicas entre os membros das famílias; despreparo para a maternidade e/ou paternidade de pais jovens, inexperientes ou supreendidos por uma gravidez indesejada; adoção de práticas educativas muito rígidas e autoritárias; isolamento social das famílias, que evitam desenvolver intimidade com pessoas externas ao pequeno círculo familiar; ocorrência de práticas hostis, desprotetoras ou negligentes em relação às crianças e fatores situacionais diversos, que colocam as famílias frente a circunstâncias não antecipadas e que podem atuar como estressores ou facilitadores do desencadeamento dos abusos.

Contudo, são as consequências da desigualdade social e da pobreza que têm como resultado, conforme o Plano Nacional de Promoção, Defesa e Garantia do Direito de Crianças e Adolescentes à Convivência Familiar e Comunitária,

> a produção de crianças vitimadas pela fome, por ausência de abrigo ou por morar em habitações precárias, por falta de escolas, por doenças contagiosas, por inexistência de saneamento básico, que refletem diretamente na relação entre crianças, adolescentes e violência no cotidiano de famílias brasileiras. Essa situação de vulnerabilidade, denominada vitimação, pode desencadear a agressão física e/ou sexual contra crianças e adolescentes, haja vista que a cronificação da pobreza da família contribui para a precarização e deterioração de suas relações afetivas e parentais. Nesse sentido, pequenos espaços, pouca ou nenhuma privacidade, falta de alimentos e problemas econômicos acabam gerando situações estressantes que, direta ou indiretamente, acarretam danos ao desenvolvimento infantil (Brasil, 2006, p. 27).

Como consequência, essas famílias, submetidas a uma condição de vida precária, sem garantia de alimento, de moradia, de trabalho, de assistência à saúde e de todos os serviços que definem uma vida minimamente digna no mundo contemporâneo, tornam-se incapacitadas de proteger os membros que as compõem, em especial as crianças e os adolescentes. Com isso, aumentam também as possibilidades de a população infanto-juvenil tornar-se vítima de violência sexual.

Diante disso, faz-se necessário compreender tais processos de exclusão social, de pobreza e de desigualdade social, característicos da sociedade capitalista. Para Karl Marx (apud Stotz, 2005, p. 58), "o capitalismo é um sistema econômico no qual a produção das mercadorias se baseia na relação de exploração exercida pelos capitalistas (donos do capital) sobre os trabalhadores. Uma relação que é oculta pelo fato de que os capitalistas pagam aos trabalhadores um salário contratual". A sociedade capitalista gradativamente torna a classe trabalhadora sujeita a esses processos, que se materializam na vida cotidiana desses sujeitos.

Como destaca Martins (1997, p. 14), "não existe exclusão: existem contradições, existem vítimas de processos sociais, políticos e econômicos excludentes; existe o conflito pelo qual a vítima dos processos excludentes proclama seu inconformismo, sua revolta, sua esperança. [...] Essas reações, porque não se trata estritamente de exclusão, não se dão fora dos sistemas econômicos e dos sistemas de poder. [...] Fazem parte deles ainda que os negando".

Quando se utiliza o termo "exclusão social" – que, para o sistema capitalista, é a categoria central, pois não tem por objetivo a inclusão –, em vez de processos de exclusão social, há uma negação do poder de reação dos sujeitos que são vítimas, uma negação da identidade de classe e, ao mesmo tempo, uma ocultação de suas verdadeiras causas e, neste caso, referindo-se às famílias que vivenciam essas diferentes conformações da exclusão social, e que, consequentemente, contribuem para a vitimização de seus membros.

Além disso, a ideia de exclusão social sugere um estado estanque, fixo, que não contempla a possibilidade do movimento inverso, ou seja, de inclusão. Nesse sentido, Martins (1997) adota o termo "desigualdade social", justificando que essa categoria expressa uma possibilidade de inclusão, mesmo que precária, e que pode se dar apenas no momento em que o sujeito é reconhecido como consumidor. Esse mesmo autor ressalta que o termo "exclusão social" é uma armadilha, ou seja, faz com que deixemos de discutir o que realmente é central no sistema capitalista, ou seja, a desigualdade social.

Assim, é importante considerar que as diferentes expressões da questão social vivenciadas pelas famílias de crianças e adolescentes vítimas de abuso sexual intrafamiliar, bem como de outras pessoas que de alguma forma vivenciam essas expressões, estão relacionadas a esse processo que torna a sociedade cada vez mais desigual. O que se verifica no cotidiano da classe trabalhadora é que ela, gradualmente, perde seus direitos e seu poder de mobilização frente às condições adversas que lhe são impostas, tendo em vista esse modelo de produção capitalista de sociedade que impõe ao ser humano uma condição de objeto (coisificação) ou, mais do que isso, um instrumento do qual o capitalismo se apropria para cumprir seu objetivo final – a acumulação. E é nesse contexto que se destaca o trabalho do assistente social, pois, sendo ele um trabalhador que visa a garantir os direitos da classe trabalhadora, deve, juntamente a ela, buscar formas e estratégias de enfrentamento das expressões da questão social, bem como da efetivação de direitos.

A VIOLÊNCIA ESTRUTURAL E AS FORMAS DE RESISTÊNCIA ENCONTRADAS PELAS FAMÍLIAS

Como pôde ser observado no item anterior, todas as formas de violência praticadas contra crianças e adolescentes, sobretudo as que ocorrem dentro do convívio familiar, não podem ser compreendidas sem que seja estabelecida uma relação com a violência que paira em nossa sociedade, ou seja, com a violência estrutural. Essa se manifesta na desigualdade, na exploração, nas relações de poder, na precariedade de condições do capitalismo moderno, articulando-se com as formas particulares de violência. Assim, a estrutura das relações violentas é, ao mesmo tempo, econômica, cultural e de poder, encontrando-se tanto nas relações familiares como nas condições de vida e na sociedade (Leal e César, 1998).

No âmbito da família, os efeitos da violência estrutural são reduplicados, uma vez que não se pode pensar a violência intrafamiliar sem considerar o processo estrutural de produção e manutenção da violência. É preciso considerar a violência estrutural das relações de gênero que se manifesta nas relações familiares, principalmente nas relações entre pai, padrasto, tio e crianças do sexo feminino, além das relações sexuais na família entre adultos e crianças ou adolescentes do sexo masculino. É preciso, ainda, levar-se em conta a violência familiar intergeracional entre irmãos mais velhos e novos, entre primos, dentre outras.

Torna-se evidente que o abuso sexual intrafamiliar, assim como as demais formas de violência, emergem do cenário socioeconômico e político da sociedade. Valores culturais, preconceito relacionado ao gênero, à geração, à raça/etnia e as práticas discriminatórias são fatores que resultam na exclusão em massa de grande parte da população e, consequentemente, muitos acabam sendo alvo da violência, nesse caso, do abuso sexual intrafamiliar.

Ressalte-se que o atual cenário da sociedade brasileira "deve ser entendido pela perspectiva histórica. O desenvolvimento econômico, social e cultural pelo qual passou a América Latina foi marcado pela colonização e escravidão que gerou uma sociedade escravagista, elites oligárquicas dominantes, em cujo imaginário social foi impressa a ideia de que podiam dominar e explorar categorias sociais marginalizadas e/ou inferiorizadas pela raça/etnia, gênero e idade" (Faleiros, 2004).

Durante muito tempo, negros, índios, mulheres e crianças pobres, que constituíram e ainda constituem as categorias dominadas, foram excluídos da sociedade por não terem acesso aos serviços sociais oferecidos pelo Estado, como educação, profissionalização, serviços de saúde, habitação, e excluídos, ainda, do mercado de trabalho e do consumo, devido às altas taxas de desemprego. Atualmente, essa violência se relaciona intimamente ao sistema capitalista de produção, uma vez que os homens produzem e reproduzem suas condições sociais de existência por meio da venda de sua mão-de-obra aos detentores dos meios de produção – os capitalistas – como forma de satisfazer suas necessidades.

Pelo fato de os trabalhadores não possuírem meios pelos quais possam produzir bens e, consequentemente, dependerem da venda de sua força de trabalho para garantir sua existência, surge a contradição fundamental entre capital e trabalho, que dá origem à luta de classes, burguesia e proletariado, pela posse dos meios de produção (Silva, 1987).

Ao longo da produção social de sua existência, os homens estabelecem relações determinadas, necessárias, independentes de sua vontade, relações de produção que correspondem a um determinado grau de desenvolvimento das forças produtivas materiais. O conjunto dessas relações de produção constitui a estrutura econômica da sociedade, a base concreta sobre a qual se eleva uma superestrutura jurídica e política e à qual correspondem determinadas formas de consciência social. O modo de produção da vida material condiciona o desenvolvimento da vida social, política e intelectual em geral. Não é a consciência dos homens que determina seu ser, é o ser social que, inversamente, determina sua consciência (Silva, 1987).

Cabe ressaltar, ainda, que as diferenças entre as classes sociais não são apenas diferenças de renda auferidas ou dos costumes de um grupo. Essas diferenças decorrem da forma pela qual os indivíduos se inserem no mundo da produção, das relações que mantêm entre si e dos interesses que defendem.

Dessa forma, entende-se que a vulnerabilidade social pode ser um fator determinante para o desencadeamento da agressão física e/ou sexual de crianças e adolescentes, uma vez que as consequências da desigualdade social gerada pelo mundo capitalista contribuem para a precarização e deterioração de suas relações afetivas e parentais.

Mesmo não sendo fator determinante para a ocorrência da violência, a pobreza gesta um processo cumulativo de fragilização social, em que a trajetória de grande número de crianças e adolescentes privados de comida, de casa, de proteção, de escola, com acentuação das relações intrafamiliares violentas – também facilitadas pelo alcoolismo, pelo desemprego e pela frustração social – favorece esse processo de fragilização e, consequentemente, a ocorrência da violência. A família, diante de situações de risco social e vulnerabilidades geradas por todo esse processo, sente-se desprotegida pelo Estado, no que tange a um sistema de proteção social norteado pela centralidade da família. Isso também compromete suas responsabilidades, principalmente aquelas que dizem respeito à garantia do direito à convivência familiar e comunitária de crianças e adolescentes.

O fato de as famílias se sentirem desprotegidas pelo Estado refere-se à desproteção por parte das políticas públicas, especialmente a política social, que representa, para muitas, a única forma de ter acesso a seus direitos. No entanto, a política social nas sociedades capitalistas está longe de ser uma instância neutra, voltada ao bem-estar e à igualdade social. Em vez disso, é um campo de intensas contradições e conflitos de interesses, marcado pela permanente tensão entre interesses públicos e privados, entre lutas por direitos coletivos e o uso instrumental do Estado a favor de uma ordem econômica que produz e reproduz continuamente as desigualdades e a pobreza (Algebaile, 2005).

Destaca-se, ainda, que o não investimento em políticas sociais por parte do Estado está relacionado ao processo de desresponsabilização em relação ao social. De acordo com Valla (2005), o que se percebe é uma intensificação da retirada do Estado, não somente da economia, mas também de suas responsabilidades sociais, ou seja, há um gradual declínio do poder do Estado na regulamentação e efetivação dos direitos sociais, tendo em vista seu processo de privatização, que passou a ocorrer de forma mais acentuada a partir da década de 1990, quando o Brasil adotou políticas respaldadas no ideário neoliberal. Com isso, as políticas sociais acabam legitimando os diferentes processos de exclusão social, uma vez que suas ações são muito limitadas. Assim, por serem paliativas e residuais, tais ações do Estado não conseguem retirar seus usuários das condições que os colocam em situação de vulnerabilidade, pois não sanam suas necessidades, nem, principalmente, a causa da não satisfação dessas necessidades.

Nesse contexto, desafios vão sendo postos para os profissionais que trabalham no campo dos direitos, principalmente com políticas sociais, destacando-se os assistentes sociais, que têm o papel de identificar como a questão social vem forjando a vida material, a cultura e a sociabilidade e, desse modo, afetando a dignidade da população atendida. Isso porque é o conhecimento criterioso dos processos sociais e sua vivência pelos indivíduos sociais que poderá alimentar propostas inovadoras, capazes de propiciar o reconhecimento e o atendimento às efetivas necessidades sociais dos segmentos subalternizados, alvos das ações institucionais (Iamamoto, 2002, p. 34).

Para isso, o assistente social deve ser um profissional crítico, capaz de fazer uma leitura da realidade social e relacioná-la à realidade cotidiana dos usuários de seus serviços, ou seja, ser capaz de perceber que as desigualdades geradas pelo sistema capitalista interferem e/ou se manifestam por meio das diferentes expressões da questão social no dia a dia das famílias e da sociedade como um todo, e que, diante disso, procuram por serviços que atendam a suas mais diversas necessidades. Diante dessas demandas, é necessário um profissional que, além de crítico, seja criativo, capaz de propor e criar estratégias de intervenção diante dessa realidade tão perversa. Esse profissional deve ser capaz de se articular com as diferentes políticas públicas com o objetivo de atender às demandas imediatas e de longo prazo da população, acentuadas pela crescente desigualdade social gerada pelo sistema de produção capitalista.

Essa desigualdade social está relacionada à crescente exclusão de um contingente de trabalhadores do mercado formal de trabalho, o que incide diretamente na situação econômica e social das famílias trabalhadoras, trazendo dificuldades à convivência familiar e à permanência de crianças e adolescentes em suas famílias, fator que se agrava pela ausência de políticas sociais que garantam o acesso a bens e serviços indispensáveis à cidadania das mesmas.

Diante dessa realidade de exclusão de trabalhadores do mercado formal de trabalho ou até mesmo daqueles que se encontram no exército industrial de reserva, sem muitas perspectivas de se verem incluídos novamente, o assistente social deve, independentemente do espaço sócio-ocupacional, junto aos gestores e demais profissionais responsáveis pela legitimação das políticas públicas, criar condições, projetos, ações, serviços, entre outras alternativas que possam representar uma possibilidade de mudança na vida dessas pessoas, isto é, trabalhar na perspectiva de fortalecimento dos indivíduos e resistência aos processos de exclusão.

Com relação ao exposto, é possível evidenciar que o abuso sexual intrafamiliar está diretamente relacionado à questão social, ou seja, aos fatores e circunstâncias que lhe constituem e dão forma. Esta é entendida como o conjunto das expressões das desigualdades da sociedade capitalista madura, que tem uma raiz comum: a produção social é cada vez mais coletiva, o trabalho torna-se mais amplamente social, enquanto a apropriação mantém-se privada, monopolizada por uma parte da sociedade. Assim como é desigualdade, a questão social é também rebeldia, por envolver sujeitos que vivenciam as desigualdades e a ela resistem e se opõem (Iamamoto, 2006).

A crise social, por sua vez, se aprofunda e se torna mais complexa gradualmente, pois as desigualdades econômicas, sociais, políticas e culturais geradas pelo capitalismo também assumem novas e maiores proporções. No entanto, para que se tenha clareza do abuso sexual intrafamiliar como forma de violência e expressão da questão social, torna-se imperativo aproximar-se dos conceitos de "violência estrutural" e "vitimização", que caracterizam as diferentes formas de violação de direitos, tanto de crianças e adolescentes como de suas respectivas famílias.

A violência estrutural recebe definições e conceitos de vários autores, cabendo aqui destacar alguns. Maldonado (1997) faz referência à violência estrutural como sendo aquela caracterizada por condições extremamente adversas de vida, que geram uma imensa população de pessoas vivendo na miséria, com fome, habitação precária ou até mesmo deficiente e dificuldade de acesso ao mercado de trabalho, sofrendo, no cotidiano, a violação sistemática de violação dos direitos humanos. Para Boulding (1981), a violência estrutural oferece um marco à violência do comportamento, pois se aplica tanto às estruturas organizadas e institucionalizadas da família como aos sistemas econômicos, culturais e políticos que conduzem à opressão de determinadas pessoas a quem se negam vantagens da sociedade.

Nessa perspectiva, tem-se que a violência estrutural pode ser entendida como um processo de vitimação, ou seja, são as consequências da desigualdade social e da pobreza que têm como resultado "a produção de crianças vitimadas pela fome, por ausência de abrigo ou por morar em habitações precárias, [...], por inexistência de saneamento básico, que refletem diretamente na relação entre crianças, adolescentes e violência no cotidiano de famílias brasileiras" (Brasil, 2006, p. 27). Para o Plano Nacional de Promoção, Defesa e Garantia do Direito de Crianças e Adolescentes à Convivência Familiar e Comunitária, "essa situação de vulnerabilidade, denominada *vitimação*, pode desencadear a agressão física e/ou sexual contra crianças e adolescentes, haja vista que a cronificação da pobreza da família contribui para a precarização e deterioração de suas relações afetivas e parentais. Nesse sentido, pequenos espaços, pouca ou nenhuma privacidade, falta de alimentos e problemas econômicos acabam gerando situações estressantes que, direta ou indiretamente, acarretam danos ao desenvolvimento infantil" (Brasil, 2006, p. 27).

Já a vitimização refere-se à violência inerente às relações interpessoais entre adulto e criança. A vitimização – como violência interpessoal – constitui uma exacerbação desse padrão, pressupondo, necessariamente, o abuso – como ação, ou omissão de um adulto – capaz de criar dano físico ou psicológico à criança (Azevedo e Guerra, 2007, p. 35). Crianças vítimas dessa violência aprisionam suas vontades e desejos, dado que se submetem ao poder do adulto, que busca coagi-las para satisfazer seus próprios interesses, expectativas ou paixões, ignorando os sentimentos delas. Como destaca Amaro (2003), vitimização se refere a uma visão/ação no mundo centrada e organizada sob a ótica do adulto. Na relação de poder adultocêntrica, as necessidades e os direitos das crianças e adolescentes são relegados a uma condição hierarquicamente inferior aos dos adultos, chegando a uma valorização oscilante, sendo esses sujeitos associados/transformados em "adultos em miniatura".

Dessa forma, considerando que todas as formas de violência vitimizam crianças de todas as classes sociais, é importante destacar que, embora haja certa sobreposição entre crianças vitimadas e crianças vitimizadas, o processo de vitimação atinge exclusivamente filhos de famílias economicamente desfavorecidas, enquanto o processo de vitimização ignora fronteiras econômicas entre as classes sociais, sendo absolutamente transversal, de modo a cortar verticalmente a sociedade (Azevedo e Guerra, 2007).

Quando se fala em famílias economicamente desfavorecidas, é possível relacionar esse contexto com aquilo que se chama de "pobreza", ou seja, com uma situação na qual uma pessoa (ou uma família) não tem condições de viver dentro dos padrões socialmente estabelecidos em um certo momento histórico (Stotz, 2005), ou, mais do que não poder viver dentro dos padrões estabelecidos, não poder viver com aquilo que é básico, elementar para se ter uma vida digna. É importante destacar que, de acordo com os dados do IPEA (2008), como "pobre" definem-se todas as pessoas com renda *per capita* mensal igual ou inferior a meio salário mínimo, cerca de R$ 207,50. Ao passo que são consideradas pessoas em condição de indigência aquelas com renda *per capita* igual ou inferior a um quarto do salário mínimo. Já pessoas ricas definem-se como aquelas pertencentes a famílias cuja renda mensal seja igual ou maior do que 40 salários mínimos (aproximadamente R$ 16,6 mil).

Ainda considerando as palavras de Stotz, a pobreza não é um problema dos pobres, e sim da sociedade, que produz a pobreza como um componente orgânico de suas vitórias e fracassos, o que vai de encontro à percepção de senso comum que percebe os pobres como vagabundos, pessoas que não querem trabalhar e que, por isso, estão na condição de miserabilidade. A pobreza é resultado do modelo de produção capitalista, que gera desigualdade ao gerar desemprego, não garantia de acesso às políticas públicas, trabalho precário, entre outros fatores que tornam cada vez mais visível a desigualdade entre a classe que vive do trabalho, que vende sua força de trabalho, e aqueles que a compram, com o objetivo de explorar essa mão-de-obra para gerar lucro.

Assim, destaca-se o quanto a pobreza contribui para tornar a família vulnerável no sentido de não poder garantir proteção e os cuidados devidos a seus membros constitutivos e, consequentemente, originar um ambiente propício para a ocorrência de outras formas de violência, tendo em vista que a privação de trabalho, renda, comida, educação, assistência, saúde, habitação, entre outros direitos, constitui-se também em uma forma de violência que vitima as famílias que fazem parte e vivenciam diariamente esse processo de negação de seus direitos.

CONSIDERAÇÕES FINAIS

Com base nos aspectos apresentados, verificamos que inúmeros desafios e possibilidades são impostos aos profissionais que atuam junto a crianças, adolescentes e famílias envolvidos em situações de abuso intrafamiliar. Um deles é o fortalecimento da rede de proteção primária, nesse caso, a família, e a rede secundária, que envolve diversos profissionais e instituições direcionadas à proteção e garantia dos direitos da criança e do adolescente.

Talvez o mais importante desafio seja o de efetivar o que está previsto na Política Nacional de Assistência Social e no Sistema Único de Assistência Social, ou seja, que as ações da assistência social tenham como centralidade a família, considerando que essa não se apresenta mais de forma homogênea e que reproduz os efeitos das mudanças e transformações ocorridas na sociedade. Destaca-se que a família, como rede primária, com o apoio do Estado e o trabalho realizado por diferentes profissionais e instituições sociais, poderá assegurar a proteção e a garantia dos direitos de crianças e adolescentes. Mas, para isso, deve ter suas necessidades satisfeitas para se constituir como estrutura vital, isto é, como o lugar central para a humanização e a socialização da criança e do adolescente, como o espaço ideal e privilegiado para o desenvolvimento integral dos indivíduos.

REFERÊNCIAS

ALGEBAILE, E. B. As ações da sociedade civil e do Estado diante da pobreza. In: VALLA, V. V.; STOTZ, E. N.; ALGEBAILE, E. B. *Para compreender a pobreza no Brasil*. Rio de Janeiro: Contraponto, 2005.

AZAMBUJA, M. R. F. Violência sexual intrafamiliar: é possível proteger a criança? *Revista Virtual Textos & Contextos*, v. 5, n. 1, 2006. Não paginado.

AZEVEDO, M. A.; GUERRA, V. N. A. *Crianças vitimizadas*: a síndrome do pequeno poder. 2. ed. São Paulo: Iglu, 2007.

BÓGUS, L.; YASBEK, M. C.; WANDERLEY, M. B. *Desigualdade e a questão social*. São Paulo: Educ, 2000.

BRASIL. Ministério do Desenvolvimento Social e Combate à Fome. Secretaria Especial dos Direitos Humanos. *Plano nacional de promoção, proteção e defesa do direito de crianças e adolescentes à convivência familiar e comunitária*. Brasília: CONANDA; CNAS, 2006.

CARVALHO, J. M. *Cidadania no Brasil*: o longo caminho. 5. ed. Rio de Janeiro: Civilização Brasileira, 2004.

FALEIROS, E. T. S. *Repensando os conceitos de violência, abuso e exploração sexual de crianças e de adolescentes*. Brasília: Thesaurus, 2000.

FALEIROS, V. P. O fetiche da mercadoria na exploração sexual. In: LIBÓRIO, R. M. C. et al. *A exploração sexual de crianças e adolescentes no Brasil*: reflexões teóricas, relatos de pesquisas e intervenções psicossociais. São Paulo: Casa do Psicólogo; Goiânia: Universidade Católica de Goiás, 2004.

IAMAMOTO, M. V. A questão social como matéria do serviço social. *Revista do Conselho Federal de Serviço Social*: atribuições privativas do(a) assistente social em questão. Brasília: [s.n.], 2002.

INSTITUTO DE PESQUISA ECONÔMICA APLICADA. *Comunicado da Presidência*: pobreza e riqueza no Brasil metropolitano. Brasília: IPEA, 2008. n. 7. Disponível em: <http://www.ipea.gov.br/sites/000/2/comunicado_presidencia/ Reducao-Pobreza_CPresi7.pdf>. Acesso em: 21 set. 2010.

LEAL, M. F. P.; CÉSAR, M. A. *Indicadores de violência intra-familiar e exploração sexual comercial de crianças e adolescentes*. Brasília: CECRIA – Centro de Referência, Estudos e Ações sobre Crianças e Adolescentes, 1998.

LIBÓRIO, R. M. C.; SOUSA, S. M. G. (Org.). *A exploração sexual de crianças e adolescentes no Brasil*: reflexões teóricas, relatos de pesquisas e intervenções psicossociais. São Paulo: Casa do Psicólogo; Goiânia: Universidade Católica de Goiás, 2004.

MARTINS, J. S. *Exclusão social e a nova desigualdade*. São Paulo: Paulus, 1997.

NETTO, J. P. *A ordem social contemporânea é o desafio central*. Santiago: [s.n.], 2006. Mimeografado. Palestra realizada na 33ª Conferência Mundial de Escolas de Serviço Social.

SANTOS, B. C. Aspectos causadores da violência. In: SANTOS, B. C. et al. (Org.). *Maus-tratos e abuso sexual contra crianças e adolescentes*: uma abordagem multidisciplinar. São Leopoldo: Série Cadernos, 1997.

SCOBERNATTI, G. *Violência intrafamiliar*: teoria e prática: uma abordagem interdisciplinar. Pelotas: Armazém Literário, 2005.

SILVA, L. M. M. *Serviço social e família*: a legitimação de uma ideologia. 3. ed. São Paulo: Cortez, 1987.

SOUZA, J. S. *Exclusão social e a nova desigualdade*. São Paulo: Paulus, 1997.

STOTZ, E. N. Pobreza e capitalismo. In: VALLA, V. V.; STOTZ, E. N.; ALGEBAILE, E. B. *Para compreender a pobreza no Brasil*. Rio de Janeiro: Contraponto, 2005.

VALLA, V. V. Globalização, a questão social e a nova pobreza. In: VALLA, V. V.; STOTZ, E. N.; ALGEBAILE, E. B. *Para compreender a pobreza no Brasil*. Rio de Janeiro: Contraponto, 2005.

2

A VIOLÊNCIA SEXUAL E OS DIREITOS DA CRIANÇA E DO ADOLESCENTE

Aurea Satomi Fuziwara
Eunice Teresinha Fávero

INTRODUÇÃO

Neste capítulo, apresentamos considerações sócio-históricas sobre os direitos humanos da criança e do adolescente, bem como ponderações sobre como atuar em uma situação de violência sexual sofrida por uma criança ou um adolescente, ressaltando a escuta e a análise qualificadas como contribuições fundamentais no circuito da atenção para a afirmação de direitos.

Como eixos da análise, abordamos o paradigma da proteção integral, que fundamenta o Estatuto da Criança e do Adolescente (ECA), a incompletude institucional e a necessidade de saberes interdisciplinares e transdisciplinares que superem a perspectiva autoritária ainda presente no circuito da atenção.

A criança e o adolescente passaram a ser considerados em suas particularidades há muito pouco tempo. A primeira imagem que tivemos de crianças não indígenas no território brasileiro foi a das que vieram nas caravelas e ficaram órfãs no percurso, sendo exploradas sexualmente e também obrigadas a realizar trabalhos forçados na embarcação. É a imagem da criança desprotegida tanto pela ausência de um adulto protetor quanto pela indiferença à sua condição de pessoa em desenvolvimento.

Muitos fatores sociais, econômicos e culturais foram determinantes para ainda hoje convivermos com diferentes concepções e práticas em relação às crianças e adolescentes. Pode-se afirmar que há consenso sobre alguns conceitos, como a condição de pessoa em desenvolvimento, mas existem divergências, por exemplo, nos procedimentos metodológicos. Nesse sentido, as breves reflexões aqui expostas se colocam nesse campo teórico-metodológico, situado em um momento em que temos uma legislação avançada, mas convivendo com fragilidades nas metodologias e com a precariedade da política estatal para garantir direitos humanos.

A situação é visível também ao avaliarmos que temos pouco avanço no reordenamento institucional, processo que deveria ter ocorrido desde a aprovação do ECA, com vistas a alterar nossas práticas. Vale reafirmar que o ECA tem eixos fundamentais para esse reordenamento:

a) proteção e atendimento;
b) defesa e responsabilização; e
c) controle social.

Edson Seda, em reunião realizada em São Paulo, com o Cress 9ª Região (SP), afirmou que o ECA resultou do entrelaçamento de três vertentes que raramente se encontraram com tanta felicidade na vida brasileira: o movimento social, o mundo jurídico e as políticas públicas. Assim, nossa reflexão se baseia na defesa dessa conquista, reivindicando que o mundo jurídico dialogue com o movimento social, e que esse conjunto afirme o dever do Estado de garantir os direitos humanos por meio das políticas públicas.

A judicialização da questão social tem sido crescente, fazendo com que conflitos sociais sejam tratados como assuntos individuais, quando são, na verdade, consequências de uma opção política que não efetiva a seguridade social no sentido legal e político. Além disso, conforme afirma Helena Singer (1989, p. 10), "a luta pelos direitos humanos no Brasil não supera seu isolamento porque tem carregado uma contradição básica: o debate em torno dos valores de liberdade, felicidade e igualdade que está se restringindo ao tema da penalização que é, fundamentalmente, conservador. [...] Ou seja, os discursos e as práticas não chegam à população sob a forma de liberdade, felicidade e igualdade, mas sim de culpabilização, penalização, integrando um movimento mundial de obsessão punitiva crescente".

No processo de construção democrática estão os trabalhadores que atuam diretamente com as crianças e seus responsáveis. As transformações nos diversos campos geram ou alteram as necessidades sociais, impondo, afirmando ou justificando formas de produção e reprodução da sociedade. Essa situação interfere na divisão sociotécnica do trabalho, recaindo sobre os trabalhadores. Nesse contexto, há um imenso desafio colocado para esses, que não detêm controle da organização dos espaços institucionais, cumprindo o que é estabelecido, muitas vezes, sem diálogo.

Ao atuarmos contra o abuso sexual, o objetivo é interromper o mais rápido possível a violação, agir de forma interdisciplinar para cessar o ciclo de violência e minorar as consequências íntimas e sociais da violação. A tarefa é ampla e complexa, não há soluções simples, e a responsabilidade é de todos, mas, sobretudo, do Estado. A busca de saídas exige o aprofundamento da reflexão sobre os princípios e os fundamentos da ação técnica e política para não se criar medidas com ênfase punitiva – respostas falsas e efêmeras a uma questão muito mais complexa.

A construção coletiva que originou o ECA é uma ação permanente que exige enfrentar divergências e buscar alianças na defesa de outra lógica que não a do medo ou da conveniência, mas da ousadia e de esperança no processo democrático participativo.

ENFRENTAMENTO DO ABUSO, EXPLORAÇÃO E VIOLÊNCIA SEXUAL E COMERCIAL CONTRA A CRIANÇA E O ADOLESCENTE

A violência não é apenas ruptura de laços. Contraditoriamente, é também dimensão das relações sócio-históricas que se expressam na vida cotidiana, não sendo, portanto, atingível apenas na imediaticidade expressa pela descoberta de um ato de violência. Além disso, sua revelação implica rupturas e resistências dos sujeitos envolvidos na relação violenta, que pode ter sido episódica e isolada, ou ter sido perpetrada ao longo de dias e até anos. Pode, inclusive, ter sido vivenciada por mais de uma geração da mesma família.

No aspecto legal, é importante considerar os avanços em relação aos direitos e garantias da criança e do adolescente, inclusive no que tange o aspecto da violência à que eles estão expostos. Vejamos um fundamento constitucional (art. 27 da Constituição Federal) que trata desses direitos:

> É dever da família, da sociedade e do Estado assegurar à criança e ao adolescente, com absoluta prioridade, o direito à vida, à saúde, à alimentação, à educação, ao lazer, à profissionalização, à cultura, à dignidade, ao respeito, à liberdade e à convivência familiar e comunitária, além de colocá-los a salvo de toda forma de negligência, discriminação, exploração, violência, crueldade e opressão.
>
> § 1º O Estado promoverá programas de assistência integral à saúde da criança e do adolescente, admitida a participação de entidades não governamentais [...]
>
> § 4º A lei punirá severamente o abuso, a violência e a exploração sexual da criança e do adolescente.

Nesse sentido, orienta-nos Azambuja (2009, s.p.): "Sempre que estiver presente notícia de fato que constitua infração administrativa ou penal contra os direitos da criança ou adolescente (art. 136, inciso IV, ECA), bem como se mostrar necessário o ajuizamento de ações de suspensão ou destituição do poder familiar (art. 136, inciso XI, ECA), independentemente das medidas de proteção ou aplicáveis aos pais (arts. 101 e 129 ECA), o Conselho Tutelar encaminhará ou representará ao Promotor de Justiça. De posse das informações, o Ministério Público avaliará a necessidade do ajuizamento de ação de suspensão ou destituição do poder familiar, assim como a adoção das medidas legais cabíveis, tanto na área cível como criminal. Ao propor a ação, no âmbito cível ou mesmo criminal, o Ministério Público aciona o sistema de Justiça, dando início a uma nova fase na vida da criança ou do adolescente e de seus pais".

O Brasil verificou em 1993, por meio de Comissão Parlamentar de Inquérito (CPI), o imenso número e as complexas dinâmicas que engendram a violência sexual contra a criança e o adolescente. Somente em 2000 foi elaborado o Plano Nacional de Enfrentamento da Violência Sexual Infanto-Juvenil e, posteriormente, o Comitê Nacional de Enfrentamento à Violência Sexual contra Crianças e Adolescentes, instalado como uma instância nacional representativa da sociedade, dos poderes públicos e das cooperações internacionais, para monitoramento da implementação do Plano Nacional de Enfrentamento da Violência Sexual Infanto-Juvenil.

O Plano parte do objetivo geral de "estabelecer um conjunto de ações articuladas que permita a intervenção técnico-política e financeira para o enfrentamento da violência sexual contra crianças e adolescentes", tendo como objetivos específicos:

- Realizar investigação científica, visando compreender, analisar, subsidiar e monitorar o planejamento e a execução das ações de enfrentamento da violência sexual contra crianças e adolescentes.
- Garantir o atendimento especializado às crianças e aos adolescentes em situação de violência sexual consumada.
- Promover ações de prevenção, articulação e mobilização, visando ao fim da violência sexual.
- Fortalecer o sistema de defesa e de responsabilização.
- Fortalecer o protagonismo Infanto-Juvenil.

Para atingir esses objetivos, o Plano estabelece um quadro operativo que se estrutura nos seguintes eixos estratégicos:

- **Análise da Situação** – conhecer o fenômeno da violência sexual contra crianças e adolescentes em todo o país; realizar o diagnóstico da situação do enfrentamento da problemática; analisar as condições e garantias de financiamento do Plano, assim como seu monitoramento e avaliação; divulgar todos os dados e informações à sociedade civil brasileira.
- **Mobilização e Articulação** – fortalecer as articulações nacionais, regionais e locais de combate e pela eliminação da violência sexual; comprometer a sociedade civil no enfrentamento dessa problemática; divulgar o posicionamento do Brasil em relação ao turismo sexual e ao tráfico para fins sexuais; e avaliar os impactos e resultados das ações de mobilização.
- **Defesa e Responsabilização** – atualizar a legislação sobre crimes sexuais; combater a impunidade; disponibilizar serviços de notificação e capacitar os profissionais da área jurídico-policial, assim como implantar e implementar os Conselhos Tutelares, o SIPIA e as Delegacias especializadas de crimes contra crianças e adolescentes.
- **Atendimento** – efetuar e garantir o atendimento especializado, e em rede, às crianças e aos adolescentes em situação de violência sexual e às suas famílias por profissionais especializados e capacitados.

- **Prevenção** – assegurar ações preventivas contra a violência sexual, possibilitando que as crianças e adolescentes sejam educados para o fortalecimento da sua autodefesa; atuar junto à Frente Parlamentar no sentido de implementar legislação referente à internet.
- **Protagonismo Infanto-Juvenil** – promover a participação ativa de crianças e adolescentes pela defesa de seus direitos e comprometê-los com o monitoramento da execução do Plano Nacional.

Esse Plano foi desenvolvido para orientar as ações de cada município e estado, cabendo aos Conselhos Estaduais e Municipais dos Direitos da Criança e do Adolescente garantirem a elaboração e a avaliação local sobre as ações desenvolvidas. No III Encontro Mundial do Enfrentamento da Violência Sexual contra Crianças e Adolescentes, realizado em novembro de 2009, no Brasil, um dos resultados foi a decisão do Conanda de revisar o Plano Nacional no tocante a "especializar os programas de atendimento às vítimas e a incorporar a contribuição da arte e de projetos culturais aos programas governamentais" (disponível em www.iiicongressomundial.net/index.php).

Frente a inúmeras violações de direitos, é importante que a sociedade se posicione para exigir soluções. Entre os mecanismos democráticos, entendemos que o Fórum de Direitos da Criança e do Adolescente é o espaço legítimo e que garante autonomia para os cidadãos, entidades e adolescentes discutirem a efetivação do ECA. A experiência democrática no Brasil é recente e ainda em construção, portanto, é fundamental que a sociedade civil construa seus fóruns próprios para debater a situação livremente e elaborar suas propostas para a efetivação dos direitos infanto-juvenis. Defendemos, contudo, que se evite pulverizar e fragmentar nossas ações, buscando fortalecer o Fórum Municipal para que agregue os debates da sociedade civil na defesa de tais direitos.

Um instrumento importante que precisa ser aperfeiçoado é o Sistema de Informação para a Infância e Adolescência (Sipia), um sistema nacional de registro e tratamento de informações sobre a garantia e a defesa dos direitos fundamentais preconizados no ECA. O Sipia tem uma saída de dados agregados em nível municipal, estadual e nacional, e pode se constituir em uma base de dados para formulação de políticas públicas no setor, se houver investimento em sua melhoria, uma vez que atualmente se encontra precariamente instalado no território nacional, exceto em alguns estados, como Mato Grosso do Sul, por exemplo, que tem obtido excelência no uso dos relatórios.

PERSPECTIVA ADULTOCÊNTRICA PARA A CENTRALIDADE DA CRIANÇA E DO ADOLESCENTE: O REORDENAMENTO INSTITUCIONAL

Na atuação pelos direitos humanos, defendemos o reordenamento institucional que repõe o lugar social e ético dos sujeitos nas relações. O abuso sexual provoca a deturpação dos papéis e das relações socioafetivas entre crianças e adultos. Assim, a atuação dos profissionais, familiares e outros atores na defesa da criança visa restaurar a confiança perdida pela vítima, com vistas a retomar seu desenvolvimento saudável.

Autores defendem que adolescentes e jovens possam protagonizar projetos dentro da própria comunidade em que tenham sido vítimas como modo de superar esse lugar. Essa é, inclusive, uma orientação da Cúpula Internacional realizada no Canadá em março de 1998, que, com o título "Para Sair das Sombras", tratou da exploração sexual de jovens (Declaração e Plano de Ação das Crianças e Jovens Sexualmente Explorados, disponível em www.cecria.org.br).

Intensificam-se os estudos sobre o tráfico de seres humanos, no qual há grande envolvimento de crianças e de adolescentes, em especial em regiões de fronteira. Da mesma forma, tornam-se conhecidas situações de trabalho escravo que estão, muitas vezes, relacionadas à exploração sexual. Mais comum, contudo, é a violência cotidiana, que, banalizada nas relações da comunidade e, por vezes, facilmente identificável, é, em geral, uma violência naturalizada.

A proteção e a promoção dos direitos humanos, assim como a compreensão da violência como assunto de saúde pública devem compor as diretrizes para o reordenamento das instituições (inclusive as ideológicas, como a família), das políticas públicas e das ações da comunidade. Afirmar que as violações – no caso, a violência, o abuso e a exploração sexual contra crianças e adolescentes – são construções sócio-históricas as repõem no cenário de possibilidade de superação.

Valorizar os profissionais, a família e a comunidade exige investimento público em: políticas públicas de Estado (permanentes), qualificação dos profissionais, programas dirigidos às relações familiares e comunitárias e em campanhas de comunicação social de esclarecimento e mobilização (e não de pânico ou perseguição), para que agressores e vítimas sejam devidamente atendidos pelo Estado.

A vítima deve ser acolhida e empoderada, individual e coletivamente. A sua rede familiar e comunitária também necessita ser empoderada, por meio de processos emancipatórios para a autonomia social. O atendimento à vítima, nessa perspectiva, pode fortalecer a comunidade e ampliar sua forma de lidar com a violência em suas várias expressões, inclusive exigindo políticas públicas de prevenção e atendimento.

Ações nessa direção são fundamentais para construção do que chamamos de "porta de entrada pela via protetiva" e não pela via criminal. Insistimos neste aspecto: podemos desenvolver um circuito de atendimento pela via protetiva à criança.

Enfrentar a incompletude institucional exige a construção de caminhos para ampliar o conhecimento entre as profissões envolvidas com esta questão e as instituições públicas e privadas. Os eventos científicos devem agregar debates politizados, posto que as expressões de violência exigem conhecimento das diferentes áreas, que devem subsidiar as decisões políticas.

As redes de atendimento, sejam via política pública, sejam da sociedade civil, precisam se incorporar à arena política, participando dos Fóruns DCAs, dos Conselhos de Direitos e Políticas Setoriais e dos mecanismos de participação e controle social, como as Conferências. O trabalho desenvolvido a partir dessa participação pode ampliar a percepção social e mobilizar reações.

Nesse sentido, a implantação do Sistema Único da Assistência Social (SUAS), aprovado em 2004, tem um papel significativo para a chamada proteção especial de crianças e adultos que vivenciaram violações graves. Esse é um momento rico de discussão sobre a articulação entre as áreas de assistência social e saúde pública. Os municípios deverão empenhar-se para organizar a rede de serviços e suas interfaces, seja para ampliar as possibilidades de um bom atendimento, seja para otimizar os recursos públicos investidos.

Deve-se salientar que a política de assistência social e a política de atendimento disposta no ECA preveem várias ações, inclusive o acolhimento institucional para crianças e adolescentes vitimizados. Contudo, essa possibilidade deve ser acionada apenas em última instância, quando tiverem se esgotado as chances de manter a vítima junto àqueles com quem tem vínculos afetivos.

Em regra, quando necessário, é o agressor que deverá ser afastado. Porém, a dinâmica da violência não é simples, e sabemos que há laços e cumplicidades em uma trama difícil de ser trabalhada imediatamente; em muitos casos, outros adultos protegem o familiar agressor, gerando ainda mais culpa, medo e angústia na vítima. Assim, trabalhar as situações de violência pressupõe considerar essa difícil trama de relações, que é, ainda, muitas vezes agravada por questões de sobrevivência material.

O SUAS estabelece que a "proteção social especial deve afiançar acolhimento e desenvolver atenções socioassistenciais a famílias e indivíduos para possibilitar a reconstrução de vínculos sociais e conquistar maior grau de independência individual e social. Deve, ainda, defender a dignidade e os direitos humanos e monitorar a ocorrência dos riscos e do seu agravamento".

O Centro de Referência Especializado de Assistência Social (CREAS), integrante do SUAS, deve articular os serviços de média complexidade e operar a referência e a contrarreferência com a rede de serviços socioassistenciais da proteção social básica e especial, com as demais políticas públicas e demais instituições que compõem o Sistema de Garantia de Direitos e movimentos sociais. Para tanto, é importante estabelecer mecanismos de articulação permanente, como reuniões, encontros ou outras instâncias para discussão, acompanhamento e avaliação das ações, inclusive as intersetoriais.

O fato de termos – desde a publicização, na década de 1980, das graves violações contra a população infanto-juvenil no Brasil, e da CPI de 1993 – avançado nas ações voltadas a aperfeiçoar a legislação quanto aos violadores, assim como nas ações voltadas a criar serviços de proteção à criança e atendimento à família, revela indicadores positivos de que o silêncio está sendo rompido, ainda que lentamente.

Considerando a complexidade da violência sexual contra crianças e adolescentes, defendemos que a responsabilização deve ser parte de um processo terapêutico, que, infelizmente, ainda não acontece. Em regra, a responsabilização se resume ao encarceramento do agressor, sem efetivamente existir um atendimento especializado durante e após o cumprimento da pena de reclusão.

A violência sexual, em especial contra crianças e adolescentes, envolve inúmeros fatores que não são atingidos em uma única intervenção ou instituição. A reflexão sobre a incompletude institucional, os saberes científicos e as decisões a serem tomadas, seja pelo Poder Público, seja na intimidade da família, repõe a centralidade e o desafio de efetivamente a criança e o adolescente serem respeitados como sujeitos de direitos, detentores da prioridade absoluta nas nossas ações. Nessa direção, a escuta qualificada no cotidiano da intervenção é fundamental.

VIOLÊNCIA SEXUAL CONTRA A CRIANÇA, AFIRMAÇÃO DE DIREITOS E O FAZER PROFISSIONAL NO COTIDIANO

Para tratarmos da necessária escuta qualificada e do trabalho de qualidade nas situações de violência, reportamo-nos aos significados implícitos na execução desse trabalho, que envolvem competência técnica e política e, por consequência, exigem o domínio da teoria explicativa da realidade social, de fatores subjetivos que permeiam a ação e a reação dos sujeitos, dos princípios éticos coerentes com a atividade profissional e social e do conhecimento dos instrumentais operativos da ação.

Necessitamos de respostas a algumas indagações; por exemplo, como garantir a proteção e afirmar os direitos de crianças e adolescentes vítimas de violência sexual levando em conta os limites e as contradições institucionais e as questões conjunturais e estruturais que interferem na prática cotidiana e a condicionam? Como, nesse cotidiano, não praticar outras violências, como a violência psicológica pelas exposições às quais tantas vezes são submetidos, ao repetirem a mesma história a vários profissionais e em diferentes momentos? (Fávero, 2008).

Certamente, as respostas a tais questões necessitam ser construídas coletivamente. Mas, visando tão somente contribuir nessa direção, trazemos algumas ponderações. Um passo necessário é o investimento contínuo no diálogo – nos tão falados (e tão pouco praticados) trabalhos interdisciplinares e intersetoriais, e isso exige pensar os desafios para além da ótica exclusiva de uma profissão.

Netto (2008, s.p.), ao falar a assistentes sociais, afirma: "Não somos, felizmente, os únicos profissionais a se confrontar com a questão da concretização de direitos

– por isso, é necessário conhecer os outros, apresentar-nos a eles, aprender com eles e ensinar-lhes o que temos acumulado. É preciso articular nossa reflexão e nossa prática com outras categorias profissionais, conhecer suas estratégias, estabelecer alianças, criar vínculos; é preciso sair do nosso nicho profissional e levar em conta que os espaços profissionais são plásticos, movem-se, alteram-se, ampliam-se e, também, definham se os seus protagonistas não dispõem de inventiva e criatividade". Nesse sentido, a interdisciplinaridade exige complementaridade, e não fragmentação das ações, além do reconhecimento dos limites de cada área do conhecimento, humildade intelectual e investimento no exercício do diálogo, em vez do exercício do inquérito.

Proteção integral à criança e ao adolescente e o direito de serem ouvidos

Quando falamos que a criança e o adolescente têm o direito de serem ouvidos, e que deve ser observada sua condição peculiar de sujeitos em desenvolvimento, precisamos dominar os conceitos que fundamentam tais afirmações. Importa saber que, quando falamos em "sujeito" e em "ter direitos", chamamos a atenção para o compromisso articulado no paradigma que rege o ECA.

Conforme o Plano Nacional de Promoção, Proteção e Defesa do Direito de Crianças e Adolescentes à Convivência Familiar e Comunitária (PNCFC, 2006, p. 25), a concepção de que a criança e o adolescente são sujeitos de direitos significa considerá-los como "indivíduos autônomos e íntegros, dotados de personalidade e vontade próprias que, na sua relação com o adulto, não podem ser tratados como seres passivos, subalternos ou meros 'objetos', devendo participar das decisões que lhes dizem respeito, sendo ouvidos e considerados em conformidade com suas capacidades e grau de desenvolvimento". Assim, a criança e o adolescente, como sujeitos em condição peculiar de desenvolvimento, necessitam ser devidamente conhecidos e compreendidos, e, para tanto, é essencial um entendimento do seu processo de socialização, de suas relações familiares e das influências do meio social em que vivem, enquanto determinantes e condicionantes desse processo peculiar de desenvolvimento.

Nesse contexto, os cuidados afetivos e a segurança material, de responsabilidade da família, do Estado e da sociedade, são aspectos a serem analisados – levando em conta o acesso da família à proteção social para efetivação plena dos seus deveres em relação às crianças e aos adolescentes sob sua responsabilidade e o cumprimento, pelo Estado e pela sociedade, de suas obrigações com elas.

Na relação com adultos/familiares, Estado e sociedade, a criança e o adolescente devem ter garantida a liberdade de opinião e de expressão, considerando as peculiaridades da sua etapa de desenvolvimento e as condições emocionais e sociais decorrentes do momento e da situação vivenciados.

Na efetivação da proteção integral à criança e ao adolescente, e do direito de serem ouvidos, é imprescindível que o direito a falar leve em conta que eles estejam em condições para tal e que desejem fazê-lo. É importante observar que o processo de socialização acontece de diferentes maneiras, influenciado pelos diferentes contextos socioeconômicos, culturais e familiares de crianças e adolescentes. Assim, suas reações a um processo de violência também serão diferentes.

SAÚDE, EDUCAÇÃO E JUSTIÇA NO COTIDIANO E A VIOLÊNCIA

No cotidiano das organizações que têm crianças e adolescentes como sujeitos centrais de seus programas de atuação, estão envolvidos primordialmente os profissionais que lidam diretamente com elas. É o caso do professor, figura essencial em seu processo de socialização; do médico, do enfermeiro e do conjunto dos agentes de saúde que os atendem, geralmente, em situações de dor e de sofrimento; dos conselheiros tutelares, em regra os primeiros a receberem a denúncia de maus-tratos e dos quais se espera a efetivação das primeiras ações na direção da proteção às vítimas; dos assistentes sociais, psicólogos e pedagogos, que trabalham na área da Justiça da Infância e da Juventude e que estabelecem, tantas vezes, os primeiros vínculos com a criança vítima e com seus familiares, no intuito de contribuir para a aplicação de medidas de proteção, ainda que se trate de um primeiro levantamento de provas para a punição do suposto autor da violência.

Quando, no espaço do trabalho, se estabelecem relações com crianças e adolescentes vítimas de violência sexual, cada profissional o faz a partir de um determinado lugar institucional, e seu foco de ação será direcionado pelos princípios e competências de sua área de formação, pelas atribuições conferidas pela função que exerce e pela missão da instituição à qual é vinculado. Dessa forma, sua intervenção poderá dar conta apenas de uma parte da ação, que deve ser coletiva, buscando abranger a totalidade, se de fato se pretende atuar na proteção e na prevenção das vítimas.

Agir isoladamente nos casos que envolvem maus-tratos contra crianças e adolescentes, com destaque aqui para as vítimas de violência sexual, é ir na contramão do compromisso de assumir a proteção integral a sujeitos de direitos. Mas é essa a realidade vivida por grande parte dos profissionais que se deparam cotidianamente com esse tipo de violência, em razão das ainda insuficientes ou até ausentes políticas institucionais locais ou nacionais, que pouco investem na formação e na articulação da rede social de atenção.

O Unicef, em trabalho elaborado sobre o circuito de atenção ao abuso sexual, constata que seus diferentes fluxos "são descontínuos, lentos e de insuficiente resolubilidade"; que "o sucesso de um atendimento depende mais do profissional do que de uma política institucional"; e que os profissionais que atendem as crianças/adolescentes vítimas e seus familiares "muitas vezes se veem isolados em suas tomadas de decisões, atuando de forma não integrada a redes e a outros agentes da área ou, ainda, sem maiores referências quanto à melhor forma de atuar" (UNICEF e CLAVES, 2004, p. 32).

Destacando que a violência contra crianças e adolescentes, em especial no ambiente familiar, é um fenômeno social complexo, esse trabalho afirma a exigência de que todos nós – da área da saúde, educação, justiça, segurança, dos movimentos sociais e dos serviços de atendimento à vítima – realizemos debates e ações articuladas, em um trabalho interdisciplinar, multiprofissional e intersetorial que envolva uma conjugação de esforços, inteligências e políticas públicas para de fato enfrentar tal fenômeno (UNICEF e CLAVES, 2004).

No que se refere mais especificamente ao trabalho das áreas da saúde e da educação, sabemos que as políticas são ainda muito precárias; porém, considerando os avanços obtidos, sobretudo com a Constituição Federal de 1988, temos uma cobertura de atendimento a uma faixa populacional extremamente significativa. Em geral, os serviços de saúde e as escolas são espaços onde é possível identificar quando uma criança ou adolescente sofreu violência sexual. Porém, por vivermos em uma sociedade extremamente desigual, em que, como vimos, essa realidade é naturalizada e banalizada, nem sempre temos mobilização diante de tais questões. Os esforços têm obtido, ainda assim, crescente número de denúncias e notificações de violação e abuso sexual.

A escola protetiva

Pensar a escola protetiva inclui a percepção de que o abuso sexual está mais presente em nossa sociedade do que gostaríamos, e exige pensar a escola como espaço democratizante das relações, combatendo a perspectiva adultocêntrica. A escola como instituição de pertencimento deve ultrapassar seus muros, simbólica e efetivamente, levando a novas práticas na relação comunitária. Assim, a sua atuação com a criança e a família pode potencialmente atingir as relações da comunidade.

É com essa perspectiva que vislumbramos o papel protetivo da escola: para além da ação diante da ocorrência ou suspeita de violação de direitos, e, no caso de violência sexual, com a potencialidade preventiva.

Quando a violação ocorre, há dois enfoques que nos parecem fundamentais:

a) **A intervenção junto à criança vitimizada**
O ECA prevê que, em caso de suspeita ou ocorrência de vitimização, cabe acionar o Conselho Tutelar da região onde reside a criança, sendo que o Conselho acionará os serviços existentes, que, conjuntamente, poderão levantar elementos para a ação do Judiciário. Nesse processo, é fundamental validar os vínculos de confiança da criança: se ela identifica, por exemplo, a pessoa que cuida da merenda escolar, e a ela recorreu inicialmente, é importante valorizar essa vinculação. Da mesma forma, se a criança identifica não a mãe, mas um tio, por exemplo, o trabalho deve valorizar tal situação.
No âmbito familiar, é fundamental atentar às relações em que os indivíduos estão envolvidos, pois, por vezes, o abusador é encoberto devido à questão cultural emergente dessas relações em detrimento do direito da criança. A literatura também aponta o círculo vicioso do abuso sexual, sendo que a prioridade, em um primeiro momento, deve ser a ruptura do processo de violação e do segredo.

b) **A intervenção no ambiente escolar e na comunidade**
É muito frequente, apesar de incorreto, o tratamento dessa violência no âmbito público. Há que se estabelecer, portanto, dois parâmetros básicos de discussão: em primeiro lugar, abolir a ideia de que a literatura científica evidencia a relevância do rompimento do segredo para a intervenção e, em segundo lugar, acabar com a falsa noção de que os outros sujeitos que perpassam a rotina da vítima e do agressor ignoram o fato ou não são atingidos por ele. A partir desses dois parâmetros, o fato, para não ser banalizado nem oprimir ainda mais a vítima, pode ser abordado no âmbito escolar *com muito preparo e cuidado*. Essa é uma perspectiva adotada por alguns profissionais que defendem o empoderamento dos sujeitos envolvidos. Se a família e a vítima são empoderadas, por meio de atendimento psicossocial e outros serviços, a família pode não se ver obrigada a retirar a criança da escola, por exemplo. A atitude de retirar da escola, por vezes, é entendida como proteção, mas, em geral, segrega ainda mais e exclui um importante espaço coletivo, gerando constrangimento e sentimento de culpa na vítima.

A vítima, ao revelar o fato, deve ser respeitada e realmente ouvida na sua denúncia. Essa validação poderá fortalecê-la emocional e socialmente. A abordagem pode ser indireta, realizando-se, por exemplo, uma discussão sobre a importância da coragem de denunciar e a existência de respaldo e acolhida pelos que a ouviram.

As estratégias de atendimento devem afirmar um lugar social para a vítima e sua família para não culpabilizá-las. O sentimento de fracasso dos adultos convive com a insegurança diante da ruptura de vínculos, da cumplicidade dúbia e dos impactos gerados pela revelação. Assim, a ruptura do silêncio é um processo longo, não se expressando apenas na descoberta do fato, mas de toda as suas engrenagens, que precisam ser rompidas, não deixando restar um vazio, mas, ao contrário, construindo elos voltados para o caminho de superação.

O direito à saúde

Quanto à revelação de abuso sexual nos serviços de saúde, deve-se considerar o que já apontamos quanto ao viés protetivo, e não criminal, como prioridade, e que a revelação remete a tabus, havendo maior dificuldade de garantir um olhar adequado frente à violência sexual, sobretudo ao incesto.

É fato que a equipe de saúde tem o papel de proteção e cuidado, efetuando os registros necessários, e devendo estar ciente de que poderá ser solicitada por autoridades, como Delegacia de Polícia e Ministério Público, para subsidiar as providências legais em relação ao agressor e mesmo para opinar sobre as medidas protetivas aplicadas pelo Conselho Tutelar. Vejamos brevemente, a título de exemplificação, alguns elementos do trabalho de atendimento à vítima de violência sexual em duas localidades brasileiras.

Um deles é o realizado pela Secretaria Municipal de Saúde de Florianópolis, onde o primeiro contato é no serviço de saúde, tendo sido desenvolvido com base no Protocolo do Ministério da Saúde publicado em 1999. Um ponto fundamental estabelecido pelo protocolo de Florianópolis, que tem evitado a revitimização, é fazer com que o primeiro local de atendimento seja uma das unidades de saúde de referência, para onde são direcionados todos os cuidados que a vítima necessita, da seguinte forma: a unidade de saúde que atende a vítima é quem aciona a Delegacia da Mulher, que comparece na unidade de saúde para colher o depoimento, no caso da vítima maior de idade querer formalizar a denúncia, registrando o Boletim de Ocorrência. Nesse caso, a própria Delegacia aciona o Instituto Médico Legal, que também vai até a unidade de saúde para fazer o exame de corpo de delito e colher as provas. Se a vítima, no momento, não desejar denunciar o agressor, o médico da unidade de saúde colhe as provas, utilizando-se de um *kit* fornecido pelo Instituto de Análises Laboratoriais, e as encaminha para o mesmo Instituto, onde ficarão guardadas por seis meses, para o caso de, mais tarde, sentindo-se empoderada, essa mulher queira apresentar a denúncia. Se a vítima for menor de idade, obrigatoriamente a unidade de saúde de referência comunicará também ao Conselho Tutelar, que tomará as medidas legais cabíveis ao caso (disponível em www.pmf.sc.gov.br/saude/adobe/apresentacao.pdf). Fomos informadas, em abril de 2009, por profissional da rede, que esse serviço está sofrendo alterações, questionadas pelos trabalhadores.

O acolhimento inicial não é feito na delegacia, mas na saúde, com médicos treinados e o deslocamento de policias até o local para levantar as informações junto aos familiares. Quando o primeiro atendimento ocorre na delegacia, o boletim de ocorrência é lavrado e a vítima encaminhado ao IML, onde é feito o atendimento de perícia e prevenção dos agravos resultantes. Se há risco de morte, o exame pericial é realizado somente após o atendimento médico.

Outra experiência que nos foi relatada em setembro de 2008 é a de um trabalho interdisciplinar no Maranhão, desenvolvido pelo Centro de Perícias Técnicas, que vem consolidando uma prática interdisciplinar de apoio ao Judiciário, ao Ministério Público, ao Conselho Tutelar e à Segurança Pública, no intuito de atender as crianças e os adolescentes, preservando-os ao máximo após o conhecimento de que houve a tentativa ou a violação de fato. O Centro de Perícias, como o nome indica, apresenta o laudo das áreas técnicas, inclusive do assistente social e do psicólogo, para evitar a revitimização no inquérito policial e no processo Judiciário.

A denúncia ao sistema de justiça

Na experiência cotidiana de trabalho em Vara de Infância e Juventude, constatamos que as situações de violência sexual contra crianças e adolescentes chegam a essa instância judiciária mais comumente por dois caminhos: pelo Conselho Tutelar e por unidades de saúde, sendo raros encaminhamentos realizados diretamente pelas escolas.

Encaminhamentos realizados pelo Conselho Tutelar muitas vezes descrevem detalhadamente relatos de vítimas e familiares em uma linguagem não raro permeada por termos e noções de senso comum, sendo possível perceber que o relato da situação exerceu impacto no conselheiro e que ele não teve – ou não tem – um suporte técnico no âmbito de sua formação, bem como tem, ou teve, dificuldade de acionar a rede de atendimento. Assim, sua intervenção por vezes se resume a esse primeiro atendimento e no imediato encaminhamento do caso à Justiça da Infância e da Juventude.

As denúncias e os encaminhamentos por meio de unidades de saúde, relativamente frequentes, sinalizam que vem se firmando a conscientização entre os profissionais da área quanto ao cumprimento do ECA no que se refere à obrigação de denunciar quando se tem conhecimento de situações de violência contra a criança e o adolescente, uma vez que seu art. 13 dispõe que

> os estabelecimentos de atendimento à saúde deverão, obrigatoriamente, comunicar ao Conselho Tutelar – sem prejuízo de outras providências legais – os casos de suspeita ou confirmação de maus-tratos contra criança e adolescente.

Os contatos estabelecidos indicam a existência de trabalho técnico, por meio do qual se busca garantir a proteção à criança, ainda que a articulação com a rede se coloque como deficiente, seja pela inexistência ou pela insuficiência de programas e organizações especializadas na questão, seja pela própria rotina estabelecida em algumas organizações, como a judiciária, por exemplo, que fica inerte à espera de provocação, poucas vezes se dispondo a participar de uma articulação efetiva, em condições de igualdade – de voz e de ação –, para lidar de maneira mais abrangente e qualificada com tais situações.

Quanto à rede formal de educação, há poucas denúncias encaminhadas diretamente ao Conselho Tutelar, à Vara da Infância e Juventude ou à rede de saúde, ainda que não tenhamos estatísticas atualizadas para confirmar o volume. Cabe destacar que, como ocorre com os estabelecimentos de saúde, os dirigentes de estabelecimentos de ensino têm o dever de comunicar ao Conselho Tutelar os casos de maus-tratos envolvendo seus alunos (art. 56 do ECA).

Quando instituições educacionais encaminham situações à Justiça da Infância e da Juventude – diretamente ou por intermédio do Conselho Tutelar –, geralmente trata-se de uma suposta negligência envolvendo famílias pobres cujas crianças frequentam a rede pública de ensino. O conhecimento de situações de violência por meio da rede privada de ensino, quando muito, aparece em processos que tramitam na Justiça da Família e das Sucessões, geralmente em casos de disputa de guarda de filhos. Assim, tais situações são conhecidas como denúncia efetivada pela escola, mas como informação coletada durante a tramitação do processo, por testemunhos, ou por meio de entrevistas realizadas por assistentes sociais e psicólogos.

A ATENÇÃO IMEDIATA COMO PARTE DA PROTEÇÃO

O procedimento adequado no momento da intervenção envolve muito mais do que uma ação individualizada e localizada, ainda que não prescinda da postura "individual" competente e qualificada do profissional competente, pois o primeiro contato com a denúncia se faz geralmente por apenas uma pessoa, seja conselheiro tutelar, psicólogo, assistente social, enfermeiro, médico, professor, etc.

A avaliação realizada por esses profissionais exige base teórica, técnica e ética para que o trabalho contribua com a garantia de direitos dos sujeitos – a criança e/ou adolescente vítimas, os familiares e o suposto abusador –, e clareza de que o seu papel deve estar estritamente de acordo com as prerrogativas e funções profissionais, não cabendo atribuições inquisitoriais com vistas à confissão ou à "verdade" para subsidiar eventual punição ao acusado de um crime.

O diálogo no processo de atenção

No trato com a criança e o adolescente vítimas de violência, o espaço de diálogo, de uma escuta qualificada, é imprescindível. Os trabalhadores sociais devem ter competência técnica e ética para o exercício de suas funções: capacidade para ouvir e dialogar com a criança ou o adolescente e com seus familiares e conhecimento de referenciais teóricos sobre a violência doméstica, sobre os danos que a violência sexual pode provocar na vítima e sobre as peculiaridades dos agressores – para trocas de saberes e integração de ações de atenção.

Conforme Camdessus (1993, apud Torraca, 2008, p. 120), "a avaliação sobre a suspeita de violência sexual deve ser minuciosa e com metodologia rigorosa, para que seja possível analisar se a denúncia possui fundamento", sendo necessário considerar que a avaliação ocorre "quando a família se encontra em momento de crise devido à natureza da denúncia".

Desenvolver a capacidade de escuta é condição essencial a todo profissional que interage com crianças vítimas de violência. Não cabe a ele buscar "a verdade" a qualquer custo, inquirindo ou colhendo depoimentos, frente ao impacto da suspeita ou da revelação da violência. Nesse sentido, é necessário refletir sobre o que os professores, médicos, conselheiros, assistentes sociais e psicólogos entendem por "verdade" e sobre o que é "verdade" para uma criança ou adolescente.

Questionando se a criança, ao ser inquirida, teria compreensão das consequências de suas declarações, Torraca pondera que "crianças possuem dificuldades para entender ou diferenciar situações carinhosas das ocorrências caracterizadas como abuso, até porque o abuso pode acontecer sem violência física. Da mesma forma, se observa que a criança, por vezes, não possui clareza sobre o fato que vivenciou, repetindo histórias que lhe foram contadas por pessoas de sua confiança, com quem mantém laços de afeto, reproduzindo fielmente afirmações que lhe foram transmitidas" (Torraca, 2008, p. 120-121). E, ainda, que a verdade provinda da escuta da subjetividade – feita por psicólogos, no estudo da autora (com base em Marlene Iucksch) – "é distinta da verdade jurídica", e que "reconhecer o direito de a criança se expressar é diferente de sacralizar a palavra desta" (Torraca, 2008, p. 122).

Assim, o professor, o conselheiro, o médico, o enfermeiro, o assistente social, o psicólogo, entre outros, ao tomarem conhecimento da violência, ou da suposta violência, têm a obrigação – legal e ética – de tomar providências imediatas na direção da garantia da proteção. Mas, o que de fato fazer e como fazer? Com quem falar e como falar?

O primeiro procedimento – ainda que pareça óbvio (mas pode não ser) –, é "ouvir": ouvir com os ouvidos, os olhos, a razão e os sentimentos, sem que esses últimos se sobreponham à necessária interação profissional e humanizada, para que o impacto que a revelação possa causar não supere o entendimento de que a criança é um ser em formação e toda e qualquer ação e reação frente à violência sofrida vai afetá-la de alguma maneira. Assim, é necessário possibilitar um espaço de verdadeira escuta, com o mínimo de interferência, e posterior acionamento do(s) elo(s) da rede que poderá(ão) dar os próximos passos.

Pensar em atenção às crianças vítimas de violência sem se integrar à rede de atenção é não se comprometer com o efetivo enfrentamento do problema nos âmbitos individual e coletivo, uma vez que esse enfrentamento exige uma rede que busque garantir a implementação de um espaço preferencialmente único e interdisciplinar de atenção à criança. Nessa direção, é fundamental não perder de vista que tanto a ausência como o excesso de intervenções, bem como as que são realizadas de maneira inadequada, como nos lembra Torraca (2008), podem revitimizar a criança.

REFERÊNCIAS

AZAMBUJA, M. R. F. *Violência sexual intrafamiliar*: é possível proteger a criança? Porto Alegre: Livraria do Advogado, 2006.

BRASIL. *Lei nº 8.069, de 13 de julho de 1990*. Dispõe sobre o Estatuto da Criança e do Adolescente e dá outras providências. Disponível em: <http://www.planalto.gov.br/ccivil_03/Leis/L8069.htm>. Acesso em: 16 set. 2010.

BRASIL. Ministério do Desenvolvimento Social e Combate à Fome. Secretaria Especial dos Direitos Humanos. *Plano nacional de promoção, proteção e defesa do direito de crianças e adolescentes à convivência familiar e comunitária*. Brasília: Conanda; CNAS, 2006.

BRASIL. Ministério do Desenvolvimento Social e Combate à Fome. Secretaria Nacional de Assistência Social. *Política Nacional de Assistência Social* [Pnas]. Brasília: [s.n], 2004.

FALEIROS, V. P. Redes de exploração e abuso sexual e redes de proteção. In: CONGRESSO BRASILEIRO DE ASSISTENTES SOCIAIS, 9., 1998, Goiânia. *Anais...* Goiânia: [s.n.], 1998. p. 267-271, v. 1.

FÁVERO, E. T. *Parecer técnico*: metodologia "Depoimento sem Dano" ou "Depoimento com Redução de Danos". 2008. Disponível em: <http://www.cress-sp.org.br/index.asp?fuseaction=manif&id=162>. Acesso em: 21 set. 2010.

FUNDO DAS NAÇÕES UNIDAS PARA A INFÂNCIA; CENTRO LATINO-AMERICANO DE ESTUDOS DE VIOLÊNCIA E SAÚDE JORGE CARELI. *Famílias*: parceiras ou usuárias eventuais? Análise de serviços de atenção a famílias com dinâmica de violência doméstica contra crianças e adolescentes. Brasília: UNICEF; CLAVES, 2004. Disponível em: <http://www.unicef.org/brazil/pt/livro_familia-viol.pdf>. Acesso em: 16 abr. 2009.

GABEL, M. (Org.). *Crianças vítimas de abuso sexual*. São Paulo: Summus, 1998.

LUIZ, C. L.; CAMPOS, O. R. P. *Experiência de uma rede de proteção integral de proteção à criança e ao adolescente em Florianópolis*. Disponível em: <http://www.pmf.sc.gov.br/saude/adobe/apresentacao.pdf>. Acesso em: 19 abr. 2009.

NETTO, J. P. O desafio de afirmar direitos, num mundo globalizado e desigual. In: CONFERÊNCIA MUNDIAL DE SERVIÇO SOCIAL, 19., 2008, Salvador. *Trabalhos...* Salvador: [s.n.], 2008.

SINGER, H. Direitos humanos e volúpia punitiva. *Dossiê Direitos Humanos no Limiar do Século XXI*, n. 37, p. 10-9, 1998.

TORRACA, L. M. Diga-me agora... O depoimento sem dano em análise. *Revista de Psicologia Clínica*, v. 20, n. 2, p.113-125, 2008.

3

ASPECTOS JURÍDICOS E PSÍQUICOS DA INQUIRIÇÃO DA CRIANÇA VÍTIMA

Maria Helena Mariante Ferreira
Maria Regina Fay de Azambuja

INTRODUÇÃO

As diversas formas de violência expõem a população a situações de risco, constituindo-se em um dos graves problemas de saúde pública, consumindo recursos imensuráveis na reparação dos danos que causa aos diversos segmentos sociais. Crianças, mulheres e idosos, em razão de suas vulnerabilidades, costumam ser as maiores vítimas da violência, levando o poder público a repensar as políticas públicas voltadas a essa população.

É na fase inicial da vida, período em que a dependência dos adultos é maior, que muitas crianças sofrem as primeiras manifestações de violência contra elas. Entre todas as formas de violência, a sexual intrafamiliar costuma apresentar maiores dificuldades de manejo, sendo responsável por sequelas que acompanham a vítima ao longo de toda sua vida, atingindo-a fisicamente, socialmente e em sua saúde psíquica, o que justifica o envolvimento de profissionais de várias áreas do conhecimento na busca de alternativas que possam minorar os graves danos que tal violência provoca.

Atender e acompanhar crianças vítimas de violência sexual intrafamiliar exige condições específicas por parte dos profissionais. O desconhecimento das características que circundam a criança vítima e sua família costumam agravar as dificuldades de conduzir o atendimento por parte dos profissionais da saúde e do Sistema de Justiça, comprometendo a eficácia de suas ações e agravando a situação de vulnerabilidade da criança.

Estudos e pesquisas desenvolvidos nas últimas décadas na área da saúde mental e, mais precisamente, da neurociência, comprovam os prejuízos que a criança vítima de violência sexual pode apresentar ao longo de sua vida. Paralelamente, as mudanças legislativas na área da infância, ocorridas a partir da década de 1990, têm exigido repensar práticas e procedimentos até então adotados. A criança, historicamente vista como objeto a serviço dos interesses dos adultos, passa a ser compreendida, a partir do século XX, como um ser humano em desenvolvimento. Vários documentos internacionais alertam para a relevância dessa etapa do desenvolvimento humano, desencadeando a revisão das legislações, condutas e procedimentos adotados com o intuito de garantir direitos àqueles que ainda não atingiram 18 anos. No Brasil, a Constituição Federal de 1988, em consonância com a Convenção das Nações Unidas sobre os Direitos da Criança, é considerada o divisor de águas, seguida, em 1990, pelo Estatuto da Criança e do Adolescente.

A partir de tais considerações, cabem as seguintes questões: exigir da criança a responsabilidade pela produção da prova da violência sexual através do depoimento judicial, como costumeiramente se faz, não seria uma nova violência contra a criança? Estaria a criança obrigada a depor? Esses e outros questionamentos precisam ser enfrentados sob a ótica da Doutrina da Proteção Integral.

Este capítulo tem por objetivo a discussão da prática de inquirir a criança vítima de violência sexual intrafamiliar à luz do princípio da primazia do interesse da criança, levando em conta os avanços da psicologia na compreensão da memória e do trauma, propondo a busca de novos caminhos na abordagem da criança exposta à violência sexual, sobretudo quando o abusador é pessoa de suas relações familiares.

DIFICULDADES NO ATENDIMENTO DE CRIANÇAS VÍTIMAS DE VIOLÊNCIA SEXUAL INTRAFAMILIAR

Os casos de violência sexual intrafamiliar praticados contra a criança chegam ao Sistema de Justiça através do Conselho Tutelar, da Delegacia de Polícia (quando remete o inquérito policial) ou das disputas familiares envolvendo guarda, visitas, suspensão ou destituição do poder familiar. Dependendo da situação, é acionado o Sistema de Justiça Infanto-Juvenil, Criminal ou de Família, sendo possível verificar que a revelação da violência sexual causa forte impacto não só na criança como na família e nos profissionais.

O impacto da revelação

Ao Conselho Tutelar são notificadas diversas formas de maus-tratos praticados contra a criança, sendo tais notificações decorrentes de iniciativa da comunidade, dos profissionais da saúde (art. 13 ECA) ou, ainda, dos profissionais da educação (art. 56, inc. I, ECA). Em agosto de 2010, havia 5.772 Conselhos Tutelares em funcionamento regular no Brasil (Conanda, 2010). Os Conselhos Tutelares – órgãos municipais compostos por cinco membros com mandato de três anos – foram criados com o Estatuto da Criança e do Adolescente em 1990 (ver artigos 131/140 do ECA) "para a efetivação da política de atendimento à criança e ao adolescente, tendo em vista assegurar-lhes os direitos básicos, em prol da formação de sua cidadania" (Carvalho, 1992, p. 419-420).

A notícia de violência sexual costuma causar forte impacto nos profissionais envolvidos no atendimento do caso, sobretudo quando desprovidos de uma maior capacitação que lhes permita conhecer os meandros do problema. Igual dificuldade está presente quando as instituições, sejam públicas ou privadas, não dispõem de uma equipe interdisciplinar apta a avaliar e auxiliar nos encaminhamentos que o caso requer. Todas essas dificuldades, aliadas à complexidade do tema e às repercussões que a violência sexual intrafamiliar desencadeia nos profissionais, geram a necessidade de melhor estudar e refletir sobre as relações que se fazem presentes entre os profissionais, a criança, o abusador e o restante do grupo familiar envolvido.

Os casos que envolvem suspeita ou confirmação de violência sexual, sobretudo quando o abusador é pessoa próxima da criança, comportam maiores dificuldades de manejo por parte dos profissionais. Por envolverem pessoas do mesmo grupo familiar, vêm marcados pelo "segredo", o que dificulta sua notificação e faz com que os dados disponíveis nos órgãos oficiais correspondam apenas a uma parcela da realidade. Pesquisa realizada em 1997, pelo Governo do Estado do Rio Grande do Sul, apontou que, em uma amostra de 1.579 crianças e adolescentes em situação de rua, 23,4% não retornavam para casa como forma de fugir dos maus-tratos. Kristensen, Oliveira e Flores (1998) estimaram que 18% das mulheres de Porto Alegre com menos de 18 anos sofreram algum tipo de assédio sexual cometido por pessoas de sua família. Em nível nacional, o disque-denúncia, entre 2003 a 23 de março de 2010, registrou 2 milhões de atendimentos, englobando várias formas de maus-tratos. Recebeu e encaminhou mais de 100 mil denúncias vindas de todas as partes do país. A média diária de denúncias passou de 12, por dia, em 2003, para 87, em setembro de 2009. (*Exploração...*, 2009).

A demanda do Conselho Tutelar, no que se refere à violência intrafamiliar, ainda não pode ser devidamente dimensionada. Em que pese, desde a sua criação, já se venham levantando dados, ainda que de forma precária, é recente o reconhecimento da violência doméstica, observando-se a utilização de diferentes definições do fenômeno pelas instituições e pesquisadores responsáveis pelas estatísticas disponíveis. Os casos de violência intrafamiliar abarcam situações de difícil manejo para os Conselheiros Tutelares e profissionais que atendem a criança. Ao mesmo grupo familiar pertencem os dois polos da ação, agressor e vítima, sendo que as crianças, vítimas inocentes e silenciosas do sistema e da prática de antigos hábitos e costumes arraigados na cultura de nosso povo, são as maiores prejudicadas nesse contexto calamitoso (Alberton, 1998).

A criança vítima de abuso, além do sofrimento traumático inicial, se encontra no seguinte dilema: como revelar? a quem revelar? como reagirá a família? o que ocorrerá após a revelação? O trauma decorrente da violência sexual causa alterações neuropsicológicas na criança, só lhe permitindo pensar no abuso ao longo de um processo gradual, lento, envolvendo a pressão automática que a faz lembrar e a necessidade de esquecer (Alvarez, 1994).

O nível de desenvolvimento da criança pode ou não fornecer instrumentos que lhe facilitem a compreensão e a expressão do ocorrido de forma clara, verbal e lógica. O sentimento de dever para com a família e a fantasia de que a destruição foi causada por ela mesma são sentimentos dolorosos que acompanham a criança em sua evolução. Além disso, a vergonha experimentada pela criança resulta na negação e na constrição do afeto. Esses mecanismos defensivos protegem-na contra o sentimento de culpa, tornando difícil a compreensão do abuso como um ato lesivo.

A necessidade de esquecer envolve mudança de comportamento na criança. Entre outros mecanismos, a criança desenvolve o que Freud chamou de "identificação com o agressor", isto é, ao personificar o agressor e assumir seus atributos ou imitar a sua agressão, a criança transforma-se de uma pessoa ameaçada na pessoa que ameaça (Freud, 1986). Uma forma psicológica de sobreviver ao abuso sexual sem revelá-lo, mas perpetuando-o: repetir para não lembrar.

A violência sexual intrafamiliar praticada contra a criança apresenta um cenário difícil de ser compreendido, principalmente quando inexistem vestígios físicos que costumam se fazer presentes. Juridicamente, a criança vítima é responsável pela produção da prova da violência a que foi submetida, o que implica que ela não só reviva a situação traumática por que passou como também enfrente uma nova situação para qual não apresenta condições de maturação. A confiabilidade do relato infantil é comprometida pelas vicissitudes da situação de fragilidade da criança resultante do abuso, da faixa de maturação em que se encontra, além de sua posição na família.

A notícia de abuso sexual praticado contra uma criança costuma desencadear reações nos profissionais que lidam com o caso, relacionadas ao sentimento de perplexidade. A perplexidade, segundo Moguillnansky (2004), é o sentimento que experimentamos ante o desconhecido, o indeterminado, o aleatório, o azar e o inconcebível. A perplexidade ante o trauma envolve suportar uma injúria ao narcisismo saudável e ao equilíbrio no bem-estar, que tem como consequência uma transformação no pensamento. O ego ataca sua própria percepção lógica, surgindo uma nova construção da realidade, na qual a ideia de proibido, de crime, se reorganiza em uma nova cena.

A intrusão da *agressão incestuosa*, sua violência e sua distorção da posição de autoridade e de respeito entre as gerações invadem a família e também a equipe de profissionais envolvidos no caso. Provocam um apagamento no limite das diferenças de papéis e no espaço entre as gerações. Instala-se uma confusão de percepções e de papéis que comprometem o andamento e a eficiência do trabalho dos profissionais. A perplexidade compartilhada, as confusões dos papéis, os mal-entendidos nas relações sustentam o segredo, tanto na família como nos órgãos oficiais de atendimento à criança (Barudy, 1999).

Com a revelação da violência sexual, adquire relevância o papel a ser desempenhado pela equipe cuidadora no atendimento à criança e à família. Para a melhor compreensão dos aspectos técnicos que caracterizam a relação da criança vítima com a equipe cuidadora, alguns conceitos básicos da psicologia, em especial os de "transferência", "contratransferência" e "aliança terapêutica", serão revisados aqui para melhor orientação do leitor, uma vez que tais comportamentos são profundamente implicados na agressão incestuosa.

"Transferência" é um dos veículos de comunicação dos processos emocionais conscientes e inconscientes entre terapeutas e pacientes. É a orientação realizada pelo terapeuta para que o paciente ative antigos sentimentos e comportamentos experenciados ao longo da vida, além de lembranças de pessoas significativas em sua vida. A história pessoal de relacionamentos do indivíduo, como foi sedimentada pela memória, é ativada e revivida na relação de transferência. Já a contratransferência é o conjunto das reações inconscientes do terapeuta ao paciente, mais particularmente, ao caráter da transferência deste.

A "transferência" e a "contratransferência", processos eminentemente inconscientes, devem ser constantemente observadas, uma vez que a transferência é uma reencenação simbólica do passado. Por meio dessa reencenação, tal passado é comunicado (Miller, 1987). Em situações de abuso, a compreensão desses dois fenômenos é crucial para que se possa estabelecer a aliança terapêutica, que, segundo Kaplan (1995), é uma colaboração entre paciente e terapeuta, orientada para a tarefa, presidida pelo ego e que tem por objetivo encorajar o paciente a ser um parceiro na exploração de seus problemas. Ancora-se, na visão de Dewald (1986), nos aspectos sadios do paciente que se organizam em parceria com o terapeuta.

Aspectos técnicos peculiares que caracterizam a relação da criança vítima com a equipe cuidadora

Nos casos de violência sexual, a relação profissional/paciente reveste-se de aspectos muito particulares, merecendo destaque o *vínculo precoce disfuncional* das crianças vítimas e o *vínculo transferencial traumático*.

O *vínculo precoce disfuncional das crianças vítimas* pode ser entendido como a alteração biológica na capacidade de lidar com o estresse que acarreta um comportamento alienado na relação com seus cuidadores, sejam eles os familiares ou os profissionais. As crianças vítimas passam a comunicar, de forma inadequada, seus desejos e necessidades, provocando nos cuidadores uma postura não acolhedora.

Já o *vínculo transferencial traumático* envolve a vinculação da vítima com a equipe profissional, transformando-a em agressora, salvadora ou observadora passiva. A aliança da vítima com a equipe se torna lenta e tediosa, sujeita à dupla mensagem (Miller, 1987). Tal vinculação é responsável pela incoerência no relato que muitas vezes ancora a atitude do profissional de duvidar da criança ou entender suas posturas como fantasias advindas de crises ou conflitos pessoais.

Aspectos técnicos peculiares que caracterizam a reação da equipe cuidadora

O adulto responsável por cuidar de crianças vítimas de violência e abuso deve ser uma pessoa que desenvolveu uma capacidade específica: um padrão organizado de vínculo autônomo. Esse é o tipo de vínculo que envolve a capacidade de processar a informação relevante entre os sinais disfuncionais dessas crianças. Além disso, pressupõe a consciência e a valorização da necessidade da reconstrução desse vínculo tanto para o cuidador como para as crianças (Green, 2003).

A capacidade da equipe para perceber o material fornecido pelo paciente se encontra invadida por projeção ou identificação com aspectos do paciente. Essa identificação é tão intensa que se caracteriza pelo que se denomina de "transferência traumática". Trata-se de uma invasão pelo sentimento de descrença, desconfiança e de vulnerabilidade em relação ao adulto. Acompanham também sentimentos de desamparo, ansiedade, abandono, perda da independência e autonomia, impotência e vontade de transgredir, sendo que todos esses sentimentos podem se apresentar sob a forma de seus contrários (Courtois, 1999).

A transferência traumática que se instala após o abuso é uma reação à mudança permanente no relato e nas atitudes da vítima. Isso torna a equipe mais vulnerável ao impacto da controvérsia. Essa característica da transferência, em constante transformação, muitas vezes de forma paradoxal, é denominada de "campo relacional dissociativo pós-traumático" ou "transferência vicariante" (Loewenstein, 1993), interferindo na estabilidade da relação profissional.

Os profissionais não são imunes às concepções sociais sobre o tema nem a suas vivências pessoais. Ao mesmo tempo, os campos da transferência estão sempre mudando em função da matriz traumática dissociada. A invasão da equipe pela controvérsia resulta nas atitudes desreguladas de atração, aproximação, ataque e agressão (Renshaw, 1982) para evitar a reencenação e a revivência dolorosa. Essas são as principais armadilhas para o atendimento.

Nos Quadros 3.1, 3.2 e 3.3, encontram-se resumidas as posturas inadequadas mais comuns praticadas pelos profissionais que se deparam com casos de violência sexual contra a criança. São salientados os sentimentos de horror, ansiedade, confusão impotência, culpa e paranoia que se seguem, inexoravelmente, ao momento da revelação de abuso. O quadro também assinala as defesas a esses sentimentos e os comportamentos resultantes, sendo que essas reações levam a erros de investigação e de orientação dos casos, que, por meio da contratransferência, empurram a equipe profissional a cometer erros no atendimento. Conforme os quadros apresentados a seguir, a postura de evitação envolve o desejo de escapar, de não ver o problema; a postura de atração envolve excitação e reações contrafóbicas e de negação. Finalmente, o ataque é a resposta negativa motivada por raiva dirigida a todas as pessoas envolvidas no abuso.

As informações levantadas nos quadros a seguir apontam para a fundamental importância no manejo de casos de abuso sexual, dos cuidados em relação à oitiva da criança e do monitoramento dos passos da conduta profissional, que devem ser minuciosamente revisados e reorientados.

QUADRO 3.1

POSTURA DE EVITAÇÃO: OS PROFISSIONAIS ASSUMEM O PAPEL DE TESTEMUNHA PASSIVA

Sentimento	Defesa	Comportamento	Erro
Horror	Negação	Esquecimento	Distanciamento
Ansiedade	Fobia	Invasão da vida pessoal e profissional	Incredulidade e dúvida
Confusão	Repressão	Impossibilidade de pensar	Investigação negligente
Impotência	Desvalorização	Paralisia nos cuidados	Cumplicidade com segredo
Paranoia	Projeção	Identificação com o agressor e o poder	Sabotagem da revelação
Culpa		Proteção inadequada	Negligência

QUADRO 3.2

POSTURA DE ATRAÇÃO: OS PROFISSIONAIS ASSUMEM O PAPEL ATIVO DE SALVADOR

Sentimento	Defesa	Comportamento	Erro
Horror	Contrafobia	Desconsideração de riscos	Intrusão e identificação
Excitação	Negação	Submissão ao paciente	Credulidade excessiva
Ansiedade	Deslocamento	Precipitação na investigação	Pouca cautela e crítica
Confusão	Anulação	Intolerância à incerteza	Investigação precipitada
Impotência	Idealização primitiva	Submissão ao paciente	Cumplicidade no exagero
Paranoia	Projeção	Descrença na ajuda externa	Sabotagem da discussão da revelação

QUADRO 3.3

POSTURA DE ATAQUE: OS PROFISSIONAIS ASSUMEM O PAPEL DE OFENSOR

Sentimento	Defesa	Comportamento	Erro
Horror	Fobia	Intolerância à confusão da vítima	Alegação de falsas memórias
Medo	Projeção da agressão	Exigência de dados empíricos seguros	Exploração inadequada do trauma
Ansiedade	Negação do trauma	Comportamento punitivo em relação à vítima	Exigência de corroboração empírica
Confusão	Controle onipotente	Encaminhamento da vítima	Incompreensão da dinâmica
Culpa	Isolamento	Desconsideração do sofrimento	Desconsideração da linguagem simbólica
Impotência	Desvalorização primitiva	Embotamento ante a controvérsia	Intolerância à dúvida
Paranoia	Identificação com o agressor	Intolerância à ambivalência da vítima	Incredulidade

A PRODUÇÃO DA PROVA E O PRINCÍPIO DO MELHOR INTERESSE DA CRIANÇA

Diante de tantas questões e especificidades que se fazem presentes em casos de abuso sexual, estarão os integrantes do Sistema de Justiça capacitados para enfrentar a demanda envolvendo violência sexual intrafamiliar praticada contra a criança?

Em decorrência da complexidade dos fatores que costumam acompanhar a violência sexual intrafamiliar, sobretudo a falta de vestígios físicos e de testemunhas presenciais, os tribunais, antes mesmo da Carta de

1988, preocupados com o baixo número de condenações de adultos que possivelmente teriam cometido violência contra crianças, passaram a valorizar a palavra da vítima como elemento de prova da autoria e da materialidade do crime. A partir dessa mudança, vem crescendo o debate em torno da inquirição da criança, sobretudo entre profissionais do direito e da saúde mental, em que são enfocados e analisados fatores éticos, teóricos, metodológicos e técnicos com base em referenciais que parecem não ser os mesmos, causando, por vezes, incompreensões (Brito, 2008). Nesse sentido, os novos princípios constitucionais tornam necessário reexaminar a prática de inquirição da vítima criança à luz do princípio de seu melhor interesse.

A Convenção das Nações Unidas sobre os Direitos da Criança, marco referencial do princípio do melhor interesse da criança, em que pese a relevância no âmbito nacional e internacional, é ainda pouco manuseada e assimilada pelos diversos segmentos sociais, o que compromete sua aplicação em grande escala e com seriedade pelos povos firmatários. A título de exemplo, o artigo 3, n. 1. determina que todas as ações relativas às crianças efetuadas por instituições públicas ou privadas de bem-estar social, tribunais, autoridades administrativas ou órgãos legislativos devem considerar, primordialmente, o melhor interesse da criança, como aponta o STJ no julgamento do Recurso Ordinário em Mandado de Segurança (nº 19103/RJ).

Mas o que vem a ser o melhor interesse da criança (*the best interest*), mencionado na normativa internacional? Não se trata de um conceito fechado, definido e acabado. As necessidades da criança, hoje guindadas à condição de direitos fundamentais, passam a ter prioridade sobre os interesses do adulto, exigindo exame cuidadoso de cada caso. As fragilidades dessa parcela da população justificam um tratamento privilegiado na tentativa de diminuir as desigualdades que costumeiramente levam a várias formas de violência. No entanto, é preciso lembrar que, segundo Bobbio (2004, p. 97), "uma coisa é ter um direito que é, enquanto reconhecido e protegido; outra é ter um direito que deve ser, mas que, para ser, ou para que passe do dever-ser ao ser, precisa transformar-se de objeto de discussão de uma assembleia de especialistas em objeto de decisão de um órgão legislativo dotado de poder de coerção".

O princípio constitucional da proteção integral à criança, inspirado na Doutrina de Proteção Integral, encontra seu fundamento no reconhecimento da peculiar condição de pessoa humana em desenvolvimento atribuída à infância e juventude. Crianças e adolescentes são pessoas que ainda não desenvolveram completamente sua personalidade, estão em processo de formação, tanto no aspecto físico quanto no psíquico e intelectual (cognitivo), o que os coloca em uma posição de maior vulnerabilidade, autorizando a quebra do conhecido princípio da igualdade; enquanto crianças e adolescentes estão em fase de desenvolvimento, os adultos estão na plenitude de suas capacidades.

Nesse contexto, a criança adquire visibilidade, passando a ser reconhecida como sujeito de direitos, pessoa em desenvolvimento e prioridade absoluta, revolucionando conceitos e práticas até então incorporadas pelo mundo adulto.

ASPECTOS JURÍDICOS E PSÍQUICOS DA INQUIRIÇÃO DA CRIANÇA

A falta de vestígios físicos visíveis na criança vítima de violência sexual intrafamiliar acarreta, para o Sistema de Justiça, inúmeras dificuldades ao atenderem os comunicados e as ocorrências que chegam ao Conselho Tutelar e à Delegacia de Polícia, assim como as denúncias que aportam nas Varas Criminais e os litígios que se deflagram nas Varas de Família, por meio de disputas de guarda e regulamentação de visitas. Dados colhidos na investigação de 464 casos de abuso sexual, no período de um ano, em Hospital Infantil (*Child Abuse Program Annual Report*, 1987), apontam que apenas 24% das crianças estudadas apresentavam achados físicos positivos (Johnson, 1992).

A inexistência de vestígios físicos, a falta de testemunhas presenciais, uma vez que a violência sexual intrafamiliar praticada contra a criança geralmente se dá na clandestinidade, aliadas à negação que se faz presente nos relatos da vítima, do abusador e dos demais familiares, levaram os Tribunais a valorizar a palavra da vítima, o que pode acarretar a sua exposição a inúmeros depoimentos no afã de produzir a prova e possibilitar a condenação do réu, como ilustra a condenação que segue:

> ATENTADO VIOLENTO AO PUDOR. PALAVRA DA VÍTIMA, DE 09 ANOS, COERENTE E MINUCIOSA NAS DUAS FASES DA *PERSECUTIO CRIMINIS*, CORROBORADA PELO RESTANTE DA PROVA TESTEMUNHAL CONSTANTE DOS AUTOS. CONDENAÇÃO MANTIDA. Em crimes contra a liberdade sexual, geralmente cometidos na clandestinidade, a palavra da vítima assume vital importância na elucidação da autoria delitiva, ainda mais quando corroborada pelo restante do conjunto probatório constante dos autos. Outrossim, importante salientar que dificilmente a vítima mentiria em juízo, fantasiando ou inventando a estória narrada, com o fito de prejudicar o apelante; pelo contrário, em que pese ser uma criança de 09 anos, de maneira minuciosa e harmoniosa relatou, em ambas as fases da perquirição da culpa, os abusos sexuais praticados pelo padrasto (TJRGS, Apelação Crime nº 70008980013).

A posição adotada pelos tribunais data de várias décadas antecedentes à Constituição Federal de 1988. Nesse tempo, não se questionava, nos feitos judiciais e extrajudiciais, o melhor interesse da criança (*best interest of the child*). Desconhecia-se a amplitude dos prejuízos que o depoimento infantil – colhido com o fim de produzir a prova da materialidade de um crime, em regra, praticado por um familiar (pai, padrasto, avô, tio, irmão) ou pessoa de suas relações – pudesse causar à vítima, bem como os danos que a violência sexual acarreta a seu desenvolvimento social e, de forma especial, a seu aparelho psíquico. Sabe-se, na atualidade, que as crianças submetidas à violência sexual ao longo de seu desenvolvimento costumam apresentar diversos problemas, podendo ser destacadas a automutilação, tentativas de suicídio, adição a drogas, depressão, isolação, hipocondria, timidez, impulsividade, hipersexualidade, transtornos de conduta (como mentiras, fugas de casa, roubo e estupro), entre outras (Zavaschi et al., 2009). A partir da década de 1970, estudos e pesquisas na área da saúde mental têm contribuído para um maior entendimento desse fenômeno, sobretudo quando a violência é praticada por aqueles que têm o dever de cuidá-la e protegê-la.

Inquirir a criança com o fim de produzir a prova leva-a a reviver o ocorrido. Associados a esse "reviver" estão os sentimentos de ofensa a sua capacidade de perceber, a sua credibilidade e a sua integridade. O retorno da acusação e estigmatização resultam na culpa e confusão de identidade, acompanhando a sensação de dano aos bens internos, físicos e psíquicos, de impotência e, ainda, o sentimento de abandono e solidão. É reforçado o silêncio, a paranoia e a desconfiança. Tal paralisação resulta na aceitação do ocorrido, na manutenção do segredo e na negação do sofrimento infantil.

Negar os achados advindos do abalo da saúde mental da criança vítima significa caminhar na contramão dos princípios que alicerçam a Convenção das Nações Unidas sobre os Direitos da Criança, a Constituição Federal e o Estatuto da Criança e do Adolescente. Os conhecimentos na área da saúde mental e o fortalecimento dos direitos humanos caminham no sentido de exigir novos procedimentos, visando assegurar à criança o desenvolvimento em condições de dignidade, conforme aponta o artigo 3º da Lei nº. 8.069/90, reafirmando a necessidade de afastar qualquer forma de negligência, discriminação, exploração, violência, crueldade e opressão (art. 5º do ECA). Na mesma esteira, a Convenção das Nações Unidas dos Direitos da Criança dispõe, em seu artigo 19.1, que os Estados Partes adotarão todas as medidas legislativas, administrativas, sociais e educacionais apropriadas para proteger a criança contra todas as formas de violência física ou mental, abuso ou tratamento negligente, maus-tratos ou exploração, inclusive abuso sexual, estando ou não na companhia da família.

Sob o prisma da nova ordem constitucional, inúmeras ações praticadas pelo Sistema de Justiça passam a merecer urgente revisão. Exigir da criança a responsabilidade pela produção da prova da violência sexual, por meio da inquirição judicial, como costumeiramente se faz, não seria uma nova violência contra a criança? Estaria a criança obrigada a depor? Esses e outros questionamentos precisam ser enfrentados sob a ótica da Doutrina da Proteção Integral.

É importante lembrar que, com a vigência da Lei nº 8.069/90 e do Código Civil de 2002, o legislador passa a valorizar a opinião da criança, sobretudo nos feitos que envolvem sua colocação em família substituta (artigo 28, § 1º, do ECA), passando a exigir a avaliação por equipe interdisciplinar, reservando-se a presença em audiência somente para os casos que envolveram adolescentes. (art. 45, § 2º, ECA) A inovação atende os princípios da Convenção das Nações Unidas sobre os Direitos da Criança, consolidados na legislação pátria, permitindo que criança e adolescente expressem sua opinião sobre fatos ligados diretamente a sua rotina, oferecendo-lhes a oportunidade de participar ativamente do processo judicial e das decisões que interfiram em sua vida familiar.

Nesse sentido, a Convenção das Nações Unidas sobre os Direitos da Criança, ratificada pelo Brasil, responsável pelo estabelecimento de um "catálogo completo dos direitos substanciais, civis e políticos, econômicos, sociais e culturais, próprios à criança", detentora da força jurídica cogente de tratado (art. 5º, parágrafo 3º, CF), em seu artigo 12, dispõe que os Estados Partes assegurarão à criança que estiver capacitada a formular seus próprios juízos, em função da idade e maturidade, o direito de expressar livremente suas opiniões, oferecendo-lhe a oportunidade de ser ouvida, diretamente ou através de um representante ou órgão apropriado, em todo o processo judicial ou administrativo que lhe diga respeito.

Expressar as próprias opiniões, como menciona o documento internacional, tem sentido diverso de exigir da criança, em face de sua peculiar condição de pessoa em desenvolvimento, em Juízo ou fora dele, o relato de situação extremamente traumática e devassadora a seu aparelho psíquico, vivenciada no ambiente familiar, e mais, praticada, em regra, por pessoa muito próxima. Cabe aqui a ilustração de como pode ocorrer a oitiva da vítima sem que ela seja prejudicada, por meio da verificação de um excerto de registro em processo de destituição do poder familiar motivado por violência sexual:

> Na primeira vez em que foi dormir na casa dele, "quando a tia V. não estava", ele já a convidou para dormir na mesma cama que ele. Certa noite, acordou com a cabeça dele no peito dela. T. evidencia séria preocupação com tais fatos, para de falar mais de uma vez no meio da entrevista, abaixa a cabeça e a esconde entre seus braços. Muda de assunto, falando que já fez "um desenho de uma árvore, com uma corda e ela pendurada", lembrando de momentos em que já quis abreviar sua vida (TJRGS. Apelação Cível nº 70012117024).

Quando a Lei nº 8.069/90 reconhece a peculiar condição de pessoa em desenvolvimento da criança e do adolescente, ela se refere a sua imaturidade ou, em outras palavras, de seu estágio incompleto de desenvolvimento. Entende-se por maturidade "a fase da vida em que a pessoa atinge um completo desenvolvimento ou maturação físico-mental" (Enciclopédia Saraiva do Direito, 1977, p. 81). De acordo com Papalia (2000), as etapas do desenvolvimento humano se desdobram em várias fases:

a) pré-natal;
b) primeira infância;
c) segunda infância;

d) terceira infância;
e) adolescência;
f) o jovem adulto;
g) meia-idade; e
h) terceira idade, abrangendo mudanças que ocorrem ao longo da vida e envolvem aspectos físicos, cognitivos e psicossociais.

Integram o desenvolvimento físico as mudanças no corpo, no cérebro, na capacidade sensorial e nas habilidades motoras, capazes de influenciar outros aspectos do desenvolvimento. As mudanças ocorridas na capacidade mental, como aprendizagem, memória, raciocínio, pensamento e linguagem, situam-se no desenvolvimento cognitivo, ao passo que as mudanças nos relacionamentos com os outros se referem ao desenvolvimento psicossocial (Papalia, 2000).

É preciso distinguir a hipótese inovadora do artigo 28, § 1º, do ECA, da inquirição cogente da criança presente nos processos criminais em que se apura a existência de violência sexual. Nesse último caso, a inquirição da criança visa essencialmente à produção da prova da autoria e da materialidade do crime, em face dos escassos elementos que costumam instruir o processo, com o fim de obter a condenação ou absolvição do abusador. Recai sobre a criança uma responsabilidade para a qual não se encontra preparada, em face de sua peculiar condição de pessoa em desenvolvimento ou, ainda, nos termos da Convenção, em razão de sua imaturidade física, cognitiva e psicossocial.

Assim, no primeiro caso – feitos que discutem a colocação em família substituta –, a avaliação da criança tem por objetivo conhecer seus sentimentos e desejos, permitindo ao Julgador considerá-los por ocasião da decisão; no segundo, diferentemente, o objetivo da inquirição da criança é a produção da prova, hipótese que não encontra respaldo na aludida Convenção Internacional e tampouco no ordenamento jurídico pátrio. Importante lembrar que "inquirir" significa perguntar, indagar, fazer perguntas direcionadas, investigar, pesquisar; "ouvir", por sua vez, significa escutar o que a criança tem a dizer, dar ouvidos, dar atenção às palavras da criança, não podendo ser atribuída a ambas expressões significados idênticos.

É da normativa internacional que emerge a previsão de a opinião da criança ser colhida, de forma direta ou por meio de representante ou órgão apropriado, sinalizando a clara intenção de evitar exposições inapropriadas da criança, com riscos de danos a sua saúde psíquica. Por ser uma pessoa em desenvolvimento, a criança carece biologicamente de maturação nos níveis emocional, social e cognitivo, e se comporta, se relaciona e pensa de forma diferente dos adultos (Furniss, 1993). As condições de maturidade da criança e do adulto se refletem na maneira como a primeira enfrenta e reage a uma situação de abuso sexual e no modo como ela se manifesta quando é chamada a falar sobre o fato ocorrido. Estudos estimam que 49% dos casos de abuso sexual acontecem com crianças com idade inferior a 5 anos (Pierre, 2005).

Estudiosos da saúde mental afirmam que a criança mais velha pode ter a capacidade verbal de relatar o abuso, mas pode estar relutante devido ao medo de represálias, culpa associada com o ato ou com aceitação da sedução, ou medo de dissolução da família (Johnson, 1992). Nos casos de violência sexual intrafamiliar, recomendam os estudiosos envolver a mãe no processo de revelação, sem desconhecer que até as mães apoiadoras, muitas vezes, "ficam tão perturbadas durante a entrevista, que transmitem à criança a mensagem direta ou indireta de não revelar; ou as crianças ficam tão ansiosas que se fecham para protegerem as mães" (Furniss, 1993, p. 198).

A violência sexual traz em seu âmago a "negação" ou "síndrome do segredo", que acompanha todo o desenrolar do processo de abuso sexual intrafamiliar, tanto nas etapas em que o fato ainda não foi identificado – e que pode perdurar por vários anos, acompanhado de frequentes ameaças –, como nas etapas que se desenvolvem nos Sistemas de Saúde ou Justiça, cabendo referir que "sobreviver ao abuso sexual da criança como pessoa intacta pode ser tão difícil para o profissional como é para a criança e para os membros da família" (Furniss, 1993, p. 1).

A falta de compreensão da dinâmica do abuso sexual intrafamiliar, verificada tanto nas agências de saúde como no Sistema de Justiça, acaba por gerar intervenções inadequadas, com sensíveis prejuízos ao desenvolvimento da criança. A nomeação do abuso sexual da criança "cria o abuso como um fato para a família", podendo refletir-se na rede profissional e no próprio pânico e crise profissionais quando há intervenção cega em um processo que muitas vezes não é bem compreendido (Furniss, 1993).

Inquirir a vítima, quando criança, ainda que se valendo de novos métodos, como o depoimento sem dano (Projeto de Lei nº 35/2007, em tramitação no Senado), com o intuito de produzir prova e elevar os índices de condenação, não assegura a credibilidade pretendida, além de expor a criança a nova forma de violência, ao permitir que reviva a situação traumática, reforçando o dano psíquico produzido pelo abuso. Enquanto a primeira violência foi de origem sexual, a segunda passa a ser psíquica, na medida em que se espera que a materialidade, que deveria ser produzida por peritos capacitados, venha ao bojo dos autos por meio de seu depoimento, sem qualquer respeito a suas condições de imaturidade.

Aleixo (2008, p. 4) observa que, ao tratar do depoimento sem dano,

> na medida em que esconde o juiz, o promotor, o advogado e, eventualmente, o réu – os quais permanecem na sala de audiências, observando a vítima, sem serem vistos –, pode induzir a criança a acreditar que está em companhia apenas de uma pessoa de sua confiança. Trata-se, pois, do aprimoramento de técnicas inquisitórias que perpassam a supressão do princípio da dignidade e do respeito à criança e ao adolescente, submetendo-os a uma teatrologia que subverte o próprio papel do psicólogo, do assistente social e de suas intervenções profissionais.

Também lembra que,

> em busca da responsabilização do agressor, o Estado não canaliza as mesmas tecnologias para a diminuição dos danos sofridos pela criança e pelo adolescente quando da ocorrência do próprio ato delituoso. Ao estabelecer esta *moderna* forma inquisitória, com a intervenção de técnicos previamente preparados para tal, o que se constata é a ratificação dos propósitos punitivos do Estado e sua índole negligente em face dos fenômenos vitimógenos acarretados pelo ato delituoso em si, vale dizer, as consequências do abuso que foram relegadas a um plano inferior (2008, p. 4).

A inquirição da criança, como já se afirmou, tem por fim colher a prova da materialidade e da autoria da violência sexual que ela sofreu, sobretudo em razão de não se encontrarem achados físicos visíveis na quase totalidade dos casos. Para exemplificar, pesquisa realizada por Azambuja, em 88 processos criminais em tramitação no Rio Grande do Sul, no período de maio de 2007 a julho de 2009, envolvendo violência sexual cometida contra criança e adolescente, apontou que, dos 68 casos em que houve a realização do exame de corpo de delito, 51,47% obtiveram resultado negativo.

Embora muitas vítimas de violência sexual sofrida na infância só revelem o ocorrido na vida adulta, em geral, quando buscam ajuda profissional, a violência sexual impingida à criança é considerada um trauma, sendo que a extensão dos danos está ligada à maior ou menor vulnerabilidade da vítima. Vários transtornos psiquiátricos em adultos têm sido relacionados a algum trauma vivenciado na infância, sendo que o abuso sexual está mais relacionado a transtornos dissociativos, e o estresse pós-traumático, a acidentes (Zavaschi et al., 2002).

"Trauma", de origem grega, significa ferida, sendo utilizado na medicina para identificar as consequências de uma violência externa. Freud transpôs o conceito de trauma para o plano psíquico, conferindo-lhe o significado de um choque violento capaz de romper a barreira protetora do ego, podendo acarretar perturbações duradouras sobre a organização psíquica do indivíduo (Zavaschi et al., 2002). Em outras palavras, trauma ou dano psíquico existe quando há deterioração, disfunção, distúrbio ou transtorno, ou desenvolvimento psicogênico ou psico-orgânico que, afetando as esferas afetivas e/ou intelectual e/ou volitiva, limita a capacidade de gozo individual e familiar e de atividade laborativa, social e/ou recreativa (Pereira Gomes et al., 1998, p. 7). Johnson (1992) aponta que a criança vítima de violência sexual intrafamiliar, devido ao medo de represálias, culpa associada com o ato de aceitação da sedução ou medo de dissolução da família, pode fazer com que a criança retire a acusação, como confirma a prática forense. E, ainda, a criança pode demonstrar resistência em discutir o(s) incidente(s) novamente durante sua inquirição porque a recordação é dolorosa, sendo que os pais podem pertinentemente apoiar a criança nessa resistência.

É comum a criança avistar o abusador no ambiente forense por ocasião de sua inquirição, ainda que o depoimento não seja prestado na sua presença, fato que contribui para reacender o conflito e a ambivalência de seus sentimentos, porquanto, em muitos casos, nutre forte apego pelo abusador, com quem, na maioria das vezes, mantém vínculos parentais significativos. O abusador costuma transferir para a criança a responsabilidade pelo ocorrido ou pelas consequências da revelação, convencendo a vítima de que será sua culpa se o pai for para a cadeia ou se a mãe ficar magoada com ela (Borba, 2005). Delegacias de polícia, fóruns e tribunais não são locais apropriados para crianças; são, essencialmente, espaços de resolução de litígios da vida adulta.

A autoridade judicial, diante de pedido de dispensa de prestar depoimento devidamente fundamentado (ainda que seja sob a forma do depoimento sem dano), formulado pela criança, por seus representantes legais (art. 15 do ECA) ou pelo Ministério Público, poderá deferir o pedido, levando em consideração as condições pessoais da vítima, como idade, aspectos emocionais e existência de vínculo familiar ou afetivo com o réu. Fatores como o medo ou o temor de perder a companhia de pessoas que considera importantes interferem nas manifestações das vítimas. Ademais, a criança pode sempre se recusar a falar diante do juiz, uma vez que o direito à inquirição tem como corolário o direito de recusar a exprimir-se, isto é, o direito ao silêncio, garantido expressamente na Carta Maior, inclusive ao réu (artigo 5º, inciso LXIII, da Constituição Federal) (Oliveira Leite, 2000).

O aumento do número de notificações de violência sexual, aliado à necessidade de assegurar a proteção integral à infância, tem despertado o interesse dos profissionais para encontrar alternativas menos danosas à criança. Anualmente, são comunicados 5 mil casos de incesto; o abusador é conhecido da criança e usa sedução ou suborno para que ela ceda, sendo que essa forma de tirar vantagem da imaturidade e vulnerabilidade infantil tem uma importante consequência para a criança que, mais tarde, poderá sentir-se culpada e responsável (Lewis e Wolkmar, 1993).

Países europeus investigam e estudam a organização e a operacionalização de uma entrevista entre a criança e o juiz em condições mais ou menos formais; a Bélgica, a Holanda, a França, onde procedimento similar ao depoimento sem dano é praticado por policiais devidamente treinados, e não psicólogos, e a Alemanha já publicaram textos legislativos nesse sentido (Brito, 2008, Oliveira Leite, 2000). Na Argentina, desde 2004, o Código de Processo Penal prevê a utilização de técnica semelhante ao Depoimento sem Dano, contando com o desacordo por parte de psicólogos argentinos em relação à alteração da lei, especialmente por considerarem que o uso da Câmara de Gesell, no contexto jurídico, distorce o trabalho dessa categoria profissional (Brito, 2008). Na África do Sul, um sistema de obtenção do testemunho infanto-juvenil é adotado desde 1993, valendo ressaltar que, após a adoção desse sistema para coleta de testemunho, qualquer atendimento psicoterápico com a criança que se supõe vítima de abuso sexual só pode ser iniciado após o depoimento da criança no Tribunal, a fim de que não haja qualquer interferência no relato. De acordo com Brito (2008), no entanto, o depoimento, por vezes, não ocorre logo, deixando-se crianças sem atendimento psicológico em nome da eficácia do processo, e por vezes fica a impressão de que o depoimento da criança é valorizado exclusivamente para o castigo ou punição do autor, ficando em segundo plano o atendimento de que a criança necessita.

No Brasil, tramita no Senado Federal o Projeto de Lei nº 35/2007, que visa instituir o Depoimento Sem Dano. Tal método, tão festejado por seus defensores (Cézar, 2007), encontra também fundadas críticas a sua utilização, sendo que o Conselho Federal de Psicologia e o Conselho Federal de Serviço Social já manifestaram suas contrariedades. O Conselho Federal de Serviço Social, em 15 de setembro de 2009, emitiu a Resolução CFESS nº 554/2009, vedando, expressamente, vincular ou associar ao exercício de Serviço Social e/ou ao título de assistente social a participação em metodologia de inquirição especial sob a procedimentalidade do Projeto de Depoimento Sem Dano, uma vez que não é de sua competência e atribuição profissional, em conformidade com os artigos 4º e 5º da Lei 8662/93 (art. 2º) (Conselho Federal de Serviço Social, 2009). Na mesma trilha, o Conselho Federal de Psicologia, através da Resolução nº 010/2010, de 29 de julho de 2010, veda ao psicólogo o papel de inquiridor no atendimento de Crianças e Adolescentes em situação de violência (Conselho Federal de Psicologia, 2010).

Importante assinalar as diferenças entre uma audiência jurídica e uma entrevista, uma consulta ou atendimento psicológico, "onde a escuta do psicólogo é orientada pelas demandas e desejos da criança e não pelas necessidades do processo, sendo resguardado o sigilo profissional. Ademais, eventuais perguntas feitas pelo psicólogo à criança não podem ser qualificadas como inquirições, não pretendendo esclarecer a *verdade real* ou *a verdade verdadeira dos fatos* – mesmo porque, nas práticas psi, as fantasias, erros, lapsos, esquecimentos, sonhos, pausas, silêncios e contradições não são entendidas como sendo opostos à verdade" (Arantes, 2009, p. 13).

Outros autores observam "que a atuação como intérprete da fala do juiz na execução da metodologia do DSD não é uma prática pertinente ao Serviço Social; a própria terminologia utilizada na proposta indica maior proximidade à investigação policial e à audiência judicial" (Fávero, 2008b). Para Conte (2008), "a ética que está em jogo é a responsabilidade frente ao sofrimento da criança a ser ouvida. Para tal escuta ser possível, é necessário um enquadre que possibilite uma intervenção psicológica/psicanalítica, uma construção com vistas à elaboração psíquica".

Levando em conta os possíveis danos, estaria a criança obrigada a depor?

A doutrina brasileira diverge quanto à obrigatoriedade de inquirir a criança vítima de violência sexual na instrução do processo penal. Em uma postura crítica, Carnelutti (1995, p. 52) aponta a necessidade de se reconhecer que a verdade é algo inatingível: "É o processo penal, em si, uma pobre coisa, à qual é destinada uma tarefa muito alta para ser cumprida". Mesmo assim, para os estudiosos mais tradicionais, em face do princípio da *verdade real*, instala-se a obrigatoriedade da inquirição da vítima, devendo o juiz buscar todos os meios lícitos e plausíveis para atingir o estado de certeza que lhe permitirá formar seu veredito (Nucci, 2005).

Na mesma doutrina, no entanto, são encontrados subsídios para afastar a inquirição da vítima quando criança, uma vez que, sendo ela diretamente envolvida na prática do crime, pois um bem ou interesse seu foi violado, possivelmente estará coberta por emoções perturbadoras de seu processo psíquico, o que a levará à ira, ao medo, à mentira, ao erro, às ilusões de percepção, ao desejo de vingança, à esperança de obter vantagens econômicas e à vontade expressa de se desculpar – neste último caso, quando termina contribuindo para a prática do crime (Nucci, 2005, p. 415-416).

Além disso, como afirma Nucci (2005), há aspectos ligados ao sofrimento pelo qual passou a vítima, quando da prática do delito, podendo, então, haver distorções naturais em suas declarações. A ânsia de permanecer com os seres amados, mormente porque dá como certo e acabado o crime ocorrido, faz com que se voltem ao futuro, querendo, de todo o modo, absolver o culpado. É a situação muitas vezes enfrentada por mulheres agredidas por seus maridos, por filhos violentados por seus pais e, mesmo por genitores idosos atacados ou enganados por seus descendentes.

Assim, o depoimento da vítima, considerada por alguns autores como testemunha, não se reveste de credibilidade absoluta, porquanto suas declarações vêm impregnadas de impressões pessoais, tornando "necessariamente incompleta a recordação, de forma que não há maior erro que considerar a testemunha como uma chapa fotográfica" (Altavilla, 1982, p. 252), uma vez que diversos são os fatores a interferir na prova testemunhal.

Não se pode esquecer que a criança, mesmo dizendo a verdade, é tão facilmente sugestionável que pode, com facilidade, ser induzida a retratar-se em uma acareação, especialmente sendo-lhe oposta uma pessoa a quem tema e respeite (Altavilla, 1982). É preciso buscar, em juízo ou fora dele, (...) evitar a ocorrência do segundo processo de vitimização, que se dá nas Delegacias, Conselhos Tutelares e na presença do juiz, quando da apuração de evento delituoso, causando na vítima os chamados danos secundários advindos de uma equivocada abordagem realizada quando da comprovação do fato criminoso e que, segundo a melhor psicologia, poderiam ser tão ou mais graves que o próprio abuso sexual sofrido (Borba, 2005).

Conforme discutido anteriormente neste capítulo, o vínculo da criança com os profissionais e vice-versa assume características tão especiais que o relato, sob a forma narrativa, fica bastante prejudicado. Da mesma forma, características do desenvolvimento cognitivo e emocional infantis estruturam a memória e o relato verbal de forma atípica, sem se configurar como mentira, podendo comprometer a credibilidade tão almejada.

Em vista disso, substituir a inquirição da criança vítima de violência sexual pela avaliação por equipe interdisciplinar, composta por assistentes sociais, psicólogos, psiquiatras, mostra-se o caminho recomendado para assegurar-lhe a proteção integral que a Constituição Federal preconiza, em sintonia com a Convenção das Nações Unidas sobre os Direitos da Criança e a Lei nº 8.069/90, reservando-se a medida extrema apenas aos casos em que a criança manifesta o desejo de ser ouvida pela autoridade judicial.

A doença física, em geral, já conseguiu escapar de seu halo de castigo, sujeira, expiação, para uma visão de disfunção, desvinculada de aspectos morais. Quando ela ocorre, o parecer médico tende a ser respeitado e acatado. Já na doença mental, todos se acham aptos a diagnosticar, tratar e opinar a partir da experiência prática.

O exame físico íntimo de uma pessoa é feito por médico, em condições de consultório e não em uma sala de Tribunal. O máximo que se faz é anexar fotos à descrição dos achados físicos. Assim sendo, a prova material fornecida por um perito, apontando laceração do hímen, presença de esperma ou um DNA que confirme a origem desse esperma, é considerada suficiente. Qualquer membro do Sistema de Justiça jamais pensou em estar presente quando esses exames são feitos ou questionou fazê-los em uma sala de audiências. No entanto, no questionamento da criança e do adolescente abusados, um laudo hoje tão técnico e objetivo como o laudo psicológico e psiquiátrico não é, muitas vezes, considerado prova material, exigindo-se da criança a renovação das afirmações por meio da inquirição judicial. Assim como não mais se encontrará o esperma, se formos esperar pelo exame produzido no ambiente forense, a memória também estará diferente se não for examinada em condições especiais que não sejam de depoimento, inquirição judicial. O mais provável, nesses casos, é que a palavra da criança venha distorcida pela confusão e pelo distanciamento, e não pela falsificação.

A avaliação psicológica e psiquiátrica vem, paulatinamente, se tornando um instrumento diagnóstico científico válido e fidedigno. Isso se deve ao fato de se apoiar muito mais em observação, mensuração, comprovação e validação dos fenômenos do que em teorias específicas que buscam uma explicação para a vida mental. Os sistemas oficiais de classificação já são aplicáveis a situações que aflijam indivíduos de diferentes grupos étnicos, sociais e geográficos, de acordo com a idade e o nível de desenvolvimento.

A memória infantil está armazenada de uma forma diferente da dos adultos em função da imaturidade do córtex frontal. Na tenra infância, antes dos 2 anos, a memória pouco se baseia, devido à imaturidade do hipocampo, em verdade e racionalidade. Essa memória não é episódica, toma a forma de hábitos e crenças (memória implícita), e não é explícita. O fato de não se poder explicitar algo na memória não significa que não se conheça o que ocorreu. O conhecimento, armazenado na memória procedural ou implícita, leva a agir de acordo com o que foi armazenado e a não saber relatá-lo (Ferreira, 2006), como bem demonstra o Quadro 3.4.

Os conhecimentos atuais sobre as estruturas e os mecanismos de operação da memória embasam a premissa de que uma criança deve ser examinada e não inquirida para se comprovar a existência do abuso. O exame físico, nos casos de abuso sexual, como se sabe, pode trazer poucos dados, mas o exame psíquico traz à tona, sem danos, os "anticorpos" criados pelo abuso.

Quando falamos em falsas memórias, esquecemos que, no abuso sexual, o que devemos procurar no abusado não é a memória explícita e declarativa, onde está incluída a memória do episódio (episódica). O ponto nevrálgico e revelador é a memória procedural ou implícita. Essa é a memória que demonstrará se o abuso ocorreu, uma vez que traz à tona aspectos da experiência que não foram conscientemente processados, mas que se expressam de forma automática na conduta. Infelizmente, muitas vezes, quando não adequadamente investigada, a memória procedural se expressará nas sequelas para a vítima e na consequente transmissão para sua prole, que poderão se prolongar por várias gerações.

Por todas as razões apontadas, uma criança deve ser examinada por profissionais devidamente capacitados e habilitados, e não inquirida para se comprovar a

QUADRO 3.4

Memória procedural	Memória episódica
Armazenamento de habilidades motoras	Recuperação da experiência de eventos subjetivos passados
Grava e codifica experiência de forma simultânea e diferente	Depende dos sistemas envolvidos na codificação e recuperação
Ideação e planejamento do ato motor e perceptomotor	Reconstrução pelo eu cc da ligação do traço neural entre representações conscientes
Repetição e prática continuada	Revivência do evento torna-o consciente
Difícil de esquecer	Cabedal de vivências trazidos a consciente
Trauma ataca a codificação	Trauma ataca a recuperação
Armazenamento sem poder relatar verbalmente: relato na ação	Racionalidade e veracidade colocado em adendo recuperação (explícita)
Memória infantil toma forma de atos e crenças (implícita)	Memória infantil armazena sem veracidade e racionalidade

existência do abuso. É fundamental que, através de avaliações psicológicas e psiquiátricas, a Justiça possa "ver" sem que a criança tenha que demonstrar com sofrimento. As avaliações psíquicas, quando adequadamente conduzidas, são provas materiais que apontam para a existência ou não de abuso. No Quadro 3.5, são assinaladas algumas diferenças fundamentais entre a avaliação psíquica, como propomos, e a inquirição da criança.

É momento de pensar em mecanismos de averiguação do dano psíquico, ligado à noção de sofrimento, situado no campo da proteção à saúde, em substituição à exigência da inquirição da vítima, quando criança, como meio de provar a materialidade do fato, evitando a reedição do trauma já experimentado e o comprometimento da credibilidade da prova destinada a obter a condenação do abusador.

CONSIDERAÇÕES FINAIS

As notificações de suspeita ou confirmação de violência sexual intrafamiliar são realidade no dia a dia dos Conselhos Tutelares, trazendo à tona grave violação dos direitos da criança.

Vencer o segredo que costuma acompanhar a prática da violência sexual intrafamiliar, revelando o ocorrido, é não só um desafio como um momento de forte impacto. As dificuldades de manejo são grandes, gerando perplexidade, sentimentos antagônicos e confusos em todos os envolvidos com o caso, impedindo, muitas vezes, que medidas sociais e de saúde sejam desencadeadas de forma ágil e eficaz.

A formação profissional segmentada não oferece recursos técnicos suficientes ao profissional do direito, da saúde, do serviço social e da educação para lidar com a complexidade que envolve a violência sexual intrafamiliar, contribuindo para elevar os níveis de vulnerabilidade experimentados pela vítima. A interdisciplinaridade mostra-se a melhor alternativa, em que pesem as dificuldades encontradas para sua implementação. O desconhecimento dos recentes achados na área da neurociência têm levado os profissionais do direito a buscar alternativas equivocadas, insistindo na exposição da criança à inquirição, reforçando os prejuízos que a violência sexual já produziu na vida da vítima.

Priorizar os direitos da criança, como prevê a Constituição Federal, exige a contribuição de todas as áreas do conhecimento e a consequente revisão dos procedimentos adotados sob a égide da velha lei. Facilitar a produção da prova, mantendo a inquirição da criança, não mais se coaduna com os princípios constitucionais da dignidade da pessoa humana e do melhor interesse da criança.

QUADRO 3.5

Avaliação psíquica	Inquirição da criança
Mostra "anticorpos" do abuso	Lida com relato racional episódico
Investiga memória procedural	Investiga memória episódica
A "narrativa" é automática	Busca o lógico e o verídico
Demonstra de forma lúdica	Demonstra com sofrimento
Revivencia de forma catártica	Revivencia o ocorrido
Denuncia sem culpa e medo	Denuncia com culpa e medo
Prova indireta e confiável	Prova direta pouco confiável
Respeita características infantis	Desrespeita características infantis
Livre de pressão e sugestão	Sujeita à pressão e sugestão

É tempo de reconhecer, no exame da violência sexual praticada contra a criança, além das marcas físicas, os danos produzidos no aparelho psíquico, investindo na criação de cargos de peritos psicólogos e psiquiatras especialistas em crianças e adolescentes, capazes de emitir laudos para subsidiar os processos judicias. Há que se pensar, também, na possibilidade de se criar quesitos, a exemplo do que ocorre com as lesões corporais e o estupro, liberando a criança da reedição do trauma, sempre que for chamada a produzir a prova e a prestar depoimento com o único fim de elevar os índices de condenação dos abusadores.

O combate às nefastas consequências produzidas pela violência sexual deve começar pelo conhecimento dos índices de sua ocorrência, o que permitirá a implantação de medidas de prevenção primária, por meio de políticas públicas voltadas ao atendimento da criança, atenção às famílias e cuidado com os profissionais, sem esquecer da necessidade de conscientizar os diversos segmentos sociais sobre a urgência de serem adotadas tais providências com a imprescindível participação da sociedade.

REFERÊNCIAS

ALBERTON, M. S. O papel dos Conselhos Tutelares. In: KRISTENSEN, C. H.; OLIVEIRA, M. S.; FLORES, R. Z. *Violência doméstica*. Porto Alegre: Fundação Maurício Sirotsky; AMENCAR, 1998. p. 23-31.

ALEIXO, K. C. A extração da verdade e as técnicas inquisitórias voltadas para a criança e o adolescente. *Psicologia Clínica*, v. 20, n. 2, p. 103-111, 2008.

ALTAVILLA, E. *Psicologia judiciária*. 3. ed. Coimbra: Armênio Amado, 1982.

ALVAREZ, A. *Companhia viva*: psicoterapia psicanalítica com crianças autistas, Borderline, carentes e maltratadas. Porto Alegre: Artes Médicas, 1994.

ARANTES, E. M. M. *Mediante quais práticas a Psicologia e o Direito pretendem discutir a relação?* Anotações sobre o mal-estar. Disponível em: <http://www.crprj.org.br/>. Acesso em: 12 fev. 2009.

AZAMBUJA, M. R. F. *Violência sexual intrafamiliar*: é possível proteger a criança? Porto Alegre: Livraria do Advogado, 2004.

BARUDY, J. *Maltrato infantil*. Ecologia social: prevencion y reparacion. Santiago: Editorial Gadoc, 1999.

BENFICA, F. S.; SOUZA, J. R. A importância da perícia na determinação da materialidade dos crimes sexuais. *Revista do Ministério Público do Rio Grande do Sul*, n. 46, p. 173-186, 2002.

BOBBIO, N. *A era dos direitos*. Rio de Janeiro: Elsevier, 2004.

BORBA, M. R. M. O duplo processo de vitimização da criança abusada sexualmente: pelo abusador e pelo agente estatal, na apuração do evento delituoso. *Jus Navigandi*, 2002. Disponível em: <http://jus2.uol.com.br/doutrina/texto.asp?id=3246>. Acesso em: 01 dez. 2005.

BRASIL. Conselho Federal de Psicologia. *Resolução nº 10, de 29 de junho de 2010*. Institui a regulamentação de escuta psicológica de crianças a adolescentes envolvidos em situação de violência, na Rede de Proteção. Disponível em: <http://www.pol.org.br/ pol/export/sites/default/pol/legislacaoDocumentos/resoucao2010_010.pdf>. Acesso em: 26 jul. 2010.

BRASIL. Conselho Federal de Serviço Social. *Resolução CFESS nº 554, de 15 de setembro de 2009*. Dispõe sobre o não reconhecimento da inquirição das vítimas crianças e adolescentes no processo judicial, sob a Metodologia do Depoimento Sem Dano/DSD, como sendo atribuição ou competência do profissional assistente social. Disponível em: <http://www.cfess.org.br/arquivos/Resolucao_CFESS_554-2009.pdf>. Acesso em: 16 set. 2009.

BRASIL. *Constituição da República Federativa do Brasil*. Brasília: [s.n.], 1988. Disponível em: <http://www.planalto.gov.br/ccivil_03/constituicao/constitui% C3%A7ao.htm>. Acesso em: 16 set. 2010.

BRASIL. *Decreto nº 99.710, de 21 de novembro 1990*. Promulga a Convenção sobre os Direitos da Criança. Disponível em: <http://www.planalto.gov.br/ccivil_03/decreto /1990-1994/D99710.htm>. Acesso em: 17 set. 2010.

BRASIL. *Decreto-Lei nº 2.848, de 07 de dezembro 1940*. Código Penal. Disponível em: <https://www.planalto.gov.br/ccivil_03/Decreto-Lei/del2848.htm>. Acesso em: 17 set. 2010.

BRASIL. *Decreto-Lei nº 3.689, de 03 de outubro 1941*. Código de Processo Penal. Disponível em: <http://www.planalto.gov.br/ccivil/decreto-lei/del3689.htm>. Acesso em: 17 set. 2010.

BRASIL. *Lei nº 8.069, de 13 de julho de 1990*. Dispõe sobre o Estatuto da Criança e do Adolescente e dá outras providências. Disponível em: <http://

www.planalto.gov.br/ccivil_03/Leis/L8069.htm>. Acesso em: 17 set. 2010.

BRASIL. Senado Federal. *Projeto de Lei Complementar n° 35 de 2007*. Disponível em: <http://www.senado.gov.br/atividade/materia/detalhes.asp?p_cod_mate=81194>. Acesso em: 17 set. 2010.

BRITO, L. M. T. Diga-me agora...O Depoimento sem dano em análise. *Revista de Psicologia Clínica*, v. 20, n. 2, p. 113-125, 2008.

CARNELUTTI, F. *As misérias do processo penal*. São Paulo: CONAN, 1995.

CARVALHO, R. M. Comentários ao art. 136 do ECA. In: CURY, M.; SILVA, A. F. A.; GARCÍA MENDEZ, E. (Coord.). *Estatuto da criança e do adolescente comentado*. São Paulo: Malheiros, 1992.

CÉZAR, J. A. D. *Depoimento sem dano*: uma alternativa para inquirir crianças e adolescentes nos processos judiciais. Porto Alegre: Livraria do Advogado, 2007.

CHILD Abuse Program: annual report Children's Hospital. Columbus: [s.n.], 1986-1987.

CONSELHO NACIONAL DOS DIREITOS DA CRIANÇA E DO ADOLESCENTE – CONANDA. Brasília: Presidência da República, c2006-2007. Disponível em: <http://www.presidencia.gov.br/estrutura_presidencia/sedh/conselho/conanda/>. Acesso em: 21 set. 2010.

CONTE, B. S. Depoimento sem dano: a escuta da psicanálise ou a escuta do direito? *Revista Psico*, v. 39, n. 2, p. 219-223, 2008.

COURTOIS, C. A. *Recollections of sexual abuse*: treatment principles and guidelines. New York: W. W. Norton, 1999.

CURY, M.; SILVA, A. F. A.; GARCÍA MENDEZ, E. (Coord.). *Estatuto da criança e do adolescente comentado*. São Paulo: Malheiros, 1992.

DEWALD, P. *Psicoterapia*: uma abordagem dinâmica. Porto Alegre: Artmed, 1986.

DICIONÁRIO Eletrônico Novo Aurélio século XXI versão 3.0. Rio de Janeiro: Nova Fronteira, 2000.

DUQUE, C. Parafilias e crimes sexuais. In: TABORDA, J. G. V.; CHALUB, M.; ABDALLA-FILHO, E. (Org.). *Psiquiatria forense*. Porto Alegre: Artmed, 2003.

ENCICLOPÉDIA Jurídica Eletrônica. Rio de janeiro: Elfez, [2010]. Disponível em: <http://www.elfez.com.br/elfez/index.html>. Acesso em: 02 dez. 2005.

ENCICLOPÉDIA Saraiva do Direito. São Paulo: Saraiva, 1977.

EXPLORAÇÃO sexual em debate no canal Futura. [S.l.]: Rede ANDI Brasil, 2009. Disponível em: <http://www.redeandibrasil.org.br/>. Acesso em: 27 jan 2010.

FÁVERO, E. T. Depoimento sem dano: questões éticas e técnicas de participação do assistente social. In: CONFERÊNCIA MUNDIAL DE SERVIÇO SOCIAL: o desafio de concretizar direitos numa sociedade globalizada e desigual, 19., 2008, Salvador. *Trabalho...* Salvador: [s.n.], 2008.

FERREIRA, M. H. M. Aprendizagem e problemas emocionais. In: ROTTA, N. T.; OHLWEILER, L.; RIESGO, R. S. *Transtornos da aprendizagem*: abordagem neurobiológica e multidisciplinar. Porto Alegre, Artmed, 2006.

FREUD, A. *O ego e os mecanismos de defesa*. Rio de Janeiro: Civilização brasileira, 1986.

FURNISS, T. *Abuso sexual da criança*: uma abordagem multidisciplinar, manejo, terapia e intervenção legal integrados. Porto Alegre: Artes Médicas, 1993.

GAMA, G. C. N. *A nova filiação*: o biodireito e as relações parentais. Rio de Janeiro: Renovar, 2003.

GARFINKEL, B. D.; CARLSON, G. A.; WELLER, E. B. *Infância e adolescência*. Porto Alegre: Artes Médicas, 1992.

GOMES, C. L. S. P.; SANTOS, M. C. C. L.; SANTOS, J. A. *Dano psíquico*. São Paulo: Oliveira Mendes, 1998.

GREEN, V. *Emotional development in psychoanalysis, attachment theory and neuroscience*: creating conections. New York: Brunner-Routledge, 2003.

JOHNSON, C. F. Abuso na infância e o psiquiatra infantil. In: GARFINKEL, B. D.; CARLSON, G. A.; WELLER, E. B. *Infância e adolescência*. Porto Alegre: Artes Médicas, 1992.

KAPLAN, H. I.; SADOCK, B. J. *Comprehensive textbook of psychiatry/VI*. Baltimore: Williams & Wilkins, 1995.

KRISTENSEN, C. H.; OLIVEIRA, M. S.; FLORES, R. Z. Violência contra crianças e adolescentes na Grande Porto Alegre. In: KRISTENSEN, C. H.; OLIVEIRA, M. S.; FLORES, R. Z. *Violência doméstica*. Porto Alegre: Fundação Maurício Sirotsky, 1998.

LEITE, E. O. A oitiva de crianças nos processos de família. *Revista Jurídica*, n. 278, p. 22-38, 2000.

LEWIS, M.; VOLKMAR, F. R. *Aspectos clínicos do desenvolvimento na infância e adolescência*. 3. ed. Porto Alegre: Artes Médicas, 1993.

LOEWENSTEIN, R. J. Dissociation, development, and the psychobiology of trauma. *Journal of*

American Academy of Psychoanalysis, v. 21, n. 4, p. 581-603, 1993.

MACHADO, M. T. *A proteção constitucional de crianças e adolescentes e os direitos humanos*. Baruere: Manole, 2003.

MILLER JR, J. P. The transference neurosis from the viewpoint of self psychology. *Psychoanalytic Inquiry*, v. 7, n. , p. 535-550, 1987.

MOGUILLANSKY, R. *Nostalgia del absoluto, extrañeza y perplejidad*. Buenos Aires: Libros del Zorz, 2004.

MORAIS, M. C. B. O conceito de dignidade humana: substrato axiológico e conteúdo normativo. In: SARLET, I. W. (Org.). *Constituição*: direitos fundamentais e direito privado. Porto Alegre: Livraria do Advogado, 2006.

NUCCI, G. S. *Código de processo penal comentado*. 4. ed. São Paulo: Revista dos Tribunais, 2005.

PAPALIA, D. E.; OLDS, S. W. *Desenvolvimento humano*. 7. ed. Porto Alegre: Artmed, 2000.

PEREIRA, T. S. *O melhor interesse da criança: um debate interdisciplinar*. Rio de Janeiro: Renovar, 1999.

PIERRE, M. *Isto é*, n. 1881, p. 49, 2005.

RENSHAW, D. C. *Incest*: understanding and treatment. Boston: Little Brown, 1982.

RIO GRANDE DO SUL. Tribunal de Justiça do Estado do Rio Grande do Sul. 8ª Câmara Criminal. *Apelação Crime n° 70008980013*. Relator: Desembargador Marco Antônio Ribeiro de Oliveira. Uruguaiana, 01 de setembro de 2004.

RIO GRANDE DO SUL. Tribunal de Justiça do Estado do Rio Grande do Sul. 7ª Câmara Cível. *Apelação Cível n° 70012117024*. Relatora: Desembargadora Maria Berenice Dias. Lajeado, 09 de novembro de 2005.

SECRETARIA ESPECIAL DE DIREITOS HUMANOS. *Denúncias ao Disque 100 crescem 78% no primeiro semestre de 2008*. Disponível em: <http://www.adital.com.br/ site/noticia.asp?lang=PT&cod=34691>. Acesso em: 03 mar. 2009.

VERONA, H.; CASTRO, A. L. S. *Manifestação do Conselho Federal de Psicologia e de sua Comissão Nacional de Direitos Humanos a respeito do PLC n° 35/2007 – que regulamenta a iniciativa denominada "Depoimento Sem Dano (DSD)"*. Brasília: Conselho Federal de Psicologia, 2008. Disponível em: <http://www.mpes.gov.br/ anexos/centros_apoio/arquivos/17_21111527252882008_Manifestação%20contrária%20do%20CFP%20CNDH%20sobre%20o%20Depoimento%20sem%20Dano.doc>. Acesso em: 09 abr. 2008.

ZAVASCHI, M. L. et al. Associação entre trauma por perda na infância e depressão na vida adulta. *Revista Brasileira de Psiquiatria*, v. 24, n. 4, p. 189-95, 2002.

ZAVASCHI, M. L. et al. *Crianças e adolescentes vulneráveis*: o atendimento interdisciplinar nos centros de atenção psicossocial. Porto Alegre: Artmed, 2009.

4
A VISÃO DO PSIQUIATRA DE CRIANÇAS E ADOLESCENTES NA AVALIAÇÃO E NO ATENDIMENTO DE CRIANÇAS ABUSADAS SEXUALMENTE

Ana Margareth Siqueira Bassols
David Simon Bergmann
Olga Garcia Falceto
Victor Mardini

INTRODUÇÃO

Os problemas gerados pelo abuso sexual são um dos maiores desafios enfrentados por terapeutas de crianças, principalmente face a dificuldade da investigação sobre sua real ocorrência e às consequências na psique da criança, sobretudo quando o abuso ocorre entre pais/padrastos e filhos/enteados.

O abuso sexual não é um fenômeno recente. O incesto tem sido relatado e condenado nas sociedades humanas há mais de 4 mil anos, desde o código de Hammurabi, na Babilônia. O que tem o psiquiatra da infância e adolescência atualmente para contribuir com a abordagem dessa questão? Discutimos, a seguir, aspectos teóricos e práticos originados a partir da experiência de psiquiatras, em especial aqueles dedicados ao atendimento de crianças e adolescentes. A pergunta que procuramos responder neste capítulo é: o que realmente acontece entre pais e crianças que tem tamanho impacto no desenvolvimento infantil, e como abordar tal questão de modo eficaz?

Freud, em "Totem e Tabu" (1913), discute o horror ao incesto por meio da descrição do como aborígenes australianos lidam com tal questão. O autor aponta, entre essas tribos, o mais escrupuloso cuidado e a mais rigorosa severidade em relação ao incesto, com o propósito de evitar tal tipo de relação sexual entre seus membros, sendo que a violação da proibição recebe um castigo dos mais drásticos pela tribo inteira. O tabu do incesto é o princípio relacional fundante da civilização.

Na atualidade, a urgência do enfrentamento desse problema decorre de sua alta prevalência e da constatação de que a sociedade ainda duvida da real ocorrência do fato e, consequentemente, apresenta dificuldade na identificação dos casos existentes. A negação é um dos principais mecanismos implicados na situação de abuso, reforçada pelo caráter secreto da atividade, bem como pela falta de testemunhas (Glaser, 2007).

Segundo Lippi (2009), um pioneiro no Brasil no estudo do maltrato infantil, em algumas comunidades no sul da Itália, em algumas ilhas do Pacífico, bem como em alguns locais no interior do Brasil, o incesto ainda é socialmente "justificado". Nesses locais, alguns pais se julgam mais adequados, por sua proximidade e afeto, a iniciar a filha sexualmente. Mas, segundo esse mesmo autor, devido à globalização e à divulgação de conhecimentos, esses costumes estão desaparecendo.

O abuso sexual é provavelmente um dos menos relatados e diagnosticados dentre os abusos cometidos contra crianças, podendo ocorrer isoladamente ou associado a outras formas de abuso físico. Estima-se que 1 em cada 3 a 4 meninas e 1 em cada 7 a 8 meninos serão sexualmente agredidos até os 18 anos, sendo que as taxas reais de ocorrência talvez sejam ainda mais altas do que essas estimativas, devido ao não reconhecimento dos casos e à dificuldade das vítimas em denunciar o abuso (Sadock, 2007).

Dados da Associação Brasileira Multiprofissional de Proteção à Infância e Adolescência (ABRAPIA) referem no relatório "Abuso Sexual" que, entre janeiro de 2000 e janeiro de 2003, de um total de 1.547 denúncias de vítimas de abuso sexual em todo o país, 76,29% eram meninas, 17,5% eram meninos e de 6,66% não foram informados o sexo. Quase 50% das vítimas estavam na faixa etária dos 12 aos 18 anos (ABRAPIA, 2009).

Em estudo de casos e controles em Belo Horizonte, de acordo com registros de pronto-socorro no período de seis meses, Lippi (2009) verificou que, dentre 322 pessoas que haviam tentado suicídio, 33% tinham sofrido abuso sexual, número muito superior ao constante nos controles (13%).

Na Inglaterra, uma pesquisa realizada por Alvarez e Reid (1999) descreveu semelhanças entre síndromes pós-traumáticas e autismo. Meltzer (1975) descreveu, como mecanismo central em funcionamento no autismo, o desmantelamento do aparelho perceptivo em suas partes componentes de sensualidade e de percepção sensorial, que ocorre por meio da suspensão da função ativa de atenção, cuja função é manter os sentidos coesos, conservando, assim, o desenvolvimento normal. Para Meltzer (1975), esse desmantelamento provoca no indivíduo defesas muito primitivas, removendo o significado da experiência e impedindo a representação simbólica. Shengold (1979) denominou esse fenômeno como *assassinato da alma*.

A vulnerabilidade às sequelas do abuso sexual depende do tipo de abuso, de sua cronicidade, da idade da criança vítima e do relacionamento entre a vítima e o agressor. Os efeitos psicológicos e físicos do abuso sexual podem ser devastadores e duradouros. Molnar, Buka e Kessler (2001), a partir do exame de dados do National Comorbity Survey (NCS), destacaram que a taxa de prevalência de pelo menos um transtorno psiquiátrico ao longo da vida da vítima de abuso sexual (depressão, ansiedade ou transtornos associados a substâncias) foi significativamente mais alta entre as mulheres que relatavam abuso sexual na infância (78%) comparada à taxa das mulheres na população em geral (48,5%) ($p < 0,5$ – OR 2,3). Em relação aos homens, as taxas são de 82% e 51,2% respectivamente ($p < 0,5$ – OR 2,3). Os autores concluem que os resultados do estudo confirmam achados anteriores de estreita relação entre o abuso sexual na infância e a psicopatologia na vida adulta entre homens e mulheres (Molnar, Buka e Kessler 2001).

É preciso estar alerta em todos os contextos para identificar os sinais de sofrimento associados ao abuso sexual e saber como proceder em relação a eles. Salientamos que crianças e adolescentes, independentemente de sua classe socioeconômica, cultural e etnia, são suscetíveis a atos de abuso sexual de natureza diversa. Neste capítulo, abordamos o abuso intrafamiliar perpetrado pelo pai ou padrasto por ser o mais frequente, ainda que seja importante assinalar que mães também eventualmente podem abusar sexualmente seus filhos(as), assim como o abuso sexual por um irmão mais velho também pode ser extremamente traumatizante.

APRESENTAÇÃO CLÍNICA

É fundamental que todos conheçam a apresentação clínica dos casos de abuso sexual. Essa é variável, podendo se dar por meio de queixas inespecíficas, tais como: anorexia, dor abdominal, cefaleia, enurese, encoprese, constipação crônica, dor para defecar e manchas no palato mole ou palato duro. Por outro lado, possíveis indícios de abuso sexual podem apresentar-se como queixas genito-urinárias (hemorragia, prurido, dor crônica, infecções – vulvite ou vulvovaginite), presença de corpo estranho, disúria e infecções recorrentes do trato urinário (Bechtel e Bennelt, 2009; Sadock, 2007).

Outras formas de apresentação são mais específicas, como trauma na região ano-retal (lacerações, hematomas, retraimento himenal, alterações do tônus anorretal), infecções sexualmente transmissíveis, gravidez, descrição explícita de contato sexual, promiscuidade, prostituição, perpetração sexual em outros, conhecimento inapropriado de comportamento sexual adulto, atividade sexual inadequada para a idade e masturbação compulsiva são indicações significativas de abuso sexual.

Sintomas comportamentais também chamam a atenção em crianças e adolescentes que sofreram agressão sexual. Entre eles, encontramos comportamento "pegajoso", crises de raiva, agressão, automutilação, distúrbios do sono, pesadelos, distúrbios do apetite, transtornos de conduta, medos excessivos, fobias, depressão, isolamento, baixa autoestima, problemas sociais com os pares, problemas escolares, abuso de substância, ideação suicida, excessiva curiosidade sexual (Bechtel e Bennelt, 2009; Sadock, 2007).

Kendall-Tackett (1993) e Kaplan (2002) a partir da revisão de estudos sobre o efeito do abuso sexual nas crianças, relataram que entre 21% a 36% das crianças vítimas de abuso sexual não apresentam sintomas a curto prazo, e que entre 64% a 79% das crianças vítimas de abuso sexual têm padrões variados de sintomatologia. Esses incluem, em ordem decrescente de frequência: comportamento sexualizado, transtorno de estresse pós-traumático, baixa autoestima, ansiedade, medo, depressão, ideação suicida, queixas somáticas, comportamento agressivo, fugas e abuso de substâncias.

Vítimas de abuso sexual também apresentam alto risco para uma variedade de diagnósticos psiquiátricos, tais como transtorno depressivo maior e transtornos de conduta, de somatização e de personalidade (Kaplan, 2002; Eizirik et al., 2007; Zavaschi et al., 2006). Além disso, existem algumas indicações de que o abuso sexual na infância está associado com transtornos do comportamento alimentar, particularmente com a bulimia. O Transtorno de Estresse Pós-Traumático é o diagnóstico mais consistentemente relatado em crianças vítimas de abuso sexual (Kaplan, 2002). Estudos avaliando crianças abusadas sexual e fisicamente também têm documentado prejuízo cognitivo na habilidade de linguagem e no funcionamento escolar (Kaplan, 2002).

No caso do abuso sexual ser comprovado, é essencial a realização de uma avaliação da vítima e da família por um psiquiatra da infância e da adolescência visando a definir os possíveis prejuízos emocionais advindos do trauma sofrido, bem como para indicar uma intervenção psicoterápica e/ou psicofarmacológica para a criança e para seus cuidadores (Kaplan, 2002).

ASPECTOS COMPREENSIVOS

Para Shengold (1979), experiências esmagadoras reais no curso do desenvolvimento de uma criança, como o abuso sexual, têm um efeito patogênico e destrutivo em suas vidas. A experiência traumática de superestimulação repetida e crônica, alternando com privação emocional deliberadamente infligida por outro indivíduo, levam ao que o autor denomina como *assassinato da alma*. São crianças e futuros adultos aniquilados em sua individualidade, em sua dignidade, em sua capacidade de sentir profundamente (alegria, amor e até mesmo ódio); têm suprimido o uso de sua mente, de sua capacidade de pensar racionalmente e de testar a realidade. A destruição completa ou parcial do aparelho mental em desenvolvimento, ou até mesmo do já desenvolvido, e do senso de identidade ("alma") pode ocorrer em qualquer idade, mas, obviamente, quanto mais cedo ocorrer o trauma, mais devastadores serão seus efeitos.

Crianças podem ser fragmentadas muito mais facilmente do que os adultos, e os efeitos nelas de tortura, ódio, sedução e estupro, ou até mesmo de indiferença, ou de privação de amor e cuidado, são obstáculos devastadores a seu desenvolvimento, uma vez que suas "almas" – sua estrutura e funcionamento psicológico – ainda estão em formação.

Shengold (1979) refere que a privação emocional em crianças, alternada com maus-tratos, tem efeito profundo e duradouro. Ocorre a mobilização de certas defesas psíquicas e mudanças estruturais, a maioria das quais tendem a interferir no desenvolvimento emocional e intelectual livre e total, ao tornar realidade o que, se ocorresse, deveria ser mantido no terreno da fantasia.

Se a agressão é recorrente ou crônica, as defesas regressivas de anular sentimentos tornam-se crônicas também. O que acontece para a criança é tão terrível que não deve ser sentido nem pode ser registrado, ocorrendo um isolamento maciço dos sentimentos com confusão e negação. Resulta disso uma morte hipnótica em vida, um estado de viver "como se" o indivíduo estivesse lá. A criança vitimada transforma-se em um autômato mecânico e obediente.

A propensão de um dos pais para o maltrato é frequentemente endossada por uma tendência correspondente no cônjuge ou por uma incapacidade de identificar os comportamentos abusivos em virtude de tê-los sofrido no passado.

Se o mesmo pai ou mãe que maltrata, e é experimentado como mau pela criança, é também a quem ela deve voltar-se para alívio da dor que aquele causou, então a criança rompe com aquilo que experimentou e, por necessidade desesperada, registra aquele pai ou mãe – ilusoriamente – como "bom". Essa relação é complexa pelo fato de que esses pais também têm comportamentos realmente cuidadores. Somente a imagem mental de um pai ou de uma mãe boa pode ajudar a criança a lidar com a intensidade terrível do medo e da raiva, que é o efeito das experiências atormentadoras. A alternativa – a manutenção da estimulação esmagadora e da imagem parental má – significa aniquilação da identidade, do sentimento de *self*. Então o "mau" tem que ser registrado como "bom". Essa é uma operação de fragmentação ou de cisão da mente. A fim de sobreviver, tais crianças precisam manter, em algum compartimento de suas mentes, a ilusão de que têm pais bons e a promessa ilusória de que todo o terror, a dor e o ódio serão transformados em amor.

A necessidade desesperada de agarrar-se à promessa de pais bons e amorosos é a fonte de maior resistência aos esforços do terapeuta para desfazer essa ilusão. Interpretações da realidade "objetiva" ameaçam a perda da imagem mental do "bom" progenitor (pai ou mãe); essa perda restaura os perigos de aniquilação (ansiedade traumática). A mente da criança divide-se em fragmentos contraditórios para separar o "mau" do "bom". Sentimento e pensamento ficam comprometidos; o registro do que aconteceu e do que está acontecendo está compartimentado e, portanto, inadequado.

Como a criança não consegue entender o que fazem com ela, sua mente é incapaz de lidar com o que não é compreendido e com o que sequer tem permissão de registrar. É a inibição do poder do ego de lembrar e de testar a realidade que faz o assassinato da alma tão eficaz como força contínua.

O comportamento severo do parceiro adulto em relação à criança, atormentado e raivoso devido a seu remorso, torna-a ainda mais convencida de sua própria culpa e vergonha. Quase sempre o agressor comporta-se como se nada tivesse acontecido, e consola a si mesmo dizendo: "Ah, é apenas uma criança, ela não sabe de nada, vai esquecer tudo". São características dos abusadores as distorções cognitivas que incluem minimização do efeito danoso da agressão sexual sobre a criança, a conceitualização do abuso como "amor" ou "educação" e a responsabilização da criança por "provocar" o abuso (Glaser, 2007).

Com frequência, os abusadores foram crianças abusadas que passam a repetir rigidamente os comportamentos sexuais inadequados e paradoxalmente também os padrões morais rígidos transmitidos (Steele,

1976 e Ferenczi, 1933, citado em Shengold, 1979). Posteriormente, essas crianças, em uma compulsão de repetir os atos perpetrados contra elas, colocam-se em risco de serem atingidas por atos violentos de outras pessoas com a contínua expectativa ilusória de que, desta vez, elas serão amadas, expondo-se a situações masoquistas já descritas por Freud (1919). É dentro dessa perspectiva que devem ser examinadas as mães das crianças abusadas, já que com frequência elas repetem o que viveram (Souza, 2008).

A necessidade defensiva da criança de "conservar", até mesmo de "fundir-se" com o pai ou com a mãe, é frequentemente complementada pela necessidade do progenitor (pai ou mãe) perturbado de evitar a individuação e de ligar-se à criança, que é considerada como parte da autoimagem dos pais (Mahler, 1968). Tal funcionamento dá origem ao mecanismo defensivo da identificação com o agressor, possibilitando a saída de uma posição passiva para a ativa. A identificação com o agressor permite à antiga vítima seguir a compulsão de repetir, representando o papel parental sádico ativo. Isso também pode ser motivado, em parte, pelo desejo ilusório de tornar o "mau" progenitor em "bom".

As famílias em que ocorre abuso sexual costumam ser fechadas em relação ao meio externo em virtude dos segredos que albergam e da necessidade de manter a aparência de um funcionamento rigidamente moral, apresentando também graves problemas estruturais e de comunicação (Werner, 2008). As mães costumam ser mulheres fracas e desvalorizadas, frequentemente fazendo uso de psicofármacos. O abusador costuma ser um indivíduo "acima de qualquer suspeita" (em todas as classes econômicas e intelectuais). Ele se enquadra, por exemplo, na classificação do CID 10, transtorno de preferência sexual – o voyeurista, o exibicionista, o pedófilo, o homem incestuoso (Lippi, 2009). Muitos dos abusadores sofrem porque desejam se controlar e não conseguem. Nesse sentido, é importante o diagnóstico psiquiátrico porque alguns deles são homens deprimidos, mas outros são pedófilos ou sociopatas, sendo evidente a diferença na possibilidade de abordagem terapêutica (Sattler, 2008).

Apesar do peso do trauma, os seres humanos são plenos de recursos, ou resilientes, e sobrevivem a infâncias marcadas pelo abuso sexual. Sua sexualidade e sua alma carregam marcas e deformidades, mas conservam partes intactas. Dentre os fatores que promovem resiliência, destaca-se a presença de outra pessoa amorosa na infância que ocupe o lugar do mau progenitor, como uma babá, uma avó, uma tia ou talvez um professor. A engenhosidade e o impulso necessário para superar ou até mesmo sobreviver a uma situação terrível como o abuso sexual pode vir a ser a motivação para mudar e transcender a raiva e a apatia, por meio de trabalho criativo e, às vezes, também por meio de relacionamentos humanos sadios. Áreas saudáveis, ou mesmo supersaudáveis, podem coexistir com "compartimentos" da alma devastados, cheios de ódio, ou emocionalmente mortos.

O PSIQUIATRA DA INFÂNCIA E DA ADOLESCÊNCIA

O psiquiatra da infância e da adolescência é um médico especializado em diagnosticar e tratar problemas do pensamento, do comportamento e das emoções que afetam crianças, adolescentes e suas famílias (AACAP, 2008). Oferece a seus pacientes e famílias atenção integral com as características de sua formação médica – responsabilidade e ética. Assim, para realizar seu trabalho, o psiquiatra necessita conhecer os fatores biológicos, psicológicos e sociais em ação, em uma visão integrada. Inicialmente, o profissional realiza uma avaliação diagnóstica em seus pacientes para compreender o problema atual em seus múltiplos aspectos: físicos, genéticos e do desenvolvimento (emocional, cognitivo, educacional, familiar, comunitário, legal). A partir disso, a formulação diagnóstica e o diagnóstico são discutidos e compartilhados com a família e, considerando os múltiplos aspectos envolvidos, o psiquiatra, então, planeja um tratamento, cujas recomendações são discutidas com o paciente e sua família.

O psiquiatra da infância e da adolescência participa da equipe multidisciplinar visando à confirmação da agressão sexual. Caso o abuso sexual seja comprovado, é essencial uma avaliação da vítima e da família para definir os possíveis prejuízos emocionais advindos do trauma sofrido e para indicar uma intervenção psicoterápica e/ou psicofarmacológica para a criança e para seus cuidadores (Kaplan, 2002).

Segundo Winnicott (1983), a Psiquiatria Infantil é uma especialidade com identidade própria. Ocupa-se do desenvolvimento emocional da criança e da interferência com os processos de maturação que se originam no ambiente da criança e a partir de seus conflitos internos. A base da maior parte do trabalho do profissional dessa área é a entrevista psicoterapêutica com a criança.

A técnica utilizada para entrevistar crianças deve ser adequada a seu nível de desenvolvimento, o que possibilita o estabelecimento de uma comunicação adequada. A abordagem compreensiva, com técnicas de avaliação do brincar e da subjetividade, é essencial para a avaliação diagnóstica da criança, por isso a formação do psiquiatra infantil deve levar isso em conta. Do mesmo modo, o psiquiatra de crianças deve estar empenhado em trabalhar com os pais, relacionando-se com eles, conhecendo e avaliando suas características e auxiliando-os na provisão ambiental de cuidados adequados, que facilitarão o processo interno de maturação da criança. Nunca é demais ressaltar que saúde é sinônimo de maturidade – maturidade apropriada à idade.

Uma abordagem integrada frequentemente envolve psicoterapia individual, de grupo ou familiar, medicação e/ou consulta com outros médicos, com profissionais de escolas, de tribunais de menores, entidades sociais ou organizações da comunidade, além de tratamentos em grupo, que têm se mostrado eficazes especialmente para os cuidadores.

Além disso, o psiquiatra de crianças e adolescentes deve estar preparado para atuar como um defensor dos interesses de seus pacientes, uma vez que pode prestar consultoria em uma grande variedade de ambientes (escolas, tribunais de menores, entidades sociais). Como consultor, o psiquiatra poderá ser solicitado pelas instituições de ensino ou que prestam atendimento a crianças e adolescentes, ou por outras especialidades médicas, a opinar a respeito de um caso possivelmente configurado como abuso.

Alguns hospitais já possuem serviços de proteção à criança, onde o psiquiatra faz parte de uma equipe interdisciplinar que avalia e trata os casos suspeitos.

Além de avaliar a criança vítima de abuso sexual, é possível que o profissional se depare com jovens adolescentes com história prévia de abuso e que podem estar submetendo crianças menores às mesmas práticas de que foram vítimas.

O psiquiatra de crianças e adolescentes também pode vir a trabalhar vinculado ao Ministério Público, fornecendo laudos de entrevistas com crianças e adolescentes, com os cuidadores e outros envolvidos na situação para documentação jurídica dos casos suspeitos e/ou comprovados de abuso sexual (AACAP, 1997).

O psiquiatra de crianças e de adolescentes também pode auxiliar na formulação de leis que postulam como o sistema legal deve lidar com crianças abusadas, incluindo e elaborando critérios para o relato do abuso e os métodos de avaliação e procedimentos para ouvir o testemunho das crianças (AACAP, 1997).

Em virtude da complexidade das situações com que lida, o psiquiatra da infância e adolescência deve trabalhar em cooperação com outros profissionais para avaliação e atendimento de casos suspeitos ou comprovados de abuso sexual. Ele deverá estar atento a fatores habitualmente associados ao abuso, tais como: famílias disfuncionais, alto grau de comprometimento psicopatológico do abusador e intenso sofrimento emocional que acomete crianças, adolescentes e suas famílias.

A EQUIPE MULTIDISCIPLINAR

A equipe multidisciplinar idealmente deve ser composta de pessoas com experiência em atendimento de crianças e adolescentes, bem como em casos envolvendo abuso sexual. Idealmente, além do psiquiatra da infância e adolescência, a equipe deve ser constituída por psicólogo(a) infantil, pediatra, assistente social, enfermeiro(a), professor(a) e representante do Ministério Público.

A equipe multidisciplinar tem o papel de avaliar a vítima da agressão sexual caso o abuso sexual seja comprovado, considerando, sobretudo, os prejuízos emocionais futuros. Deve-se salientar que a comprovação do abuso sexual não é efetivada em 2 a 8% dos casos avaliados, tornando seu diagnóstico uma armadilha para os profissionais da saúde (Sadock, 2007, p. 943).

As informações do psiquiatra infantil na equipe multidisciplinar auxiliam na comprovação do abuso sexual em virtude de seu conhecimento do desenvolvimento humano normal e de seu treinamento em técnicas de entrevista com crianças e adolescentes.

A reunião dos profissionais envolvidos no atendimento visa a compartilhar observações e sentimentos com todos os membros da equipe, buscando apoio mútuo, compreensão do caso e de uma conduta uniforme e coesa por todo o grupo. É importante lembrar que, em casos de extrema gravidade como esses, além da negação, um dos mecanismos psicológicos envolvidos é o da identificação projetiva, ou seja, a atribuição ao outro de seus aspectos negados e rejeitados, que tem como consequência a dissociação da equipe.

TRATAMENTO

A intervenção terapêutica se inicia com a suspeita do abuso e o diálogo do clínico com a criança e com os adultos responsáveis sobre essa possibilidade. Essa conversa inicial com frequência traz alívio à criança.

A segunda etapa é garantir a segurança da criança, o que muitas vezes exige sua internação para proteção e investigação diagnóstica. Em alguns casos, é possível afastar temporariamente o abusador da vítima, podendo evitar-se a internação. Exige-se legalmente do clínico que a suspeita de abuso seja notificada ao Conselho Tutelar e/ou à Promotoria da Infância e Juventude (ECA, 1990).

Todo esse processo inicial é bastante complexo e exigente, o que leva os autores a pensar ser desaconselhável, nesses casos, um regime de atendimento individual em nível de consultório. As instituições criam um contexto mais protegido para lidar com o abusador, que, frequentemente, é o provedor da família. No consultório privado, também surge o dilema ético de como lidar com o abusador quando é ele quem paga o tratamento da criança.

A terceira etapa, estando a criança internada ou não, envolve a investigação dos fatos do abuso, das consequências físicas e psicológicas para a criança e dos recursos da família para cuidá-la adequadamente. É necessário também avaliar o abusador para decidir qual a intervenção mais adequada, desde recomendar seu total afastamento (podendo ser necessária sua prisão imediata) até recomendar, nos casos menos graves, sua permanência na casa com supervisão constante.

Os casos de abuso sexual trazem muitos desafios aos profissionais envolvidos em seu atendimento. Os sentimentos mobilizados são intensos, e vão desde intensa raiva do abusador até sentimentos de impotência frente ao caso; desde incerteza quanto ao abuso nos casos suspeitos e sentimentos de medo por ameaças feitas pelo abusador até raiva da família, por não acreditar na criança e não oferecer proteção adequada.

A abordagem terapêutica tipicamente exige muita flexibilidade do clínico. São necessárias entrevistas familiares conjuntas (variando a presença dos membros da família), sessões individuais com a criança, sessões da mãe com a criança, sessões individuais com o abusador e sessões com o casal. São necessárias também reuniões entre a equipe multidisciplinar, reuniões entre a família ou entre os pais na presença do

Conselheiro Tutelar ou outros agentes legais, dentre outras.

No trabalho com a criança abusada, a pergunta que o profissional se coloca é como ajudá-la, uma vez que seu ego foi danificado pelo ambiente em seu desenvolvimento inicial? Uma relação terapêutica, um relacionamento humano (isto é, o trabalho do terapeuta) poderá minorar o sofrimento causado por dano tão grave e precoce?

Para Shengold (1979), tratar o "assassinato da alma" significa, primeiramente, descobri-lo. O psicoterapeuta deve estar consciente de que o tipo de patologia parental pode danificar o senso de identidade da criança e sua capacidade de sentir. Assim, o terapeuta deve ser capaz de acreditar nos relatos de crueldade e incesto do paciente – de modo a ajudá-lo na mais difícil tarefa de diferenciar fantasias de fatos reais.

Além disso, o terapeuta deve estar consciente de que não somente o paciente pode apresentar tendência a acreditar que os pais são bons, pois é comum que também o terapeuta tenha grande resistência à ideia de um progenitor psicótico, psicopata ou destrutivo (Shengold,1979).

A partir da revelação do abuso, com a liberação concomitante dos afetos, torna-se necessário examinar com o paciente os aspectos da realidade de si mesmo e de seus pais, o que irá propiciar a abordagem da possível identificação da vítima com o mau progenitor, assim como a submissão a ele, que precisa tornar-se consciente (Shengold, 1979).

O paciente precisa saber o que ele sofreu, nas mãos de quem e como isso o afetou. O terapeuta deve, então, esmiuçar o melhor que puder a realidade passada do paciente e entender como seu senso de realidade desenvolveu-se, de modo a modificá--lo com respeito à eliminação de inibições. Jovens abusados apresentam más expectativas de uma intensidade quase delirante e cuja raiva está em um grau canibalístico (ameaçando a destruição igualmente das imagens dos pais e de sua própria quando a raiva começa a ser sentida). O medo dessa raiva assassina é a maior carga para o paciente (Shengold,1979).

Por meio da terapia bem-sucedida, assim como do relacionamento emocional com o terapeuta, a identidade falsa e a fachada "como se" da vítima de abuso sexual pode ceder espaço a um sentimento de autenticidade. O robô destrutivo e autodestrutivo é, assim, capaz de se tornar um ser humano com habilidade para tolerar contradições e manter a ambiguidade emocional que é tão necessária para a completa humanização (Shengold,1979).

Diferentemente do método utilizado com adolescentes e adultos – que consiste na comunicação verbal mútua –, com crianças, o que o terapeuta observa é o brincar e, às vezes, dele participa (Ferro, 1995). O psiquiatra da infância e adolescência tem treinamento/formação para atender crianças pequenas, sobretudo no que tange à compreensão da comunicação não verbal necessária para entrevistas, em que se utiliza a técnica do brinquedo, em um *setting* diferenciado.

A abordagem psicoterápica, para Winnicott (1979), situa-se em uma região onde se superpõem duas áreas de brincar, a do paciente e a do terapeuta. O brincar, para o autor, é equivalente à espontaneidade e à criatividade. Crianças em psicoterapia frequentemente resistem quando questionadas diretamente sobre seus conflitos e sentimentos. Muitas dessas crianças respondem bem ao jogo do rabisco-desenho, uma adaptação da técnica de rabiscos de Winnicott, associada ao método de contar-histórias de Gardner e Kritzberg (Winnicott, 1979). No jogo, a criança e o terapeuta realizam uma permuta temática de forma estruturada e interativa. Juntamente a outras técnicas lúdicas projetivas similares, o jogo se configura como um meio frutífero de obtenção de material temático significativo, sendo também uma forma de aumentar a comunicação entre o terapeuta e a criança. Chama a atenção que o brinquedo da criança abusada pode evidenciar uma erotização inadequada a seu nível de desenvolvimento.

Outro grande desafio que se coloca é o de ajudar a mãe a desenvolver as condições psicológicas que lhe permitam proteger a criança adequadamente. Assim, além da terapia familiar, ela necessitará tratamento individual de longa duração, sendo o tratamento em grupo com outras mulheres que viveram situação semelhante também muito recomendado.

Quanto ao abusador, a questão que se coloca é: O que deve ser feito para reduzir a reincidência do abuso sexual que tende a se repetir de geração em geração? Ainda é pobre a literatura internacional sobre o tema, mas começam a aparecer evidências de que o trabalho em grupo em instituições e com estreito contato com a Justiça é o mais adequado (Sattler, 2008).

O que parece claro é que o abusador não deve ser tratado exclusivamente como uma pessoa que cometeu um crime, mas também como um ser humano que necessita tratamento. Dependendo da gravidade de seu transtorno, o abusador deve ser retirado da sociedade, pois corre risco pessoal de reincidir e oferece risco para a comunidade. De preferência, diferentes estratégias de tratamento – ambulatorial, internação, medicamentoso e cognitivo-comportamental – poderão ser tentadas simultaneamente para interromper o ciclo da violência entre os abusados (Lippi, 2009).

A SUSPEITA DE ABUSO SEXUAL DEVE SER FEITA EM VÁRIOS CENÁRIOS

Com frequência, é na escola que meninas e meninos expressam seus conflitos. Embora nem sempre verbalizem seus problemas, as crianças os demonstram por meio de comportamentos. O psiquiatra da infância e adolescência deve estar preparado para instrumentar os professores na identificação desses comportamentos indicadores de que o jovem está passando por alguma dificuldade, com alteração em seu desenvolvimento emocional e/ou cognitivo. Além disso, o professor deve ter disponível uma lista de recursos de saúde para encaminhamento da criança e de sua família para diagnóstico e tratamento.

Também nos diversos níveis dos serviços de saúde, os profissionais devem estar preparados para um primeiro diagnóstico de que pode estar havendo ou ter havido abuso sexual. É frequente nas Unidades Básicas de Saúde o atendimento de crianças ou adolescentes que possivelmente estejam sofrendo algum tipo de agressão sexual. Esses casos precisam ser avaliados em um serviço de atenção especializado em Saúde Mental e, se possível, por uma equipe especificamente organizada para tratar os casos de abuso sexual.

A educação sobre abuso sexual dos médicos e de outros profissionais de saúde, assim como de professores e de todos que estão em contato com crianças, auxilia sua detecção precoce. A oferta de apoio às famílias em risco, que pode ser oferecida por esses profissionais, é também fator que ajuda a prevenir o problema (Sadock, 2007).

QUANDO INVESTIGAR E COMO ENCAMINHAR?

As crianças vítimas de abuso sexual podem manifestar sintomas físicos, emocionais ou comportamentais. Também é sabido que crianças vulneráveis, aquelas com retardo ou transtornos mentais, estão em maior risco de sofrer abuso. Em geral, quando há abuso, o quadro clínico é confuso ou não preenche todos os critérios para um determinado diagnóstico, além de o sofrimento parecer ser muito grande.

Nesses casos, é importante que o clínico inclua no diagnóstico diferencial a possibilidade de estar havendo abuso e conte com um psiquiatra da infância e da adolescência como consultor. Este participará da avaliação e do encaminhamento ou tratamento por meio da orientação da equipe, realizando a análise do caso em conjunto, quando necessário. As Unidades Básicas de Saúde espalhadas por todo o país necessitam ter a equipe de saúde preparada para esse tipo de problema. Uma vez identificado o possível caso, via de regra, é possível encaminhá-lo a serviços especializados, pelo menos nas grandes cidades. Nas cidades menores e no interior, espera-se que as equipes de saúde contem com um sistema de consultoria especializada para lidar com os casos de abuso sexual.

Não são raros os casos, como o descrito a seguir, em que uma criança ou adolescente é diagnosticada como tendo uma doença psiquiátrica grave quando o que apresenta ainda é a reação ao abuso, que, de fato, se não for tratada, se transformará em doença.

Maria,* 9 anos, aluna da 3ª série de uma escola pública, foi trazida à consulta da UBS pela mãe, que, muito assustada, relatou que filha vinha expressando "vontade de morrer", tentando jogar-se na frente dos carros ao atravessar a rua. A história era de irritabilidade, discussões frequentes e descontrole de impulsos, especialmente em relação à mãe. Além disso, quando em casa, Maria permanecia isolada, sem querer brincar com outras crianças ou mesmo com a irmã gêmea.

O caso foi atendido por um membro da equipe de Pediatria, que formulou a hipótese diagnóstica de transtorno de humor bipolar. Segundo ele, a menina não tinha prejuízo escolar; pelo contrário, era considerada uma das melhores alunas da sala de aula. Os pais estavam separados há alguns anos e o pai morava em outra cidade. Assim, as irmãs frequentemente viajavam para passar o final de semana com o pai. A consultora de psiquiatria da infância e adolescência ouviu o relato e chamou a atenção para o fato de os sintomas estarem principalmente relacionados à mãe, e de não acontecerem em nenhum outro cenário. Levantou, então, a possibilidade de a menina estar sofrendo algum abuso nas visitas ao pai. A equipe ficou muito inquieta e duvidou, dividindo-se.

O clínico foi orientado sobre como investigar a situação, isto é, utilizando perguntas claras e diretas, e colocando para a mãe e para a paciente que era necessário não excluir a hipótese de que isso de fato estivesse acontecendo, com o objetivo de proteger a menina. Na companhia da psiquiatra, o clínico realizou as intervenções. Em um primeiro momento, ambas assustaram-se com a hipótese; porém, a mãe logo acrescentou que o ex-companheiro apresentava um diagnóstico de Transtorno de Personalidade *Borderline*. Maria demonstrou dificuldade em tratar do assunto, referindo que "não tinha vindo falar disso"; mas, encorajada pela mãe, conseguiu contar que o pai lhe dava mais presentes e agrados do que para a irmã, pois esta nunca queria visitá-lo. Além disso, a irmã dormia no chão, enquanto Maria, na cama com o pai. Relatou também que o pai a "acariciava" e dizia que ela era sua preferida. Diante do relato, foi consultado o Serviço de Proteção do Hospital de Clínicas de Porto Alegre, que orientou o encaminhamento da paciente para o Centro de Referência no Atendimento Infanto-juvenil (CRAE) do Hospital Presidente Vargas, serviço de referência na cidade para casos de abuso sexual.

A equipe combinou com a mãe nova consulta para a semana seguinte, trazendo a documentação que confirmasse o atendimento no CRAE. Na semana seguinte, a menina retornou, dizendo não pensar mais em morrer, mas referindo muita tristeza. A mãe trouxe a documentação comprovando a ida ao serviço indicado. Decidiu-se, em concordância com a consultora, receitar antidepressivo para o tratamento de Maria devido à sintomatologia depressiva. O caso continua sendo acompanhado a cada 15 dias, enquanto a menina recebe acompanhamento psicológico no Hospital Materno-infantil Presidente Vargas e aguarda atendimento psiquiátrico nesse local.

DESAFIOS

O primeiro desafio colocado às equipes e aos cidadãos que se defrontam com situações de suspeita de abuso sexual é lidar

---
* Este caso foi atendido na Unidade Básica de Saúde (UBS) Santa Cecília pelo Serviço de Psiquiatria da Infância e Adolescência do Hospital de Clínicas de Porto Alegre (HCPA), sob a consultoria da Dra. Lisiane Motta.

adequadamente com suas próprias reações, de modo a manter a objetividade que permitirá a melhor proteção à criança abusada. Ao abordar a atividade de terapeutas, Bick (1961, 1964) descreve a importância de se reconhecer a contratransferência, propondo que o estresse associado à contratransferência no terapeuta de crianças é maior do que no de adultos. Isto se deve aos conflitos inconscientes que surgem na relação com os pais das crianças e adolescentes e à natureza do material dos jovens – projeções violentas e concretas que tornam difícil a contenção. O material infantil é mais primitivo. Essa constatação demonstra que, para se lidar com tais problemas, é necessária muita maturidade e o esforço de equipes multidisciplinares trabalhando de forma integrada.

O desafio de trabalhar em equipes multidisciplinares, em que haja o respeito pelas especificidades de cada disciplina e se evite ao máximo o desgaste da competição, primando pelo benefício dos pacientes, é crucial. Isso é ainda mais difícil quando se exige ir além do campo das profissões da saúde para incluir os colegas da Justiça. Há também o desafio de encontrar respostas mais adequadas em termos de tratamento para o abusador. Por um lado, deve-se tornar mais célere e efetiva a resposta judicial, responsabilizando-o e punindo-o adequadamente, mas deve-se também desenvolver a pesquisa sobre a efetividade das abordagens terapêuticas.

REFERÊNCIAS

ALVAREZ, A.; REID, S. *Autism and personality*. London: Routledge, 1999.

AMERICAN ACADEMY OF CHILD AND ADOLESCENT PSYCHIATRY (AACAP). Practice parameters for the forensic evaluation of children and adolescents who may have been physically or sexually abused 1997. *Journal of American Academy of Child & Adolescent Psychiatry*, v. 36, n. 10, p. 37S-56S, 1997.

AMERICAN ACADEMY OF CHILD AND ADOLESCENT PSYCHIATRY. *Facts for families*: the child and adolescent psychiatrist. Washington: AACAP, 2008.

Disponível em: < http://www.aacap.org/galleries/FactsForFamilies/00_the_child_and_adolescent_psychiatrist.pdf>. Acesso em: 01 out. 2009.

ASSOCIAÇÃO BRASILEIRA MULTIPROFISSIONAL DE PROTEÇÃO À INFÂNCIA E ADOLESCÊNCIA. Rio de Janeiro: ABRAPIA, [2010]. Disponível em: <http://.www.abrapia.org.br>. Acesso em: 20 set. 2009.

BECHTEL, K.; BENNETT, B. L. *Evaluation of sexual abuse in children and adolescents*. Disponível em: <http://www.uptodate.com/patients/content/topic. do?topicKey=~bJ0E4eCxuxnXAf >. Acesso em: 17 set. 2010.

BECHTEL, K.; BENNETT, B. L. *Management and sequelae of sexual abuse in children and adolescents*. Disponível em: <http://www.uptodate.com/patients/ content/topic.do? topicKey=~8765/cos_sdep3>. Acesso em: 17 set. 2010.

BICK, E. Child analysis today. In: HARRIS, M.; Bick, E. (Org.). *Collected papers of Martha Harris and Esther Bick*. Great Britain: The Roland Harris Education Trust, 1987. p. 104-113.

BICK, E. Notes on infant observation in psychoanalytic training. *International Journal of Psycho-Analysis*, v. 45, p. 558-566, 1964.

BRASIL. *Lei nº 8.069, de 13 de julho de 1990*. Dispõe sobre o Estatuto da Criança e do Adolescente e dá outras providências. Disponível em: < http://www.planalto.gov.br/ ccivil_03/Leis/L8069.htm>. Acesso em: 16 set. 2010.

EIZIRIK, M. et al. Contratransferência no atendimento inicial de vítimas de violência sexual e urbana: uma pesquisa qualitativa quantitativa. *Revista de Psiquiatria do Rio Grande do Sul*, v. 29, p. 197-204, 2007.

FERENCZI, S. Contusion of tongue between adults and child. In: FERENCZI, S. *Final contributions to the problems and methods of psychoanalysis*. New York: Basic Books, 1955. p. 155-167.

FERRO, A. *A técnica de psicanálise infantil*: a criança e o analista – da relação ao campo emocional. Rio de Janeiro: Imago, 1995.

FREUD, S. Totem e Tabu (1913/1912-13). In: FREUD, S. *Edição standard brasileira das obras psicológicas completas de Sigmund Freud*. Rio de Janeiro: Imago, 1969. p. 13-193. v. 13.

FREUD, S. Uma criança espancada: uma contribuição ao estudo da origem das perversões sexuais (1919). In: FREUD, S. *Edição standard brasileira das obras psicológicas completas de Sigmund Freud*. Rio de Janeiro: Imago, 1969. p. 223-253. v. 17.

GLASER, D. Child sexual abuse. In: MARTIN, A.; VOLKMAR, F. R. *Lewis's child and adolescent psychiatry*: a comprehensive textbook. 4th ed. Philadelphia: Lippincott Williams & Wilkins, 2007.

KAPLAN, J. K. Child and adolescent sexual abuse. In: MARTIN, A.; VOLKMAR, F. R. *Lewis's child and adolescent psychiatry*: a comprehensive textbook. Philadelphia: Lippincott Williams & Wilkins, 2002. p. 1217-1223.

KENDALL-TACKETT, K. A. Impact of sexual abuse on children: a review and synthesis of recent empirical studies. *Psychol Bull*, v. 113, p. 164-180, 1993.

LIPPI, J R. Relacionamentos incestuosos ao redor do mundo. *Boletim da Universidade Federal de Minas Gerais*, v. 35, n. 1651, 2009. Disponível em: <http://www.ufmg.br/ boletim/bol1651/index.shtml>. Acesso em: 04 maio 2009.

MAHLER, M.; FURER, M. *On human symbiosis and the vicissitudes of individuation*. New York: International Universities Press, 1968.

MELTZER, D. et al. *Explorations in autism*. Strath Tay: Clunie Press, 1975.

MOLNAR, B. E.; BUKA, S. L.; KESSLER, R. C. Child abuse and subsequent psychopathology: results from the National Comorbity Survey. *American Journal of Public Health*, v. 91, p. 753-760, 2001.

SADOCK, B. J.; SADOCK, V. A. Problemas relacionados a abuso e negligência. In: SADOCK, B. J.;
SADOCK, V. A. *Kaplan & Sadock*: compêndio de psiquiatria. 9. ed. Porto Alegre: Artmed, 2007. p. 940-951.

SATTLER, M. K. Alternativas no trabalho com homens que exercem abuso sexual. In: MACEDO, R. M. *Terapia familiar no Brasil na última década*. São Paulo: Roca, 2008. p. 505-511.

SHENGOLD, L. L. Child abuse and deprivation: soul murder. *Journal of the American Psychoanalytic Association*, v. 27, n. 2, p. 533-559, 1979.

SOUZA, M. O. Família: lugar para crescer – lugar para enlouquecer. In: MACEDO, R. M. *Terapia familiar no Brasil na última década*. São Paulo: Roca, 2008. p. 512-15.

STEELE, B. Violence within the family. In: HELFER, R.; KEMPE, C. *Child abuse and neglect*. Cambridge: Ballinger, 1976. p. 3-23.

WERNER, M. C. M. Dinâmica do abuso sexual incestuoso à luz dos conceitos da teoria sistêmica. In: MACEDO, R. M. *Terapia familiar no Brasil na última década*. São Paulo: Roca, 2008. p. 492-498.

WINNICOTT, D. W. *O Ambiente e os processos de maturação*. Porto Alegre: Artmed, 1983.

ZAVASCHI, M. L. et al. Adult mood disorders and childhood psychological trauma. *Rev. Brás. Psiquiatr.*, v. 28, n. 3, p.184-190, 2006.

5

O DEPOIMENTO SEM DANO

Esther Maria de Magalhães Arantes

Por ocasião do III Congresso Mundial de Enfrentamento da Exploração Sexual de Crianças e Adolescentes, realizado no Rio de Janeiro entre os dias 25 e 28 de novembro de 2008, amplo material impresso foi distribuído aos participantes, sendo que uma coletânea de textos intitulada "Direitos Sexuais são Direitos Humanos" (2008) chamou-nos a atenção, por trazer à discussão o tema do *exercício* dos direitos e não apenas suas *violações*. Em que pese a excelência de tais textos, há que se notar, entretanto, na maioria deles, certa tendência a substituir a discussão dos direitos sexuais e reprodutivos pela denúncia do abuso sexual intrafamiliar e da exploração sexual comercial.

Entendemos que, embora a garantia dos direitos à liberdade e à dignidade sexual pressuponha o combate a suas violações, tais fatores não são sinônimos, ainda que seja comum definirmos algo pela sua negação. Fazemos aqui essa observação apenas com o propósito de assinalar as dificuldades existentes na sociedade brasileira quando se trata da discussão de conteúdos afirmativos de direitos, principalmente quando eles são objeto de acirradas disputas entre grupos religiosos e minoritários, como ocorre em relação ao direito de liberdade de orientação sexual ou quanto ao uso de preservativos, por exemplo, ou, ainda, quando se trata do respeito aos direitos humanos de presidiários ou de adolescentes em cumprimento de medidas socioeducativas ou, ainda, dificuldades em considerar as crianças e os adolescentes como protagonistas e não apenas como vítimas ou agressores.

Na coletânea mencionada, encontramos um texto intitulado "Direito Penal e Direito Sexual e Reprodutivo de Crianças e Adolescentes: contradições e antagonismos", em que as autoras Edna L. C. da Matta e Valdênia de M. Correia analisam algumas denúncias de abuso sexual levados à 12ª Promotoria Criminal de Fortaleza. Nos casos relatados, os adolescentes supostamente vítimas dos abusos alegaram que as denúncias haviam sido feitas apenas porque seus pais não concordavam com a orientação sexual dos filhos ou com a idade ou estado civil de seus parceiros. Surras, cárcere privado, exposição da intimidade, dentre outros castigos aplicados pelos pais foram relatados pelos adolescentes, demandando deles a busca pelo direito de viverem suas opções e orientações sexuais sem cerceamentos.

Analisando esses casos, propõem as autoras que o bem jurídico a ser tutelado não deve ser a moralidade pública ou os interesses familiares, e sim os direitos sexuais e reprodutivos dos adolescentes, fazendo-se necessário identificar, dentre os casos notificados como violência sexual, aqueles cuja intenção é a repressão e o controle do adolescente, e não a proteção de seus direitos. Alertam-nos, as autoras, para o fato de que a temática da sexualidade na adolescência tem sido tratada predominantemente pelo viés negativo, isto é, enquanto problema, e quase nunca como uma conquista.

Heliana Conde Rodrigues (2008) faz análise semelhante, afirmando que a gravidez na adolescência, já há algum tempo, vem sendo discutida apenas como problema médico-psicológico-educacional, sendo que "Expressões como 'promoção de saúde', 'educação para a cidadania' e 'inclusão social' são utilizadas com o claro objetivo de normatizar parcelas populacionais e, na maioria das vezes, de aplacar as interrogações dos profissionais, geralmente perplexos – cada um a seu modo – diante da realidade diversa e teimosamente surpreendente que brota da relação entre equipamentos de saúde e adolescentes grávidas".

Sabemos dos cuidados e da cautela que devemos ter em relação aos casos de conflitos interpessoais e familiares, quando pais justificam suas atitudes de cerceamento da liberdade sexual como sendo zelo pela saúde e moralidade do adolescente, ou quando justificam o trabalho da criança como estratégia de sobrevivência familiar, ou, ainda, quando justificam a criação de seus filhos por parentes, vizinhos ou patrões como sendo *cuidado* pelos filhos, e não abandono, e se revoltam quando as crianças são encaminhadas para abrigos ou adoção. Nesse sentido, políticas públicas voltadas para a área devem ser sensíveis a tais questões e levar em conta os dramas pessoais e familiares envolvidos nas denúncias, agravadas, muitas vezes, por situações de pobreza e exclusão extrema, desemprego, ou mesmo dependência química e sofrimento mental, evitando-se a mera juridificação dos conflitos ou de problemas sociais.

Assim, não desconhecemos motivos para as dificuldades encontradas quando se busca lidar com problemas interpessoais, sendo alguns desses motivos a novidade histórica e a complexidade do tema dos direitos de crianças e adolescentes, e outros, a urgência por lutas contra as enormes desigualdades sociais existentes na sociedade brasileira, que parece não deixar tempo para outras questões que parecem de menor urgência, como dificuldades culturais em aceitar orientações sexuais, religiosas e estilos de vida que se afastam de uma pretensa normalidade médica, psicológica e social. Essas dificuldades pertencem tanto à sociedade quanto ao Estado, uma vez que também esse regulamenta matéria relativa à liberdade, à intimidade e à privacidade de seus cidadãos (a criminalização do uso de substâncias psicoativas é exemplo disso).

Sabemos que não existe uma definição única e aceita igualmente por todos do que seja educação, saúde, etc, e nem postulamos que isso seja possível ou desejável, uma vez que tais construtos não apresentam nenhuma natureza ou essência verdadeira ou universal, devendo, assim, permanecerem continuamente abertos a novas formulações. No entanto, alguns princípios devem nortear nossa prática, enquanto profissionais diretamente ligados a essas áreas, levando em consideração, por exemplo, que as políticas públicas de saúde e de educação não podem entrar em contradição ou ferir os direitos à liberdade e à dignidade de crianças e adolescentes. Ou seja, matriculados a criança e o adolescente na escola ou garantido o acesso aos programas e serviços, qual a qualidade que eles devem ter para que o princípio da proteção integral seja respeitado?

Assim, embora não possamos apelar para nenhuma essência absoluta e imutável dos direitos, podemos, estratégica e consensualmente, a partir do histórico de nossas lutas, eleger um princípio, como o da proteção integral, por exemplo, como referência a partir do qual pensarmos nossas práticas em relação às crianças e aos adolescentes, reconhecendo, ademais, que tal princípio é o que melhor corresponde a nossas possibilidades atuais. Fora disso, na ausência de alguma proposição que se contraponha às práticas tutelares existentes até a Constituição Federal de 1988, corremos o risco de lançar mão de práticas de controle e de aprisionamento das crianças e dos adolescentes como medidas de proteção de seus direitos ou, por outro lado, na tentativa de reparação e de proteção das vítimas, transformarmos todos os conflitos em crimes e todos os crimes em hediondos, demandando medidas cada vez mais severas e contribuindo decisivamente para a instalação de uma sociedade punitiva.

Quando mencionamos que as denúncias de violações não devem se confundir, ou tomar o lugar de um pensamento afirmativo dos direitos, não se trata de sermos contra o monitoramento das violências ou a responsabilização dos ofensores, mas apenas de impormos certa parcimônia a nossos diagnósticos e proposições, principalmente quando os generalizamos para todo um grupo, segmento ou parte da população. Lembremo-nos que, em virtude de atos infracionais cometidos com violência por alguns adolescentes, como no caso da morte trágica do menino João Hélio, parte da mídia e da opinião pública passou a atribuir aos adolescentes os altos índices de criminalidade existentes no Brasil, definindo-os como "monstros", "anormais", "perigosos" e "incorrigíveis", e, deduzindo desse "perfil", as medidas cabíveis de serem adotadas: redução da idade penal, prisão perpétua e pena de morte.

É nesse sentido que devemos nos inquietar com os efeitos que são produzidos a partir de diagnósticos generalizantes como "a sociedade brasileira passa por um processo de pedofilização" ou "o maior violador dos direitos das crianças são suas famílias", os quais acabam por ensejar propostas como a "castração química" para ofensores da dignidade sexual e a adoção do "parto anônimo" para prevenir o abandono nas ruas de recém-nascidos – como se, em pleno século XXI, necessitássemos retomar práticas já banidas historicamente, como o Talião e a Roda dos Expostos.

Devemos observar, ainda, que a proteção integral de que trata a legislação brasileira, ao reconhecer que crianças e adolescentes gozam de todos os direitos fundamentais como pessoas em desenvolvimento e como sujeitos de direitos civis, humanos e sociais, é incompatível com procedimentos que os reduzam a meros objetos de proteção. Mesmo nos casos em que crianças e adolescentes são vítimas ou autores de atos infracionais, quando essa proteção integral se desdobra em medidas protetivas específicas e em medidas socioeducativas, prevalece ainda sua condição de pessoas em desenvolvimento e sujeitos de direitos, não podendo ser reduzidos a meros objetos de proteção. Assim, torna-se relevante perguntar como devem ser as políticas públicas, os programas e as ações para que o princípio da proteção integral seja respeitado.

Nesse sentido, queremos trazer para análise uma proposta que vem suscitando intenso debate, tanto pelo que traz de boas intenções e desejos sinceros de solução para o grave problema do abuso sexual cometido contra crianças e adolescentes, como pelo equivocado de suas proposições. Trata-se do Substitutivo ao Projeto de Lei nº 4.126 de 2004, em que a metodologia denominada Depoimento Sem Dano (DSD) é proposta para a inquirição de crianças e adolescentes.

Em audiência pública realizada no Senado Federal, em 01/07/2008, apresentamos o posicionamento da Comissão Nacional de Direitos Humanos do Conselho Federal de Psicologia (CNDH/CFP), apontando o que a Comissão considerava graves equívocos: interpretar o direito de se expressar da criança e do adolescente como obrigação de depor como vítima ou testemunha, e não diferenciar "escuta psicológica" de "inquirição". Desde o VIII Encontro Nacional das Comissões de Direitos Humanos dos Conselhos de Psicologia, realizado em Brasília, nos dias 8 a 10 de novembro de 2007, vinha a CNDH/CFP manifestando sua preocupação com a prática de inquirir crianças e adolescentes em processos judiciais, solicitando aos Deputados Federais e Senadores que não votassem essa matéria enquanto não fossem realizadas audiências públicas, tantas quantas necessárias, de modo a garantir que a sociedade, por meio de seus diversos segmentos, pudessem conhecer seu teor, suas implicações e consequências, bem como contribuir de maneira democrática e participativa no debate das propostas existentes. Em acréscimo, na audiência pública realizada no Senado, foi solicitado que não fosse dado andamento à implantação do dispositivo do DSD nos estados antes da votação definitiva da matéria.

Dada a complexidade do tema e a importância daquela audiência pública, referimos nossas discordâncias em relação ao Substitutivo aos diferentes entendimentos possíveis do que seja a proteção integral. Tomando por base o que a legislação brasileira dispôs sobre a matéria, reportamo-nos ao Estatuto da Criança e do Adolescente (ECA), que, em seu art.1º, afirma ser justamente a lei responsável por dispor sobre a proteção integral à criança e ao adolescente. Assim, e de acordo com o que está no Estatuto, podemos dizer que a proteção integral se organiza em torno de três fundamentos ou princípios básicos: crianças e adolescentes são sujeitos de direitos; são pessoas em condição peculiar de desenvolvimento; são prioridades absolutas.

É condição para a proteção integral que esses três princípios caminhem juntos, e nunca separados ou em oposição. Portanto, não podemos opor "proteção especial" e "responsabilização", no caso do adolescente autor de ato infracional, bem como não podemos opor "sujeito de direitos" e "pessoa em condição peculiar de desenvolvimento", particularmente em situações de vulnerabilidade, porquanto, mais do que nunca, tais princípios devem vir juntos, como nos ensina Wanderlino Nogueira Neto (2008).

O Estatuto assegura à criança e ao adolescente a condição de pessoa e de sujeito de direitos, retirando-os da condição de objeto que por muito tempo lhes foi imposta. Por outro lado, em nenhum momento o Estatuto desconsidera a diferença entre crianças e adultos. Ao contrário, em seu artigo 2º, o Estatuto distingue, inclusive, a criança do adolescente, considerando criança a pessoa até 12 anos incompletos, e adolescente aquela entre 12 e 18 anos.

Não se trata, evidentemente, de infantilizar as crianças e os adolescentes, ou de reduzi-los à condição de objeto, em uma retomada do chamado "menorismo". Trata-se apenas de assegurar a condição da criança e do adolescente como sujeitos de direitos, pessoas em desenvolvimento e prioridade absoluta. Consideramos este um grande desafio: o de entendermos o caráter ético, jurídico, político e social do Estatuto da Criança e do Adolescente.

Isso posto sobre a proteção integral, que, apesar de nossos esforços, ainda nos parece bastante insuficientes, passemos à análise do Substitutivo apresentada na audiência já mencionada. Se aprovado o Substitutivo, significará o acréscimo de toda uma Seção VIII ao Título VI do Capítulo III do Estatuto da Criança e do Adolescente, alterando também o Código de Processo Penal. Trata-se, portanto, de Substitutivo que dispõe sobre a forma de inquirição de testemunhas e produção antecipada de prova, nas situações que envolverem crianças e/ou adolescentes vítimas e testemunhas de crimes.

Não consideramos esse um acréscimo menor, uma vez que, em lugar algum, o Estatuto menciona que crianças e adolescentes devam ser inquiridos judicialmente para produção antecipada de prova, sejam como vítimas, sejam como testemunhas. No Capítulo VI, relativo ao acesso à Justiça, o artigo 142 do Estatuto postula que "Os menores de 16 anos serão representados e os maiores de 16 e menores de 21 anos assistidos por seus pais, tutores ou curadores, na forma da legislação civil ou processual". O Parágrafo Único complementa "A autoridade judiciária dará curador especial à criança ou adolescente, sempre que os interesses destes colidirem com os de seus pais ou responsáveis, ou quando carecer de representação ou assistência legal ainda que eventual". Portanto, entendemos que o Substitutivo não trata da regulamentação de matéria existente no Estatuto, e sim acrescenta matéria nova, qual seja: a inquirição de criança e adolescente, vítima ou testemunha, para a produção antecipada de prova. Além do mais, tal procedimento, previsto quando se tratar de crimes contra a dignidade sexual, poderá também ser utilizado para a apuração de crimes de natureza diversa.

Assim, antes de decidirmos sobre a técnica ou o modo de inquirição, devemos primeiro decidir se o direito da criança de se expressar e de ser ouvida, tal como está no Estatuto, significa o mesmo que ser inquirida como vítima ou testemunha para produção de prova antecipada, podendo tal prova se voltar, inclusive, contra seus pais e familiares. Perguntamos: estaria o Substitutivo equiparando o direito da criança de ser ouvida à obrigação de testemunhar? Estaria a criança obrigada a depor? Os pais podem não permitir que seus filhos testemunhem? Assumem crianças e adolescentes, na condição de testemunhas, o compromisso de dizer somente a verdade? Poderão se recusar a falar? Tem a criança pequena condição de entendimento do contexto no qual se encontra? Entende as consequências de seu depoimento?

São, nesse mesmo sentido, os questionamentos feitos por Maria Regina Fay de Azambuja (2006, p. 434), para quem "Expressar as próprias opiniões, como menciona o documento internacional (Convenção das Nações Unidas sobre os Direitos da Criança) tem sentido diverso de exigir da criança, em face de sua peculiar condição de pessoa em desenvolvimento, em Juízo ou fora dele, o relato de situações extremamente traumáticas e devassadoras a seu aparelho psíquico". Segundo ela, "não há que confundir a hipótese inovadora do art. 28, parágrafo 1º do ECA com a oitiva coagente da criança. Nestes casos, a oitiva visa essencialmente à produção da prova da autoria e materialidade (...), recaindo na criança uma responsabilidade para a qual não se encontra preparada (...)". (p. 435)

Entendemos que, com a metodologia de inquirição proposta, busca o Substitutivo, principalmente, a responsabilização do agressor, com o objetivo de não deixar impunes os crimes contra crianças e adolescentes nas situações em que não existam terceiros adultos como testemunhas, ou quando não haja indícios materiais revelados pela perícia médica. No entanto, é legítimo perguntar se os fins justificam os meios. Ou seja, para reparar um dano podemos causar outro?

Alega-se, no documento do Substitutivo, que a filmagem do depoimento da criança evitaria que ela repetisse inúmeras vezes sua história, o que poderia causar-lhe um dano secundário. No entanto, é ilusório acreditarmos que a filmagem do depoimento por si elimina o dano que existe em uma tal situação, tornando-se inevitável perguntar o que vem a ser um dano – pois essa pergunta antecede a análise desse dispositivo, criado justamente para proteger a criança de possíveis danos.

Sobre o que seja um dano, pondera a CNDH/CFP (2008) que "Em resposta a uma situação traumática, inúmeros sintomas podem se colocar no universo infantil, dentre eles, o silêncio. Se a criança se cala, é preciso respeitar seu silêncio, pois é sinal de que ainda não tem como falar sobre isto. Todos os esforços, no entanto, devem ser feitos pelos psicólogos, para que este tempo de falar para elaborar se apresente no universo infantil e, mesmo depois dessa elaboração, é preciso que a criança tenha o direito de decidir se quer continuar falando sobre o fato na justiça, na escola, ou mesmo, se for o caso, na terapia".

Quanto ao exercício profissional, o que nos intriga nessa prática da qual o psicólogo é chamado a participar é que nada a identifica, a princípio, como sendo uma prática psicológica. Todos os termos são próprios da prática judiciária: a *vítima* presta *depoimento*, sendo a *inquirição* feita pelo *magistrado* por intermédio do psicólogo ou assistente social; simultaneamente é realizada a gravação da *audiência* em CD, sendo este anexado aos *autos do processo judicial*.

Nessa descrição, o psicólogo parece ser mero instrumento que se encontra nesse lugar apenas como uma duplicação do magistrado para colher o depoimento de uma vítima-criança sem supostamente lhe causar danos. Pressupõe-se que o psicólogo possua habilidades para se relacionar com a criança e, ao mesmo tempo, para não se deixar enganar por ela, sabendo como inquiri-la de modo que o seu depoimento seja confiável, não se constituindo como mera fantasia ou resposta dada para agradar ao adulto.

No entanto, uma audiência não é o mesmo que uma entrevista ou atendimento psicológico, em que a escuta do psicólogo é orientada pelas demandas e desejos da criança, e não pelas necessidades do processo, sendo resguardado o sigilo profissional. Ademais, eventuais perguntas feitas pelo psicólogo à criança não podem ser qualificadas como inquirições, uma vez que não têm a pretensão de esclarecer a "verdade real" ou a "verdade verdadeira dos fatos" – mesmo porque, nas práticas psicológicas, as fantasias, os erros, os lapsos, os esquecimentos, os sonhos, as pausas, os silêncios e as contradições não são entendidos como sendo opostos à verdade.

Acreditamos que a proteção à criança e ao adolescente não se fará mediante a redução de todas as falas e práticas a uma racionalidade única e totalizante. Ao contrário, se o psicólogo não se diferenciar do juiz, se for apenas seu duplo, não haverá espaço para outra fala da criança que não seja a de vítima, uma vez que, no procedimento judiciário em questão, a criança é qualificada necessariamente como vítima, e sua fala tomada como depoimento. Nesse sentido, contrariando as aparências, caso o lugar reservado ao psicólogo seja o de instrumento, duplo, ou boca humanizada do juiz, acreditamos que tal depoimento não será "sem dano", pois anulará o espaço onde a criança poderá existir de outra forma – inclusive, fora da conceituação jurídica de vítima. Um depoimento não é "sem dano" apenas porque a inquirição foi feita por um psicólogo e gravada em sala separada, obtendo-se uma suposta verdade objetiva dos fatos. Não é adotando-se um comportamentalismo ingênuo que operadores do direito e equipe técnica resolverão suas contradições.

Ademais, com a gravação e a anexação nos autos da fala da criança, seu depoimento provavelmente se prolongará para além da decisão judicial, já que sua fala e suas expressões faciais serão revistas e reinterpretadas continuamente, servindo, inclusive, como material didático para treinamento de inquiridores, conforme algumas propostas. Como pensar que isso seja "sem dano" para a criança, que para sempre terá sua condição de vítima fixada em CD, podendo sua fala ser retomada e reinterpretada a cada momento, não por ela, mas por terceiros?

Assim, diante dessas ponderações, causa-nos incômodo e apreensão que o Substitutivo sequer mencione uma idade mínima para que a inquirição possa acontecer, assim como não menciona o modo pelo qual será feita a segurança dessas gravações, evitando que venham a cair em mãos inescrupulosas e sejam, por exemplo, divulgadas na internet. Também causa incômodo o fato de o documento não limitar a inquirição de crianças e adolescentes aos casos em que o depoimento da vítima seja a única prova possível de ser produzida, não descartando, inclusive, a possibilidade de reinquirição.

Da mesma forma, o substitutivo parece deixar de lado, ou relegar a segundo plano, o papel da equipe técnica, tanto no atendimento à criança como no atendimento aos familiares e ao próprio abusador. No entanto, o Estatuto, em seus artigos 150 e 151, diz que cabe à equipe interprofissional fornecer subsídios por escrito, mediante laudos, ou verbalmente, nas audiências, e assim desenvolver trabalhos de aconselhamento, orientação, encaminhamento, prevenção e outros, sob subordinação à autoridade judiciária – assegurada, no entanto, a livre manifestação do ponto de vista técnico.

De acordo com o Substitutivo, a inquirição judicial de criança e adolescentes, na forma prevista, tem o objetivo de evitar que uma perda da memória dos fatos prejudique a apuração da verdade real. No entanto, cabe também perguntar o que vem a ser a "verdade real", sobretudo quando contrastada com a subjetividade da criança e do adolescente.

Em nome dessa "verdade real", dessa "verdade verdadeira", o Substitutivo propõe que a inquirição da criança e/ou adolescente seja feita em recinto especialmente projetado para tal finalidade, contendo equipamentos próprios à idade do depoente. No entanto, cabe perguntar se a utilização de tais equipamentos, como brinquedos, fantoches e bonecos não se constituiriam, antes, em técnicas de extração da verdade, sem que a criança se dê conta de que está sendo inquirida?

Sobre isso, consideramos pertinente o que diz Klelia Canabrava Aleixo, quando pondera que tal dispositivo "Tendo em vista que esconde o juiz, o promotor, o advogado e eventualmente o réu – os quais estariam na sala de audiências – pode induzir a criança a acreditar que está em companhia apenas de uma pessoa de sua confiança". Trata-se, pois, segundo a autora, "do aprimoramento de técnicas inquisitórias que perpassam pela supressão do princípio da dignidade e do respeito à criança e ao adolescente, submetendo-os a uma teatrologia que subverte o próprio papel do psicólogo, do assistente social e suas intervenções profissionais" (Aleixo, 2008, p. 107).

Ainda de acordo com as considerações de Aleixo, "Em nome da 'verdade real', o art. 197-D do projeto de lei autoriza o juiz a determinar de ofício a produção de prova, antes mesmo da existência do processo penal. Permite-se ao juiz que atue como *parte* na produção da prova, recolhendo material que vai constituir seu convencimento, o que compromete de maneira irreparável sua imparcialidade no julgamento da causa" (Aleixo, 2008, p. 107).

Nesse sentido, tanto a impunidade do ofensor quanto a busca da responsabilização a qualquer custo devem ser evitadas, remetendo-nos à necessidade de primeiro avaliar a que se devem índices tão altos de condenação nessa modalidade de inquirição tecnológica em comparação com a modalidade tradicional, antes de propormos o DSD como lei para todo o Brasil.

Segundo Leila Torraca de Brito, "o fato de técnica semelhante existir em outros países não significa que tenha havido consenso para sua implantação. Na Argentina, por exemplo, a alteração do Código de Processo Penal para que os depoimentos de crianças e de adolescentes fossem possíveis suscitou árdua polêmica entre os profissionais. (...) Na África do Sul, onde há mais de 10 anos se usa técnica aos moldes do Depoimento sem Dano, autores apontam algumas dificuldades que vêm ocorrendo, como o fato de os profissionais que fazem as perguntas serem, de certa forma, obrigados a reproduzir as questões tal como formuladas pelo Juiz, apesar de não ser esta a proposta original do trabalho". A autora cita, ainda, Marlene Iucksch que, "em palestra proferida, na Universidade do Estado do Rio de Janeiro, em 2007, explicou que técnica semelhante ao Depoimento Sem Dano é realizada na França por policiais, devidamente treinados, que auxiliam a instrução do processo, tendo se mostrado surpresa ao ser informada de que, no Brasil, há proposta para que psicólogos realizem esta tarefa".[1]

Permitam-nos, aqui, a referência a uma situação trágica acontecida no Brasil em 2008: o da menina Isabella, que teria sido morta, de acordo com as investigações até agora realizadas, pelo próprio pai e pela madrasta, na presença de dois irmãos pequenos, um de 11 meses e outro de 3 anos. Alguém teria ouvido a voz de uma criança, possivelmente a criança mais velha, dizer algo mais ou menos assim: "Para! Para! Pai! Pai!"

A morte da menina Isabella foi noticiada exaustivamente pela mídia escrita e televisiva, em alguns casos, de maneira sensacionalista, o que gerou pânico em muitas crianças, ficando amedrontadas por terem que conviver com o pai e a madrasta. O sentimento de desproteção que tomou conta das crianças pequenas brasileiras, à época, não só preocupa como também nos leva a refletir sobre o modo de abordagem de casos semelhantes.

Em diferentes momentos, aventou-se a hipótese da oitiva do irmão de Isabella como testemunha, sobretudo quando veio a público a fala de uma pessoa que teria conversado com a criança de 3 anos logo após a morte de sua irmã. Essa pessoa teria perguntado à criança se havia mais alguém no apartamento e o que teria acontecido naquela noite com a menina. Em relação à primeira pergunta, a criança teria respondido "não", e em relação à segunda, "apenas soluçou".

Esse caso doloroso talvez possa nos ensinar alguma lição. Caso o Substitutivo tivesse sido aprovado, não haveria impedimento legal para que essa criança fosse convocada como testemunha. Não há, no Substitutivo, menção alguma à faixa etária ou idade mínima em que crianças e adolescentes

---

[1] Ver BRITO, Leila Maria Torraca. DSD, para quem? Texto disponível no Observatório da Infância e da Adolescência do Núcleo Interdisciplinar de Pesquisa e Intercâmbio para a Infância e Adolescência Contemporâneas – NIPIAC/UFRJ. http://www.psicologia.ufrj.br/nipiac/blog/?p=84

podem ser inquiridos como testemunhas. O Substitutivo também não limita o depoimento aos casos de abuso sexual, desde que a autoridade judiciária, de ofício ou a requerimento das partes, assim o determine. Se é verdade que essa criança encontrava-se na cena do crime, porque nos opormos a que seja constituída como testemunha?

Além de todas as considerações já apresentadas sobre a proteção integral, queremos lembrar, ainda, que essa criança de 3 anos não apenas perdeu sua irmã pela morte, como também foi retirada do convívio com seus pais, dado que esses se encontram presos. A criança foi retirada de sua casa, de seu quarto, de seus brinquedos e, também, salvo engano, da escolinha que frequentava, e, portanto, do convívio com seus coleguinhas. Mais do que convocá-la como testemunha, o que se encontra em jogo é a proteção de sua integridade, não tendo a criança "que servir como objeto ao sistema penal para fornecer-lhe as provas necessárias para que as engrenagens jurídicas possam funcionar adequadamente. Precisamos pensar na direção de proteger a criança de ser colocada no lugar do único objeto que a justiça pode se servir para montar o processo e encontrar a verdade dos atos e da culpa", segundo ponderações da CNDH/CFP (2008).

Em 09/02/2009, o jornal *O Globo* noticiou o seguinte fato: "Menina é morta após ver pai ser assassinado. Traficantes assassinaram ontem Raissa Cristina de Moraes, de 5 anos, na escadaria do Beco da Tranquilidade, em Madureira. O motivo? A menina viu quando os bandidos executaram o pai dela, Damião Moraes, de 38 anos. Segundo moradores, o homem foi morto devido a uma dívida com a facção criminosa que domina a área" (*O Globo*, 09/02/2009, p. 12).

Tendo em vista que crianças e adolescentes já correm sérios riscos ao presenciar crimes, conforme verificamos nessa notícia, necessitando de proteção especial tanto para prevenir tais riscos quanto para atenuar o sofrimento psíquico que possa sofrer em decorrência do fato, há que se pensar se a proposta em discussão protege a criança ou se, pelo contrário, agrava seus riscos.

Para finalizar, apresentamos, abaixo, trechos da solicitação encaminhada por Sérgio de Souza Verani ao Presidente do Tribunal de Justiça do Estado do Rio de Janeiro, em 26 de novembro de 2008, por considerarmos que ela acrescenta aspectos importantes a este debate, tais como as considerações feitas sobre o papel do juiz, assim como endossa o convite para que um amplo debate de instale, na sociedade, envolvendo a todos os interessados.[2]

"SÉRGIO DE SOUZA VERANI, Desembargador do Órgão Especial, vem requerer, ouvindo-se novamente a Comissão de Legislação e Normas, seja retirada de pauta a Resolução (processo no 79.419/07) que cria o Programa Depoimento Sem Dano, pelas razões seguintes:

A Resolução reproduz, integralmente, o art. 197-B, com os incisos I, II, III, IV, e parágrafo único, do projeto de lei 4126/04, que se encontra em discussão no Senado Federal.

Sobre a questão, tem-se travado um intenso debate, com manifestações favoráveis e contrárias ao denominado Depoimento Sem Dano.

A polêmica refere-se à própria compreensão do Princípio da Proteção Integral à Criança e ao Adolescente: afinal, o Depoimento Sem Dano constitui, ou não, uma nova forma processual de proteção? Pode evitar o dano à pessoa que se pretende proteger? Essa nova e moderna medida é necessária e eficaz para essa proteção?

O Conselho Federal de Psicologia e o Conselho Federal de Serviço Social, assim como os Conselhos Estaduais, mobilizam-se sobre o tema, preocupados com o desvirtuamento das funções do psicólogo

---

[2] Nesse sentido, vários textos que fazem parte da coletânea Criança e Adolescente: Direitos e Sexualidades, publicados em 2008 pela ABMP e Instituto WCF, tendo como Coordenador Geral Eduardo Rezende Melo, também fazem apelo a que o debate se instale, contribuindo para o aprimoramento do Sistema de Garantia de Direitos e sua articulação em rede.

e do assistente social – transformados em meros técnicos instrumentais do juiz –, e com a quebra da relação ética no diálogo entre esses profissionais e a pessoa ouvida.

No Senado Federal realizou-se, em julho deste ano, uma audiência pública, quando o Conselho Federal de Psicologia, representado pela professora Esther Arantes (da UERJ e da PUC), propôs "que não se dê andamento à implantação do dispositivo do DSD nos Estados, antes da votação definitiva do PL."

As observações da professora Esther Arantes, na audiência pública, são de grande relevância (texto em anexo).

(...)

Idênticas preocupações integram o Parecer Técnico elaborado pela professora doutora em Serviço Social, Eunice Teresinha Fávero, do TJSP, para o Conselho Federal de Serviço Social.

(...)

Deve-se observar, ainda, que, se o Juiz não é capacitado para ouvir uma criança, não o será, também, para ouvir um adulto.

O Juiz, na sua atividade, vai construindo um saber próprio, aprendendo o modo mais adequado de ouvir o réu e as testemunhas, aprendendo a lidar com as diferentes situações processuais e humanas, aprendendo a respeitar a todos, principalmente as crianças e adolescentes.

O Juiz que aprende a construir uma relação ética e humanizada com o seu trabalho saberá como tomar o depoimento de uma criança.

Requer-se, pois, Senhor Presidente, que a Resolução sobre o Programa "Depoimento Sem Dano" seja retirada de pauta, até a votação do projeto de lei 4126/04 no Congresso Nacional, e, posteriormente, que sejam ouvidas todas as entidades vinculadas à questão (especialmente os Conselhos de Psicologia e Serviço Social, e o Conselho Estadual da Criança e do Adolescente), para melhor instruir-se o processo 79.419/07".

REFERÊNCIAS

ALEIXO, K. C. A extração da verdade e as técnicas inquisitórias voltadas para a criança e o adolescente. *Revista de Psicologia Clínica*, v. 20, n. 2, p. 103-111, 2008

ARANTES, E. M. M. *Considerações sobre o substitutivo ao projeto de lei nº 4.126 de 2004*. Brasília: CFP, 2008. Texto apresentado em audiência pública no Senado Federal, Brasília, DF.

AZAMBUJA, M. R. F. Violência sexual intrafamiliar: interfaces com a convivência familiar, a oitiva da criança e a prova da materialidade. *Revista dos Tribunais*, v. 852, n. 95, p. 425-446, 2006.

BRASIL. *Lei nº 8.069, de 13 de julho de 1990*. Dispõe sobre o Estatuto da Criança e do Adolescente e dá outras providências. Disponível em: <http://www.planalto.gov.br/ccivil_03/Leis/L8069.htm>. Acesso em: 16 set. 2010.

BRITO, L. M. T. *Depoimento sem dano, para quem?* Disponível em: <http://www.psicologia.ufrj.br/nipiac/blog/?p=84>. Acesso em: 22 set. 2010.

MATTA, E. L. C.; CORREIA, V. M. Direito penal e direito sexual e reprodutivo de crianças a adolescentes: contradições e antagonismos. In: CASTANHA, N. (Org.). *Direitos sexuais são direitos humanos*. Brasília: Comitê Nacional de Enfrentamento à Violência Sexual Contra Crianças e Adolescentes, 2008. p. 69-80.

MENINA é morta após ver pai ser assassinado. *O Globo*, São Paulo, 09 fev 2009. p. 12.

NOGUEIRA NETO, W. Direitos humanos. In: JUSTIÇA Juvenil no Marco da Doutrina da Proteção Integral: papel do sistema de justiça frente aos desafios político-institucionais para a conquista e a garantia do pleno desenvolvimento de adolescentes em conflito com a lei. São Paulo: ABMP, 2008.

RODRIGUES, H. C. Prefácio. In: CATHARINO, T. *Da Gestão dos riscos à invenção do futuro*: um outro olhar sobre a gravidez na adolescência. Rio de Janeiro: Quartet, 2008.

VERANI, S. S. Solicitação ao Presidente do Tribunal de Justiça do Estado do Rio de Janeiro, em 26 de novembro de 2008.

VERONA, H.; CASTRO, A. L. S. *Manifestação do Conselho Federal de Psicologia e de sua Comissão Nacional de Direitos Humanos a respeito do PLC nº 35/2007 – que regulamenta a iniciativa denominada "Depoimento Sem Dano (DSD)"*. Brasília: Conselho Federal de Psicologia, 2008. Disponível em: <http://www.mpes.gov.br/anexos/centros_apoio/arquivos/17_21111527252882008_Manifestação%20contrária%20do%20CFP%20CNDH%20sobre%20o%20Depoimento%20sem%20Dano.doc>. Acesso em: 21 set. 2010.

6

O DEPOIMENTO SEM DANO E O ADVOGADO DO DIABO: A VIOLÊNCIA "BRANDA" E O "QUADRO MENTAL PARANOICO" NO PROCESSO PENAL

Alexandre Morais da Rosa

A paranoia é a certeza para um sujeito de ter o saber da verdade, da verdade absoluta. (Charles Melman)

INTRODUÇÃO

Em 1983, o Papa João Paulo II extinguiu a figura do "advogado do diabo" (*advocatus diaboli*) nos processos de canonização, deixando que tudo ficasse a cargo do Promotor da Fé (*Promotor Fidei*). Este último, portanto, congrega em si mesmo os atributos para, sem contraditório, reconhecer os "milagres" e opinar pela canonização.

Com a exclusão do contraditório, a igreja católica conseguiu acelerar os processos de canonização, pois, quem tinha a função de permanentemente desconfiar e de apontar os equívocos e as dúvidas dos invocados "milagres" foi consumido. A aceleração na produção de novos "beatos" e "santos" se fez ver logo em seguida. Enquanto no período de 1900 até 1983 haviam ocorrido 98 canonizações, de 1983 até hoje ocorreram mais de 500, "democratizando", assim, os "milagres" (da multiplicação, quem sabe) pelo mundo, na busca frenética por novas conversões. Esse fato pode marcar o que se passa, atualmente, com os modismos ditos democráticos, dentre eles o "Depoimento Sem Dano – DSD".

Logo após terminar uma fala sobre violência sexual, em Paris, no ano de 2005, uma ardorosa defensora dos direitos das crianças e dos adolescentes, aumentando a voz, disse-me: "Afinal de que lado você está?" Claro que antes eu disse não haver entendido nada do que ela havia enunciado. Ela tinha razão duas vezes. Em primeiro lugar, porque quando o sujeito objeta de seu lugar sempre está com a razão. Em segundo, não tinha capacidade de entender o discurso porque, de fato, embora fosse um congresso de Direito e Psicanálise, era jejuna, talvez em ambos os campos. Adotava a posição do sectarismo e maniqueísmo próprios de quem continua em sua cruzada do "bem", procurando defenestrar qualquer representante do "mal". Por certo eu teria sido queimado em uma fogueira qualquer se isso tivesse se dado alguns anos antes, porque lidar com gente fanática é complicado.[1] Mas não. A plateia, formada em alguma medida por psicanalistas, entendeu o recado. Por isso terminei parafraseando Lacan: "é isto; se é que me entendem".[2]

Novamente, todavia, corro o mesmo risco ao escrever este texto. A torcida do "bem" defende sem maiores discussões a prática do dito "Depoimento Sem Dano",[3] mecanismo importante criado para colher o depoimento de crianças, em tese, "vítimas de violência" (sexual, simbólica, moral, etc.). Talvez a própria definição que antecede ao modelo – atendimento de crianças *a priori* vítimas – deixe antever que o "quadro mental paranoico" de que fala Cordero tenha se instalado nessa prática. Dito de outro modo, de regra, a posição é a de que a criança foi de fato vítima da violência e que o meio de "sugar" os significantes necessários à condenação precisam ser extraídos, de maneira "branda", ou mais propriamente, na função do "micropoder" subliminar e sedutor de que nos fala Foucault.[4] A postura infla-se de um inquisitorialismo cego pelo qual se busca, em nome do "bem", as provas do que se crê como existentes, dado que os lugares, desde antes, estão ocupados: "vítima e agressor". O resultado é um jogo de cartas marcadas em que o processo como procedimento em contraditório[5] se perde em relações performáticas de profissionais que se arvoram em "intérpretes/tradutores" do discurso infantil.

Ademais, quando se fala de "Depoimento Sem Dano", deixa-se evidente a soberba e pedantismo do nome de "batizado" do procedimento, uma vez que, mesmo antes de sua aplicação, se diz "sem dano". Ora, é impossível saber, de fato, as consequências de sua aplicação, mas se prefere convenientemente assumir a postura de um ator jurídico do "bem". Os partidários sofrem de "Complexo de Alma Bela" (Zizek),[6] de gente que não quer fazer o "trabalho sujo" de um processo como procedimento em contraditório e prefere, em nome da causa da proteção integral, garantir desde antes os resultados já existentes no "quadro mental paranoico" instalado. Isso faz recordar a figura do "carrasco", o qual somente cumpre uma decisão do juiz, enquanto o juiz não suja a mão e apenas aplica a lei, estabelecendo um processo de "pulverização" das responsabilidades, tão bem retratados pela figura do "dente da engrenagem" de Eichmann.[7]

A HOSPITALIDADE ENTRE OS SABERES

A noção de "hospitalidade" estabelecida por Derrida,[8] a saber, de que *"um ato de hospitalidade só pode ser poético"*, é convocada para o (im)possível diálogo entre o Direito e o saber técnico (Psi e Serviço Social). Derrida invoca a condição do "estrangeiro", o qual pleiteia a hospitalidade em uma língua que não é a sua, impondo-se a necessidade de se comunicar na linguagem do hospedeiro, titular do lugar. Estabelece-se, assim, uma tensão no processo de compreensão recíproca justamente por não se poder acusar, nem exigir, do estrangeiro que argumente a partir de um campo (discursivo) que desconhece. O estranhamento, pois, é violento; sempre. Quem sabe se possa exigir um tratamento de estrangeiro entre os discursos do campo jurídico e técnico, ou seja, alienados das particularidades dos respectivos discursos e dos limites democráticos. O tratamento hospitaleiro se dá por uma certa "tolerância" entre os discursos mediante a apresentação de suas especificidades (lugar, função, linhagem...). Dito de outra forma: que se conceda um lugar de enunciação. Essa tolerância, contudo, pode deslizar para uma certa "perversão"[9] em face das diversas "máscaras"[10] que se pode manipular. Enfim, tomar o diálogo pela "hospitalidade" de uma acolhida e não pela "hostilidade" de uma rejeição. Esse diálogo (que se inclui e exclui ao mesmo tempo) pressupõe um respeito pelos "limites" (de conteúdo variável, claro) que impõem critérios diferenciados de exercício do poder. O rompimento das fronteiras nunca acontece sem uma resistência e, de qualquer modo, viola a regra da hospitalidade pelo apossamento ilegítimo da casa/lugar do hospedeiro. Talvez seja preciso indagar ao estrangeiro quanto a seu nome, de onde vem, quem é, além do que deseja. Por aqui se começa, pois, este diálogo circular entre o hospedeiro/estrangeiro "Direito" e o estrangeiro/hospedeiro "Técnico" (Psi e Serviço Social)", dando-se uma chance à hospitalidade.

Com efeito, o oponente como lugar "Estrangeiro"[11] traz consigo a novidade e a ameaça da pretensa segurança[12] que embala os sonhos dogmáticos há séculos. Há uma tensão recíproca entre "Direito" e os respectivos técnicos (Psi e Serviço Social), muito por não se ter clara a questão das "fronteiras" entre as abordagens, não obstante adotar-se a concepção de "heteronímia posicional" proposta por Rui Cunha Martins,[13] entre o lugar e a função do Direito e do saber técnico, com as suas intrincadas relações mal-ditas, bem-ditas, balbuciadas ou silenciadas.[14]

Apesar do tom crítico deste trabalho, não se pretende ingressar em simples maniqueísmo, a saber, entender que o "saber técnico" está de um lado (do mal) e os do "Direito" de outro (do bem), ou vice-versa. Essa maneira de enfrentamento parece apenas servir a um debate virulento e em círculos, no qual as posições iniciais são fixadas de maneira definitiva.[15]

Não se pretende, também, reconstruir as querelas específicas, embora se refira, eventualmente, a elas. A pretensão é a de lançar uma mirada diferenciada, de "paralaje".[16] Busca-se, assim, dar-se uma chance ao diálogo hospitaleiro.[17]

As fronteiras do campo do diálogo, de qualquer forma, ficam restritas ao do dito "Depoimento Sem Dano", a saber, a maneira pela qual o sujeito que ocupa o lugar de "vítima" pode ser respeitado pelo Estado no processo penal. Nesse campo, e com os condicionantes que aí intervêm, procurar-se-á traçar algumas linhas fronteiriças de um regime democrático de atuação, sob pena de se deslizar no imaginário de cada campo e tornar, antecipe-se, a tarefa demarcatória impossível, onde, não raro, surgem os deslizes totalitários da subjetividade.

O DEPOIMENTO SEM DANO – DSD

As iniciativas para evitar a revitimização no palco processual são muitas. Neste caso específico, conforme narrado por José Antônio Daltoé Cezar (2007), os três principais objetivos são: "(i) Redução do dano durante a produção de provas em processos judiciais, nos quais a criança/adolescente é vítima ou testemunha; (ii) A garantia de direitos da criança/adolescente, proteção e prevenção de seus direitos, quando, ao ser ouvida em Juízo, sua palavra é valorizada, bem como sua inquirição respeita sua condição de pessoa em desenvolvimento; (iii) Melhoria na produção da prova produzida."[18] Dentro desse quadro, pois, o procedimento é articulado em ambiente apartado, sem os rigores de uma sala de audiência, e conduzido por profissional da assistência social ou psicologia, o qual é o "instrumento" para a realização das perguntas formuladas desde outro ambiente, servindo de "tradutor" das demandas.

Em excelente dissertação sobre o tema, orientada por Salo de Carvalho, no mestrado em Ciências Criminais da PUC/RS, Luciane Potter Bitencourt, articulando o tema desde o ponto de vista da "revitimização", aponta:

> O discurso jurídico dos operadores do direito, revestido de poder, dominação e principalmente falta de conhecimentos específicos sobre o abuso sexual de crianças e adolescentes não leva a uma situação ideal de fala. A comunicação no processo, quando envolve crianças e adolescentes vítimas-testemunhas e operadores jurídicos, fica distorcida, não há um diálogo que possibilite o 'encontro', a compreensão da vítima como sujeito de direitos. Os operadores do direito buscam incessantemente a verdade dos fatos e nessa busca esquecem que estão lidando com a vida de seres humanos e não objetos processuais, pois as crianças e adolescentes que foram objetos sexuais, no processo, tornam-se objetos processuais, meios de prova para a condenação do agressor.[19]

Assim é que, a par de críticas específicas (e corretas), como a do Conselho Federal de Psicologia,[20] sobre a necessidade de respeito ao "silêncio" e ao "desejo da criança/adolescente", na formulação do projeto, confunde-se "direito de ser escutado" com a "obrigação de produzir prova" e o de ser necessariamente "revitimizado"[21] em escutas em série (delegacia, psicólogo, em Juízo, com ou sem DSD), este trabalho busca demonstrar o sentido da recusa democrática a essa prática, basicamente a partir de três aspectos:

a) a matriz inquisitória e seu consequente quadro paranoico;
b) a contaminação ideológica em face da compreensão da subjetividade;

c) a desresponsabilização e a sofisticação do poder, dito "brando", em nome ilusoriamente do "bem".

O MITO DA CRIANÇA PURA

O mito de que a criança é pura e que seu lugar de enunciação é sinônimo de verdade embala o discurso do senso comum. Tanto assim que *Gonzaguinha* cantava – e quando surge o verso os pulmões se inflam: "eu fico com a pureza das respostas das crianças." A criança sempre diz a verdade porque é pura poderia ser outra tradução da crendice popular. Essa ilusão é equivocada por diversos motivos, valendo destacar dois. O primeiro é o de se acreditar que a criança não é um sujeito com desejo. O segundo, por seu turno, é a de que pode expor tudo o que se passou sem que o inconsciente e sua fantasia fundamental atravessem o simbólico, ou seja, sem que haja uma confusão entre os registros. Por isso, é necessário um "cuidado"[22] com a criança/adolescente depoente, para se evitar a revitimização, e, ao mesmo tempo, "cuidado" com seus significantes, até porque se sabe: *fortis imaginatio generat casum* (uma forte imaginação cria acontecimentos por si mesma).

Enfim, historicamente se moldou esse estereótipo positivo em favor das crianças,[23] portadoras de uma pureza (in)corrompida pelos adultos. Esses últimos, sim, capazes de corromper as crianças e adolescentes, conforme a tipificação penal respectiva. O problema deste *a priori* é o de sua ingenuidade astuta, manipulada desde uma premissa equivocada. Serve aos anseios de um modelo ideológico, do qual poucos se dão conta. Mas é preciso ir com calma, porque, quando se diz que o DSD não é ético, encontra-se, de regra, a ira "fanática" de seus defensores.

A defesa da "causa" da infância e juventude arregimenta um movimento que sacralizou a Convenção da Criança e do Adolescente e elevou à condição de pontífice alguns personagens históricos importantes, guiados pelo lugar vazio do "princípio da proteção integral", cuja moeda de face é o "melhor interesse da criança" onde, não raro, surgem os "justiceiros". Jogando com estes verdadeiros "zero grau de linguagem", bem sabia Barthes,[24] os sujeitos se arvoram no lugar de salvadores da população infanto-juvenil, quem sabe procurando garantir um lugar no paraíso. Diante de um ato de violação qualquer, o discurso sancionador violento[25] e programado se posta a recriminar o adulto faltoso, previamente culpado (sempre), por violar a pureza da criança.[26]

MAIS UM MITO: O DA VERDADE

A verdade sem correspondência com a realidade é a definição utilizada por Rorty para descrever a pretensão do pragmatismo de, aproveitando a *viragem linguística*, proporcionar à linguagem o merecido lugar de destaque,[27] rompendo, ainda, com a compreensão herdada da Filosofia da Consciência para aceitar que o sentido decorre de um complexo processo de atribuição de sentido e não de sua descoberta, como bem aponta Lenio Streck.[28] Assim é que este escrito navega no fio da navalha da linguagem, sujeito, pois, a se cortar, já que não se pode descobrir verdades, mas compreender, somente, no tempo e espaço.

De outro lado, no campo do processo penal, embora os enunciados relativos à prova tenham uma desconfiança do depoimento infantil, isso ocorre corretamente, mas pelos motivos errados. Contabiliza-se uma incapacidade de articulação linguística de enunciados pela criança, manipulada por adultos incapazes de perceber seu real sentido. Nessa tentativa de estabelecimento de comunicação, não se compartilham os mesmos significantes.[29] E isto importa. Mas não é o caso de seguir essa trilha. Importa, com maior vigor, justamente, o *efeito* que a tradução imaginária da enunciação pode fazer acontecer.

Propõe-se o DSD com a finalidade de humanizar o registro probatório. Entretanto, buscar humanizar a "justiça penal" não pode se dar sem um certo grau de ceticismo. A jurisdição está sempre vinculada ao poder, Chiovenda[30] evidenciou. O sistema repressivo se pautou pela divisão de tarefas, blindando simbolicamente, por assim dizer, a figura do julgador. As diversas atividades de reconstrução da verdade colocam em cena protagonistas/assistentes[31] enleados no estabelecimento dos regimes de verdade, no que Foucault chamou de "justiça paralela". Claro que não se pode acreditar em Verdade, mas somente na verdade constituída no tempo e espaço de um processo em contraditório, porque a era da Verdade Substância ficou no século passado, embora, tal qual "Jason", ressurja na cabeça de um inquisidor qualquer de todos os dias.

A MATRIZ INQUISITÓRIA E PARANOICA

Cordero[32] demonstra os motivos pelos quais o modelo *inquisitório* se desenvolveu, atendendo aos interesses da Igreja e de quem comandava a sociedade, em face da expansão econômica, exigindo que o poder repressivo fosse centralizado, com atuação *ex officio*, independentemente da manifestação do lesionado. O juiz passa de espectador para o papel de protagonista da atividade de resgatar subjetivamente a verdade do investigado (objeto), desprovido de contraditório, publicidade, com marcas indeléveis no resultado, previamente colonizado. Assume, para tanto, uma "postura paranoica" na gestão da prova.

Qualquer semelhança com o procedimento do DSD não é, pois, mera coincidência. O lugar do *juiz (e do auxiliar) inquisidor* guarda caraterísticas paranoicas por excelência; Vossa Excelência diz a *verdade* projetada desde antes e retida no *significante* mestre, por esse sujeito que se acredita único, tal qual Schreber. Com efeito, diz Quinet, "o paranoico que se acredita esse Um único pode querer encarnar o Outro para todos os outros – posição que o aproxima do canalha. Presunçoso, sabe o que é bom para os outros, como conduzi-los e como fazê-los gozar, seja do saber, seja da vida eterna ou do paraíso."[33] Mas não adianta buscar o salvar da armadilha do aprisionamento do desejo, porque a "Instituição" se apoderou de seu discurso e ele, como responsável por extirpar o "mal" da terra, encontra-se alienado.[34] Afirma Legendre: "O inquisidor realiza mecanicamente sua função, trazendo pela instituição uma Salvação; não é sensato zombar dele, pois ele não pode ouvir nem entender a crítica."[35] Não é mais ele, mas o cumpridor de uma tarefa social importantíssima, tal qual Eichmann, cooptado pelo discurso (*nazista*) do *amor-ao-poder*. A adubação Imaginária é perfeita e sutil, manipuladora da posição e da verdade daí resultante.

Logo, a pretensão de construir uma *ciência formal*, materializada pela dogmática jurídica e sua pretensão de uma hermenêutica unitária, desta feita, é arrostada pela intersecção pela *psicanálise*, desnudando a coprodução do *inconsciente* nesse inscrever. Quem pensou a estrutura soube muito bem em que local colocar o juiz, lugar reiterado pelas reformas parciais do processo penal, empurrando-o para este local *paranoico*. Debruçando-se sobre o lugar do Juiz no processo penal, Cordero já havia constatado este quadro:

> El inquisidor labora mientras quiere, trabajando en secreto sobre los animales que confiesan; concebida una hipótesis, sobre ella edifica cábalas inductivas; la falta del debate contradictorio abre un portillo lógico al pensamiento paranoide; tramas alambicadas eclipsan los hechos. Dueño del tablero, dispone las piezas como le conviene: la inquisición es un mundo verbal semejando al onírico; tiempos, lugares, cosas, personas, acontecimientos fluctúan y se mueven en cuadros manipulables. (...) Juego peligroso, pues el escribiente redacta con libertad, selectivamente atento a sordo a los datos, segúns que convaliden o no la hipótesis; y siendo las palabras

una matéria plástica (los acusados las lanzan como torrentes), cualquier conclusión resulta posible; el estro poético desarrolla un sentimiento nascisista de omnipotencia, el el cual desaparece cualquier cautela de autocrítica.*

No campo jurídico brasileiro, cuja estrutura propicia esse *'estado ad-hoc'*, os magistrados – de regra – incorporam a função da lei do *Outro* e tem a certeza da verdadeira missão, muitas vezes, de extirpar o 'mal' da terra, informados pelo discurso *positivista* e *neoliberal* reproduzido pela 'Mídia' da 'Lei e Ordem'.[36] Sustenta Lacan: "acreditam nisso para valer, ainda que através de uma consideração superior de seu dever de encarnar uma função na ordem do mundo, pela qual elas assumem bastante bem a imagem da vítima eleita."[37] Projetam-se no *ideal*, por mandato do *Outro* e têm a certeza de serem; o *Imaginário* é atravessado e aparece no *Real*, eles não têm a dúvida do sujeito *neurótico clivado*, eles são o *Um*, o *ideal* dos outros, impondo daí seu modelo, suas verdades, claro, como se deu com a falácia desenvolvimentista da *Modernidade* denunciada por Dussel.[38] Dentro de sua *normalidade de fachada*, projeta-se no *outro*, não sendo raro condená-lo, diz Miranda

Coutinho: "A anormalidade, todavia, pode aparecer, como de fato aparece, quando alguém quer resolver seu problema pessoal projetando a solução na desgraça alheia, o que não é incomum em nossos dias."[39] De sorte que a estrutura 'paranoica', no processo penal, aparece sutilmente, eis que encoberta por recursos retóricos ordenados,[40] tanto na assunção de uma *postura inquisitória na gestão da prova*, quanto na *interpretação* da conduta. Com efeito, nesse movimento de autorreferência, na instrução probatória, tudo se refere a ele (juiz inquisidor),[41] seja um olhar do acusado, uma palavra ambígua da testemunha, um olhar perdido, qualquer significante dito pela criança é tido como algo que *não aconteceu por acaso* e refere-se a ele, e aí.... condena-se, manejando-se recursos retóricos. Afinal, o juiz agindo por mandato do *Outro*, possui o poder formal de dizer a *Verdade* no caso em julgamento. Mesmo que seja um 'neurótico', 'obsessivo', 'esquizofrênico' no mundo da vida extra-jurídica (se é que é possível), pelo menos nesses dois momentos pode assumir uma postura *paranoica*, agravada, ainda, se partidário de movimentos de recrudescimento da repressão, como 'tolerância zero', 'Lei e Ordem'.[42]

O que há de novo no "Depoimento Sem Dano" é a "terceirização" do lugar de inquisidor, ou mesmo, cheio de boas intenções, a transferência da função de "sugador" de significantes, à força simbólica e sua violência respectiva, para um profissional de outra área, em princípio, mais capaz de "abrandar" a violência e imaginariamente funcionar como "mecanismo paliativo de desencargo",[43] na sanha de se condenar, até porque, de regra, são iludidos sobre o lugar e a função do Direito Penal em uma Democracia.[44]

TRAUMA E DISCURSO DA VÍTIMA

O movimento pelo resgate da vítima, colocada no lugar de "refugo" do processo penal herdado da modernidade é o desafio contemporâneo.[45] Desde a mirada da

---

* O inquisitor trabalha enquanto quer, trabalhando em segredo sobre os 'animais' que confessam; concebida uma hipótese, sobre ela faz suposições; a falta de debate contraditório abre as portas da lógica no pensamento paranoico; tramas complicadas eclipsam os fatos. Senhor do jogo, dispõe as peças como lhe convém: a aquisição é um mundo verbal beirando o onírico; tempos, lugares, coisas, pessoas, acontecimentos flutuam e se movem em quadros manipuláveis. (...) Jogo perigoso, pois o escrevente redige com liberdade, seletivamente 'surdo' aos dados, conforme avalizem ou não a hipótese; e sendo as palavras uma matéria plástica (os acusados as lançam como torrentes), qualquer conclusão se torna possível; a inspiração poética cria um sentimento narcisista de onipotência, sobre o qual desaparece a cautela própria da autocrítica."

Criminologia Crítica e da Vitimologia,[46] o papel da vítima é ressituado. Partindo-se da perspectiva de que a vítima não pode continuar sendo tratada como um "não sujeito" do ato, inverte-se a lógica exclusiva da resposta estatal. Nesse modelo, a preocupação é defenestrar o "mal", representado pelo infrator, sem que haja preocupação com os efeitos (danos) que essa atitude também possa ter.[47] Cabe, pois, ingenuamente, perguntar o porquê da oitiva da vítima infanto-juvenil (com ou sem DSD)? É realmente necessário o depoimento da criança/adolescente? Não existem outros mecanismos de produção de verdade no processo penal democrático? Sim, há toda uma gama de procedimentos capazes de apontar os sintomas do ocorrido, sem que haja necessidade de uma audiência.[48]

Por outra parte, embora Freud, baseado em sua primeira tópica, a partir da Teoria da Sedução, tenha acreditado na real existência de atos sexuais precoces, em seguida, deu-se conta que as "narrativas" não haviam acontecido, mas contracenavam com a "Fantasia Fundamental", em sua tentação de se constituir a partir do "Complexo de Édipo". A constatação de que o "Romance Familiar" e toda a gama de "castrações" que intervêm na formação subjetiva do sujeito não "aconteceram" no mundo vivido, implica o rompimento com a "Verdade Bem-Dita". Entre o dito e o vivido há um "mito singular" e uma "fantasia coletiva".

O trauma, como tal, repete-se indefinidamente na narrativa do sujeito, fixando o sentido da constelação de significantes que daí se encadeiam, a saber, sua articulação demanda um trabalho de elaboração específico, com auxílio, sem que se possa, de fato, apagar por completo o impacto de um evento traumático.[49] É preciso, para efeito do processo judicial, o conhecer, sem que se possa cair na pretensão de verter a compreensão do sujeito-vítima-narrador, por qualquer de seus interlocutores, em palavras. A coisa rateia justamente porque o "Real" é da ordem do impossível, dado que se consegue, no limite, dizer com palavras, já situadas no registro do "Simbólico".

O trauma, entendido como um evento que o sujeito não consegue articular em uma cadeia simbólica, contracena com a fantasia do sujeito, mas guarda uma dimensão de objeto. O sentido do evento acontece somente depois. Ainda que o sentido sexual, para Freud, apareça para o sujeito de maneira precoce, aparentemente não lhe diz respeito, justamente porque entre o ato e a significação medeia um tempo linearmente variável e dependente de sua estrutura psíquica, bem como do momento em que há uma passagem do lugar passivo de objeto (de manipulação) para o de sujeito (estabelecedor de sentido). Somente aí é que o sentido advém.

Dessa forma, o que "traumatiza" não é o ato em si, mas a lembrança dele. Ana Maria Medeiros da Costa sustenta que "é desta forma que Freud coloca ênfase em que o que traumatiza é a lembrança, quando no *a posteriori* da puberdade uma sedução acontecida na infância adquire significação sexual. O trauma adquire o caráter de dois tempos: o tempo do ato e o tempo da significação. Cabe acrescentar que as sensações (seja de prazer ou desprazer) no momento do acontecido somente adquirem o sentido sexual no segundo tempo. O que traumatiza, então, no segundo tempo, é o vislumbre de um gozo onde o sujeito estava como objeto do sentido sexual proposto pelo adulto."[50]

A imputação traumática do evento joga com motivações inconscientes cuja objetivação nos tribunais, não raras vezes, desliza para o registro do imaginário. Ainda que a narrativa da vítima seja verdadeira, para o sujeito, sua conformação empírica não pode ser um inferência dedutiva. Nesse processo de transformação das verdades (singular para jurídica), é preciso pontuar uma fusão de horizontes de registros,[51] cujo estabelecimento definitivo, por decisão judicial, reduz-se a encadeá-los de maneira coerente.

Não se pode afirmar diante de uma narrativa, se, de fato, tudo ocorreu como dito.[52] O trauma implica dificuldade em simbolizar o ocorrido, e incide, sempre, na vivência amorosa e sexual posterior, permanecendo entre a estrutura da fantasia individual e do mito familiar coletivo, entre gerações, enleio do qual o sujeito não pode fugir. O trabalho deve ser o de encadeamento subjetivo dessa situação. Por mais evidente que seja a situação de desamparo, confusão e perda de confiança do sujeito nas referências "cuidadoras", essas fundem-se no momento de enunciar qualquer discurso sobre o ocorrido.

Assim é que a leitura do "trauma" não é objetiva justamente porque depende da "janela clínica/hermenêutica" do sujeito que olha. A percepção desse sujeito será sempre da ordem do singular. Em todos os casos, salvo para os que acreditam na constituição de uma única "verdade" a ser descoberta mediante métodos, cujo modelo filosófico está ultrapassado há pelo menos um século, o sentido decorre de um intricado processo de atribuição de sentido, articulado no tempo e espaço. É que os tempos do sujeito não podem ser mais vistos como lineares. Desde o descentramento do sujeito, sabe-se que o fator tempo precisa ser relativizado, porque depende da mirada. A linearidade cartesiana resta rompida. A intervenção atual retorna para ressignificar o passado, dando ensejo para redirecionar o futuro.[53] Não em uma perspectiva de domesticação, normalização ou de fortalecimento do "eu". A pretensão é a de que os sujeitos passem a enunciar seus discursos dentro de uma ordem simbólica, cujos limites precisam ser explicados. Estabelece-se um círculo hermenêutico dos limites simbólicos, enfim, do que se entende por "realidade", deixando-se de se perceber a situação isolada. Isso porque é preciso respeitar o contexto das situações do mundo da vida, renunciando-se a uma visão estereotipada e *standart* dos fatos sociais.

A PRODUÇÃO PROBATÓRIA E O INCONSCIENTE

Relembre-se, ainda, que há intersecção do *inconsciente* na produção probatória,[54] uma vez que se vincula à subjetividade dos atores envolvidos, das testemunhas,[55] e o que ocorre em uma sala de audiências, os *chistes*, os *atos falhos*, *os lapsos* – momentos em que surge a *verdade*, diz a *psicanálise*[56] –, raramente ficam consignados,[57] mormente porque tudo, em regra, é ditado pelo juiz, modificando *(in)conscientemente* os *(con) textos*.

Mesmo no caso de "imagens" produzidas, estas são articuladas somente depois, no acontecer da decisão. Quem sabe um pouco de *retórica*, pode movimentar habilmente os *significantes* para os postar de forma a serem úteis, depois, na decisão (Brum), mormente se as posições de acusador e julgador se imbricam, bem como se a (impossível) 'verdade real' ainda move a produção probatória.

Além disso, sabe-se, existe toda dimensão do 'desejo' de quem pergunta e responde,[58] acrescida, por outro lado, de um complexo processo de 'transferência' entre os enleados no processo, já que "ao analisar um depoimento, [o juiz] deixa-se influir, inconscientemente, por fatores emocionais de simpatia e de antipatia, que se projetam sobre as testemunhas, os advogados e as partes."[59] Ademais, há toda uma gama de "maneiras" de se indagar a testemunha. Desde posturas passivas até posturas ativas, dentre as quais o DSD se insere.[60]

Assevera Cordero:

> Las normas sobre el testimonio (...) presuponen que el aparato sensorial capta objetivamente los acontecimientos y que luego la memoria los fija, como imágenes sobre una película o sonidos grabados. Hipótesis ingenuas. Contemplada desde la interioridad neurosíquica, la operación aparece complicada y aleatoria. Al descomponerla, queda poco o nada de lo objetivo. Antes de todo, los canales sensoriales trabajan selectivamente, porque el aparato perceptivo tiene una capacidad limitada; expuesto a estímulos simultáneos, capta aquellas respecto a los cuales está adaptado (en un mismo contexto, los funcionarios del tráfico y los peatones vem cosas distintas), y mucho depende del estado emotivo (por ejemplo, alarmas ante el peligro). Los

datos sensoriales no son percepciones, ya que solo lo llegan a ser mediante una tarea clasificatoria automática, y, por tanto, inconsciente; y al variar los modelos, camian las figuras; y sería cosa asombrosa quel el médico el quiromántico, y el boticario, vieran la misma cara en la misma persona.*

Se o *chiste* e o *ato falho* são o que escapa, isto é, quando a boca se fecha e o *inconsciente* se entrega, projetando a verdade singular, já que na linguagem sempre há tropeços,[61] imprecisões e distorções, sua consideração deveria ser levada em conta. Mas isso não tem espaço no processo penal, que se restringe ao falado, dito, relevando o não dito como se desimportante fosse. Silva adverte: "Convidam-nos a depor, pedindo promessa de verdade, embora todos já saibamos que a verdade é apenas semidita, balbuciada, gaguejada, não toda. Algo da verdade do sujeito poderá surgir, sim, no garimpo debruçado sobre um curso aquoso de mentiras, evasivas, dúvidas, conversas moles, inconsistências gelatinosas."[62] Pisa-se em terreno movediço, espinhoso, silenciado; e os silêncios, contudo, sempre dizem. Sustenta Orlandi: "Se a linguagem implica silêncio, este, por sua vez, é o não dito visto do interior da linguagem. Não é o nada, não é o vazio sem história. É o silêncio significante."[63] Para tanto, argumenta Andrade, os juízes constroem verdades próprias no sentido de que nenhuma testemunha é capaz de mentir e, se o fizer, eles o descobrem, constituindo-se em típico mecanismo de defesa desesperado. Engana-se a si próprio para dar conta da 'verdade processual' que, como visto, sempre escorrega *na* e *pela* linguagem, ou seja, "mentira e verdade andam juntas na instrução processual, e não há um juiz no mundo que já não tenha decidido um processo com base em mentiras."[64] A decisão, portanto, tendo estrutura de *ficção*, responde com uma verdade possível, da ordem do parcial.

Por outro lado, o *indutivista* acredita que, pela observação cuidadosa e sem preconceitos, é possível produzir uma base segura da qual pode ser obtida a provável verdade ou o conhecimento científico. Entretanto, a "visão" que o ser humano possui, ou pelo menos tem acesso pelos sentidos, atinge apenas parcela da realidade, sofrendo, ainda, os influxos das particularidades pessoais do observador, ainda mais se reconhecido o *vazar* do *inconsciente*.

Dois observadores vendo o mesmo fenômeno terão visões diversas, mesmo que em pequena medida, mas jamais terão a mesma/idêntica percepção, conforme assevera Merleau-Ponty: "Vemos as coisas mesmas, o mundo é aquilo que vemos – fórmulas desse gênero exprimem uma fé comum ao homem natural e ao filósofo desde que abre os olhos, remetem para uma camada mais profunda de 'opiniões' mudas, implícitas da vida. Mas essa fé tem isso de estranho: se procurarmos articulá-la numa tese ou um enunciado, se perguntarmos o que é este nós, o que é este ver e o que é esta coisa ou este mundo, penetramos num labirinto de dificuldades e contradições."[65]

O que um vê, ou seja, sua experiência visual, depende das pré-noções e pré-concepções do 'ser-aí' (Heidegger) sobre a realidade, bem como das expectativas.

---

* "As normas sobre o testemunho (...) pressupõem que o aparelho sensorial capta objetivamente os acontecimentos, sendo estes em seguida fixados pela memória tal como imagens em um filme ou sons gravados. Hipóteses ingênuas. Vista da interioridade neuropsíquica, a operação se mostra complicada e aleatória. Ao desmembrá-la, resta pouco ou nada de objetivo. Antes de tudo, os canais sensoriais trabalham de modo seletivo, porque o aparelho perceptivo tem uma capacidade limitada; exposto a estímulos simultâneos, capta aqueles que se referem ao que está acostumado (em um mesmo contexto, os funcionários de trânsito e os pedestres veem coisas distintas), sendo afetado pelo fator emocional (por exemplo, alarmes ante o perigo). Os dados sensoriais não são percepções, uma vez que apenas existem mediante uma tarefa classificatória automática, e, portanto, inconsciente; e ao variarem os modelos, variam também as figuras; e seria espantoso que o médico, o quiromante, o farmacêutico vissem o mesmo rosto na mesma pessoa."

Acreditar no contrário é levar muito a sério a analogia dos olhos ao da câmera. Os olhos funcionam como tal, mas não podem ser equiparados a ela de forma singela.[66] A complexidade da mente humana assim não autoriza.[67] Tal questão,[68] pois, reitera a questão hermenêutica do sentido.

UM EXEMPLO DO QUE SE PASSA...

A psicanálise aponta que um dos mecanismos de defesa do ego é a projeção, a qual talvez possa ocorrer em julgamentos sexuais (Bueno de Carvalho),[69] mormente envolvendo crianças. Assevera Prado: "O ato de julgar implica a projeção, entendida como um mecanismo inconsciente, por intermédio do qual alguém tira de si e coloca no mundo externo (em outro, ou em alguma coisa) os próprios sentimentos, desejos, e demais atributos tidos como indesejáveis. Essa ligação entre julgamento e projeção traz um complicador, a formação de sombra. Por isso, creio ser importante que o juiz – mais talvez do que qualquer outro profissional – entre em contato com seus conteúdos sombrios, trazendo-os à consciência. Dessa forma, poderá talvez projetá-los menos. Isso ocorrerá se buscar entender o significado desse possível infrator que – como todo ser humano – tem dentro de si, reconhecendo-o como tal."[70] E, quando se trata de questões sexuais em relação a crianças, por básico, muitas questões podem surgir. De outra face, ninguém quer se ver acusado de crimes contra crianças. Para essa verificação, o mecanismo democrático idôneo é o processo, a partir do qual irá se apurar a conduta imputada, desde que falsificável.

Participei, na condição de vogal, do julgamento da Apelação Criminal n. 206, de Jaraguá do Sul, no âmbito da 5ª Turma de Recursos de Joinville-SC, de uma acusação de "ato obsceno" (CP, art. 233: Praticar ato obsceno em lugar público, ou aberto ou exposto ao público), no qual a sentença condenatória foi proferida com base em um único depoimento infantil, tendo consignado no voto vencido: "Analisando a prova produzida sob o pálio do contraditório encontrei somente o depoimento da vítima, já que o acusado nega (f. 107), no qual afirma: "quando estava a caminho de casa, foi abordada pelo acusado, o qual a declarante reconhece neste ato, que conduzia um veículo Fusca, de cor amarela; que primeiramente o acusado perguntou à declarante se ela sabia de alguém que tinha um cavalo, pois estava precisando para acalmar suas éguas, havendo a declarante respondido negativamente; que o acusado pediu para a declarante entrar no carro dele, não havendo atendido o pedido; que, na sequência, o acusado mostrou à declarante uma revista 'com mulher pelada' e perguntou se a declarante já tinha visto uma mulher com pinto; na sequência o acusado abriu sua calça e mostrou seu 'pinto' para a declarante; que o acusado também se abaixou e lambeu o seu 'pinto' na frente da declarante; (...) que durante todo o tempo o acusado permaneceu dentro do veículo." (f. 81). O conteúdo das declarações não se apresenta como verossímil porque o acusado teria, dentro do fusca, aberto sua calça e 'lambido' seu pênis. Não consigo, data vênia, condenar alguém com base nessa declaração." Os termos do voto dizem por si. Um sujeito, cuja prova negativa era impossível, foi condenado por ter realizado uma verdadeira "proeza", a saber, dentro de um fusca, sentado, "lambeu o próprio pênis". Enfim, pode ser que neste caso o imaginário tenha deslizado. O que há, todavia, é que entre o dito e não dito, muita coisa se passa.[71]

CONCLUSÃO: DSD? NÃO, OBRIGADO. EIS O SENTIDO DA RECUSA

Embora se deva acolher a proteção aos sujeitos que ocupam o lugar de "vítima" no processo penal, não se pode cair na tentação de que uma intervenção probatória aconteça sem o uso da violência (vertical, simbólica, enfim, própria da jurisdição). A violência está presente. Sempre.

A cruzada pelo aumento das condenações não pode se dar sem o pagamento de um preço alto. O desgaste de transferência operado na pré-noção do estigma "vítima" ocupado *a priori* pela criança, acrescido de uma contaminação temática (violência sexual), bem como uma postura inquisitória, transforma o DSD em um espetáculo do "Bem". No caso do DSD, não há afastamento possível, pois se é coadjuvante de um instrumento inserido na trampa ideológica das "almas belas", de quem não quer sujar a mão e ficar tranquilo. Gente que se nega a posar de violento – simbolicamente – escondendo-se por detrás de um espelho...[72] Uma aparente ausência de violência, a saber, "branda", que todavia cobra o preço de forma diferida, uma vez que o sujeito (criança) não é respeitado como categoria. A distinção que se coloca para sua proteção o transforma em objeto, com todo o respeito. Um fantasma imaginário, junto com o agressor, a espreita do outro lado do espelho, do vidro, da câmera...[73] o que andam fazendo? O que querem de mim?

Uma pergunta ingênua deve ser posta: será que se está respeitando o acusado como sujeito da enunciação ou se está colocando os enunciados, pelo saber técnico, na boca de um objeto, cuja finalidade é a de validar os enunciados pré-dados, cuja finalidade (condenar) é apenas semidita. Talvez se possa pensar, também, na compreensão de uma vítima irresponsável, transformando, na pretensão de garantir seus direitos, a criança em um verdadeiro objeto, uma vez que a desconsidera como sujeito de desejo. Enfim, não se pode cair na "trampa" ideológica de que a criança é pura e imaculada, tão cara aos alienados da economia libidinal, desprezando sua situação constitutiva, se tiver sorte, de "desamparo".

Assim é que, seguindo Agamben, é necessário se buscar parar esta máquina,[74] para que as crianças e adolescentes "produtores de significantes" não se transformem – mais ainda – na figura do "musulmán" de *Auschwitz* retratada por Agamben.[75] Embalados pela "necessidade" de conter a escalada de "abusos sexuais", de proteger as "vítimas", derrubam qualquer barreira "ética", pois, seguindo Agamben, a *necessidade* não tem lei, isto é, não reconhece qualquer lei limitadora, criando sua própria lei.[76] A construção fomentada e artificial de um estado de risco e de escalada de sexualização da vida cotidiana faz com o que o discurso se autorize, em face das ditas necessidades, a suspender o Estado Democrático de Direito, promovendo uma incisão de emergência e total, em nome da certeza[77] do "Bem".

Com efeito, na "fusão de horizontes" possível, com "hospitalidade", pode fazer entender qual o papel ético do saber técnico, evitando que se transformem em instrumentos em nome do "Bem", como, aliás, foi toda a história da inquisição, reiterada na postura do DSD. A busca irrestrita de meios probatórios é estranha à democracia, como o inconsciente o é do orgulhoso cidadão da Modernidade. Senão, como diz Agostinho Ramalho Marques Neto,[78] quem salva as vítimas da bondade dos bons? Neste mundo sem limites, sem gravidade (Melman), cabe indagar o desejo de continuar, e se encontrar um caminho singular pelo Direito, o qual tem se tornado um instrumento da satisfação perversa do objeto. Não para tornar a vítima mais feliz, sob pena de se cair na armadilha do discurso social padrão, mas de resistir apontando o impossível. Este é o desafio: articular ética e singularmente os limites, em um mundo sem limites.

O sentido da recusa se dá pela assunção completa das consequências do exercício do poder, via jurisdição, e sua violência constitutiva, negando-se a participar deste espetáculo do "Bem" representado pelo Depoimento Sem Dano. O preço é assumir a função de "advogado do diabo", democraticamente. DSD? Não, obrigado.

NOTAS

1. OZ, Amos. *Contra el fanatismo*. Trad. Daniel Sarasola. Madrid: Siruela, 2005, p. 13: "Tiene que ver con la típica reivindiciónn fanática: si pienso que algo es malo, lo aniquilo junto a todo lo que lo rodea."

2. LACAN, Jacques. Homenagem a Lewis Carroll. In: Ornicar 1. De Jacques Lacan a Lewis Carroll. Trad. André Telles. Rio de Janeiro: Jorge Zahar, 2004, p. 10.
3. Consultar: BITENCOURT, Luciane Potter. *Vitimização Secundária Infanto-Juvenil.* Rio de Janeiro: Lumen Juris, 2009. Não se pretende, aqui, fazer-se qualquer discussão aprofundada sobre as diversas distinções de violência, nem mesmo as motivações dos adultos na (im)possível escuta das crianças e adolescentes. Este artigo discute exclusivamente a adequação democrática do instrumento DSD, a partir do desvelamento do que é semidito no discurso oficial, a saber, a manifesta intenção de se condenar...
4. PRADO FILHO, Kleber. *Michael Foucault*: Uma história Política da Verdade. Insular/Achiamé. Florianópolis; Rio de Janeiro, 2006; FOUCAULT, Michael. *Vigiar e punir*. Trad. Raquel Ramalhete. Petrópolis: Vozes, 2000; *A verdade e as formas jurídicas*. Trad. Roberto Cabral de Melo Machado e Eduardo Jardim Morais. Rio de Janeiro: Nau Ed., 1996; *Resumo dos cursos do Collège de France*. Trad. Andrea Daher. Rio de Janeiro: Jorge Zahar, 1997.
5. ROSA, Alexandre Morais da; SILVEIRA FILHO, Sylvio Lourenço da. *Para um Processo Penal Democrático:* Crítica à Metástase do Sistema de Controle Penal. Rio de Janeiro: Lumen Juris, 2008.
6. ZIZEK, Slavoj. *Amor sin piedad*: Hacia una política de la verdad. Madrid: Sintesis, 2004, p. 11.
7. ARENDT, Hannah. *Eichmann em Jerusalém:* um relato sobre a banalidade do mal. São Paulo: Cia das Letras, 1999. ROUDINESCO, Elisabeth. *Por que a psicanálise?* Trad. Vera Ribeiro. Rio de Janeiro: Jorge Zahar, 2000, p. 123: "Eichmann em Jerusalém não foi um monstro desprovido de humanidade, mas um sujeito cuja normalidade confinava com a loucura. Daí o horror que sentimos ao ouvir dizer que ele condenou o sistema nazista ao mesmo tempo que reivindicava seu juramento de fidelidade a esse mesmo sistema, o abominável. Examinando as imagens do processo, vemos perfeitamente que, se existe a banalidade do mal, como afirma Hannah Arendt, ela é a expressão não de um comportamento comum, mas de uma loucura assassina, cuja característica seria o excesso de normalidade. Nada é mais próximo da patologia do que o culto da normalidade levada ao extremo. Como bem sabemos, é nas famílias aparentemente mais normais, com efeito, que muitas vezes surgem os comportamentos mais loucos, mais criminosos e mais desviantes."
8. DERRIDA, Jacques. *Anne Dufourmantelle convida Jacques Derrida a falar Da Hospitalidade.* Trad. Antonio Romane. São Paulo: Escuta, 2003.
9. MELMAN, Charles. *O Homem sem Gravidade*: gozar a qualquer preço. Trad. Sandra Regina Felgueiras. Rio de Janeiro: Companhia de Freud, 2003.
10. MARTINHO, José. *Pessoa e a Psicanálise.* Coimbra: Almedina, 2001, p. 38: "Em grego, máscara é a mesma palavra que rosto, *prosopon*. Na máscara que se agarra à cara, existem a *voz* e o *olhar*, assim como o *vácuo* que a habita e em torno do qual se criou. Neste caso, é *outis*, literalmente *ninguém*, que melhor mostra o avesso da máscara, o lugar vazio que pode ser ocupado, em virtude de uma obra de linguagem, pelo histrionismo histérico das *dramatis personae:* sou a cena viva onde passam vários actores representando várias peças (Fernando Pessoa)."
11. KRISTEVA, Julia. *Estrangeiros para nós mesmos.* São Paulo: Rocco, 1994, p. 9: "Estrangeiro: raiva estrangulada no fundo de minha garganta, anjo negro turvando a transparência, traço opaco, insondável. Símbolo do ódio e do outro, o estrangeiro não é nem a vítima romântica de nossa preguiça habitual, nem o intruso responsável por todos os males da cidade. Nem a revelação a caminho, nem o adversário imediato a ser eliminado para pacificar o grupo. Estranhamente, o estrangeiro habita em nós: ele é a face oculta da nossa identidade, o espaço que arruína a nossa morada, o tempo em que se afundam o entendimento e a simpatia. Por reconhecê-lo em nós, poupamo-nos de ter que destestá-lo em si mesmo. Sintoma que torna o 'nós' precisamente problemático, talvez impossível, o estrangeiro começa quando surge a consciência de minha diferença e termina quando nos reconhecemos todos estrangeiros, rebeldes aos vínculos e às comunidades."
12. MIRANDA COUTINHO, Jacinto Nelson de (org.) *Direito e Psicanálise: Interseções a partir de 'O Estrangeiro' de Albert Camus.* Rio de Janeiro: Lumen Juris, 2006.
13. MARTINS, Rui Cunha. O paradoxo da demarcação emancipatória. Revista Crítica de Ciências Sociais, n. 59, fev. 2001, p. 37-63. A reinvenção da ideia de 'fronteira' é fundamental para que a crítica possa ser realizada

'na' fronteira e sua mobilidade constitutiva, isto é, como uma questão de 'heteronímia posicional'."
14. ORLANDI, Eni Puccinelli. *As formas do silêncio: no movimento dos sentidos*. Campinas: UNICAMP, 1997, p. 23.
15. RORTY, Richard. *Pragmatismo*: a filosofia da criação e da mudança. Trad. Cristina Magro. Belo Horizonte: UFMG, 2000, p. 166.
16. ZIZEK, Slavoj. *Visión de paralaje*. Buenos Aires: Fondo de Cultura Econômica, 2006.
17. ROTTA, Adriana Kosdra. Medida Sócio Educativa: Impasses entre os discursos jurídicos e psicanalíticos. Inegrando: Boletim Informativo. TJPR, Ano XIII, n. 45, p. 15-22.
18. DALTOÉ CEZAR, José Antônio. *Depoimento Sem Dano*: uma alternativa para inquirir crianças e adolescentes nos processos judiciais. Porto Alegre: Livraria do Advogado, 2007, p. 62.
19. BITENCOURT, Luciane Potter. *A vitimização secundária de crianças e adolescentes e a violência sexual intrafamiliar*. Dissertação de Mestrado. Porto Alegre: PUCRS, 2007, p. 170.
20. Sobre a questão, excelente Parecer Técnico de FÁVERO, Eunice Teresinha, "Metodologia 'Depoimento sem Dano', ou 'Depoimento com Redução de Danos.". .Disponível em http://www.cress-mg.org.br/PARECER%20 CFESS%20DSD%20final%20revisado.pdf, acesso em 23.07.2008.
21. BRITO, Leila Maria Torraca de. Depoimento sem Dano, para quem? Disponível internet: http://www.psicologia.ufrj.br/nipiac/blog/?p=84, acesso em 23.07.2008.
22. PEREIRA, Tânia da Silva; OLIVEIRA, Guilherme de. (orgs.) *O Cuidado como Valor Jurídico*. Rio de Janeiro: Forense, 2008.
23. ARIÈS, Philippe. *História social da criança e da família*. Rio de Janeiro: Guanabara, 1986.
24. BARTHES, Roland. *O grau zero da escrita*: seguido de novos ensaios críticos. Trad. Mario Laranjeira. São Paulo: Martins Fontes, 2000.
25. SALAS, Denis. *La Volonté de Punir: Essai sur le populisme pénal*. HachtteLittératures: Paris, 2005.
26. ROSA, Alexandre Morais da. *Introdução crítica ao ato infracional*. Rio de Janeiro: Lumen Juris, 2007.
27. RORTY, Richard. *Pragmatismo*: a filosofia da criação e da mudança. Trad. Cristina Magro. Belo Horizonte: UFMG, 2000.
28. STRECK. Lenio Luiz. *Verdade e Consenso*. Rio de Janeiro. Lumen Juris, 2008. A tensão entre o texto e o sentido resultante da norma esteve banhado pela cisão sujeito/objeto. De um lado, o sujeito universal, capaz de obter a mesma resposta via o método adequado, por outro, um objeto provido de essência. O observador poderia, assim, pelo método, reconfortar-se com a verdade. A estrutura era metafísica e herdada da Escolástica. A superação do esquema sujeito-objeto procura aterrar esta distinção para os colocar em um campo único: a linguagem. A extração da essência do texto desliza para o registro do Imaginário, contracenando com uma certa ausência de mediação Simbólica decorrente da (de)formação filosófica dos atores jurídicos. É impossível a existência de um método universal. Por isso manipula-se (este é o termo) o método conforme as necessidades prévias do sentido, a saber, os métodos servem de argumento manifesto do processo de compreensão latente, existente desde sempre, e rejeitado por uma tradição inautêntica do direito. Para alcançar alguma sofisticação no campo jurídico, como apontaram Lenio Streck e Ernildo Stein, as contribuições de Heidegger e Gadamer são fundamentais. Ao trazer a compreensão vinculada ao ser-aí, a partir das noções de círculo hermenêutico e diferença ontológica, proporciona uma nova maneira de embate hermenêutico. Diz Streck: "Em outras palavras, antes de argumentar, o intérprete já compreendeu."
29. HABERMAS, Jürgen. *Direito e democracia*: entre facticidade e validade. Trad. Flávio Beno Siebeneichler. Rio de Janeiro: Tempo Brasileiro, 1997. v. 1 e 2.
30. CHIOVENDA. Giuseppe. *Instituições de direito processual civil*. Trad. J. Guimarães Menegale. São Paulo: Saraiva, 1965. v. 2.
31. ROSA, Alexandre Morais da. O Gozo dos Assistentes. In: MIRANDA COUTINHO, Jacinto Nelson de (org.). *Direito e Psicanálise. Interseções a partir de O Processo de Kafka*. Rio de Janeiro: Lumen Juris, 2007, p. 155-178.
32. CORDERO, Franco. *Procedimento Penal*. Trad. Jorge Guerrero. Santa Fé de Bogotá: Temis, 2000, v. 1, p. 16-90.
33. QUINET, Antonio. O número um, o único. In: QUINET, Antonio. *Na mira do Outro*: a paranóia e seus fenômenos. Rio de Janeiro: Rio Ambiciosos, 2002,. p. 18.
34. SANTNER, Eric L. *A Alemanha de Schreber*: uma história secreta da modernidade. Trad. Vera Ribeiro. Rio de Janeiro: Jorge Zahar, 1997, p. 8: "O paranoico e o ditador sofrem de uma doença do poder, que implica uma vontade patológica de sobrevivência exclusi-

va e uma disposição ou mesmo um impulso concomitantes de sacrificar o resto do mundo em nome dessa sobrevivência."
35. LEGENDRE, Pierre. *O amor do censor*. Trad. Aluísio Menezes. Rio de Janeiro: Forense, 1983, p. 28.
36. CARVALHO, Salo de. *Pena e Garantias*: uma leitura do Garantismo de Luigi Ferrajoli no Brasil. Rio de Janeiro: Lumen Juris, 2001, p. 25: "O inquisidor, representante divino, é órgão de acusação e julgamento, figura sob a qual não podem pairar dubiedades, ou seja, trata-se de ente 'semidivino' cuja atividade não admite o dissenso, pois, em última análise, colocar-se-ia em dúvida a própria figura onipresente e perfeita do Todo Poderoso."; ROSA, Alexandre Morais da. *Decisão Penal*: a bricolage de significantes. Rio de Janeiro: Lumen Juris, 2005.
37. LACAN, Jacques. *Escritos*. Trad. Vera Ribeiro. Rio de Janeiro: Jorge Zahar, 1998, p. 152.
38. DUSSEL, Enrique. *Ética da Libertação*: na idade da globalização e da exclusão. Trad. Epharaim Ferreira Alves, Jaime A. Clasen e Lúcia M. E. Orth. Petrópolis: Vozes, 2002.
39. MIRANDA COUTINHO, Jacinto Nelson de. Efetividade do Processo Penal e Golpe de Cena: Um problema às reformas processuais. *In*: JURISPOIESIS – Revista Jurídica dos Cursos de Direito da Universidade Estácio de Sá. Rio de Janeiro, ano 4, n. 5, p. 31-36, 2002.
40. BRUM, Nilo Bairros de. *Requisitos retóricos da sentença penal*. São Paulo: Revista dos Tribunais, 1980.
41. CORDERO, Franco. *Guida alla procedura penale...*, p. 52: "All'economia verbale típica del formalismo agonistico accusatorio l'inquisizione oppone parole a diluvio: inevitabile qualche effetto ipnotico-vertiginoso--alucinatorio; fatti, tempi, nessi, svaniscono nel caleidoscopio parlato; nessun processo finirebbe mai se chi lo ordisce a un dato punto tagliasse il filo; e lo fa quando voglia, preché há mano libera."
42. CORDERO, Franco. *Procedimento Penal...*, v. 1..., p. 22-23: "Provisto de instrumentos virtualmente irresistibles, el inquisidor tortura a los pacientes como quiere; dentro de su marco cultural pesimista el animal humano nace culpable; estando corrompido el mundo, basta excavar en un punto cuualquiera para que aflore el mal. Este axioma elimina todo escrúpulo en la investigación."
43. MIRANDA COUTINHO, Jacinto Nelson de. Glosas ao 'Verdade, Dúvida e Certeza', de Francesco Carnelutti, para os operadores do Direito. *In*: Anuário Ibero-Americano de Direitos Humanos (2001-2002). Rio de Janeiro, 2002, p. 188.
44. Ver crítica em LOPES JR, Aury. *Direito Processual Penal e sua conformidade constitucional*. Rio de Janeiro: Lumen Juris, 2008.
45. BARROS, Flaviane de Magalhães. *A participação da vítima no Processo Penal*. Rio de Janeiro: Lumen Juris, 2008. SICA, Leonardo. *Justiça Restaurativa e Mediação Penal:* o novo modelo de Justilça Criminal e de Gestão do Crime. Rio de Janeiro: Lumen Juris, 2007. PRUDENTE, Neemias Moretti. Justiça Restaurativa: uma solução divertida. Informativo IBCCRIM, n. 186, maio de 2008, p. 8. Artigos de Neemias Moretti Prudente, Leonardo Sica, Pedro Scuro, Ester Kosovski, Renato Sócrates Gomes Pinto, Adriana Barbosa Sócrates, em, www.ibjr.justicarestaurativa.nom.br.
46. JUNIOR, Heitor Piedade, MAYR, Eduardo, KOSOVSKI, Ester. *Vitimologia em Debate II*. Lumen Juris: Rio de Janeiro, 1997; JUNIOR, Heitor Piedade. *Vitimologia: Evolução no espaço e no tempo*. Mananaim: Rio de Janeiro, 2007.
47. MESSUTI, Ana. *O tempo como pena*. Trad. Tadeu Antonio Dix Silva, Maria Clara Veronesi de Toledo. São Paulo: RT, 2003, p. 76.
48. PETITOT, Françoise. On bat um enfant: à propos de la maltraitance. *In*: LEBRUN, Jean-Pierre. *Les Désarrois Nouveaux du Sujeit – Prolongements Théorico-Cliniques au Monde Sans Limite*. Érès: Paris, 2004, p. 169-182.
49. HOENISCH, Julio César Diniz. A psicologia nos programas de proteção a testemunhas: convite à complexidade. In: GUARESCHI, Neuza; HÜNING, Simone. *Implicações da Psicologia no Conemporâneo*. EDIPUCRS: Porto Alegre, 2007, p. 193-212, p. 209-210: "Primeiramente, a postura preconizada pelo psicanalista Jacques Lacan de que à Psicanálise não cabe nem julgar, nem condenar o criminoso, mas tornar o crime 'irrealizado' (Lacan, 1998) trata-se de uma contribuição importante. Isso significa buscar a via inversa do fenômeno criminal, que de 'ato' torne-se palavra, uma vez que o conceito de atuação está relacionado a algo que pulsa no interior do sujeito que, não conseguindo expressão do ponto de vista simbólico, atua mostrando no ato 'impensado' a via de vazão dessa angústia ou desejo. Do ponto de vista da técnica, fica colocada ao psicólogo a compreensão do fenômeno criminal como uma via de significação e busca de reconhecimento do indivíduo. Assim, não cabe ao profissional condenar

ou não o crime ou a trajetória delitiva, mas implicar o sujeito nesse movimento, buscando organizar uma apropriação subjetiva dessa história vivida e a possibilidade de ressignificação desse espaço no campo da produção de sentidos sobre si e sobre o mundo, conforme as contribuições psicanalíticas têm indicado com sucesso, vide os trabalhos de Winnicott (1987), voltados para crianças e adolescentes infratores."

50. COSTA, Ana Maria Medeiros da. *A Ficção do Si Mesmo – interpretação e ato em psicanálise.* Companhia de Freud: Rio de Janeiro, 1998, p. 21.

51. ALMEIDA-PRADO, Maria do Carmo Cintra de; FÉRES-CARNEIRO, Terezinha. "Abuso sexual e traumatismo psíquico." In. Interações: Estudos e Pesquisas em Psicologia, v. X, n. 20, jul-dez 2005. São Paulo: Unimarco, 2006, p. 11-34, p. 31: "As dificuldades no trabalho multidisciplinar são grandes, pelo impacto que as situações a serem tratadas causam no psiquismo dos profissionais envolvidos e também por outras 'confusões de línguas', derivadas das diferentes formações, e sobretudo, das diferentes situações psicológicas de cada um, do nível de integração psíquica que tenha alcançado, ainda mais no plano da sexualidade e da identidade de gênero. De qualquer forma, não importa qual seja a formação do profissional, sua história estará sempre presente em sua possibilidade de escuta, que pode ser ampliada por meio do tratamento psicanalítico."

52. COSTA, Ana Maria Medeiros da. *A Ficção do Si Mesmo – interpretação e ato em psicanálise...*, p. 31: "O sexual sempre deixa um resto não assimilável. Basicamente, a razão disso está colocada em que o sexual não é interno vem no lugar de uma relação, que provoca a dissimetria abordada antes. É bem por esse motivo que o sexual sempre vai demandar uma interpretação."

53. COSTA, Ana Maria Medeiros da. *A Ficção do Si Mesmo – interpretação e ato em psicanálise...*, p. 39: "A literatura psicanalítica tem preferido designar essa a posteriori como uma ressignificação. No entanto, partindo mesmo de Freud, não se trataria propriamente de uma 'ressignificação', mas sim da emergência de uma significação antes ausente. Conforme proposta de análise precedente (em relação à determinação ativo-passivo), somente no momento de passagem ao pólo ativo se poderia fala, com propriedade, numa significação, na medida em que ali o sujeito encontra o seu lugar. Antes disso, o sentido está completamente colocado no lugar do Outro."

54. PRADO, Lídia Reis de Almeida. *O Juiz e a Emoção.* Campinas: Millennium, 2003, p. 19: "As experiências anteriores do julgador também podem acarretar *reações inconscientes* favoráveis ou desfavoráveis a respeito das mulheres ruivas ou morenas, de homens com barba, de italianos, ingleses, padres, médicos, de filiados a determinado partido político, por exemplo. Esses *preconceitos*, que podem ser involuntários ou inconscientes, afetam a memória ou a atenção do julgador e influem sobre a credibilidade das testemunhas ou das partes."

55. CORDERO, Franco. *Procedimento Penal...*, v. 2, p. 55: "La objetividad del testimonio, exigida por las normas, parece ilusoria a quien considere la interioridad neuropsíquica: ya el aparato sensorial elige los posibles estímulos; codificadas según modelos relativos a los individuos, las impresiones integran una experiencia perceptiva, cuyos fantasmas varían un tanto en el proceso mmemónico, tanto más si el recuerdo no es espontáneo sino solicitado, como ocurre a los testigos; por último, convertido en palabras el manipulasísimo producto mental, surge como enunciado *factual* o de hecho. Este laberinto cognoscitivo-semántico, expuesto a mil variaciones, induce a desconfiar de los testigos."

56. FREUD, Sigmund. Os chistes e sua relação com o inconsciente. Trad. Jayme Salomão. *In: Obras psicológicas completas.* São Paulo: Imago, 1996, p. 17-219, v. VIII.

57. CARVALHO FILHO, Luís Francisco. *Nada mais foi dito nem perguntado.* São Paulo: Editora 34, 2001.

58. OLIVEIRA, Francisco da Costa. *O Interrogatório de Testemunhas*: Sua Prática na Advocacia. Almedina: Coimbra, 2007;   A L T A - VILLA, Enrico. *Psicologia Judiciária*, Volume I – O Processo Psicológico e a Verdade Judicial. Almedina: Coimbra, 2003.

59. PRADO, Lídia Reis de Almeida. *O Juiz e a Emoção...*, p. 19.

60. OLIVEIRA, Francisco da Costa. *O Interrogatório de Testemunhas – Sua Prática na Advocacia.* Almedina: Coimbra, 2007, p. 20: "O *polo passivo* de comportamento do inquiridor corresponde a um modelo de total isenção, de ausência absoluta de interferências, procurando formular as questões de forma abstracta e sem fornecer dados prévios. O *polo activo* de comportamento do inquiridor, pelo contrário, corresponde a um modelo interventivo, de acordo com o qual aquele interage com a testemunha, podendo

fazê-lo em sentidos diversos, tais como: um sentido afirmativo, destacando factos para que a testemunha os corrobore ou levando a testemunha a afirmá-los; um sentido reactivo, tomando posição perante as declarações da testemunha; um sentido construtivo, conectando factos e declarações em ordem a erigir conjuntos de informação validada; um sentido destrutivo, interligado também factos e declarações mas já em ordem a invalidar ou enfraquecer conjuntos de informação."

61. FREUD, Sigmund. Os chistes e sua relação com o inconsciente..., p. 66: "'A. tomou emprestado de B. um caldeirão de cobre e após devolvê-lo foi acionado por B. já que o caldeirão tinha agora um grande furo que o tornava inutilizável. Sua defesa foi: 'Em primeiro lugar nunca tomei emprestado um caldeirão de B.; e em segundo lugar o caldeirão já estava furado quando eu o peguei emprestado; e em terceiro lugar, devolvi-lhe o caldeirão intacto'. Cada uma destas defesas é válida por si mas reunidas excluem-se mutuamente."

62. SILVA, Cyro Marcos da. *Entre autos e mundos*. Belo Horizonte: Del Rey, 2003, p. 80.

63. ORLANDI, Eni Puccinelli. *As formas do silêncio*: no movimento dos sentidos..., p. 23.

64. ANDRADE, Lédio Rosa de. *Direito ao Direito II*. Tubarão: Studium, 2002, p. 36-37: "Ademais destes fatos, na esfera jurídica, o investigador pode ser levado a grave erro, em casos não muito raros, como de um neurótico que assuma a culpa por um determinado crime, não obstante ser absolutamente inocente, devido a um sentimento de culpa preexistente nele."

65. MERLEAU-PONTY, Maurice. *O visível e o invisível*. Trad. Paulo Neves. São Paulo: Perspectiva, 2003, p. 15.

66. BARTHES, Roland. *A câmara clara*: nota sobre a fotografia. Trad. Julio Castañón Guimarães. Rio de Janeiro: Nova Fronteira, 1984, p. 13: Diferentemente dos olhos humanos, "o que a Fotografia reproduz ao infinito só ocorreu uma vez; ela repete mecanicamente o que nunca mais poderá repetir-se existencialmente. Nela, o acontecimento jamais se sobrepassa para outra coisa: ela reduz sempre o *corpus* de que tenho necessidade ao corpo que vejo; ela é o Particular absoluto, a Contingência soberana, fosca e um tanto boba, o *Tal* (tal foto, e não a Foto), em suma a *Tique*, a Ocasião, o Encontro, o Real, em sua expressão infatigável."

67. CHALMERS, Alan F. *O que é ciência, afinal?*..., p. 52: "Portanto, quando diversos observadores olham para um quadro, uma máquina, um slide de microscópio ou o que quer que seja, há um sentido no qual todos eles estão 'diante de', 'olhando para' e, assim, 'vendo', a mesma coisa. Mas não podemos concluir que eles tenham experiências perceptivas idênticas. Há um sentido muito importante no qual eles não vêem a mesma coisa e é sobre este último sentido que minha crítica da posição indutivista tem se baseado."

68. MERLEAU-PONTY, Maurice. *O visível e o invisível*..., p. 18: "O que nos importa é precisamente saber o sentido do ser no mundo; a esse propósito nada devemos pressupor, nem a idéia ingênua do ser em si, nem a idéia correlata de um ser de representação, de um ser para a consciência, de um ser para o homem: todas essas são noções que devemos repensar a respeito de nossa experiência do mundo, ao mesmo tempo que pensamos o ser do mundo. Cabe-nos reformular os argumentos céticos fora de todo preconceito ontológico, justamente para sabermos o que é o ser-mundo, o ser-coisa, o ser imaginário e o ser consciente."

69. BUENO DE CARVALHO, Amilton Bueno de; CARVALHO, Salo de. *Aplicação da pena e garantismo*. Rio de Janeiro: Lumen Juris, 2001, p. 84-85: "Ao longo dos anos venho tentando analisar e compreender a conduta de Juízes na condução de determinados tipos de processos. Interessante notar como depoimentos, nos processos que tratam de estupro, por exemplo, são minuciosos, contrariando, às vezes, a forma comum de proceder. Isto significa que o questionamento, nesses casos específicos, é minucioso, chegando a detalhes irrelevantes e impertinentes, como se o processo despertasse maior atenção, maior curiosidade, enfim, aguçasse algum sentido. Por isso e por outros tipos de reação frente a tais casos pensei na possibilidade de o Juiz, ser humano, restar envolvido pela história do processo. Em outras palavras: creio que o fato do crime de estupro, atendo-me ao exemplo, pode mexer com a sexualidade do próprio julgador, fazendo com que, inconscientemente, ele se projete na pessoa do réu, ou da vítima, com mórbido prazer ou com intenso sofrimento. Isto poderia redundar em conduta benevolente ou excessivamente rigorosa.' Seja como for, verdadeira ou não a constatação (não sou psiquiatra e não descarto a possibilidade de estar equivocado), o que me parece evidente é que os Juízes também precisam de alguém para cuidá-los, principalmente, os que trabalham nas áreas criminais, de família e da infância

e juventude, onde afloram os mais profundos sentimentos, as mais dramáticas situações."
70. PRADO, Lídia Reis de Almeida. *O Juiz e a Emoção.* Campinas: Millennium, 2003, p. 46-47.
71. ROUDINESCO, Elisabeth. *Por que a psicanálise?...*, p. 102: "Quando foi sexualmente agredida por um homem e levou o caso aos tribunais, o promotor sustentou que a mulher tinha 21 personalidades, nenhuma das quais havia consentido em manter relações sexuais. Os juristas e os psiquiatras puseram-se então a discutir se as diferentes personalidades dessa mulher seriam capazes de depor sob juramento e se cada uma delas tinha ou não suas próprias aventuras sexuais. Em 1990, o homem foi julgado culpado, pois três das personalidades da vítima depuseram contra ele. Após uma contra-perícia, entretanto, realizou-se um novo julgamento. Alguns psiquiatras afirmaram, na verdade, que a mulher tinha 46 personalidades, e não 21. Assim, era preciso saber se essas novas personalidades também prestariam depoimento no processo. (...) Casos como esses tornaram-se frequentes no continente americano. Eles mostram com clareza a que fanatismo pode levar a idéia de que todo ato sexual é *em si* um pecado, um estupro, um trauma, e de que todo inconsciente é uma instância dissociada, sem dar margem alguma à subjetividade."
72. A *satanização* do violador e dos detalhes não deixa de ter um lado de gozo. O voyeurismo se apresenta. Cabe, pois, uma pergunta ingênua: por que o juiz permanece nesta unidade? Qual o gozo? As respostas serão sempre singulares e seria leviano as responder de forma universal. Ainda assim, talvez, seja melhor não pensar sobre isto...
73. MARIN, Isabel da Silva Kahn. *Violências.* São Paulo: Escuta/Fapesp, 2002, p. 28: "O espetáculo da violência – uma relação de olhar e imaginação que produz gozo. Não se pode esquecer disso, e o texto freudiano ao discutir as questões de sadismo/masoquismo é explícito nesse sentido. Esse modelo pode ser situado nas fantasias de flagelação que Freud descreve em 'Uma criança é espancada'. É nítido o deslocamento do sujeito que ora é quem pratica a ação violenta, ora é quem a recebe, mas sempre no lugar do espectador."
74. AGAMBEN, Giorgio. *Lo Abierto:* el hombre y el animal. Trad. Antonio Gimeno Cuspinera. Valência: Pre-Textos, 2005, p. 52-53.
75. AGAMBEN, Giorgio. *Lo que queda de Auschwitz*: el archivo y el testigo – Homo Sacer III. Trad. Antonio Gimeno Cuspinera. Valência: Pre-Textos, 2005.
76. AGAMBEN, Giorgio. *Estado de Exceção.* Trad. Iraci D. Poleti. São Paulo: Boitempo, 2004, p. 40.
77. MELMAN, Charles. *Como alguém se torna paranoico?* Trad. Telma Queiroz. Porto Alegre: CMC, 2008, p.13: "A paranoia é a certeza para um sujeito de ter o saber da verdade, da verdade absoluta. E a prova é que esta verdade que o sujeito possui ela é capaz de reparar tudo o que não vai bem na sociedade, tudo o que não vai bem no casal; o que faz com que seja um saber que se apresenta também como salvador."
78. MARQUES NETO, Agostinho Ramalho. O Poder Judiciário na Perspectiva da Sociedade Democrática: O Juiz Cidadão. *In: Revista ANAMATRA.* São Paulo, n. 21, 1994, p. 50: "Uma vez perguntei: quem nos protege da bondade dos bons? Do ponto de vista do cidadão comum, nada nos garante, 'a priori', que nas mãos do Juiz estamos em boas mãos, mesmo que essas mãos sejam boas. (...) Enfim, é necessário, parece-me, que a sociedade, na medida em que o lugar do Juiz é um lugar que aponta para o grande Outro, para o simbólico, para o terceiro."

REFERÊNCIAS

AGAMBEN, G. *Estado de exceção.* São Paulo: Boitempo, 2004.

AGAMBEN, G. *Lo Abierto*: el hombre y el animal. Valência: Pre-Textos, 2005.

AGAMBEN, G. *Lo que queda de Auschwitz*: el archivo y el testigo – Homo Sacer III. Valência: Pre-Textos, 2005.

ALMEIDA-PRADO, M. C. C.; FÉRES-CARNEIRO, T. Abuso sexual e traumatismo psíquico. *Interações*: Revista do Programa de Pós-graduação em Psicologia da Universidade de São Marcos, v. 10, n. 20, p. 11-34, 2005.

ALTAVILLA, E. *Psicologia judiciária.* Almedina: Coimbra, 2003. v. 1.

ANDRADE, L. R. *Direito ao direito II.* Tubarão: Studium, 2002.

ARENDT, H. *Eichmann em Jerusalém*: um relato sobre a banalidade do mal. São Paulo: Cia das Letras, 1999.

ARIÈS, P. *História social da criança e da família.* Rio de Janeiro: Guanabara, 1986.

BARROS, F. M. *A participação da vítima no processo penal.* Rio de Janeiro: Lúmen Juris, 2008.

BARTHES, R. *A câmara clara*: nota sobre a fotografia. Rio de Janeiro: Nova Fronteira, 1984.

BARTHES, R. *O grau zero da escrita*: seguido de novos ensaios críticos. São Paulo: Martins Fontes, 2000.

BITENCOURT, L. P. *A vitimização secundária de crianças e adolescentes e a violência sexual intrafamiliar*. Rio de Janeiro: Lúmen Juris, 2009.

BRITO, L. M. T. *Depoimento sem dano, para quem?* Disponível em: <http://www.psicologia.ufrj.br/nipiac/blog/?p=84>. Acesso em: 23 jul. 2008.

BRUM, N. B. *Requisitos retóricos da sentença penal*. São Paulo: Revista dos Tribunais, 1980.

BUENO DE CARVALHO, A. B.; CARVALHO, S. *Aplicação da pena e Garantismo*. Rio de Janeiro: Lúmen Juris, 2001.

CARVALHO FILHO, L. F. *Nada mais foi dito nem perguntado*. São Paulo: Editora 34, 2001.

CARVALHO, S. *Pena e garantias*: uma leitura do Garantismo de Luigi Ferrajoli no Brasil. Rio de Janeiro: Lúmen Juris, 2001.

CHIOVENDA. G. *Instituições de direito processual civil*. São Paulo: Saraiva, 1965. v. 2.

CORDERO, F. *Guida alla procedura penale*. Torino: UTET, 1986.

CORDERO, F. *Procedimento penal*. Santa Fé de Bogotá: Temis, 2000. v. 1.

COSTA, A. M. M. *A Ficção do si mesmo*: interpretação e ato em psicanálise. Rio de Janeiro: Companhia de Freud, 1998.

DALTOÉ CEZAR, J. A. *Depoimento sem dano*: uma alternativa para inquirir crianças e adolescentes nos processos judiciais. Porto Alegre: Livraria do Advogado, 2007.

DERRIDA, J. *Anne Dufourmantelle convida Jacques Derrida a falar da hospitalidade*. São Paulo: Escuta, 2003.

DUSSEL, E. *Ética da libertação*: na idade da globalização e da exclusão. Petrópolis: Vozes, 2002.

FÁVERO, E. T. *Parecer técnico*: metodologia "Depoimento sem Dano" ou "Depoimento com Redução de Danos". 2008. Disponível em: <http://www.cress-sp.org.br/index.asp?fuseaction=manif&id=162>. Acesso em: 23 jul.. 2008.

FOUCAULT, M. *A verdade e as formas jurídicas*. Rio de Janeiro: Nau, 1996.

FOUCAULT, M. *Resumo dos cursos do Collège de France*. Rio de Janeiro: Jorge Zahar, 1997.

FOUCAULT, M. *Vigiar e punir*. Petrópolis: Vozes, 2000.

FREUD, S. Os chistes e sua relação com o inconsciente (1905). In: FREUD, S. *Edição standard brasileira das obras psicológicas completas de Sigmund Freud*. Rio de Janeiro: Imago, 1996. v. 8.

GUARESCHI, N.; HÜNING, S. *Implicações da psicologia no contemporâneo*. EDIPUCRS: Porto Alegre, 2007.

HABERMAS, J. *Direito e democracia*: entre facticidade e validade. Rio de Janeiro: Tempo Brasileiro, 1997. v. 1-2.

KRISTEVA, J. *Estrangeiros para nós mesmos*. São Paulo: Rocco, 1994.

LACAN, J. *Escritos*. Rio de Janeiro: Jorge Zahar, 1998.

LACAN, J. Homenagem a Lewis Carroll. In: MILLER, J. (Org.). *Ornicar? De Jacques Lacan a Lewis Carroll*. Rio de Janeiro: Jorge Zahar, 2004. v. 1.

LEBRUN, J. *Les Désarrois Nouveaux du Sujeit*: prolongements théorico-cliniques au monde sans limite. Érès: Paris, 2004.

LEGENDRE, P. *O amor do censor*. Rio de Janeiro: Forense, 1983.

LOPES JR, A. *Direito processual penal e sua conformidade constitucional*. Rio de Janeiro: Lúmen Juris, 2008.

MARIN, I. S. K. *Violências*. São Paulo: Escuta/FAPESP, 2002.

MARQUES NETO, A. R. O poder judiciário na perspectiva da sociedade democrática: o juiz cidadão. *Revista ANAMATRA*, n. 21, p. 49, 1994.

MARTINHO, J. *Pessoa e a psicanálise*. Coimbra: Almedina, 2001.

MARTINS, R. C. O paradoxo da demarcação emancipatória. *Revista Crítica de Ciências Sociais*, n. 59, p. 37-63, 2001.

MELMAN, C. *Como alguém se torna paranóico?* Porto Alegre: CMC, 2008.

MELMAN, C. *O homem sem gravidade*: gozar a qualquer preço. Rio de Janeiro: Companhia de Freud, 2003.

MERLEAU-PONTY, M. *O visível e o invisível*. São Paulo: Perspectiva, 2003.

MESSUTI, A. *O tempo como pena*. São Paulo: RT, 2003.

MIRANDA COUTINHO, J. N. (Org.). *Direito e psicanálise*: interseções a partir de 'O Estrangeiro' de Albert Camus. Rio de Janeiro: Lúmen Juris, 2006.

MIRANDA COUTINHO, J. N. (Org.). *Direito e psicanálise*: interseções a partir de 'O Processo' de Kafka. Rio de Janeiro: Lúmen Juris, 2007.

MIRANDA COUTINHO, J. N. Efetividade do processo penal e golpe de cena: um problema às reformas processuais. *JurisPoiesis*: Revista do Curso de Direito da Universidade Estácio de Sá, v. 4, n. 5, p. 31-36, 2002.

MIRANDA COUTINHO, J. N. Glosas ao verdade, dúvida e certeza, de Francesco Carnelutti, para os operadores do direito. In: SÁNCHEZ RUBIO, D.; HERRERA FLORES, J.; CARVALHO, S. (Org.). *Anuário Ibero-americano de Direitos Humanos (2001-2002)*. Rio de Janeiro: Lúmen Juris, 2002. p. 173-197.

OLIVEIRA, F. C. *O interrogatório de testemunhas*: sua prática na advocacia. Coimbra: Almedina, 2007.

ORLANDI, E. P. *As formas do silêncio*: no movimento dos sentidos. Campinas: UNICAMP, 1997.

OZ, A. *Contra el fanatismo*. Madrid: Siruela, 2005.

PEREIRA, T. S.; OLIVEIRA, G. (Org.). *O cuidado como valor jurídico*. Rio de Janeiro: Forense, 2008.

PIEDADE JUNIOR, H. *Vitimologia*: evolução no espaço e no tempo. Rio de janeiro: Mananaim, 2007.

PIEDADE JUNIOR, H.; MAYR, E.; KOSOVSKI, E. *Vitimologia em debate II*. Rio de Janeiro: Lúmen Juris, 1997.

PRADO FILHO, K. *Michael Foucault*: uma história política da verdade. Florianópolis: Insular; Rio de Janeiro: Achiamé, 2006.

PRADO, L. R. A. *O juiz e a emoção*. Campinas: Millennium, 2003.

PRUDENTE, N. M. Justiça restaurativa: uma solução divertida. *Boletim IBCCRIM*, n. 186, p. 8, 2008.

PRUDENTE, Neemias Moretti; SICA, Leonardo; SCURO, Pedro; KOSOVSKI, Ester; PINTO, Renato Sócrates Gomes; SÓCRATES, Adriana Barbosa. Disponível em: www.ibjr.justicarestaurativa.nom.br

QUINET, A. *Na mira do outro*: a paranóia e seus fenômenos. Rio de Janeiro: Rio Ambiciosos, 2002.

RORTY, R. *Pragmatismo*: a filosofia da criação e da mudança. Belo Horizonte: UFMG, 2000.

ROSA, A. M. *Decisão penal*: a bricolage de significantes. Rio de Janeiro: Lúmen Juris, 2005.

ROSA, A. M. *Introdução crítica ao ato infracional*. Rio de Janeiro: Lúmen Juris, 2007.

ROSA, A. M.; SILVEIRA FILHO, S. L. *Para um processo penal democrático*: crítica à metástase do sistema de controle penal. Rio de Janeiro: Lúmen Juris, 2008.

ROTTA, A. K. Medida sócio educativa: impasses entre os discursos jurídicos e psicanalíticos. *Integrando*: Boletim Informativo, v. 13, n. 45, 2008.

ROUDINESCO, E. *Por que a psicanálise?* Rio de Janeiro: Jorge Zahar, 2000.

SALAS, D. *La volonté de punir*: essai sur le populisme pénal. Paris: Hachtte Littératures, 2005.

SANTNER, E. L. *A Alemanha de Schreber*: uma história secreta da modernidade. Rio de Janeiro: Jorge Zahar, 1997.

SICA, L. *Justiça restaurativa e mediação penal*: o novo modelo de Justiça Criminal e de Gestão do Crime. Rio de Janeiro: Lúmen Juris, 2007.

SILVA, C. M. *Entre autos e mundos*. Belo Horizonte: Del Rey, 2003.

STRECK, L. L. *Verdade e consenso*. Rio de Janeiro. Lúmen Juris, 2008.

ZIZEK, S. *Amor sin piedad*: hacia una política de la verdad. Madrid: Sintesis, 2004.

ZIZEK, S. *Visión de paralaje*. Buenos Aires: Fondo de Cultura Econômica, 2006.

A BIOÉTICA COMPLEXA COMO ABORDAGEM PARA SITUAÇÕES DE ABUSO DE CRIANÇAS E ADOLESCENTES

José Roberto Goldim

A ética surge na história da humanidade como uma estratégia de organizar o pensamento sobre a adequação do viver humano. Uma característica que permite identificar o ser humano como tal é a capacidade de questionar a sua própria existência. A ética, de forma sistematizada e crítica, exerce o papel de levar o ser humano a refletir sobre as intuições morais, buscando as justificativas que servem de embasamento para suas escolhas morais (Veatch, Jones e Bartlett, 2000). Foram reflexões desse tipo que permitiram ao ser humano avaliar o que era estar no mundo, isto é, pensar sobre o modo como as pessoas se relacionam entre si, sobre suas preocupações e sobre a busca de realização que todos almejam (Clotet, 1986). Tais questionamentos e reflexões vêm sendo feitos desde o período da filosofia clássica.

Com o avanço da ciência, novos desafios foram introduzidos. A ampliação dos conhecimentos científicos e o impacto da sua transposição tecnológica geraram a necessidade de avaliar até onde podemos ir (Latour e Keines, 1987). Às discussões sobre o bem-viver, foram acrescidos questionamentos sobre a vida em si, sobre o que é estar vivo. A identificação de que o ser humano é parte da natureza, e de que tem interações ativas com seu meio, podendo alterar o seu próprio destino e o de toda a natureza, introduziu uma nova pauta de questionamentos. Repensar o início e o final da vida, produzir embriões, congelá-los, ressignificar os papéis familiares e o próprio conceito e os critérios de morte foram questões cruciais nesse novo momento histórico.

O reconhecimento dos direitos de todas as pessoas, inclusive das crianças, foi um dos grandes desafios do final do século passado. Saber reconhecer os limites da pesquisa, identificando a sua adequação ética e metodológica, assim como a existência de grupos e pessoas vulneráveis, foram outros temas fundamentais.

É sempre bom lembrar que a discussão sobre maus-tratos familiares em crianças redundou na fundação, por Henry Bergh, da Sociedade de Prevenção de Crueldade em Crianças de Nova York, nos Estados Unidos, em 1874. Essa Sociedade, por mais curioso que pareça, teve origem na Sociedade Americana para a Prevenção da Crueldade em Animais, existente desde 1866.

A primeira sociedade para prevenção de crueldade com os animais foi criada na Inglaterra em 1824, sendo necessários mais alguns anos para que a questão do abuso na participação de crianças e adolescentes em projetos de pesquisa fosse objeto de alguma forma de regulamentação. O senador Jacob H. Gallinger, em 2 de março de 1900, propôs ao Senado norte-americano uma lei para regulamentar os experimentos científicos em seres humanos no distrito de Colúmbia. Nesse projeto de lei, não aprovado, constava a proibição da participação em pesquisas de pessoas com menos de 20 anos de idade. Esse mesmo senador já propunha, em 1896, restrições às pesquisas com pequenos animais.

Todas essas questões levaram à necessidade de propor uma ampliação da discussão ética para além do seu âmbito usual, acabando por resultar, dentre outras áreas de atuação, na criação da "Bioética".

UM POUCO DA HISTÓRIA DA BIOÉTICA

A rigor, a ética sempre se preocupou com o tema da vida. Os grandes filósofos de todos os tempos refletiram sobre questões envolvendo vida, suicídio, morte, nascimento, entre outros temas. No século XX, alguns autores propuseram questionamentos sobre o papel do ser humano, da vida, do lugar do ser humano na natureza.

Albert Schweitzer, médico, teólogo e humanista, em uma palestra proferida em 1923, mas publicada apenas em 1936, introduziu a discussão sobre a sacralidade da vida em todas as suas dimensões (Schweitzer, 1936).

Fritz Jahr, pastor luterano, que possivelmente foi o primeiro a utilizar a palavra "bioética", propôs a ampliação da noção dos deveres dos seres humanos para além de outros seres humanos, incluindo também os animais e as plantas nessa relação (Jahr, 1927). Assim, a "bioética" foi a denominação utilizada para indicar a ampliação da discussão da ética, isto é, dos deveres dos seres humanos para o conjunto de todos os seres vivos.

Aldo Leopold, engenheiro florestal, e Hans Jonas, filósofo, ainda que estando em ambientes, situações e épocas distintas, respectivamente nas décadas de 1930 e 1960, estenderam esses deveres dos seres humanos também em relação às gerações futuras (Leopold, 1989; Jonas, 1994). Até essa proposição, as discussões sobre ética se restringiam ao plano contemporâneo, aos deveres que os indivíduos têm para com seus semelhantes próximos, tanto no sentido geográfico quanto temporal. Esses dois autores propuseram que todos os seres vivos, mesmo os ainda não existentes, são merecedores de consideração.

A Associação Médica Mundial, em 1964, propôs a Declaração de Helsinki (WMA, 1964) visando provocar uma reflexão sobre os aspectos éticos envolvidos na pesquisa em seres humanos. Essa Declaração reforçou os termos do Código de Nuremberg (Nuremberg Code, 1949), que, devido a sua origem como parte da sentença do segundo Tribunal de Nuremberg, em 1947, havia tido uma repercussão prática limitada. A Declaração de Helsinki foi, então, responsável por iniciar uma discussão de abrangência mundial sobre a adequação das formas de utilização de seres humanos em pesquisas.

Daniel Callahan, filósofo, e Willard Gayling, psiquiatra, criaram, em 1969, o primeiro centro de pesquisa sobre aspectos éticos e sociais envolvidos nas Ciências da Vida – Institute of Society, Ethics and the Life Sciences. Posteriormente, essa instituição passou a ser denominada de Hastings Center, sendo reconhecida internacionalmente como um local de excelência na reflexão de temas tão relevantes. Em 1970, Robert Veatch, farmacêutico, que havia recém terminado o seu doutorado em ética médica, foi o primeiro pesquisador contratado para estudar esses temas (Jonsen, 2003).

Van Rensselaer Potter, químico e farmacologista, no início da década de 1970, refletiu, de forma integrada, sobre a abrangência das relações entre os seres vivos e sobre a necessidade de ampliar essa reflexão ao longo do tempo. Potter (1970) questionou se a possibilidade de sobrevivência da própria humanidade não dependeria de uma reflexão ética interdisciplinar, denominada por ele de "bioética", que poderia servir de "ponte para o futuro" (1971). Sua contribuição foi fundamental para a incorporação da bioética como a área de discussão sobre temas emergentes e relevantes para a vida, combinando Ciência e Filosofia.

André Hellegers, médico ginecologista, de forma independente e quase simultânea, propôs, em 1970, a rediscussão do foco da ética médica. Segundo o autor, a perspectiva tradicional, baseada predominantemente na atuação do médico, deveria ser ampliada, envolvendo uma reflexão sobre temas da área da saúde, inclusive sobre os aspectos sociais a eles associados. Por sugestão de R. Sargent Shriver, então responsável pela Fundação Kennedy, que propiciou os fundos necessários para a realização dessas pesquisas, a denominação "bioética" foi incorporada ao nome da nova instituição: Joseph and Rose Kennedy Institute for the Study of Human Reproduction and Bioethics, por sintetizar a união de temas biológicos e éticos (Reich WT., 1995). Posteriormente, essa denominação foi alterada apenas para *Kennedy Institute of Ethics*, refletindo seu entendimento de bioética como uma área aplicada. Essa instituição foi a responsável pela formação inicial de muitos profissionais que estavam interessados em atuar em bioética.

O *Belmont Report*, publicado em 1978, estabeleceu as bases da utilização de princípios na reflexão bioética. Ao utilizar a Beneficência, o Respeito às Pessoas e a Justiça como referenciais das diretrizes para a pesquisa em seres humanos nas áreas da saúde e comportamental, esse documento oficial do governo norte-americano consolidou a proposta teórica predominante do Instituto Kennedy de ética (USGovernment, 1978).

Tom L. Beauchamp, filósofo, e James F. Childress, filósofo e teólogo, então vinculados ao mesmo Instituto Kennedy de ética, publicaram o seu livro *Princípios de ética Biomédica*, (Beauchamp, Childress, 1978), em que lançaram as bases da corrente Principialista de bioética. O livro se tornou um clássico da área e, atualmente, já se encontra na sua quinta edição.

Warren Reich, teólogo, empreendeu uma importante tarefa ao editar a Enciclopédia de bioética em 1978. Em uma obra de quatro volumes, organizada entre 1971 e 1978, procurou compendiar os temas mais relevantes e as bases teóricas necessárias para a reflexão bioética então emergente. Publicou ainda outra edição, em 1995, desta mesma Enciclopédia, ampliada para cinco volumes.

A partir dessa série de autores e instituições que deram os primeiros passos da bioética, inúmeros outros se sucederam. A reflexão bioética sobre temas das áreas da saúde e do ambiente se ampliou e aprofundou em diferentes locais do mundo. Na Europa, surgiram diferentes perspectivas de abordagem de questões da área da saúde. Na Austrália, a discussão de temas envolvendo o uso de animais em pesquisa e, até mesmo para alimentação, ganhou grande repercussão. Na América Latina, as discussões sobre acesso a sistemas de saúde, sobre pobreza e sobre preservação ambiental se associaram aos grandes temas de discussão mundial, como privacidade, transplantes, reprodução assistida, eutanásia e suicídio assistido.

BIOÉTICA COMPLEXA: UMA ABORDAGEM CONTEMPORÂNEA

Atualmente, a bioética pode ser entendida como uma área de reflexão complexa, interdisciplinar e compartilhada sobre a adequação das ações que envolvem a vida e o viver (Goldim, 2006). "Vida", na língua grega, era descrita pelos termos "Zoe" e "Bios" (Agamben G., 2002). "Zoe" se referia à vida natural, à vida nua, ao "estar vivo", enquanto que "Bios" era relativa à vida política, ao bem viver, ao "estar no mundo". As reflexões bioéticas se referem mais às questões derivadas do sentido associado a "Bios" que a "Zoe", mas ambos devem ser considerados e diferenciados.

A bioética é uma disciplina de reflexão complexa, pois busca incluir, de forma indissociada, os múltiplos aspectos envolvidos no seu objeto de atenção; é interdisciplinar devido à possibilidade de contar com conhecimentos oriundos de diferentes áreas do saber; e é compartilhada por utilizar as diferentes interfaces para realizar diálogos mutuamente enriquecedores.

A Bioética Complexa é uma proposta de abordagem na qual a ética, mais do que aplicada, se insere na realidade. Ela parte de problemas e acaba por refletir sobre situações de complexidade sempre crescente. Dessa forma, na reflexão bioética, é importante identificar adequadamente qual o problema que está a ser abordado, quais os fatos e as circunstâncias envolvidos, quais as alternativas de intervenção e suas respectivas consequências. São igualmente incluídos os referenciais teóricos e a experiência decorrente dos casos relacionados ao problema. Todos esses elementos, desde a identificação do problema até a utilização de situações prévias, são passíveis de argumentação racional. Mas é fundamental também levar em consideração outros dois componentes: a afetividade e os sistemas de crenças e valores (Goldim, 2006).

DOS PROBLEMAS ÀS CONSEQUÊNCIAS

O objetivo da bioética complexa, ao buscar solucionar problemas, não é encontrar uma solução ideal, mas buscar identificar a melhor solução disponível nas circunstâncias reais (Morrein, 1986). É fundamental reconhecer que, algumas vezes, as circunstâncias podem ser alteradas, e em outras não; assim como algumas delas dependem de nossas ações e outras não (Épictète, 2007).

Os fatos e as circunstâncias devem ser adequadamente avaliados para melhor entender o problema a ser abordado. Quanto maior o volume e a qualidade da informação utilizada, menor a ambiguidade, melhorando a compreensão do próprio problema. Assim, na busca de soluções para um problema, é fundamental levar em consideração as múltiplas alternativas possíveis.

Tradicionalmente, as questões éticas eram abordadas sob a forma de dilemas, restringindo a solução a apenas duas alternativas possíveis (Sottomayor-Cardia M., 1992). Na atualidade, as alternativas que devem ser consideradas são múltiplas. Por esse motivo, é preferível utilizar a denominação "problema ético" em vez de "dilemas éticos", com a finalidade de ampliar as possibilidades de reflexão.

Cada alternativa deve ser sempre contemplada levando em consideração as suas eventuais consequências, pois elas constituem a própria ação a ser realizada, isto é, as consequências manifestam e explicitam a ação em si, podendo ser associadas às circunstâncias previamente existentes (Weber, 1999). As consequências sempre existem, e negar essa existência é desconsiderar o tempo como variável, que está sempre presente em todas as situações.

Muitas vezes, um fato pode ter a sua compreensão bastante alterada com o acréscimo de novas circunstâncias, uma vez que estas podem alterar completamente uma primeira impressão sobre esse fato. Nas situações que envolvem possíveis abusos a crianças, essa característica é especialmente relevante. Além disso, algumas doenças podem apresentar sinais semelhantes aos de situações de abuso, que, à primeira vista, poderiam ter sido confundidas em função do desconhecimento de sua existência, ou até mesmo por falta de aprofundamento na busca de informações. Um fato mal interpretado pode ter consequências devastadoras para as pessoas envolvidas.

OS REFERENCIAIS TEÓRICOS

A bioética complexa utiliza referenciais teóricos diversos para buscar justificativas para a adequação das ações. Os referenciais mais utilizados são: os princípios, os direitos, as virtudes e a alteridade.

As virtudes

As virtudes devem ser entendidas como a busca da excelência das ações humanas, como a busca do autoaprimoramento. A ética das virtudes vem sendo utilizada desde a Grécia. Platão (Platão, 1999) e, especialmente, Aristóteles (Aristóteles, 1992) já utilizavam esse referencial. Uma definição muito utilizada diz que virtude é um traço adequado do caráter de uma pessoa. Devido a sua perspectiva ideal e individual, o referencial das virtudes foi pouco utilizado como elemento de justificação e argumentação na bioética. Mais recentemente, esse referencial tem sido retomado visando a rediscutir a busca do autoaprimoramento e da excelência dos profissionais da área da saúde.

Um exemplo é a "virtude do amor", que pode explicar a preocupação em relação a pessoas com as quais nunca tivemos e nem nunca mais teremos contato. Esse amor não dirigido apenas às pessoas conhecidas, mas a toda a humanidade, é que motiva o engajamento na busca de soluções para problemas sociais tão delicados e urgentes como o do abuso de menores.

Os princípios

Os modelo baseado em princípios é, possivelmente, o referencial mais utilizado na bioética. Os princípios eram entendidos na ética como recomendações, como diretrizes a serem seguidas (Abbangnano, 1970). A proposta Principialista utiliza os princípios como sendo deveres *prima facie* (Beauchamp, Childress JF., 1978). Um dever *prima facie* é obrigatório, salvo quando for sobrepujado por outras obrigações morais simultâneas (Ross, 1930). Dessa forma, os deveres *prima facie* podem, quando em conflito, ser ponderados ou priorizados.

William Frankena utilizava apenas dois princípios: o da beneficência, entendido como "fazer o bem e evitar o mal", e a justiça (Frankena, 1981). Posteriormente, o Relatório Belmont (USGovernment, 1978) ampliou esse referencial para três princípios, incluindo, além da beneficência e da justiça, o respeito às pessoas, que englobava a autodeterminação e a confidencialidade. Nesse mesmo período, final da década de 1970, Beauchamp e Childress propuseram um referencial de quatro princípios (Beauchamp, Childress, 1978). Mantiveram a justiça, desdobraram o princípio da beneficência em "beneficência propriamente dita" (fazer o bem) e "não maleficência" (evitar o mal) e reduziram o princípio do respeito às pessoas à autonomia.

O Principialismo, ou Ética dos Princípios, devido ao seu entendimento como um conjunto de deveres *prima facie*, pode ser classificado como uma proposta moral, pois prescreve normas de conduta (Patrão-Neves, 1996). O referencial baseado em princípios é um excelente modelo explicativo para fins didáticos, mas que demonstrou ter inúmeras dificuldades na sua aplicação prática. É muito útil para classificar casos, para permitir um melhor enquadramento dos problemas, mas não auxilia muito na sua resolução.

O dever de não discriminar, de proteger os vulneráveis, de fazer o bem e evitar o mal, reconhecendo os limites da privacidade e da autodeterminação das pessoas se insere diretamente na reflexão sobre o tema do abuso. O dever de informar, previsto na legislação brasileira, não constitui uma quebra de confidencialidade, mas sim uma justa causa que permite a exceção a esse dever. O dever de informar se restringe à passagem dos dados a quem deve assumir a tarefa de proteção social da criança, que também tem deveres de confidencialidade associados a essas informações.

Os direitos humanos

O referencial teórico dos direitos humanos se baseia em proteções individuais, coletivas e transpessoais. Esse modelo tem sido utilizado na elaboração de legislações, como a Constituição Brasileira de 1988 (Brasil, 1978), e de documentos internacionais na área da bioética, especialmente por parte da UNESCO, como a Declaração Universal de Bioética e Direitos Humanos (UNESCO, 2005).

Os direitos individuais incluem, entre outros, a vida, a privacidade, a liberdade e a não discriminação, na perspectiva de cada pessoa. Os direitos coletivos, de criação mais recente, se referem à saúde, à educação e à assistência social como garantias de todos, ao conjunto das pessoas. Os direitos transpessoais, últimos a serem propostos, se referem às questões ambientais e, principalmente, à solidariedade.

A utilização do referencial dos direitos humanos na Bioética surgiu no mesmo momento que o dos princípios, ou seja, no final da década de 1970, com a obra de Elsie Bandman e Bertran Bandman (Bandman, Bandman, 1978), porém só mais recentemente tem sido objeto de reflexão por muitos outros autores.

Muitas vezes, o referencial teórico dos direitos humanos tem sido confundido com a utilização dos mesmos como movimento social. Os direitos humanos, como referencial teórico, são argumentos na busca de justificativas para as ações; como movimento social, são as próprias ações que buscam justificá-los. A militância, por sua vez, assume os direitos humanos como sendo a própria justificação das suas ações políticas.

Os direitos humanos, como referencial, sejam eles individuais – especialmente em relação à vida e à liberdade –, coletivos, como saúde, educação e assistência social, ou transpessoais – com o fundamento na solidariedade –, são a base de uma sólida justificativa para a atuação concreta e consequente na área de proteção à criança em situação de risco, seja ela quem for e onde estiver.

A alteridade

A alteridade, mais recentemente, vem sendo considerada como um referencial fundamental e fundante para a bioética. Reconhecer que o olhar do Outro é que legitima a pessoa, que a ressignifica enquanto existente, é a marca da alteridade (Souza, Goldim, 2008). Entender que essa efetiva interação nos torna pessoas corresponsáveis, estabelecendo uma copresença ética, que não cede lugar à neutralidade (Souza RT., 2004), é compreender o significado e a importância da alteridade para a bioética. A alteridade ressignifica o entendimento da relação profissional-paciente, pesquisador-participante da pesquisa, profissionais de saúde entre si, profissional-família, a partir da noção de corresponsabilidade. O reconhecimento da alteridade estabelece, nas relações humanas, o fim da possibilidade da utilização da neutralidade como argumento possível.

O reconhecimento da criança como um Outro, como merecedor de reconhecimento pela sociedade, como copartícipe e como cidadão – e não apenas como uma pessoa em desenvolvimento –, como futuro, mas também como presente, é incluir a alteridade como um tema de discussão quando esse reconhecimento esteja ameaçado.

A COMPLEXIDADE E AS INTERFACES DOS REFERENCIAIS

A bioética complexa reconhece os inúmeros pontos de contato e a complementaridade entre os diferentes referenciais teóricos utilizados. O princípio da justiça, por exemplo, que estabelece o dever de não discriminar as pessoas, pode ser associado ao direito individual de cada pessoa, em particular, de não ser discriminada. A privacidade, outro direito individual, tem como contraparte a confidencialidade, que é um dever decorrente do princípio do respeito às pessoas. Já o princípio da justiça, ao estabelecer o dever de proteger as pessoas vulneráveis, se associa ao direito transpessoal de solidariedade.

As virtudes, por sua vez, são a base de conduta para a realização desses direitos e princípios. A temperança, ao usar os recursos na medida da necessidade, a coragem, entendida como a característica de fazer o que deve ser feito, a prudência, como o uso do conhecimento de forma adequada, e a Justiça, aqui entendida como virtude no sentido de tratar as diferentes pessoas de forma não desigual, são virtudes básicas. O amor, a maior e mais abrangente de todas as virtudes, serve de base e de justificativa para todas as ações humanas, sejam elas deveres ou direitos.

A alteridade é o referencial que amplia e dá unidade às diferentes perspectivas apresentadas pelas virtudes, princípios e direitos. A alteridade, ao reincluir o Outro na relação, amplia o foco individual das virtudes; ao perceber que o olhar do Outro é que nos torna não indiferentes, permite a ultrapassagem da noção de reciprocidade entre deveres e direitos, estabelecendo uma interação na qual a copresença ética e corresponsabilidade emergem como características fundamentais.

OS CASOS RELACIONÁVEIS

Utilizar casos relacionáveis ao problema de abusos de crianças e de adolescentes é integrar a história e a vivência passada, seja ela pessoal ou coletiva, ao novo desafio no presente. Essa memória de situações semelhantes deve basear-se em um repertório de situações reais, visando a compreender a relevância dos casos e buscando a coerência nas decisões (Jonsen A., Toulmin S., 1988). Essa é uma tradição tanto na área médica quanto na jurídica.

Devem ser utilizados apenas casos reais para ilustrar problemas também reais. Os casos reais apresentam as limitações das ações por fatores da realidade. Os casos hipotéticos, ao contrário, podem mudar, flutuar, sem o compromisso com a realidade.

A compreensão da relevância dos casos passados pode permitir o estabelecimento de analogias com a situação atual de forma não linear. Algumas vezes, casos aparentemente não relacionados podem ter importantes pontos de contato que poderão auxiliar no processo de reflexão.

Utilizar as decisões passadas para orientar o processo de decisão no presente exige coerência, que não deve ser entendida como rigidez, mas sim como rigor metodológico. Mesmo em casos semelhantes, as decisões podem ser alteradas se as circunstâncias mudaram.

A experiência remete para o passado, sempre atual e atualizado, pois a memória opera desde o presente. A experiência é um conhecimento mobilizável (Ost, 1994).

Os casos ilustram e iluminam a reflexão sobre um novo problema. Quando uma situação é inovadora, nem sempre é possível ter casos semelhantes, mas, casos relacionáveis, sim.

Os casos vividos ou conhecidos sobre abusos devem ser adequadamente caracterizados e descritos em seus detalhes, com o conjunto de suas circunstâncias, não apenas como breves relatos ou como vinhetas. Essa simplificação pode gerar generalizações que podem induzir a erros de tomada de decisão, se não adequadamente compreendidas.

OS SISTEMAS DE CRENÇAS, AS TRADIÇÕES E OS INTERESSES

Os sistemas de crenças incluem os valores, as tradições e os interesses envolvidos no problema em questão. As crenças são julgamentos subjetivos da pessoa, referentes a alguns aspectos discrimináveis do seu mundo, que dizem respeito à compreensão que essa pessoa tem de si e de seu meio (Fishbein, Ajzen, 1975). As atitudes de uma pessoa são determinadas por um conjunto composto de 5 a 9 crenças (Ajzen, Fishbein, 1979).

Os valores e as tradições baseiam-se em condutas anteriormente existentes. Valores são crenças duradouras baseadas em um modelo específico de conduta ou estado de existência. Os valores podem ser adotados de forma pessoal ou social (Rokeach, 1973). A tradição também é uma memória individual ou coletiva: individual porque dá identidade à pessoa, e coletiva porque dá sentido de partilha efetiva, de pertencimento. A tradição é um passado presente; é uma referência do passado que atua no presente (Ost, 1994).

Os interesses, ao contrário, associam o presente ao futuro, constituindo-se como uma satisfação vinculada à representação da existência de um determinado objeto (Kant, 1974). Em outras palavras, os interesses geram envolvimento, despertam atenção, geram curiosidade. De forma geral, os interesses, ao restringirem o foco de atenção, reduzem também as alternativas de solução.

Em suma, os sistemas de crenças lidam no presente simultaneamente com o passado e o futuro. As tradições são um presente histórico, pois baseiam-se na memória, na contínua restauração de crenças e condutas. Por outro lado, os interesses são uma antecipação do futuro no tempo presente.

Os sistemas de crenças podem ser utilizados como argumentos para justificar determinadas práticas abusivas contra crianças. Vale lembrar que os sistemas de crenças são argumentos não racionais. Quando uma reflexão bioética está sendo realizada, e esse tipo de argumento é utilizado, ele deve ser contraposto por outros oriundos dos referenciais teóricos, que protegem as pessoas e são passíveis de discussões racionais. Além disso, os sistemas de crenças das próprias crianças também devem ser levados em consideração, e não apenas os dos adultos envolvidos na situação. Muitas vezes as crianças são depositárias de tradições familiares e culturais que até mesmo alguns dos adultos da família desconhecem.

A AFETIVIDADE, OS VÍNCULOS E OS DESEJOS

Os vínculos têm um importante papel no processo de tomada de decisão (Souza RT., Goldim JR., 2008). Os vínculos afetivos, especialmente os familiares, reduzem o impacto dos eventuais danos associados aos benefícios decorrentes de uma dada alternativa. Os vínculos tendem a minimizar os danos associados (Hamilton, 1963). Vale lembrar que a afetividade inclui os afetos, as emoções, os sentimentos, as vontades e as não vontades (Bleuler, 1920).

Os desejos são uma projeção de futuro no tempo presente; são uma antecipação. Os desejos interferem no processo de avaliação da relação custo-risco/benefício, minimizando os riscos, mas também maximizando os benefícios associados. Os desejos, assim, alteram a avaliação do impacto das consequências associadas a cada uma das alternativas de solução consideradas.

Os desejos muitas vezes são confundidos com necessidades e preferências. O desejo não é carência, é potência, que pode fazer surgir a coragem e a vontade. A ética e a educação orientam, transformam ou, até mesmo, sublimam os desejos, associando-os às circunstâncias e alternativas (Comte-Sponville, 2003). Alguns autores propuseram que os desejos são a própria essência do ser humano (Espinosa, 1983); que os desejos, conscientes e inconscientes, determinam o curso da vida e o curso da história humana (Maturana, 2006).

Da mesma forma que os sistemas de crenças, a afetividade também lida no tempo presente com o passado e o futuro. Os vínculos preservam no presente o que foi integrado no passado, ao passo que o desejo não antecipa, mas sim busca produzir o futuro no presente.

Os vínculos e desejos estão sempre presentes nas situações de abuso. Devem ser adequadamente interpretados e compeendidos no seu sentido mais amplo, visando a sua utilização na reflexão racional sobre o problema.

CONSIDERAÇÕES FINAIS

A reflexão ética sobre problemas é sempre um desafio para todos. Os profissionais de saúde e do direito são responsáveis pela tomada de decisão, em múltiplas situações que envolvem a vida e o viver. A bioética complexa, ao buscar integrar, de forma indissociável, o todo às suas partes e cada parte ao todo, pode auxiliar nesse processo; pode servir como um elemento de apoio qualificado na busca de justificativas para a adequação das ações (Goldim, 2009). A Bioética não vai dar respostas, não vai tomar decisões, vai auxiliar na reflexão sobre situações que despertam desconforto e necessidade de soluções.

REFERÊNCIAS

ABBANGNANO, N. *Dicionário de filosofia*. São Paulo: Mestre Jou, 1970.

AGAMBEN, G. *Homo sacer*: o poder soberano e a vida nua. Belo Horizonte: UFMG; 2002.

AJZEN, I.; FISHBEIN, M. *Understanding atitudes and predicting social behavior*. Englewood Clifs: Wiley, 1979.

ARISTÓTELES. *Ética a nicômacos*. 2. ed. Brasília: EDUNB, 1992.

BANDMAN, E. L.; BANDMAN, B. *Bioethics and human rights*. Boston: Little, Brown, 1978.

BEAUCHAMP, T. L.; CHILDRESS, J. F. *The principles of biomedical ethics*. New York: Oxford University Press, 1978.

BLEULER, E. *Lehrbuch der Psychiatrie*. Berlin: Verlag von Julius Springer, 1920.

BRASIL. *Constituição da República Federativa do Brasil*. Brasília, 1988. Disponível em: <http://www.planalto.gov.br/ccivil_03/constituicao/constitui%C3%A7ao.htm>. Acesso em 16 set. 2010.

CLOTET, J. Una introducción al tema de la ética. *Psico*, v. 12, n. 1, p. 84-92, 1986.

COMTE-SPONVILLE, A. *Dicionário filosófico*. São Paulo: Martins Fontes, 2003.

ÉPICTÈTE. *Manuel*. Paris: Hatier, 2007.

ESPINOSA, B. *Ética demonstrada à maneira dos geômetras*. São Paulo: Abril Cultural, 1983.

FISHBEIN, M.; AJZEN, I. *Belief, atitude, intention, and behavior*. Massachusetts: Addison-Wesley, 1975.

FRANKENA, W. K. *Ética*. Rio de Janeiro: Zahar, 1981.

GOLDIM, J. R. Bioética: origens e complexidade. *Revista HCPA*, v. 26, p. 86-92, 2006.

GOLDIM, J. R. Bioética complexa: uma abordagem abrangente para o processo de tomada de decisão. *Revista AMRIGS*, v. 53, p. 58-63, 2009.

HAMILTON, W. D. The evolution of altruístic behavior. *American Naturalist*, v. 97, p. 354-356, 1953.

JAHR, F. Bio-ethik: eine Umschau über die ethischen Beziehungen des Menschen zu Tier und Pflanze. *Kosmos*, v. 24, p. 2-4, 1927.

JONAS, H. *Ética, medicina e técnica*. Lisboa: Vega, 1994.

JONSEN, A. R. *The birth of bioethics*. Oxford: Oxford University Press, 2003.

JONSEN, A.; TOULMIN, S. *The abuse of casuistry*: a history of moral reasoning. Berkeley: University of California Press, 1988.

KANT, I. *Textos seletos*. Petrópolis: Vozes, 1974.

LATOUR, B. *Science in action*. Pennsylvania: Milton Keines, 1987.

LEOPOLD, A. *Sand county almanac and sketches here and there*. New York: Oxford University Press, 1989.

MATURANA, H. *Cognição, ciência e vida cotidiana*. Belo Horizonte: UFMG; 2006.

MORREIN, E. H. Philosophy lessons from the clinical setting: seven sayings that used to annoy me. *Theoretical Medicine*, v. 7, p. 47-63, 1986.

NATIONAL INSTITUTES OF HEALTH. *The Belmont Report*: ethical principles and guidelines for the protection of human subjects of research. Washington: DHEW, 1978.

NUREMBERG code: trials of war criminal before the Nuremberg Military Tribunal. *Control Council Law*, v. 10, n. 2, p. 181-182, 1949.

ORGANIZAÇÃO DAS NAÇÕES UNIDAS PARA A EDUCAÇÃO, CIÊNCIA E CULTURA. *Declaração Universal sobre bioética e Direitos Humanos*. UNESCO, 2006. Disponível em: <http://unesdoc.unesco.org/images/0014/001461/146180por.pdf>. Acesso em: 21 set. 2010.

OST, F. *Tempo do direito*. Lisboa: Piaget, 1994.

PATRÃO-NEVES, M. C. A fundamentação antropológica da bioética. *Bioética*, v. 4, n. 1, p. 7-16, 1996.

PLATÃO. *A república*. São Paulo: Nova Cultural, 1999.

POTTER, V. R. Bioethics, the science of survival. *Perspectives in Biology and Medicine*, v. 14, p. 127-153, 1970.

POTTER, V. R. *Bioethics*: bridge to the future. Englewood Cliffs: Prentice Hall, 1971.

REICH, W. T. *Encyclopedia of bioethics*. 2nd ed. New York: Simon & Schuster Macmillan, 1995.

REICH, W. T. *Encyclopedia of bioethics*. New York: The Free Press, 1978.

REICH, W. T. The word "bioethics": the struggle over its earliest meanings. *Kennedy Inst Ethics J.*, v. 5, n. 1, p. 19-34, 1995.

ROKEACH, M. *The nature of human values*. New York: The Free Press, 1973.

ROSS, W. D. *The right and the good*. Oxford: Clarendon, 1930.

SCHWEITZER, A. The ethics of reverence for life. *Christendom*, v. 1, p. 225-239, 1936.

SOTTOMAYOR-CARDIA, M. *Ética I*. Lisboa: Presença, 1992.

SOUZA, R. T. *Razões plurais*. Porto Alegre: EDIPUCRS; 2004.

SOUZA, R. T.; GOLDIM, J. R. Ethics, genetics and pediatrics. *J. Pediatr.*, v. 84, n. 4, p. 2-7, 2008. Suplemento.

THE SPIRIT: who will make the choices of life and death? *TIME*, 19 abr. 1971. Disponível em: <http://www.time.com/time/magazine/article/0,9171,905036,00.html>. Acesso em: 21 set. 2010.

VEATCH, R. *Medical ethics*. 2nd ed. Boston: Jones and Bartlett, 2000.

WEBER, T. *Ética e filosofia política*: Hegel e o formalismo Kantiano. Porto Alegre: EDIPUCRS, 1999.

WORLD MEDICAL ASSOCIATION. Declaration of Helsinki (1964). Disponível em: <http://www.wma.net/en/30publications/10policies/b3/index.html>. Acesso em: 21 set. 2010.

8

O PAPEL DA UNIVERSIDADE NA FORMAÇÃO DE PROFISSIONAIS COMPETENTES PARA LIDAR COM CASOS DE VIOLÊNCIA SEXUAL

Leila Maria Torraca de Brito

Neste capítulo, optou-se por trazer à tona temáticas relacionadas ao atendimento de casos de violência sexual contra crianças ou adolescentes a partir da narrativa de uma situação fictícia, mas verossímil. Por meio desse recurso, pretende-se destacar alguns pontos que vêm sendo apresentados, debatidos e pesquisados na academia.

Compreende-se que a tentativa de aproximação teórica do tema em apreço exige que se investiguem termos, conceitos e questões relacionadas ao objeto de estudo. Trata-se, portanto, de um trabalho de estímulo ao pensamento crítico, para o qual se indica a desconstrução de peças organizadas em aparente formato e em frágil sintonia. Como afirma Bourdieu (2002), ao discutir a incumbência daqueles que pretendem realizar pesquisas:

> O papel dos intelectuais, ao menos dos sociólogos, deveria ser o (...) de quebrar essa chapa transparente de evidências que impede que se coloquem questões e que se pense (p.25).

Entende-se como missão das instituições universitárias ampliar a reflexão sobre temas em destaque na sociedade, sendo necessário, por vezes, olhar o avesso do objeto, da situação, ou do conceito em pauta. Anísio Teixeira, em discurso proferido em 1935 (em Nunes, 1998), tece considerações sobre o papel da universidade no cultivo da imaginação, explicando que "cultivar a imagem é cultivar a capacidade de dar sentido e significado às coisas" (p. 88).

UM ACONTECIMENTO[1]

A situação a ser apresentada poderia ter ocorrido com um adolescente de 12 anos,[2] levado à Delegacia da Criança e do Adolescente por sua mãe e por sua avó. Essas, residindo com o menino, queixavam-se de que o mesmo vinha cometendo furtos na casa de um vizinho, seu tio-avô.

Na delegacia, o adolescente foi prontamente encaminhado para ser ouvido por psicólogos, que, naquela instituição, se revezavam em plantões. No caso em questão, o menino foi atendido inicialmente por uma estudante de psicologia, jovem que se encontrava nos primeiros períodos do curso e que recentemente havia iniciado seu estágio na Delegacia da Criança e do Adolescente. Na verdade, naquele dia, o atendimento deveria ser feito por sua colega de universidade que cursava o último período, mas

---

[1] Conte (2009) faz distinção entre "acontecimento" e "cena", esclarecendo que "(...) um acontecimento é uma realidade imediata, sem processamento ou trabalho psíquico, enquanto que a cena é uma realidade mediada, ou seja, produto de um trabalho psíquico" (p.72).
[2] De acordo com o artigo 2 do ECA, considera-se criança a pessoa até 12 anos incompletos e adolescente aquela entre 12 e 18 anos de idade.

que havia trocado seu plantão por motivo de doença.

No decorrer desse atendimento inicial, o adolescente contou para a estudante que estava sendo molestado sexualmente pelo tio-avô. Dessa maneira, logo se chegou à conclusão de que os furtos cometidos pelo garoto seriam uma resposta, consequência, ou sintoma dessa violência sexual. Imediatamente foi feito um relatório, no qual a situação descrita pelo menino foi narrada com detalhes. Preocupada com o que ouviu, a estudante preferiu confeccionar o parecer transcrevendo informações verbalizadas pelo adolescente, utilizando palavras proferidas por ele. Posteriormente, o relatório foi encaminhado para as devidas providências.

O vizinho, que de vítima dos furtos passou rapidamente à condição de réu, não foi entrevistado pela mesma pessoa que atendeu o adolescente. Chamado à delegacia por ser acusado de cometer violência sexual contra menor de idade, foi ouvido por um policial.

A outra estudante, já refeita de seus problemas de saúde, em reunião de supervisão em equipe, arguiu a respeito de alguns pontos do citado caso, recordando ensinamentos de uma disciplina que acabara de cursar na universidade. Ressaltou, todavia, que não estava desconsiderando os nobres propósitos daqueles que se incumbiram do atendimento inicial do adolescente, como também as dificuldades que existiam em situações dessa ordem.

A jovem estagiária mencionou, então, diversos questionamentos que lhe ocorreram ao ouvir o relato do caso. Lembrou aos presentes na reunião que se poderia indagar por que a mãe e a avó de um menino de 12 anos optaram por conduzi-lo a uma delegacia. O motivo seria realmente os furtos que aquele vinha praticando, como alegado? Será que o encaminhamento a uma delegacia não poderia estar espelhando uma ausência de recursos psicológicos da avó e da mãe para lidar com o menino, que acabara de ingressar na adolescência? Antes de irem à delegacia, quais as medidas que as senhoras haviam tomado? E esse menino, como se sentiu ao ser conduzido, ou "puxado pelas orelhas", pela mãe e pela avó até uma delegacia? Quais os seus pensamentos? O que lhe haviam dito que aconteceria? Lugar de ladrão é na cadeia? O que ele pensou ao ser conduzido a uma instituição policial? Imaginou que seria preso? Por quanto tempo? Teve medo de ser colocado em uma cela com outros garotos mais velhos? Imaginou que deveria falar com policiais e com juízes? Teve dúvidas se voltaria para casa?

O adolescente, já em sua residência, lembrava sempre daquele dia. Como poderia esquecer o quanto estava assustado com seu possível destino! Entretanto, no caminho para a delegacia, passou por um *outdoor* fixado na rua que estampava "violência sexual contra crianças é crime", o que lhe fez recordar de programa de televisão sobre esse assunto que havia assistido há pouco tempo, sentado ao lado de sua avó. Sua preferência na programação da TV eram os filmes. O último filme que viu? Ah, isso lembrava bem, foi em um dia em que estava sozinho em casa e seu amigo foi até lá e viram... Qual era mesmo o nome do filme?

O menino recordou, também, que ao chegar à delegacia foi encaminhado, sozinho, para uma sala onde lhe informaram que seria entrevistado. Uma jovem se apresentou e lhe perguntou o que estava acontecendo e por que ele estaria praticando furtos na casa do vizinho. Muito assustado – pois notou que sua mãe e sua avó já haviam feito queixa de seu comportamento –, o adolescente, sem titubear, prontamente respondeu que, quando sua mãe e sua avó saíam de casa, o vizinho abusava sexualmente dele. Rapidamente, a jovem mudou o rumo das perguntas e passou a questionar como isso acontecia, com que frequência, qual o motivo de ele não ter contado para outras pessoas, além de outras indagações que ele esquecera.

Os pesadelos sobre seu destino prontamente desapareceram. Ali, ele compreendeu que, em um breve intervalo de tempo, passara da condição de réu à de vítima. Agora, todos pareciam ter esquecido seus furtos, que se tornavam plenamente justificados pelos abusos que dizia sofrer. Foi encaminhado para atendimento em outra instituição, onde disseram que havia equipe especializada, própria para avaliar esses casos. Não sabe o que concluíram, pois lhe indicaram mais dois lugares onde foi atendido, sendo entrevistado por diversas pessoas.

Havia sido molestado sexualmente? Sim, mas não por seu tio-avô e sim por seu primo, rapaz mais velho que, às vezes, passava uma temporada em sua casa. No entanto, isso ele não podia contar. Em todas as ocasiões em que foi ouvido, a certeza que mantinha era de que precisava sustentar sua versão da história, caso contrário seria rotulado não só de mentiroso, mas de ladrão, podendo lhe acontecer todas as profecias que sua mãe e sua avó haviam exposto anteriormente.

No decorrer da reunião entre a equipe, a estudante que havia concluído a disciplina na qual o tema violência sexual contra crianças fora abordado passou a recordar de alguns ensinamentos e de discussões travadas em sala de aula que envolviam tópicos do programa da matéria.

VISÃO SÓCIO-HISTÓRICA

Primeiro, a estagiária recordou, que no estudo de questões relacionadas à violência, alguns autores se alinham a uma análise sócio-histórica. Partindo dessa visão, busca-se verificar como se dá e como se constrói o fenômeno da violência em determinado contexto, em época específica. Procura-se, também, identificar quais os fatores que estariam contribuindo para a ocorrência do fato em dado período.

Em uma visão sócio-histórica, explicações ou justificativas de caráter universal, ou que identifiquem a prática de violência contra crianças desde os primórdios da civilização, não seriam apropriadas ao melhor estudo do tema. Interpreta-se que essa seria uma maneira de justificar a necessidade de medidas atuais a partir de fatos que ocorreram no passado, em localidades distintas, ou seja, seriam empregados referenciais teóricos contemporâneos para analisar comportamentos que apresentam outros determinantes. Dessa maneira, como adverte Machado (1981), seriam utilizadas

> (...) histórias retrospectivas que projetam sobre o passado realidades e teorias do presente para afirmar sua universalidade (p.113).

Corre-se o risco, portanto, de se qualificar como semelhantes, fatos que possuem significados distintos, bem como de se ter uma visão ilusória de continuidade do objeto ao longo dos séculos.

Gonçalves (2003), em ampla pesquisa que conduziu sobre infância e violência no Brasil, observou que, com frequência, artigos produzidos sobre o tema procuram demonstrar a ocorrência de violência contra crianças desde épocas remotas. A autora explica que, ao se apresentar práticas que se passaram em outras épocas e contextos, torna-se indicado procurar compreender o sentido, o significado, que cada cultura atribuía a esses fatos naquela época e contextos situados.

Gonçalves (2003, p.117) cita estudos que tiveram por base uma visão antropológica, dentre eles o trabalho de Korbin, no qual este expressa a impropriedade de uma definição universal para o conceito de violência familiar contra crianças, ressaltando a necessidade de a cultura considerar o ato violento para que esse possa ser categorizado como tal.

Seguindo o entendimento exposto por Gonçalves, Amendola (2009, p. 53) salienta que

> a procura por um conceito definitivo sobre violência sexual parece nortear o trabalho de muitos pesquisadores, cuja intenção de universalizar o fenômeno visa reconhecê-lo, para controlá-lo ou preveni-lo de forma semelhante em todas as épocas e lugares. Contudo, a universalização pretendida fere a ideia de objeto sócio-histórico, extraindo as preocupações éticas que a diversidade cultural impõe.

Sem dúvida, não se desconsideram violências que crianças podem ter sofrido no passado. No entanto, é necessário chamar atenção para a importância de se procurar averiguar como e por quê, nos dias atuais, se instaura a violência contra crianças e em qual tipo de interação ela se situa. Como alerta Camdessus (1993), é interessante notar, por exemplo, que atualmente a violência não costuma se inscrever na condição de ritual de sacrifício, como ocorreu em outras épocas.

Retornando ao trabalho de Gonçalves (2003), destaca-se a importância que a autora atribui à análise dos sentidos da violência nos dias atuais para que se alcance, no exame da temática, o entrelaçamento do contexto social com o espaço privado, ultrapassando-se a lógica maniqueísta no tratamento e enfretamento da situação. Em suas palavras:

> A violência está profundamente imbricada nas questões culturais e identitárias levantadas pelo fenômeno da globalização, e se manifesta em espaços menos visíveis, mas nem por isso menos significativos para o homem contemporâneo (Gonçalves, 2003, p. 39).

NOTIFICAÇÕES E ESTATÍSTICAS

A jovem estudante lembrou, ainda, que a suspeita de violência sexual contra criança deve ser notificada ao Conselho Tutelar da localidade, como prevê o artigo 13 do Estatuto da Criança e do Adolescente. Ah! A notificação gerou muitas discussões em sala de aula! Foi observado que a notificação não requer que se disponha de provas concretas sobre o fato, na medida em que, muitas vezes, pressupõe uma hipótese a ser verificada pelos órgãos competentes. Além disso, Gonçalves e Ferreira (2002) apontam que

> o instrumento da notificação deve dar início a um processo que se caracteriza muito mais como assistência e auxílio, não como punição (p. 318).

Por não terem sido investigados e julgados, os casos notificados não devem ser rapidamente contabilizados como de violência sexual contra crianças, pois, nas estatísticas de violência, devem-se registrar apenas aqueles comprovados. É preciso cuidado para que não sejam listados casos sem correspondência com o que está sendo quantificado, como também para que não sejam duplicados números, uma vez que, não raro, um mesmo caso pode ser atendido por instituições distintas, cada uma apresentando sua estatística de forma isolada, como notou Amendola (2008).

Assim, um maior número de notificações não pode ser rapidamente interpretado como aumento de situações em que houve violência sexual contra crianças. Primeiro, porque um número mais elevado de notificações pode indicar que a população, de uma forma geral, esteja mais esclarecida em como proceder para notificar, como também mais mobilizada para a questão. Em segundo lugar, como exposto anteriormente, uma notificação não pode ser interpretada como ocorrência de violência de fato. Deve-se, inicialmente, verificar se essa procede, para, só então, as situações confirmadas passarem a compor as estatísticas.

Mesmo com estatísticas precisas, deve-se ter cuidado para não interpretar, também de forma equivocada, que a violência sexual seria cometida principalmente por parentes de crianças de classes menos favorecidas economicamente. Não se pode desprezar que, no contexto de vida dessas crianças, há mais visibilidade para o fato, uma vez que são atendidas, frequentemente, por instituições públicas.

No que diz respeito ao cômputo estatístico, a jovem estudante recordou uma crônica que havia lido recentemente, denominada "Os números não mentem", de autoria de João Ubaldo Ribeiro (2009, p. 7), na qual o autor afirma:

> No dia a dia das notícias, as estatísticas nos perseguem, até porque, jogadas a torto e a direito, entram em frequente contradição umas com as outras, ou, o

que é ainda mais aflitivo, com a realidade que defrontamos.

A jovem achava graça na maneira como passou a prestar atenção nas notícias que a mídia divulgava. Depois que ingressara na faculdade, não conseguia mais ler jornal ou assistir a programas de televisão como antes, pois sempre acabava relacionando o conteúdo da matéria, ou do que era apresentado, a algum tema que havia aprendido na universidade. Por falar em universidade, pensou que talvez pudesse descrevê-la fazendo uso de expressão empregada por Lebrun (2004, p. 108), definindo-a, assim, como uma instituição onde se "aprende a aprender".

A INTERDISCIPLINARIDADE

A mesma estagiária pensou, naquele momento, nos filmes que assistiu em um projeto de extensão universitária denominado Em Cine. O projeto tem por objetivo propiciar o debate acadêmico por meio da filmografia, proposta expressa no título do mesmo, que remete ao verbo "ensinar". A estudante recordou os pequenos cartazes de divulgação do projeto, fixados mensalmente nas salas de aula. No Em Cine, uma vez por mês, há exibição de um filme seguida de debate coordenado por um profissional convidado pela equipe do projeto, um recurso pedagógico que propicia, também por intermédio da ficção, valorosas discussões, como exposto por Santos, Moraes e Menezes (2008).

O interesse em aprofundar os estudos sobre o tema "violência sexual contra crianças" motivou a participação da aluna em atividades oferecidas pelo Em Cine. O primeiro filme que assistiu foi Acusação (Mick Jackson, 1995). A obra descreve uma situação real, que ocorreu nos Estados Unidos na década de 1980, quando inúmeras crianças de uma mesma escola declararam ter sofrido violência sexual praticada por membros da família que dirige o colégio. O filme, como descreve Amendola (2009, p. 90),

virou referência para estudos acerca da influência dos interrogatórios policiais, da sugestionabilidade infantil, dos processos de avaliação psicológica e do emprego de diferentes técnicas de entrevista pelos profissionais de saúde e peritos judiciais.

A obra cinematográfica mostra crianças sendo atendidas por uma terapeuta, que usa fantoches para obter relatos dos pequenos. Nas discussões travadas após a exibição do filme no Em Cine, foi abordado que o emprego dos denominados bonecos anatomicamente corretos, que despontaram nos EUA no final da década de 1970 para avaliação de casos em que há denúncia de abuso sexual, hoje vem sendo visto com reservas. Enquanto, para alguns, esses bonecos seriam instrumentos facilitadores, que poderiam ajudar crianças a relatar o que sofreram, para outros, os bonecos com genitália em tamanho desproporcional, induziriam a curiosidade das crianças, que buscariam explorar essas partes do suposto brinquedo.

Outra película apresentada foi Na captura dos Friedmans (Jarecki, 2003). Esse é um documentário que apresenta o processo de acusação e julgamento do professor Arnold e de seu filho mais novo, na época com 19 anos. Pai e filho foram acusados de pedofilia contra meninos que frequentavam aulas particulares com o professor, que contava com a ajuda do filho nos ensinamentos aos alunos.

Por tratarem, geralmente, de temática de interesse de várias disciplinas, os filmes exibidos no Em Cine são assistidos por alunos e profissionais de áreas distintas, sem se desconsiderar a importância e a necessidade de estudos específicos a partir do referencial teórico de cada disciplina. Quanto a esse item, a aluna lembrou que um trabalho interdisciplinar não significa que todas as disciplinas devam ter o mesmo olhar sobre determinada questão, ou chegar às mesmas conclusões. Marques Neto (1996, p. 21), ao mencionar os cuidados indicados para que se proceda à interdisciplinaridade, destaca:

> Um dos mais importantes desses cuidados se refere ao perigo, sempre presente em todo e qualquer empreendimento disciplinar, dos reducionismos e transposições teóricas.

A articulação de diversas áreas de conhecimento se dá na medida em que é possível respeitar a especificidade de trabalho e as contribuições possíveis de cada categoria. É justamente na diversidade de visões, nas distintas possibilidades de se analisar e de se compreender as questões que reside a riqueza da interdisciplinaridade.

Nas situações em que se supõe ter ocorrido violência sexual contra crianças ou adolescentes, é preciso manter a diferença de atuação, por exemplo, dos profissionais do Direito e da Psicologia, que possuem objetos e objetivos distintos de trabalho. Caso contrário, a indiferenciação pode causar uma fusão, produzindo a figura de uma psicojuiz ou vice-versa, resultando em papel não só desconhecido como impróprio.

Nesse sentido, não se pode desprezar que os instrumentos de trabalho de operadores do Direito são os processos, para os quais precisam reunir provas, que serão anexadas aos autos. Em contrapartida, Alvarez (2008) expõe que, quando se pede ao psicólogo que obtenha provas, que dê conta de obter e de narrar os fatos, corre-se o risco de que esse profissional seja deslocado para o lugar de detetive, lembrando a autora que a verdade com que a psicologia trabalha "é a do sujeito e não a do fato" (p.6).

LAUDOS, RELATÓRIOS E PARECERES

A estudante de Psicologia recordou tópico discutido em sala de aula que vem preocupando os Conselhos Regionais de Psicologia: a confecção de laudos, relatórios e pareceres psicológicos. Como afirmou a psicóloga Bárbara Conte (2006, p. 5), em artigo escrito quando integrava a Comissão de Ética do Conselho Regional de Psicologia do Rio Grande do Sul,

> Verificamos que crescem as queixas de laudos que envolvem a guarda de filhos em caso de separação de casais e avaliações que versam sobre a indicação de abuso sexual de adultos contra crianças.

De modo semelhante, Amendola (2009), em pesquisa que realizou, também abordou a questão do despreparo de alguns profissionais que avaliam casos de suspeita de violência sexual intrafamiliar contra crianças. Ao realizar entrevistas com psicólogos que participavam de serviços voltados para avaliação de tais situações, a autora observou que algumas instituições tinham como regra o não atendimento do acusado de cometer violência sexual, mantendo o foco na avaliação da criança. Em seu trabalho, Amendola ressalta o risco de se chegar a conclusões parciais, ou equivocadas, ao se excluir dessa avaliação aquele que está sendo acusado e que faz parte do contexto familiar da criança.

O Conselho Federal de Psicologia, buscando melhor orientar a categoria a respeito do tema, publicou, em 2003, a Resolução 007, que institui o Manual de Elaboração de Documentos Escritos Produzidos por Psicólogos (2003). A Resolução dispõe sobre a confecção de quatro modalidades de documento: declaração, atestado psicológico, relatório/laudo psicológico e parecer psicológico.

Na reunião em que foi discutido o caso do adolescente de 12 anos, surgiram dúvidas sobre a modalidade de documento na qual o material produzido se encaixaria. Para alguns, seria uma declaração; para outros, um relatório psicológico. Houve ainda quem julgasse que o material elaborado pela estagiária que atendeu o adolescente não se enquadrava nas modalidades de documento previstas na Resolução do CFP.

Em consulta àquele documento, foi observado que, em uma declaração, não deve ser feito o registro de sintomas, situações ou estados psicológicos (p. 5).

Já o relatório psicológico é classificado, na Resolução, como

> uma apresentação descritiva acerca de situações e/ou condições psicológicas e suas determinações históricas, sociais, políticas e culturais, pesquisadas no processo de avaliação psicológica (p. 7).

Por esse motivo, reconhecia-se que, na breve entrevista da estagiária com o menino, não houve uma avaliação psicológica. Lembrou-se que consta nos princípios técnicos do Manual que:

> O processo de avaliação psicológica deve considerar que os objetos deste procedimento (as questões de ordem psicológica) têm determinações históricas, sociais, econômicas e políticas, sendo as mesmas elementos constitutivos no processo de subjetivação. O documento, portanto, deve considerar a natureza dinâmica, não definitiva e não cristalizada do seu objeto de estudo (p. 4).

A jovem estudante recordou dos debates em sala de aula sobre a elaboração desses documentos, quando foi possível perceber que não é necessário reproduzir, nos relatórios, laudos ou pareceres, frases ditas pelo sujeito, tentando-se justificar, assim, a argumentação utilizada ou provar a veracidade do que está sendo apresentado. As conclusões psicológicas não têm por base apenas o que foi verbalizado pela pessoa atendida, considera-se também os silêncios, as pausas, as repetições, dentre outros tantos sinais do entrevistado.

Outro item enfocado foi o de que relatórios pormenorizados, com descrição de todas as informações colhidas ao longo do atendimento, podem expor de forma excessiva e perigosa a vida das pessoas. Nesses casos, o profissional pode correr o risco de ferir o artigo 12° do Código de Ética dos Psicólogos (p. 13), o qual dispõe que,

> nos documentos que embasam as atividades em equipe multiprofissional, o psicólogo registrará apenas as informações necessárias para o cumprimento dos objetivos do trabalho.

Como também mencionou Alvarez (2008), ao se referir aos relatórios produzidos por psicólogos, "alguns desses documentos são atravessados por clara marca do impacto transferencial" (p. 9). Outros, no entanto, são elaborados a partir dos relatos feitos pelos entrevistados, que passam a ter todas as suas falas expostas e transcritas, à semelhança do que ocorre nos depoimentos.

No caso em análise, apesar de o trabalho ter sido realizado nas dependências de uma delegacia, o psicólogo não exerce a função de um detetive que colhe depoimentos e elabora relatórios descritivos – fundados apenas em relatos dos entrevistados. Não se deve perder de vista que a compreensão da violência cometida no contexto familiar requer o entendimento dos vínculos e relacionamentos entre os envolvidos, de como essa violência se instaura na dinâmica familiar. No caso citado, ao se ouvir apenas o adolescente, essa dimensão foi deixada de lado, não se produzindo, assim, um estudo psicológico.

Como indicado nos princípios técnicos do Manual de Elaboração de Documentos Escritos, os relatórios, os laudos psicológicos e os pareceres devem ser fundamentados em referencial próprio da Psicologia. Sobre isso, dispõe o Manual (p. 4) que

> os psicólogos, ao produzirem documentos escritos, devem se basear exclusivamente nos instrumentos técnicos (entrevistas, testes, observações, dinâmicas de grupo, escutas, intervenções verbais) que se configuram como métodos e técnicas psicológicas para a coleta de dados, estudos e interpretações de informações a respeito de pessoa ou

grupo, bem como sobre outras matérias e grupos atendidos e sobre outros materiais e documentos produzidos anteriormente e pertinentes à matéria em questão.

Ao se abordar o tema da violência sexual contra crianças, não se deve esquecer que, para a garantia de proteção integral à mesma, faz-se necessário o funcionamento do chamado "sistema de garantia de direitos". Quanto a esse dado, foi indagado, na reunião de debate do caso do menino de 12 anos, se o fato de o adolescente, após sua ida à delegacia, ter sido entrevistado em diversas instituições por distintos profissionais não poderia indicar um funcionamento inadequado desse sistema.

A ESCUTA DE CRIANÇAS

Como era de se esperar, ao longo da reunião, foi inevitável a discussão sobre as práticas de escuta de crianças no sistema de justiça, quando se aventou que as intervenções profissionais também podem ser violentas, invasivas, traumáticas para a família e para a criança.

Atualmente, a técnica denominada de "Depoimento Sem Dano", assim como o projeto de lei que dispõe sobre a inquirição de crianças e de adolescentes em processos judiciais (PLC 035/2007), vêm ensejando diversos debates. Como alguns profissionais da área jurídica não se sentem devidamente qualificados para inquirir menores de idade, sugerem que a inquirição seja feita por psicólogos e assistentes sociais, por meio do Depoimento Sem Dano (Daltoé Cezar, 2007).

Nessa técnica, que já é utilizada em Porto Alegre para se obter o depoimento de crianças, o psicólogo deve ficar a sós com a possível vítima de violência, em sala equipada com câmeras e microfones. Esses recursos permitem o acompanhamento da inquirição por aqueles que se encontram na sala de audiências, ou seja, o Juiz, o representante do Ministério Público, os advogados, a outra parte e funcionários do judiciário. Cabe ao psicólogo, que permanece com um ponto de escuta no ouvido, transmitir à criança perguntas formuladas pelo juiz.

Todos os presentes à reunião de supervisão do caso aqui abordado já haviam participado de seminários, simpósios e encontros onde o tema fora tratado com paixão. Como apontou outra estudante, por vezes os profissionais pareciam divididos em torcidas que se enfrentavam, e que, por instantes, desconsideravam que a preocupação comum a todos era a de garantir proteção à criança. No entanto, como observou a supervisora, as discussões geralmente se davam em torno da busca da melhor forma de inquirição judicial de crianças e de adolescentes. Porém, a supervisora perguntou:

– Psicólogos realizam inquirição judicial? Promovem audiências?

Prontamente, a estagiária de psicologia que se encontrava no último ano do curso respondeu que a Resolução 007/2003 do CFP dispõe que o psicólogo deve utilizar, em seu trabalho, instrumental próprio de sua disciplina, que será interpretado a partir de seu campo de conhecimento.

Pensou a aluna que a técnica do Depoimento Sem Dano (DSD) poderia ser motivo de impasse entre psicólogos, pois, nessa prática, aparentemente, o profissional não estaria utilizando em seu trabalho instrumental próprio de sua área de conhecimento. A estudante questionou se indagações sistemáticas, produzidas por perguntas formuladas ao longo de depoimentos, fariam parte dos procedimentos psicológicos de escuta. Seria possível a criança se manter em silêncio, como por vezes acontece nas entrevistas psicológicas? Como esse silêncio seria quebrado no decorrer do DSD?

A jovem estagiária citou que, no livro organizado por Santos e Gonçalves (2008) esses expõem que, na Inglaterra, em casos de suposta violência sexual contra crianças, antes de a criança ser chamada para qualquer entrevista, ouvem-se os adultos envolvidos na história. Assim, no caso do menino de 12 anos conduzido até a delegacia, seria possível imaginar que os psicólogos poderiam entrevistar primeiro a mãe e a avó do adolescente. Isso seria feito não apenas para referendar que as senhoras estavam ali devido aos constantes furtos praticados pelo adolescente, mas para compreender o que ocorria naquela dinâmica familiar. Qual o papel ocupado por cada membro dessa família? O que a mãe e a avó foram buscar na delegacia? A lei, a interdição, o limite que por algum motivo não estavam conseguindo sustentar ou transmitir para esse adolescente? O que haviam dito para o menino que lhe aconteceria? E o vizinho? Qual o lugar que ocupava nessa dinâmica? O garoto frequentava a casa do tio-avô? Sem dúvida, seria adequado procurar compreender essa situação para depois, de posse desses dados, escutar o menino, indicação que dificilmente poderia ser feita em atendimento rápido, para simples encaminhamento.

A celeridade. Essa era outra questão a ser pensada em relação ao Depoimento Sem Dano, citou a jovem estudante. Como exposto anteriormente (Brito, 2008, p. 117),

> os que se posicionam como favoráveis à prática, a conceituam como uma nova, moderna, eficiente, rápida e pouco dispendiosa forma de inquirição de crianças e de adolescentes, qualidades muito valorizadas na "modernidade liquída", expressão usada por Bauman (2001) para definir o contexto contemporâneo ocidental.

A jovem estagiária indagou se uma situação complexa como a violência sexual intrafamiliar praticada contra criança, poderia ser avaliada com tamanha rapidez, como proposto no procedimento do DSD. Na circunstância em que ocorre essa técnica, parece que se desconsidera o tempo necessário para se proceder a um estudo psicológico, no qual se devem realizar entrevistas e atendimentos não só com a criança, mas com seus responsáveis e com o acusado.

A estagiária questionou, assim, se, na prática do Depoimento Sem Dano, não se estaria contrariando o que indicam os estudos sobre o tema, que recomendam uma avaliação minuciosa desses casos, para que se possa analisar se há fundamento na denúncia. Além disso, alertou que se deveria pensar no suporte a ser oferecido à família, que, nesses momentos, muitas vezes se encontra em crise, devido à denúncia do sofrimento que um de seus membros pode ter imposto ao outro.

Não seria por isso, indagou a jovem, que muitos autores (Azambuja, 2008; Brito, Ayres e Amendola, 2006) sustentam que escutar a criança, como prevê o artigo 12 da Convenção Internacional sobre os Direitos da Criança, seria distinto da proposta de se buscar o depoimento dessa visando à produção de provas?

Aqueles que vêm empregando o Depoimento Sem Dano sustentam que a inquirição da criança torna-se fundamental para se obter informações sobre o fato ocorrido ou para se chegar à "verdade real", como conceituam. Consideram, portanto, que, em muitas situações de denúncia de violência, a única prova possível de ser produzida é aquela que advém da palavra da criança. Esses profissionais admitem, também, que as dificuldades de se obter provas acarretam baixo número de condenações de adultos envolvidos em práticas de violência sexual (Daltoé Cezar, 2007).

Outros lamentam, todavia, efeitos da prática do DSD. Na visão de Azambuja (2009, p. 62),

> afirmar que a inquirição da criança, segundo os princípios do contraditório e da ampla defesa, é indispensável à busca da verdade real é pensar pequeno. A nova ordem constitucional conclama à mudança, não de nomenclatura, mas de princípios, não podendo mais a criança ser "usada" como instrumento para chegar à tão buscada verdade real, desprezando os prejuízos e desconfortos que a inquirição lhe causa.

Conte (2009, p. 74-75), na análise da técnica do Depoimento Sem Dano, avalia que, neste, "o discurso [da criança] aparece como um sintoma, pois busca revelar a verdade (o dito) quando o sofrimento psíquico (não dito) é o que transborda". A autora sustenta que a preocupação dos psicólogos deve se voltar para a escuta psicológica da criança, pois é dessa forma que se permitirá que o sofrimento psíquico seja exposto.

CONSIDERAÇÕES FINAIS

O caso em questão, fictício, mas verossímil, narrado apenas como exemplo, pode retratar o cuidado que se deve ter em situações para as quais não se deve estreitar o olhar, mantendo-o fixo em um único ponto. Ao contrário, no lugar de uma rápida caracterização do fato como violência cometida por determinada pessoa, deve-se ampliar o foco, "cultivar a imaginação", como já recomendava Anísio Teixeira, buscando alcançar a complexidade da situação apresentada.

Como exposto, por vezes, em nome da eficácia do serviço, atendimentos psicológicos breves são indicados com finalidade de triagem, situação que precisa ser avaliada, pois, por serem feitos de maneira célere, podem mudar o rumo da interpretação do caso, como também estar em desacordo com as recomendações da profissão.

Ao rever alguns pontos destacados na reunião de equipe, a estagiária concluiu que, para uma análise sócio-histórica da violência sexual praticada contra crianças, devem ser considerados os atravessamentos atuais relacionados ao tema em estudo. Faz-se indicado, ainda, um olhar apurado para os procedimentos realizados nas distintas fases do atendimento de crianças e adolescentes conduzidos às instituições por esse motivo. Assim, as notificações, as avaliações do caso por equipes técnicas, a escuta de crianças e de adolescentes, a formulação de estatísticas, dentre tantas outras questões, são, sem dúvida, procedimentos usados com vistas à proteção de direitos infanto-juvenis. No entanto, todos eles requerem extremo cuidado, exigindo constante questionamento, pois seu uso tanto pode contribuir por garantir como por fragilizar a proteção integral dos pequenos.

Por fim, os presentes à reunião teceram comentários acerca do processo de aprendizado, retratando-o não como uma trilha que depois de certo tempo se chega ao final, mas como um caminho que se percorre buscando "aprender a aprender," como já mencionou Lebrun (2004). No percurso, é sempre interessante prestar atenção a cada recanto, a cada paisagem, a cada situação, a cada evidência, a cada certeza, a cada indagação, pois esses promovem e motivam o aprendizado.

REFERÊNCIAS

ALVAREZ, L. E. Reflexiones em torno a la pericia y al testimonio del ASI. *Actualidad Psicológica*, p. 5-9, 2008.

AMENDOLA, M. F. As falsas denúncias de abuso sexual de pais contra filhos: caminhando na contramão. In: BRITO, L. (Org.). *Famílias e separações*: perspectivas da psicologia jurídica. Rio de Janeiro: UERJ, 2008. p. 159-186.

AMENDOLA, M. F. *Crianças no labirinto das acusações*: falsas alegações de abuso sexual. Curitiba: Juruá, 2009.

AZAMBUJA, M. R. F. A inquirição da vítima de violência sexual intrafamiliar à luz do melhor interesse da criança. In: CONSELHO FEDERAL DE PSICOLOGIA. *Falando sério sobre a escuta de crianças e adolescentes envolvidos em situação de violência e na rede de proteção*. Brasília. Conselho Federal de Psicologia, 2009. p. 27-70.

AZAMBUJA, M. R. F. Quando a criança é vítima: a quem compete produzir a prova? *Jornal Zero Hora*, Porto Alegre, 03 maio 2008, p.15.

BOURDIEU, P. *Pierre Bourdieu entrevistado por Maria Andréa Loyola*. Rio de Janeiro: UERJ, 2002.

BRASIL. Conselho Federal de Psicologia. *Resolução CFP n° 007 de 2003*. Institui o manual de elaboração de documentos escritos produzidos pelo psicólogo, decorrentes de avaliação psicológica e revoga a Resolução CFP ° 17/2002. Brasília: Conselho Federal de Psicologia, 2003. Disponível em: <http://www.crpsp.org.br/crp/orientacao/legislação/resolucoes_cfp/fr_cfp_007-03.aspx>. Acesso em: 21 set. 2010.

BRASIL. *Decreto n° 99.710, de 21 de novembro 1990*. Promulga a Convenção sobre os Direitos da Criança. Disponível em: <http://www.planalto.

gov.br/ccivil_03/decreto /1990-1994/D99710.htm>. Acesso em: 17 set. 2010.

BRASIL. Lei nº 8.069, de 13 de julho de 1990. Dispõe sobre o Estatuto da Criança e do Adolescente e dá outras providências. Disponível em: < http://www.planalto.gov.br/ ccivil_03/Leis/L8069.htm>. Acesso em: 16 set. 2010.

BRASIL. Senado Federal. *Projeto de Lei Complementar nº 35 de 2007*. Disponível em: <http://www.senado.gov.br/atividade/materia/detalhes.asp?p_cod_mate=81194>. Acesso em: 17 set. 2010.

BRITO, L. M. T. Diga-me agora.....o depoimento sem dano em análise. *Psicologia Clínica*, v. 20, n. 2, p. 113-126, 2008.

BRITO, L.; AYRES, L.; AMENDOLA, M. A escuta de crianças no sistema de justiça. *Psicologia & Sociedade*, v. 18, n.3, p. 68-73, 2006.

CAMDESSUS, B.; KIENER, M. C. *L' enfance violentée*. Paris: ESF Éditeur, 1993.

CONTE, B. S. A escuta psicanalítica e o inquérito no depoimento sem dano. In: CONSELHO FEDERAL DE PSICOLOGIA. *Falando sério sobre a escuta de crianças e adolescentes envolvidos em situação de violência e na rede de proteção*. Brasília. Conselho Federal de Psicologia, 2009. p.71-78.

CONTE, B. S. A ética na prática da avaliação psicológica. *Revista Entrelinhas*, n. 34, p. 5, 2006.

DALTOÉ CEZAR, J. A. *Depoimento sem dano*: uma alternativa para inquirir crianças e adolescentes nos processos judiciais. Porto Alegre: Livraria do Advogado, 2007.

GONÇALVES, H. S. *Infância e violência no Brasil*. Rio de Janeiro: Nau, 2003.

GONÇALVES, H. S.; FERREIRA, A. L. A notificação da violência intrafamiliar contra crianças e adolescentes por profissionais de saúde. *Cadernos de Saúde Pública*, v. 18, n. 1, p. 315-319, 2002.

LEBRUN, J. *Um mundo sem limite*. Rio de Janeiro: Companhia de Freud, 2004.

MACHADO, R. *Ciência e saber*: a trajetória da arqueologia de Michel Foucault. Rio de Janeiro: Graal, 1981.

MARQUES NETO, A. R. Subsídios para pensar a possibilidade de articular direito e psicanálise. In: MARQUES NETO, A. R. et al. *Direito e neoliberalismo*: elementos para uma leitura interdisciplinar. Curitiba: EDIBEJ, 1996. p.18-37.

NUNES, C. (Org.). *A universidade de ontem e de hoje*. Rio de Janeiro: UERJ, 1998.

RIBEIRO, J. U. Os números não mentem. *O Globo*, São Paulo, 9 ago. 2009, p.7.

SANTOS, B. R.; GONÇALVES, I. B. *Depoimento sem medo (?)*: culturas e práticas não-revitimizantes. Brasília: Childhood Brasil (Instituto WCF – Brasil), 2008.

SANTOS, J. G.; MORAES, L.; MENEZES, T. V. Ogros não vivem felizes para sempre: um debate sobre relacionamentos idealizados. In: BRITO, L. M. T. (Org.). *Famílias e separações*: perspectivas da psicologia jurídica. Rio de Janeiro: UERJ, 2008. p. 271-293.

PARTE II
A integração da avaliação

Rute, mãe de João, de 1 ano e 5 meses, ausentou-se de casa e deixou o menino dormindo aos cuidados do vizinho Miguel, de 20 anos. Rute e Miguel haviam se conhecido poucos meses antes. Miguel, aproveitando o fato de estar sozinho com a criança, utilizou forte violência física e psicológica e submeteu João a uma série de sevícias físicas e psíquicas, causando-lhe queimaduras pelo corpo e diversas lesões produzidas por instrumento contundente e por calor.

Na mesma oportunidade, Miguel constrangeu João, mediante violência, à prática de sexo anal, causando diversos ferimentos no corpo do bebê e provocando-lhe a morte por asfixia por constrição do pescoço. Miguel jogou o bebê no solo, duas vezes, permitindo que batesse com a cabeça em um pedaço de madeira existente no canto da parede da casa.

O corpo do menino apresentava hematomas na região frontal e auricular esquerda, equimoses na região maxilar esquerda, na região peitoral direita e esquerda, queimaduras de segundo grau com múltiplas erosões na pele, na região labial, mesogástrica, hipocôndrio e pênis, múltiplas escoriações na orelha direita, na região cervical lateral direita, na bolsa escrotal, edema traumático na região pubiana, descolamento parcial da pele que recobre o pênis, além de queimadura de terceiro grau na falange distal do terceiro, quarto e quinto quirodáctilos direitos.

O homicídio foi cometido por motivo torpe, em razão de Miguel não aceitar que, no dia dos fatos, a mãe de João tivesse saído para dançar em companhia de sua companheira. Miguel foi submetido a julgamento pelo Tribunal do Júri, restando condenado a 43 anos, 10 meses e 20 dias de reclusão, em regime inicial fechado, enquanto Rute aguarda julgamento pelos crimes a ela atribuídos.

Rute responde processo por expor a perigo a saúde física e psíquica do filho, além de ser acusada de privá-lo de cuidados indispensáveis e abuso dos meios de correção, agredindo-o sempre que chorava e não obedecia. Mesmo sabendo que Miguel já estivera preso por envolvimento criminal, deixou João aos seus cuidados, saindo para dançar.

O caso apresentado é meramente ilustrativo.

A INTERVENÇÃO INTERDISCIPLINAR NA FAMÍLIA ATINGIDA PELO ABUSO

Ivone M. Candido Coelho de Souza
Maria Aracy Menezes da Costa

A integração das ciências psicológicas às praticas do Direito moderno, sobretudo o de Família, centrado e mantido em torno do afeto, permite dispensar o reforço em argumentos que associem esses discursos. Nas ações jurídicas, por meio de várias rotinas, dentre as quais as perícias e as assessorias de partes são destaques, é possível observar com clareza os avanços benéficos dessa atual orientação de integração das duas áreas, em que se destaca o decisivo papel do sentimento.

Embora tal tendência seja uma conquista, um avanço da contemporaneidade, ela não chega a ser inédita. Na Viena de 1906, Freud fazia referências à confiabilidade de instrumentos que pudessem *"desmascarar um criminoso"*. Freud interessava-se, na verdade, pelas diferenças entre a "culpa inconsciente", peculiar à neurose, em relação a delitos fantasiosos, e a "negatória consciente" em relação a crimes realmente praticados. De qualquer forma, a preocupação com o papel do técnico nas lides, sobretudo o do psicológo, aspecto de grande sensibilidade, despertara sua atenção já no começo do século XX. Como ocorre com tantas outras grandes contribuições de Freud, retoma-se a ideia freudiana para a abordagem de uma questão atual, isto é, para equacionar os intrincados processos legais que impliquem suspeitas de abuso e ataques a crianças.

Entre o Direito de Família e as ciências do psiquismo, então, passa a transcorrer uma relação estreita de paralelismo, já repetitivamente demonstrada e valorizada, em maior ou menor grau, pelos operadores do Direito. Não obstante, ainda, algumas resistências, são crescentes as solicitações de recursos psicológicos que visem a clarificar ou a interagir mais diretamente nos conflitos apresentados ao Judiciário, insistindo na retomada do equilíbrio possível quando esse vem a ser rompido, em especial nos casos de famílias em que haja suspeita de violência sexual, ou nos processos em torno de abuso constatado contra crianças e/ou adolescentes.

O Direito de Família, nesse sentido, agrega em sua abrangência uma relação ampla entre dois códigos. Um integra-se pelo complexo de normas instituídas pelo poder do Estado, ao disciplinar, regular ou mesmo coibir as disposições do outro aparato, obscuro e pouco acessível dentro da absoluta ilógica que o norteia. Esse último, como é salientado aqui, responde pelas condutas infiltradas por perturbações da ordem comum ou então, nos casos agudizados, por sinais patológicos.

Dentre as instituições de caráter multidisciplinar que têm se dedicado a estudar e destacar esses vínculos, sem dúvida, o IBDFAM – Instituto Brasileiro de Direito de Família – vem, progressivamente, desde sua implantação, há 10 anos, se aplicando no cultivo da pluralidade de intervenções. Sua participação no Brasil já é reconhecida justamente pela orientação plural que imprime às suas manifestações e pela inclusão que promove nas ações em que pode influenciar a implantação de leis evoluídas, em que a valorização do sentimento seja uma constante.

Assim, quando a influência dos afetos e suas manifestações provocam mudanças na estrutura familiar, a visão do Direito também se impregna de câmbios que visam a sedimentar e a regulamentar essas mesmas transformações. Efetivamente, é no interior do reduto doméstico que os indivíduos empreendem, por meio das relações afetivas, a edificação de modelos de confiança e respeito, além da identificação com o outro. É ali que se estabelecem as principais ligações representadas depois no desenvolvimento psíquico e na construção da sua saúde mental. São esses que, em si, já descrevem os fundamentos da emotividade que interessam às ciências do mundo interno e que passam a ser objeto do Direito, se submetidos a movimentos intempestivos na trajetória familiar.

Atualmente, a natural previsibilidade das relações intrafamiliares sofre distorções e se alteram drasticamente os paradigmas das relações de afeto entre pais e filhos, com o assentamento da violência, dos abandonos e das omissões. Incluir cuidados assistenciais psicológicos às vítimas dessas transformações atuais passa a fazer parte da função do Estado, que passa a assumir, então, valores tão fundamentais quanto às medidas cabíveis já previstas nos Códigos. As intervenções psicológicas sobre a perplexidade, a vergonha, a aversão, o medo e a culpa, cargas perturbadoras para a criança agredida pelo abuso sexual no interior de sua família torna-se uma exigência acima de discussão.

A família, como grupo constituído por vínculos afetivos que entram em ebulição nos processos, recorre ao Judiciário já fragmentada pela perturbação dos mesmos sentimentos que lhe deram viabilidade. E, para que se acomode essa "*surpreendente*" desconexão, vem em busca do apoio que repare o equilíbrio ou que consagre suas verdades. Novamente, no grande painel delineado e diferenciado pela interdisciplinaridade, desde que se passaram a tutelar os afetos, especialmente a partir da Constituição de 1988, se explicita, na linguagem particularizada da queixa, a influência da emoção e da subjetividade. De modos quase sempre cifrados, confusos, díspares, se intentam medidas capazes de aplacar as lesões insuportáveis que se abatem sobre a família.

O clã abalado que chega aos tribunais vê tumultuadas suas condições de perceber o mundo, sentir e decidir. Nenhum sujeito humano é alheio aos determinantes inconscientes que estruturam essas capacidades, diz a Psicanálise, e nesse momento, é preciso reparar as lacunas que se abriram, auscultando esses determinantes por meio de ação das medidas terapêuticas que assessorarão as legais. Atualmente, a evolução das grandes leis pode ser auferida no interesse pela voz das leis complexas do psiquismo.

Como grande cadinho de emoções e matriz das subjetividades individuais e do grupo contemporizadas, acomodadas ou negadas, a família subsiste pela intra e inter-relação dentro de um dinamismo cuja homeostase rompida passa a ser tanto objeto do Direito, quanto objeto terapêutico, ou de prevenção, para as *Psicologias de Família*.

A conexão estrita cunhada entre códigos de leis e leis psíquicas no Direito de Família *assegura o direito ao sentimento, inclui o sentimento no Direito*. Maria Regina Fay de Azambuja (2004) resume com clareza essa tendência quando afirma que é exatamente porque o Direito trabalha com e para o homem, sob uma perspectiva integral, na qual a razão e a emoção, o visível e o invisível se mesclam, que não podemos trabalhar isoladamente, sob pena de se perder o trem da história, comprometendo a eficácia do agir profissional.

INTEGRANDO UMA ESCUTA INDISPENSÁVEL AO ESTIGMA FAMILIAR

Dentre os tantos tipos de conflitos apresentados pela família em litígio – aponta a observação técnica interdisciplinar –, os que se referem à relação pais-filhos quase sempre carregam as maiores complicações. Parece certo que, por meio de formas diversas, muitas arestas e perigosas convulsões, justamente pela intensidade com que as manifestações do psicológico determinam a queixa, tendem a aprofundar a gravidade inerente a esse tipo de processo. O sofrimento agudo da criança vitimada pelo abuso, aliado à interseção entre a lesão ora registrada com as antigas crises da geração anterior, reativadas e repetidas dolorosamente, compõem o quadro de disfunções. A ação integrada sobre o grupo se faz urgente.

Por vezes, a ocorrência comprovável do atentado frente ao risco a que se expõe a vítima equivale à opressão produzida pela rixa que mantém a família em torno da sua figura. O trauma ocorre quando a vítima é submetida à ação mórbida e tirânica do adulto abusador, mas também quando a mesma é convertida em refém das suspeitas, isto é, quando ela passa a ser colocada *"sob suspeita"* por parte dos que não puderam ou não souberam preservá-la. A ferida psíquica provocada pelo conflito-abuso tende a se prolongar dolorosa e perigosamente, equiparando a gravidade da consequência do ataque em si ao *"uso"* que se possa fazer de fantasias ou manipulações centradas nessa ideia, como forma de alijar ou investir sobre uma das figuras parentais ou familiares.

Dessa forma, desloca-se retaliativamente um grau de ressentimento premente e incontido, silencioso, mas emergente agora, mediante a intermediação drástica da criança convertida em instrumento de punição. Trata-se de um recurso de disputa repetitivo, mais ou menos consciente, que onera duplamente a pequena vítima, sendo, há muito tempo, fonte de preocupação assistencial técnica, e hoje identificado pela expressão "síndrome da alienação parental".

Trata-se de casos em que caberia à função legal não apenas executar o preconizado para o cumprimento da lei – como a que enquadra o sintoma no crime –, mas prover de recursos a continuidade das medidas terapêuticas que ora impõe. Promover a possibilidade de cicatrização das feridas que se produzirem são os objetivos da assistência continuada, por meio do esgotamento ou aplacamento das repercussões de difícil prognóstico.

Assim, incide arriscadamente pelas acusações e denúncias no palco doméstico – previsto e disposto fundamentalmente como protetor e amoroso – um destoar de sentimentos obscurecidos e precipitados por impasses comuns a duas ou mais gerações. Seus conflitos e seus segredos mais herméticos pairam a serviço das doenças do grupo. Instala-se a patologia familiar, e os membros mais desprotegidos e dependentes são alvos dos ataques e dos revides que têm origem na história das disfunções afetivas dos responsáveis pela sua proteção, pela sua preservação, pela sua integridade física e mental. Ainda que remota, a origem "aberta" do conflito segue desferindo golpes sobre a estrutura física e mental de alguns membros mais expostos.

A presença do peso do sentimento, da convulsão psíquica, se faz então mais aguda e mais premente. Busca-se, no ataque recorrente, a síntese do precariamente resolvido, do impasse velado, mas cuja procedência continua brumosa e vinculada a outras fases do desenvolvimento familiar. A queixa se volta para esta vicissitude, embora o segredo permaneça de difícil acesso, remoto, inclusive ante a proposta de qualquer exploração terapêutica.

Na prerrogativa do Estado, que zela em nome da saúde mínima que possa dispender, cabe então agregar outras providências, imediatas, para que o pequeno cidadão não seja ainda mais vitimado pelo conflito importante que perturba seu desenvolvimento normal.

A proteção afetiva, no sentido do acolhimento da queixa e da livre expressão dos sentimentos despertados, corresponde à reparação ao dano perpetrado desde que favoreça a relativa tranquilização da criança atacada e não a exponha novamente a situações traumáticas, a fissuras que agravem o desgaste de seu já estremecido ego. Dentre essas situações, deve-se tomar cautela até mesmo com aquelas produzidas como resultado da ansiedade dos técnicos, de seus limites para intervir quando mobilizados pelas manifestações de morbidade de quaisquer origens e, principalmente, pela evidente indefensabilidade da vítima.

As margens previsíveis do arbítrio das leis protetivas, ante o fracasso do cuidado e do investimento amorosos familiares, podem e devem ser supridas pela introdução da interdisciplinaridade, com o objetivo de tentar um abrandamento das repercussões que os maus-tratos impõem ao psiquismo da criança. Ou, ainda, de esboçar tentativas de redimensionar a família fragilizada, continente dos ataques às figuras infantis ou adolescentes.

A ação curativa da interdisciplinaridade, entretanto, é de custosa aplicação. As tantas restrições ao acesso às vítimas – arduamente identificadas pelos operadores do Direito e pelos técnicos em saúde mental, acionados quando o problema já está instalado, por vezes há longo tempo e precocemente – limitam a eficácia buscada.

Mais uma vez, é importante salientar, além desses esforços dirigidos às vítimas diretas, o grupo familiar, que, seguramente comprometido, requer avaliação atenta. Como forma de prevenção de novas ocorrências, pode ser indicado investir na figura dos agressores, enquadrados também em um tipo de *vitimação*, pelos próprios e distorcidos impulsos. Esse, de alguma forma especial, por sua vez, é um dos procedimentos que visam à inserção terapêutica integral do grupo adoecido, mesmo que ainda não haja consenso sobre a inclusão do abusador. Alguns técnicos insistem em percebê-lo como portador de patologias muito regressivas, com deterioração que não permita uma abordagem satisfatória, nem uma evolução favorável, de forma que seu afastamento seja de recomendação mais prudente.

Com essas medidas, então, se visará compor uma atenção preventiva secundária, basicamente difícil de viabilizar pela própria natureza da estruturação do grupo familiar, da extensão de seus conflitos e da compulsão à repetição. Um planejamento interventivo de acompanhamento continuado à família adoecida, que demanda recursos extraordinários para sua efetivação, entretanto, nem sempre estará disponível. A evolução observada do grupo poderá indicar, paulatinamente, as linhas de tratamento cabíveis, segundo especialistas.

Mas, ao ser acionada a possível repressão preconizada pela assistência legal, se fará premente aprofundar o entendimento da etiologia desses comportamentos mórbidos e violentos, bem como das gratificações deterioradas das pulsões de destruição e ataque. Em síntese, deverão ser diagnosticados os sintomas predominantes no interior do núcleo familiar que desencadearam as crises atuais.

É comum, porém, que essa face da interdisciplinaridade se veja não raro obstruída ou limitada por dados de realidades adversas. As atribuições e as atribulações do trabalho psicológico, mesmo desempenhado por alguém treinado para enfrentar os desafios impostos pelas fronteiras dos objetivos, ingressa em situações comparáveis a um jogo, já iniciado em desvantagem que precisa ser superada. Tais desvantagens incluem condições de trabalho nem sempre favoráveis ao técnico em saúde mental, assim como cargas de desgaste além da magnitude da queixa apresentada. Além disso, as expectativas e as ansiedades que são depositadas no trabalho do psicólogo, inclusive pela equipe interdisciplinar, representam ainda outro ônus a ser administrado paralelamente.

São esses, com frequência, os pontos mais desafiadores para o técnico que se associa primeiramente à proteção da criança ou do jovem. Disponibilizar tanto técnica quanto ética a serviço dos desdobres complexificados que se apresentam nos casos de abuso sexual a crianças, enfrentar terapeuticamente o abusador e sua patologia, manter a neutralidade possível, configuram alguns dos nódulos que costumam se impor também ao profissional. Mas nem sempre se logra obter condições para fazer frente às demandas arrastadas dos conflitos familiares que implicam violência contra a criança. O preparo técnico exige condições especiais amplas, além da devida experiência em manejos terapêuticos dessa natureza.

Para esse profissional convocado nas investigações, a prévia experiência em psicoterapia, em psicoterapia infantil e do adolescente, na abordagem ao núcleo familiar e capacidades internas para lidar com um conflito mobilizante como o ataque a crianças são fundamentais. Ainda assim, mesmo o pessoal experimentado nas lides de família, sob certas condições, por vezes não logra obter condições particulares suficientemente isentas, em razão dos sentimentos despertados, difíceis de conter. Apesar de tudo, é rotineiro que se deposite apenas nas conclusões psicológicas a separação final entre omissões, cumplicidade e culpas.

Além disso, é no impasse afeito à diferenciação entre *abuso perpetrado* e *abuso produzido pelas fantasias* dos envolvidos que se situa o enfrentamento mais crucial da ordem do trabalho psicológico. Nessa fase da intervenção, agravam-se as pressões direta ou indiretamente, para que finalmente sejam definidos conclusiva e seguramente os papéis e as responsabilidades da vítima, para o abusador – de várias maneiras – e para a família.

De quaisquer modos, a proteção à criança maltratada é sempre a ênfase a ser obtida, por meio da sua confiança captada, de poder estabelecer com ela e com a família uma aliança terapêutica capaz de minar os códigos de silêncio que comumente envolvem o dano vivenciado. As tentativas agravantes de responsabilizá-la – de maneira clara ou disfarçada – pela ação do agressor, inclinação que visa mais o adolescente, também podem ser entraves difíceis de ultrapassar, incluindo as manifestações de culpa não raro demonstradas pela vítima.

Em outra frente, assessorar os operadores do Direito, com frequência mobilizados pelas mesmas razões, costuma ser uma outra tarefa opressiva, mas inevitável, no trabalho em equipe interdisciplinar. Conter parte dos sentimentos despertados na equipe integra a função da assessoria psicológica no sentido de voltar-se para a homogeneidade prevista no tipo de trabalho multidisciplinar.

Contudo, nos muitos e variados "*sofismas técnicos*", ante uma realidade contundente em que o tempo funciona como fator de dificultação, os elementos para dimensionar o abuso sexual intrafamiliar de crianças não se apresentam como unidade. Ocorre o mesmo na literatura com os conceitos de *abuso* e *critérios subjetivos*, isto é, a dificuldade em tipificar os comportamentos que podem ser considerados abuso. A discussão entre *consentimento inconsciente* versus *coerção* divide também os autores. Por vezes, até certo "preciosismo" ao explorar o tema e recomendar tipos de intervenções interage com as vicissitudes da desproteção da criança, gerando uma faixa de desmobilização que impacta a qualidade da avaliação.

Mas não há discordância quanto às repercussões traumáticas sobre o psiquismo da criança, envolvendo uma longa lista de danos, alguns dos quais nunca chegarão a ser elaborados. Como dado objetivo, ressalta-se o aumento estatístico das ocorrências e das profundas implicações internas dos sujeitos envolvidos em denúncias de abuso na família, neste ou naquele papel.

Junto a isso, os recursos disponíveis para as avaliações podem ser, novamente, deficitários. Nem sempre, por exemplo, haverá um *setting* apropriado para tal. Nesse capítulo denso do viver profissional, as experiências pessoais em psicoterapia serão, mais do que valiosas, uma exigência inegável.

Nesse sentido, núcleos familiares portadores de patologias com tal gravidade, em litígio nos tribunais, são os exemplos mais claros e eloquentes da conveniência e necessidade do funcionamento integrado por recursos legais e psicológicos, interdisciplinarnamente.

CONSIDERAÇÕES FINAIS

A severa crise tridimensional, composta pela vítima-criança, abusadores e núcleo familiar perturbado, delineia uma imagem sobrecarregada, com prognóstico quase sempre reservado, no qual a repetição e outros riscos são apenas um dos focos. O abuso e a violência contra a criança no seio de sua própria família atentam definitivamente contra a possibilidade e o direito de que ela desenvolva suficiente sentimento de segurança e para que seja favorecido o estabelecimento de vínculos introdutórios saudáveis com vistas à vida adulta.

O constrangimento não incomum na manutenção de dolorosos segredos familiares que sustentam uma integridade mórbida pelo clã é talvez o maior dos enfrentamentos da criança, para o qual necessita o apoio e a "permissão" de ruptura dispensados por uma equipe interdisciplinar.

Vê-se, dessa forma, que as cores afetivas que caracterizam cada família se alteram, se alternam, desde as tarefas de dar à criança estruturação, até as de dar-lhe disfunção, variando apenas em intensidade. Também são esses mesmos mecanismos intrapsíquicos, em suas oscilações, que delineiam as definições de sanidade ou de morbidade, ao avaliar os determinantes inconscientes que "proporcionam" o desenrolar dos ataques à criança, da negação que instala à omissão, e que permite, às vezes, o longo e contínuo acesso dos abusadores. É relativamente simples concluir que os fatores de indefensabilidade ou a incapacidade de oposição e queixa da criança pequena funcionam como um tipo de "estímulo" para as condutas abusivas. Embora os instrumentos terapêuticos sejam acionados quando a figura da autoridade assume suas funções, o estágio do conflito já terá imposto lesões, algumas irreversíveis.

Paciente de vivências tão adversas e destrutivas, a criança abusada precocemente em foro extremamente lesivo – a própria família – resta como objeto de reparação por parte do social amplo. Assim, cabe, por meio do recurso integrado que puder ser colocado à disposição, a tarefa árdua e incerta de dar sustentabilidade ao que ainda sobrevive na criança em termos de saúde mental. É necessário, então, máxima cautela em relação a técnicas inovadoras, mesmo as imbuídas de melhores intenções, a fim de que não se agreguem mais problemas às recentes e patogênicas experiências da pequena vítima, impostas pela trajetória familiar desfavorável a que esteve submetida.

Quando ausente a ótica e a ação da interdisciplinaridade – ou, melhor ainda, da transdisciplinaridade – na célula familiar que revela abusos, se desqualifica um capítulo importante da saúde pública e um iminente risco social entra em questão. Fica imprudentemente negligenciado o esforço sobre a apreensão global do problema, superado pela fragmentação e pela simplificação da realidade. Novas manifestações de patologias dessa magnitude estarão em curso, com os traumas sendo reproduzidos intergeracionalmente ou evoluindo para também outras condutas antissociais e predatórias.

Há disponibilidade de leis eficientes para a necessidade brasileira, divulgadas e respeitadas, com o fim de impetrar agilmente medidas curativas precisas e amplas. Resta consagrar definitivamente sua implantação por meio de instrumentos naturalmente restritivos e punitivos, mas, acima de tudo, sublinhar a prevenção ágil e suficiente, como indica qualquer recomendação de saúde pública integrada e de trato social.

Assim, como na canção infantil do folclore brasileiro, "*o primeiro foi seu pai, o segundo seu irmão, o terceiro foi aquele que a Tereza deu a mão*", espera-se que a escola, os Conselhos Tutelares, o resto mais sadio da família e a sociedade se constituam como verdadeiros instrumentos terapêuticos, sendo aquele *terceiro* o último recurso de que a criança abusada – caso falhem os instrumentos anteriores ao conflito – precise valer-se para retomar o curso ainda possível de seu evoluir psíquico.

REFERÊNCIAS

AZAMBUJA, M. R. F. O litígio e a criança: questões polêmicas. In: AZAMBUJA, M. R. F. *Infância em família*: compromisso de todos. Porto Alegre: IBDFAM, 2004.

COELHO DE SOUZA, I. M. C. Código de leis e leis cifradas: razão e sensibilidade no Direito de Família. In: COELHO DE SOUZA, I. M. C. *Casamento, uma escuta além do Judiciário*. Florianópolis: Vox Legem, 2006

FREUD, S. O parecer do perito no caso halsmann (1931/1930): breves escritos. In: FREUD, S. *Edição standard brasileira das obras psicológicas completas* de Sigmund Freud. 2. ed. Rio de Janeiro: Imago, 1987. p. 287-289. v. 21.

KRISTENSEN, C. H.; SCHAFER, L. S. Maus tratos na Infância e Adolescência. In: KRISTENSEN, C. H.; SCHAFER, L. S. *Parentalidade*: análise psico-jurídica. Curitiba: Juruá Editora, 2009.

MARTINI, F.; HEMESATH, T. Abuso sexual infantil e características da família em situação de risco: um olhar da Psicologia frente ao manejo da equipe multiprofissional em um hospital geral. *Revista da Sociedade de Psicologia do Rio Grande do Sul*, v. 8, n. 1, 2009. Não paginado.

PEREIRA, C. Os maus-tratos infringidos aos menores e seu reflexo na autoridade parental. In: PEREIRA, C. *Escritos de direitos das famílias*: uma perspectiva luso-brasileira. Porto Alegre: Magister, 2008.

RIO GRANDE DO SUL. Assembléia Legislativa do Estado do Rio Grande do Sul. *Relatório Azul*: Comissão de Cidadania e Direitos Humanos. Porto Alegre: Assembléia Legislativa, 1997.

10

A AVALIAÇÃO DA CRIANÇA VÍTIMA DE VIOLÊNCIA SEXUAL

Maria Lucrécia Scherer Zavaschi
Cláudia Estrella
Fernanda Caldas Jardim
Fernanda Munhoz Driemeier

INTRODUÇÃO

O abuso sexual de crianças raramente envolve violência física detectável, uma vez que o perpetrador, tipicamente um cuidador conhecido, se utiliza da confiança da criança, e não da força física para cometer o crime. Frequentemente, o abuso ocorre em episódios repetidos, em que o perpetrador torna a relação progressivamente sexualizada. Em torno de um terço de todos os casos de abuso sexual na infância é originário de incesto. O comportamento sexual inapropriado ou exacerbado na criança pode ser indicativo de abuso, mas nem sempre está presente, sendo, por vezes, difícil de distinguir do comportamento normal para a idade. Chamam atenção comportamentos sexualizados em público, seja expondo genitais ou imitando ato sexual, tendendo à repetição e persistência mesmo após intervenção de um cuidador. Alterações no comportamento podem comunicar de forma não verbal o que está ocorrendo, manifestando-se em regressões ou estagnações no desenvolvimento, distúrbios alimentares e de sono, irritabilidade e baixa autoestima (WHO, 2003).

ALGUMAS FERRAMENTAS

São tantas e tão repugnantes as formas de abuso com as quais temo-nos confrontado, que tivemos que optar, ao longo do tempo, por classificações estabelecidas em âmbito mundial que contemplam o abuso de forma genérica. As classificações internacionais possibilitam que tenhamos uma linguagem comum entre os técnicos e entre instituições, o que é fundamental, pois o abuso de crianças é matéria que não diz respeito somente aos trabalhadores da saúde, mas também aos da educação, da justiça e das ciências políticas. Um referencial classificatório internacional permite que consigamos não somente entrar em acordo com relação ao diagnóstico, mas possibilita um adequado planejamento terapêutico.

Atualmente, o Ambulatório Pais-bebês adota a *"Zero to Three – Diagnostic Classification of Mental Health and Developmental Disorders of Infancy and Early Childhood: Revised Edition (DC:0-3R)"* (Zero to Three, 2005) que corresponderia a uma adaptação do DSM-IV-R para essa faixa etária.

Quanto às manifestações clínicas do abuso, são poucos os sinais e sintomas específicos, ou sinais patognomônicos (sinais especiais cuja presença significa, acima de qualquer dúvida, que uma determinada doença está presente), que possam auxiliar no diagnóstico. No entanto, se observarmos a organização do DC:0-3R como um todo, veremos que ele busca ser abrangente, contemplando fatores constitucionais do bebê, bem como os fatores ambientais que modelam tanto o desenvolvimento sadio quanto os possíveis desfechos patológicos em tão tenra idade. Tais desfechos não raro dão origem às patologias das crianças maiores, dos adolescentes e dos adultos.

O DC:0-3R contempla os maus tratos físicos e psicológicos no Eixo I, que se dedica à descrição dos diagnósticos primários. Os mesmos maus-tratos, assim como o abuso sexual, também são arrolados no Eixo II, que descreve a relação pais-bebê e a qualidade dos cuidados que o bebê recebe no início da vida, sendo arrolados, ainda, no Eixo IV, que nomeia estressores psicossociais e ambientais.

Assim, no *Eixo I*, que classifica patologias clínicas dos bebês de 0 aos 3 anos, encontramos inúmeros quadros que podem ser decorrentes de negligência, abuso físico ou sexual:

1 Transtorno de estresse pós-traumático
1.a Transtorno de privação e maus-tratos
2 Transtornos do afeto
2.a Luto prolongado ou reação de luto
2.b Transtornos de ansiedade na tenra infância e na primeira infância
2.c Depressão na tenra infância e na primeira infância
2.d Transtornos mistos de expressão emocional
3 Transtornos de ajustamento
4 Transtornos de regulação do processamento sensório
4.a Hipersensitivo
4.b Hiposensitivo/hiporresponsivo
4.c Busca de estimulação sensória/impulsividade
5 Transtornos do sono
6 Transtornos da alimentação
7 Transtornos do relacionamento e da comunicação
8 Outros transtornos

O *Eixo II* identifica o relacionamento do bebê com seus pais usando escalas de classificação quantitativas e qualitativas. A partir da relação com seu cuidador, a criança constrói um senso do que é esperado e do que é possível nos relacionamentos com outras pessoas, determinando, como discutido anteriormente, um padrão para seus vínculos futuros. Na avaliação da relação pais-bebê observam-se os níveis de funcionamento, de angústia, de conflito e de flexibilidade tanto no bebê quanto no cuidador, e seus efeitos no desenvolvimento da criança.

O *Eixo III* considera os problemas médicos e do desenvolvimento que podem ser fonte ou influenciar sintomas psiquiátricos.

O *Eixo IV* nomeia os possíveis estressores psicossociais e ambientais, como pobreza, violência, abuso sexual e doenças dos pais (desde doenças psiquiátricas como abuso de álcool ou vício em drogas, até doenças físicas que por ventura os impeçam de estar com os filhos, o que por si só se constitui em um fator de estresse). Também são levantados eventos típicos do ciclo vital da família que podem ser vividos com sofrimento pela criança pequena, como o nascimento de um irmão, ou a entrada na escola. São incluídos também dados referentes ao impacto de cada evento. O impacto depende do grau de desenvolvimento da criança, ou seja, de sua idade cronológica, idade social, história emocional e biológica, vulnerabilidade ao estresse e recursos do ego. A severidade do estressor é influenciada pela intensidade e duração, e pelo caráter episódico ou permanente. O início súbito e a imprevisibilidade são fatores agravantes. Em contrapartida, a disponibilidade e a capacidade dos adultos em oferecer um ambiente cuidador podem servir como uma barreira protetora e auxiliar a criança a entender e a lidar com tais estressores, reduzindo seu impacto.

No *Eixo V*, é classificado o grau de funcionamento emocional e social do bebê de acordo com inúmeros critérios, levando em conta suas capacidades conforme a idade e a vulnerabilidade das mesmas ao estresse.

DIFICULDADES INERENTES À MATÉRIA ABUSO E MAUS-TRATOS

São inúmeras as dificuldades que nós, técnicos, enfrentamos para realizar um diagnóstico, como já mencionamos antes.

Neste capítulo, apontamos as mais frequentes, classificando-as em três grupos: *por parte dos avaliadores: contratransferência; por parte da família: ocultação, negação; por parte da criança: confusão, submissão, terror sem nome*.

Contratransferência

As intensas respostas emocionais que são despertadas ao se atender crianças abusadas e seus pais desafiam mesmo os mais empáticos, maduros e experientes terapeutas, havendo, por isso, o risco de prejudicar sua capacidade de ajudar a criança e sua família. Considera-se que a dor do terapeuta, ao se identificar com o sofrimento, a confusão e o desespero da criança abusada, vê reativadas memórias precoces de desamparo e confusão de sua própria história, havendo a possibilidade de identificar-se com a criança, gerando uma visão simplista ou parcial do caso, podendo retardar o diagnóstico. Na esteira desse raciocínio, observa-se que não raro o avaliador se vale da negação para evitar o confronto com a acintosa e onipotente agressão humana contra uma criança tão pequena. Muitas vezes, o avaliador busca outras origens para as lesões encontradas, até que maiores evidências permitam que ele se renda e admita tal diagnóstico.

Negação e ocultação

A menos que os maus-tratos e o abuso tenham sido ocasionados por membros externos à família, a constatação demora muito a vir à luz. O abusador de dentro da família sempre nega que haja perpetrado o crime. Mesmo quando a situação vem à tona, procura defender-se, minimizando a situação ou mesmo acusando a criança de havê-lo seduzido. Desnecessário dizer que essas artimanhas causam um grande mal-estar na equipe, despertando-lhe sentimentos hostis. Tais sentimentos são compreensíveis e devem ser suficientemente elaborados, para que se transformem em pensamentos compreensivos (*insight* da contratransferência) e ativos durante a avaliação e plano terapêutico da criança.

A negação, entretanto, não se restringe apenas ao abusador, que, na maior parte das situações, mantém sua pequena vítima refém de ameaças de morte e de vingança, valendo-se do poder que exerce sobre ela, uma vez que se trata de figura de referência para a criança. A negação se estende também à mãe, aos irmãos e demais pessoas que habitam a casa. Lamentavelmente, encontramos familiares, possíveis testemunhas do abuso, que utilizam os mesmos mecanismos de defesa de negação. Não raro ouvimos o doloroso depoimento de inúmeras mães em nosso ambulatório que, aos prantos, se arrependem amargamente por não terem vigiado adequadamente suas pequenas filhas, ou de não terem dado importância aos pequenos sinais emitidos pela criança de que não estava bem, de que o pai ou padrasto era inconveniente. A mãe demora muito para se dar conta, e, quando se depara com tamanha ignomínia, nega o que vê, fica confusa e leva muito tempo até delatar o crime. Muitas vezes também está sob ameaças e agressões do abusador, sendo que, em diversos casos, a mãe opta pelo abusador, abandonando a criança a sua própria sorte.

Confusão, submissão, terror sem nome

A menos que algum adulto a ajude, a vítima segue sendo abusada até adquirir direito próprio, o que pode perdurar por toda sua infância e adolescência. Temos atendido inúmeros casos cujo abuso dura de 10 a 12 anos. Quanto menor a criança, mais vulnerável e maiores são as marcas mentais que nela se imprimem. Assim, se a vítima conseguiu sobreviver ao abuso, foi escutada por sua mãe ou seu pai, ou por algum adulto responsável na família, potencial testemunha, tendo finalmente encontrado uma equipe que a viu e ouviu, então poderá ser avaliada e tratada adequadamente. Não temos, no entanto, a ingenuidade de imaginar que algo tão brutal não deixe cicatrizes.

Cada uma dessas questões mereceria maior aprofundamento. Mas imaginamos que a descrição de casos clínicos pode ser ilustrativa de como a equipe enfrentou a questão do diagnóstico e do tratamento. Nesse sentido, apresentamos, a seguir, três casos de abuso infantil atendido por nós.

CASO RAQUEL: A PEQUENA MÁRTIR

O caso mais contundente que atendemos foi o de um bebê a quem chamamos de "Raquel, a mártir", que tinha apenas 3.800g aos 8 meses de vida e estava na CTI pediátrica. Raquel tinha o pequeno corpinho mutilado por queimaduras de diferentes origens: queimaduras por fogo (abrasão: cicatrizes pequenas redondas de ponta de cigarro nas coxas, nádegas, entre outras partes do corpo) e queimaduras por líquido quente (rosto, vagina e nádegas). Tinha laceração por instrumento cortante na vulva e ruptura e dilatação de vagina e ânus, com deformação anatômica do períneo. Já se encontrava com falência múltipla de órgãos e apresentava necrose nos tornozelos e pés. Ela havia sido brutalmente abusada sexualmente e torturada até a agonia, tendo finalmente falecido horas após nosso exame.

Esse é um dos inúmeros casos nos quais o exame do bebê moribundo, ou, em outros casos, do pequeno cadáver, pode demonstrar a dimensão do que a monstruosidade ignominiosa humana é capaz. Soube-se que seus pais eram usuários de drogas e a criança foi trazida ao hospital por vizinhos que não conseguiam dormir devido aos gritos do bebê. Nesse caso, o exame psiquiátrico não se fez necessário; nada mais poderia ser feito pela menina. Sua família, porém, foi avaliada e devidamente encaminhada – os pais para a Justiça; e os irmãos, para adoção internacional. Este trabalho foi recompensado por um fechamento satisfatório, no qual seus irmãos haviam sido adotados por uma família europeia e estavam bem.

CASO JAQUELINE: O BRINQUEDO "MALUCO"

Jaqueline era uma linda menina, com aparência bem cuidada, que foi trazida pela mãe para atendimento. A mãe relatava que, quando bebê, Jaqueline chorava muito, noite e dia, e o pai administrava ansiolíticos para acalmá-la. Aos 3 meses, o pediatra suspendeu o uso de ansiolíticos e diagnosticou refluxo gastroesofágico como causador do choro frequente, prescrevendo, então, tratamento adequado. A mãe refere que notava que Jaqueline ficava mais agitada quando estava com o pai, que, ao perceber isso, ficava mais revoltado. A mãe imaginava que o pai revoltava-se também porque seu pai o tinha negado e abandonado. Nessa época, a mãe presenciou o pai sacudindo a filha pelos braços para fazê-la parar de chorar. Aos 5 meses de vida, o pediatra diagnosticou fratura em um braço de Jaqueline, e a babá foi demitida. Quando Jaqueline estava com 8 meses, a relação do casal estava esgotada por comportamentos agressivos e ameaçadores do pai, e a mãe passou a morar com Jaqueline na casa da avó materna. Até os 2 anos de idade, Jaqueline visitava o pai de três em três meses. Com 3 anos, ocorreu sua primeira pernoite com o pai. Ao retornar, Jaqueline estava ansiosa, apática, dizendo que o pai batia nela para dormir. Iniciou-se, a partir de então, processo judicial, e o pai passou a fazer ameaças verbais à mãe e sua família.

Com 3 anos e meio, Jaqueline voltou da visita ao pai aos gritos! A menina chorava e tremia desesperada. Segundo a mãe, Jaqueline disse "o papai bate na bunda e faz maldade comigo". Quando estava no banho, a mãe percebeu que Jaqueline estava mexendo na genitália com muita raiva, ódio. Ao perguntar o que aconteceu, Jaqueline respondeu "o papai botou o dedo na xexeca e não cortou a unha, e fez brincadeirinha do fogão da vovó". Descreveu a brincadeira para a mãe, que parecia se assemelhar a um ato sexual. Foram tomadas medidas protetoras judiciais e a menina iniciou atendimento psicoterápico. Na pré-escola, aos 4 anos, falava palavrões, o que suscitava afastamento das outras crianças. Era muito ansiosa, medrosa, tinha respostas de sobressalto excessivas. Nas sessões com a terapeuta, era inquieta, não se fixava em brincadeiras, falava constantemente que "estava tudo maluco, brinquedo maluco, boneco maluco, desenho maluco". Isso expressava a "maluquice", a confusão em seus pensamentos e sentimentos ao perceber os diversos abusos que havia sofrido. Durante as sessões, reeditava situações de abuso, como certa vez em que um boneco "foi mordido na bunda pelo tubarão, e ficou com machucado para sempre. Ele ficou maluco porque fez cocô nas calças". Logo após, fazia a associação do brinquedo com o abuso que tinha sofrido: "pai colocou o dedo na xexeca e foi pela frente e por trás".

CASO LIA: UMA BONECA É AFOGADA

Lia era uma linda menina de 3 anos e meio. Era pequenina para a idade, chegou ao atendimento vestida com simplicidade e sem portar nenhum adorno. Apesar de seu bonito rosto, sua aparência era de desolação, de uma tristeza profunda. Seus cabelos eram secos, da cor de espigas de milho. Tinha o olhar triste, desconfiado e um tanto desafiador. Apresentava equimoses em diferentes estágios de evolução: algumas roxas, outras amarelas nos braços, nas pernas, sendo que alguns vestígios apareciam até no rosto. Pela entrevista objetiva com familiares, a analista foi informada de que a menina vinha sendo maltratada pela mãe desde bebê. Atualmente morava com a mãe e o padrasto, sendo que, nos fins de semana, tinha permissão para ver o pai e a avó. Foi por ocasião de uma dessas visitas que a criança veio à avaliação.

Na primeira sessão, apresentou a seguinte dramatização: tomou a bonequinha, filha da família de bonecas de pano e, após encher a pia de água, passou a banhá-la. Sutilmente, na medida em que sua excitação aumentava com o brinquedo do banho, passou a afogá-la sadicamente, com um sorriso de aparente satisfação. Ria ao observar o rosto atônito que a analista não conseguia esconder.

A avaliadora percebeu-se tomada de intensa angústia ao deparar-se com a cena da bonequinha que estava sendo afogada. Inicialmente perguntava-se se Lia realmente estava afogando a boneca, ou se era algo acidental. Subitamente, a menina passou por um momento de confusão, à semelhança do que acontece com crianças maltratadas ou abusadas. Percebendo sua confusão, a analista buscou recuperar-se, pois sabia com clareza que não podia negar o que via: a pequena Lia efetivamente afogava a boneca, dramatização acompanhada de incomum satisfação, prazer e desafio.

A analista percebeu que, efetivamente, ouvia a menina: "eu vou te afogar... eu vou te matar..." Recapitulou rapidamente seu conhecimento sobre o desenvolvimento normal. Nessa idade, são frequentes as brincadeiras sádicas, por que Lia não poderia estar dramatizando-as? Na etapa edípica do desenvolvimento, é comum o amor da menina pelo pai estar acompanhado de ataques sádicos anais e uretrais dirigidos à mãe. É comum que se manifeste no brinquedo a rivalidade entre a menina e sua mãe. É frequente, em virtude da onipotência do pensamento e dos desejos orais da menina em relação a tudo que a mãe dispõe, – pai, pênis do pai, bebês – ela acreditar que realmente deseje e tenha incorporado esses objetos dentro de si. Isso desencadearia sentimentos ambivalentes em relação à mãe, como o desejo de roubar tais objetos dela, exatamente no momento do sadismo máximo.

Essa etapa também é acompanhada, em contrapartida, de um superego terrorífico, havendo uma plena justificativa onipotente para o sadismo da mãe, que não faria outra coisa que não vingar-se da filha por seus ataques. Segundo Melaine Klein, esse movimento corresponderia à "etapa de incorporação parcial do objeto" (Klein, 1940, p. 323), no qual "o caráter cruel e aterrador do superego nas crianças de ambos os sexos é devido ao fato de que começaram a esta altura, a introjetar seus objetos em um período do desenvolvimento no qual o sadismo se encontrava em seu ponto máximo".

A analista olhava a cena incrédula. Lia, perceptiva dos efeitos que causava na analista, olhava-a sádica e sorridente, parecendo deleitar-se com a cena: "eu vou te afogar... eu vou te matar", e afogava a boneca com gosto, repetitivamente. Ali não se passava exclusivamente a dramatização de uma menina que transmite uma comunicação trágica, proveniente da fantasia. Ali se passava uma relação movida por sentimentos e pensamentos: a reedição do trauma. O campo que se havia formado de imediato estava minado por uma multiplicidade de sentimentos no qual a pequena Lia se apresentava como uma mulher sádica, poderosa, senhora da vida e da morte, identificada com a mãe.

"Lia, quem sabe tu estás me mostrando como ficas assustada quando tu pensas que isso pode acontecer outra vez contigo", se pronuncia a analista. O rosto triunfante, sorridente e sádico deu imediatamente lugar a um olhar triste e de pavor que justificou a angústia da analista. Nessa hora sentiu profunda pena e desejo de abraçar a menina e dizer-lhe que nunca mais sofreria tais violências, que estaria protegida, a salvo de tamanhos impulsos filicidas por parte de sua mãe. A profissional não comunicou seu sentimento verbalmente, apenas auxiliou Lia a perceber que não havia sido ela a responsável pela fúria da mãe.

Compartilhando de todo um corpo teórico dos ensinamentos de Freud sobre o polimorfismo perverso das crianças, de todos os exemplos clínicos de Melanie Klein, custava à analista acreditar que a pequena Lia, com seus 3 anos de vida, já estivesse identificada com a violência e sadismo de sua mãe. Ela imitava literalmente a mãe. Com o jogo repetitivo, buscava ficar na condição de algoz, reeditando ativamente o trauma que sofrera passivamente, na condição de vítima.

A confusão inicial da analista correspondia à confusão que menina sentia frente à violência da mãe, uma vez que a mãe que a cuidava era a mesma que a atacava brutalmente. Em sua fantasia, a tentativa de afogamento que a mãe lhe impunha era justa, e devia ser um castigo merecido pelo ódio que ela, Lia, devotava à mãe pelos maus-tratos. A mãe concretizava, com sua violência, a fantasia de que Lia havia sido mesmo muito má e merecia castigos tão cruéis, pois sustentava um olhar desafiador em direção à analista, o que é difícil encontrar-se em crianças tão pequenas. A analista rendeu-se ao fato de presenciar uma manifestação de "brinquedo documental", referido por Paulina Kernberg (1996), o qual se restringe à comunicação do mau-trato sem elaboração posterior. Essa elaboração possivelmente só poderia se dar à medida que Lia tivesse a oportunidade, primeiramente, de livrar-se dos maus-tratos, e, em segundo lugar, de identificar, a partir do exame da situação, que os maus-tratos eram totalmente desproporcionais a suas fantasias agressivas em relação à mãe.

FATORES PROTETORES

As crianças saudáveis, com constituição genética favorável e higidez física, são menos suscetíveis aos maus-tratos e abuso. Estudos indicam que crianças que se adaptam facilmente ao ambiente, que são flexíveis, que detêm boa capacidade de empatia, suficiente autoestima, sentido de cooperação, facilidade de interação social e inteligência acima da média, estão mais preparadas para enfrentar eventuais situações de estresse. Além disso, são crianças que apresentam facilidade de interagir com seus pares e com outras pessoas, dentro e fora da família. (Brenes, 2001)

Famílias bem estruturadas também representam um poderoso fator de proteção. Entre as características na família que favorecem a proteção da criança, encontramos: um funcionamento harmônico entre os pais, a existência de um vínculo afetivo entre eles, um ambiente respeitoso e previsível, com regras claras e coerentes, espaço físico adequado, a presença contínua e segura de afeto, supervisão, compreensão e apoio dos progenitores para com as crianças, com distribuição equitativa de atenção e privilégios entre os filhos, um suficiente espaçamento de idade entre os irmãos, com idade apropriada dos pais, e baixo nível de depressão materna (Brenes, 2001).

Um antigo ditado africano diz que "para educar uma criança é necessária toda uma aldeia", pois, para criar filhos saudáveis, é imprescindível, além de uma boa família, que essa esteja inserida em uma comunidade saudável. A violência, a pobreza e a ignorância são fatores adversos e fatores de risco para a vitimização de crianças. É importante que a família guarde uma boa qualidade de relações sociais com a comunidade da qual faz parte, e que sua rede social esteja fortemente estabelecida. Além disso, a família necessita buscar oportunidades e espaços de apoio para controlar eventuais fatores estressores. A existência de uma âncora religiosa ou espiritual também pode ser de grande valia para uma família (Brenes, 2001; Holden, Gepper e Jouriles, 1998).

FATORES DE RISCO

Crianças menores de 5 anos são muito mais vulneráveis à negligência, abuso e a maus-tratos do que as crianças maiores, pois são absolutamente dependentes dos adultos. Crianças que carecem de vínculos parentais nos primeiros anos de vida, adotadas, prematuras, com baixo peso neonatal, com distúrbios evolutivos, necessidades especiais ou com malformações congênitas, com enfermidades crônicas, epilepsia, dificuldades de aprendizado, baixa autoestima ou comportamentos considerados difíceis estão muito mais expostas a vitimização (Brenes, 2001; Williams, 2003; WHO, 2003).

Fatores maternos podem predispor o abuso, entre eles mães jovens sem rede de apoio, gravidez não planejada e/ou não desejada, gestação de risco, depressão na gravidez e falta de acompanhamento pré-natal. São fatores de risco relacionados à família: mãe ou pai solteiro, jovem ou com múltiplos parceiros, pais com problemas conjugais, deficiência mental, antecedentes de delinquência, mães deprimidas, pais autoritários, instabilidade domiciliar, violência doméstica, abuso de álcool ou drogas, tentativas de suicídio ou outros problemas psicológicos, morte de algum dos pais, antecedentes de agressão na família de origem, famílias numerosas ou baseadas em uma distribuição desigual de autoridade e poder, famílias nas quais não há uma diferenciação de papéis entre pais e filhos, levando ao apagamento de limites entre seus membros, famílias que apresentam um nível de tensão permanente, manifestado por dificuldades de diálogo e descontrole da agressividade e expectativas demasiadamente altas ou irrealistas em relação à criança (Zavaschi e Knijnik, 1996; Brenes, 2001; Williams, 2003; WHO, 2003; Maia e Williams, 2005;).

Constituem-se riscos sociais para a criança a ausência uma rede de serviços de apoio, um insuficiente espaço físico para a família, o baixo nível educacional dos pais, e eventos de vida estressantes, como dificuldades financeiras, pobreza e desemprego (Brenes, 2001; WHO, 2003).

A ATUAÇÃO DOS PROFISSIONAIS NO ATENDIMENTO AMBULATORIAL

Os casos de bebês de 0 a 3 anos que são encaminhados aos ambulatórios, em geral, provêm do próprio hospital ou da rede pública de saúde, pois são os pediatras e outros profissionais que, já alertas e experientes, levantam a suspeita de maus-tratos ou abuso. Tais profissionais de linha de frente devem estar preparados para identificar não apenas os casos de abuso sexual em que há evidências de violência como também aqueles intrafamiliares, sem dano físico. Eles devem encaminhar as crianças ao ambulatório especializado, uma vez que tais suspeitas demandam um minucioso estudo, que envolve diferentes especialistas, e um planejamento de proteção e tratamento físico e psicológico do evento traumático.

Aspectos elementares da anamnese e exame físico podem auxiliar o pediatra a levantar a hipótese diagnóstica de negligência, maus-tratos ou abuso: crescimento deficiente, desnutrição, enurese e encoprese secundárias, ingestão de substâncias tóxicas, higiene pessoal pobre ou acidentes repetitivos que não correspondem à história relatada pelos pais. Além disso, múltiplas fraturas em diferentes estágios de consolidação podem evidenciar maus-tratos, assim como danos cerebrais ou em órgãos internos que são controversos e não se encaixam em nenhum quadro clínico conhecido, hematomas em vários estados de evolução, queimaduras, afogamentos e asfixia também são indícios de violência.

Acreditamos que, primeiramente, o examinador deverá conhecer em profundidade o desenvolvimento normal da criança para que possa identificar as situações naturais e inerentes ao mesmo. Só assim identificará possíveis desvios, desaceleração, paradas ou regressões do desenvolvimento. Além disso, é importante que o profissional tenha conhecimento dos fatores de risco e proteção pré e perinatais, bem como os sinais e sintomas na criança.

Recomendamos a utilização de um protocolo de registro clínico para crianças de 0 a 3 anos adaptado do protocolo Zero to Three/The National Center. Nesse protocolo, pesquisa-se de forma detalhada os dados do paciente e de seus pais, com a finalidade de identificar e prevenir possíveis dificuldades dos pais com o bebê, e deste com seus pais. No caso específico da suspeita de abuso, deve-se procurar entrevistar os pais ou os familiares envolvidos separadamente e em local reservado. Nessa entrevista, busca-se identificar a queixa principal, fatores que exacerbam e que aliviam os sintomas, e a história clínica, psicológica e social, da forma mais completa possível.

No que diz respeito à história materna, é importante investigar o número de gestações anteriores, abortos, natimortos, malformações, idade dos demais filhos (e se estes são provenientes de outros relacionamentos), bem como partos prematuros, aleitamento dos demais filhos e perda de pátrio poder de outros filhos. Na história gestacional da criança, questiona-se o desejo, o planejamento e a aceitação da gravidez, preferência por sexo do bebê, cuidados pré-natais, intercorrências clínicas, uso de medicamentos e receios durante a gestação com relação à saúde própria, do bebê e problemas no parto. Esses dados tornam-se importantes, pois, desde o início da gravidez, a mãe começa a entrar em contato com seu filho. Com relação aos pais, deve-se investigar o nível educacional, a profissão, a renda familiar, problemas de saúde em geral e uso de substâncias lícitas e ilícitas antes, durante e/ou após a gestação.

Quanto ao parto, é recomendável coletar dados como idade gestacional, peso, apgar, analgesia e duração do trabalho de parto, tipo de parto e intercorrências pré e perinatais. Investiga-se se o pai estava presente, e se o bebê permaneceu na sala de parto, se foi amamentado no seio da mãe, se olhou nos olhos da mãe e se teve alta junto com ela. Averiguam-se intercorrências com a mãe e/ou bebê no pós-parto imediato e no primeiro mês de vida. Questiona-se a duração do aleitamento materno, sentimentos despertados na mãe durante a amamentação, idade de introdução de outros alimentos, bem como a rede de apoio, história de envolvimento em serviços de proteção, história de adoção e quem são os principais cuidadores da criança durante o dia e a noite.

É importante, ainda, observar o desenvolvimento neuropsicomotor da criança e seus principais marcos, como o sorriso, sustentação cefálica, idade em que sentou, engatinhou, falou, caminhou e obteve controle esfincteriano.

O abuso e os maus-tratos infantis, envolvendo ou não membros da família, geralmente não se constituem na queixa principal da consulta, de modo que o diagnóstico inicial pode passar despercebido. Outros fatores como a negação do problema, usualmente observada tanto no profissional de saúde quanto na própria família, pode dificultar a identificação desses casos.

É importante observar sintomas apresentados pela criança, como intolerância à frustração, conduta oposicionista, crises de birra, impulsividade, agressividade, hiperatividade ou agitação. Investiga-se se a propensão da criança a acidentes, seu humor predominante, seu interesse ou não pelo ambiente, seus processos de atenção, atividade e sociabilidade, se é hipoativa, assim como se apresenta afeto deprimido ou dificuldade de separação, se é temerosa ou ansiosa, se apresenta alterações no sono ou na alimentação, se tem comportamento sexualizado, se tem problemas com o treinamento dos esfíncteres e se teve hospitalizações muito próximas e exposição pré-natal a drogas. Tratando-se de uma investigação sobre abuso sexual, deve-se ainda incluir quem poderia ser o responsável pelo abuso, quando teria sido seu início e sua duração, como foi e se foram observadas modificações na conduta da criança.

Em relação aos sinais e sintomas físicos da criança, devem ser pesquisados atraso no crescimento, desnutrição, deficiência de ferro, obesidade, alergias, problemas neurológicos, anomalias e malformações, ferimentos, sangramentos ou outros problemas crônicos de saúde. Avalia-se como está seu desenvolvimento motor amplo e fino, social, cognitivo, emocional, bem como a linguagem expressiva e compreensiva e a comunicação não verbal.

O exame físico deve ser completo e também orientado para a pesquisa de trauma físico ou sexual. Os resultados variam desde um exame físico normal até manifestações clínicas dificilmente negáveis, como doença sexualmente transmissível e gravidez em idade precoce. No entanto, a ausência de achados físicos não exclui o diagnóstico. No momento do exame físico, pode-se utilizar um espelho de maneira que a criança possa participar, evitando que a criança vivencie o exame como um novo abuso.

Existindo a suspeita médica de maus-tratos ou abuso na família, pode-se indicar o afastamento temporário da criança por meio da hospitalização, para essa ser acompanhada por uma equipe multidisciplinar com pediatras, psiquiatras, psicólogos, enfermeiras, assistentes sociais, ginecologistas e outros profissionais que se fizerem necessários. Essa medida visa a proteger a criança de nova violência e a prevenir possíveis "retaliações" após a revelação do abuso. Faz-se imperativa a comunicação ao serviço jurídico do hospital, que entrará em contato com o Juizado da Infância e Juventude, conseguindo a tutela provisória da criança internada e o tempo suficiente para uma investigação completa. Segundo o Estatuto da Criança e do Adolescente, os casos de suspeita e confirmação de maus-tratos contra a criança ou adolescente deverão ser obrigatoriamente comunicados ao Conselho Tutelar da respectiva localidade e/ou ao Ministério Público, sem prejuízo de outras providências legais.

A partir de toda essa avaliação da estrutura familiar, social e emocional, será planejado um seguimento adequado ao caso, com atendimentos de família e individuais. As medidas legais a serem tomadas serão definidas pelo Juizado de Menores e pelo Ministério Público.

A HISTÓRIA DE ANDRÉ

André é um menino franzino de 3 anos, primeiro filho do casal, ambos com 31 anos, com um relacionamento de cinco anos de duração. O menino foi fruto de uma gestação desejada e planejada. Nasceu a termo, em boas condições de saúde e mamou no peito até os 3 meses. No entanto, apresentou refluxo gastroesofágico até os 6 meses e problemas respiratórios desde os 8 meses, sem maior gravidade ou necessidade de hospitalização. O acompanhamento da saúde da criança era realizado nas instituições de saúde pública sempre que procuradas pela família. O pai tinha história de uso abusivo de álcool e de substâncias ilícitas. Após o nascimento de André, a mãe passou a sofrer constantes agressões físicas e verbais do esposo, o que, segundo ela, motivou a separação do casal quando o menino tinha por volta de 1 ano. André permaneceu sob os cuidados da mãe, que logo foi residir com o novo companheiro, um homem de 35 anos.

André chegou aos 3 anos para atendimento pediátrico com história de internações em diferentes hospitais, sem diagnóstico clínico conclusivo. O menino estava sendo internado por apresentar hematomas e nódulos pelo corpo e face, que, segundo a família, apareciam e desapareciam espontaneamente. Apresentava dor à consulta, distensão abdominal e alterações do comportamento, como irritabilidade, agressividade e baixa tolerância a frustrações.

André foi internado junto à equipe da oncologia pediátrica para que se investigasse a suspeita de alguma neoplasia, mas logo foi transferido para a equipe de pediatria geral quando esse diagnóstico foi afastado. Durante a internação, necessitou morfina para tratamento da dor, teve febre por infecção respiratória e apresentou anemia, necessitando transfusão de hemácias. A ecografia abdominal revelou o aumento do fígado, grande hematoma lombar e de parede abdominal, além de presença de líquido intraperitonial. Na tomografia do abdômen, aparecia volumosa coleção subcutânea na região dorso-lombar. O menino foi encaminhado para a equipe da endocrinologia, que afastou deficiência de vitamina D e sugeriu as hipóteses de osteogênese imperfeita, sífilis e escorbuto, que também foram descartadas após investigação para esses diagnósticos diferenciais.

André também foi encaminhado para a equipe de hematologia pediátrica, para investigar sangramento e afastar histiocitose hemofagocítica, o que incluiu aspirado e biópsia da medula óssea e testes de coagulação, não sendo evidenciada patologia hematológica que explicasse o quadro clínico. Ele também foi investigado extensamente pelas equipes clínicas de gastroenterologia, genética, nefrologia e neurologia. Nos exames complementares de tomografia de crânio, *screening* laboratorial e exame do fundo de olho não foram encontradas alterações orgânicas que justificassem o quadro. O raio-X de crânio foi normal.

André mantinha sempre uma boa relação com a equipe técnica, gostava de brincar na recreação, era afetivo e comunicativo. Sua mãe, ao contrário do menino, quase não falava com a equipe e encontrava dificuldades para lidar com os cuidados básicos do filho. O padrasto visitou-o pouco, não tendo nenhum contato direto com o menino durante a internação. Os avós maternos de André mostravam-se presentes e envolvidos com o tratamento.

Em determinado momento da avaliação, após ter sido intensamente investigado por diversas equipes clínicas, levantou-se a hipótese de que o menino pudesse estar sendo vítima de maus-tratos.

Nesses casos – suspeita de maus-tratos –, é mandatório que se realize uma radiografia de corpo inteiro, exame que, tendo sido feito no menino, revelou a presença de fraturas em costelas em ambos os lados e em localizações diversas, não necessariamente sofridas na mesma ocasião, uma vez que apresentavam diferentes estágios de consolidação. A família negava história de violência, acidente ou qualquer traumatismo nas regiões afetadas, e solicitava maior investigação para esclarecer as queixas da criança. Para a equipe de pediatria e para a equipe de psiquiatria, que já havia sido acionada para atender a essa família, estava claro que André vinha sofrendo de maus-tratos há bastante tempo. A família, por sua vez, questionava a competência dos profissionais para esclarecer o quadro clínico do menino e solicitava seguimento das investigações.

Sem mais condições de mantê-lo na Unidade de Internação Pediátrica, pois essa instituição não é asilar, e um leito da Pediatria é extremamente disputado por crianças que correm risco iminente de vida, lhe foi dada a alta hospitalar, com o conhecimento do Conselho Tutelar e do Ministério Público, com o diagnóstico de Síndrome da Criança Espancada.

O Ministério Público e o Conselho Tutelar determinaram que o menino e sua família seguissem em atendimento ambulatorial no Programa de Proteção à Criança do Hospital de Clínicas de Porto Alegre. A família foi informada acerca do diagnóstico de Maus-Tratos e Negligência, sendo convidada, juntamente com a equipe, a buscar as causas que determinaram o quadro clínico da criança. Além disso, a família ingressou no Grupo de Interação Pais-Bebê por encaminhamento do Programa de Proteção a Criança. O Grupo está indicado para as famílias que apresentam problemas na relação com seus bebês (0 a 3 anos) e visa a interferir de forma saudável e construtiva no binômio *"nurture & nature"* no que tange ao ambiente. Os técnicos desse grupo acreditam que, por meio da realização de modificações ambientais e de um trabalho com os pais, é possível alcançar a prevenção de várias patologias futuras ou mesmo futuros transtornos de personalidade.

Os encontros são semanais com uma hora e meia de duração. No *setting*, os pais e os profissionais (psicólogas, psiquiatra e enfermeira de puericultura) organizam sua cadeira em círculo e as crianças ficam no centro dele, tendo à disposição uma caixa contendo brinquedos adequados à faixa etária. A partir de situações trazidas pelos participantes, ocorre um processo de reflexão conjunta, que proporciona mudanças de atitudes dos pais com relação às condutas que possam envolver risco ao desenvolvimento da criança.

A observação da atividade lúdica espontânea de André evidenciava alguns conteúdos agressivos. Adorava uma brincadeira na qual se machucava (dava tapas nas mãos) e mostrava para os profissionais, que, por isso, dedicavam-lhe uma atenção adicional. Interessava-se muito pelo Lobo Mau nas histórias do Chapeuzinho Vermelho e dos Três Porquinhos. Quando estava com as outras crianças do grupo, gostava de ser o lobo para poder assustá-las, mas quando estava sozinho em atendimento, ficava com medo do lobo.

O trabalho interdisciplinar teve seguimento com equipes da pediatria, psiquiatria e assistência social, que acompanhavam os membros da família individualmente e em conjunto, por meio de entrevistas sistemáticas, avaliações psicológicas e psiquiátricas com o menino e familiares. Após duas faltas consecutivas ao grupo de interação pais-bebê, sem justificativa, a família compareceu novamente. André chegou à sessão com hematomas na face, atribuídos pela mãe e pela avó a uma suposta queda do balanço. Nesse dia, pela primeira vez, o padrasto havia comparecido à sessão. André, diferentemente de outros momentos, estava paralisado, apático, com olhar triste e assustado. Não brincava, não tomava nenhuma iniciativa. Falava em tom muito baixo e apenas quando solicitado.

A família foi admoestada novamente acerca da suspeita de maus-tratos. Mãe e avó mantinham o discurso falacioso negando peremptoriamente qualquer injúria proposital. André foi, então, hospitalizado novamente para esclarecimento. Apresentava hematoma periorbitário bilateral em regressão e hematoma na fossa ilíaca direita, provavelmente mais recente. Durante essa internação, o menino apresentou uma visível mudança no seu comportamento. Em alguns momentos, ficava agitado e era agressivo com a mãe, e em outros, ficava paralisado, quieto, triste, abatido e choroso. O comportamento de "paralisia" ansiosa era observado quando estava em companhia do padrasto.

Após exaustivas avaliações por diferentes equipes, sucessivos exames físicos, testagens psicológicas, entrevistas com os familiares, observação do relacionamento do menino com seus cuidadores durante o atendimento individual, a equipe seguia com o diagnóstico de maus-tratos. Foram, então, realizadas entrevistas de acareação entre os membros da família. No momento de jogo com a residente de psiquiatria da infância e adolescência e sua supervisora, observou-se que André arrastava uma boneca para fora da casinha de brinquedo, desvestia-a e batia nela com um taco de beisebol com toda violência, não importando a região na qual batia. Após esse episódio, André finalmente relatou para uma enfermeira que o padrasto o agredia e que tinha medo de morrer com uma corda no pescoço na sala de recreação.

A equipe confirmou o diagnóstico de maus-tratos, sendo que fortes suspeitas recaíram sobre o padrasto. Observou-se uma forte conivência de toda a família, uma vez que tanto a mãe quanto ambos avós maternos negavam que alguém o agredia dentro de casa. Após a confrontação da equipe com a família, o avô finalmente confirmou que o padrasto era cruel com André, e que tanto a filha quanto ele e sua esposa estavam sob ameaça do genro. Seu genro estava envolvido com o tráfico de drogas e outros crimes, além de ser muito poderoso e contar com a proteção de bandidos. O serviço de segurança do hospital foi acionado para impedir as visitas do padrasto, uma vez que ele seguia com ameaças de morte a membros da equipe e aos familiares de André.

Mais uma vez, o caso foi comunicado o Conselho Tutelar e ao Ministério Público. Com a finalidade de proteção à saúde física e psíquica do menino, o Ministério Público determinou que os avós maternos ficassem responsáveis pela guarda de André, decisão que acataram, apesar das tentativas da mãe e do padrasto de impedir o cumprimento de tal determinação. Seguiam negando qualquer tipo de maus-tratos e acusavam a equipe de incompetência por não encontrarem a verdadeira causa das lesões.

A criança continuou recebendo atendimento ambulatorial, e os vínculos no Serviço de Psiquiatria da Infância e da Adolescência, Serviço Social e Serviço de Pediatria foram mantidos, bem como a supervisão do Conselho Tutelar e do Ministério Público, permanecendo o trabalho contínuo e integrado entre as diferentes equipes técnicas.

A mãe e o padrasto, desde então, não mais procuraram o menino. André seguiu sob cuidados dos avós maternos, desenvolvendo-se dentro da normalidade. Não foram mais evidenciados sinais de maus-tratos, além das sequelas deixadas pelos traumas anteriores. Temos notícias de que, em 2009, André segue vivendo com seus avós e está frequentando o Jardim da Infância.

A classificação diagnóstica, segundo o DC:0-3R (Zero to Three, 2005), formulada durante o atendimento de André, é a que segue:

- Eixo I: 150. Transtorno de Privação e Maus-Tratos (uma vez que o abuso físico foi documentado extensamente). Apresentava limitados comportamentos afetivos positivos frente ao abusador, excessivos níveis de irritabilidade, tristeza e medo. Tinha um comportamento afetivo indiscriminado, consolando-se com qualquer adulto, mesmo não familiar.
- 100. Transtorno de Estresse Pós-Traumático. A criança foi exposta a eventos traumáticos, envolvendo ameaça de morte e sérias injúrias que ameaçavam sua integridade física. Sua brincadeira reeditava situações traumáticas de forma compulsiva, sem aliviá-lo da ansiedade. Era uma brincadeira documental. Tinha reação de congelamento, paralisia na frente do abusador. Apresentava aumento de inibição social e afeto restrito. Tinha interesse diminuído em atividades, incluindo brincadeiras e interações sociais. Evitava as pessoas que lembravam o trauma. Apresentava hipervigilância, sobressalto nas respostas, aumento da irritabilidade e crises de birra. Esses sintomas persistiram por mais de um mês.
- Eixo II: Parent-Infant Relationship Global Assessment Scale (PIR-GAS): Relacionamento fisicamente abusivo, maus-tratos documentados (1-10) Relationship Problems Checklist (RPCL): Qualidades da relação: pouco envolvida, fisicamente abusiva.
- Eixo III: Problemas físicos: Fraturas ósseas em diferentes estágios de cicatrização (exame radiológico), hematomas e nódulos pelo corpo, distensão abdominal, dor intensa necessitando analgesia com opiáceo, fígado aumentado, hematoma lombar de parede abdominal, presença de líquido intraperitoneal na primeira internação. História de refluxo gastro-esofágico e problemas respiratórios.
- Eixo IV: Estressores Psicossociais: Violência doméstica desde o nascimento, duração e severidade incerta. Exposição a abuso de álcool e drogas pelo pai desde o nascimento até 1 ano,

frequência diária e imprevisível para o bebê. Separação dos pais com 1 ano, de forma súbita. Novo casamento da mãe com pouco mais de um ano de idade, de forma súbita. Abuso físico possivelmente desde 1 ano até 3 anos, de intensidade grave, duração possivelmente continuada, sem previsibilidade. Três hospitalizações a partir dos 2 anos e 6 meses, de maneira súbita, durando mais de 30 dias, sem previsibilidade. Envolvimento com serviços de proteção à criança aos 3 anos, de maneira súbita e imprevisível.

- Eixo V: Funcionamento Emocional e Social: utiliza de símbolos para expressar pensamentos e sentimentos com nível apropriado a idade, mas é vulnerável a estresse e apresenta repertório de afetos constrito.

CONSIDERAÇÕES FINAIS

Se considerarmos a equação etiológica de Freud (1917), já mencionada no início deste capítulo, identificaremos que, dentro do abuso e de maus-tratos, só nos é possível, de momento, modificarmos a variável *ambiente*, isto é, o fator *vivências infantis*, a partir da prevenção ou do tratamento. No entanto, na maioria dos casos, nem essa variável está mais a nosso alcance, uma vez que as crianças vítimas são diagnosticadas mais tardiamente, quando parte crucial de seu desenvolvimento já está minada por vivências adversas e cruéis, sendo que a personalidade, em seu desenvolvimento, já sofreu deformidades em sua estruturação.

No caso de Raquel, a ignomínia e a violência foram de tal monta, que cobraram-lhe a vida. Porém, seus pequenos irmãos foram salvos e adotados por uma família estrangeira.

Lia pôde ser avaliada devido à providência do pai e da avó. A partir das provas de abuso e de maus-tratos identificadas pelo Instituto Médico Legal, a obtenção da guarda oportunizou à menina um ano de trégua a seu martírio. No entanto, por erro judicial, a menina foi devolvida à mãe e ao padrasto, perpetradores dos maus-tratos. Em menos de um mês, Lia foi morta, apresentando ruptura de órgãos internos e fraturas múltiplas. Em vão foram os laudos médicos; é possível que nem tenham sido lidos.

Jaqueline e André, os dois sobreviventes dos maus-tratos e abuso, falaram por meio de seus corpos, de suas dramatizações e de seus sintomas. A mãe de Jaqueline pode ouvi-la, observá-la e dar-lhe crédito. Perseverante e corajosa, a mãe de Jaqueline conseguiu a guarda da filha após severas contendas judiciais. O pai, pedófilo e violento, ainda ameaça mãe e filha. A mãe mantém a filha em tratamento psicoterápico de orientação psicanalítica. Criou-se no âmbito do tratamento um campo de confiança e veracidade, que está favorecendo novas vivências à Jaqueline, com perspectivas de desenvolvimento.

Já a mãe de André manteve-se como testemunha silenciosa de repetidas crueldades. André foi objeto de violência emocional e intensa brutalidade física. Não contava com nenhum dos membros de sua família, pois estavam reféns do poderoso padrasto torturador. Ao sentir-se mais seguro no hospital, a salvo da violência, pode revelar aos membros da equipe a crueldade a que vinha sendo submetido, por meio de palavras e do "brinquedo documental".

Ambos, Jaqueline e André, foram salvos fisicamente. Fica a grande interrogação quanto à subsistência psíquica dessas crianças. Muito empenho por parte da mãe, no caso de Jaqueline, e por parte dos avós, no caso de André, além de intenso investimento por parte dos terapeutas, são necessários para o resgate da vida psíquica de ambos. Todos, familiares e profissionais envolvidos, necessitam perseverança e grande competência para que as vivências infantis dessas crianças possam ser construídas e reconstruídas a fim de que o curso de seu desenvolvimento seja retomado.

REFERÊNCIAS

FREUD, S. Teoria geral das neuroses (1917 [1916/1917]). In: FREUD, S. *Edição standard brasileira das obras psicológicas completas de Sigmund Freud.* Rio de Janeiro: Imago, 1974. v. 16.

GONZÁLEZ BRENES, R. La prevención del abuso físico contra los niños y niñas menores de cinco años de edad. *Acta Pediatric. Costarric.*, v. 15, n. 3, p. 106-113, 2001.

HOLDEN, G. W.; GEFFNER, R.; JOURILES, E. N. *Children exposed to marital violence*: theory, research, and applied issues. Washington: American Psychology Association, 1998.

KERNBERG, P. Las formas del juego: uma comunicación preliminar. *Rev. Latinoam. Psicoanal. FEPAL*, v. 1, n. 2, p. 197-201, 1996.

KLEIN, M. El duelo y su relación com los estados maníaco-depresivos. In: KLEIN, M. *Obras completas de Melanie Klein.* Buenos Aires: Paidós, 1975. v. 2.

MAIA, J. M. D.; WILLIAMS, L. C. A. Risk and protective factors for child development. *Temas em Psicologia*, v. 13, n. 2, p. 91-103, 2005.

WILLIAMS, L. C. A. Sobre a deficiência e violência: reflexões para uma análise de revisão diária. *Revista Brasileira de Educação Especial*, v. 9, p. 141-154, 2003.

WORLD HEALTH ORGANIZATION. *Guidelines for medico-legal care for victims of sexual violence.* Geneva: WHO, 2003. Disponível em: <http://whqlibdoc.who.int/ publications/2004/924154628X.pdf>. Acesso em: 17 set. 2010.

ZAVASCHI, M. L.; KNIJNIK, J. Fatores de risco associados à perda parental na infância que dificulta a elaboração do luto. *Revista de Psiquiatria do Rio Grande do Sul*, v. 16, n. 2, p. 171-175, 1996.

ZERO TO THREE. *Diagnostic classification of mental health and developmental disorders of infancy and early childhood*: DC:0-3R. Washington: Zero to Three, 2005.

11

O BRINQUEDO NO DIAGNÓSTICO DE ABUSO

Maria Helena Mariante Ferreira
Camile Fleury Marczyk
Marlene Silveira Araujo
Andréa Higert Cardoso Zelmanowicz

INTRODUÇÃO

Uma das funções dos pais é a de colaborar com a estruturação interna de seu bebê para que ele possa se ligar com os outros e com o ambiente, adaptar-se a ele e aos demais e, finalmente, seguir a marcha da evolução. Segundo os achados mais recentes da psicobiologia, a relação com a mãe, o vínculo adequado, suscita no bebê uma reação de prazer e elação, o que se acompanha de uma liberação de neurotransmissores. Esse influxo é responsável diretamente pelo florescimento da árvore neuronal e da organização do cérebro, tanto do ponto de vista cognitivo quanto do afetivo (Schore, 1994).

O brinquedo é um componente essencial da ligação da criança com sua mãe, uma vez que ele coopera com a transição entre a relação narcisista com o próprio corpo e com a mãe, para o interesse curioso no mundo. É por meio da atividade prazerosa do brinquedo que continua o trabalho de estruturação e florescimento da organização cerebral, ao mesmo tempo em que se processa o conhecimento da relação e da adaptação ao mundo e às pessoas. O interesse da dupla mãe-bebê nas atividades lúdicas obedece a uma sequência evolutiva instintiva, instalando de forma mais natural a adaptação ao mundo.

O presente capítulo tem por objetivo discutir as características específicas do brinquedo de crianças que sofreram abuso sexual, contrapondo-o ao brincar de uma criança que sofreu traumas de outra natureza, ou que nada sofreu. Inicialmente, é apresentado um breve resumo da natureza e função do brincar, do mundo de fantasia e mágica na infância e nos sucessivos estágios de desenvolvimento. Finalmente, são apontadas as características do brinquedo de 17 crianças que sofreram abuso, e que foram observadas para outro estudo.

NATUREZA E FUNÇÃO DO BRINCAR

Universalidade

O brincar e o brinquedo das crianças têm sido objeto de reflexão entre os especialistas não só da área da saúde como das disciplinas afins. Brincar é um fenômeno universal que se observa em toda a infância não só humana como também dos animais em geral. Trata-se de um dos aspectos mais autênticos do comportamento infantil (Lebovici, 1985).

Adaptação

O brincar interessado das crianças foi considerado por Winnicott (1982) como uma extensão dos chamados fenômenos transicionais. Tais fenômenos envolvem a adaptação progressiva do bebê, passando da relação com a mãe para o mundo. Pertence, portanto, a um espaço potencial que se forma entre o mundo interno, a fantasia e a realidade. Nesse espaço, a criança explora, testa e cria soluções e desfechos para os acontecimentos que vivencia. Isso, mais tarde, caracterizará as relações entre o mundo interno da criança com o mundo externo, a realidade externa.

A atividade de brinquedo reflete a capacidade da criança de integrar sua experiência, de ter ação autônoma, confiante, livre e de encenar suas fantasias; de controlar os acontecimentos; de fazer uso do adulto; de estabelecer estratégias de manejo; de proteger-se de pensamentos e sentimentos desconfortáveis.

Manutenção da saúde

O brinquedo é próprio de um comportamento saudável. A capacidade de brincar e usufruir do brinquedo, tanto só como acompanhada, indica que a criança não apresenta problemas sérios. O brincar mostra que uma criança é capaz de desenvolver de modo pessoal a vida e de ser um ser humano plenamente (Winnicott, 1982). Entretanto, não se trata apenas de uma atividade corriqueira sem significado, e, nessa circunstância, deve ser alvo da observação do adulto.

Ao brincar, a criança desloca para o exterior seus medos, suas angústias e problemas internos, dominando-os pela ação. Repete no jogo situações cuja carga é excessiva para seu ego ainda debilitado pela idade. Isso permite que ela domine a situação externa que vivencia, tornando-se ativa e não passiva. Por exemplo, uma criança que vai ser submetida a uma cirurgia, brinca de ser médico e opera sua boneca. Tenta, assim, mudar o que lhe é penoso ou intolerável, uma situação que na vida real seria impossível.

Forma de comunicação

Paulina Kernberg (1998), em seu Instrumento de Avaliação do Brinquedo, que norteia este capítulo, aponta que a atividade lúdica facilita o crescimento e o contato humano. Apoia a comunicação infantil em sua própria linguagem, formando um senso de si como um agente ativo. É por meio dele que exercita o controle da experiência com pessoas e com o ambiente, experimenta, tenta resolver e expressa seus problemas.

Assim sendo, é uma forma de comunicação não só nas terapias como em todas as situações em que o mundo interno é expressado.

HISTÓRICO DO INTERESSE PELO SIGNIFICADO DO BRINQUEDO

O interesse pelo significado do brinquedo é antigo. Segue-se, aqui, um breve apanhado sobre o brincar e seu significado, baseado no trabalho de Nilde Franck (2004) – "O suporte da comunicação no brincar em crianças", em que a autora desenvolve um interessante histórico.

Em 1909, Freud escreveu sobre as fobias de Hans, um menino de 5 anos, descrevendo o modo como entendia psicanaliticamente as brincadeiras dessa criança (Freud, 1909). O pai de Hans relatava a Freud as brincadeiras do filho, assim como suas falas durante a brincadeira, e o professor as interpretava tentando entender o significado dos medos apresentados por Hans, visando a reverter os sintomas. Freud, portanto, através do material manifesto, buscava encontrar significado latente e inconsciente.

Em 1918, Freud faz uma observação em seus trabalhos sobre a necessidade de se desenvolver uma técnica apropriada ao trabalho com as crianças.

A parrir daí, diversos autores menifestaram a preocupação com o trabalho psicanalítico voltado a crianças.

Em 1919, Sigmund Pfeifer publica um trabalho fazendo apreciação importante sobre teorias do brincar. Esse autor relaciona o processo de elaboração utilizado pela criança com o processo do sonho.

Em 1919, Hermine Von Hug-Hellmuth apresenta um trabalho sobre técnica de análise de crianças cujo instrumento de abordagem era o brinquedo.

Em 1927, Anna Freud publica o livro *Tratamento Psicanalítico Com Crianças*, utilizando também o brinquedo como o meio de expressão por excelência para que as crianças externalizem seus conflitos.

Em 1928, Walter Benjamin escreve dois livros importantes: *História cultural do brinquedo* e *Brinquedos e brincadeiras*, em que reafirma que é o conteúdo ideacional da brincadeira o que determina a escolha do brinquedo na atividade lúdica da criança. Benjamin faz ainda referência a uma obra importante de Karl Gross, *Jogos humanos* (1899) e, ainda, à doutrina Gestáltica dos gestos descritos por Willig Haas (em Benjamin, 2002), em que a brincadeira é percebida como bastante representativa das experiências emocionais básicas do ser humano.

Nas décadas de 1920 e 1930, uma importante psicanalista, Melanie Klein, publica interessantes trabalhos sobre a análise de crianças. Klein trabalhou com crianças muito pequenas, possibilitando a fundamentação e eficácia do uso do brinquedo com elas. Considerou o brinquedo correlato das associações livres dos pacientes adultos. Para ela, o brincar é mais do que uma forma de expressão, podendo se observar diferentes níveis de simbolização de acordo com a idade da criança.

A partir dessa experiência, Klein sugere que a situação edipiana se instala muito precocemente, e defende a ideia de trabalhar com as angústias das crianças mesmo sendo elas muito pequenas, uma vez que as crianças fazem frente às situações de angústia brincando.

Em 1992, Arminda Aberastury eminente analista de crianças e adolescentes, uma das pioneiras da América Latina, publica um livro bastante relevante, intitulado *A criança e seus jogos*. Chama atenção da autora uma observação de Freud de que a criança repete situações prazerosas mas também repete as não satisfatórias, com a finalidade de elaborar seu sentimento de dor e trauma sofrido. Essa repetição do brinquedo, fruto de uma situação traumática, era bastante recorrente na clínica de Aberastury.

O tema "brincar" e o brinquedo foi também objeto de estudo de outro importante psicanalista, Donald Winnicot, e que possibilita novas compreensões dos processos de comunicação entre a mãe e seu bebê.

O brinquedo é uma forma ímpar de contar o ocorrido, uma vez que lida com a memória e o comportamento implícitos. No caso do abuso sexual, o brinquedo expresso em sessões de avaliação ou de psicoterapia é um indicador privilegiado da ocorrência do fato e sua repercussão para a criança em geral, assim como uma forma de alívio e caminho para elaboração.

Considerando o que foi exposto até agora, é possível apontar que existe uma clara delimitação entre o brincar normal e o brinquedo patológico a cada faixa etária, o que passaremos a discutir a seguir.

DIFERENCIAÇÃO ENTRE O "BRINCAR" NORMAL E O "BRINCAR" PATOLÓGICO

O brinquedo é uma atividade que surge muito cedo dentro da família, já no preparo do ambiente no qual a criança vai ser acolhida. Nesse momento, já se estabelecem as expectativas dos pais quanto ao gênero e às futuras capacidades do bebê. Assim, temos a cor escolhida, o tipo de brinquedo e diversos estímulos ao bebê.

A relação do bebê com os pais, a família e o *habitat*, em conjunto, determinam a forma e o conteúdo do brincar. O brinquedo revela as vicissitudes das relações da criança consigo mesma e com os outros, uma vez que nele são reencenadas suas vivências, apresentando variações de acordo com a idade, com o gênero e com o tipo de relações que ela trava com os outros.

A criança só brinca diante de um adulto em quem ela confia. A ausência de espontaneidade no brinquedo é diretamente proporcional à presença de conflitos. A seguir, são apresentados aspectos importantes a serem diferenciados na brincadeira normal e patológica.

1 Presença ou ausência;
2 Permanência – saciedade x interrupções;

3 Sentimento e emoção;
4 Tipo de atividade;
5 Temas da atividade;
6 Relação com os outros e entre os personagens;
7 Variação e adequação da atividade.

Presença ou ausência

Podemos considerar como expressão de sintoma grave o fato de uma criança não conseguir brincar. Evitar brincar, bem como olhar os brinquedos sem nenhuma resposta são parâmetros por excelência de patologia.

Permanência: saciedade, interrupção, perturbação

O tempo e a persistência gastos com o brinquedo são componentes importantes da saúde. O brinquedo deve vir acompanhado de prazer, concentração e envolvimento.

A atividade lúdica pode chegar a um término natural, à saciedade, quando a criança para sua atividade simplesmente porque não necessita mais continuar. Já a interrupção abrupta de uma brincadeira, sem finalização por saciedade, é um sinal de ansiedade. Essa interrupção ocorre quando sentimentos negativos, associados a um conflito, surgem e a brincadeira é prejudicada. Se essa ansiedade é muito intensa, pode levar a rompantes de raiva ou excitação sexual.

A interrupção ou perturbação frequente da atividade de brincar, quando não decorrente de patologias exclusivas da atenção e concentração, é sinal de ansiedade ou de dificuldade de expressar um tema carregado de carga emocional muito intensa.

Sentimento e emoção

A criança usufrui da atividade e, mesmo brincando com diferentes emoções, o prazer lúdico deve acompanhar a cena.

O prazer deve ser um elemento constante que acompanha o brinquedo normal. Além do prazer, uma variedade de sentimentos e emoções significativas para a criança devem acompanhar seu brinquedo. O importante é que esses sentimentos sejam adequados ao tema que se desenrola e as transições entre um e outro afeto sejam suaves. Mudanças bruscas de afeto indicam patologia.

A variedade e amplitude de categorias de emoções e afetos usadas pela criança são sinais de normalidade. Já a constrição a uma ou duas categorias de afeto indica patologia.

A capacidade de dar expressão a sentimentos intensos, de forma lúdica, significa crescente segurança e competência. Brincar simbolicamente pode facilitar a regulação das emoções e afeto, refletindo integração interna possibilitando a criatividade.

No lado positivo do espectro de nítido prazer, estará o brinquedo com menos conflito e mais satisfatório. No outro extremo, estará o nítido desconforto, com medo e choro, indicando uma dificuldade de natureza traumática e perturbação do brinquedo.

O brinquedo patológico envolve a presença persistente de temas inquietantes, agressivos ou muito ameaçadores para a criança. Diferentes oscilações de intensidade podem ser expressas e chegar ao aborrecimento, à irritabilidade, passando para a brabeza e a raiva.

O tipo de brinquedo

O tipo do brinquedo envolve a atividade que a criança escolheu: brincar de casinha, de guerra, de loja, etc. Ligado aos vários papéis e cenários que a criança constrói, o contexto onde o brinquedo ocorre revela temas emocionais importantes para a criança e comunica experiências com as quais ela está lidando no momento.

A criança que consegue brincar mantém uma atividade de brinquedo sustentada, não permanecendo apenas no "estabelecimento do cenário". Ela escolhe um brinquedo, explora-o, manipula-o e pode dar a ele um significado simbólico. O objetivo predominante inicial é apenas a exploração, a preparação e a definição de temas e papéis.

Após essa etapa, a atividade lúdica evolui para uma ação. No brinquedo normal, essa ação é adaptada, com o uso do humor, sentida como engraçada por causa da incongruência, exagero, eventos inesperados de uma maneira divertida. A criança antecipa fatos, planeja o futuro, preparando, esperando, ensaiando. Tenta resolver problemas por ensaio e erro, esforçando-se para deduzir ou esclarecer algo que é nebuloso. Sublima, transformando uma atividade que gratifica um impulso ou desejo em uma atividade criativa, socialmente aceita. Pode também envolver preocupações com a realização de desejo seus e dos outros. A criança brinca que pertence a um certo grupo de pessoas, compartilha com eles atividades, atributos ou um objetivo comum, identificando-se com outra pessoa ou personagem. Enfrenta conflitos ou estresses, evitando, intencionalmente, pensar ou falar sobre eles.

Outra forma de brincar é a arte. Nem todas as crianças que sofreram abuso sexual conseguem contar a história. Assim, elas podem usar o desenho para "relatar" aos profissionais as sequelas do abuso sexual ou sua percepção dele. Malchiodi (1998), em um interessante livro intitulado *Understanding children's drawings*, mostra que, na interpretação do trabalho gráfico de uma criança, podemos diferençar características específicas da situação de trauma, da situação de abuso e da situação mais adiantada de transtorno dissociativo.

A criança que sofreu trauma, em geral, desenha de forma pouco detalhada e estereotipada em termos de elementos estruturais, qualidade de linha e conteúdo (Malchiodi, 1998; Terr, 1981; 1990). O uso de cores também é limitado, predominando o preto e o vermelho. As figuras são pobres, pouco integradas e com foco constrito. Aparecem repetições tanto nos elementos estruturais do desenho como nos comportamentos ao brincar. As crianças podem repetir temas como "salvamento", "violência", "destruição", "catástrofe" e "desastre" (Tibbetts, 1989).

Há excesso de sombreamento, que é expressão de ansiedade. Rabiscar repetitivamente, sombreando, pode ser também uma tentativa de liberar ansiedade e de se autoconfortar, muito semelhante aos movimentos repetitivos de embalos das crianças deprimidas (Hammer, 1958; Machover, 1949).

Parece não existir uma lista indicativa, mas existem características que sugerem trauma sexual. O indicador mais poderoso é a existência de temas e imagens de caráter sexual no desenho, uma vez que raramente há inclusão de genitais ou partes íntimas nos desenhos de crianças normais (Kelley, 1985; Yates, Buetler e Crago, 1985; Hibbard, Roghmann e Hoekelman, 1987; Faller, 1988; Malchiodi, 1997 e DiLeo, 1973).

Outras conotações, além da nudez ou da exposição de genitais, são também significativas nas crianças que sofreram abuso, pois raras em crianças normais: as pessoas retratadas podem ser figuras vestidas de forma sedutora ou sexual, ter ênfase na língua, excessiva maquiagem e cílios longos. Outro dado significativo é o desenho de imagens fálicas tipo ferrões, picadas em colmeias, ardências e referência a dores de penetração (Drachnik, 1994).

Características menos diretas são os desenhos de imagem corporal incompleta, acentuando apenas a cabeça ou a parte superior do tronco. Podem se apresentar como uma pessoa escondida por um muro, deixando visível só parte do tronco, ou podem ser dadas por detalhes excessivos no rosto e no tronco, com negligência da parte inferior do tronco. Podem aparecer na desorganização das partes corporais, e em desenhos regressivos com características ambíguas. Isso é mais comum em abuso crônico. Pode haver também a recusa do desenho da figura humana. Figuras mais regressivas, em forma de coração e temas de desaprovação e ódio a si também são comuns (Kelley, 1984; Cohen e Phelps, 1985; Malchiodi, 1997).

As crianças abusadas podem desenvolver diversos tipos de Transtorno de

Personalidade, entre eles o Transtorno Dissociativo. Nesse último, elas apresentam as mesmas características das crianças traumatizadas e abusadas. Apresentam também um estado de desligamento e entorpecimento, acompanhadas da oscilação no estilo de expressão e das características de maturidade no desenho: por vezes elaborando desenhos maduros, por vezes, elaborando desenhos regressivos (Cohen e Phelps, 1985; Malchiodi, 1997; Putnam, Guroff, Silberman, Barban e Post, 1986; Putnam, 1989; Cohen e Cox, 1995).

Nessas situações, as crianças podem também usar a arte para autoconforto e descarregar sua ansiedade. Isso se expressa no desenho repetitivo de linhas e pontos, na mescla e mistura de cores e ao lambuzar ou apunhalar repetitivamente a massa de modelar. A criança trabalha alheia ao mundo (Sobol e Cox, 1992; Malchiodi, 1994). Da mesma forma, Anne Alvarez (1994) fala nas "marcas" deixadas na massinha por crianças abusadas.

O tema do brinquedo

O tema do brinquedo se refere à ação ou roteiro encenado por um personagem determinado que ocorre na história encenada pela criança. Sugere a dinâmica do brinquedo dramatizado por personagens específicos.

A identidade de gênero expressa no tema do brinquedo é definida por fatores pessoais culturais e familiares. Geralmente, os meninos tendem a construir estruturas eretas, a escolher armas e outros brinquedos intrusivos. Brincam de cenas externas e preferem atividades motoras amplas. Já as meninas tendem a escolher bonecas, brincar de cenas internas e construir estruturas continentes e receptivas. Preferem cenas domésticas escolhendo papéis de maternidade e cuidado. Em relação à fantasia, as meninas tendem a se identificar mais com heroínas, artistas, rainhas e órfãos, enquanto os meninos escolhem os super-heróis.

O pouco envolvimento com o brinquedo de fantasia e a presença de conteúdos destrutivos podem ser sinais patológicos.

A qualidade da relação com os outros e entre os personagens

A relação entre os personagens do brinquedo informa sobre a diferenciação que a criança faz entre ela e os outros, assim como sua forma de equilibrar amor e agressão.

A representação de papéis em crianças mais novas, ou que sofreram abuso, perde, quando na ausência de limitações cognitivas, sua complexidade. Quando o trauma a afeta, sua capacidade de empatia e investimento nos outros fica comprometida.

Em geral, a interação da criança com o adulto durante o brinquedo é importante. O brincar isolado, sem tomar conhecimento de mais ninguém, é mais frequente em crianças muito pequenas. Esse brinquedo, como o brincar sozinha, em que a criança brinca por si mesma, apenas ciente da presença do outro, pode aparecer mais tarde, com menos frequência e em momentos especiais.

O brinquedo paralelo acompanha a criança nos primeiros anos com um caráter normal, mas o brinquedo recíproco e o brinquedo cooperativo são característicos da ausência de patologia.

Algumas representações das relações entre personagens são especialmente significativas nas patologias infantis; são elas: o controle malévolo, a destruição e a aniquilação. No controle malévolo, um dos personagens cai nas garras do outro, influenciando, controlando, rogando pragas. Alguns personagens são desprotegidos ou desamparados, enquanto outros são onipotentes e controladores. Na destruição, a relação dos personagens é de ataque à integridade física e psicológica do outro. Por outro lado, uma relação parasitária culmina na redução ou destruição do outro. Na aniquilação, o brinquedo é caracterizado por uma força avassaladora e envolvente que traga, que devora os personagens que são derrotados por forças completamente fora do controle.

Variação e adequação da atividade

O brinquedo normal deve ser variado e manter as características da idade, do gênero e apresentar-se ora de forma realística, ora fantasiosa, com símbolos compartilhados e inteligíveis por seu grupo de iguais e por sua cultura. Quando a representação é bizarra, a criança usa os objetos inanimados de uma maneira mágica, particularmente idiossincrática para ela e não facilmente inteligível ao adulto. O brinquedo é peculiar e preenchido por significados privados. Já o brinquedo traumático se caracteriza pela permanência em uma encenação específica de forma repetitiva. O afeto tem um componente de pressão, ansiedade, desespero e tristeza. O brinquedo não se desenvolve para uma solução final, e se o faz, tem um final ruim ou incongruente.

Diversos autores observaram que crianças normais expressam pouca agressão e nenhuma preocupação ou atividade de brinquedo sexual explícita, em contraste com a observação clínica de crianças abusadas. Os estudos sugerem que o brinquedo sexualizado explícito é muito característico do abuso. A utilização de bonecas anatômicas foi amplamente estudada, e, em geral, se conclui que as crianças abusadas são mais explícitas no uso delas (Sivan, Schor, Koeppl e Noble, 1988). Sabe-se que os examinadores devem estar treinados para o uso do brinquedo como técnica de avaliação, especialmente com bonecas anatômicas, e devem ser treinados e sentir-se seguros com esse material. Além disso, necessitam ter conhecimento sólido dos princípios do desenvolvimento infantil.

O abuso sexual não pode ser diagnosticado apenas com base no brinquedo com bonecas. No entanto, os comportamentos aqui ilustrados devem ser considerados seriamente quando observados na interação da criança com essas bonecas. Apesar da ausência de brincadeira sexualizada não excluir com segurança o abuso, os autores sugerem que o brinquedo sexual explícito com bonecas pode surgir de exposição prévia a informação ou atividade sexual (Schor e Koeppl, 1988; Glaser e Collins C, 1989).

DIFERENCIAÇÃO DO ASPECTO EVOLUTIVO NO BRINCAR NORMAL E NO PATOLÓGICO

Existe uma sequência epigenética no curso da capacidade de brincar da criança. Ela depende de valores e padrões culturais e sociais, e compara crianças da mesma idade, gênero e nível do desenvolvimento emocional e social.

**Brinquedo sensório-motor –
Fase oral inicial: 0-12 meses**

As características orais do brinquedo envolvem movimentos de "trazer para dentro" via diversos sentidos: visual (ver figuras em um livro), auditivo (por meio de palavras, acalantos, histórias), cinestésico (por contato com superfícies, animais de pelúcia) e por meio da boca. Nele, a criança pode ser tanto o doador como o receptor.

O brinquedo lança as bases da tarefa inicial de se diferenciar e se separar da mãe e começar a individuação, com a aquisição de suas características próprias, únicas. O tema do brinquedo gira em torno de ser igual ou ser diferente. A criança compara suas atividades e as partes de seu corpo com as do adulto.

O brinquedo primitivo é essencialmente sensorial, motor e manipulativo. Envolve interação social simples, intencional e recíproca que suscita prazer. Exploração e protesto levam a sequências de expressão de afetos em jogos simples. Aparecem movimentos repetitivos sob controle consciente, relacionados a diversas imagens e sons. A criança gradualmente se torna mais interessada em objetos e outras pessoas e em descobrir novas situações para explorar, em vez de em seu próprio corpo.

O brinquedo é realizado na presença da mãe ou solitariamente, e evolui para uma atividade paralela, ou seja, brincada simultaneamente, mas sem reciprocidade, confirmação ou cooperação entre os parceiros. A consciência do outro é demonstrada por meio de olhares ocasionais. O outro participante facilita o brinquedo espelhando ou ecoando para a criança a atividade.

**Brinquedo sensório-motor –
Fase oral tardia: 13-24 meses**

A criança, encantada agora com o movimento de seu corpo mais forte e ágil, anda, trepa, esmaga, derrama, junta partes de um objeto em um todo, desmonta objetos com alegria e prazer a cada nova aquisição. Instala-se a imitação, o gesto comunicativo e a expressão de necessidades é feita mais claramente. A compreensão e a intersubjetividade levam-na a compartilhar, apontar e nomear os objetos desejados, requisitar a mãe para realizar um desejo ou assistir algo que se desenrola.

Com a deambulação e o afastamento voluntário da mãe, estar no controle ou ser controlado por alguém é um dos dilemas. Com mais consciência da separação, a criança coage ou é a sombra do adulto ou dos personagens no brinquedo em uma tentativa de controlar suas ações. A questão, na perspectiva da criança, é "você vai estar aí quando eu precisar de você?".

Brincadeiras de esconde-esconde se tornam bem estabelecidas, bem como participações em música com movimentos associados de palmas. A criança já simboliza com uma boneca, uma ação na relação com o outro comunicando afeto no faz-de-conta. Palavras são usadas de maneira lúdica, assim como para demonstrar crescente domínio sobre si e os outros.

O espelho é experimentado como um objeto prazeroso que cria uma curiosidade na criança ao ser examinada de várias perspectivas. A memória é demonstrada ao achar os objetos que deseja guardados fora de sua visão.

Nessa fase, a patologia se expressa com o evitar da atividade lúdica, tristeza e depressão ou dificuldades no desenvolvimento. Além disso, prescindir do adulto para o brinquedo e dispensar sua ajuda nas atividades revela distúrbios. Brincadeiras bizarras, envolvendo exclusivamente rituais com o próprio corpo, assinalam também patologia.

**Fase anal: brinquedo pré-operacional –
Precoce: 24-36 meses**

Os componentes da fase anal se concentram em torno do controle esfincteriano, centrando-se no tema de "reter" ou "soltar"; "manter dentro" ou "expelir". A maior preocupação da criança é com controle e regulação.

Em termos de relacionamento, os temas de treinamento no brinquedo da criança refletem a preocupação com estar afastado e próximo. Aparece uma necessidade de passar do limite, vendo se seu grau de afastamento do adulto é tolerável por ambos. As atividades incluem: colocar ou retirar coisas de dentro de recipientes, esconder, categorizar, organizar, fazer regras, partir coisas em pedaços, cortar ou lambuzar.

Elementos sádicos envolvem o desejo de sujar, fazer uma bagunça e, depois, a reação contra esse desejo na luta por limpar e organizar. Uma forma mais avançada dessas preocupações da fase anal são conflitos entre dar e receber, manter as coisas inteiras ou parti-las, assim como possuir mais ou menos coisas.

Com o uso da linguagem, a brincadeira se torna mais elaborada, organizada, interativa e simbólica. Muito do brinquedo se centra na reencenação da experiência de vida real, isto é, no que a criança viu ou ouviu.

A criança é um "observador fascinado", e usará seu corpo para representar aquilo que está focalizando e deseja entender. No brinquedo de boneca, ela imita sequências de atividades de cuidados em uma relação e atribuição verbal de papéis a apenas duas pessoas. A identificação indica uma crescente capacidade de compreender os outros e de ser compreendida.

Durante essa fase, temas comuns de brinquedo são o de abandonar e esconder. A criança passa a "contar" através do brinquedo o que vivencia e a patologia se expressa no aspecto bizarro de seu brinquedo, por meio de temas inadequados para idade, de caráter agressivo, malévolo ou sexual. A ausência de prazer e a presença de ansiedade e depressão no brincar é outro sinal importante. As lambuzeiras acompanhadas de ansiedade, e o brinquedo estereotipado de despir ou vestir, enrolar ou desenrolar bonecas são sinais patológicos. Da mesma forma, esfregar dois objetos, como duas almofadas por exemplo ou tentar enfiar dedos e objetos persistentemente em orifícios e partes do corpo são sinais patológicos.

Fase genital – edípica brinquedo
Pré-operacional: 3-6 anos

A brincadeira fálica é caracterizada por uma atividade em que a criança objetiva penetrar o objeto ou imiscuir-se no ambiente. Isso é usualmente representado pelo brinquedo com revólver, por usar um dedo como uma arma, ou por penetrar em ambientes. A atividade fálica quase sempre inclui um componente de exibicionismo. A criança gosta de se mostrar, de mostrar como é grande, como é forte, e, algumas vezes, inclui a exibição de partes de seu corpo.

Apesar das relações de díade ainda se manterem na brincadeira, aparecem personagens coordenados em uma história mais elaborada com linguagem e diálogo. São frequentes temas de poder envolvendo personagens de desenho animado, contos de fada e de cinema.

O brinquedo simbólico é organizado em cenas pela criança, que se dá conta do "faz-de-conta" e pode se referir a ansiedades relacionadas ao sono, perda do amor, segurança ou luta por poder. Envolvida com temas de fantasia, a criança fica super estimulada, conta contos, histórias inverossímeis e inventa amigos e poderes imaginários. A diferenciação de gênero se estabelece com a preparação dos papéis tradicionais. As polaridades de amor e ódio, prazer e agressão estão presentes e giram em torno de preocupações de exclusividade, que se manifestam ao sobrepujar um personagem mais poderoso e ser cuidado.

Relações triangulares gradualmente se tornam proeminentes, com preocupações a respeito de ser abandonado ou querer deixar alguém abandonado, mudando as preocupações com o poder para uma curiosidade real sobre os outros e seus corpos. Há interesse em como são feitos os bebês e de onde eles vêm, curiosidades sobre a natureza, sobre como as coisas brotam e como se desenvolvem. Surgem medos de lesão corporal e perda da própria autoestima por não contentar os pais.

Os meninos se preocupam em serem fortes, capazes de defenderem a si próprios e competirem com seu pai pela atenção da mãe. Tanto meninos como meninas querem aprender sobre o mundo, ser úteis e organizar faxinas. O brinquedo com água inclui passar pano no chão e itens de limpeza. Poções são combinações mágicas que realizam desejos e fantasias. Há interesse em fazer objetos de argila ou massa, em vestimentas e fantasias, em tarefas de motricidade fina, em jogos de caráter pedagógico e em ouvir e contar histórias.

A criança reencenará histórias de livros, revistas e televisão quase sempre elaborando sua própria versão. Incorpora esses personagens e entende cada um deles, inclusive a moralidade do roteiro. Quase sempre os personagens bons e maus são diferenciados ou passam por transformações. Tópicos diários são usados no brinquedo em grande detalhe e alguns investidos emocionalmente.

Meninas ficam envolvidas em brinquedo de boneca e em se fantasiar, e os meninos gostam de consertar coisas. Os medos incluem dano corporal, trovões, vento, fogo, animais selvagens, escuridão, sótãos, preterido, rechaçado, não ser amado. O brinquedo pode ser ativo ou barulhento, com o retratar de violência e o triunfo de super-heróis.

Jogos simples de tabuleiro começam nesta fase, e a criança insiste em ganhar, elaborando regras próprias, perturbando o jogo para reverter posições e sendo intolerante com a derrota. A criança também gosta de colecionar coisas, desenhar e pintar objetos realísticos.

A criança continua a "contar" o ocorrido com ela através de cenas lúdicas. Na patologia, o brinquedo sexual tem um caráter mais real do que de curiosidade, isto é, de querer saber, de querer conhecer. Cenas são mais explícitas e bizarras. Outra característica é a da permanência de um mesmo tema, como no brinquedo traumático, ou a presença de grandes sujeiras ou limpeza obsessiva, acompanhadas de afeto, de desprazer ou de ansiedade.

A brincadeira edípica, tanto no âmbito dos brinquedos como no reino das atividades, envolve três personagens, sendo que dois deles formam um casal, com um terceiro parceiro excluído, que é de uma geração diferente. A brincadeira demonstra a consciência da diferença entre os sexos. Nela, é referida a competição, em que os bonecos buscam vencer o rival, assim como a exclusão em que um boneco é deixado de fora. Os sentimentos edípicos associados são o sucesso, o ciúme e a inveja.

A dificuldade na interpretação do brinquedo edípico normal e da criança abusada é fonte de confusão na realização de pareceres técnicos. O tema edípico normal envolve o conhecimento das diferenças entre gerações, diferenças de sexo e a existência de um casal que exclui uma terceira pessoa da sua relação mútua. A criança brinca com a figura de um dos pais, o papai ou a mamãe boneca, que podem estar em uma cama ou não. Em geral, aparece um fenômeno, como uma tempestade, uma guerra ou uma briga. O boneco que representa o filho vem para cama e quer dormir com o pai do sexo oposto, e retira o boneco do mesmo sexo para fora. Isso ilustra a consciência de que papai e mamãe dormem ou fazem coisas juntos e excluem o filho boneco. Significa que o filho boneco exclui a figura parental rival em retaliação. No entanto, as brincadeiras edípicas que envolvem a relação direta adulto-criança ou que trazem referências diretas a cenas eróticas reais já indicam hiperestimulação sexual e, dependendo do conteúdo, abuso.

Fase da latência brinquedo Operacional: 7-9 anos

Durante a latência, uma variedade de temas que imitam papéis sociais, justiça e moral estão presentes. Os jogos têm regras e são jogados em concordância ou em discordância com elas seguindo normas compartilhadas pelo grupo.

As atividades de brinquedo da latência imitam a situação de trabalho do adulto. As mágicas, as piadas e as adivinhações com a função de reverter os papéis com o adulto, confundindo-o, são muito apreciadas. Ela quer estar "por dentro" e fazer os outros de bobos.

Fazer uso de capacidades como as dos adultos para atingir os objetivos constrói autonomia. A criança é capaz de um trabalho cooperativo e de brincar com uma variedade de atividades, por vezes só e autônoma na presença do adulto, que se transforma em parte de um pano de fundo de apoio. A criança adquiriu uma representação interna de um adulto que pode ser de auxílio.

O jogo de faz-de-conta diminui, torna-se mais encoberto. Tem um senso nítido de diferenciação entre fantasia e realidade. Temas representam papéis sociais ensaiando o futuro. Ela pode brincar do que ela será, da diferença entre os sexos.

Suas fantasias interiores se refletem em seus interesses. Ela reconta histórias em grandes detalhes, desenvolvendo temas, com diferentes sentimentos por diferentes personagens e diferentes sentimentos pelos mesmos personagens, simultaneamente, descrevendo, assim, caracteres mais facetados. Compartilha com seus pares um grande interesse em saber os segredos dos adultos. Os interesses de brinquedo dos meninos está nos esportes físicos, incluindo futebol, baseball e judô. As meninas continuam com o brinquedo imaginativo e brinquedo de casinha. Elas tendem a ser menos competitivas e mais orientadas para o grupo. Os roteiros imaginativos que são dramatizados são elaborados e contêm grande quantidade de detalhes realísticos.

O latente exibe pensamento lógico e pode seguir regras. É capaz de autocontrole e de seguir orientações. Demonstra sua competência em aprender e adquirir habilidades. Apesar de saber que as regras existem e querer observá-las, ele necessita da assistência do adulto para não interpretar regras como as entende. Ao se deparar com o fracasso, elabora desculpas e se sente injustiçado.

A criança não é passiva, e se lançará por inteiro em suas próprias histórias, usando o humor para expressar o que ela pensa e sente, manifestando também interesse por música, dança e esportes.

A patologia se expressa, em geral, pela permanência em atividades anteriores do desenvolvimento, sendo que o brinquedo anal, fálico e edípico, que já deveriam estar amainados, permanecem atuais. Em geral, ela se expressa de forma bizarra, com inquietações e conduta intrusiva com os adultos. Em suma, as conquistas da latência ficam prejudicadas.

CONSIDERAÇÕES FINAIS

Neste capítulo, buscamos transmitir a ideia do valioso instrumento que o brinquedo representa na avaliação de crianças. O brinquedo, sempre presente em todas as atividades infantis, seja na área do lazer, da educação e da saúde, pode se transformar em um importante elemento de proteção das crianças que sofreram abuso. Essa proteção pode se estender além da terapia para se configurar em prova científica a auxiliar nos processos de abuso.

Entretanto, a utilização desse instrumento requer um profissional capacitado, com conhecimento na área de desenvolvimento infantil e psicologia do trauma. A interpretação dos dados exige um conhecimento científico, que pode ser traduzido em um parecer fidedigno. Esses dados, associados a elementos da história familiar e do paciente, aos sintomas por ele apresentados, aos mecanismos de defesas utilizados e à percepção da contratransferência do examinador, podem vir a constituir a tão necessária prova material. Assim revela-se o abuso sofrido, evitando novos danos psicológicos para a criança, para sua família e para os profissionais envolvidos.

REFERÊNCIAS

ABERASTURY, A. *A criança e seus jogos*. Porto Alegre: Artmed, 1992

ALVAREZ, A. *Companhia viva*: psicoterapia psicanalítica com crianças autistas, Borderline, carentes e maltratadas. Porto Alegre: Artmed, 1994.

BENJAMIN, W. *Reflexões sobre o brinquedo, a criança e a educação*. São Paulo: Brasiliense, 2002.

COHEN, B.; COX, C. T. *Telling without talking*: art as a window into the world of multiple personality. New York: W. W. Norton, 1995.

COHEN, F. W.; PHELPS, R. E. Incest markers in children's artwork. *The Arts in Psychotherapy*, v. 12, p. 265-283, 1985.

DI LEO, J. *Children's drawings as diagnostic aids*. New York: Brunner/Mazel, 1973.

DRACHNIK, C. The tongue as a graphic symbol of sexual abuse. *Art Therapy*: Journal of the American Art Therapy Association, v. 11, n. 1, p. 58-61, 1994.

FALLER, K. *Child sexual abuse*: new theory and research. New York: Columbia University Press, 1988.

FRANCK, N. P. O suporte da comunicação do brincar em crianças. In: GRAÑA, R.; PIVA, A. B. S. *A atualidade da Psicanálise em crianças*: perspectivas de um novo século. São Paulo: Casa do Psicólogo, 2004. cap. 5

FREUD, S. Análise de uma Fobia de um menino de 5 anos (1909). In: FREUD, S. *Edição standard das obras psicológicas completas de Sigmund Freud*. Rio de Janeiro: Imago, 1969. v. 10.

FREUD, S. Conferencias Introdutórias sobre Psicanálise (1918). In: FREUD, S. *Edição standard das obras psicológicas completas de Sigmund Freud*. Rio de Janeiro: Imago, 1969. v. 16.

FREUD, S. *Tratamento psicanalítico com crianças (1927)*. Rio de Janeiro: Imago, 1971.

GEISSMANN, C.; GEISSMANN, P. *A history of child psychoanalysis*. London: Routledge, 1998.

GLASER, D.; COLLINS, C. The response of young, non-sexually abused children to anatomically correct dolls. *J. Child Psychol Psychiatry*, v. 30, n. 4, p. 547-560, 1989.

HAMMER, E. *The clinical application of projective drawings*. Springfield: Charles C Thomas, 1958.

HIBBARD, R.; ROGHMANN, K.; HOEKELMAN, R. Genitals in children's drawings: an association with sexual abuse. *Pediatrics*, v. 79, n. 1, p. 129-137, 1987.

HUG-HELLMUTH, H. On the technique of the analysis of children (1919). In: GEISSMANN, C.; GEISSMANN, P. *A history of child psychoanalysis*. London: Routledge, 1998.

KELLEY, S. J. Drawings: critical communication for sexually abused children. *Pediatric Nursing*, v. 11, n. 6, p. 421-426, 1985.

KELLEY, S. J. The use of art therapy with sexually abused children. *Journal of Psychosocial Nursing*, v. 22, p. 12-18, 1984.

KERNBERG, P. F.; CHAZAN, S. E.; NORMANDIN, L. The children's play therapy instrument (CPTI): description, development, and reliability. *J. Psychother. Pract. Res.*, v. 7, n. 3, p. 196-207, 1998.

KLEIN, M. The psycho-analytic play technique: its history and significance. *American Journal of Orthopsychiatry*, v. 15, p. 223-237, 1955.

LEBOVICI, S.; DIATKINE, R. *Significado e função do brinquedo na criança*. Porto Alegre: Artes Médicas, 1985.

MACHOVER, K. *Personality projection in the drawing of the human figure*. Springfield: Charles C Thomas, 1949.

MALCHIODI, C. A. *Breaking the silence*: art therapy with children from violent homes. 2nd ed. New York: Bruner/Mazel, 1997.

MALCHIODI, C. A. *Understanding children's drawings*. New York: Guilford Press, 1998.

MALCHIODI, C. A. Writing about art therapy for Professional publication. *Art therapy*: Journal of the American Art Therapy Association, v. 9, n. 2, p. 62-64, 1994.

PUTNAM, F. *Diagnosis and treatment of multiple personality disorder*. New York: Guilford Press, 1989.

PUTNAM, F. The clinical phenomenology of multiple personality disorder: review of 100 recent cases. *Journal of Clinical Psychiatry*, v. 47, n. 6, p. 285-293, 1986.

SCHORE, A. N. *Affect regulation and the origin of the self*. New Jersey: Lawrence Erlbaum Associates, 1994.

SIVAN, A. B. Interaction of normal children with anatomical dolls. *Child Abuse & Neglect*, v. 12, n. 3, p. 295-304, 1988.

SOBOL, B.; COX, C.T. (Speakers). *Art and dissociation*: research with sexually abused children. Denver: National Audio Video, 1992. (Cassette recording #59-144).

TERR, L. Forbidden games: post-traumatic child's play. *Journal of the American Academy of Child and Adolescent Psychiatry*, v. 2, p. 741-760, 1981.

TERR, L. *Too scared to cry*. New York: Basic Books, 1990.

TIBBETTS, T. Characteristics of artwork in children with pos-traumatic stress disorder in Northern Ireland. *Journal of the American Art Therapy Association*, v. 6, n. 3, p. 92-98, 1989.

WILLIG, H. Doutrina gestáltica dos gestos. In: GEISSMANN, C.; GEISSMANN, P. *A History of child psychoanalysis*. London: Routledge, 1998.

WINNICOTT, D. W. *Limite e espaço*: uma introdução à obra de D. W. Winnicott. Rio de Janeiro: Imago, 1982.

YATES, A.; BUETLER, L. E.; CRAGO, M. Drawings by child victims of incest. *Child Abuse & Neglect*, v. 9, n. 2, p. 183-190, 1985.

12

INSTRUMENTOS DE AVALIAÇÃO DO ABUSO SEXUAL NA INFÂNCIA

Sandra Cristina Soares
Rodrigo Grassi-Oliveira

INTRODUÇÃO

Nas últimas duas décadas, percebe-se que as pesquisas que buscam conhecer o fenômeno e as consequências do abuso sexual na infância têm aumentado consideravelmente. Apesar disso, constata-se uma relativa escassez de estudos que apresentem instrumentos e metodologias diagnósticas de adequada qualidade nesses casos. O desenvolvimento de pesquisas sobre tais métodos é importante devido à elevada incidência e às graves consequências para o desenvolvimento cognitivo, afetivo e social das crianças e adolescentes expostos a abuso sexual, pois, uma vez detectado, ele pode ocorrer de diferentes modos e graus de intensidade, sendo suas características peculiares a cada caso (Habigzang et. al., 2008, Elliott e Carne, 2001; Runyon e Kenny, 2002; Saywitz, Mannarino, Berliner e Cohen, 2000).

Os instrumentos e metodologias diagnósticas de crianças e adolescentes em situação de risco são um dos principais e mais difíceis desafios que o profissional que trabalha com essa população enfrenta. Além disso, os profissionais rapidamente descobrem que os métodos e técnicas disponíveis para a detecção de casos de abuso sexual são escassos e, a maioria, não adaptados para a realidade brasileira (Hutz e Silva, 2002).

Pesquisadores têm utilizado instrumentos como o desenho da figura humana, o teste de Bender, dentre vários outros testes de inteligência e personalidade, apresentando resultados insatisfatórios (Hutz e Silva, 2002). Esses testes, além de serem geralmente inadequados para populações de baixa escolaridade, marginalizadas, vivendo em estruturas sociais e familiares diversas, simplesmente não medem as situações de risco que precisariam ser investigadas (Hutz e Silva, 2002). Isso porque, esses recursos, na sua grande maioria, são utilizados para diagnóstico de abuso sexual de maneira indireta, ou seja, avaliando sintomas e/ou comportamentos que podem estar relacionados ao abuso sexual infantil, mas que, de fato, não tornam possível estabelecer uma relação causal direta.

Devido à deficiência de instrumentos para uma avaliação mais direta de casos de abuso sexual em crianças, a investigação invariavelmente implica o envolvimento de diversos profissionais, instrumentos e entrevistas, isto é, de diferentes formas de avaliação, a fim de se resgatar um maior número possível de informações e provas que levem à indicação da criança ter sofrido, ou não, tal violência. Esse processo acaba permitindo que a criança se torne mais vulnerável à revitimização. Contudo, a busca por evidências consistentes de abuso ainda deve ser o principal objetivo da investigação.

Outro método utilizado é a entrevista clínica. Silva (2001) aponta esse método como uma das alternativas mais eficientes para o contexto de avaliação com populações específicas. No entanto, seu uso apresenta inúmeras dificuldades e desafios.

É necessário certo grau de conhecimento prévio de técnicas de entrevista, bem como conhecimento teórico aprofundado dos conceitos que serão utilizados na investigação. Outro aspecto a ser levado em conta no uso da entrevista com populações em situações de risco, especialmente no momento da análise e interpretação dos dados obtidos, é a questão do viés inerente a toda medida de autorrelato, que, nesse caso, se potencializa. Crianças e adolescentes tendem a fornecer respostas socialmente desejáveis, respostas que agradem aos adultos ou que contribuam, de uma forma ou de outra, para a construção de uma imagem positiva de si mesmo perante os outros (Curtis, Langworthy, Barnes e Crum, 1998; Hutz e Silva, 2002).

Em alguns países, as entrevistas com crianças são gravadas, e posteriormente analisadas por peritos, a fim de avaliar se as respostas das crianças podem ter sido influenciadas pelas técnicas utilizadas pelo entrevistador. No Brasil, no entanto, não há exigência legal dessa gravação, e não se adota essa sistemática, o que torna mais vulnerável a realização da avaliação da confiabilidade da palavra da vítima.

Ainda com relação às entrevistas e aos testes de recordação, é necessário levar em consideração aspectos da memória infantil. Alfred Binet, em 1900, publicou *La Suggestibilité*, onde ressaltava a fragilidade da memória infantil, uma vez que esta é sugestionável. Binet concluiu que, embora crianças mais velhas e adultos sejam sugestionáveis, o grau de sugestionabilidade das crianças mais jovens é significativamente mais alto, em razão de dois fatores diferentes:

a) o primeiro, cognitivo, ou "autossugestão", porque a criança desenvolve uma resposta segundo sua expectativa do que deveria acontecer;
b) e outro, social, relativo ao desejo de se ajustar às expectativas ou pressões de um entrevistador.

Binet também destacou a linguagem e o método de interrogatório do examinador como fatores externos que podem contaminar as declarações das crianças (Pisa, 2006).

É necessário também levar em consideração outro aspecto relevante da memória na investigação de abuso sexual infantil: as falsas memórias, caracterizadas pela recordação de algo que, na realidade, nunca aconteceu. A interpretação errada de um acontecimento pode ocasionar a formação de falsas memórias. Assim, falsas acusações de abuso sexual também ocorrem em razão de percepções e suposições equivocadas, normalmente por parte de um adulto, que interpreta de forma inadequada algum evento e termina sugestionando uma criança a acreditar que, efetivamente, foi vítima de um abuso sexual. Dessa maneira, a própria criança percebe suas recordações como verdadeiras, embora elas não correspondam à ocorrência de abuso sexual (Pisa, 2006).

Por esses motivos, obter informações precisas de crianças não é uma tarefa fácil (Ceci e Bruck, 1996), principalmente quando o assunto é abuso sexual. Em função disso, pesquisadores da área passaram a usar abordagens mais diretivas e focadas, buscando informações úteis da criança. Um dos esforços seria evitar a utilização de perguntas fechadas (sim/não), de perguntas sugestivas (o entrevistador fornece informações que a criança desconhecia) e a pressão de pares (o entrevistador assegura à criança que seu amigo já relatou esse fato e que ela se sentirá melhor após falar), pois quando isso é repetido por meio de entrevistas múltiplas, os relatos das crianças podem se tornar incertos (Ceci e Bruck, 1996; Bruck, Ceci e Hembrooke, 2002; Habigzang et al., 2008; Lahoti et al. 2001).

Ainda assim, como vimos, há, atualmente, uma grande deficiência de instrumentos e formas de avaliação mais diretas do abuso sexual em crianças que considerem e minimizem os fatores negativos de uma investigação. Dessa maneira, fica clara a necessidade de desenvolver instrumentos psicológicos validados para avaliação dos casos de abuso sexual contra crianças e adolescentes. Tais instrumentos poderiam garantir maior acurácia nas avaliações psicológicas, contribuindo para o planejamento de intervenções clínicas adequadas, bem como para os relatórios solicitados pela área jurídica sobre os casos. Além disso, a estrutura dessa avaliação deveria priorizar um maior acolhimento e confiança da vítima, permitindo, assim, uma melhor qualidade da investigação (Habigzang et. al., 2008).

Dadas as dificuldades de avaliação citadas anteriormente, e a necessidade de instrumentos validados especificamente para a avaliação de abuso sexual, este capítulo apresenta alguns dos instrumentos e metodologias diagnósticas mais citadas na literatura para a investigação de abuso sexual na infância. Para facilitar a apresentação, o capítulo foi dividido segundo quatro famílias de instrumentos de avaliação: entrevistas; escalas; questionários; e testes projetivos e exame clínico.

ENTREVISTAS

A tarefa de entrevistar crianças é desafiadora, especialmente quando se trata de recolher informações sobre suspeita de abuso sexual. São necessárias estratégias competentes para ajudar a criança a conversar sobre suas experiências íntimas e sentimentais sem introduzir informações não mencionadas por elas.

Anamnese

Segundo Pfeiffer e Salvagni (2005), a anamnese deve ser conduzida com muito cuidado pelo profissional da saúde, objetivando diminuir a quantidade de vezes que a vítima repita sua história, mesmo que o faça para profissionais diferentes. A situação de recontar a sua história pode fazer a vítima reviver sua dor, e até mesmo potencializá-la, de acordo com a reação e a abordagem de cada profissional. Conforme apontam as autoras, a avaliação da história deve ser colhida em momentos diferentes com outras pessoas envolvidas (além do próprio paciente, seus acompanhantes e responsáveis), possibilitando que o entrevistador atente para incoerências e contradições. Estudos ressaltam que, na maioria das vezes, a queixa não é clara, e, nos casos mais habituais (que são crônicos e sem sinais físicos específicos), a participação de profissional especializado na área da saúde mental, como psicólogos e psiquiatras, é fundamental para a análise da história da criança abusada (Muram, 1995; Pfeiffer e Salvagni, 2005).

Porém, há opiniões diferentes a respeito do tipo de informação a ser colhida pelos profissionais de saúde na entrevista de diagnóstico. Alguns estudos sugerem a coleta de informação detalhada (Muram, 1995; American Professional Society on the Abuse Children, 2000), mas há autores que não veem necessidade de uma entrevista profunda com a criança (Roberts, 1994; Houston et al., 1990). Dentre esses, Houston e colaboradores (1990) estabelecem que a realização de investigação detalhada do relato não é de competência do clínico geral, mas de um assistente social treinado ou de policiais, posição que os autores deste capítulo questionam, principalmente levando em consideração o despreparo de muitos desses profissionais na realidade brasileira. De San Lazaro (1995) afirma ser normalmente suficiente, para a anamnese, a obtenção de dados básicos relativos ao tempo, cronologia e sintomas diretamente relacionados ao trauma. Recomenda que se respeite a necessidade de privacidade da família e da criança, ou seja, deve-se perguntar aos envolvidos se desejam conversar sobre o abuso naquele momento. Além disso, deve-se perguntar à criança se ela própria deseja relatar o abuso. Caso não o queira, solicita-se que nomeie um adulto para que assim o faça, sendo a criança convidada a ouvir.

No caso de atendimento clínico, conforme sugere o *Guidelines for the Evaluation of Sexual Abuse of Children* (1991), em todos os casos, o pediatra deve, primeiramente, buscar obter a história da criança de maneira apropriada e detalhada, antes de iniciar qualquer exame médico. A criança pode, espontaneamente, revelar mais detalhes e informações durante a realização do exame físico. Quando as crianças são trazidas ao atendimento por profissionais, a análise histórica deve buscar descobrir se os sintomas são explicados por abuso sexual, por abuso físico ou trata-se de uma resposta para acidentes ou outras condições médicas.

Por outro lado, Muram (1995) defende a coleta de informações detalhadas do abuso. Para tal, o entrevistador deve contar com o relato de parentes, oficiais de polícia, vizinhos e de outras crianças, caso ele, mesmo com técnicas complementares, não as consiga por meio do relato da própria criança. Roberts (1994) afirma que, no processo de diagnóstico, pode ser preciso coletar informações de várias áreas, como escolas, serviços sociais, polícia e outras.

Já a Sociedade Brasileira de Pediatria, no seu guia de atuação frente a maus-tratos na infância e na adolescência de 2001, indica que, durante a anamnese, devem ser observadas as seguintes situações:

a) história incompatível com a lesão existente;
b) lesões incompatíveis com o estágio de desenvolvimento da criança;
c) relatos discordantes quando o responsável é entrevistado por mais de um profissional em diferentes momentos;
d) relatos discordantes quando se entrevistam responsáveis separadamente, ou vítima e responsável separadamente;
e) supostos acidentes ocorridos de forma repetitiva e/ou com frequência acima do esperado;
f) demora na procura de atendimento médico para um suposto acidente;
g) dinâmica familiar denotando falta de estrutura estável;
h) problemas maternos relacionados à gravidez (mãe solteira, gravidez indesejada, tentativa de aborto, etc.);
i) relato dos pais sobre experiências próprias de terem sofrido algum tipo de maus-tratos na infância.

De todo modo, a anamnese aparece como uma importante ferramenta, a ser utilizada pelos profissionais da saúde na investigação de abuso sexual na infância, embora não possa ser considerada isoladamente, mas em conjunto a outras formas de avaliação.

Bonecos anatômicos (*anatomical dolls*)

Bonecos anatômicos foram, dentre os instrumentos para auxílio em investigação de abuso sexual infantil, um dos mais estudados na década de 1990. Existem mais de 100 publicações sobre a utilização de bonecos anatômicos. Esses estudos incluem as seguintes categorias:

a) Investigação sobre a interação da criança com bonecos anatômicos englobando estudos de crianças sem uma história de abuso sexual (Boat e Everson, 1994; Dawson, Vaughan e Wagner, 1992; De Marneff, 1997; Everson e Boat, 1990; Geddie, Dawson e Weunsch, 1998; Sivan, Schor, Koeppl e Noble, 1988; Weill, Dawson e Range, 1999) e estudos comparando crianças com e sem história de abuso sexual (Cohn, 1991; Levy, Markovic, Kalinowski e Ahart, 1995; Jampole e Weber, 1987; Kenyon-Jump, Burnette e Robertson, 1991; Realmuto e Wescoe, 1992; White, Strom, Santilli e Halpin,1986);
b) Estudos envolvendo crianças que utilizam bonecos anatômicos para responder a perguntas sobre um evento específico (Bruck et al., 1995; Bruck et al., 2000; Goodman e Aman, 1991; Goodman, Quas, Batterman-Faunce, Riddlesberger, e Kuhn, 1997; Katz, Schoenfeld, Levanthal, e Cicchetti, 1995; Saywitz, Goodman, Nicholas, e Moan, 1991);
c) Pesquisas comparando bonecos anatômicos a outros métodos de obtenção de informação de crianças (Goodman e Aman, 1991; Saywitz et al., 1991).

Um aspecto importante é o fato de que alguns estudos demonstram que as crianças que pensam ter sido abusadas sexualmente são significativamente mais propensas a ter comportamentos mais sexualizados com bonecos anatômicos em comparação a crianças que não têm essa crença (August e Foreman, 1989; Jampole e Weber, 1987). Porém, crianças sem história de abuso também demonstram comportamentos bastante sexualizados com bonecos anatômicos (Cohn, 1991; Jampole e Webber, 1987).

Há ainda muita discussão sobre o quanto a utilização de bonecos anatômicos é mais eficiente do que a sua não utilização. Nesse sentido, cabe lembrar que a utilização de bonecos anatômicos em entrevistas não tem demonstrado evidência científica de benefício quando comparada com entrevistas que não utilizam esses bonecos (Britton e O'Keefe, 1991; Goodman e Aman, 1991; Samra e Yuille, 1996).

Apesar dessa falta de evidência científica, a literatura cita algumas vantagens da utilização de bonecos anatômicos:

a) crianças pequenas têm melhor capacidade de comunicação por demonstração do que por de palavras (Baker-Ward, Gordon, Ornstein, Larus e Clubb, 1993; Goodman e Aman, 1991; Gordon, Ornstein, Nida, Follmer, Crenshaw e Albert, 1993);
b) a utilização de bonecos anatômicos aumenta potencialmente o meio de comunicação entre a criança e o entrevistador (Faller, 2005);
c) as crianças podem estar mais dispostas a demonstrar, com bonecos anatômicos, o que elas não estão dispostas a falar, além de ser menos estressante demonstrar do que falar sobre o abuso ocorrido (Everson e Boat, 1994);
d) a demonstração do que supostamente aconteceu por meio dos bonecos anatômicos ajuda os profissionais a detectarem se as crianças estão sofrendo interferência de outros para responder as investigações (Faller, 2005).

Por outro lado, existem evidências de desvantagens na utilização de bonecos anatômicos na investigação de abuso sexual em crianças. Em primeiro lugar, e provavelmente o mais importante, é a capacidade limitada de crianças muito pequenas em utilizar um objeto – no caso, uma boneca – representacionalmente, ou seja, em representar a si própria e outros por meio de um terceiro objeto (DeLoache, 1995; DeLoache e Marzolf, 1995). Outra desvantagem é o fato de os bonecos serem sugestivos, podendo levar as crianças a relatarem fantasias (Bruck et al., 1995, 2000; Everson e Boat, 1994; Faller, 2005). Em uma extensa revisão da literatura realizada por Everson e Boat, em 1997, não foram encontrados estudos que validassem a utilização dos bonecos anatômicos como meio de comunicação com crianças em investigação de abuso sexual (Everson e Boat, 1997). Surpreendentemente, os autores do presente capítulo não encontraram nos bancos de dados MEDLINE e PsychINFO qualquer outro estudo de validação publicado entre 1997 e 2009.

Entrevista forense

A partir da suspeita de abuso sexual em crianças, e da falta de provas físicas concretas, as declarações das crianças podem se tornar referência importante, e às vezes decisiva, na formalização de uma prova judicial (Brito et al.., 2006; Daltoé-Cezar, 2007; Davies, Wescott e Horan, 2000). A partir disso, entende-se que os objetivos da entrevista forense são diferentes dos objetivos da entrevista terapêutica. O único papel do investigador forense é recolher os fatos do caso. Na terapia, entretanto, há uma ênfase na ajuda, e não no esclarecimento dos fatos. As entrevistas forenses, portanto, são aquelas projetadas para facilitar o recolhimento de evidências pelas declarações da vítima ou de testemunhas (Ceci e Bruck, 1995). Alguns estudos apontam a necessidade de tratamento diferenciado devido às demandas dessas crianças e de suas famílias (Azambuja, 2006; Brito, Ayres e Amendola, 2006). Outros estudos ressaltam a importância da estrutura da entrevista com a criança para se alcançar os indícios do abuso, porém, minimizam danos secundários a essas crianças (Daltoé-Cezar, 2007; Juárez-López, 2006; Estado de Michigan, 1998/2003).

De acordo com as normas processuais, a entrevista da criança abusada sexualmente é realizada pelo juiz de Direito, o qual faz perguntas diretas, buscando dados sobre o abuso em uma sala de audiências formal. Nessas ocasiões de aferição de provas, a palavra da criança é, muitas vezes, confrontada com a versão do agressor, que pode ser ouvido ou questionado na presença da criança. Esse muitas vezes repassa a responsabilidade total para a vítima, considerando seu relato inválido, desacreditado, infantil e fantasioso (Azambuja, 2005; Azambuja, 2006; Dobke, 2001).

Segundo alguns pesquisadores, esse procedimento para a escuta da criança pode fazer com que ela se sinta culpada indevidamente, o que gera riscos para seu desenvolvimento e para a validade do seu testemunho (Daltoé-Cezar, 2007; Dobke, 2001; Sanderson, 2005; Thouvenin, 1997). Ao se colocar publicamente e contar a sua versão, a criança acaba expondo todo seu segredo e seu silêncio até o momento, tornando-se, assim, mais vulnerável, devido ao cumprimento de procedimentos jurídicos (Azambuja, 2006; Azevedo, 2001; Brito, Ayres e Amendola, 2006; Ferreira, 2007; Thouvenin, 1997).

Por outro lado, a pesquisa experimental em Psicologia do Testemunho identificou algumas cautelas que podem maximizar a qualidade da entrevista forense com crianças. No tocante à linguagem, a orientação é o uso da voz ativa, bem como de palavras e frases simples. Além disso, evitar duplos negativos e perguntas múltiplas, bem como prestar atenção se a criança compreendeu a pergunta também são procedimentos relevantes (Walker, 2002). Diante disso, alguns países têm trabalhado na modificação da sua legislação em relação a essa questão, objetivando maior cuidado e proteção à criança durante a investigação da prova. Na Argentina e na Espanha, por exemplo, não é permitida a escuta direta da criança pelos juízes de Direito e pelas partes. Na África do Sul, existe um sistema de intermediação por profissionais da área da saúde, para tentar reduzir o trauma e a revitimização durante a entrevista forense (Juárez-López, 2006; Yiming e Fung, 2003). No Brasil, há um projeto de lei (Projeto de Lei 7.524, de 2006), que propõe a inquirição da criança em local apropriado para o seu acolhimento, intermediada por profissional designado pela autoridade judiciária, e registrada por meio audiovisual para fazer parte integrante do processo (Daltoé-Cezar, 2007).

Entretanto, Froner (2008) descreve que, ao exercer o direito de testemunhar (que pressupõe responsabilidade civil e capacidade jurídica), mesmo com todos os cuidados especiais na sua escuta, a criança perde o direito à infância, exercendo funções que são de responsabilidade dos adultos. Essa autora propõe maior participação da família nos processos, para zelar pelos direitos da criança ou do adolescente, que se encontram em condições peculiares de desenvolvimento. Por outro lado, outros autores sugerem que, ao não abrir espaço para a criança falar sobre o abuso no Sistema Judiciário, na tentativa de protegê-la, corre-se o risco de rejeitar sua experiência e a própria criança, além de fortalecer a síndrome do segredo, pois, segundo os autores, o silêncio é o que mantém e obriga a criança a submeter-se a humilhações (Daltoé-Cezar, 2007; Dobke, 2001; Koshima, 2003).

Azambuja (2006) e Ferreira (2007) defendem a avaliação técnica realizada pelo profissional da área da saúde. A perícia ajuda o juiz de Direito em algum impasse ou conflito que ele não possua competência técnica para compreender ou decifrar (Herman, 2005; Rovinski, 2004). E aí preconiza-se que, diferentemente de um depoimento ou inquirição, a avaliação técnica é uma maneira de escutar as crianças no âmbito do Judiciário sem a obrigatoriedade de aferição de provas, sendo que ela pode ser realizada por um médico, um psicólogo ou um assistente social que esteja registrado em seu órgão de classe e que seja especialista no assunto em questão (Ramires, 2006; Rovinski, 2004).

É importante levar em consideração que o acolhimento da criança e da sua dor, em um ambiente tranquilo e lúdico, é a base para um bom resultado (Daltoé-Cezar, 2007; Pfeiffer e Salvagni, 2005). Para isso, os autores são unânimes em ressaltar que a atitude do profissional frente aos fatos apresentados não deve ser julgadora ou punitiva, mas uma postura de confiança (vínculo) que ajudará no acompanhamento posterior (Dobke, 2001; Ferreira, 2005; Junqueira, 2002).

Os diferentes protocolos de entrevista forense, de modo geral, dividem a entrevista em três etapas distintas:

1 Construção do *rapport* e estabelecimento das regras da entrevista. Nessa etapa, o entrevistador conhece as habilidades de comunicação e o grau de compreensão da criança e constrói com ela um vínculo de confiança. A criança entrevistada é informada sobre o propósito da entrevista, sendo que o entrevistador deve estabelecer com ela algumas regras básicas para o sucesso da mesma (Memon, 2000; Walker, 2002; Fivush et al, 2002).
2 Solicitação do relato livre. Nessa etapa, a criança é solicitada a relatar livremente o evento com todos os detalhes que possam ser recordados (Warren e Lane, 1995; Memon, 2000; Milne, 2000; Walker, 2002). Durante o relato livre, o entrevistador não deve interromper a fala da criança, limitando-se a manifestações de incentivo para ela prosseguir com o relato. A declaração obtida em relatos livres, embora menos detalhada que aquela produzida por questionamentos específicos, tende a ser mais precisa (Lamb et al,, 2000; Walker, 2002).
3 Utilização da técnica da pergunta sugestiva. Essa técnica consiste na introdução de nova informação, ainda não mencionada pela criança, dentro de uma entrevista (Garven et al., 1998).

Ainda que necessário, sugere-se que a criança seja questionada somente depois da etapa narrativa. O cuidado do entrevistador nessa terceira etapa é buscar mais informações baseando-se naquelas fornecidas pela criança no relato livre. Perguntas fechadas e sugestivas, se necessário, devem ser usadas somente no final da entrevista, segundo Lamb e colaboradores (2000).

Após o recolhimento de todas as informações que a criança parece ser capaz de fornecer, a literatura sugere que os entrevistadores perguntem à criança se existe alguma informação adicional. Estudos apontam que é fundamental que a entrevista seja gravada, pois a avaliação da confiabilidade das informações obtidas nas entrevistas investigativas somente pode prosseguir quando há um completo registro eletrônico – preferencialmente um videoteipe – que compreenda não só as respostas fornecidas pela criança, mas também as perguntas formuladas e os estímulos pelos quais as respostas foram produzidas, a fim de se descartar qualquer possibilidade de viés do entrevistador (Walker, 2002).

Além disso, há também uma técnica de entrevista forense baseada na Avaliação de Validade do Relato (AVR). Originada na Alemanha, em 1954, ela continua sendo uma maneira importante em todo mundo para medir a veracidade do relato da criança, embora não seja padronizada (Rovinski, 2004). Consiste em uma entrevista estruturada, para exploração do evento traumático, com o maior número de informações possíveis, sendo transcrita em áudio para posterior análise do conteúdo do relato, por meio da Análise de Conteúdo Baseada em Critério (ACBC) (Juaréz-Lopes, 2006; Rogers e Brodie, 2004; Rovinski, 2004). Esse ACBC é um protocolo com 19 critérios (entre eles: coerência e lógica da declaração, informações prestadas de forma cronológica, verbalização espontânea, detalhes em quantidade suficiente, lembrança de conversações, dentre outros) que devem ser pontuados de 0 a 3, conforme presença no relato. Após essa etapa, faz-se necessário averiguar a validade da entrevista de acordo com os critérios levantados na etapa anterior (Rovinski, 2004). Contudo, Rogers e Brodie (2004) testaram esse protocolo e consideraram particularmente difícil avaliar a veracidade do conteúdo por meio de um instrumento. Verificaram que, à medida que a criança está familiarizada com um fato alegado, seu relato está propenso a ter um conteúdo que produz um escore alto no instrumento, indicando que o evento ocorreu, tenha ele acontecido ou não.

Outros pesquisadores do testemunho da criança no Sistema Judiciário desenvolveram protocolos de entrevista a partir do AVR e ACBC (Estado de Michigan, 1998/2003; Juárez-López, 2006; Poole e Lamb, 1998; Yuille, Hunter, Joffe e Zaparniuk, 1993). Esses autores buscam uma escuta de qualidade, evitando perguntas sugestivas ou diretivas durante o método de interrogatório, dando maior credibilidade aos processos jurídicos para responsabilização do agressor. Buscam confirmar, com algum grau de certeza, a identificação do abuso e do perpetrador, dentro de um clima de cordialidade, sensibilidade e imparcialidade, facilitado pela entrevista realizada em etapas, evitando, assim, deixar alegações sujeitas a múltiplas interpretações e reduzindo a possibilidade de novos traumas para a criança.

Juárez-López (2006) desenvolveu o Guia de Entrevista Assistida para Inquirição do Abuso Sexual Infantil (EASI-5), uma entrevista semiestruturada compreendendo duas etapas. A primeira é um momento introdutório, em que se realiza a avaliação das condições da criança para relatar fatos ocorridos, auferindo sua capacidade de fazer distinções entre mentira e verdade, fantasia e realidade, voltando-se a assuntos e eventos da vida escolar e familiar. Já na segunda etapa da entrevista, o profissional da saúde pode avaliar as áreas da competência infantil (memória, personalidade, questões sociais, nível de conhecimento corporal/sexual, dentre outras). Essa proposta é compartilhada também por Rovinski (2004) e pelos autores do Protocolo de Entrevista Forense de Michigan-FIA (Estado de Michigan, 1998/2003).

No Brasil, Daltoé-Cezar (2007), juntamente com um grupo de profissionais de distintas áreas do conhecimento, tomaram como base os achados científicos de Dobke (2001), e de projetos realizados no exterior para iniciarem, na cidade de Porto Alegre-RS, em 2003, o Projeto Depoimento Sem Dano. Essa proposta foi fundamentada por um estudo teórico-prático que investigou uma amostra de 101 processos e suas respectivas inquirições realizadas pelo profissional da área da saúde, entre maio de 2003 e dezembro de 2005. Foi constatado que a operacionalização dessa modalidade de escuta, assim como sua metodologia (que possui como objetivo a materialização da prova com o menor sofrimento possível para a criança), são positivos em relação ao ato processual de inquirição da vítima (depoimento) tradicional proposto pelo Código de Processo Penal. Porém, os autores do projeto não descartam a possibilidade de aperfeiçoamento em algumas questões metodológicas.

Em contrapartida, atualmente, alguns estudos apontam uma nova e poderosa ferramenta para ouvir testemunhas e vítimas de delitos das mais diversas naturezas: a entrevista cognitiva (Feix e Pergher, 2009). Ela consiste em 5 etapas:

1 construção do *rapport*;
2 recriação do contexto original;
3 narrativa livre;
4 questionamento;
5 fechamento.

Com essa entrevista, além de minimizar a revitimização, as vítimas podem ser ouvidas por meio de técnicas que, simultaneamente, estão em consonância com os direitos humanos e favorecem a efetiva aplicação da lei. Além disso, a entrevista cognitiva reduz as chances de falsas memórias e de sugestionabilidade por parte dos entrevistadores (Feix e Pergher, 2009).

Nesse sentido, os estudos invariavelmente destacam a importância de tomar como princípio básico, para a realização da escuta da criança vítima de abuso sexual, as necessidades da criança, levando em consideração seu grau de maturidade e do sofrimento significativo proveniente do trauma experimentado.

Entrevistas semiestruturadas

Segundo a *American Academy of Child and Adolescent Psychiatry – guidelines for interviewing sexually abused children* (2002), ocasionalmente, as crianças podem descrever espontaneamente o abuso e indicar como foi e quem foi o abusador. É necessário, para tanto, que o entrevistador conduza a entrevista usando perguntas não diretivas e evite demonstrações de choque, descrença ou qualquer outro tipo de emoção, sempre mantendo uma abordagem de "conte-me mais" ou "e depois o que aconteceu". Se possível, a criança deve ser entrevistada sozinha.

Uma entrevista semiestruturada é, muitas vezes, o método preferido para a avaliação das crianças com suspeita de abuso sexual. Formatos altamente estruturados são muito rígidos e, por vezes, podem não permitir que o entrevistador considere fatores desenvolvimentais, tais como atenção e motivação. Em relação a entrevistas abertas, falta confiabilidade. Já as entrevistas semiestruturadas parecem ter maior flexibilidade e confiabilidade segundo Wood, Orsak, Murphy e Cross (1996). Esses autores encontraram na literatura alguns exemplos de entrevistas semiestruturadas:

The Metropolitan Toronto Special Committee on Child Abuse (1995)

Entrevista semiestruturada inicial constituída por duas partes: na primeira, o objetivo é estabelecer um vínculo terapêutico com a criança participante, criando um espaço seguro baseado em uma relação de confiança. Essa entrevista tem como principal objetivo obter o relato da vítima com relação ao abuso sexual, bem como mapear a frequência e a dinâmica dos episódios abusivos. Foi traduzida para o português e adaptada por Kristensen (1996).

Children's Attributions and Perceptions Scale (CAPS)

Esta entrevista foi desenvolvida para mensurar questões específicas do abuso em crianças sexualmente abusadas (Mannarino, Cohen e Berman, 1994). O instrumento é constituído por 18 itens, sendo que a criança responde a cada item por meio de cinco respostas [escala *Likert*, que varia entre nunca (0) e sempre (4)]. Quatro aspectos são avaliados em quatro subescalas: sentimentos de diferença com relação aos pares; confiança nas pessoas; autoatribuição dos eventos negativos (autoculpabilização pelo abuso); e, percepção de credibilidade dos outros em si. Escores mais altos refletem maior sentimento de diferença com relação aos pares, maior autoatribuição por eventos negativos, menor percepção de credibilidade e de confiança interpessoal, respectivamente.

Semi-structured clinical interview for children and adolescents (SCICA)

Trata-se de um instrumento passível de ser aplicado à população muito jovem (6-18 anos) e que permite compreender o funcionamento global do sujeito. É uma entrevista flexível, composta por protocolo, formulários de observação e de autorrelato (McConaughy e Achenbach, 1994), sendo esse instrumento um dos componentes do sistema de avaliação multiaxial proposto por Achenbach.

Semi-structured interview protocol based on MacFarlane and Krebs (1986); Wood, Schell, and Murphy (1992)

Este método se propõe a descrever os tópicos essenciais a serem abordados durante as entrevistas, incluindo construção de *rapport*, colheita de informação e encerramento da entrevista. Além disso, esse método investiga a capacidade da criança para distinguir a fantasia da realidade e estabelece informações do abuso relacionando detalhes de quem, o quê, quando e onde.

Perguntas abertas são utilizadas e questões focadas são evitadas sempre que possível. No entanto, se a criança fala sobre o abuso e alguns detalhes necessitam ser esclarecidos, há questões focadas, que são utilizadas para esclarecer as informações dadas às perguntas abertas desta entrevista semiestruturada (Wood, Orsak, Murphy e Cross, 1996).

ESCALAS E QUESTIONÁRIOS

O diagnóstico de abuso sexual em crianças é um processo bastante complexo e desafiador, e que, na maioria das vezes, se apresenta como bastante problemático. Por esse motivo, é necessário que mais estudos sejam realizados com o intuito de simplificar, fortalecer ou aperfeiçoar esse processo de avaliação (Palusci e Palusci, 2006). Tais autores ainda indicam que, atualmente, não há nenhuma medida, isolada, que dê conta de todas as situações interligadas ao abuso sexual infantil, e que novos instrumentos são necessários para preencher lacunas nos procedimentos de avaliação atualmente disponíveis.

Child Sexual Behavior Inventory (CSBI-I)

O CSBI é um inventário para pais (mãe ou cuidador primário feminino), que mede o comportamento sexual em crianças de idade entre 2 e 12 anos. É destinado a crianças que tenham sido ou que possam ser abusadas sexualmente. O teste foi desenvolvido em resposta à evidência de que o abuso sexual está relacionado à presença de comportamento sexual precoce em crianças. Para entender completamente cada criança, e garantir a sua segurança, é essencial que o CSBI seja utilizado em combinação com outras medidas e procedimentos clínicos.

O CSBI contém 38 itens que avaliam um vasto leque de comportamentos sexuais, e esses abrangem nove domínios principais: *boundary issues, sexual interest, exhibitionism, sexual intrusiveness, gender role behavior, sexual knowledge, self-stimulation, voyeuristic behavior* e *sexual anxiety*. A mãe (ou cuidador primário feminino) responde diretamente no teste, indicando quantas vezes ela tem observado cada um dos comportamentos enumerados durante os últimos 6 meses. Cada item é classificado em uma escala de 4 pontos, variando entre 0 (nunca) e 4 (pelo menos uma vez por semana).

O CSBI pode discriminar grupos de crianças abusadas e crianças não abusadas, segundo estudos (Friedrich, Jaworski, Huxsahl e Bengtson, 1997; Wherry, Jolly, Feldman e Adam, 1995), sendo que esse inventário foi normatizado e validado nos Estados Unidos. No entanto, Palusci e Palusci (2006) descrevem que o CSBI pode auxiliar na discriminação do comportamento sexual padrão e do comportamento de crianças abusadas sexualmente, mas é menos confiável em crianças sob tratamento psiquiátrico ou psicológico.

Weekly Behavior Report (WBR)

O WBR foi desenvolvido para avaliar comportamentos-problema comuns em crianças abusadas sexualmente, permitindo a avaliação dos tipos de comportamentos-problema: há 21 itens no questionário que avaliam sintomas, tais como problemas do sono, ansiedade, separação, comportamentos agressivos e comportamentos sexuais. A aplicação é realizada todo dia ao longo de uma semana. O resultado do questionário referente a cada dia e a cada item é indexado em uma das sete caixas, representando os sete dias da semana. Esse questionário avalia se o comportamento aparece em todos os dias da semana.

Os resultados do questionário devem ser interpretados por profissionais clínicos com treinamento nesse relatório. Dados psicométricos são promissores, mas ainda limitados, sendo que mais pesquisas são necessárias para determinar se o questionário discrimina grupos de crianças abusadas de não abusadas.

The Childhood Experience of Abuse and Care Questionnaire (CECA.Q) (Smith, Lam, Bifulco e Checkley, 2002)

Trata-se de um questionário de autorrelato (CECA.Q) que foi desenvolvido a partir de construtos existentes validados: a experiência de cuidado infantil e os abusos (CECA). O questionário avalia a falta de cuidado parental (negligência e antipatia), abuso físico parental e a presença de abusos sexuais antes dos 17 anos (PBI; Parker, Tupling e Brown, 1979).

Em um estudo de Bifulco, Bernazzani, Moran e Jacobs (2005), é possível identificar que a consistência interna do CECA-Q foi satisfatória. O teste-reteste foi satisfatório para as escalas de cuidados e de abuso. Segundo o estudo, o CECA.Q mostra satisfatória confiabilidade e validade como uma medida de autorrelato adversos à experiência na infância.

Questionário de avaliação de abuso sexual em crianças (Salvagni e Wagner, 2006)

Este instrumento é um questionário de triagem de abuso sexual infantil que é administrado aos pais durante a avaliação médica da criança com idade entre 2 e 12 anos. O questionário compreende cinco perguntas, em uma escala *likert* de cinco pontos, que avaliam os sintomas comportamentais e, em conjunto, podem distinguir razoavelmente, em seu grupo-controle, as crianças não abusadas daquelas atendidas em centros de referência para vítimas de abuso sexual. Escores correspondentes a três ou mais respostas positivas aumentaram significativamente a probabilidade de abuso sexual, com características pré-teste/pós-teste aceitáveis. Dependendo do ambiente da triagem (em clínica normal ou em clínica para vítimas de violência sexual), escores diferentes podem, presumivelmente, acionar outras avaliações multidisciplinares para confirmar ou descartar o diagnóstico de abuso sexual, e, se necessário, dar início às medidas legais de proteção.

No entanto, o estudo realizado por Salvagni e Wagner, para testar esse instrumento, apresenta algumas limitações. O tamanho da amostra é relativamente pequeno, envolvendo 192 crianças de uma área geográfica específica. Isso afeta a possibilidade de generalização do estudo para outras populações pediátricas. (Palusci e Palusci, 2006).

Childhood Trauma Questionnaire (CTQ)

O CTQ (Bernstein e Fink, 1995) é um instrumento para adolescentes (a partir de 12 anos) e adultos onde o sujeito avaliado gradua a frequência de 28 assertivas relacionadas com situações ocorridas na infância em uma escala Likert de cinco pontos. Esse instrumento investiga cinco componentes traumáticos: abuso físico, abuso emocional, abuso sexual, negligência física e negligência emocional. Possui ainda uma escala-controle de minimização/negação das respostas.

As propriedades psicométricas desta versão de 28 itens foram validadas. Em relação ao construto, análises fatoriais exploratórias e confirmatórias (modeladas por análises de equações estruturais) evidenciaram que os 25 itens do CTQ (excluídos os três itens da escala de minimização/negação) constituem cinco fatores distintos, que correspondem às cinco dimensões hipotetizadas para o instrumento. Esse instrumento também obteve ótimos indicadores de consistência interna de todas suas subescalas, calculados a partir do alfa de Cronbach. Além disso, a confiabilidade do CTQ foi analisada por teste-reteste, mostrando-se bastante estável.

O CTQ atualmente tem uma versão em português denominada "Questionário Sobre Traumas na Infância (QUESI)" (Grassi-Oliveira, Pezzi e Stein, 2006). Atualmente, os autores estão trabalhando na construção de um instrumento estruturado baseado no CTQ/QUESI para aplicação em uma população infantil, a partir dos 7 anos de idade, o "Inventário de Maus-Tratos na Infância".

TESTES PROJETIVOS

Uma pesquisa realizada por Rovinski e Elgues (1999), no Rio Grande do Sul, demonstrou que 87% dos psicólogos forenses pesquisados utilizavam outros instrumentos de avaliação além da entrevista, dando preferência para os testes projetivos.

Alguns estudos sugerem que crianças muito pequenas dificilmente conseguem falar diretamente sobre o que sentem e vivenciam internamente (Grassano, 1996; Marcelli, 1998). Nesse sentido, a criança vitimizada diante de um processo de psicodiagnóstico precisa desenvolver uma adequada descrição do mundo (externo e interno), e esse processo deve apoiar-se em uma aproximação que busque apreender a vivência dessa criança em sua totalidade, fundamentando-se em critérios de coerência e em instrumentos que facilitem o desvelamento da situação abusiva, propiciando, assim, um lugar de singularidade para o sujeito e sua subjetividade (Tardivo, Junior e Santos, 2005).

Entre os instrumentos utilizados em um psicodiagnóstico para avaliação de abuso sexual na infância, podemos citar as técnicas projetivas. Segundo Grassano (1996), a técnica projetiva pode fazer a ligação entre o mundo interno e o externo do indivíduo, pois as instruções e estímulos desses instrumentos atuam como mediadores das relações vinculares que mobilizam diversos aspectos da vida emocional. Segundo a autora, o teste projetivo permite obter informação precisa sobre os níveis de funcionamento mental distintos em curto período de tempo (Seitz, 2001).

Quando a criança abusada sexualmente não consegue, não pode ou tem medo de relatar o abuso, os testes projetivos podem ser um procedimento viável. A comunicação da violência doméstica, por ser demasiadamente ansiógena, e por desencadear sentimentos de medo e de culpa, pode ser mais facilmente realizada por meio de personagens de jogos ou de técnicas projetivas, em vez de ser feita diretamente com a criança (Tardivo, Junior e Santos, 2005; Azevedo e Guerra, 1989). Todavia, em uma reconhecida meta-análise realizada por Garb e Wood (2000), os autores sugerem que os testes projetivos não deveriam ser utilizados para diagnóstico de abuso sexual em crianças, uma vez que, segundo eles, os estudos que tentaram investigar a validade dos testes projetivos para avaliar abuso infantil são imperfeitos e nenhum deles foi replicado com consistência.

Teste das fábulas de Duss

Entre as técnicas projetivas, destaca-se o Teste das Fábulas Duss, que foi criado pela psicanalista suíça Louise Duss, em 1940. Trata-se de um teste utilizado no processo de diagnóstico psicológico como verificação experimental, sendo também uma maneira de explorar o fenômeno da resistência. Esse procedimento pode ser aplicado em crianças a partir dos 3 anos e, eventualmente, em adultos. O teste é composto de 10 fábulas pequenas de fácil compreensão às crianças, cada uma delas referindo-se a um complexo específico. Segundo Tardivo (1998), trata-se de um instrumento capaz de auxiliar o psicólogo ou psicanalista na detecção rápida do complexo ou do conflito presente na criança. A autora destaca que, por meio das fábulas, as crianças conseguem expressar seus desejos, seus temores, suas necessidades e seus pensamentos como se não lhes pertencessem de verdade, isto é, elas podem atribuir certos sentimentos ou pensamentos não aceitáveis aos personagens das fábulas.

Estudos, como o de Tardivo, Junior e Santos (2005) e o de Fonseca e Capitao (2005) sugerem que o teste das Fábulas de Duss pode auxiliar na investigação de suspeita de abuso sexual em crianças ou outro tipo de violência doméstica. Por outro lado, apesar de tais estudos se mostrarem sensíveis em discriminar os grupos de pesquisa (crianças que sofreram abuso) dos grupos controles (crianças que não sofreram abuso), não é possível ainda comprovar a validade do teste das Fábulas de Duss para avaliação de abuso sexual, já que existem limitações do ponto de vista estatístico na realização dessas pesquisas, como, por exemplo, as análises limitadas em razão do número de participantes (Garb, Wood e Nezworski, 2000).

Desenhos

Além disso, aponta-se que o uso isolado de testes projetivos é insuficiente para avaliar se uma criança foi ou não abusada (Hibbard e Hartman, 1990; Torem, 1990).

Desenhos de crianças também podem ser utilizados, ocasionalmente, como uma evidência de abuso em casos de ações judiciais (Czenner, 1986; Malchiodi, 1990). Desse modo, a *American Bar Association* aprova a utilização de desenhos como parte de evidência do testemunho infantil (Cohen-Liebman, 1995), especialmente nos casos de suspeita de abuso sexual e de maus-tratos.

Os desenhos representam uma maneira de "quebrar o gelo" durante uma entrevista com a criança, uma vez que, para ela, desenhar está relacionado com diversão e brincadeira, desviando sua a atenção do momento tenso e agressivo que se tem quando se investiga abuso sexual. Além disso, a criança sabe que não há certo e errado em desenhos, portanto, sua ansiedade pode ser diminuída, e, em geral, os desenhos também tendem a ser menos suscetíveis a fingimento do que perguntas diretivas (Kelley, 1985).

Entretanto, Hargreaves (1978) sugere dificuldades associadas com o uso de desenhos projetivos. Dentre elas, o fato de a interpretação dos mesmos geralmente depender muito da visão do examinador. Thomas and Jolley (1998) salientam que, um dos problemas com os desenhos é saber se duas ocasiões diferentes podem demonstrar a mesma característica de desenho. Se uma criança produz desenhos que variam muito, então não é provável que qualquer desenho será uma expressão fiável da personalidade, pois diferentes desenhos poderiam revelar diferentes aspectos da personalidade.

Thomas (1980, citado por Miller e Veltkamp, 1989) aplicou o Desenho da Figura Humana em crianças abusadas sexualmente e constatou que tais desenhos tendem a ser mais sexualizados, com frequente ênfase nas áreas genitais ou nos seios, o que indica preocupação com questões sexuais e conhecimento sexual que está além do esperado para a idade infantil.

O desenho da figura humana (DFH) é uma das técnicas mais utilizadas na prática dos psicólogos ainda que seja uma das mais questionadas quanto à sua validade. A partir da literatura, percebe-se a diversidade de modos de interpretação e avaliação do DFH, assim como a carência de comprovações científicas que justifiquem sua utilização na prática profissional (Garb, Wood e Nezworski, 2000).

Rorschach

Existem poucos estudos sobre a utilização do *Rorschach* como instrumento de diagnóstico de abuso sexual em crianças. Porém, segundo alguns autores, o teste de *Rorschach*, é um instrumento que possibilita que a criança projete suas experiências e sentimentos por meio de respostas simbólicas. Ou seja, ele atua como modo de detecção da história de vida da criança, registrando os eventos de forma simbólica, mas realística, não sendo necessário expor à criança a perguntas diretas (e revitimizantes) sobre o abuso sexual (Kamphuis, Kugeares e Finn, 2000; Friedrich e Einbernder, 1999).

Esse instrumento (validado para a realidade brasileira) é composto por 10 cartões, sendo que cinco contêm manchas escuras e outros cinco, manchas coloridas. Essas manchas atuam como estímulos pouco organizados que levam o indivíduo a expressar conteúdos associativo-perceptivos. A aplicação é realizada individualmente, sendo que o examinando relata o que vê nos cartões, ou a que as manchas se assemelham. Alguns estudos seguem, como referência para a classificação e interpretação das respostas ao *Rorschach*, o Sistema Compreensivo de John Exner (Exner, 1999; Exner e Sendín, 1999), um procedimento padrão, com critérios específicos para codificação de respostas, que tem sido utilizado na avaliação de processos associados ao trauma (Luxenberg e Levin, 2004).

Jung (2006) relata que o *Rorschach* tem sido empregado com finalidade pericial na Psicologia Jurídica, e com finalidade de avaliação dos danos psíquicos na Psicologia Clínica. Segundo a autora, a avaliação psicológica pericial por meio do *Rorschach* é utilizada para confirmar o abuso sexual na falta de provas materiais, ou quando essas não são conclusivas.

É importante ressaltar que os dados fornecidos pelo *Rorschach* devem ser sempre confrontados com os dados obtidos por meio de outras técnicas e de entrevistas. Desse modo, espera-se chegar a uma conclusão mais precisa sobre o caso analisado, pois é preconizada a utilização de uma série de indicadores em conjunto para se decidir se o abuso sexual ocorreu ou não (Borges, 2007).

Segundo Ephraim (2002) e Gravenhorst (2002), o *Rorschach* é capaz de fornecer indícios de que o abuso contra a criança ocorreu, por isso considera esse teste como um instrumento muito útil no processo de avaliação investigativa e clínica. Corroborando essa afirmação, Jung (2006) descreve que o *Rorschach* estimula respostas de alto valor simbólico, em que as crianças vitimizadas contam e revelam todo o seu drama sem correrem o risco de serem revitimizadas.

Nesse sentido, um estudo de Gravenhorst (2002) aplicou o *Rorschach* em 90 crianças e adolescentes vítimas de abuso sexual, de ambos os sexos, com idade entre 4 e 16 anos. Para Gravenhorst (2002), os resultados do *Rorschach* permitem não somente diagnosticar o abuso como também fazer um prognóstico e a recomendação terapêutica mais adequada para cada caso. Especificamente, parece existir alguma evidência empírica quanto à presença de percepções de figuras vistas em ação de cooperação e agressão em uma mesma resposta entre crianças vítimas de abuso sexual. Por outro lado, apesar dos índices de conteúdo traumático (TC/R) estarem fortemente associados com a presença de abuso sexual, o teste não consegue discriminar crianças abusadas e não abusadas. Isso corrobora o achado de uma metanálise de 1998 que, apesar de suas conclusões precipitadas, identifica o *Rorschach* com capacidade para a identificação de crianças com problemas emocionais, não sendo isso específico do abuso sexual.

De fato, não se dispõe de muitos estudos e pesquisas realizadas com o *Rorschach* na avaliação investigativa e clínica das crianças vítimas de abuso sexual, mas pode-se notar que diferentes autores o estão usando tanto para avaliar os danos psíquicos associados ao trauma do abuso quanto para acessar essa experiência, passível de ser captada e desvelada na linguagem simbólica da criança vitimizada, segundo os mesmos (Gravenhorst, 2002; Jung, 2006; Ephraim, 2002; Borges, Scheffer e Kapczinski, 2008).

EXAME CLÍNICO

Em um estudo prospectivo com duração de cinco anos, envolvendo 2.384 crianças americanas encaminhadas para avaliação por suspeita de abuso sexual, apenas 4% das crianças submetidas a exame físico apresentaram anormalidades. Mesmo dentre aquelas com história de abuso grave, compreendendo penetração anal ou vaginal, apenas 5,5% apresentaram alterações no exame clínico (Heger, Ticson, Velasquez e Bernier, 2002).

Apesar dessas considerações, Muram (1989) e a American Academy of Pediatrics (1991) apontam a importância de o exame físico ser realizado de modo a não conduzir a um trauma emocional adicional para a criança. A criança precisa estar ciente dos exames que serão realizados, a fim de aliviar a sua ansiedade, uma vez que se sabe que a maioria das crianças fica muito ansiosa no momento de relatar sua história quando está sendo examinada ou quando outros procedimentos são executados. Além disso, é necessária a presença de um adulto encorajador que não seja suspeito de estar relacionado ao abuso.

As crianças devem passar por um exame pediátrico completo, inclusive por avaliações de estado desenvolvimental, comportamental e emocional. Deve-se ter atenção especial aos parâmetros de crescimento e desenvolvimento sexual da criança. Raramente a criança não coopera, mas, se isso acontecer, e o exame dever ser feito por causa de trauma, infecção ou necessidade de dados jurídicos, o exame pode ser realizado com auxílio de anestesia, sendo tal medida autorizada por responsável (American Academy of Pediatrics, 1991; Adams, 2001).

Nos exames físicos, deve-se ter atenção específica às áreas envolvidas em atividades sexuais, tais como: boca, peitos, órgão genital e ânus. Em meninas, o exame genital deve incluir inspeção da região mediana das coxas, grandes e pequenos lábios, clitóris, uretra, tecido periuretral e hímen. Em meninos, devem ser examinadas as coxas, pênis e escroto, cicatrizes e fricção, e, em ambos os sexos, o ânus deve ser examinado (Adams, 2004; American Academy of Pediatrics, 1991; Kellogg, 2005).

A radiologia também tem um papel importante na detecção de abuso sexual associada com danos físicos. Em crianças que foram abusadas sexualmente, Hobbs e Wynne (1990) relataram incidência de 13,6% de coexistência de abuso físico. No entanto, eles identificaram que, nesse grupo, de 85% eram lesões de tecidos moles e apenas 5%, fraturas.

Além dos indícios físicos supracitados, as lesões cutâneas também são apresentadas como indicações comuns de abuso infantil. As alterações cutâneas relacionadas ao abuso sexual em crianças são alarmantes para os profissionais da saúde, mas devem ser investigadas intensamente, pois, se não identificadas corretamente como reação cutânea por abuso de crianças, pode-se fechar um falso diagnóstico de abuso, e gerar um trauma ainda maior para a criança e sua família (Ellerstein, 1979; Hannaford e Rogers, 2001).

Por ordem de frequência, as lesões por maus-tratos são mais comumente identificadas na pele e nas mucosas. Em seguida, no esqueleto, no sistema nervoso central e nas estruturas torácicas e abdominais. A localização da lesão, assim como lesões em diferentes estágios de evolução, também podem ser importantes indícios de MT, assim como queimaduras "em meia" ou "em luva" nas nádegas e genitálias ou marcas impressas de objetos como cinto, garfo, fios e cigarro, que também indicam a agressão.

CONSIDERAÇÕES FINAIS

Não há padrão ouro em relação aos instrumentos e métodos de avaliação do abuso sexual na infância. As entrevistas ainda parecem ser o método com maior confiabilidade e validade, principalmente aquelas que seguem alguma estrutura. De maneira geral, os *guidelines* sugerem o estabelecimento de um *rapport*, um número reduzido de entrevistas, um ambiente confortável, a obtenção de uma história acurada sobre o desenvolvimento da criança, avaliação cognitiva, história de maus-tratos anteriores, mudanças comportamentais, história de maus-tratos dos pais, atitudes familiares frente a sexo e modéstia, a entrevista de ambos os pais, muita atenção quanto a falsas alegações e a avaliação da credibilidade da criança. Um ponto desfavorável no que se refere ao uso de entrevistas é o tempo de duração, que, muitas vezes, inviabiliza seu uso em grandes populações ou em protocolos de pesquisa, além do seu custo ser mais elevado.

Nesse sentido, os questionários são extremamente úteis, pois podem ser aplicados com relativa rapidez, sendo também mais indicados para a realização de estudos de validação e normatização em ambientes de pesquisa ou triagem populacional. O grande problema dos questionários é que eles são extremamente raros para população infantil, tendo sua utilização a crianças alfabetizadas e com capacidade cognitiva suficiente para respondê-los.

Em relação ao uso de técnicas projetivas, não parece haver evidências consistentes para seu uso na identificação do abuso sexual especificamente, mas na identificação de crianças com problemas emocionais. Como crianças vítimas de abuso sexual frequentemente apresentam sofrimento psicológico, tais técnicas ajudam a construir o diagnóstico quando associado com a entrevista. Todavia, é importante lembrar que a investigação sobre pretenso abuso sexual é, por si só, estressante para a criança, o que pode influenciar nos achados dos testes projetivos. Apesar disso, o uso de desenhos como ferramentas lúdicas, assim como o teste de *Rorschach*, são instrumentos úteis ao clínico, pois podem ajudar na entrevista.

Por último, o exame clínico não parece ser um método de muito auxílio para o diagnóstico de abuso sexual, pois apenas 4% das crianças encaminhadas para avaliação física apresentam alterações no exame.

Em suma, assim como sugerem diversos autores, parecem ser necessárias mais pesquisas para o desenvolvimento de questionários dirigidos a crianças e para que os profissionais da área possam ser treinados na aplicação de entrevistas cientificamente validadas e para que haja cautela no uso de instrumentos sem evidência científica para o diagnóstico do abuso sexual.

REFERÊNCIAS

ADAMS, J. A. Evolution of a classification scale: medical evaluation of suspected child sexual abuse. *Child Maltreatment*, v. 6, n. 1, p. 31-36, 2001.

ADAMS, J. A. Medical evaluation of suspected child sexual abuse. *J Pediatr Adolesc Gynecol.*, v. 17, n. 3, p. 191-197, 2004.

AMERICAN ACADEMY OF CHILD AND ADOLESCENT PSYCHIATRY. Guidelines for clinical evaluation of child and adolescent sexual abuse. *Journal of the American Academy of Child and Adolescent Psychiatry*, v. 27, n. 5, p. 655-657, 1988.

AMERICAN ACADEMY OF PEDIATRICS. Guidelines for the evaluation of sexual abuse of children, Committee on Child Abuse & Neglect. *Pediatrics*, v. 1, n. 87, p. 254-260, 1991.

AMERICAN PROFESSIONAL SOCIETY ON THE ABUSE OF CHILDREN. Elmhurst: APSAC, [2010]. Disponível em: <http://www.apsac.org>. Acesso em: 22 set. 2010.

AMERICAN PROFESSIONAL SOCIETY ON THE ABUSE OF CHILDREN. *Practice guidelines*: investigative interviewing in cases of alleged child abuse. Columbus: APSAC, 2002.

AUGUST, R.; FOREMAN, B. A comparison of sexually abused and nonsexually abused children's behavioral responses to anatomically correct dolls. *Child Psychiatry and Human Development*, v. 20, n. 1, p. 39-47, 1989.

AZAMBUJA, M. P. R. Violência doméstica: reflexões sobre o agir profissional. *Psicologia*: ciência e profissão, v. 25, p. 4-13, 2005.

AZAMBUJA, M. R. F. Violência sexual intrafamiliar: interfaces com a convivência familiar, a oitiva da criança e a prova da materialidade. *Revista dos Tribunais*, v. 95, n. 852, p. 425-446, 2006.

AZEVEDO, E. C. Atendimento psicanalítico a crianças e adolescentes vítimas de abuso sexual. *Psicologia*: ciência e profissão, v. 21, p. 66-77, 2001.

AZEVEDO, M. A.; GUERRA, V. N. A. Consequências psicológicas da vitimização de crianças e adolescentes. In: AZEVEDO, M. A.; GUERRA, V. N. A. (Org.). *Crianças vitimizadas*: a síndrome do pequeno poder. São Paulo: Iglu, 1989.

BAKER-WARD, L. et al. Young children's long-term retention of a pediatric examination. *Child Development*, v. 64, p. 1519-1533, 1993.

BERNSTEIN, D. P. et al. Initial reliability and validity of a new retrospective measure of child abuse and neglect. *Am. J. Psychiatry.*, v. 151, n. 8, p. 1132-1136, 1994.

BIFULCO, A. et al. The childhood experience of care and abuse questionnaire (CECA.Q): validation in a community series. *British Journal of Clinical Psychology*, v. 44, p. 563-581, 2005.

BINET, A. *La suggestibilité*. Paris: l'Harmattan, 2005.

BOAT, B. W.; EVERSON, M. D. Exploration of anatomical dolls by nonreferred preschool-aged children: Comparison by age, gender, race and socioeconomic status. *Child Abuse & Neglect*, v. 18, p. 139-154, 1994.

BORGES FORTES, M. G. G.; SCHEFFER, M. S.; KAPCZINSKI, N. S. Elementos indicativos de abuso sexual na infância obtidos pelo método Rorschach. *Revista HCPA*, v. 27, n. 3, p. 5-12, 2007. Disponível em: <http://www.seer.ufrgs.br/index.php/hcpa/ article/view/ 469/1616>. Acesso em: 05 jul. 2009.

BRITO, L.; AYRES, L.; AMENDOLA, M. A escuta de crianças no sistema de justiça. *Psicologia & Sociedade*, v. 18, n. 3, p. 68-73, 2006.

BRITTON, H. L.; O'KEEFE, M. A. Use of nonanatomical dolls in the sexual abuse interview. *Child Abuse & Neglect*, v. 15, p. 567-573, 1991.

BRUCK, M. et al. Anatomically detailed dolls do not facilitate preschoolers' reports of a pediatric examination involving genital touching. *Journal of Experimental Psychology*: applied, v. 1, n. 2, p. 95-109, 1995.

BRUCK, M.; CECI, S. J.; FRANCOEUR, E. Children's use of anatomically detailed dolls to report genital touching in a medical examination: developmental & gender comparisons. *Journal of Applied Experimental Psychology*, v. 6, n. 1, p. 74-83, 2000.

BRUCK, M.; CECI, S. J.; HEMBROOKE, H. The nature of children's true and false narratives. *Developmental Review*, v. 22, p. 520-554, 2002.

CECI, S. J.; BRUCK, M. *Jeopardy in the courtroom*: a scientific analysis of children's testimony. Washington: American Psychological Association, 1995.

CECI, S.; BRUCK, M. *Jeopardy in the courtroom*: a scientific analysis of children's testimony. Washington: American Psychological Association, 1996.

COHEN-LIEBMAN, M. Drawings as judiciary aids in child sexual abuse litigation: a composite list of indicators. *The Arts in Psychotherapy*, v. 22, p. 475-483, 1995.

COHN, D. S. Anatomical doll play of preschoolers referred for sexual abuse and those not referred. *Child Abuse & Neglect*, v. 15, p. 455-466, 1991.

CURTIS, R. W. et al. *Measuring child abuse and neglect*: a review of methods. Alaska: Justice Center University of Alaska Anchorage, 1998.

CZENNER, Z. The reliability of information gained by a child's drawings. *Acta-Med-Leg-Soc-Liege*, v. 36, p. 119-207, 1986.

DALTOÉ-CEZAR, J. A. *Depoimento sem dano*: uma alternativa para inquirir crianças e adolescentes nos processos judiciais. Porto Alegre: Livraria do Advogado, 2007.

DAVIES, G. M.; WESCOTT, H. L.; HORAN, N. The impact of questioning style on the content of investigative interviews with suspected child sexual abuse victims. *Psychology, Crime and Law*, v. 62, p. 81-97, 2000.

DAWSON, B.; VAUGHAN, A. R.; WAGNER, W. G. Normal responses to sexually anatomically detailed dolls. *Journal of Family Violence*, v. 7, p. 135-152, 1992.

DE MARNEFF, D. Bodies and words: a study of young children's genital and gender knowledge. *Gender & Psychoanalysis*, v. 2, n. 1, p. 3-33, 1997.

DE SAN LAZARO, C. Making pediatric assessment in suspected sexual abuse a therapeutic experience. *Arch. Dis. Child*, v. 73, p. 174-176, 1995.

DELOACHE, J.; MARZOLF, D. The use of dolls to interview young children: Issues of symbolic representation. *Journal of Experimental Clinical Psychology*: early memory, v. 60, n. 1, p. 155-173, 1995.

DOBKE, V. *Abuso sexual*: a inquirição das crianças, uma abordagem interdisciplinar. Porto Alegre: Ricardo Lenz, 2001.

ELLERSTEIN, N. S. The cutaneous manifestations of child abuse and neglect. *Am. J. Dis. Child*, v. 133, p. 906-909, 1979.

ELLIOTT, A. N.; CARNES, C. N. Reactions of nonoffending parents to the sexual abuse of their child: review of the literature. *Child Maltreatment*, v. 6, n. 4, p. 314-331, 2001.

EPHRAIM, D. Introduction to the special section on Rorschach trauma assessment. *Rorschachiana*, v. 25, p. 3-10, 2002.

EVERSON, M. D.; BOAT, B. W. Anatomical dolls in child sexual abuse assessments: a call for forensically relevant research. *Applied Cognitive Psychology*, v. 11, p. 55-74, 1997.

EVERSON, M. D.; BOAT, B. W. Putting the anatomical doll controversy in perspective: an examination of the major doll uses and related criticisms. *Child Abuse & Neglect*, v. 18, n. 2, p. 113-130, 1994.

EVERSON, M. D.; BOAT, B. W. Sexualized doll play among young children: implications for the use of anatomical dolls in sexual abuse evaluations. *Journal of the American Academy of Child and Adolescent Psychiatry*, v. 29, p. 736-742, 1990.

EXNER, J. E. J. *Manual de classificação do Rorschach para o sistema compreensivo*. São Paulo: Casa do Psicólogo, 1999.

FALLER, K. C. Anatomical dolls: their use in assessment of children who may have been sexually abused. *Journal of Child Sexual Abuse*, v. 14, n. 3, p. 1-21, 2005.

FEIX, L. F.; PERGHER, G. K. Memória em julgamento: técnicas de entrevista para minimizar as falsas memórias. In: STEIN, L. M. et al. (Ed.). *Falsas memórias*: fundamentos científicos e suas aplicações clínicas e jurídicas. Porto Alegre: Artmed, 2009. cap. 10.

FERREIRA, A. L. Acompanhamento de crianças vítimas de violência: desafios para o pediatra. *Jornal de Pediatria*, v. 81, p. 173-180, 2005.

FERREIRA, M. H. M. Memórias falsas ou apuração inadequada. In: DIAS, M. B. (Org.). *Incesto e alienação parental*. São Paulo: Revista dos Tribunais, 2007. p. 140-145.

FIVUSH, R.; PETERSON, C.; SCHWARZMUELLER, A. Questions and answers: the credibility of child witnesses in the context of specific questioning techniques. Memory and suggestibility in the forensic interview. New Jersey: Lawrence Erlbaum, 2002. p. 331-354.

FONSECA, A. R.; CAPITÃO, C. G. Abuso sexual na infância: um estudo de validade de instrumentos projetivos. *PSIC – Revista de Psicologia da Vetor Editora*, v. 6, n. 1, p. 27-34, 2005.

FORTES, M. G. B.; SCHEFFER, M. L. S.; KAPCZINSKI, N. S. Elementos indicativos de abuso sexual na infância obtidos pelo método Rorschach. *Revista do HCPA*, v. 27, n. 3, p.05-12, 2007.

FRIEDRICH, W.; EINBERNDER, A. J. Sexually abused girls and their Rorschach responses. *Psychological Report.*, v. 85, p. 355-362, 1999.

FRONER, J. P.; RAMIRES, V. R. R. Escuta de crianças vítimas de abuso sexual no âmbito jurídico: uma revisão crítica da literatura. *Paideia*, v. 18, n. 40, p. 267-278, 2008.

GARB, H.; WOOD, J.; NEZWORSKI, M. T. Projective techniques and the detection of child sexual abuse. *Child Maltreatment*, v. 5, n. 2, p. 161-168, 2000.

GARVEN, S. et al. More than suggestion: the effect of interviewing techniques from the McMartin Preschool Case. *Journal of Applied Psychology*, v. 83, n. 3, p. 347-359, 1998.

GEDDIE, L.; DAWSON, B.; WEUNSCH, K. Socioeconomic status and ethnic differences in preschoolers' interactions with anatomically detailed dolls. *Child Maltreatment*, v. 3, n. 1, p. 43-52, 1998.

GOODMAN, G. et al. Children's reaction to and memory of a stressful event: influences of age, anatomical dolls, knowledge, and parental attachment. *Applied Developmental Science*, v. 1, n. 2, p. 54-75, 1997.

GOODMAN, G.; AMAN, C. Children's use of anatomically detailed dolls to recount an event. *Child Development*, v. 61, p. 1859-1871, 1991.

GORDON, B. et al. Does the use of dolls facilitate children's memories of visits to the doctor? *Applied Cognitive Psychology*, v. 7, p. 459-474, 1993.

GRASSANO, E. *Indicadores psicopatológicos nas técnicas projetivas*. São Paulo: Casa do Psicólogo, 1996.

GRASSI-OLIVEIRA, R.; STEIN, L. M.; PEZZI, J. C. Tradução e validação de conteúdo da versão em português do Childhood Trauma Questionnaire. *Rev. Saúde Pública*, v. 40, n. 2, p. 249-255, 2006.

GRAVENHORST, M. C. Rorschach psychodiagnosis of psychic trauma in sexually abused children. *Rorschachiana*, v. 25, p. 77-86, 2002.

GUIDELINES for the evaluation of sexual abuse of children: subject review. American Academy of Pediatrics Committee on Child Abuse and Neglect. *Pediatrics*, v. 103, n. 1, p. 186-191, 1999.

HABIGZANG, L. F. et al. Avaliação psicológica em casos de abuso sexual na infância e adolescência. *Psicol. Reflex. Crit.*, v. 21, n. 2, p. 338-344, 2008.

HANNAFORD, R.; ROGERS, M. Presentation of cutaneous mastocytosis in 173 children. *Australas. J. Dermatol.*, v. 42, p.15-21, 2001.

HARGREAVES, A. Towards a theory of classroom coping strategies. In: BARTON, L.; MEIGHAN, R. (Ed.). *Sociological interpretations of schooling and classrooms*. Driffield: Studies in Education, 1978.

HEGER, A. et al. Children referred for possible sexual abuse: medical findings in 2384 children. *Child Abuse & Neglect*, v. 26, n. 6-7, p. 645-659, 2002.

HERMAN, S. Improving decision making in forensic child abuse evaluations. *Law and Human Behavior*, v. 29, p. 87-120, 2005.

HIBBARD, R. A.; HARTMAN, G. L. Emotional indicators in human figure drawings of sexually victimized and nonabused children. *Journal of Clinical Psychology*, v. 46, p. 211-219, 1990.

HOBBS, C. J.; WYNNE, J. M. The sexually abused battered child. *Arch. Dis. Child.*, v. 65, p. 423-427, 1990.

HOUSTON, A.; LAUNER J.; ROBERTS, R. Suspected child sexual abuse. *Practitioner*, v. 234, p. 747-750, 1990.

HUTZ, C. S.; SILVA, D. F. M. Avaliação psicológica com crianças e adolescentes em situação de risco. *Avaliação psicológica*, v. 1, n. 1, p. 73-79, 2002.

JAMPOLE, L.; WEBER, M. K. An assessment of the behavior of sexually abused and nonsexually abused children with anatomically correct dolls. *Child Abuse & Neglect*, v. 11, p. 187-192, 1987.

JUÁREZ-LÓPEZ, J. R. El menor como testigo: fundamentos y técnicas. In: VERDE, M. A. S.; ROCA, D. S. *Psicologia criminal*. Madrid: Pearson Prentice Hall, 2006. p. 163-187.

JUNG, F. G. *Abuso sexual na infância*: uma leitura fenomenológica existencial através do psicodiagnóstico Rorschach. Dissertação (Mestrado em Psicologia) – Universidade Católica de Goiás, Goiás, 2006. No prelo.

JUNQUEIRA, M. F. S. Violência e abuso sexual infantil: uma proposta clínica. *Cadernos de Psicanálise*, v. 18, p. 209-226, 2002.

KAMPHUIS, J. H.; KUGEARES, S. L.; FINN, S. E. Rorschach correlates of sexual abuse: trauma content an aggression indexes. *Journal of Personality Assessment*, v. 75, n. 2, p. 212-224, 2000.

KATZ, S. et al. The accuracy of children's reports with anatomically correct dolls. *Developmental and Behavioral Pediatrics*, v. 16, n. 2, p. 71-76, 1995.

KELLEY, S. J. The use of art therapy with sexually abused children. *Journal of Psychosocial Nursing and Mental Health*, v. 22, p. 12-18, 1984.

KELLOGG, N. The evaluation of sexual abuse in children. *Pediatrics*, v. 116, n. 2, p. 506-512, 2005.

KENYON-JUMP, R.; BURNETTE, M.; ROBERTSON, M. Comparison of behaviors of suspected sexually abused and nonabused preschool children using anatomical dolls. *Journal of Psychopathology and Behavioral Assessment*, v. 13, n. 3, p. 225-240, 1991.

KOSHIMA, K. Palavra de criança. In: GADELHA, G.; BARBOSA, H. (Org.). *Construindo uma história*: tecnologia social de enfrentamento à violência sexual contra crianças e adolescentes. Salvador: CEDECA, 2003. p. 133-144.

LAHOTI, S. et al. Evaluating the child for sexual abuse. *American Family Physician*, v. 63, n. 5, p. 883-892, 2001.

LAMB, M. E. et al. Forensic interviews of children. In: MEMON, A. A.; BULL, R. (Ed.). *Handbook psychology of interviewing*. Oxford: John Wiley & Sons, 2000. p. 253-277.

LAST, J. M. *A dictionary of epidemiology*. 3rd ed. New York: Oxford University Press, 1995.

LEVY, H. et al. Child sexual abuse interviews: the use of anatomic dolls and the reliability of information. *Journal of Interpersonal Violence*, v. 10, n. 3, p. 334-353, 1995.

LUXENBERG, T.; LEVIN, P. The role of the Rorschach in the assessment of trauma. In: WILSON, J. P.; KEANE, T. M. (Ed.). *Assessing psychological trauma and PTSD*. The New York: Guildford Press, 2004. p. 190-225.

MALCHIODI, C. *Breaking the silence*: art therapy with children from violent homes. New York: Brunner/Mazel, 1990.

MANNARINO, A. P.; COHEN, J. A.; BERMAN, S. R. The children's attributions and perceptions scale: a new measure of sexual abuse-related factors. *Journal of Clinical Child Psychology*, v. 23, n. 2, p. 204-211, 1994.

MARCELLI, D. *Manual de psicopatologia da infância de Ajuriaguerra*. Porto Alegre: Artmed, 1998.

MEMON, A. Interviewing children with learning disabilities. In: MEMON, A. A.; BULL, R. (Ed.). *Handbook psychology of interviewing*. Oxford: John Wiley & Sons, 2000. p. 343-355.

MILLER, T. W.; VELTKAMP, L. J. Assessment of child sexual abuse: clinical use of fables. *Child psychiatry and human development*, v. 20, n. 2, p. 123-133, 1989.

MILNE, R. Interviewing children with learning disabilities. In: MEMON, A. A.; BULL, R. (Ed.). *Handbook psychology of interviewing*. Oxford: John Wiley & Sons, 2000.

MURAM, D. Child sexual abuse. *Obstet. Ginecol. Clin. North Am.*, v. 17, p. 372-375, 1995.

MURAM, D. Child sexual abuse: relationship between sexual acts and genital findings. *Child Abuse & Neglect*, v. 13, p. 211- 216, 1989.

ORNDUFF, S. R.; CENTENO, L.; KELSEY, R. M. Rorschach assessment of malevolence in sexually abused girls. *Journal of Personality Assessment*, v. 73, n. 1, p. 100-109, 1999.

PALUSCI, V. J.; PALUSCI, J. V. Screening tools for child sexual abuse. *Journal of Pediatric.*, v. 82, p. 409-410, 2006.

PFEIFFER, L.; SALVAGNI, E. P. Visão atual do abuso sexual na infância e adolescência. *Journal of Pediatric*, v. 81, n. 5, p. 197-204, 2005.

PISA, O. *Psicologia do testemunho*: os riscos na inquirição de crianças. 2006. Dissertação (Mestrado em Psicologia Social e da Personalidade) – Pontifícia Universidade Católica do Rio Grande do Sul, Porto Alegre, 2006.

RAMIRES, V. R. Elaboração de laudos e outros documentos. In: RAMIRES, V. R.; CAMINHA, R. *Práticas em saúde no âmbito da clínica-escola*: a teoria. São Paulo: Casa do Psicólogo, 2006. p. 271-287.

REALMUTO, G.; WESCOE, S. Agreement among professionals about a child's sexual abuse status: interviews with sexually anatomically correct dolls as indicators of abuse. *Child Abuse & Neglect*, v. 16, n. 5, p. 719-725, 1992.

ROBERTS, R. Knowing when to suspect child sexual abuse. *Practitioner*, v. 238, p. 782-786, 1994.

ROGERS, M.; BRODIE, L. Detecting deception in children: event familiarity affects criterion-based content analysis ratings. *Journal of Applied Psychology*, v. 89, p. 119-126, 2004.

ROVINSKI, S. L. R. *Fundamentos da perícia psicológica forense*. São Paulo: Vetor, 2004.

ROVINSKI, S. L.; ELGUES, G. Z. Avaliação psicológica na área forense: uso de técnicas e instrumentos. In: CONGRESSO IBERO-AMERICANO DE PSICOLOGIA JURÍDICA, 3., 1999, São Paulo. *Anais...* São Paulo: [s.n.], 1999. p. 361.

RUNYON, M. K.; KENNY, M. C. Relationship of atribucional style, depression and post trauma distress among children who suffered physical or sexual abuse. *Child Maltreatment*, v. 7, n. 3, p. 254-264, 2002.

SALVAGNI, E. P.; WAGNER, M. B. Development of a questionnaire for the assessment of sexual abuse in children and estimation of its discriminant validity: a case-control study. *J. Pediatr.*, v. 82, n. 6, p. 431-436, 2006.

SAMRA, J.; YUILLE, J. C. Anatomically-neutral dolls: their effects on the memory and suggestibility of 4- to 6-year-old eyewitnesses. *Child Abuse & Neglect*, v. 20, n. 12, p. 1261-1272, 1996.

SANDERSON, C. *Abuso sexual em crianças fortalecendo pais e professores para proteger crianças de abusos sexuais*. São Paulo: M. Books do Brasil, 2005.

SAYWITZ, K. et al. Children's memory for a genital examination: implications for child sexual abuse cases. *Journal of Consulting and Clinical Psychology*, v. 59, p. 682-691, 1991.

SAYWITZ, K. J. et al. Treatment for sexually abused children and adolescents. *American Psychologist*, v. 55, n. 9, p. 1040-1049, 2000.

SEITZ, J. A cognitive-perceptual analysis of projective tests used with children. *Perceptual and Motor Skills*, v. 93, p. 505-522, 2001.

SILVA, D. F. M. Avaliando adolescentes infratores: dificuldades e desafios. In: REUNIÃO ANUAL DE PSICOLOGIA, 31., 2001, Rio de Janeiro. *Mesa Redonda...* Rio de Janeiro: Sociedade Brasileira de Psicologia, 2001.

SIVAN, A. B. et al. Interaction of normal children with anatomical dolls. *Child Abuse & Neglect*, v. 12, p. 295-304, 1988.

SOCIEDADE BRASILEIRA DE PEDIATRIA. *Guia de atuação frente a maus-tratos na infância e na adolescência*. 2. ed. Rio de Janeiro: SBP, 2001.

SUMMIT, R. The child sexual abuse accommodation syndrome. *Child Abuse & Neglect*, v. 7, p. 177-193, 1983.

TARDIVO, L. S. L. C. *O teste da apercepção infantil e o teste das fábulas de Duss*: respostas típicas na população brasileira e aplicações no contexto das técnicas projetivas. São Paulo: Vetor, 1998.

TARDIVO, L. S. P. C.; PINTO JUNIOR, A. A.; SANTOS, M. R. Avaliação psicológica de crianças vítimas de violência doméstica por meio do teste das fábulas de Duss. *PSIC – Revista de Psicologia da Vetor Editora*, v. 6, n. 1, p. 59-66, 2005.

THOMAS, G. V.; JOLLEY, R. P. Drawing conclusions: a re-examination of empirical and conceptual bases for psychological evaluation of children from their drawings. *Journal of Clinical Psychology*, v. 37, p. 127-139, 1998.

THOUVENIN, C. A palavra da criança: do íntimo ao social. Problema do testemunho e da retratação. In: GABEL, M. (Org.). *Crianças vítimas de abuso sexual*. São Paulo: Summus, 1997. p. 91-102.

TOREM, M. S.; GILBERTSON, A. L. V. Indications of physical, sexual, and verbal victimization in projective tree drawings. *Journal of Clinical Psychology*, v. 46, p. 901-905, 1990.

WALKER, N. E. Forensic interview of the children: the components of scientific validity and legal admissibility. *Law and Contemporary Problems*, v. 65, n. 1, p. 149-178, 2002.

WARREN, A. R.; LANE, P. Effects of timing and type of questioning on eyewitness accuracy and suggestibility. In: ZARAGOZA, M. S. et al. (Ed.). *Memory and testimony in the child witness*. Thousand Oaks: Sage, 1995. p. 44-60. v. 1.

WEILL, R.; DAWSON, B.; RANGE, L. Behavioral and verbal responses of unabused externalizing children to anatomically detailed dolls. *Journal of Family Violence*, v. 14, n. 1, p. 61-70, 1999.

WEST, M. M. Meta-analysis of studies assessing the efficacy of projective techniques in discriminating child sexual abuse. *Child Abuse & Neglect*, v. 22, n. 11, p. 1151-1166, 1998.

WHITE, S. Uses and abuses of the sexually anatomically correct dolls. *APA Division of Child, Youth, and Family Services Newsletter*, v. 9, n. 1, p. 3-4, 1986.

WHITE, S. et al. Interviewing young sexual abuse victims with anatomically correct dolls. *Child Abuse & Neglect*, v. 10, p. 519-528, 1986.

WOOD, B. et al. Semi structured child sexual abuse interviews: interview and child characteristics related to credibility of disclosure. *Child Abuse & Neglect*, v. 20, n. 1, p. 81-92, 1996.

YIMING, C.; FUNG, D. Child sexual abuse in Singapore with special reference to medico-legal implications: a review of 38 cases. *Medicine Science and the Law*, v. 43, p. 260-266, 2003.

YUILLE, J. C. et al. Interviewing children in sexual abuse cases. In: GOODMAN, G. S.; BOTTOMS, B. L. (Ed.). *Child victims, child witnesses*: understanding and improving testimony. New York: Guilford Press, 1993. p. 95-115.

13
LAUDO PSICOLÓGICO E PSIQUIÁTRICO NO ABUSO SEXUAL

Maria Helena Mariante Ferreira
Camile Fleury Marczyk
Tiago Silveira Araújo

INTRODUÇÃO

Existe uma pressão crescente para que haja um trabalho conjunto entre os profissionais que, no sistema de justiça e no sistema de saúde, lidam com crianças e adolescentes, especialmente aquelas vítimas de abuso sexual. No entanto, uma situação deve ser enfrentada: a saúde e a justiça nem sempre compartilham o mesmo objetivo. A justiça busca a comprovação do crime, assim como sua redução e sua reincidência. Já a saúde busca prevenir o estabelecimento da doença mental e a repetição transgeracional do abuso, além de buscar restaurar e manter o bem-estar emocional das pessoas.

Ainda que com objetivos distintos dos da área da saúde, a justiça participa de forma ativa no restabelecimento da saúde e do bem-estar emocional das vítimas de abuso sexual, uma vez que ela pode determinar medidas que têm como objetivo a proteção da criança frente a um adulto patológico que exerça funções paternas. Além disso, a justiça pode colaborar efetivamente na reestruturação do microambiente da criança vitimada, dado que suas decisões podem ou não permitir a reorganização de papéis e o estabelecimento de novos referenciais.

A partir do momento em que se começa a considerar os crimes sexuais como crimes contra a pessoa, e não mais como crimes contra os costumes, percebe-se uma mudança significativa, visto que a maior preocupação passa a ser a proteção das vítimas, especialmente as crianças. A neutralidade que a antiga conceituação de "crime contra os costumes" outorgava à ofensa podia proteger as pessoas envolvidas de se defrontar com o caráter hediondo do ato. Essa nova visão aproxima os objetivos da justiça e da saúde no sentido da prevenção e promoção do bem-estar pessoal e social.

No entanto, a consciência da brutalidade do ato do abuso sexual contrasta com os limitados recursos disponíveis de manejo da situação. Assim sendo, as posturas técnicas mecânicas só funcionariam como uma anestesia dos nossos sistemas éticos. Essa nova visão sobre o abuso se depara com um dos impasses da vida contemporânea: é cada vez maior o distanciamento entre a ação funcional aparente dos profissionais envolvidos e a funcionalidade efetiva de seus atos. Fato este que gera depressão, sentimento de falta de proteção e de inutilidade, aspectos que acompanham as vidas da vítima, do réu e dos diferentes profissionais que trabalham com o crime sexual.

Essa consciência do abuso sexual, agora explícita, como um dano contra pessoas nos obriga a um realinhamento de nossos princípios gerais, no sentido de reorganizar a funcionalidade da ação profissional como um todo. Busca-se, assim, prevenir o isolamento, as disputas e a postura de intromissão, evitando a dissociação e a ausência de cooperação entre todos. Esse posicionamento está apoiado na premissa de que as crianças não são os agentes causais desses crimes. Eles decorrem da disfunção de adultos, inclusive de adultos no exercício de papéis parentais.

O ponto central na consideração de tais casos é o reconhecimento de patologias presentes nas duas partes. No caso do crime sexual, tanto a criança atingida quanto o adulto ofensor tem direito a tratamentos apropriados, bem como suas famílias. Assim, reconhecer a necessidade de tratamento do adulto ofensor não permite desconsiderar a necessidade de proteção da criança contra efeitos nocivos que a patologia paterna significa para ela. As maneiras de contato do adulto abusador com a criança abusada precisam ser avaliadas, alteradas e novamente equacionadas. O objetivo é minimizar os danos, como quando se afasta uma criança de um adulto portador de doença infecto-contagiosa independentemente das necessidades de vínculo. Esse é um ponto nevrálgico, que desperta controvérsia, mal-estar e confusão, devendo, portanto ser alvo de estudo e consideração.

A saúde e a justiça, necessariamente, devem manter uma relação de interdependência harmônica para legitimar e tornar eficaz o exercício de suas tarefas. A ação dos profissionais da área de saúde gera dados para a justiça e depende dela para o estabelecimento da terapêutica. A saúde, uma vez que deve dar esclarecimento à justiça, deve desenvolver continuamente sua técnica de comunicação, de modo a tornar inteligível não apenas suas constatações, mas, especialmente, suas preocupações com o desenrolar do processo, o que dificilmente se encontra catalogado em sistemas diagnósticos.

Portanto, faz-se necessário o estabelecimento de uma linguagem comum compartilhada entre os profissionais dessas duas áreas, de fácil entendimento, e que acompanhe as avaliações e o estabelecimento das necessidades do cliente comum entre elas. Um laudo psiquiátrico ou psicológico claro e efetivo é, por certo, um instrumento extremamente valioso nesse relacionamento cooperativo.

Cabe-se dizer que não é pretensão deste capítulo estabelecer a estrutura do laudo ideal, mas desenvolver ideias sobre os diferentes aspectos a serem abordados na elaboração de um laudo, e sua função esclarecedora a profissionais de outras áreas.

A FUNÇÃO DO LAUDO

As avaliações puramente clínicas e as avaliações clínicas forenses diferem em seu desenvolvimento, uma vez que as segundas dirigem uma questão legal (Bernet et al., 1997). Assim, o papel do psiquiatra ou psicólogo avaliador forense é o de assistir a justiça, por meio do desempenho das funções elencadas a seguir, que serão refletidas em seu parecer profissional:

1 Determinar o ocorrido com a criança e a relação do fato com seu desenvolvimento. O profissional da saúde deve averiguar o que ocorreu e relacionar com o impacto exercido sobre o atual estado de desenvolvimento da criança. Para tanto, deve ter conhecimento dos parâmetros de desenvolvimento natural de crianças.
2 Determinar se a criança deve ser ouvida ou não, e as condições para tal. O parecer deve indicar se a criança apresentava algum distúrbio anterior ao abuso, o impacto deste no momento e em sua evolução futura, assim como a repercussão que um depoimento terá no desenrolar de seu desenvolvimento. Finalmente, deve considerar outras possíveis explicações para o distúrbio emocional existente.
3 Recomendar a colocação da criança em um lugar protegido, acompanhada ou não de um familiar confiável. Indicar tratamento e a maneira de acompanhamento da evolução da criança após a determinação judicial.
4 Posicionar-se em relação à perda do pátrio poder e a recolocação da criança.
5 Analisar um outro parecer que tenha sido apresentado sobre a criança.

6 Avaliar a situação da criança em uma agência de serviços.
7 Determinar uma maneira sensível e cuidadosa de trabalho para não traumatizar novamente a criança, sendo também apoio para a família
8 Formular um registro acurado de modo a ser útil, não só no momento, mas no futuro seguimento.

O DESENVOLVIMENTO DO LAUDO

Cada passo do processo que embasa a elaboração do laudo tem um objetivo, e seu encadeamento com os passos subsequentes visa à construção de um quadro que possa esclarecer ou descartar o problema que se quer investigar.

Um laudo psicológico se inicia em uma coleta da queixa, seguida pela história atual e passada do paciente e de sua família. Segue-se o exame do paciente, a escolha das técnicas adequadas e a análise de outros documentos e avaliações realizadas. Finalmente, se possível, são estabelecidos o diagnóstico e as recomendações necessárias. Deve ser usada uma linguagem clara, simples e precisa, procurando-se evitar os jargões e explicando os conceitos que não ficam claros para outros profissionais.

Ao tomar consciência de quem solicitou a avaliação psicológica, o profissional requisitado para tal deve alinhar as informações que estarão presentes no laudo às necessidades de quem o requisitou. O profissional deve explicitar, no laudo, as circunstâncias da avaliação (lugar, tempo, técnicas utilizadas, fatores intervenientes), a fim de embasar a validade e a confiabilidade das informações ali contidas. O profissional também deve explicitar as fontes das informações usadas (entrevistas com a vítima, entrevistas com outros, técnicas clínicas, testes psicológicos ou documentos examinados) para possibilitar aos leitores do laudo a avaliação da acurácia dos dados apresentados. Além disso, deve ser assinalada a capacidade ou o desejo de cada pessoa envolvida no caso de colaborar ou não com a explicitação dos fatos, assim como seu entendimento dos limites da confidencialidade dos dados apresentados. Caso qualquer fonte importante de informação não possa ser usada, deve-se explicar por que isso ocorreu.

O laudo deve também posicionar-se sobre a adequação do que é solicitado ao perito. Ao opinar, esclarecer o espectro de abrangência do parecer, discutindo as razões de incertezas em determinados temas.

Especial atenção deve ser dada ao momento em que a queixa é feita e a sua forma. Em geral, quando ocorre um conflito familiar envolvendo separação de casal e de disputas financeiras, deve-se ficar atento à veracidade da alegação de abuso e a preservação do melhor interesse da criança.

A HISTÓRIA FAMÍLIAR

Ao descrever a história da constituição e da evolução familiar, o profissional embasa, para o leitor do laudo, dados que são característicos ou não da estrutura de famílias nas quais o abuso pode ocorrer. A família pode apresentar as seguintes características:

1 A disfunção familiar já começa desde a constituição, na estrutura de poder, papéis, posicionamento social. Já na gravidez podem aparecer problemas no planejamento, sendo que o sistema de vínculo materno se insere na categoria patológica de padrão inseguro ou atípico. A criança tem a função de preencher a necessidade dos pais, apresentando reversão de papéis e relações superficiais entre eles. A criança pode apresentar medo de ficar ou voltar para casa (DeAngelis, 1992).
2 As práticas educacionais são inadequadas, privilegiando-se a punição corporal e desconsiderando-se a privacidade e a interdependência de cada um. As famílias se apresentam rígidas e caóticas, sem regras definidas e com problemas múltiplos. As crises são enfrentadas com violência, o que pode coexistir com o uso de álcool

ou drogas. Esse quadro se encontra, em grande parte, relacionado com a menor educação dos pais, subempregos, más condições de moradia e a presença de um só dos pais solteiros.
3. Cicchetti and Toth (1995) enfatizaram que o maltrato infantil pode ser entendido dentro de uma perspectiva psicopatológica evolutiva, sendo agravado por fatores transitórios ou permanentes como prematuridade, retardo mental e deficiência física.
4. Há desrespeito específico à individualidade de cada membro. Sabe-se que, em geral, as famílias nas quais ocorre o abuso são disfuncionais, caracterizadas por manter vínculos aglutinados e simbióticos. Apresentam dificuldades de estabelecer os limites entre as gerações, e há confusão na identidade de seus membros.
5. Existem vulnerabilidades parentais, tais como doença mental, adição a álcool e/ou drogas, idades extremas, história prévia de abuso e maus-tratos. Maltrato infantil se encontra em grande parte relacionado com a menor educação dos pais, subempregos, más condições de moradia e a presença de um só dos pais solteiros.
6. Existe algum estressor social, como falta de apoio social e aculturação, número de filhos elevado, violência, criminalidade ou isolamento social (meio rural).

Sgroi (1982, 1988) descreve um padrão típico interfamiliar de abuso sexual em cinco fases:

1. Fase do engajamento, quando o abusador induz a criança em uma relação especial.
2. Fase da interação sexual, em que os comportamentos sexuais progridem de uma forma menos íntima para uma mais íntima, de abuso.
3. Fase do segredo, quando se omite, se nega a existência do abuso.
4. Fase da revelação, quando o abuso é descoberto.
5. Fase da supressão, quando a família pressiona a criança a se retratar.

Cabe dizer que, na fase 3, de "segredo", a negação é o mecanismo proeminente em atuação na constelação familiar. A mãe evita admitir o que ocorre para não perturbar a relação com o marido; o pai pode encarar o abuso como educação sexual dos filhos, restando à criança proteger-se contra a vergonha e a culpa, tentando preservar a integridade familiar.

DADOS TRANSGERACIONAIS SIGNIFICATIVOS DA HISTÓRIA

Como apontado no Capítulo 16, a manutenção do ciclo ao longo das gerações costuma acontecer no abuso sexual. Esse assunto está bem discutido nesse capítulo e o leitor pode se reportar aos dados sobre as características familiares onde o abuso pode ser replicado.

O EXAME DA CRIANÇA

Impressão geral transmitida pela criança

Ao falar sobre o estado de nutrição e desenvolvimento físico, o modo de se vestir, de se apresentar e de relatar o ocorrido, o profissional que examina a vítima mostra os dados que utilizará para estabelecer o estado mental atual do paciente. Ao descrever o nível de cooperação da vítima com o andamento da avaliação, ele examina o nível defensivo e de conflito do paciente e analisa a fidedignidade das informações fornecidas por ele. Da mesma forma, os sentimentos expressos no primeiro contato, sua evolução e oscilações durante todo o processo terão valor diagnóstico na forma de relacionamento e enfrentamento de situações novas e geradoras de ansiedade.

São características que podem ser encontradas nas crianças abusadas:

1. Predisposições biológicas: alterações na atividade e no temperamento.
2. Vulnerabilidade: baixo peso, prematuridade, malformações, doenças crônicas.

3 Aspecto físico: descuido com a aparência, desnutrição, roupas inapropriadas ao tempo.
4 Estado físico: fadiga, sonolência.
5 Estado de desenvolvimento: atrasos no desenvolvimento e "failure to thrive" (interrupção significativa na taxa esperada de desenvolvimento).
6 Cuidados médicos: ausência de imunizações, cuidados de saúde, cuidados dentários.

É preciso ficar atento à faixa etária da criança, uma vez que a severidade do abuso varia inversamente à idade da vítima, sendo que, na grande maioria dos casos, o abuso ocorre entre os 6 e os 11 anos de idade. O abuso contra os pré-púberes tende a ocorrer em famílias com pais solteiros e de baixa renda, sendo o estressor principal o nível socioeconômico. Já o abuso contra adolescentes tende a ocorrer em famílias menos desorganizadas do que as anteriormente citadas, de melhor nível socioeconômico. Nesta faixa etária, os maiores estressores tendem a ser conflito nas relações familiares, a meia-idade dos pais e psicopatologia familiar.

Ao receber a criança para avaliação, o profissional deve lembrar que sua mobilização é análoga à da vítima: sente a experiência como intrusiva, esmagadora e desorganizadora. Além disso, o sentimento de perplexidade, com ataque e prejuízo da capacidade de perceber e pensar, é um aspecto relevante da contratransferência, como apontado em diversos capítulos deste livro.

Recomenda-se ao profissional, portanto, reconhecer e reorientar os sentimentos suscitados a cada passo ao longo do exame da vítima, entendendo suas próprias reações à criança, assim como suas reações paradoxais em relação ao trauma. Esses dados podem ser relatados no laudo como corroboração diagnóstica.

Exame das funções mentais

O exame das funções mentais (orientação, consciência, atenção, pensamento, memória, conduta, afeto, humor, inteligência e linguagem) embasa o diagnóstico. As respostas e sequelas do abuso falarão por si e terão uma característica específica, pois operam não apenas como um reação aguda pós-traumática. O abuso e os maus-tratos têm consequências deletérias marcantes. Reorganizam a arquitetura cerebral, resultando em um conjunto de comportamentos emocionais desajustados e problemas cognitivos que se ancoram na resposta original *adaptativa* ao evento traumático.

Ocorre ativação no nível do tronco cerebral que regula os estados de ativação e o comportamento de vigilância e de alerta. As áreas límbicas (responsáveis pelo vínculo, afeto e emoções), a região frontal (associada com o pensamento abstrato) e o córtex, com seu valor estrutural, são outras regiões afetadas. As experiências traumáticas resultam em uma superestimulação de sistemas neurais durante períodos sensitivos do desenvolvimento. Em resposta a uma ameaça, como o abuso sexual, dificilmente uma criança pode elaborar o padrão típico de luta ou de fuga. Podem instalar-se nela dois tipos de padrões de resposta neurais pertencentes a duas rotas diferentes: o contínuo da hiperativação ou o contínuo de dissociação (Perry, 1995):

a) Contínuo de hiperativação: envolve respostas defensivas que carregam o padrão típico de luta. A reação de alarme promove o aumento da atividade, ansiedade, impulsividade (Moore e Bloom, 1979). Como consequência provoca os transtornos de externalização, isto é, trata-se de uma luta com diversas manifestações possíveis:

– Hiperatividade, ansiedade, impulsividade e promiscuidade.
– Problemas somáticos, como taquicardia e distúrbios gástricos.
– Problemas de sono, como conciliar e manter o sono.
– Dificuldade de atenção e concentração.
– Hipervigilância, apresentando, por exemplo, sobressaltos exagerados.
– Enurese, encoprese, masturbação.

b) Dissociação: envolve a resposta de congelamento ou rendição, no lugar da fuga.

Na dissociação, o que aumenta é o tônus do sistema vago simpático. O comportamento de congelamento é uma resposta desse contínuo, visa a um desligamento do mundo externo e atenção ao mundo interno (Abercombrie e Jacobs, 1981). Provoca os transtornos de internalização, como fuga sem pânico, inserção no sonho, manifestado por:

– congelamento e rendição, isolamento/distanciamento, amnésia dissociativa, evitação fóbica;
– restrição do afeto, depressão, desesperança, consciência reduzida;
– desorientação, despersonalização, desrealização, percepção da dor alterada.

No exame das funções mentais, algumas áreas apresentam padrões em sua configuração. Embora os sintomas não sejam nem específicos, nem patognomônicos, e possam ocorrer em outras patologias, alguns comportamentos foram organizados em síndromes e padrões típicos por alguns autores, divididos em áreas que possam ser afetadas. Entre elas encontramos:

- *Orientação e consciência*: dificilmente estarão alteradas a não ser que a criança apresente um transtorno dissociativo ou um transtorno de estresse pós-traumático muito grave.
- *Atenção*: pode variar de acordo com o contínuo que a criança apresenta. No caso dos sintomas de externalização, a criança se apresentará hipervigilante. No caso do *continuum* de internalização, pode haver hipovigilância e baixa concentração.
- *Pensamento*: a criança pode apresentar dificuldades de abstração, ideias supervalorizadas relacionadas às vivências de abuso e a sua baixa autoestima.
- *Memória*: pode estar preservada, no entanto, é comum encontrar "brancos", principalmente em assuntos ligados ao trauma, assim como na aprendizagem acadêmica.
- *Conduta*: apresenta as maiores alterações, que podem ser organizadas em síndromes que foram descritas por diferentes autores. São elas:
  – Autonomia: há confusão de *contato* com *invasão de privacidade*, o que leva à "síndrome de acomodação", descrita por Summit (1983). Ela é caracterizada pelo segredo, pela impotência e pela sensação de opressão. A revelação é demorada, confusa, pouco convincente e permeada por conflitos. A criança se defende no isolamento, ou seja, existe uma retirada do intencional "jogo" no contato interpessoal.
  – Competência: a impotência e a incapacidade de defesa diante do abuso deteriora a competência da criança, que reage indiretamente com manobras de silêncio, afastamento e sintomas encobridores.
  – Juízo crítico: há perturbação do discernimento entre o que é certo e o que é errado. Há uma desconsideração da percepção da criança. *Intrusão* passa a ser sinônimo de *interesse*, *atenção* e *carinho*.
  – Autoestima: Sgroi (1982) descreve a "síndrome de bens estragados" – sentimento de dano físico permanente que se sucede ao abuso sexual. Exemplo de manifestação dessa síndrome é quando a criança apresenta a sensação de ser rechaçada pelos amigos.
  – Sexualização: a estimulação e o reforço das respostas sexuais da criança levam-na a usar o comportamento sexual para gratificar outras necessidades (Finkelhor e Browne, 1986), o que condiciona uma sexualização prematura e inapropriada, uma identidade sexual confusa e padrões desviantes de excitação sexual.

É necessário, nesta discussão, definir o que se entende por "comportamento sexual inapropriado". Diversos autores (Friedrich et al., 1987; Friedrich e Grambsch, 1992; Beitchman et al., 1991, caracterizaram esses comportamentos, e uma tentativa de reunir seus achados leva a apontar o que define tal comportamento nos seguintes aspectos:

- Curiosidade: há excessiva curiosidade sexual e conhecimento sexual inapropriado para a idade.
- Conduta: a criança expõe frequentemente seus genitais, apresenta comportamentos que imitam atos sexuais, como esfregar-se em outra pessoa ou tentar despi-la, masturba-se compulsivamente ou em situações de exposição, utiliza objetos para a manipulação masturbatória, por exemplo, colocando objetos na vagina e no ânus, faz brincadeiras sexuais, apresenta comportamento sexualizado, sedutor ou agressivo, na adolescência, apresenta promiscuidade e/ou contato homossexual.
- Estigmatização: sensação constante de ser acusado, molestado, envergonhado e culpado.

  – *Afeto*: desregulado, segundo Cicchetti e Toth (1995), também oscilando conforme o tipo de contínuo. A depressão, a ansiedade e o medo aparecem no contínuo da internalização, e a excitabilidade, no da externalização.
  – *Humor*: é depressivo no caso de sintomas de internalização e irritado na externalização.
  – *Inteligência*: quando apresenta alterações, está ligada a problemas prévios ou a bloqueios relacionados ao abuso.
  – *Linguagem*: pode aparecer o mutismo eletivo, quando a criança estiver muito assustada ou ameaçada. Apresenta vocabulário sexualizado e inapropriado para a idade.

DIAGNÓSTICO (DSM-IV)

Não existe um diagnóstico específico para o abuso sexual. No entanto, Green (1993) revisou os principais quadros encontrados em crianças sexualmente abusadas e apontou como típicos os transtornos de ansiedade, com o medo, pesadelos, fobias, e queixas somáticas, transtorno de estresse pós-traumático, transtornos dissociativos com sintomas histéricos.

Além desses, podem aparecer o transtorno de personalidades múltiplas com períodos de depressão, baixa autoestima, comportamento suicida e distúrbio do comportamento sexual. O distúrbio pode envolver hiperativação (promiscuidade) ou hipofunção sexual (fobia e inibição), dependendo dos contínuos das sequelas: externalização ou internalização.

Na linha da externalização, ainda podemos encontrar o transtorno oposicionista desafiador, e, do lado contrário, o transtorno depressivo. No Quadro 13.1, as consequências da cristalização dos sintomas no abuso sexual.

TÉCNICAS A SEREM UTILIZADAS

As técnicas utilizadas devem ser destacadas para orientação e possível verificação do leitor. Podem ser tanto técnicas psicológicas clínicas e estruturadas como técnicas psiquiátricas clínicas estruturadas e semiestruturadas.

Técnicas psicológicas

1 As escalas de inteligência: Existem diversos instrumentos, entre eles, as escalas de Wechsler, atualizadas, de valor inequívoco e que podem esclarecer as condições de cognição das crianças. Entre os achados por elas fornecidos, estão o nível intelectual e sua harmonia, a capacidade de juízo crítico, as condições de memória e de formação de conceitos verbais e, finalmente, o potencial para rendimento acadêmico. Além disso, informam-nos sobre o raciocínio simbólico da criança ou a presença apenas de inteligência operativa, funcional. Serve como auxílio para diagnóstico de condições potenciais

QUADRO 13.1
CONSEQUÊNCIAS DA CRISTALIZAÇÃO DOS SINTOMAS

Na conduta

Aumento da agressão
Precário controle do impulso
Comportamento autodestrutivo e/ ou suicida
Fugas de Casa
Conduta histérica e dissociada
Convulsões histéricas
Sonambulismo
Tendência a atuar e reeditar o abuso com menores
Promiscuidade

Nos relacionamentos

Distúrbio na relação com iguais
Habilidades sociais inadequadas
Isolamento
Dificuldade nas relações interpessoais
Uso patológico de companheiros imaginários
Depressão

No rendimento escolar

Dificuldade de concentração: sonhar acordado ou distúrbio na atenção e atividade
Isolamento e recusa escolar
Comportamento disruptivo
Dificuldades de memorização: apagamento e esquecimento e períodos de amnésia associados à defesa contra memórias traumáticas

Fonte: Ferreira e Santis, 2006.

e influência de diferentes bloqueios na inteligência.

Não existe um padrão esperado no resultado dessas técnicas. No entanto, sabe-se que o abuso pode ocasionar bloqueios nas capacidades cognitivas, atingir o pensamento e a capacidade de simbolização, assim como a memória e a atenção.

2 **Provas grafomotoras**: As provas gráfico-motoras, como as de Lauretta Bender (1938), e o desenho livre discriminam comprometimentos emocionais, diferenciando-os das condições da maturação neuromotora e, no momento, apresentam comprovação científica. O teste de Bender apresenta uma padronização científica realizada por Koppitz (1960). Os testes gráficos de desenho e arte foram analisados por diversos autores e, mais adiante, neste capítulo, serão apresentados aspectos de seu perfil distintivo em casos de abuso.

3 **Testes projetivos de apercepção**: Os testes de apercepção temática como o TAT (1930) e o CAT (1949, 1993) apresentam o mundo de fantasia e a temática imaginária muito influenciadas pela situação de abuso.

4 **O psicodiagnóstico de *Rorschach***, segundo o método de Exner (1995), nos apresenta dados sobre a constituição da personalidade, estilo relacional e defensivo, e atualmente já foram encontrados alguns aspectos de seu perfil característico em situações de abuso, como se discutirá mais adiante.

Exame psiquiátrico

No exame psiquiátrico, encontramos, como técnicas, entrevistas clínicas convencionais e entrevistas clínicas acompanhadas de horas de jogo. Elas possibilitam a avaliação objetiva do estado das funções mentais da criança, que estabelecem o diagnóstico clínico segundo o DSM-IV.

Como técnicas semiestruturadas, dispomos das seguintes:

1 O instrumento de ludoterapia infantil de Paulina Kernberg, Saralea Chazan e Lina Normandim (1997);
2 Avaliação pelo K-SADS-E (1996), que é uma entrevista diagnóstica semiestruturada para avaliar episódios presentes e passados de psicopatologia em crianças e adolescentes.
3 Avaliação pelo CBCL (*Child Behaviour Checklist*), que é um instrumento que registra de forma padronizada a competência e os problemas de crianças de acordo com a informação de pais ou seus substitutos, tendo sido revisado por Achembach (1993). Não existe um perfil específico que caracterize crianças abusadas, mas elas apresentam níveis elevados nas escalas de problemas e, especificamente, de problemas sexuais.

Na próxima seção, abordamos o padrão mais característico do estado mental e diagnósticos mais frequentes em crianças que sofreram abuso. Além disso, como já mencionado anteriormente, destacamos sobretudo os testes gráficos de desenhos livres que já apresentam um cabedal de estudo científico significativo no caso de abuso sexual. Nas técnicas de entrevistas, enfocamos o instrumento de ludoterapia infantil de Paulina Kernberg.

Psicodiagnóstico de Rorschach

A utilização de técnicas projetivas e do teste de Rorschach para a discriminação das crianças abusadas sexualmente é muito controversa. Alguns autores questionam sua eficácia e apontam que especificamente o teste de Rorschach pouco informa (Garb, Wood e Nezworski, 2000; Arenella, 2000; Ornduff, 2000). No entanto, outros autores divergem dessa opinião (Leifer, Shapiro, Martone, Kassem, 1991; Leavitt, 2000). Este último autor confirmou alta sensibilidade para populações sexualmente abusadas e, especificidade, para não abusadas em alguns aspectos dos testes em população adulta.

Exner (1995) elaborou um sistema abrangente de administração e quantificação com processos psicométricos de validade e fidedignidade, tornando possível o diagnóstico etiológico, a tomada de decisões e o estabelecimento de prognóstico. Com o advento desse método, outros olhares estão sendo propostos e os resultados começam a aparecer. Friedrich e colaboradores (1999) mostraram, avaliando 46 meninas vítimas de abuso sexual comparadas ao mesmo número com meninas não vitimadas, que as crianças sexualmente abusadas apresentaram significativamente mais conteúdos não usuais (como sexo e sangue) em seus protocolos, mais distúrbios defensivos, assim como déficits em relacionamentos e manejo de problemas.

Ferreira, Marczyk e Araújo, em um trabalho ainda não publicado, examinaram 25 crianças abusadas sexualmente por meio do psicodiagnóstico de *Rorscharch* e avaliaram através do método de Exner (1995). Dessas 25, 17 apresentaram mais de 13 respostas e puderam ser avaliadas pelo método. A população de crianças estudada, sendo 52% da raça branca, 44% afro-brasileiras e 4% mistas, se distribuía em uma faixa etária que variava de 5 a 11 anos, mas a grande maioria das crianças se situou entre 8 e 10 anos. As meninas perfaziam 68% dos casos, sendo que 72% das crianças sofreram abuso intrafamiliar e 28% extrafamiliar e 72% apresentavam atraso no desempenho escolar, com uma ou duas repetências. Quanto à posição na família, o abuso ocorreu mais nos filhos do meio e nos nais velhos (26% em cada categoria), sendo a posição de filho único, nessa amostra, a menos frequente.

Além de respostas de conteúdo bizarro e não usual que foram encontradas em todas as 17 crianças que tiveram seus protocolos válidos, das 8 crianças com protocolos reduzidos, 5 apresentaram o mesmo tipo de resposta.

Todas as crianças com protocolos válidos apresentaram um estilo de vida evitante ou defensivo, um comprometimento do teste de realidade, comprometimento da habilidade social, embora não houvesse comprometimento para o potencial de relações humanas. Encontrou-se comprometimento na capacidade de antecipar as consequências das próprias ações na totalidade dos casos.

Os dados descritivos da amostra estudada são apresentados nas tabelas que se seguem:

TABELA 13.1
IDADE

	Frequência	Percentual	Percentual válido	Percentual cumulativo
5	2	8,0	8,0	8,0
6	3	12,0	12,0	20,0
7	3	8,0	8,0	28,0
8	7	28,0	28,0	56,0
9	5	20,0	20,0	76,0
10	5	20,0	20,0	96,0
11	1	4,0	4,0	100,0
Total	25	100,0	100,0	

TABELA 13.2
SEXO

	Frequência	Percentual	Percentual válido	Percentual cumulativo
Masculino	8	32,0	32,0	32,0
Feminino	17	68,0	68,0	100,0
Total	25	100,0	100,0	

TABELA 13.3
TIPO DE ABUSO

	Frequência	Percentual	Percentual válido	Percentual cumulativo
Intrafamiliar	18	72,0	72,0	72,0
Extrafamiliar	7	28,0	28,0	100,0
Total	25	100,0	100,0	

TABELA 13.4
ESCOLARIDADE (NÚMERO DE ANOS CURSADOS)

	Frequência	Percentual	Percentual válido	Percentual cumulativo
0	2	8,0	9,1	9,1
1	11	44,0	50,0	59,1
2	7	28,0	31,8	90,9
3	1	4,0	4,5	95,5
5	1	4,0	4,5	100,0
Total	22	88,0	100	
Omitidos	3	12,0		
Total	25	100,0		

TABELA 13.5
RAÇA

	Frequência	Percentual	Percentual válido	Percentual cumulativo
Branca	13	52,0	52,0	52,0
Negra	11	44,0	44,0	96,0
Mista	1	4,0	4,0	100,0
Total	25	100,0	100,0	

TABELA 13.6
NÚMERO DE RESPOSTAS

	Frequência	Percentual	Percentual válido	Percentual cumulativo
2	1	4,0	4,0	4,0
7	2	8,0	8,0	12,0
8	1	4,0	4,0	16,0
10	1	4,0	4,0	20,0
11	2	8,0	8,0	28,0
12	1	4,0	4,0	32,0
14	2	8,0	8,0	40,0
15	2	8,0	8,0	48,0
16	3	12,0	12,0	60,0
17	2	8,0	8,0	68,0
19	1	4,0	4,0	72,0
20	1	4,0	4,0	76,0
22	2	8,0	8,0	84,0
23	1	4,0	4,0	88,0
24	1	4,0	4,0	92,0
25	1	4,0	4,0	96,0
26	1	4,0	4,0	100,0
Total	25	100,0	100,0	

TABELA 13.7
ESTILO DE VIDA

	Frequência	Percentual	Percentual válido	Percentual cumulativo
Defensivo	10	40,0	58,8	58,8
Evitante	7	28,0	41,2	100,0
Total	17	68,0	100,0	
Omissos	8	32,0		
Total	**25**	**100,0**		

TABELA 13.8
PENSAMENTO

	Frequência	Percentual	Percentual válido	Percentual cumulativo
Coerente/lógico	9	36,0	52,9	52,9
Incoerente/ilógico	8	32,0	47,1	100,0
Total	17	68,0	100,0	
Omissos	8	32,0		
Total	**25**	**100,0**		

TABELA 13.9
TESTE DE REALIDADE

	Frequência	Percentual	Percentual válido	Percentual cumulativo
Preservado	1	4,0	5,9	5,9
Distorcido	16	64,0	94,1	100,0
Total	17	68,0	100,0	
Omissos	8	32,0		
Total	**25**	**100,0**		

TABELA 13.10
AUTOESTIMA

	Frequência	Percentual	Percentual válido	Percentual cumulativo
Baixa	17	68,0	100,0	100,0
Omissos	8	32,0		
Total	**25**	**100,0**		

TABELA 13.11
JULGAMENTO

	Frequência	Percentual	Percentual válido	Percentual cumulativo
Antecipação	1	4,0	5,9	5,9
Não antecipa	16	64,0	94,1	100,0
Total	**17**	**68,0**	**100,0**	
Omissos	8	32,0		
Total	**25**	**100,0**		

TABELA 13.12
TEMÁTICA IMAGINÁRIA

	Frequência	Percentual	Percentual válido	Percentual cumulativo
Sexual	2	8,0	11,8	11,8
Bizarra	11	44,0	64,7	76,5
Ambas	4	16,0	23,5	100,0
Total	**17**	**68,0**	**100**	
Omissos	8	32,0		
Total	**25**	**100,0**		

TABELA 13.13
VISÃO DO MUNDO

	Frequência	Percentual	Percentual válido	Percentual cumulativo
Simples	16	64,0	94,1	94,1
Complexa	1	4,0	5,9	100,0
Total	**17**	**68,0**	**100,0**	
omissos	8	32,0		
Total	**25**	**100,0**		

TABELA 13.14
HABILIDADE INTERPESSOAL

	Frequência	Percentual	Percentual válido	Percentual cumulativo
Comprometida	17	68,0	100,0	100,0
Omissos	8	32,0		
Total	**25**	**100,0**		

TABELA 13.15
POTENCIAL PARA RELAÇÕES

	Frequência	Percentual	Percentual válido	Percentual cumulativo
Ausente	2	8,0	11,8	
Presente	15	60,0	88,2	
Total	17	68,0	100,0	
Omissos	8	32,0		
Total	**25**	**100,0**		

TABELA 13.16
COLABORAÇÃO

	Frequência	Percentual	Percentual válido	Percentual cumulativo
Positiva	4	16,0	25,0	25,0
Competitiva	1	4,0	6,3	31,3
Mal-adaptativa	11	44,0	68,8	100,0
Total	16	64,0	100,0	
Omissos	9	36,0		
Total	**25**	**100,0**		

TABELA 13.17
PROCESSAMENTO DE INFORMAÇÃO

	Frequência	Percentual	Percentual válido	Percentual cumulativo
Simples	1	68,0	100,0	100,0
Omissos	8	32,0		
Total	**25**	**100,0**		

TABELA 13.18
ESTATÍSTICA

	N	Mínimo	Máximo	Médio	Desvio padrão
Idade	25	5	11	8,16	1,650
Respostas	25	2	26	15,56	6,199
Válidos	25				

TABELA 13.19
POSIÇÃO NA FAMÍLIA

		Frequência	Percentual	Percentual válido	Percentual cumulativo
Válidos	Ignorada	1	4,0	4,2	4,2
	1º filho	8	32,0	33,3	37,5
	2º filho	8	32,0	33,3	70,8
	3º filho	2	8,0	8,3	79,2
	4º filho	5	20,0	20,8	100,0
	Total	24	96,0	100,0	
Omitido	Sistema	1	4,0		
Total		**25**	**100,0**		

Arte

No Capítulo 11, sobre o brinquedo no abuso sexual, foram apontadas as características dos desenhos e da arte das crianças abusadas. A Tabela 13.20 sintetiza as características do abuso e nos diferentes diagnósticos. Para conhecimento mais aprofundado, consultar o Capítulo 11.

A Hora de Jogo: The Children's Play Therapy Instrument (CPTI)

Em um trabalho não publicado, examinamos 17 crianças abusadas, com base em The Children's Play Therapy Instrument (CPTI) (Kernberg et al., 1998). Filmamos o brinquedo de 17 crianças abusadas e o categorizamos de acordo com tópicos do instrumento. Os resultados estão resumidos a seguir.

Entre as crianças, predominou o brinquedo de fantasia em 88% dos casos, acompanhado da atividade artística e do brinquedo traumático em 41%. Os temas do brinquedo variaram de alimentação (67%), limpeza (47%), destruição (35%), dano corporal (35%), cuidado (29%), morte (23%), lambuzeira (17%), competitividade, fazer regras, quebrar regras, reconstruir, nascimento e parto (11%) e, finalmente, tortura em (5%) dos casos.

Os tópicos se centraram no brinquedo de casinha (52%), fazendeiro (23%), médico (17%), assassinato, loja e fábula (11%), guerra, jogo de tabuleiro, robô e torturador (5%).

Os sentimentos de prazer foram expressos apenas por 29% das crianças em algum momento do brinquedo. O sentimento neutro de curiosidade e o de vigilância apareceram, respectivamente, em 52% e 23% das crianças. Os sentimentos negativos apareceram em 71% dos casos e oscilaram entre agressividade, aborrecimento, ansiedade, desprezo, inveja, tristeza, vergonha e preocupação. A gama dos afetos apresentados pelas crianças não foi ampla, e, embora eles fossem na maioria adequados ao tema, eles eram rígidos e havia pouca transição entre estados afetivos.

Predominaram os conteúdos anais e orais (65%) nas fases psicossociais do brinquedos, seguidos dos conteúdos da latência em 35% das crianças. Estes conteúdos foram adequados à identidade de gênero em 82% dos casos e à idade em 70% dos casos.

A atividade de brincar foi, na totalidade dos casos, iniciada pela criança, embora com a facilitação do terapeuta. Apenas 23% das crianças apresentaram inibição da atividade

TABELA 13.20
ARTE NA CRIANÇA NORMAL, NO TRAUMA, NO ABUSO E NA DISSOCIAÇÃO

Arte	Normal	Traumático	Abuso	Dissociação
Forma estrutural	Rica e variada para a idade	Pobre em detalhes, repetitiva	Pobre em detalhes, repetitiva	Pobre em detalhes e repetitiva
Traçado	Adequado para a idade	Torpe, de pouca qualidade	Torpe, de pouca qualidade	Torpe, de pouca qualidade
Sombra e repasse	Ocasional ou para conforto	Presença frequente	Presença frequente	Presença frequente
Uso da cor	Variado	Limitado, predomina o preto e o vermelho	Limitado, predomina o preto e o vermelho	Limitado
Figuras	Ricas e integradas	Pobres e pouco integradas	Pobres e pouco integradas	Pobres e pouco integradas
			Sedutoras	Sedutoras
			Ênfase na língua ou órgãos sexuais	Ênfase na língua ou órgãos sexuais
			Ênfase nos cílios e maquiagem	Ênfase nos cílios e maquiagem
Imagem corporal	Completa para a idade		Incompleta	Incompleta
			Acentuação do tronco	Acentuação do tronco
			Detalhamento da cabeça	Detalhamento da cabeça
			Desorganização das partes corporais	Desorganização das partes corporais
			Regressão e formato em coração	Regressão e formato em coração
		Repetitivo	Recusa do desenho	Recusa do desenho
Temas	Variados	Destruição	Repetitivo	Repetitivo
	Variados	Violência	Imagens sexuais	Imagens sexuais
		Aniquilação	Nudez e genitais	Nudez e genitais
			Sedução	Sedução
			Referência à penetração e dor	Referência à penetração e dor
Massa de Modelar			Marcas repetitivas	Punhaladas e cortes
Tintas	Lambuzeira com prazer	Lambuzeira com desconforto	Lambuzeira com desconforto e limpeza compulsiva	Lambuzeira com desconforto

(continua)

TABELA 13.20
ARTE NA CRIANÇA NORMAL, NO TRAUMA NO ABUSO E NA DISSOCIAÇÃO (continuação)

Arte	Normal	Traumático	Abuso	Dissociação
Comportamento	Adequado ao tema	Ansioso	Ansioso excitado	Desligado e alheio
		Movimentos e traçados repetitivos para conforto	Movimentos e traçados repetitivos para conforto	Movimentos e traçados repetitivos para conforto

Baseado em: Malchiodi, C. A. *Understandin Children's Drawings*. New York Guilford Press, 1998.

de brincar. Em 95% dos casos, o brinquedo foi finalizado pelo terapeuta em função do término da sessão. Tanto o terapeuta como a criança foram participantes no brinquedo. O terapeuta foi participante ativo em 43% dos casos, e passivo nos restantes.

Em 52% dos casos, o tom afetivo da criança foi neutro ou sóbrio, em 23%, foi de desprazer e apenas em 15% ocorreu o prazer nítido no brincar. Em 58% dos casos havia rigidez do espectro dos afetos, sendo que a transição entre os estados afetivos ocorreu sem modificações abruptas na totalidade dos casos. Já o tom afetivo do terapeuta em relação à criança variou entre muito positivo e um tanto positivo em todos os casos. Não houve reações negativas nem por parte do terapeuta nem da criança.

Em suma, nessa amostra, a ligação entre o profissional e a criança foi boa, e elas se sentiram à vontade para brincar apesar da presença da câmera, podendo fazer uso da fantasia livre. As características que chamaram a atenção foram a ausência de prazer no brinquedo e a predominância de afetos negativos associados à dramatização. O brinquedo traumático apareceu com frequência, assim como temas e tópicos atípicos. Outra característica a ser apontada foi a fixação em temas anais e orais nos brinquedos embora as crianças, pela idade da amostra, já tivessem ultrapassado essas fases.

A partir desses dados, no Capítulo 11 foi extensamente discutido o valor do brinquedo na avaliação do trauma e do abuso.

Nas Tabelas 13.21 e 13.22, apresentamos um resumo do que foi lá tratado, diferenciando brinquedo normal e patológico, especialmente o brinquedo fálico e edípico, que surgem como fonte de confusão em diversas avaliações forenses.

CONSIDERAÇÕES FINAIS

Conforme acompanhamos ao longo deste capítulo, o laudo psiquiátrico e psicológico no abuso sexual deve conter afirmações específicas, ancoradas nos dados descritos, que se orientem para o fornecimento de uma opinião qualificada sobre a existência ou não de abuso e o grau de certeza. Em casos em que não é possível chegar a uma conclusão, alguns cuidados devem ser tomados no sentido da proteção da criança.

Deve haver grande cuidado em casos de falsa alegação ou de percepção distorcida de abuso que chegam a um tribunal. Além disso, mesmo que não seja confirmado o abuso, a família deve ser avaliada para possíveis disfuncionalidades de seus membros, uma vez que podem existir outros abusos, possivelmente emocionais.

Recomendações finais devem sempre acompanhar o laudo no sentido de assessoramento do juiz na tomada de decisões. Elas devem ser claras, realísticas e emanar de forma lógica das conclusões. Tendo em vista a avaliação diagnóstica estendida, as recomendações também se voltam para orientar o estabelecimento de regulamentação

TABELA 13.21
DIFERENÇA ENTRE BRINQUEDO NORMAL E PATOLÓGICO

	Normal	Patológico
Atividade	Presente	Evitação
		Estereotipia
Permanência	Longos períodos	Períodos curtos
	Início, meio e fim	Interrupções abruptas
	Fim: saciedade	Fim: perturbação
Sentimento	Prazer predominante	Desprazer, desconforto
	Variedade de emoções	Constrição
	Intensidade adequada ao tema	Intensidade desorganizadora
	Transição suave	Transição abrupta
Tipo	Cenários variados	Só preparação do cenário
	Humor	Inquietação
	Surpresa	Susto, medo
	Incongruência com humor	Incongruência bizarra
	Antecipação e planejamento	Pessimismo e desesperança
	Solução de problemas	Impotência
	Sublimação dos impulsos	Realização de impulsos
	Identificação	Estar perdido
	Afiliação	Solidão e medo
	Manejo dos conflitos	Impotência
Temas	Variados	Estereotipados – Traumático
	Mágicos e fantasiosos	Bizarros destrutivos
	Papéis complexos	Perda da complexidade
	Incongruentes, exagerados	Inquietantes, ameaçadores
	Sexual – curiosidade, fantasia	Sexual – informação real com detalhes
Relação/personagens	Variadas	Controle malévolo
		Destruição
		Aniquilação
Interação com adulto	Isolado*	Isolado com desprazer, inquietude
	Solitário*	Solitário deprimido
	Paralelo*	Paralelo desinteressado – ritualístico
	Recíproco e cooperativo	Evitativo, distante ou intrusivo
Variação	Variado	Traumático

* Normal antes dos 3 anos, infrequente em crianças maiores de 3 anos e com limitações cognitivas.
Baseado em Kernberg, Chazan, Normandin. *The Children's Play Therapy Instrument (CPTI): Description, Development, and Reliability.* J Psychother Pract Res 7:19, July, American Psychiatric Press, Inc 1998.

TABELA 13.22
DIFERENÇA ENTRE O BRINQUEDO FÁLICO E EDÍPICO NORMAL E PATOLÓGICO

	Atividades normais	Atividades patológicas
Brinquedo fálico	Penetrar, imiscuir-se	Penetrar e imiscuir-se com angústia, desprazer e dor
	Brinquedos com revólver, espada	Simbologia fálica mais explícita: ferrões, genitais, etc.
	Entrar em buracos com cabeça na frente	Entrar em buracos com o corpo podendo ser com dor ou ansiedade
	Exibir tamanho e força, por vezes o corpo	Exibir diretamente, de forma plástica ou simbólica, o pênis
	Brinquedos com aviões de papel ou não	Brinquedos com aviões e armas de forma bizarra ou incongruente
Brinquedo edípico	3 personagens, um casal e 1 personagem excluído	Mesmos personagens ou mais
	Consciência da diferença entre sexos	Confusão e detalhamento no conhecimento das diferenças sexuais
	Vitória sobre o rival	Vitória sobre o rival com anuência do parceiro com quem se identifica
	Ciúmes, inveja, sucesso	Medo, culpa, ansiedade de castração e triunfo maníaco
	Conhecimento da diferença entre gerações	Borramento da diferença entre gerações
	Casal na cama e um fenômeno atmosférico (chuva tempestade) ou situação agressiva	Casal na cama com atividades sexuais explícitas
	Criança expulsa o rival da cama	Criança triunfa sobre o rival de forma não simbólica

Baseado em Kernberg, P.F.; Chazan, S.E.; Normandin, L. *The Children's Play Therapy Instrument (CPTI): Description, Development, and Reliability.* J Psychother Pract Res 7:19, July American Psychiatric Press, Inc 1998.

do regime de guarda, visitas, cuidado terapêutico e seguimento, visando sempre ao melhor e maior interesse da criança. Além disso, deve-se fazer um esforço importante de proteção da vítima, buscando a cessação imediata do massacre representado pelas reiteradas exposições da mesma a processos de avaliação. Tal fato, por si só, já se caracteriza em maus-tratos psicológicos.

Deve-se lutar para o estabelecimento de acompanhamento psicoterápicos a quem necessitar e para o restabelecimento de um vínculo emocional seguro com um adulto cuidador fidedigno. Além disso, deve-se sempre sugerir o acompanhamento da evolução da vítima por um profissional assistente, que poderá observar o comportamento e as reações da vítima, sua família e os benefícios da intervenção. Deve-se também especificar claramente caso um cuidador não possa ficar sozinho com a vítima, apontando quem deve ou não acompanhá-la. Finalmente, deve-se sugerir um relato escrito do profissional que acompanha o caso, que deverá ser feito de forma oficial por um período determinado.

Cabe apontar, ainda, que, dada a dificuldade de um laudo ser aceito como prova material em um julgamento de abuso, alguns cuidados na elaboração dos mesmos podem colaborar com sua maior consideração.

Em primeiro lugar, os laudos realizados por uma equipe multidisciplinar podem fornecer maior segurança a todos os envolvidos. Profissionais podem proceder seus exames independentemente, isto é, sem que haja comunicação entre eles durante o processo de avaliação, discutindo suas conclusões posteriormente.

Como se trata de matéria muito delicada e complexa, que envolve inferências a partir de material clínico, os profissionais devem ter uma formação especializada. A acuidade de tais inferências e os resultados dos testes dependem do material levantado, dos referenciais utilizados e da experiência dos profissionais, que deve vir especificada no laudo. A execução de um laudo acompanha diferentes dados objetivos, que vão se somando e montando um quadro que se configurará ou não em uma síndrome característica de abuso.

REFERÊNCIAS

ABERCROMBIE, E. D.; JACOBS, B. L. Systemic naloxone administration potentiates locus coeruleus noradrenergical neuronal activity under stressful but not under non-stressful conditions. *Brain Research*, v. 441, n. 1-2, p. 362-366, 1988.

ACHENBACH, T. *Manual for the child behavior Checklist/4-18*. Burlington: University of Vermont Department of Psychiatry, 1991.

AMERICAN PSYCHIATRIC ASSOCIACION. *Manual diagnóstico e estatístico de transtornos mentais*: DSMIV. Porto Alegre: Artmed, 1995.

ARENELLA, J.; ORNDUFF, S. R. Manifestations of bodily concern in sexually abused girls. *Bulletin of the Menninger Clinic*, v. 64, n. 4, p. 530-542, 2000.

BEITCHMAN, J. H. et al. A review of the short-term effects of child sexual abuse. *Child Abuse & Neglect*, v. 15, n. 4, p. 537-556, 1991.

BELLAK, L.; BELLAK, S. S. *CAT*: Children's Apperception Test. [S.l.: s.n.], 1949-1993.

BENDER, L. *Visual-Motor Gestalt*: a recently updated version of this classic measure of visual-motor integration. [S.l.]: American Orthopsychiatric Association, 1938.

BERNET, W. et al. Practice parameters for the forensic evaluation of children and adolescents who may have been physically abused. *Journal of The American Academy of Child & Adolescent Psychiatry*, v. 136, p. 37-56, 1997.

CICCHETTI, D.; TOTH, S. L. A developmental psychopathology perspective on child abuse and neglect. *Journal of The American Academy of Child & Adolescent Psychiatry*, v. 34, p. 541-565, 1995.

DEANGELIS, C. Clinical indicators of child abuse. In: SCHETKY, D. H.; BENEDEK, E. P. (Ed). *Clinical handbook of child psychiatry and the law*. Baltimore: Williams & Wilkins, 1992.

EXNER JR, J. E.; WEINER, I. B. *A comprehensive system*: assessment of children and adolescents. 2nd ed. New York: John Wiley & Sons, 1995. v. 3.

FERREIRA, M. H. M.; SANTIS, M. F. B. Maus-tratos e abuso sexual na infância. In: BASSOLS, A. M. S. et al. *Saúde mental na escola*: uma abordagem multidisciplinar. Porto Alegre: Mediação, 2006. v. 12.

FINKELHOR, D. A.; BROWNE, A. Initial and long-term effects: a conceptual framework. In: FINKELHOR, D. (Ed.). *A sourcebook on child sexual abuse*. Beverly Hills: Sage, 1986.

FRIEDRICH, W. N.; BEILKE, R. L.; URQUIZA, A. J. Children from sexually abusive families: a behavioral comparison. *J. Interpersonal Violence*, v. 2, p. 391-402, 1987.

FRIEDRICH, W. N.; EINBENDER, A. J.; MCCARTY, P. Sexually abused girls and their Rorschach responses. *Psychol. Rep.*, v. 85, n. 2, p. 355-362, 1999.

FRIEDRICH, W. N.; GRAMBSCH, P. Child sexual behavior inventory: normative and clinical comparisons. *Psychol. Assess.*, v. 4, p. 303-311, 1992.

GARB, H. N.; WOOD, J. N.; NEZWORSKI, T. M. Projective techniques and the detection of child sexual abuse. *Child Maltreatment*, v. 5, n. 2, p. 161-168, 2000.

KAUFMAN, J. et al. *Kiddie-Sads-Present and Lifetime Version (K-SADS-PL)*: version 1.0. Pittsburgh: University of Pittsburgh Department of Psychiatry, 1996

KERNBERG, P. F.; CHAZAN, S. E.; NORMANDIN, L. *The Children's Play Therapy Instrument (CPTI)*:

description, development, and reliability. *J. Psychother. Pract. Res.*, v. 7, p. 196-207, 1998.

KOPPITZ, E. *The Koppitz developmental scoring system for the bender-gestalt test*. [S.l.: s.n.], 1960.

LEAVITT, F. Texture response patterns associated with sexual trauma of childhood and adult onset: developmental and recovered memory implications. *Child Abuse & Neglect*. v. 24, n. 2, p. 251-257, 2000.

LEIFER, M. et al. Rorschach assessment of psychological functioning in sexually abused girls. *Journal of Personality Assessment*, v. 56, n. 1, p. 14-28, 1991.

MOORE, R. Y.; BLOOM, F. E. Central catecholamine neuron systems: anatomy and physiology of the norepinephrine and epinephrine systems. *Annu. Rev. Neurosci.*, v. 2, p. 113-168, 1979.

MURRAY, H. A.; HARVARD, C. D. M. *TAT*: Thematic Apperception Test. [S.l.: s.n.], 1930.

PERRY, B. D. et al. Childhood trauma, the neurobiology of adaptation, and "use- dependent" development of the brain: how "states" become "traits". *Infant Mental Health Journal*, v. 16, n. 4, p. 271-291, 1995.

SGROI, S. M. (Ed.). *Handbook of clinical intervention in child sexual abuse*. Lexington: Lexington Books, 1982.

SGROI, S. M. *Vulnerable populations*: evaluation and treatment of sexually abused children and adult survivors. New York: Free Press, 1988. v. 1.

SUMMIT, R. C. The child sexual abuse accommodation syndrome. *Child Abuse & Neglect*, v. 7, p. 177-193, 1983.

WESCHLER, D. *Weschler Inteligence Scale for Children (WISC-III)*. San Antonio: The Psychological Corporation, 1991.

14

NORMALIDADE E DESVIOS DO COMPORTAMENTO VINCULAR MATERNO

Maria Helena Mariante Ferreira
Valeria Rocha

INTRODUÇÃO

O abuso sexual intrafamiliar, o mais frequente, reveste-se de aspectos específicos agravantes, uma vez que compreende uma perversão dos papéis familiares: a mesma pessoa que cuida é aquela que mortifica, o que tem consequências diretas no aparelho psíquico da criança vitimada.

Segundo o Estudo das Nações Unidas sobre a Violência contra Crianças, apresentado à Assembleia Geral da ONU (2006), 1,8 milhão de crianças ao redor do mundo foram envolvidas em redes de prostituição, 1,2 milhão foram submetidas ao tráfico de seres humanos, 230 milhões de crianças foram vítimas de abuso sexual e 270 milhões de violência doméstica. Destaca-se também que as crianças vítimas de violência apresentam maior probabilidade de desenvolver câncer, depressão, doenças cardíacas, propensão ao suicídio e ao abuso de drogas, entre outras consequências (Circular Informativa nº 89, do Centro de Apoio Operacional da Infância e da Juventude do Ministério Público do Rio Grande do Sul de 27/11/06).

Acredita-se que a instrumentalização dos profissionais que atuam em casos de abuso sexual passa pela profunda compreensão dos fenômenos envolvidos em tais casos, sendo essa compreensão determinante na tomada de decisões e ações protetoras. Nesse sentido, uma vez que, na experiência clínica com abuso sexual, uma das muitas inquietações da equipe é entender o papel disfuncional materno nessa dinâmica, este capítulo tem como objetivo principal aprofundar e entender o funcionamento materno e a dinâmica familiar em caso de abuso, buscando uma compreensão dos fenômenos patológicos que impedem o exercício da função parental.

O capítulo também aborda a visão de alguns autores sobre os comportamentos naturais, facilitadores do desenvolvimento da criança, comparando-os aos padrões inadequados encontrados nas patologias e discutindo as condições encontradas no ciclo entre gerações que contribuem para que algumas famílias perpetuem o abuso e para que outras consigam interromper o processo. Embora as pesquisas variem muito na determinação do percentual de crianças filhas de pais abusados que sofrem elas próprias o abuso, fica bastante claro o fato de não se encontrar entre crianças normais a presença de pais que foram abusados (Collin-Vézina, 2003).

Assim, são examinadas, ao longo do capítulo, as características do abuso sofrido, as marcas deixadas pelo abuso nos pais e suas consequências na personalidade e no comportamento parental. O conceito de modelo de elaboração interno de *attachment* (vínculo mãe-bebê) fornece a base da compreensão dinâmica da repetição inconsciente de padrões de comportamento, especialmente os traumáticos (Bowlby, 1969).

A FUNÇÃO DA MÃE

É consenso, já não só nas ciências da saúde, a importância da função materna estruturante funcional ou disfuncional, no desenvolvimento da criança desde antes mesmo da gravidez e, especificamente, nos primeiros anos de vida, como afirmam diversos autores na literatura da saúde. Freud, já em 1920, caracterizava a função materna como um escudo protetor (Freud, *Obras Completas*, 1976).

Para Winnicott (1982), a mãe suficientemente boa é aquela capaz de, com naturalidade, se identificar com o bebê recém-nascido, estabelecendo o que ele chama de preocupação materna primária, sendo capaz de atender suas necessidades afetivas e fisiológicas. Para tanto, essa mulher deve, durante a gravidez, e alguns meses após o parto, entrar em um estado emocional mais regressivo, que lhe permite ser sensível às necessidades desse bebê. Deve também, aos poucos, sair desse estado, permitindo que o bebê experimente frustrações e aprenda a tolerá-las de forma a transitar, gradativamente, de uma dependência absoluta dessa mãe para uma dependência relativa, rumo à independência. Abram (1996, p. 141) aponta que

> para o bebê, ela é o primeiro ambiente, tanto em termos biológicos quanto psicológicos. A maneira como a mãe se comporta e se sente em relação a seu filho exercerá uma grande influência sobre a saúde do bebê – particularmente durante a gravidez e logo após o nascimento – pelo resto de sua vida.

A mãe possibilita o nascimento psíquico da criança quando colabora no processo de atribuição de significado aos atos da criança. Ela faz isso ao reforçar alguns comportamentos aleatórios e atribuir significado a outros, como ao responder ao bebê como se ele estivesse se comportando propositalmente e ao nomear tais comportamentos, servindo, assim, como definidora de intenção, atenção e afeto. Para tanto, é preciso que a mãe esteja pré-sintonizada para interpretar sinais emocionais do bebê que não são claros ou são herméticos para um observador de fora. Ela investe o comportamento da criança de significado afetivo enquanto esta se encontra em processo de criar tal significado. A partir dessas trocas, a criança aprende a usar os sinais afetivos da mãe para regular seu comportamento (Araujo et al., 1999).

Paulina Kernberg (1987), em excelente trabalho intitulado *Interação mãe-bebê e comportamento em espelho*, lista, de forma clara e objetiva, 34 funções maternas que facilitam o desenvolvimento do bebê:

- Capacidade de cuidar, exercendo proteção da criança ao ambiente. Oferece segurança, sendo uma imagem primária de apego, padrão de orientação;
- Capacidade de se identificar com o nível de desenvolvimento do filho(a) e com seus afetos, tanto positivos como negativos;
- Capacidade de encorajar a tolerância aos afetos negativos, como a frustração e a angústia, expressando, com sua postura, que a criança pode sobreviver às emoções desagradáveis;
- Capacidade de aceitar a individualidade do filho(a) de uma maneira incondicional e, ao mesmo tempo, lhe fornecer uma rica variedade de estímulos, bem como atribuir diversas significações potenciais a seu comportamento;
- Capacidade de ensinar o filho(a) a brincar e a falar e de apresentar novas habilidades e conhecimentos para a criança;
- Capacidade de responder ao filho(a), raciocinando com ele(a) afetiva e visualmente e com outras formas de comunicação (função de espelhamento ou sintonia (Stern, 1985));
- Capacidade de satisfazer as necessidades do filho(a) através da leitura de seus sinais;

- Capacidade de facilitar o contato do filho(a) com outros no meio ambiente, tanto em relação a pessoas como a coisas;
- Capacidade de fornecer continência para a atividade física e emocional da criança, especialmente em relação ao manejo da agressão (função de *holding*);
- Capacidade de controlar o nível de estimulação, ajustando-o à tolerância do filho(a);
- Capacidade de confortar e de acalmar o filho(a);
- Capacidade de fornecer uma estimulação variada e rica;
- Capacidade de dar vida ao ambiente para a criança (Escalona,1968);
- Capacidade de marcar a presença materna, ou seja, capacidade de transmitir ao filho(a) que a mãe está e quando está no mesmo ambiente que ele(a), em um estado de relação com a criança. Isso pode ser expresso por uma troca efetiva por contato visual, auditivo, físico ou através da transmissão ao filho(a) da vivência de que ela é notada e reconhecida como estando ali;
- Capacidade de comunicar expectativas, a saber, de que a mãe confia nas condições do filho(a) de desenvolver novas habilidades de uma maneira apropriada e realística;
- Capacidade de ter prazer e de respeitar as funções e explorações autônomas do filho(a) e a capacidade de se separar;
- Capacidade de atribuir, fomentar e aceitar o senso de intencionalidade e individualidade do filho(a);
- Capacidade de ver o filho(a) em seu próprio direito, não como alguém fruto da elaboração psicológica dos pais;
- Capacidade de fornecer um senso de continuidade e propósito no *self* do filho(a): por exemplo, quando a mãe facilita o entendimento da criança de que os comportamentos têm consequências, o que prepara a capacidade de previsão e o juízo crítico da criança;
- Capacidade de facilitar verbalização, linguagem e habilidades cognitivas;
- Capacidade de fornecer conforto físico-corporal, incluindo experiências sensitivas prazerosas;
- Capacidade de modular estímulos estranhos, tornando-se a barreira de estímulos para o filho(a);
- Capacidade de passar aprovação e desaprovação;
- Capacidade de facilitar contato com outras pessoas, inclusive os pares;
- Capacidade de promover tolerância a sentimentos negativos, tais como frustração e ansiedade, transmitindo a confiança de que o filho(a) pode sobreviver a essas emoções desagradáveis;
- Capacidade de transmitir para o filho(a) percepções e expectativas positivas, o que, por sua vez, fornece uma tensão estimulante para a aquisição de conhecimentos;
- Capacidade de transmitir para o filho(a) que a mãe representa um lugar seguro onde ele(a) pode se reabastecer, integrar e ficar organizado tanto cognitiva como emocionalmente;
- Capacidade de estabelecer padrões e controles razoáveis;
- Capacidade de reforçar o conhecimento do filho(a) dos papéis femininos e masculinos;
- Capacidade de reforçar limites geracionais;
- Capacidade de facilitar a fantasia através do brinquedo e da verbalização;
- Capacidade de ser uma figura primária de ligação: a inspiração da orientação;
- Capacidade de fornecer um padrão de reforço;
- Capacidade de atribuir vários significados potenciais ao comportamento do filho(a), por exemplo, desenvolver diálogos verbais em resposta ao balbucio do bebê, o que fornece uma organização potencial para os comportamentos integrados iniciais da criança;
- Capacidade de fornecer modelos de comportamento em termos de vida diária, brinquedo, lazer, descanso, alimentação, sono, uso do espaço e uso dos objetos.

Nesse sentido, as múltiplas capacidades necessárias à mãe da criança podem ser resumidas por meio da concepção de Silvia Bleichmar, citada por Escosteguy (1997), segundo a qual a função materna se define como aquela que instaura a pulsão na criança e cria condições para sua repressão, a partir dos cuidados derivados das necessidades de autoconservação. Assim, à função materna outorga-se o caráter de fundadora de patologia, de geradora de saúde, ou de ambas combinadas.

A FUNÇÃO DO PAI

Segundo Russel e colaboradores (1992), o papel do pai é complexo e está em transformação. Podemos considerá-lo em sua evolução: do tradicional para um novo papel de "cuidar". Também deve ser considerado o risco de uma involução no papel paterno com a conduta abusiva física e sexual.

Nas famílias em que o cuidado dos filhos é compartilhado, aumenta a responsabilidade paterna para além do suporte financeiro. As decisões compartilhadas pelo pai aumentam a satisfação e diminuem o estresse do casal, mas, em geral, o pai ainda se atém mais às decisões do que à execução de tarefas. Nesse caso, a dinâmica familiar se transforma com o envolvimento paterno e influencia o desenvolvimento do ser masculino.

A psicologia específica do pai já começa durante a gravidez: inveja da barriga, preocupação com o trabalho, com o fato de ser o provedor da família, bem como com a competência e a normalidade do bebê. Satisfaz-se em buscar um vínculo com o bebê, em tê-lo à volta, em ser responsável e em fazer a socialização.

Vários fatores influenciam o vínculo paterno. Entre eles estão as oportunidades de conhecimento e participação, a concepção do papel masculino, o fato de ter tido um pai participante e sensível com o qual se identificou na família de origem. Assim, generalizar o tipo de vínculo paterno, querer que ele se iguale ao vínculo materno é impossível, uma vez que o papel do pai tem características específicas, diferentes dos do vínculo materno.

O instinto de cuidar, no pai, começa cedo, mas não é consistente por toda a vida. Os pais interagem menos com os filhos e, em geral, demonstram menos afeto positivo e dedicam menos tempo do que as mães nos cuidados do dia a dia ou na prestação de cuidados físicos. O tempo que despendem junto aos filhos é mais usado em brinquedos excitantes, envolvendo relações triádicas e com a família do que em díades, além de enfatizarem as interações entre iguais, lúdicas, no contexto do brinquedo, sendo essa qualidade a base primária da interação com companheiros. Os pais, então, imitam a criança e implicam com ela, mas também preocupam-se com a sua sobrevivência e o desenvolvimento de suas vontades.

O bebê explora mais seu ambiente quando responde mais ao pai. Uma vez que os pais compartilham as mesmas percepções com seus filhos, parece haver um maior processo de identificação entre eles. Além disso, os pais percebem e enfatizam diferenças individuais entre os filhos, levando em conta essas diferenças no modo como interagem com eles.

Segundo Blos (1991), o pai tem um papel fundamental na formação do *self* masculino. Além da interação triádica, o pai funciona como elemento que se intromete na díade para desfazer a simbiose. No entanto, a relação diádica com o pai evolui, oscilando entre a submissão e assertividade pessoal, e o compartilhar de sua grandeza. Ele assume, para o menino, uma qualidade carismática, na medida em que diferencia sua presença física daquela da mãe. Junto com a mãe, o pai facilita o processo de individuação, e se torna, para o filho, o salvador da regressão e do risco de ser re-engolfado na relação simbiótica, na fase de reaproximação (Mahler, 1975). O pai não é "contaminado" porque nunca teve uma relação simbiótica com a criança. Sua ligação pertence a um estágio idealizado que ocorre após a diferenciação do bebê. Assim, a ambivalência paterna oscila entre o apoio à individuação e a separação da díade mãe-bebê, o que envolve aspectos competitivos em relação ela.

A FUNÇÃO DO CASAL

É importante que a criança identifique o casal, uma unidade que será a estrutura firme básica da qual parte para o mundo. Essa estrutura auxilia os pais a tolerar sentimentos muito fortes em relação às crises, além de prevenir o uso impulsivo de medidas arbitrárias. Nesse sentido, são as funções do casal:

Oferecer estrutura

- Estabelecer limites;
- Fazer o ninho;
- Deixar claras as regras de convivência e de organização;
- Manter a consistência das ações estabelecidas;
- Relembrar as combinações feitas para manter estrutura;
- Oferecer modelo de controle sobre o caos dos impulsos.

Absorver a agressão

Buscar expressão verbal e não motora do sentimento, favorecendo o desenvolvimento do pensamento e das sensações.

Impulsionar para o futuro

O equilíbrio, a unidade e a satisfação mútua em um casal têm uma função importante. Na medida em que um dos membros do par completa e satisfaz o outro, deixa a criança livre para progredir em seu desenvolvimento, para abdicar dos vínculos primitivos e para seguir sua vida, para fazer planos e para pensar o futuro.

Além disso, é importante a satisfação de cada um dos membros do casal com sua vida e sua identidade para oferecer modelos de papéis com os quais a criança poderá se identificar.

A FUNÇÃO DA FAMÍLIA

A família estendida exerce função de apoio nos seguintes aspectos:

- Concreto, prático e material;
- Formador da identidade: história e transmissão de valores;
- Transmissão dos conhecimentos: informal e natural.

No curso da gravidez, a representação de cada criança para sua família evolui de uma condição de parte integrante do corpo materno e de seu "*self*" para a de um ser com vida própria, através da confirmação da presença do bebê em seus movimentos, em seus batimentos cardíacos e, finalmente, na sua pessoa. A representação de uma criança é dinâmica, oscila e se mescla em dois planos: a história pessoal dos pais e sua vida atual em comum.

O "modelo de elaboração interno" (Bolwby, 1969), fornece o padrão interno através do qual uma pessoa percebe tanto o *self* como também os outros, e interage com esses outros. É formado na infância e relaciona-se com a representação do *self* e das figuras principais de apego. O modelo de elaboração interno de cada um dos membros de um casal tem um papel decisivo na transmissão entre gerações de padrões.

Segundo Daniel Stern (1991), existem diversos tipos de representações nos pais: a do bebê; suas próprias, como mãe e pai, mulher e marido; a dos avós paternos e maternos e de outras figuras percebidas como parentais, assim como dos grupos familiares. As representações envolvem tanto enredos, mitos, lendas, histórias e também paradigmas das famílias. Um enredo familiar "pode ser concebido como uma memória de grupo na qual cada membro tem seu conhecimento íntimo apenas de seu próprio pedaço do todo", sendo que, somente quando todos os membros se reúnem, pode a memória do grupo operar. A memória do grupo se expressa e tem continuidade nas práticas familiares. O mandato familiar é passado ao futuro bebê, ainda na gravidez, quando ele é conceituado e imaginado pelos pais como um dos seus ancestrais. Uma missão lhe é conferida, que é mais específica do que a que está envolvida na transmissão entre gerações de padrões de relações apenas. O bebê repara a memória distorcida dos pais e fica nela a reedição dos conflitos paternos com seus próprios pais. Os tesouros familiares são transmitidos além do "*self*" biológico e também os significados "enigmáticos" de sua cultura (Stern, 1991, p. 375-384).

Ammaniti e colaboradores (1992), considerando o mundo de representações de mães de bebês portadores de um apego seguro, constataram que as mães elaboraram seus relacionamentos da infância, reconhecendo em seus pais valores relevantes para sua própria história pessoal e para seu presente estado mental. Um ponto decisivo é o fato de ser menos importante a história da infância do que a forma de aceitar e integrar tais experiências. Essa orientação representacional capacita a mãe a responder afetivamente às necessidades tanto de segurança como de independência de seu bebê.

MECANISMOS PSICOLÓGICOS LIGADOS À TRANSMISSÃO ENTRE GERAÇÕES

Uma das situações que provoca a perplexidade dos clínicos é a alta incidência de história de abuso pelos próprios pais em crianças que são encaminhadas para consulta por apresentarem sintomas relativos a possíveis traumas de origem sexual, sendo que, muitas vezes, o abuso é revelado pela sensibilidade dos técnicos a esse fenômeno. Além disso, é preciso considerar que a ocorrência de abuso em uma geração da família deixa os futuros pais vulneráveis e altamente em risco de repetir o comportamento ou de, ao deixar o trauma contido em si, exercer suas funções de cuidar. Quando estudamos tais aspectos de transmissão, muitos conceitos são encontrados nas correntes de pensamento psicológico para explicar a etiologia do abuso sexual através das gerações. Conceitos dinâmicos, como identificação com o agressor, identificação com a vítima e impossibilidade de exercer o papel de esposa, ficam claros em alguns relatos. No entanto, os mecanismos desencadeadores de tais distorções de papéis precisam ainda ser estudados (Leifer et al., 2004).

Em primeiro lugar, é preciso esclarecer que um antecedente de abuso sexual, tanto em homens agressores como nas mães de crianças vítimas de violência sexual, não é necessário nem suficiente para compreender a transmissão do mesmo, apesar de constituir um fator de risco importante (DiLillo, 2001). A proporção de mães que já foram abusadas é muito maior no grupo de crianças abusadas do que no grupo sem o trauma, sendo que as taxas referentes a essa incidência variam de 24 a 42% (Faller, 1988). Já no grupo de crianças com desenvolvimento normal, é nula a presença de abuso nos pais. Além disso, aponta-se que crianças cujas mães foram abusadas sexualmente apresentam um risco 3,6 vezes maior de serem as próximas vítimas (Mc Closkey e Bayley, 2000).

Tais estudos demonstram que o fato de a mãe ter sido abusada pode resultar em problemas psicológicos pós-traumáticos que interferem diretamente no comportamento materno e no adequado desempenho de suas funções parentais. Como apontado anteriormente, exercer a função parental exige um mínimo de saúde psíquica e bem-estar pessoal e social para poder estar disponível. O sofrimento pelo qual uma mãe abusada passou acarreta a manutenção do foco em si própria. Tal absorção interfere na capacidade de perceber as reais necessidades da criança, projetando nela seus próprios conflitos mais além do que o tolerado por uma pessoa em desenvolvimento. Assim, violência, dificuldades nos relacionamentos, exploração e maus-tratos são mais frequentes em famílias com histórico anterior de abuso (Collin-Vézina et all 2003). Além disso, relações insatisfatórias com as próprias mães e precárias condições de vínculo parental impedem uma atitude de apoio aos filhos, aumentando, assim, o risco da manutenção de um padrão inadequado entre gerações (Leifer et al., 2003).

Collin-Vézina e colaboradores (2003) identificaram quatro fatores que diferenciam famílias que perpetuam o ciclo de abuso das que o interrompem: características da agressão vivida; qualidade da relações e reação na revelação; sequelas do trauma, em especial a intensidade de sintomas de dissociação; transmissão do estilo relacional.

Características da agressão vivida

Existe uma constelação de maus-tratos vividos durante a infância que podem estar na origem da transmissão da violência e do abuso sexual. O risco de o abuso sexual se perpetuar na próxima geração aumenta de forma exponencial quando envolve agressão severa e violenta efetuada por um membro significativo da família imediata, com diversas repetições, por longos períodos, com constrição violenta e presença de penetração sexual na criança. No entanto, condições não tão severas também envolvem grande dano e riscos graves.

Essas características, assim como as marcas por elas deixadas, são fundamentais para o balanço do equilíbrio no caso de perpetuação do abuso entre gerações. Fatores como penetração genital na criança e a intensidade da carga de cada uma das demais características citadas têm relação direta com a impossibilidade de evitar a replicação do abuso na outra geração. Além disso, cabe dizer que, quanto maior o grau de relação de dependência e ligação com o abusador, mais difícil se torna evitar que a cadeia se repita.

A qualidade da relação e a reação na revelação

Os cuidados que um bebê recebe e o vínculo que constrói com a mãe deixam marcas que o acompanham por toda a vida, regulando seus padrões de relação com as pessoas e com o mundo. Do mesmo modo, o exercício da função parental reproduz, de forma inconsciente e automática, a forma pela qual esse pai ou mãe foi cuidado quando criança. Essa noção foi elaborada e definida como "modelo de elaboração interno" (*internal working model*), por Bowlby (1969). Trata-se de uma representação mental dinâmica que exerce importante participação na regulação do sistema motivacional do apego e tem um papel decisivo na transmissão intergeneracional. Leifer e colaboradores (2001) apontam diversos estudos que demonstram que o *attachment* de mães sobreviventes de um abuso sexual é menos seguro e mais ansioso ou medroso. Esses vínculos inseguros são precursores de desenvolvimentos de sintomas relacionados ao trauma, como a depressão e pensamentos intrusivos.

Por outro lado, os mesmos autores dizem que, se a mãe integra suas experiências abusivas em seus padrões de elaboração interna dos vínculos, há maior chance de interrupção do ciclo e organização de ambientes mais sensíveis a seus filhos.

No processo de desenvolvimento da criança, os comportamentos não verbais, tais como posturas, condutas e fantasias comunicadas e compartilhadas, ocorrem, na interação dos filhos com seus pais. Tais comportamentos acompanham o processo de atribuição de significado ao mundo e de elaboração de formas de regulação, que é perseguido pela dupla mãe-bebê. (Blum, 1988).

Leifer e colaboradores (2001) mostram que mães abusadas que interromperam o ciclo de abuso intergeracional relataram menos distúrbios em suas relações de vínculo na infância e mais anos vividos junto à mãe biológica. Apresentaram, quando adultas, vínculos mais seguros e menos relações românticas interrompidas. Essas mães sofreram menos experiências como vítimas por abuso, se expuseram a um menor uso de substâncias tóxicas e apresentaram menos sintomatologia pós-traumática relacionados ao trauma. Ao comparar mães que interromperam o ciclo com mães que tiveram filhos abusados, mas que não foram abusadas, as primeiras revelaram memórias mais desagradáveis nas relações com suas próprias mães.

Cyrulnik (1994) define "resiliência" como uma capacidade humana para fazer frente às adversidades da vida, inclusive à situações de grande impacto psíquico, ou situações traumáticas, tanto para superá-las, ou mesmo transformá-las, criando novas alternativas vitais. A resiliência se relaciona com a lembrança acurada do sofrimento vivido. Esses achados confirmam os estudos que mostram a relação de um *attachment* ansioso, medroso e padrões familiares associados à transmissão de abuso sexual entre gerações (Main, 1995).

Outro mecanismo psicológico proposto como explicação para a transmissão do abuso é o de identificação com o agressor e/ou identificação com o papel de vítima, o que altera substancialmente a capacidade das mães de proteger as crianças de um agressor. Além disso, esse mecanismo pode alterar o funcionamento psíquico, até em termos de equilíbrio de neurotransmissores, levando a mecanismos incongruentes, como a atração inconsciente da pessoa agredida por uma com potencial agressor (Ogden et al., 2006).

A resiliência dos pais que interrompem o ciclo de abuso se ancora em sua capacidade de manter lembranças detalhadas, coerentes, relacionadas às experiências dolorosas da infância. Consciência e elaboração do trauma, junto a uma capacidade de fazer boas relações com outros adultos confiáveis também são fatores protetores. As mães que não perpetuam o ciclo de abuso apresentam um comportamento semelhante ao das mães de crianças que não sofreram o trauma. A visão dos pais que replicam o ciclo a respeito de suas capacidades parentais minimiza os problemas vividos em razão da forte repercussão social indesejável do fato (Pears e Capaldi, 2001).

Usando o MMPI (*Minesota Multiphasic Personality Inventory Starke*) (Hathaway e McKinley, 1930), teste utilizado para uma avaliação objetiva e multifásica da personalidade, Friedrich (1991) demonstrou que o grupo parental de sua pesquisa que manteve o ciclo de abuso apresenta um perfil que reflete mais traços de raiva, discórdia familiar, alienação e depressão, sendo que seus perfis se associam a comportamento agressivo e a pouca probabilidade de mudança na psicoterapia. Os pais apresentam dificuldades de mudar seu cuidado paterno inadequado, fornecer supervisão comportamental e criam seus filhos em ambientes menos protegidos (Patterson 1980). A maior patologia evidente no MMPI está relacionada à duração do abuso que a criança experimentou. O autor conclui sugerindo que existem características de personalidade de pais de crianças abusadas sexualmente que contribuem para a má seleção dos companheiros e para dificuldades em manter os cuidados paternos. Essas mesmas características de personalidade podem evoluir para um comportamento imaturo, impulsivo e egocêntrico, o que aumenta a probabilidade de que a mãe escolha um parceiro que molestará e colocará a criança em risco de abuso mais severo e duradouro.

No entanto, cabe apontar que a heterogeneidade dessas mães é enorme, sendo que os dados nos levam a concluir que muitas dessas mães não contribuem, nem estão cientes do abuso no momento em que ele ocorre. A transmissão indireta das mães se apresenta sob a forma de cumplicidade, nos casos de incesto, colusão ou negação.

No contexto da revelação, as vítimas que conseguem revelar o abuso e obter alguma proteção por intervenção de um adulto geralmente apresentam maior facilidade para parar o ciclo de abuso na família. Por outro lado, quando o abuso sexual é revelado, as mães que sofreram abuso quando criança experimentam considerável angústia, tornando mais difícil a proteção e o apoio a suas filhas, pois se veem confrontadas com desafios adicionais na revivência de sua própria experiência (Patterson, 1980).

As sequelas do trauma – a intensidade de sintomas de dissociação

A dissociação é um fator importante implicado na transmissão da violência psíquica. Trata-se de um mecanismo de defesa que altera o comportamento do indivíduo por um período específico, resultando de uma integração inadequada das sequelas de uma vivência. As experiências vividas ficam compartimentadas e não integradas em uma perspectiva coerente de *self*. Depois do trauma, complicações biológicas também se instalam interferindo na regulação dos neurotransmissores que controlam o humor, a impulsividade e a reação ao estresse. Essa disfunção ataca o sistema de vigilância do indivíduo, comprometendo o juízo e a capacidade de avaliar o perigo (Kim et al., 2007).

A dissociação que se instala no agressor após o abuso sexual é um dos mecanismos responsáveis pela perpetuação do mesmo. A dissociação não se caracteriza apenas por não reconhecer o ato por ele perpetrado, mas pela repressão dos afetos negativos relacionados ao ato. Ela envolve a ausência de conexão dos agressores sexuais com seus próprios sentimentos, o que prejudica sua capacidade de perceber a experiência de suas vítimas. Desse modo, os agressores apresentam dificuldade de colocar em palavras o ocorrido, e há uma supressão das emoções, resultando em uma ausência de empatia com a vítima, que acaba por se instalar no curso do maltrato. O uso da negação e da supressão para lidar com o próprio abuso impede que se decodifiquem os sinais fornecidos pela criança ou que se consiga ser empático a sua experiência.

A diferença entre pais que não perpetuam o ciclo daqueles que não conseguem interrompê-lo está no fato de os primeiros conseguirem falar conscientemente sobre sua própria história de violência e do impacto que esta teve em suas vidas. Além do mais, relatam o fato usando um afeto apropriado, ou seja, em conexão com a experiência traumática, mostrando-se integrados, e não dissociados.

As mães que perpetuam a violência são menos consistentes no modo de contar seu passado e se identificam principalmente com a própria mãe violenta. Elas não integram sua experiência violenta e ainda sofrem com as sequelas deixadas por esta. A raiva do abuso sofrido pode ser um mediador da potencial ligação entre um abuso sexual vivido e o risco de adotar comportamentos violentos em relação a seus próprios filhos (DiLillo et al., 2001). Para tanto, eles podem utilizar mecanismos de evasão, tentando contornar o sofrimento pelo abuso de drogas, afundamento em depressão, ansiedade e problemas de sono para evitar a dor da lembrança. Assim, a não integração da experiência de abuso pela mãe intensifica uma sintomatologia e estressores por toda a vida (Briere, 1988).

Cabe apontar que existe importante associação entre o abuso de drogas nas mães e a permanência do ciclo de abuso. É um fator importante de risco, sendo que mães que interrompem o ciclo utilizam significativamente menos substâncias, (Paradesa et al., 2001), o que também corrobora o fato de que a resiliência maternal age como um fator de proteção contra a transmissão intergeneracional continuada.

Transmissão do estilo relacional

Como menciona Rutter (1989), uma experiência não é decisiva por si só, mas um conjunto de circunstâncias pode criar uma cadeia e, assim, aumentar os riscos de que uma situação traumática se produza. Assim, os sintomas de dissociação levam consigo outras consequências possivelmente deletérias em uma próxima geração. É possível supor, portanto, que as cadeias de abuso são complexas, apresentando múltiplas variáveis interligadas.

Em primeiro lugar, há fatores etiológicos diversos envolvidos na transmissão da violência psíquica, além dos antecedentes de agressão dos pais, notadamente, a ausência de amparo social, o consumo de álcool e de drogas, o temperamento da criança, assim como as normas culturais (Pianta et al., 1989).

Os homens que sofreram abuso quando crianças apresentam, como sequela, sintomas de exteriorização, ou seja, ocorre a organização de um padrão de respostas pertencentes ao contínuo da hiperativação, envolvendo condutas defensivas que visam a preparar para defesa: lutar ou fugir. As mulheres apresentam sintomas de interiorização, ou seja, um padrão ligado ao contínuo dissociativo, que envolve a resposta de congelamento ou rendição, o que as leva a assumir papéis diferentes e complementares. As mulheres se identificam com as vítimas, e os homens com os agressores (Ferreira, 1999). As emoções provocadas pela agressão sexual, como o medo, a vergonha, a humilhação e a perda de controle e poder são mais difíceis de serem integrados pelos meninos, uma vez que elas são contrárias ao arquétipo masculino.

Por tudo que foi visto anteriormente, o abuso sexual é um fator de risco que se instala entre uma constelação de outros fatores. O conjunto de experiências traumáticas vividas na infância, entre elas o abuso sexual, podem ser fatores etiológicos da violência sexual. Certo é que o abuso sexual dá origem a dificuldades emocionais e a comportamentos, em sua maioria, devastadores ao psiquismo.

Como foi mencionado, existem, portanto, fatores de continuação e fatores de descontinuação, transmitidos, entre outros, pelo estilo relacional. Crescer em um ambiente caótico, com paternagem precária e ausência de modelos, torna a mãe menos equipada a cuidar dos filhos e a lidar com o trauma de abuso. Tais mães apresentavam maior fragilidade para lidar com demandas emocionais da parentagem e se sentem inadequadas e menos capazes, uma vez que ficam mais focalizadas em seus próprios sentimentos sobre o abuso no apoio às crianças. O montante de sintomatologia de trauma relatado pela mãe abusada se relaciona com maior sintomatologia de internalização nas crianças e mais problemas sexuais, depressão e sequelas do transtorno pós-traumático.

Jovens mães abusadas por seus pais diferem das mães do grupo normal quanto à percepção de seus filhos. Elas não conseguem discriminar as percepções negativas sobre seus bebês. No entanto, não apresentam diferença em relação à percepção de aspectos positivos deles. Isso não acontece quando se trata da percepção de suas próprias mães e outras pessoas (Gara et al., 1996).

Essa tendência de mães em risco a não diferenciar características desfavoráveis de seus bebês pode ser um efeito ou um fator concomitante ao foco perceptivo e cognitivo diminuído em relação à criança, especialmente quando elas se comportam mal. Parece que não perceber os aspectos negativos dos bebês protege-as de agir como as próprias mães, uma vez que elas tendem a não se identificar com elas (Gara et al., 1996).

Um cuidador com um sistema indiferenciado de percepção de comportamentos indesejáveis pode agir usando um leque menor de alternativas de disciplina, apresentando maior frustração e afeto negativo no papel parental, aumentando, assim, o risco de maltrato. É preciso lembrar, no entanto, que algumas crianças experimentam o abuso mesmo quando suas mães são mais sadias. Assim, o abuso está relacionado com o comportamento do perpetrador, sendo que os riscos ambientais têm seu peso, da mesma forma como os riscos familiares.

CONSIDERAÇÕES FINAIS

A transmissão do abuso sexual é um fenômeno existente e devastador de famílias através das gerações. Assim, identificar fatores de proteção que podem atenuar o impacto das experiências traumatizantes durante a infância, a fim de guiar as intervenções nas populações, bem como identificar os indivíduos com risco de transmissão antes que o abuso ocorra, a fim de interromper o ciclo, são atitudes que se impõem nos diversos campos de atuação: saúde, justiça e sociedade.

Buscar entender o funcionamento ou "disfuncionamento" dos papéis parentais diante do trauma do abuso sexual sempre foi um desafio na prática clínica. Pode-se dizer que essa busca por explicações para tais comportamentos se assemelha à busca do judiciário pela "materialidade da prova". Entendemos que tais fatos se devem à perplexidade a que um abuso remete, bem como aos mitos da família como lugar seguro, das mães "santificadas" e dos conflitos que advêm de tal constatação. Podemos encontrar, nos aportes teóricos, subsídios para o que é recorrente nos atendimentos: famílias disfuncionais, pais que sofreram traumas e mecanismos de defesa, todos implicados no inadequado desempenho da função parental, principalmente no que se refere ao cuidado materno.

Reconhecer que o abuso é uma experiência que deixa como sequela uma doença como o transtorno de estresse pós-traumático é urgente, assim como tratar seus sintomas parece ser um meio eficiente de evitar sua perpetuação. Assim, o estabelecimento de programas de atendimento das mães e da criança assume um caráter não só terapêutico de minorar a dor e as sequelas do abuso, mas também profilático, devido à tentativa de interrupção do ciclo.

Só a interrupção da violência não é o fim do problema. À cicatrização da ferida real, acrescenta-se a necessidade de a vítima realizar a metamorfose da representação da ferida, ou seja, a necessidade de entrar em contato com sua vivência traumática e, a partir daí, evitar sua reprodução, processo fundamental para o rompimento dessa cadeia.

REFERÊNCIAS

ABRAM, J. *A linguagem de Winnicott*: dicionário das palavras e expressões utilizadas por Donald W. Winnicott. Rio de Janeiro: Revinter, 1996. p. 141.

AMMANITI, M. et al. Representation and narrative during pregnancy. *Inf. Ment. Health Journal*, v. 13, n. 2, p. 167-182, 1992.

ARAUJO, M. S. *Consideraciones sobre la formación del self in Polanco N. R.*: observacion de bebês. México: México Plaza, 1999.

BLOS, P. The role of the early father in male adolescent the development. In: GREESPAN, S. et al. *The course of life*. Madison: International University Press, 1991. v. 4.

BLUM, H. Fantasia compartilhada e identificação recíproca. *Revista Brasileira de Psicanálise*, v. 22, n. 1, p. 159-177, 1988.

BOWLBY, J. *Attachment and loss*. New York: Basic Books, 1969.

BRIERE, J.; RUNTZ, M. Symptomatology associated with childhood sexual victimization in a non clinical adult sample. *Child Abuse & Neglect*, v. 12, n. 1, p. 51-59, 1988.

COLLIN-VÉZINA, D.; CYR, M. La transmission de la violence sexuelle: description du phénomène et pistes de comprehension. *Child Abuse & Neglect.*, v. 27, p. 489-507, 2003.

CYRULNIK, B. *Resiliência*: essa inaudita capacidade de construção humana. Lisboa: Horizontes Pedagógicos, 1994.

DILILLO, D. et al. A closer look at the nature of intimate partner violence reported by women with a history of childhood sexual abuse. *Journal of Interpersonal Violence*, v. 16, p. 116-132, 2001.

DILILLO, D. Interpersonal functioning among women reporting a history of childhood sexual abuse: empirical findings and methodological issues. *Clinical Psychology Review*, v. 21, p. 553-576, 2001.

ESCALONA, S. K. Discussion of early childhood development and implications for analyti theory and practice. *Am. J. Psychoanal.*, v. 46, n. 2, p. 123-148, 1986.

ESCOSTEGUY, N. Transgeracionalidade. *Centro de Estudos, Atendimento e Pesquisa da Infância e Adolescência – CEAPIA*, v.10, p. 49-59, 1997.

FALLER, K. C. Why sexual abuse? An exploration of the intergenerational hypothesis. *Child Abuse & Neglect*, v. 13, p. 543-548, 1988.

FERREIRA, M. H. M. Algumas reflexões sobre a perplexidade compartilhada diante do abuso sexual.

Centro de Estudos, Atendimento e Pesquisa da Infância e Adolescência – CEAPIA, n.12, p. 27-44, 1999.

FREUD, S. Além do princípio do prazer, psicologia de grupo e outros trabalhos (1920). In: FREUD, S. *Edição standard brasileira das obras psicológicas completas de Sigmund Freud*. Rio de Janeiro: Imago, 1976. v. 18.

FRIEDRICH, W. N. Mothers of sexually abused children: an MMPI Study Mayo Clinic. *Journal of Clinical Psychology*, v. 47, n. 6, p. 778-783, 1991.

GARA, M. A.; ROSENBERG, S.; HERZOG, E. P. The abused child as parent. *Child Abuse & Neglect*, v. 20, p. 797-807, 1996.

HATHAWAY, S. R.; MCKINLEY, J. C. *Minnesota Multiphasic Personality Inventory*. University of Minnesota, 1930. Teste de personalidade em saúde mental.

KERNBERG, P. Mother child interaction and mirror behaviour. *Infant Mental Health Journal*, v. 8, p. 329-339, 1987.

KIM, K. et al. Psychosocial characteristics of nonoffending mothers of sexually abused girls: findings from a prospective, multigenerational study. *Child Maltreat.*, v. 12, n. 4, p. 338-351, 2007.

LEIFER, M.; KILBANE, T.; GROSSMAN, G. A three generational study comparing the families of supportive and unsupportive mothers of sexually abused children. *Child Maltreatment*, v. 6, p. 353-64, 2001.

LEIFER, M.; KILBANE, T.; KALICK, S. Vulnerability or resilience to intergenerational sexual abuse: the role of maternal factors. *Child Maltreat.*, v. 9, p. 78, 2004.

LEIFER, M.; KILBANE, T.; SKOLNICK, L. I. Relationships between adult attachment security, child perceptions of maternal support and maternal perceptions of child responses to sexual abuse. *Journal of Child Sexual Abuse*, v. 11, n. 3, p. 107-24, 2003.

MAHLER, M.; PINE, F.; BERGMAN, A. *The psychological birth of the human infant*. New York: Basic Books, 1975.

MAIN, M. Recent studies in attachment: overview, with selected implications for clinical work. In: GOLDBERG, S.; MUIR, R.; KERR, J. (Ed.). *Attachment theory*: social, developmental, and clinical perspectives. Hillsdale: The Analytic Pres, 1995. p. 407-74.

MAIN, M.; KAPLAN, N.; CASSIDY, J. Security in infancy, childhood, and adulthood: a move to the level of representation. In: BRETHERTON, I.; WATERS, E. (Ed.). Growing points in attachment theory and research. *Monographs of the Society for Research in Child Development*, v. 50, n. 1-2, p. 66-104, 1985.

MCCLOSKEY, L. A.; BAILEY, J. A. The intergenerational risk for transmission for child sexual abuse. *Journal of Interpersonal Violence*, v. 15, p. 1019-1035, 2000.

OGDEN, P.; MINTON, K.; PAIN, C. *Trauma and the body*. New York: W.W. Norton, 2006.

PAREDESA, M.; LEIFERA, M.; KILBANEB, T. Maternal variables related to sexually abused children's functioning. *Child Abuse & Neglect*, v. 25, n. 9, p. 1159-1176, 2001.

PATTERSON, G. R. Mothers: the unacknowledged victims. *Monographs of the Society for Research and Child Development*, v. 45, n. 5, p. 1-54, 1980.

PEARS, K. C.; CAPALDI, D. M. Intergenerational transmission of abuse: a two-generation, prospective study of an at-risk sample. *Child Abuse & Neglect*, v. 25, p. 1439-1461, 2001.

PIANTA, R.; EGELAND, B.; ERICKSON, M. F. The antecedents of maltreatment: results of the mother-child interaction research project. In: CICCHETTI, D.; CARLSON, V. (Ed.). *Child maltreatment*: theory and research on the causes and consequences of child abuse and neglect. Cambridge: Cambridge University Press, 1989. p. 203-253.

RIO GRANDE DO SUL. Ministério Público. Circular Informativo nº 89. 2006. Disponível em: <http://www.mp.rs.gov.br/infancia/pgn/id221.htm>. Acesso em: 21 set. 2010.

RUSSEL, G.; RADOJEVIC, M. The changing role of fathers? Current understandings and future directions for research. *Infant Mental Health Journal*, v. 13, n. 4, p. 296-311, 1992.

RUTTER, M. Intergenerational continuities and discontinuities in serious parenting difficulties. In: CICCHETTI, D.; CARLSON, V. (Ed.). *Child maltreatment*: theory and research on the causes and consequences of child abuse and neglect. Cambridge: Cambridge University Press, 1989. p. 317-348.

STERN, D. Maternal representations: a clinical and subjective phenomenological view. *Inf. Ment. Health Journal*, v. 12, p. 187-200, 1991.

STERN, D. *The interpersonal world of the infant*. New York: Basic Books, 1985.

WINNICOTT, D. W. *O ambiente e os processos de maturação*. Porto Alegre: Artmed, 1982.

15

O DESENVOLVIMENTO DA PERSONALIDADE E A VIOLÊNCIA SEXUAL

Dóris Helena Kappel
Maria Helena Mariante Ferreira
Ieda Portella

INTRODUÇÃO

O presente capítulo tem por objetivo fornecer aos profissionais, tanto da área da justiça como da área da saúde, um resumo do entendimento teórico sobre desenvolvimento, embasar o olhar dos profissionais para os aspectos que estão se desenrolando a cada fase e o impacto que o abuso pode provocar na evolução da personalidade.

FUNDAMENTAÇÃO TEÓRICA

D. W. Winnicott (1988) aponta que o potencial herdado, que constitui o núcleo de uma pessoa, não pode ser atualizado, desenvolvido, sem um ambiente adequado. Mas o que vem a ser mais especificamente uma pessoa, ou uma criança em desenvolvimento? Na atualidade, é consenso entre os teóricos do desenvolvimento a ideia que vem desde Freud, de que a personalidade do ser humano é o resultado de uma permanente interação entre os fatores biológicos (herdados) e os fatores ambientais, sendo estes últimos representados especialmente pela qualidade dos primeiros cuidados maternos frente à condição de desamparo e dependência com que nasce uma criança, tanto nos aspectos físicos como nos psíquicos.

Em Psicologia de grupo e análise do ego (1921), Freud cita, já na introdução, três vezes a palavra *vínculo*, e diz afinal: "Na vida anímica, individual, aparece integrado sempre *o outro*, como modelo, objeto, auxiliar ou adversário do Eu, e, desse modo, a psicologia individual é, ao mesmo tempo, e desde o princípio, psicologia social em um sentido amplo mas plenamente justificado" (Freud 1921). De modo semelhante D. Stern (1992) aponta que o eu e suas fronteiras estão no centro de toda a especulação filosófica sobre a natureza humana, e o senso de eu e sua contraparte, o senso do outro, são fenômenos universais que influenciam profundamente todas as nossa experiências sociais.

Nesse sentido, a psicologia contemporânea vem apontando fases cada vez mais precoces do desenvolvimento, atribuindo à díade mãe-filho uma importância decisiva no desenvolvimento psíquico. Esse referencial trouxe importantes repercussões para a compreensão e a construção teórica do desenvolvimento do psiquismo. Até então, o psicológico era concebido a partir de forças pulsionais e defesas; já agora é também entendido como o interjogo entre o eu e os objetos (como a psicanálise chama as representações mentais dos outros), havendo uma integração do intrapsiquíco e do intersubjetivo.

O crescimento por si só não assegura o desenvolvimento de uma pessoa adulta, madura e integrada. Para tanto, é necessário que ocorram, na infância e na adolescência, condições "suficientemente boas" em torno da criança e do adolescente em desenvolvimento. Mas que condições "suficientemente boas" são essas? Para Winnicott (1988) um ambiente satisfatório é aquele que facilita as várias tendências individuais herdadas, de tal forma que estabeleça um alto grau de adaptação às necessidades particulares da criança.

A sobrevivência, bem como a qualidade de seu desenvolvimento, depende do vínculo familiar com ela estabelecido. É importante salientar que, quando Winnicott fala em "maternagem suficientemente boa" ele não vincula um ponto de vista idealizado da função materna, pois, paralelamente à adaptação do meio, ele inclui também a possibilidade de falhas naturais e inevitáveis, necessárias, aliás, ao desenvolvimento da capacidade de tolerância à frustração.

No início, o bebê só pode ser pensado a partir do vínculo com a mãe, que é a apresentadora da realidade externa, responsável por lhe transmitir não só os códigos da cultura, mas sobretudo os códigos da estrutura familiar inconsciente, em que lugares e funções estão predeterminados. Ao bebê é transmitido, via inconsciente materno, seu lugar e o significado que tem dentro da família.

John Bowlby (1981), já em 1950, sustentava que a sociabilidade é um fenômeno primário, e não secundário, no desenvolvimento. O autor produziu uma ampla investigação, da qual surgiu a concepção de que a perda ou a separação da criança dos pais e a falta de contato com outros adultos substitutos obstaculiza de modo catastrófico o desenvolvimento emocional e social da criança.

Para Stern (1992), os bebês são emocionalmente ativos desde o começo, participando na construção de seu ambiente. O desenvolvimento dos potenciais inatos corresponde à organização de diferentes domínios do *relacionar-se*, os quais denomina de "senso de eu" e "de outro". Esses sensos se desenvolvem paralelamente à organização sensória do mundo, e são maneiras de estar no mundo por meio de sensações de ser um corpo único agente das ações e "experienciador" dos sentimentos.

Os sensos do eu não se esgotam como as fases do desenvolvimento, permanecem ativos por toda a vida, variando no modo de investimento. Além da concepção dos sensos do eu e do outro, Stern traz a noção de "sintonia de afetos", de afetos de vitalidade, que talvez seja a ideia que mais se aproxime dentre as noções de cuidados tão essenciais ao desenvolvimento, e que extrapola os comportamentos manifestos. "Sintonia de afeto" é uma modalidade relacional que permite à mãe "interpretar" e dar sentido aos mínimos sinais que a criança possa emitir.

A ideia de que a capacidade e o desejo da criança de se relacionar com o mundo estão firmemente estabelecidas desde o nascimento, e se desenvolve continuamente, tem consequências importantes para seu crescimento sadio. Daniel Stern (1985) afirma que o bebê está preparado desde o princípio para interessar-se pelo mundo dos outros e diferenciar-se dele. A partir dessa concepção, a questão que se coloca é *como* reconhecemos os outros e nos conectamos com eles. Para Winnicott (1988), trata-se de uma indagação quanto ao tipo de relação que permite ao infante começar a existir, construir um eu pessoal, dominar os instintos e sofrer todas as dificuldades inerentes à vida. Assim, o que os psicanalistas passaram a considerar é como se consolida o sentido de si mesmo.

O RECONHECIMENTO DO EU – *SELF*

Do ponto de vista da teoria intersubjetiva, sustenta-se que o indivíduo cresce na relação com os outros sujeitos e através delas. O conceito base da teoria intersubjetiva do desenvolvimento da personalidade ou do si mesmo é a necessidade de reconhecimento. O reconhecimento não é uma sequência de fatos como as fases da maturação e desenvolvimento, mas sim um elemento constante ao longo de todos os fatos e fases. Quando acompanhamos o desenvolvimento da criança, vemos que o reconhecimento se volta cada vez mais como um fim em si mesmo.

A necessidade de relacionamento mútuo, de reconhecer o outro e ser reconhecido por ele é crucial para a visão intersubjetiva.

Stern (1994) fala de "intersubjetividade propriamente dita" para designar o momento em que sabemos que existem outros, que sentem e pensam e que são seres semelhantes e distintos de nós.

ATAQUES AO DESENVOLVIMENTO

A palavra "trauma", de origem grega, significa "ferida", "furar", e, na medicina, identifica as consequências de uma violência externa. Freud transpôs o conceito de trauma para o plano psíquico como significado de um choque violento capaz de romper a barreira protetora do ego, podendo acarretar perturbações duradouras sobre a organização psíquica do indivíduo.

Atualmente, o conceito de trauma se amplia, na psicologia infantil, incluindo a ideia de que ele consiste em qualquer estimulação que seja inadequada para a metabolização do psiquismo infantil. Um desenvolvimento bem transcorrido necessariamente culmina na organização de três sistemas estruturais da personalidade – Id, Ego e superego, e seu confronto com a realidade. Uma maternagem insuficiente, inadequada, que não atenda às necessidades de cada etapa do desenvolvimento acarreta incompleta diferenciação da estrutura do ego, o que vai se traduz na manifestação de diversas patologias no indivíduo.

A criança em desenvolvimento procura pessoas às quais possa se ligar, com seus impulsos primitivos, e necessita que essas sejam empáticas e responsáveis, capazes de responder, na dose certa, às demandas de amor e agressão geradas pelas diversas fontes de inevitáveis frustrações (Figueiredo, 2008 p. 48).

Segundo Figueiredo (2008), quando a criança encontra pessoas incapazes de desempenhar suas funções primordiais – sustentar contatos e responder vitalmente a ela – a criança tende a construir um mundo próprio. Nesse mundo próprio, ficam registradas as representações de pessoas inadequadas e insuficientes, agora acessadas e controladas pela criança. No entanto, essa internalização não é eficaz, pois os cuidadores continuam a ser necessários e desejáveis, apesar de falhos. Portanto, é preciso cindi-los, criando duas representações internas que reflitam e resolvam a ambivalência.

Uma representação envolve o objeto bom, sendo que o outro é o objeto frustrante e rejeitador, sabotador interno. Ambos são facetas do mesmo cuidador, e ambos, cada um a seu modo, são persecutórios e produtores de ameaças e angústias. A essas cisões, correspondem cisões no ego: um é sempre o eu ingênuo e propenso a participar das cenas de sedução, ora como seduzido ora como sedutor; o outro, um eu malicioso, desconfiado, amedrontado e rejeitado, propenso a participar das cenas de ataque e destruição, seja como perseguido, seja como perseguidor. Enquanto isso, o objeto real externo (ambivalente) e o eu central, observador, ficam bastante enfraquecidos e destituídos de força libidinal e agressiva.

FASES DO DESENVOLVIMENTO

Passaremos, agora, a descrever as diferentes fases do desenvolvimento infantil e suas diferentes tarefas. São descrições sucintas, apenas abordando aspectos principais de cada fase, sendo que as notas sobre os desvios que o abuso causa são apenas relacionadas às tarefas da fase, uma vez que as consequências do abuso são muito mais abrangentes e cumulativas.

Fase oral

A primeira fase do desenvolvimento, enfatizada por Freud (1905) em seus aspectos orais, vem sendo estudada mais amplamente em outros aspectos. Esses, que são mencionados pelo autor, mas não de forma tão característica, se referem às capacidades ligadas à incorporação, como a sensibilidade tátil, respiratória e cenestésica (Ericson, 1963).

A contribuição central dessa fase para o desenvolvimento se relaciona ao estabelecimento das bases da regulação, que modulam uma estrutura biopsíquica básica para ajuste dos limiares de percepção e de reação de todas as funções somáticas afetivas e cognitivas (Schore, 1994).

Cabe à mãe adaptar toda a estimulação recebida pela criança. A crise principal a ser enfrentada é a de aquisição da confiança básica *versus* um sentido de desconfiança nas pessoas e no mundo. Com isso são estabelecidos os pilares da aproximação ou do isolamento (Bowlby, 1969; Brazelton, 1979).

Inicialmente, até os 3 meses de idade, a tarefa principal dessa fase do desenvolvimento é a de aquisição da homeostase, que ajusta os limiares para o processamento de estímulos vindos do exterior ou do interior da criança. O bebê, que se encontrava em um estado ativo, mas indiferenciado, inicia o estabelecimento da regulação, bem como a formação do interesse pelo ambiente (Osofsky, 1987; Martinelli et al., 1991).

A adequação do estilo da manipulação física materna, assim como o filtro que ela faz dos estímulos do ambiente, tornam o bebê capaz de processar e organizar a entrada dos estímulos. O bebê ajusta seus limiares e usa uma faixa de vias sensoriais, integra experiência entre os sentidos e sua expressão motora (Greenspam e Pollock, 1980). O bebê adquire capacidade de se acalmar, de se regular e de ajustar a postura. Passa a processar e a organizar a entrada de estímulos, a informação interpessoal, fazer discriminações, ficar alerta e fazer ligação.

Dos 3 aos 6 meses, um novo momento se estrutura em torno do estabelecimento de um interesse emocional pela mãe. A percepção, antes mais difusa, passa a estabelecer focos de observação. Olha mais fixamente, segue objetos, persegue fontes sonoras e controla o movimento materno. Já conhece rotinas e tem expectativas além de tentar alcançar e manipular o mundo externo. O cuidador começa a apresentar ao bebê, à medida que aumentam seus períodos acordado, objetos para que brinque e prescinda da relação imediata com ele.

A resposta de angústia ao desconhecido (Spitz, 1965) estabelece a capacidade de discriminar familiar e desconhecido. Esse processo permite afastar-se da mãe para o mundo e para o exercício adequado da curiosidade e da defesa. O bebê adquire capacidade de focalizar, acompanhar, tocar e manipular, organizar a entrada de estímulos, antecipando o rotineiro, discriminando o familiar, demonstrando preferências e comunicando estados.

Dos 8 aos 18 meses, desenvolve-se a capacidade de se comunicar, descobrir meios e fins e de ligar causa e efeito. As aquisições motoras amplas, como assumir a posição sentada, o gateio e a deambulação, atingidos e integrados no processo de estabelecimento da confiança, possibilita modos mais distais de comunicação com a mãe por meio da visão, da audição e da sinalização de afeto (Greenspan e Pollock, 1980; Stern, 1985).

Tendo os rudimentos da capacidade de diferenciar o *self* dos outros, surge a resposta afetiva da empatia, a partir do disparar dos neurônios do espelhamento. Sentir o outro como uma entidade separada, tendo identidade pessoal e perspectiva diferente de forma concreta, leva ao nível inicial de empatia, também chamada de *empatia global*, quando ocorre a ressonância emocional reflexa, o que ocorre, por exemplo, quando o bebê chora no momento em que o outro chora, de forma passiva e involuntária (Hoffman, 1982).

O bebê adquire capacidade de perceber a existência do objeto quando não está presente. Reage ao não familiar inicialmente com medo e depois com exploração (curiosidade). Afasta-se e volta voluntariamente para a mãe pelo gateio, mapeia o ambiente, usa os objetos instrumentalmente, compreende e aceita o rito e a convenção, tornando-se um ser intencional. Diferencia-se do outro e se torna empático.

Quando o abuso ocorre nessa fase, por tudo que apontamos anteriormente, a capacidade dos pais de mediadores da estimulação vinda do mundo externo falha consideravelmente. Dependendo da intensidade e da frequência, o abuso pode ser devastador, comprometendo seriamente a configuração cerebral infantil e sua capacidade de responder ao mundo. As respostas podem ser de isolamento e habituação aos estímulos, com consequente afastamento e alheamento do mundo externo. Por outro lado, pode haver uma resposta de hiperexcitação, distúrbio de alimentação e sono e desorganização cerebral. No entanto, o abuso insidioso, bem como a constelação familiar abusiva provocam, em geral, uma disfunção na confiança básica e ligação afetiva com o mundo. Da mesma forma, estrutura-se uma falsa autonomia, tendo a criança que se bastar a si própria, e uma incapacidade de formação de símbolos internos de empatia.

Fase anal

Dos 18 a 30 meses, a criança entra em uma outra fase do desenvolvimento, denominada por Freud (1905) de fase anal. Não excluídas pelo autor, as funções uretrais são também importantes nessa fase, sendo o aspecto característico da fase o paradoxo de reter ou eliminar. Assim, inicia-se o processo de aquisição do controle sobre os limites.

Nesse estágio de autonomia e socialização primitivas, o controle de esfíncteres e seus correlatos ensinam regras básicas de socialização. A criança tem que se disciplinar para ter aprovação. A aquisição progressiva da autonomia é expressa também de forma negativista com a palavra mestra: o "não". Surge a crise entre o prazer na cooperação, que gera autonomia; o orgulho na realização, que gera autoconfiança e o fracasso que gera vergonha (Ericson, 1963; Greenspan e Pollock, 1980; Boris e Zenah, 1999).

Quando se instala o movimento de individuação e separação (Mahler, 1975; Diamond, 1996), e o estabelecimento da constância objetal, a existência da mãe é percebida pelo bebê, mesmo quando não está presente. Ao mesmo tempo, a descoberta de que sua ação modifica o comportamento materno torna o bebê um novo companheiro, que corrige seus objetivos, ancorado na ação materna.

O papel anterior dos pais, de realização de desejos, transforma-se, uma vez que os desejos do bebê não podem ser preenchidos imediatamente. Aparecem, agora, objetivos conflitantes entre a proteção e o deixar ir. A questão ambígua do que constitui um perigo põe à prova a parceria (Liberman, 1996).

A principal tarefa emocional da criança de 2 anos é a de consolidar e integrar novas habilidades em um sentido de autonomia pessoal, sem relegar os sentimentos de segurança dados pelos pais – vínculo e exploração. A maior frustração é querer fazer algo além de suas possibilidades e não querer a ajuda dos pais, apesar de sabê-la necessária. Tais desejos têm que ser frustrados, adiados ou canalizados em outra direção em função do interesse de proteção. Esse dilema forma o conflito interno, gerando um ataque bidirecional ao si próprio e aos pais e, consequentemente, o sentimento de culpa.

O vínculo com o pai, agora mais importante, é diferente com esferas separadas de intimidade, competitividade, agressão e sintonia. Existe a necessidade de afirmação, de não aceitar, de desafiar e de testar a flexibilidade da relação.

Para o equilíbrio entre os comportamentos "protetores" e os de "tocar para frente", pais e bebê devem estabelecer o desenvolvimento de uma zona de segurança para a exploração. Outras integrações se fazem necessárias: a das agendas diferentes e complementares dos pais e do bebê e a dos papéis maternos e paternos (Liberman, 1996).

A aquisição e o domínio da posição ereta e da marcha, o domínio e o desenvolvimento da linguagem, o nascimento da inteligência de representação e o início do pensamento simbólico são também características marcantes da fase. Além disso, o bebê aponta e emite vocalizações. Esse gesto, iniciado antes sem valor de comunicação, visa agora ao estabelecimento da intersubjetividade (Bates, 1987; Santiago, 2003; Lizkowski et al., 2004). Ao apontar um objeto de contemplação, o bebê o oferece para outro ser humano considerá-lo. Busca o conhecimento do adulto sobre um objeto de interesse comum, tornando-se parceiro ativo ao estabelecer um mundo compartilhado. Ao apontar e compartilhar, o bebê provoca no adulto o comportamento de nomear o objeto para mútua contemplação e entendimento. Inicia-se, assim, o estabelecimento de um código convencional comum, comunicado pelo adulto e aceito pela criança. A percepção de que o outro também tem uma mente é crucial para o desenvolvimento e diminuição da onipotência.

Nesta etapa, o bebê atinge o primeiro nível positivo de empatia – a empatia egocêntrica. Nela, diferencia a si próprio dos outros, mas confunde o próprio estado com o do outro. Conforta o outro com o que acha que confortaria eles. Desenvolve-se também um segundo nível de empatia: a experiência emocional ocorre nos outros, mas é vivida pelo bebê como sendo o resultado de sua própria ação (Hofman, 1982; Hofmann et al., 1998).

A intersubjetividade e a empatia são as aquisições finais dessa primeira rota comunicativa. São a base emocional para a aceitação do código e a troca na comunicação. O vínculo deve incorporar o conflito e autonomia, proteção e exploração, responsabilidade e independência como evolutivamente apropriado e componente inevitável da relação (Sugar, 1992).

Como esta fase lida mais especificamente com limites e autonomia, o impacto do abuso no desenvolvimento é severo. O impasse não se estabelece entre a necessidade de vínculo e proteção e o desejo de explorar e evitar proteção adequada; o impasse se estabelece entre a necessidade de um vínculo de proteção que não se estabelece ou é muito ambivalente. Portanto, o desenvolvimento da estrutura da personalidade e as ligações entre ego e superego incipientes ficam severamente comprometidas. Assim, fica comprometido o entendimento das condutas protetoras consigo mesmo e com os outros, assim como o manejo do comportamento agressivo. A empatia e a intersubjetividade ficam fortemente atacadas e a identificação se processa com a figura do violador, transgressor. O fato de uma transgressão muitas vezes resultar em dano ou acionar a culpa leva ao risco da integração sintônica no ego de condutas que envolvam transgressão e castigo.

Fase genital

Dos 36 aos 60 meses, a criança muda marcadamente seu desenvolvimento, passando para um processo de identificação com papéis e de formação da representação diferencial, dentro da fase chamada por Freud de "genital". A força principal é a locomoção para a aquisição de um objetivo, e o modo de ação é a intrusão e a exclusão. A crise que se instala alterna iniciativa e punição, a ligação se estrutura não mais apenas com os pais, mas com a família (Freud, 1905; Ericson, 1963).

A criança agora interpreta e nomeia sentimentos em vez de atuá-los, sendo o jogo de faz-de-conta um indicador importante disso. A capacidade de experimentar estados internos, envolvendo imaginação e afeto, permite ao ego alterar, recombinar e transformar representações internas de acordo com objetivos de adaptação e defesa. A criança constrói os mais diferentes temas no mundo das ideias para elaboração de alternativas de padrões de ação (a criança contempla alternativas e escolhe entre elas).

Esta é a fase inicial da socialização e de estabelecimento de novas vinculações. É o período da formação da iniciativa, em que a criança cultiva sua própria esfera de ritos no mundo dos brinquedos. A díade se transforma em tríade, e as condições de conflito para o édipo ocorrem. A imaginação floresce, o conflito é grande e também grande é a capacidade de brincar e representar.

O processo de referenciamento e reasseguramento social – voltar para a mãe, buscando sua avaliação da conduta – (Stern et al., 1998) faz com que o bebê, desafiador quando desaprovado, confie no juízo materno, elaborando o primeiro passo em direção ao teste de realidade. Essa conquista dá ao bebê a sensação de que não é o próprio comportamento e emoção que, expressados, têm consequências no mundo.

O referenciamento e reasseguramento social, bem como a presença dos pais como o "outro regulador" possibilitam a aquisição afetiva do sentido de causalidade. Os padrões de dependência e prazer são integrados com os de curiosidade, assertividade e oposição. Desenvolve-se a capacidade empática, de intersubjetividade e reciprocidade básicas para o estabelecimento de relações sociais adequadas (Mahler, 1975; Fonagy, 1991; Stern, 1994; Diamond, 1996).

No terceiro nível de empatia (Hofman, 1982), a experiência emocional é sentida nos outros e entendida como tal. O bebê não se sente como os outros, não se sente o causador, mas entende a perspectiva do outro e agora é capaz de ajudar e consolar.

O pensamento inicialmente é extremamente egocentrado. A criança vê o mundo a partir de suas próprias experiências, e o símbolo ainda não é um conceito, mas sua forma de experimentar a realidade. A noção de causalidade existe de uma forma temporal. Se duas coisas ocorrem em sequência, uma causa a outra, sendo que as causas são sempre personificadas.

A linguagem, neste período, tem o sentido de descoberta das causas. As indagações questionando "por quê?" são intermináveis, embora a criança muitas vezes apenas faça a pergunta e não ouça a resposta. O tópico de tais indagações ligam-se à curiosidade sexual sobre como se fazem ou como nascem os bebês.

Progressivamente, o interesse da locomoção pura e simples desloca-se para o interesse pela interação social, sendo o início da imitação um marco importante. Tal imitação ocorre não mais como o simples espelho da fase anterior: surgem jogos imitativos e a necessidade de ter ou fazer o mesmo que as outras crianças têm ou fazem.

O desenvolvimento moral progride ainda por medo da crítica e perda do amor paterno. Inicialmente, a dependência dos pais promove o medo da perda de seu amor. Qualquer coisa que ameace essa perda é má e deve ser evitada. Existe apenas medo durante o primeiro estágio de desenvolvimento moral, equivalente, no adulto, à ansiedade social e ao medo de ser descoberto.

A culpa central está ligada às fantasias agressivas em relação ao pai do mesmo sexo da criança, sendo que o castigo, nos meninos, se relaciona à ansiedade de castração, e, nas meninas, ao temor do abandono (Blum, 1990).

Nesta fase, o dano específico do abuso sexual envolve a transferência do conflito edípico do plano da fantasia para o plano concreto real. O espaço entre as gerações é borrado, e a criança é retirada de seu caminho de identificação e de busca de sonhos no futuro, ficando atrelada a um presente tenebroso. Seu ego vulnerável triunfa sobre a figura materna ou paterna rival, deixando-a perdida e culpada, participando de forma compulsória da confusão dos papéis dos adultos. O caminho inverso da tarefa da fase se estabelece: em vez de a criança aprender que suas emoções e desejos não movem o mundo, ela é mantida no egocentrismo e na onipotência, sendo que essa onipotência envolve sua fantasia de que suas atitudes podem destruir o grupo familiar.

Fase da latência

A idade escolar (latência), que se situa na faixa dos 5 a 12 anos, é uma fase do desenvolvimento em que o relacionamento, antes predominante apenas na família, expande-se para amigos da vizinhança e da escola. A força propulsora é a socialização, sendo que o desempenho estrutura-se por meio da operosidade e da competência. O senso de autoestima deriva das realizações, e, quando essas falham, o sentimento é de inferioridade (Freud, 1905; Ericson, 1963).

É uma fase dinâmica, em que a criança experimenta uma complexa reorganização das defesas. Bom comportamento, conformidade e educabilidade resultam do equilíbrio entre impulsos e defesas mais elaboradas. É uma organização ativa do ego a serviço das demandas sociais. Aparecem respostas mais adaptativas do que a simples descarga de impulsos (Sarnoff, 1987).

O equilíbrio da latência é concretizado quando há repressão do Complexo de Édipo. Há uma mudança no investimento afetivo que mantém os pais como árbitros do comportamento social para outras figuras. Há aquisição de conceitos próprios e identificações e experiências com objetos que são pertinentes a seu futuro papel na sociedade. Ego e superego se modificam com o surgir das identificações. A criança faz aderência social e fica apta a aprender, fazendo, agora, uso de personagens de história para expressar os impulsos.

Surge a constância comportamental, que, além de reconhecer a existência dos pais quando eles não estão próximos, permite reter as orientações parentais e agir de acordo em sua ausência. Informação sobre padrões esperados de comportamento é reunida, integrada e gravada como parte do ego ideal. A internalização da autoridade paterna, na formação do superego, impulsiona o nascimento da consciência e o sentido de culpa. Existe o medo de desapontar e ocorre o início da diferenciação entre maus pensamentos e más ações.

A criança não mais questiona os porquês, mas busca, por meio do uso de seus próprios sistemas, satisfazer sua curiosidade, mesmo que de forma ainda incipiente. Já em termos de empatia, esta é a fase da empatia com sentimentos do outro, isto é, a aquisição de uma perspectiva diferenciada e subjetiva. O outro tem vida própria, sendo ela psicologicamente única, subjetiva e privativa. Sentimentos múltiplos não são reconhecidos pela criança, sendo que as relações são de uma via e não de mutualidade. Assim, ela confunde a mesma família, a mesma situação e o mesmo ponto de vista.

A criança passa mais tempo com adultos e crianças fora de seu meio familiar, o que lhe permite a avaliação de seu *self* em relação aos outros. Devem aprender como se relacionar, formas eficientes de competir, comprometer-se, aprender as regras do jogo e proteger-se de injúrias. A criança passa a ter uma cooperação consistente e uma troca consensual. Aparece a ligação íntima com o parceiro do mesmo sexo, precedendo a intimidade heterossexual. Estabelece-se um sentido de pertencer e a possibilidade de um manejo adequado da agressividade.

Nesta fase, o grupo começa a assumir importância, na forma em que seus membros se distinguem. Caracterizam-se cada vez mais uns aos outros, o que muito influencia a autoestima. Existe a chamada "sublimação reformada", isto é, a aceitação do comportamento aprovado pelo grupo.

A resolução da crise da latência está ligada ao desenvolvimento de uma relação com o mundo externo com uma consciência maior de autorregulação e recompensa, assim como de competência social, emocional e cognitiva.

Na fase da latência, o abuso rompe o equilíbrio defensivo que é a aquisição característica da fase. Mantém a criança presa nos conflitos e dificuldades das fase anteriores, impedindo a organização necessária para a aprendizagem e a socialização adequada. Nesse sentido, o abuso impede que a criança comece na infância a ensaiar suas atividades futuras de adulto ainda apenas no mundo da fantasia.

CONSIDERAÇÕES FINAIS

Desde muito cedo, necessitamos do outro para definir nossa própria existência e identidade. Para construir o desenvolvimento de uma personalidade, o ser humano depende física e psicologicamente do outro. Esse processo é complexo e dinâmico, iniciando-se em nossos antepassados, quando projetam no filho que vai nascer aspectos de si mesmo. Trata-se, portanto, do resultado de uma interação entre aspectos próprios (constitucionais) e aspectos da relação que se estabelece com o meio sociocultural e o outro.

O termo "identificação", do ponto de vista psicanalítico, ocupa uma posição central em relação ao desenvolvimento da personalidade e a constituição do ser como indivíduo. Trata-se de um processo que se estabelece a partir do interjogo entre as diversas instâncias psíquicas e, principalmente, da inter-relação da criança com o outro. Assim, o desenvolvimento da personalidade se dá no campo da intersubjetividade e da vincularidade, sendo a família (em sua ampla concepção) o modelo fundamental para a criança e o adolescente se verem se reconhecidos em sua singularidade.

O abusador, usando a criança como objeto sexual, ataca o fator "reconhecimento", base da teoria intersubjetiva do desenvolvimento da personalidade ou do si mesmo, provocando a queda da personalidade no vazio, na ausência de sentido e de razão. Com o sentimento de si mesmo ameaçado por vínculos com cuidadores que abusam e a levam ao nada, será difícil para a criança abusada manter coeso seu aparelho mental e dar conta de investimentos necessários a cada fase. Mesmo assim, as crianças progridem, por meio de importantes clivagens em sua personalidade. Muitas constituem estruturações de personalidade patológicas que são classificadas dentro do grupo dos Transtornos de Personalidade da Infância e Adolescência Kernberg.

REFERÊNCIAS

AULAGNIER, P. *A violência da interpretação: del pictograma al enunciado*. Buenos Aires: Amorrotu, 1977.

BATES, E.; O'CONNELL, B.; SHORE, C. Language and communication in infancy. In: OSOFSKY, J. D. (Ed.). *Handbook of infant development*. 2. ed. New York: John Wiley & Sons, 1987. p. 149-203.

BLUM, H. The development of autonomy and super-ego precursors Intern. *Journal of Psychoanalysis*, v. 71, n. 4, p. 585-95, 1990.

BORIS, N. W.; ZENAH, C. H. Disturbances and disorders of attachment in infancy: an overview. *Infant Mental Health Journal*, v. 20, n. 1, p. 1-9, 1999.

BOWLBY, J. *Attachment and loss*. New York: Basic Books, 1969.

BOWLBY, J. *Cuidados maternos e saúde mental*. São Paulo: Martins Fontes, 1981.

BRAZELTON, T. B.; ALS, H. Four early stages in the development of mother-infant interaction. *The Psychoanalytic Study of the Child*, v. 34, p. 349-369, 1979.

DIAMOND, D. Separation-individuation process in the transition to parenthood. *Inf. Ment. Health Journal*, v. 17, n. 1, p. 24-41, 1996.

ERICSON, E. Elements of a psychoanalytic theory of psychosocial development. In: ERICSON, E. *Childhood in society*. New York: W. W. Norton, 1963.

FIGUEIREDO, L. C. *Psicanálise elementos para a clínica contemporânea*. São Paulo: Escuta, 2008.

FONAGY, P. et al. The capacity for understanding mental states: the reflexive self/parent in mother and child and its significance for security of attachment. *Infant Ment Health Journ.*, v. 12, n. 3, p. 201-18, 1991.

FREUD, S. Psicologia de grupo e análise do ego (1921). In: FREUD, S. *Edição standard brasileira das obras psicológicas completas de Sigmund Freud*. Rio de Janeiro: Imago, 1969. p. 91-179, v. 18.

FREUD, S. *Three essay on sexuality*. 1905. In: FREUD, S. The standard edition of the complete psychological works of Sigmund Freud. London: The Hogart Press, 1953. v. 7.

GREESPAN, S. I.; POLLOCK, G. H. *The course of life*. Madison: International University Press, 1980. v. 1-2.

HOFFMANN, M. J.; POPBLA, L.; DUHALDE, C. Early stages of initiative and environmental response. *Inf. Ment. Health Journ.*, v. 19, n. 4, p. 355-77, 1998.

HOFMAN, M. L. Development of prosocial motivation: empathy and guilt. In: EISENBERG, N. (Ed.). *The development of prosocial behavior*. New York: Academia, 1982.

KERNBERG, P. F.; WEINER, A. S.; BARDENSTEIN, K. K. *Transtornos da personalidade em crianças e adolescentes*. Porto Alegre: Artmed, 2003.

LIEBERMAN, A. F. Aggression and sexuality in relation to toddler attachment: implications for the caregiving system. *Inf. Ment. Health Journal*, v. 17, n. 3, p. 276-79, 1996.

LIZKOWSKI, U. et al. Twelve-months points to share attention and interest. *Developmental Sciences*, v. 7, n. 3, p. 297-307, 2004.

MAHLER, M.; PINE, F.; BERGMAN, A. *The psychological birth of the human infant*. New York: Basic Books, 1975.

MARTINELLI, M. G. et al. Psychodynamic treatment of failure in homeostatic organization in infancy. *Inf. Ment. Health Journ.*, v. 12, n. 4, p. 302-8, 1991.

OSOFSKY, J. D. (Ed.). *Handbook of infant development*. 2. ed. New York: John Wiley & Sons, 1987.

SANTIAGO-DELEFOSSE, M. Activity, emotion, and learning: pointing and socioemotional ambience. *Pratiques-Psychologiques*, v. 5, n. 1, p. 5-17, 2003.

SARNOFF, C. A. *Latency*. New York: Jason Aronson, 1976.

SCHORE, A. N. *Affect regulation and the origin of the self*. New Jersey: Lawrence Erlbaum, 1994.

SPITZ, R. A. *The first years of life*. New York: International University Press, 1965.

STERN, D. One way to build a clinical relevant baby. *Inft Ment Health Journ.*, v. 15, n. 1, p. 9-25, 1994.

STERN, D. *The interpersonal world of the infant*. New York: Basic Books, 1985.

STERN, D. The process of therapeutic change involving implicit knowledge: some implications of developmental observations for adult psychotherapy. *Inf. Ment Health Journ.*, v. 19, n. 3, p. 300-8, 1998.

SUGAR, M. Toddler's traumatic memories. *Infant Mental Health Journal*, v.13, n. 3, p. 245-51, 1992.

WINNICOTT, D. W. *O ambiente e os processos de maturação*. Porto Alegre: Artmed, 1988.

ZAVASCHI, M. L. S. et al. Associação entre trauma por perda na infância e depressão na vida adulta. *Revista Brasileira de Psiquiatria*, v. 24, n. 4, p. 189-95, 2002.

16

PSICOTERAPIA DE ORIENTAÇÃO PSICANALÍTICA DE CRIANÇAS VÍTIMAS DE ABUSO SEXUAL INTRAFAMILIAR

Miriam Fontoura Barros de Santis
Camile Fleury Marczyk
Fernanda Lia de Paula Ramos

INTRODUÇÃO

O abuso sexual pode ser definido como a submissão física e psicológica de uma criança a estímulos sexuais que não são apropriados para seu grau de desenvolvimento psicossexual, sendo ela usada como um objeto de satisfação das necessidades sexuais de um adulto (Lewis, 1991; Kaplan, 1995). Tais estímulos variam desde carícias suaves até o ato sexual forçado (Kaplan, 1997).

A experiência do abuso sexual é sempre traumática e, quanto mais precoce, maior o prejuízo para a estruturação do aparelho psíquico da criança (Pizá, 2004). Outra grave consequência é a repetição transgeracional do abuso: crianças cronicamente expostas à violência sexual repetirão, provavelmente, na vida adulta, padrões semelhantes devido a fatores como a identificação com o agressor e a compulsão à repetição (Flores, 1997).

O tema da violência intrafamiliar contra crianças tem sido objeto de estudo e pesquisa das autoras deste capítulo, tendo em vista a longa experiência em perícias psiquiátricas e no tratamento psicanalítico de crianças e adultos vítimas de violência e abuso sexual. Trabalhando ao longo de 10 anos em perícias psiquiátricas forenses, foi possível diagnosticar inúmeros casos de crianças abusadas, em sua maioria do sexo feminino, tendo mais frequentemente como abusador os próprios pais ou padrastos das vítimas. Outros familiares, avós e tios, também foram constatados.

Tais dados corroboram as literaturas nacional e internacional, que demonstram que os abusadores em princípio são membros da família da vítima, geralmente o pai, um vizinho ou um conhecido (Speizer et al., 2008). Ademais, a maioria dos casos de abuso ocorre na casa da vítima (36,9%), enquanto 27,6% ocorrem na casa do abusador (Kuçuker, 2008).

Grande parte dos autores concorda que as meninas são as maiores vítimas de violência sexual (Chen, 2004; Luo, 2008; Azevedo, 1988). No Brasil, essa realidade também parece ser a mais usual, fato atestado mediante uma pesquisa que constatou que 93,5% das vítimas de abuso sexual são do sexo feminino e apenas 6,5% do masculino (Azevedo, 1988). A prevalência de violência sexual infantil varia entre 2,5% e 16,7%, dependendo do país e da faixa etária estudada (Speizer et al., 2008; Yen, 2008; Luo, 2008; Chen, 2004).

Crianças expostas a abusos sexuais têm mais chance de desenvolver alcoolismo (Sartor, 2008; Chen, 2004), depressão, suicídio, anorexia, bulimia (Chen, 2004) e maior necessidade de uso de antipsicóticos (Peterson, 2008). Crianças abusadas por familiares têm maior probabilidade de apresentar comportamento violento, de serem abusadas também por um membro externo à família e de necessitarem maior número de atendimentos por problemas decorrentes do abuso (Brewer-Smith, 2008).

O impacto que o conhecimento da experiência de abuso sexual causa na sociedade contribui em geral para a perpetuação do abuso. Apenas uma minoria dos casos chega a ser denunciada, e somente 58,2% dos abusadores são julgados e condenados (Kuçuker, 2008). Além disso, apesar de a criança abusada ser avaliada por inúmeros profissionais da área da saúde e do judiciário, estes podem se tornar "cegos" em razão da negação (Pizá, 2004).

Diversos fatores também dificultam seu diagnóstico. Um destes é a "síndrome do segredo e adição" (Furnis, 1993). Somado a isso vêm a culpa, a vergonha, a ameaça de punição e desintegração do lar que calam suas vítimas, dando continuidade a esse tipo de violência na esfera familiar (Zavaschi, 1991). A identificação de tais situações também é prejudicada pelo fato de que 96,3% das crianças com suspeita de abuso apresentam exame físico normal (Henger, 2002).

Assim, é importante acreditar nos indícios e relatos das vítimas e envolvidos no crime de abuso e agir de modo a amparar a criança que revela o trauma a que foi submetida. A denúncia deve ser feita imediatamente aos serviços responsáveis, sendo que a ideia de que a criança mente ou inventa é um mito que deve ser combatido. Estatísticas revelam que os casos de mentiras referentes a abuso sexual não passam de 6% (Pizá, 2004). Feita a denúncia, essas crianças necessitam ser protegidas do abusador e encaminhadas para tratamento psicoterápico. Além disso, é fundamental o encaminhamento imediato para tratamento dessas famílias. Nesse sentido, o presente capítulo traz como exemplo a vinheta de uma criança avaliada em perícia judicial e posteriormente encaminhada e tratada em terapia de orientação psicanalítica.

REVISÃO TEÓRICA

A questão do trauma já havia sido enfatizada por Freud em "Esboço de Psicanálise" (1940), quando compara o impacto do trauma psicológico ao de uma agulha no embrião humano, tendo como resultado uma profunda alteração no desenvolvimento daquele ser em formação. Freud (1996), ao ouvir suas pacientes histéricas, sempre encontrava um fator sexual traumático em sua origem, o que ficou conhecido com o nome de Teoria da Sedução. Posteriormente, passou a dar maior ênfase às fantasias dos pacientes como possível causa do sofrimento psíquico. Ferenczi (1993), entretanto, afirmava a relevância do fator traumático na patogênese das neuroses, em especial o traumatismo sexual.

Sobre as consequências danosas no psiquismo das crianças traumatizadas pelo abuso sexual, o psicanalista Shengold (1974) descreve o "Assassinato da Alma" como a destruição completa ou parcial do aparelho mental em desenvolvimento e do senso de identidade decorrentes do abuso. Nessas situações, ocorrem alterações na estrutura psíquica do indivíduo vitimado, incluindo uma exacerbação e distorção de fantasias agressivas e sexuais e a mobilização de defesas que modificam de forma profunda e duradoura o comportamento humano. Segundo o autor, o "Assassinato da Alma" envolve trauma do mundo externo à mente, inunda de emoções o aparelho psíquico, sendo a experiência emocional tão aterrorizante que requer operações defensivas maciças para a sobrevivência psíquica da criança. O autor aponta ainda que, se as situações são recorrentes e persistentes, defesas como anulação de sentimentos, isolamento ou negação tornam-se crônicas, apresentando como consequência uma "morte em vida" a fim de evitar a dor psíquica (Shelgold, 1974).

Cabe salientar que o mecanismo de negação está sempre presente na família em que ocorre o abuso sexual e se estende à equipe de técnicos, que se contagia ao entrar em contato com as vítimas. A negação gera a ocultação do incesto e o consequente "Assassinato da Mente" pela violência a um ser indefeso. A princípio, não se quer ver, nem acreditar em tais fatos, o que prejudica ainda mais o adequado diagnóstico e apoio. Decorre disso a necessidade de se diferenciar realidade concreta e fantasia.

CASO CLÍNICO

Virgínia estava com 3 anos quando chegou para atendimento trazida pelo pai. Nesse período, sua guarda estava sendo disputada na justiça e avaliada em perícia judicial. Foi inicialmente encaminhada para o Setor de Proteção Integral à Criança e ao Adolescente, responsável pelos casos de abuso e maus-tratos contra menores.

Na época da avaliação, Virgínia, apresentava atrasos importantes no desenvolvimento: sua linguagem era empobrecida e regressiva e a coordenação motora precária. Também mostrava prejuízo na capacidade para estabelecer vínculo, recusando-se a interagir com a terapeuta, permanecendo junto ao pai todo o tempo, muito assustada. Apresentava importantes sintomas: arrancava e comia os cabelos (tricotilomania), roia e comia as unhas, chorava com facilidade, tendo dificuldade para dormir. Aspectos agressivos e sexualizados seguidamente se faziam presentes nas sessões: Virgínia masturbava-se e, algumas vezes, se descontrolava a ponto de ser contida.

A equipe detectou, precocemente, dificuldades importantes no ambiente em que Virgínia estava inserida. De acordo com os dados fornecidos pelos familiares, a menina sofria maus-tratos e exposição a cenas sexuais inapropriadas na companhia do padrasto e da mãe. O padrasto apresentava histórico policial de violência sexual. A mãe negligenciava o tratamento da filha, faltando às sessões e posteriormente se recusando a participar do processo terapêutico. A partir daí as medidas protetivas foram tomadas com base nos laudos tanto da terapeuta quanto da perita judicial, sendo sugerida a guarda da criança pelo pai.

Virgínia, desde então, passou a morar com o pai, a tia e a avó paternas. A mãe faz visitas supervisionadas, porém é instável e falta com frequência, omitindo-se da vida da filha. O pai, por sua vez, tem seguido todas as orientações, inclusive participando do tratamento colateral a pais, que tem como foco a relação parental e os cuidados com a criança. Sua irmã, tia de Virgínia, mantém um forte vínculo com a menina, ocupando o papel materno e se fazendo presente nas sessões quando solicitada. A avó paterna também é uma figura adequada e constante na vida da neta.

No início da psicoterapia, Virgínia praticamente não brincava. Durante várias sessões, organizou o cenário, mas não iniciou a brincadeira (pré-brincar). Os desenhos eram garatujas com figuras indefinidas, sendo que, seguidamente, ela os rasgava. Exemplo de um desses desenhos é a Figura 16.1, que aponta a desorganização psíquica decorrente das vivências traumáticas e da dificuldade de simbolização.

FIGURA 16.1 Garatuja realizada aos 4 anos.

O primeiro interesse de Virgínia foi pelo tubo de cola. Usava-o para lambuzar a sala e depois convidava a terapeuta a lavá-la, justificando que havia veneno e baratas que machucavam as crianças, em um brinquedo repetitivo e de cunho traumático.

Depois de vários meses de psicoterapia, começou alguma variação nas sessões, porém a exaustiva faxina da sala permaneceu por anos. Além da cola, Virgínia retirava todos os móveis da casinha e tentava encaixar objetos maiores dentro dos menores. Utilizava-se de muita força, empurrando os objetos e também esfregando uns nos outros, atos que remetem à atividade masturbatória.

Outro brinquedo de que gostava era manipular a massinha de modelar, fazendo furos, pisando em cima e mostrando as marcas. E a angústia transbordava no *setting*. Oscilava também, na brincadeira entre ser uma mãe protetora e outra violenta, que xingava a filha, culpando-a por coisas que não havia feito e, finalmente, a agredia fisicamente. O sentimento contratransferencial era de confusão.

Após algum tempo, Virgínia passou a usar um telefone de brinquedo nas sessões: "É o homem mau, ele quer roubar nossos filhos e colocar na cama dele" (sic). Ela pedia à terapeuta que chamasse a polícia e, em seguida, dizia que essa também era do mal, que ninguém poderia proteger mãe e filhos.

Depois de anos de tratamento, Virgínia contou, durante uma sessão, que seu padrasto a pegava à força e colocava baratas dentro de sua roupa. Acrescentou que sua mãe a obrigava a lavar o banheiro e que ela não sabia como fazê-lo, pois era muito pequena, sendo assim, apanhava. Virgínia imediatamente mudou de assunto; vale ressaltar que essa foi uma das únicas vezes que falou, explicitamente, da mãe e do padrasto ao longo de seu tratamento.

Após esse período, instituiu-se uma outra etapa no tratamento. Seu brinquedo tornou-se compatível com a latência, ela passou a desenhar nas sessões. Tais desenhos, especialmente dedicados ao pai e à tia, são de cunho afetivo e mostram, em sua maioria, aspectos de confiança e esperança. Virgínia também gosta de escrever cartas, cartões carinhosos e brincar de escola, sendo ela a professora e a terapeuta, a aluna. As Figuras 16.2, 16.3 e 16.4 são desenhos feitos há cerca de um ano.

Ao ser questionada sobre quem morava na casa da Figura 16.4, ela respondeu: "Eu, o pai e a tia" (sic). Nesse período do tratamento os sintomas iniciais foram esbatidos, mas Virgínia ainda demonstra dificuldades escolares. Segundo sua professora, é uma menina inteligente que parece ter um bloqueio emocional, dispersando-se facilmente em sala de aula. Apresenta também medo de perder o pai, a tia e a terapeuta, relatando

FIGURA 16.2 O desenho demonstra o vínculo afetivo com o pai.

FIGURA 16.3 O desenho sugere dano, ferimento.

FIGURA 16.4 Momento de alfabetização.

nas sessões pesadelos em que estes morrem e ela fica sozinha. Ainda não se pode afirmar quais as marcas do trauma sofrido que hão de permanecer em seu psiquismo.

COMENTÁRIOS SOBRE O CASO

Nos casos de violência contra a criança, não raro nos deparamos com famílias muito doentes. Uma boa aliança do profissional com o genitor não abusador é imprescindível a uma melhor evolução desses casos. Na situação de Virgínia, seu pai deu-se conta do abuso e procurou a justiça, acatando também a sugestão de levar sua filha para atendimento emocional.

A presença de uma equipe de profissionais continentes que propiciem um vínculo seguro com o paciente e sua família no momento do tratamento também é fundamental. Na Figura 16.5, pode-se ver um desenho atual da paciente, demonstrando a aliança terapêutica e o forte vínculo com a terapeuta.

O início do atendimento de Virgínia foi muito difícil, pois o brinquedo parecia não lhe proporcionar alívio, e os sentimentos contratransferenciais de impotência, frustração e angústia eram intensos. A elaboração desses sentimentos, discutidos em supervisão com a equipe, possibilitava à terapeuta manter sua mente preservada da toxidade do abuso (via identificação projetiva) e, assim, preservar-lhe a capacidade de pensar.

Paulina Kernberg (1998) afirma que, no brinquedo traumático, a criança permanece encenando uma brincadeira específica de maneira repetitiva, que geralmente não se desenvolve para uma solução final. O afeto da criança tem um componente de pressão ou desespero e tristeza. O brinquedo de Virgínia expressava fragmentação e confusão. A terapia propiciou que elementos primitivos, ainda não nomeados, fossem contidos através da função *continente* do terapeuta até que adquirissem significados, tornando-se menos danosos a seu psiquismo.

Crianças abusadas necessitam de um *setting* seguro, onde possam projetar suas emoções e dar-lhes um significado. É necessário tolerar a expressão das ansiedades, sem urgência em dar um significado imediato ao brinquedo. No caso em questão,

FIGURA 16.5 Paciente com 6 anos, momento atual.

a terapia permitia que elementos primitivos, ainda não nomeados, fossem contidos através da função continente da terapeuta, até ganharem sentido, tornando-se menos danosos a seu psiquismo (Bion, 1973; Alvarez, 1995). Foi um lento processo até que Virgínia pudesse repetir, no *setting*, suas experiências traumáticas e se encaminhasse gradativamente para alguma elaboração e alívio da dor psíquica.

A continência é central na recuperação do equilíbrio emocional da criança que se desorganizou emocionalmente devido a um trauma sofrido. Trata-se da capacidade de escutar, entender e experimentar o estado do paciente sem ser impelido a agir sobre ele (Garland, 2005). Os intensos sentimentos projetados nos profissionais podem acionar a urgência de agir e promover atuações no lugar da reflexão. Caso essa possibilidade ocorra, o risco é o dano secundário ou a retraumatização.

CONSIDERAÇÕES FINAIS

O abuso sexual contra crianças é uma prática perversa, tão antiga que se encontram relatos até mesmo na Bíblia. Ocorre em todas as classes sociais, mas a maioria dos casos não é notificada, porque são poucas as crianças que relatam o abuso e poucos os adultos atentos aos sinais e indícios do mesmo. O segredo familiar e a negação dificultam o diagnóstico e a ação protetora (Ferreira, 2004).

A criança é um ser frágil, que necessita de um adulto confiável para que sobreviva e se desenvolva. A família incestuosa geralmente é formada por um adulto abusador e outro negligente e/ou submisso. Esse é o ambiente propício à perpetuação da violência e ao desenvolvimento de indivíduos comprometidos psiquicamente. No entanto, essas crianças traumatizadas convivem com outros adultos (educadores, profissionais da área da saúde, vizinhos, familiares) que, se estiverem atentos e não paralisados pela negação, podem identificar o abuso e propiciar uma proteção futura.

O apoio do sistema legal e de saúde é imprescindível. Uma criança vítima de abuso sexual modifica seu humor, seu sono, sua forma de brincar, de aprender e de se relacionar. Apresenta um conjunto de comportamentos desajustados, como hiperatividade, ansiedade, impulsividade, hipervigilância, agressividade, masturbação compulsiva, desatenção, evitação fóbica, depressão, entre outros (Ferreira, 2004). Tais sintomas são consequências da resposta original adaptativa ao evento traumático.

Assim, é preciso estar atento ao comportamento da criança e acreditar na denúncia, seja essa verbal ou não verbal (Ferreira, 2004). Medidas protetivas devem ser tomadas em casos suspeitos até que se concluam as investigações e avaliações cabíveis, a fim de se evitar um dano maior.

Também é de máxima importância o investimento na capacitação de profissionais especializados para trabalharem nesses casos. As instituições (escola, judiciário, universidades, etc.) devem priorizar a informação e a capacitação de profissionais competentes para diagnosticar e tratar casos tão complexos como esses.

A terapia de orientação psicanalítica oferece a possibilidade de uma transição de um estágio no qual a vítima está "presa ao trauma" para outro em que o evento traumático pode tornar-se apenas parte do funcionamento emocional global. Assim, o trauma deixa de ser um "um corpo estranho" na mente e o pensar concreto dá lugar a um pensamento mais flexível e criativo (Garland, 2005).

REFERÊNCIAS

ALVAREZ, A. *Companhia viva*: psicoterapia psicanalítica com crianças autistas, borderline, carentes e maltratadas. Porto Alegre: Artes Médicas, 1995.

AZEVEDO, M. A.; GUERRA, V. N. A. *Pele de asno não é só história*: um estudo sobre a vitimização sexual de crianças e adolescentes em família. São Paulo: Roca, 1988.

BION, W. *Aprendendo com a experiência*. Roma: Armando, 1973.

BREWER-SMITH, K.; BURGESS, A. W. Childhood sexual abuse by a family member, salivary cortisol, and homicidal behavior of female prison inmates. *Nurs Res.*, v. 57, n. 3, p. 166-74, 2008.

CHEN, J.; DUNNE, M. P.; HAN, P. Child sexual abuse in China: a study of adolescents in four provinces. *Child Abuse Negl.*, v. 28, n. 11, p. 1171-86, 2004.

FERENCZI, S. *Confusão de língua entre os adultos e a criança*. São Paulo: Martins Fontes, 1993. v. 3. (Obras completas: psicanálise).

FERREIRA, M.; SANTIS, M. *Saúde mental na escola*: uma abordagem multidisciplinar. 2. ed. Porto Alegre: Mediação, 2004.

FLORES, R. Z. *Incesto*: frequência, efeitos e fatores condicionantes na espécie humana. 1997. 71 f. Tese (Doutorado em Psicologia) – Faculdade de Psicologia, Universidade Federal do Rio Grande do Sul, Porto Alegre, 1997.

FREUD, S. Esboço de psicanálise. In: FREUD, S. *Edição standard brasileira das obras psicológicas completas de Sigmund Freud*. Rio de Janeiro: Imago, 1976. v. 23.

FREUD, S. Estudos sobre a histeria. In: FREUD, S. *Edição standard brasileira das obras psicológicas completas de Sigmund Freud*. Rio de Janeiro: Imago, 1996. v. 2.

FREUD, S. Moisés e o monoteísmo, esboço de psicanálise. In: FREUD, S. *Edição standard brasileira das obras psicológicas completas de Sigmund Freud*. Rio de Janeiro: Imago, 1976. v. 23.

FREUD, S. Três ensaios sobre a teoria da sexualidade. In: FREUD, S. *Edição standard brasileira das obras psicológicas completas de Sigmund Freud*. Rio de Janeiro: Imago, 1996.

FURNISS, T. *Abuso sexual da criança*: uma abordagem multidisciplinar. Porto Alegre: Artes Médicas, 1993.

GARLAND, C. Abordagem psicodinâmica do paciente traumatizado. In: ELZIRIK, C. L. *Psicoterapia de orientação analítica*: fundamentos teóricos e clínicos. 2. ed. Porto Alegre: Artmed, 2005.

HENGER, A. et al. Children referred for possible sexual abuse: medical findings in 2384 children. *Child Abuse Negl.*, v. 26, n. 6-7, p. 645-59, 2002.

KAPLAN, H. I.; ASDOCK, B. J.; GREBB, J. A. *Compêndio de psiquiatria*. 7. ed. Porto Alegre: Artmed, 1997.

KAPLAN, H. I.; SADOCK, B. J. *Comprehensive textbook of psychiatry/VI*. Baltimore: Williams & Wilkins, 1995.

KERNBERG, P. F.; CHAZAN, S. E.; NORMANDIN, L. The children's play therapy instrument (CTPI) description, development, and reliability studies. *Journal of Psychotherapy Practice and Research*, v. 7, n. 3, p. 196-207, 1998.

KUÇUKER, H. Analysis of 268 child and adolescent victims of sexual assault and the legal outcome. *Tuk J Pediatr.*, v. 50, n. 4, p. 313-6, 2008.

LEWIS, M. *Child and adolescent psychiatry*: a comprehensive textbook. Baltimore: Williamns & Wilkins, 1991.

LUO, Y.; PARISH, W. L.; LAUMAN, L. A population-based study of childhood sexual contact in China: prevalence and long-term consequences. *Child Abuse Negl.*, v. 32, n. 7, p. 721-31, 2008.

PETERSON, C. L. et al. Childhood abuse to nicotine, illicit and prescription drug use by women: pilot study. *Psychol Rep.*, v. 103, n. 2, p. 459-66, 2008.

PIZÁ, G.; BARBOSA, G. A *Violência silenciosa do incesto*. São Paulo: Imprensa oficial do Estado de São Paulo; Rio de Janeiro: Clinica Psicanalítica da Violência, 2004.

SARTOR, C. et al. Disentangling the complex association between childhood sexual abuse and alcohol-related problems: a review of methodological issues and approaches. *J Stud Alcohol Drugs*, v. 69, n. 5, p. 718-27, 2008.

SHENGOLD, L. Soul murder: a review. *International Journal Psychotherapy*, v. 3, p. 366-73, 1974.

SPEIZER, I. S. et al. Dimensions of child sexual abuse before age 15 in three Central American contries: Honduras, El Savador, and Guatemala. *Child Abuse Negl.*, v. 32, n. 4, p. 455-62, 2008.

YEN, C. F. et al. Childhood phsysical and sexual abuse: prevalence and correlates among adolescents living in rural Taiwan. *Child Abuse Negl.*, v. 32, n. 3, p. 429-38, 2008.

ZAVASCHI, M. L. et al. Abuso sexual na infância: um desafio terapêutico. *Revista de Psiquiatria do Rio Grande do Sul*, v. 13, n. 3, p. 136-45, 1991.

17

O ABUSADOR: O QUE SABEMOS
Marli Kath Sattler

INTRODUÇÃO

É amplamente reconhecido que o trabalho com violência familiar passou por grandes transformações e um gradual amadurecimento ao longo das três últimas décadas. Meu primeiro contato com o tema de abuso sexual ocorreu em Manchester, em *workshop* apresentado pelo psiquiatra infantil Arnon Bentovim, em 1985, tendo participado de um curso com o mesmo especialista posteriormente em Londres, e, que na época, era consultor no Great Ormond Street Hospital e na Tavistock Clinic. Neste capítulo, apresento um breve histórico do que, sob minha ótica, foi essa evolução ao longo dos 24 anos em que me dedico a essa área. Além disso, aponto perspectivas na forma de se trabalhar com os envolvidos em caso de violência familiar, e as mudanças ocorridas ao longo dos anos nesse campo, focalizando o perpetrador do abuso sexual.

A criança não mais como responsável pela sedução

O abuso já não é interpretado como um ato induzido pelo desejo inconsciente da criança, manifestado em comportamento sedutor. Na visão psicanalítica, parecia evidente que a criança, ao manter silêncio sobre a ocorrência do abuso, ou ao não impedir sua ocorrência, estava manifestando seu desejo de ser abusada. Hoje, sabemos que ela tem curiosidade sobre o corpo, e, mesmo havendo qualquer manifestação de interesse ou de tentativa de contato com o corpo do adulto por iniciativa da criança, é a responsabilidade daquele orientá-la adequadamente em sua curiosidade, em vez de explorá-la.

Mesmo que, aparentemente, consinta com a aproximação sexual de um adulto, a criança não tem condições de avaliar as consequências dessa aproximação, nem de se impor, pela questão da coerção psicológica e da hierarquia (Furniss, 1993). Sabemos de seu desejo de agradar aos adultos e o quanto confia neles. Sabemos, também, que, se a criança apresentar, de fato, um comportamento sedutor, não compatível com sua idade, pode ser este um dos indicadores de que está sendo estimulada sexualmente por alguém, e não o inverso. Aprendemos, também, sobre as forças que impedem a quebra do segredo. Além disso, já não revitimizamos a criança abusada, responsabilizando-a pelo abuso por ter sido sedutora.

A mãe não mais como cúmplice do abuso

Embora seja doloroso reconhecer, estive, por um breve período, incluída entre os profissionais que enfocavam a mãe como responsável pelo abuso (Brown e Andersen, 1991; Madonna, Scoyk e Jones, 1991; Sattler, 1993), por oferecer a filha para o parceiro, devido a sua ausência de desejo sexual em relação a ele.

Essa perspectiva decorre do vício social de culpar as mulheres por tudo o que acontece de errado na família. Foi construída uma imagem idealizada da figura materna que supõe que, ao tornar-se mãe, a mulher seja instantaneamente ungida com a capacidade de intuir e de prover as necessidades de seus filhos, independentemente de sua condição humana, de sua própria história, vivências na infância, modelo de figura materna ou de suas próprias necessidades como pessoa adulta. Na realidade, o que ocorre, segundo pesquisas recentes (Print, Day, 1992; Hooper, 1992; Salter, 2009), é que, na maior parte dos casos, a mãe não sabe do abuso, uma vez que, ele ocorre em sua ausência, sendo que ao tomar conhecimento do abuso, ela busca alguma forma de ajuda após um período variável de dúvida. As mães que sabem e nada fazem parecem ser aquelas portadoras prévias de fragilidade emocional.

Ao longo da caminhada do entendimento de situações de abuso, foi sendo compreendido o sofrimento da mãe durante a fase da suspeita, decorrente do medo de cometer uma injustiça com o companheiro ou familiar, bem como do desejo de que a suspeita não seja verdade de fato, uma vez que a confirmação do abuso acarreta mudanças inevitáveis na família; no mínimo, acarreta alteração da qualidade das relações a partir da simples suspeita. Assim, enfrentar o próprio suspeito de abuso, assim como os familiares (seus ou do suspeito), com um assunto tão delicado e "ofensivo" exige um enorme esforço, pois trata-se de pessoas que gostam e confiam no suspeito, ou que sentem medo dele. Além disso, ocorre um terremoto familiar a partir do momento em que a suspeita é verbalizada e, sobretudo, quando comunicada aos serviços competentes.

Se o suspeito for o marido ou companheiro, o sofrimento tende a ser ainda mais intenso, porque sentimentos profundos de traição e de perda do parceiro, de inadequação pessoal e de baixa autoestima são acionados, bem como o medo de não conseguir sobreviver econômica ou emocionalmente, e de ter de cuidar dos filhos sozinha frente a uma possível separação. Mas também não é nada fácil se o abusador for pai ou irmão, ou alguém da família do companheiro, pois esse tema desperta fortes reações de tristeza e/ou raiva, ativa alianças e divide a família, tornando a mãe, com frequência, alvo de descrença, crítica e de humilhação, bem como de isolamento. Os familiares se dividem entre os que acreditam e os que não acreditam que um de seus membros seja capaz de abusar de uma criança ou adolescente, bem como divergem na forma de lidar com essa situação.

Os próprios profissionais, ao perceberem a ansiedade e a confusão da mãe, tendem a desqualificar suas verbalizações, considerando ser essa uma pessoa não confiável e, por vezes, não levam em conta a intensidade das emoções envolvidas e desencadeadas pelo impacto da suspeita (misto de tristeza, raiva, culpa, medo, fracasso). Além disso, caso simpatizem com o suspeito, não raro acusam a mãe de estar inventando o abuso para se vingar, separar-se ou para impedir visitas (Sattler, 1996).

As dificuldades envolvidas no ato de vivenciar uma suspeita de abuso e de enfrentar uma comunicação já foram descritas, embora a questão da disponibilidade de tempo necessária à mãe que denuncia o abuso, assim como o estresse decorrente do fato de comparecer a inúmeras entrevistas e avaliações com diferentes profissionais ao longo de meses e até anos necessita ainda ser mencionada. Cabe mencionar que, certamente, existem maneiras menos complicadas e sofridas de buscar uma separação ou de se vingar do companheiro. Assim, mesmo que uma falsa denúncia possa ocorrer, e que seja importante que o profissional se mantenha atento a essa possibilidade, não se pode assumi-la como regra. Com certa frequência, pode-se observar que as mães cujo suspeito é o companheiro são vistas com desconfiança e crítica. Ao encaminhar a comunicação, são acusadas de querer prejudicar o companheiro. Ao não encaminhar, são vistas como mães más, que não protegem seus filhos.

Considerando as sérias dificuldades que uma mãe tem que enfrentar ao encaminhar uma comunicação de abuso, aquelas que o fazem merecem ser tratadas com respeito e seriedade.

A VISÃO SISTÊMICA E A CONTRIBUIÇÃO FEMINISTA

No trabalho com violência familiar, também já não é utilizado o referencial segundo o qual é atribuído igual grau de responsabilidade para todos os membros da família, posição defendida por Madanes (Madanes, 1993). A importante contribuição do movimento feminista permitiu que o terapeuta atentasse para questões de gênero como aspectos impregnados na cultura, e presentes no funcionamento das famílias em geral, mas, especialmente, presentes nas famílias em situação de violência. Descobrimos, também, ser o abuso sexual predominantemente intrafamiliar e independer do nível socioeconômico.

Visão pós-moderna

Atualmente, a visão pós-moderna serve de referencial para o trabalho nesta área. Hoje é compreendido o papel das questões de gênero e de poder envolvidas na situação de abuso, da força da ameaça, do medo, do vínculo com o abusador. Também é considerada a dinâmica do segredo, bem como o senso de impotência presente nas vítimas, substituindo a ética do sigilo profissional pela ética da responsabilidade profissional na proteção às vítimas. Ao longo dessa caminhada também foi possível entender que o fato de um adulto estar em situação de frustração sexual sugere outras formas de solucionar a insatisfação: buscando a parceira para conversar, buscando terapia individual ou de casal, buscando gratificação através de relação consentida com outro adulto, separando-se ou alguma outra solução que não envolve abuso sexual, sobretudo contra crianças.

Nada justifica, portanto, a aproximação sexualizada a uma criança ou adolescente, nem o uso de táticas, seja pelo afeto, de chantagem ou de ameaças para a manutenção do segredo. Nasce, assim, o conceito de que a pessoa responsável pelo abuso é a pessoa que exerce a ação. Paralelo a essa noção surgiu o interesse em conhecer a pessoa do abusador, bem como em identificar maneiras eficazes de tratar sua disfunção (Sattler, 2008). Até recentemente, como reflexo do rechaço de profissionais de áreas diversas sobre o abusador, queríamos apenas puni-lo e colocá-lo na prisão.

O *self* do profissional

Estamos, aos poucos, voltando nosso interesse à pessoa do abusador. Percebemos ser necessário, para quebrar o ciclo do abuso sexual, trabalhar com a pessoa que o exerce, pelo fato de a violência, em muitos casos, seguir com outras vítimas, uma vez protegida a criança daquela família com a qual trabalhamos. O afastamento do agressor não resolve o problema.

Um dos desafios imposto aos profissionais dispostos a trabalhar com violência familiar é o de se posicionar contra a violência, e não contra a pessoa que a exerce. Isso significa desenvolver a capacidade de não rechaçar o abusador, mas, pelo contrário, interessar-se por sua pessoa e empatizar com suas experiências. É, de fato, um grande desafio. O sentimento despertado nas pessoas pelo abuso é tão intenso que ladrões e assassinos estupram abusadores na prisão. Mulheres vítimas de violência conjugal participantes de um grupo coordenado por mim e, na época, também pela colega Nara Cardoso, passaram a ser discriminadas ao relatar abuso de seus filhos por companheiros, sendo que, até então, eram acolhidas pelos outros membros.

A maneira mais eficaz de alcançarmos a superação desse rechaço instintivo é entrarmos em conexão com a infância do abusador, diz Tilmans-Ostys (2001). Entretanto, o conceito de que abusadores foram abusados na infância não é consenso entre os autores. Alguns defendem a ideia de que a pessoa que abusa sofreu abuso na infância, mas há os que afirmam que os profissionais defendem essa ideia simplesmente porque tal explicação os faz sentir-se melhor, pela necessidade das pessoas darem um significado aos acontecimentos. Entre esses, encontra-se Salter (2009), ao citar três experimentos realizados por Hindman: entre os agressores que não receberam a informação de que, após a entrevista, iam passar por detector de mentiras, e não tinham a preocupação de que iam ser verificados com relação à resposta oferecida, 65% disseram ter sofrido abuso na infância. Já os que foram informados previamente de que, após a entrevista, passariam pelo detector de mentiras, apenas 30%, em média, afirmaram ter sofrido abuso na infância.

É preciso considerar, no entanto, que uma ideia não invalida a outra. O indivíduo não se torna um abusador porque quer. Quem foi tratado com um razoável respeito, respeita razoavelmente o outro. Assim, certamente, alguma forma de violência houve na infância do abusador: psicológica, física ou sexual, seja como vítima ou como testemunha. Ambos, meninos e meninas, apresentam dificuldades em seu desenvolvimento ao sofrer abuso sexual (ou outra forma de violência). Já, quanto à repetição, os meninos tendem a incorporar o comportamento abusivo com mais frequência, fator preponderante para a manutenção do ciclo abusivo ao longo das gerações.

Em uma linha semelhante de pensamento, em seus estudos sobre a história da criança, Grille (2005) sugere atenção especial ao apoio às famílias como forma de melhorar o funcionamento de sua dinâmica e de prevenir a violência. Nas palavras do autor: "quanto mais pesquisamos sobre a história da infância, mais claro fica que as relações familiares são o meio pelo qual a vida pública e política evolui em cada nação. Se a criação de crianças continuar a evoluir e a melhorar em todo o mundo, se seguirmos nos afastando de formas autoritárias, punitivas, vergonhosas e manipulativas de criar nossos filhos, podemos esperar, por tabela, uma melhora em vários aspectos-chave nas relações sociais, nacionais e internacionais" (p. 141).

O fracasso no trabalho terapêutico

Nosso tímido interesse em nos aproximar do abusador e o desejo muito recente de desenvolvermos um trabalho junto a este expuseram-nos à realidade de não sabermos como fazê-lo, resultando em uma sensação de fracasso e sentimento de frustração, tanto pela baixa adesão ao tratamento, quanto pelo baixo nível de resultado alcançado.

Atualmente, sabe-se o quão forte é o padrão de compulsão e a resistência à mudança apresentada pelos abusadores. Somam-se a isso o despreparo dos profissionais, o sentimento de rechaço despertado nesses, bem como a postura de manipulação e de negação do abusador, enquanto paciente. Além disso, o fracasso do trabalho terapêutico se deve também aos seguintes elementos:

- As técnicas até então utilizadas tinha como objetivo a obtenção do *insight*, sendo dirigidas às pessoas com motivação para o trabalho terapêutico.
- Ao trabalho solitário, isto é, ao fato de o profissional não ter uma equipe para compartilhar experiências e os fortes sentimentos acionados por esse tema.
- À forma individual de terapia, isto é, ao fato de o terapeuta só ter acesso às informações trazidas pelo paciente que exerce a violência, restando a ele acreditar nas afirmações deste de que nada fizera e de que estava sendo exposto a injustiças, assim como acreditar em seu arrependimento e em sua rápida recuperação. Se este trazia outras preocupações, tais como seu trabalho, o foco deve ser desviado da situação de abuso, às vezes, por longo período.
- Ao contrato de sigilo, o que não permite ao terapeuta acesso às informações sobre o que realmente acontecia.
- À terapia familiar, inicialmente, foi considerado fundamental a presença de todos os membros da família, inclusive a do abusador. Esta forma de trabalhar, útil em famílias vivenciando outras problemáticas, não atentava, nos casos de violência, para o fato de serem

os familiares tolhidos pela presença do agressor, levando-os a não expressar o que ocorre na família, a controlar o conteúdo da sessão em vez de participar da mudança.
• À falta de conhecimento específico sobre o tema, incluindo o não entendimento das questões de poder e de gênero, bem como a existência de diferentes tipos de abusadores e de diferentes prognósticos.
• À crença, também, de que terapia por determinação judicial não poderia funcionar.

Neste contexto, a terapia estaria fadada ao fracasso.

A ABORDAGEM ATUAL

O tratamento atual sugerido não é baseado no *insight*, mas nos métodos derivados da experiência com problemas de adição, mais centrado em técnicas comportamentais. A diferença principal entre abuso e adição é ser o abuso prejudicial à criança e justificar a intervenção legal, com terapia sob ordem judicial (Salter, 1988). Além disso, a experiência mostra que, se a terapia for voluntária, os abusadores desistem facilmente da mesma. Assim, torna-se essencial a parceria estreita com a justiça, uma vez que não há como defender a comunidade sem o suporte legal.

Princípios básicos

Ao estabelecer o contrato e, ao longo do trabalho com os envolvidos em um caso de abuso sexual, o terapeuta necessita manter-se atento e comprometido com os seguintes princípios (Salter, 1988):

• a inaceitabilidade do comportamento do abusador devido ao dano que causa à criança;
• a confiabilidade a respeito do relato da criança;
• a não confiabilidade sobre o relato dos abusadores;
• o sentimento de responsabilidade do terapeuta para que o abuso não se repita;
• o sigilo terapêutico com limites;
• a comunicação à justiça, a ser realizada na ausência de cooperação ou desistência do tratamento. Sem a estreita cooperação com a justiça, o trabalho terapêutico não pode ser realizado, por varias razões; mas a principal é que, sem essa coerção, o abusador simplesmente desaparece dos serviços;
• não é o cliente que define as metas, sendo que o terapeuta funciona mais como um modelo de superego, já que o trabalho exige constante colocação de limites e de confrontação, não sendo baseado na confiança; pelo contrário, confiar pode ser perigoso, pois o abusador tende a negar e a minimizar o abuso;
• a comunicação ao abusador de que ele tem mais chance de recuperação se cooperar com a terapia do que opondo-se a ela. A postura do terapeuta e o tom de sua voz devem expressar firmeza. Entretanto, confrontação terapêutica não é sinônimo de hostilidade.

Cabe apontar que os abusadores são convincentes e persuasivos, e frequentemente confundem o terapeuta, pois, além da negação, uma de suas táticas é explorar o narcisismo deste. Não são poucos os casos de profissionais que acreditam que o abuso não ocorreu ou que tenha cessado. Entre esses, há os que estão tão convictos disso que se dispõem a interceder junto à justiça pelo abusador, declarando ser este incapaz de abusar novamente. Nesse sentido, são vários os níveis de negação utilizados pelo abusador a que o terapeuta necessita estar atento (Salter, 1988):

• negação do abuso;
• negação da fantasia e do planejamento;
• negação da responsabilidade pelo abuso;
• negação da seriedade do comportamento;
• negação do sentimento de culpa;

- negação da dificuldade em mudar os padrões de comportamento.

Comportamentos usuais observados

Tem sido possível observar, de maneira recorrente, as seguintes formas de comportamento do abusador nas entrevistas:

- nega sempre;
- assume algum sinal minimizado para conquistar a confiança do profissional, afirmando serem estes os fatos ocorridos e nada mais;
- na impossibilidade de negar, coloca a responsabilidade em outras pessoas (normalmente na companheira ou na vítima, se esta for um pouco maior);
- usualmente, apresenta comportamento cooperativo e agradável, verbalizando seu afeto pela vítima, seus cuidados e sua tristeza, podendo, inclusive, apresentar choro pela injustiça a que está submetido;
- pode tentar evitar deixar a vítima a sós com o profissional, solicitando entrar na entrevista, alegando a necessidade de relatar fatos importantes, ou impedindo a vítima, ou sua mãe, de comparecer à entrevista, valendo-se de justificativas variadas;
- previne o profissional contra a esposa ou contra a criança/adolescente, afirmando ser esta, ou aquela, muito fantasiosa ou vingativa e que apenas desejam estragar sua vida porque ele impõe limites, por querer separar o casal, ou por ciúmes da mãe ou da relação pai/companheiro/filha, etc;
- autopromove sua importância no funcionamento da família e a dificuldade que esta passaria sem sua presença;
- pode tentar fazer com que o profissional se sinta ameaçado, de forma sutil ou explícita;
- não interrompe o abuso, nem quando sob processo judicial, sendo o controle externo essencial (não realizado por seus familiares, pois esses não conseguem proteger efetivamente a vítima, devido a motivos diversos: por afeto ao abusador, por não acreditar no abuso ou em sua repetição ou por confiarem que o abuso não ocorreria em breves espaços de tempo, como quando deixam abusador e vítima a sós, para irem ao supermercado ou à igreja, ou para descansarem, ou, ainda, quando permitem saídas de ambos juntos ao parque, ao shopping, etc.).
- aumenta a pressão sobre a vítima no período de revelação e de tratamento para que ela não revele ou retire o que já foi revelado. Essa pressão frequentemente parte do próprio agressor e pode ocorrer tanto sob forma de ameaças ("eu te mato; mato tua mãe; vocês não vão sobreviver sem mim, vou pegar tua irmãzinha"), quanto de exploração do afeto da criança por ele (choro, ou frases como "eu te amo, e não fiz nada de errado"; "mamãe tem ciúmes de nós, ou quer me mandar embora/me prejudicar" ou "serei feito de mulherzinha na prisão", ou "nunca mais poderemos nos ver"). Esse comportamento impulsiona a criança a não falar sobre o abuso, ou desencadeia, na vítima, o que Furniss (1993) chama de fenômeno de retratação.

O fenômeno da retração

Tal fenômeno ocorre quando a criança/adolescente revela o abuso para alguém em quem confia, mas passa, posteriormente, a negá-lo por motivos diversos: por pena, pois, apesar do abuso, tem afeto pelo abusador; por medo, resultante de ameaças; ou por perceber o impacto que a revelação provoca em sua vida familiar, entre os quais conflitos, sofrimento e ansiedade. Os conflitos ocorrem entre os pais, ou entre a mãe e o companheiro, ou envolvem outros familiares; *o sofrimento* é causado à mãe, à pessoa que o abusou, a outros familiares a que ama, ou é causado a si mesmo pela desagregação familiar, ou por sentir culpa por haver provocado tudo isso; já *a ansiedade* acomete seus familiares, que repetidamente lhe pedem para contar o que aconteceu, ou que, de forma proposital (para ajudar o suspeito ou ingenuamente) lhe fazem perguntas sobre se ela *tem certeza* de que sofreu abuso; ou lhe dizem que *é feio mentir* e que *ela precisa dizer a verdade*; ou que *esta pessoa lhe ama e não lhe faria nenhum mal*, levando a criança a alterar a história, por concluir que o que falou sobre o abuso não é a verbalização esperada.

FATORES QUE DIFICULTAM A AVALIAÇÃO DE PESSOAS QUE EXERCEM O ABUSO

Ana Salter (2009) possui vasta experiência no trabalho com agressores sexuais, tendo realizado, durante vários anos, entrevistas com agressores que já tenham sido condenados, para favorecer relatos mais honestos destes, pois, como já foi dada a sentença, os relatos não mais afetariam a severidade de sua pena.

A pesquisadora, a partir de tais estudos, concluiu que as pessoas são vulneráveis aos abusadores por três motivos principais, independentemente de serem familiares da vítima, conhecidos ou familiares do abusador ou, ainda, profissionais envolvidos no tratamento ou apuração do caso de abuso: primeiro, porque as pessoas pensam que podem detectar mentiras melhor do que realmente podem; segundo, porque os sinais de mentira e dissimulação dos abusadores não são fáceis de ser detectados; e, terceiro, porque os indivíduos que exercem abuso empreendem grande esforço para conquistar a confiança e convencer os outros de que não seriam capazes de cometer tal ação.

A confiança na habilidade pessoal de identificar a mentira

As pessoas parecem não conhecer suas limitações, sugere Salter (2009), ao mencionar pesquisas realizadas por diferentes pesquisadores sobre a capacidade das pessoas de detectarem mentiras. Em uma dessas pesquisas, nenhum dos profissionais pesquisados – funcionários de alfândega, juízes, polícia, psiquiatras e operadores de polígrafos – foram capazes de detectar grande número de mentiras. Profissionais do Serviço Secreto obtiveram melhores resultados do que os outros grupos, mas "somente 29% dos participantes foram capazes de perceber a mentira em níveis acima da média". Entre os psiquiatras, apenas 12% foram precisos.

Os dados obtidos mostraram que detectar ou não mentiras é resultado do acaso, não havendo diferença significativa entre o desempenho de profissionais experientes e estudantes, sendo esse desempenho também indiferente a sua idade ou sexo. O interessante desses estudos é que os profissionais experientes apresentavam mais confiança em sua capacidade de detectar mentiras, mas não foi encontrada nenhuma relação entre a confiança e o desempenho, ou seja, a confiança no desempenho pessoal, medida logo após a execução da avaliação, não coincidia com o desempenho em si.

Salter (2009) menciona que, em sua opinião, essa situação dificilmente vai mudar, porque as pessoas apreciam e se sentem mais seguras ao confiar em sua capacidade de avaliação. Ter confiança em si e em sua capacidade pessoal de controlar os eventos do destino ocasiona uma atitude mais positiva frente à vida e nos torna mais saudáveis, física e emocionalmente. Entretanto, torna-nos, também, muito confiantes e menos capazes de detectar mentiras.

Os sinais de mentira e dissimulação do abusador são difíceis de ser detectados

Ao tentar detectar mentiras, as pessoas procuram por sinais que não são os que poderiam realmente ajudar na tarefa, aponta Salter (2009). Os sinais que poderiam permitir a detecção da mentira são "sutis, fáceis de ignorar e não são bem conhecidos" (Salter, 2009). A expressão facial e as palavras são os sinais aos quais as pessoas tendem a prestar mais atenção, mas esses constituem-se em indicadores pouco confiáveis, por serem os mais facilmente controláveis pela pessoa que deseja transmitir uma determinada impressão. No entanto, é a harmonia ou desarmonia entre a linguagem corporal, expressão facial, tom de voz e as palavras que indica se a pessoa está mentindo ou dizendo a verdade.

A pessoa que exerce o abuso sabe da importância da imagem que transmite aos demais

É a consciência sobre a importância da imagem que transmite que faz com que o indivíduo que abusa consiga conquistar a confiança da vítima, bem como de seus familiares e conhecidos, que estarão prontos para testemunhar e seguir confiando nele, mesmo após denúncias consistentes. Com frequência, conhecidos e familiares afirmam, categoricamente, que o abuso não poderia ter ocorrido, por se tratar de uma boa pessoa, e pelo fato de a vítima não ter sido, em nenhum momento, deixada a sós com o suspeito. Entretanto, os próprios abusadores entrevistados por Salter (2009) mencionaram que os abusos ocorriam, inclusive, em momentos em que havia outras pessoas presentes na casa, dormindo, assistindo à televisão ou mesmo circulando pelo ambiente.

Em contexto de avaliação por profissionais, o abusador sabe que seu futuro depende do resultado da avaliação a que está sendo submetido. Tem consciência do impacto social, bem como de suas consequências, incluindo a prisão, que podem ocorrer com a confirmação do abuso. Uma vez que, socialmente, a falta de provas resulta na absolvição da última, o acusado luta fortemente pela não confirmação do comportamento cometido. Por esse motivo, utiliza a negação e faz o que for possível para causar boa impressão e para ser visto como alguém incapaz de tal comportamento. A estratégia para tal é a de distrair as pessoas e levá-las a se concentrar em outros aspectos de sua personalidade: em como é cordial, gentil, espiritualizado ou em quanto se importa com os outros.

Em alguns casos, o suspeito é efetivamente boa pessoa, agradável, responsável, respeitoso, competente, bem-sucedido profissionalmente, frequentador da igreja e familiar dedicado, sendo que sua dificuldade se restringe à área sexual. Cabe mencionar que alguns abusadores relatam sentirem culpa por seus atos, mas, mesmo assim, não conseguirem se controlar, situação semelhante aos dependentes químicos. Conforme já foi mencionado, a compulsão à repetição não pode ser subestimada.

Em outros casos, o suspeito é habilidoso em fazer os demais pensarem que ele é uma boa pessoa, construindo um aparente bom comportamento social, exatamente com essa intenção. Assim, é importante, pois, ressaltar que ser "boa pessoa" não é critério para declarar alguém inocente, uma vez que o comportamento do indivíduo em outras áreas não constitui indicativo de a pessoa cometer ou não abuso sexual. Esse é um dos pontos que torna a identificação do criminoso tão difícil. Como saber qual é o comportamento sexual daquela pessoa, uma vez que se trata de um comportamento privado? E, ainda mais, considerando que o comportamento a que podemos ter acesso – seu comportamento público – não serve de parâmetro para avaliar seu comportamento sexual. E se, pior ainda, sabemos que nosso *feeling* pessoal, que tanto auxilia nosso trabalho em outras áreas, não ajuda nessa situação?

A AVALIAÇÃO INTERATIVA

A combinação entre a confiança das pessoas em sua capacidade de detectar mentiras, a influência dos sentimentos despertados no entrevistador sobre o resultado da avaliação, a dificuldade da detecção dos sinais e o fato de os abusadores serem realmente hábeis em manipular as pessoas e se esforçarem para convencê-las de que não seriam capazes de tal crime resulta em uma situação em que esses aspectos tornam as pessoas mais vulneráveis aos abusadores. Nesse sentido, tais aspectos justificam o fato de a chamada "avaliação interativa" também não se constituir em instrumento eficiente para a averiguação de casos de abuso.

Essa forma de avaliação consiste em colocar a vítima e o suspeito de abuso em um mesmo ambiente, com a intenção de observar o vínculo entre eles. A premissa que embasa a utilização desse método é a de que, se o suspeito se mostrar amoroso e cuidadoso e se há vínculo entre ambos, o abuso não ocorreu. No entanto, pode-se ignorar que muitos abusadores são também bons cuidadores, e que isso nada tem a ver com a possibilidade de o abuso ocorrer ou não. Além disso, em grande número dos casos, é justamente a existência do vínculo que facilita a ocorrência do abuso, assim como a manutenção do segredo. Sabe-se, também, que, dependendo do estágio de invasão, o estímulo sexual precoce, embora origine consequências que modificam os rumos do desenvolvimento da criança, pode ainda não ter sido experienciado por ela como algo errado ou traumático.

É fato conhecido, também, que a vítima lança mão da dissociação (Furniss, 1993) a fim de conseguir manter o convívio com o abusador, uma vez que essa pessoa lhe dá afeto e lhe oferece cuidado, ao mesmo tempo em que dela abusa. Mas, mesmo assim, caso se trate de pessoa importante afetivamente em sua vida, ela continua a amar e a confiar nessa pessoa, o que a coloca em uma posição de total vulnerabilidade.

Pode-se observar, aqui, mais uma vez, a influência do fator humano. A tendência é que, se a pessoa tem uma boa impressão de alguém, ela registra os sinais que venham a confirmar sua impressão, ignorando ou dando outra interpretação aos sinais dissonantes (Salter, 2009). Dessa maneira, o profissional conclui que alguém com quem simpatiza e tem boa impressão não seria capaz da fazer algo assim.

A utilização do polígrafo

Uma das técnicas utilizadas nos EUA para a detecção de casos de abuso é a utilização de polígrafo para a detecção de mentiras. Esse método parece interessante por vários motivos. Além de aumentar a possibilidade de avaliar corretamente se a pessoa está mentindo, estudos mostraram que pessoas que foram informadas, antes da entrevista, de que suas respostas iam passar pelo polígrafo, ofereceram maior número de informações verdadeiras, antes mesmo de ter iniciado o teste. Já as que não receberam previamente essa informação, continuaram a adotar comportamento de total negação.

Algumas pessoas possuem, naturalmente, maior facilidade para parecerem convincentes quando mentindo, mesmo que não sejam psicopatas. No entanto, a maioria das pessoas adquire prática no ato de dissimular pela repetição do sucesso em não serem descobertas ao mentir.

O mais interessante é, contudo, a influência do fator humano. Salter (2009) menciona que os profissionais tendem a não valorizar uma confissão se essa colide com seu sentimento pelo suspeito. Interpretam a confissão como uma confirmação de sua impressão de que o suspeito seja uma boa pessoa, concluindo que, se ele confessa ou se sente culpado, não voltará a abusar. O que os profissionais não se dão conta é que, ao ignorar uma revelação, contribuem para aumentar a confiança do agressor em cometer novos delitos.

ABUSO SEXUAL COMETIDO POR MULHERES

O que foi até aqui apresentado faz menção, apenas, ao abuso sexual cometido pelos homens. Isso não quer dizer que as mulheres não cometam abuso sexual. O abuso sexual perpetrado por mulheres existe e não pode ser ignorado. Entretanto, a proporção entre abuso feminino e masculino difere significativamente, sendo a grande maioria deles exercido por homens. Segundo o Serviço de Proteção Infantil dos EUA, de 3% a 5% dos abusos são cometidos por mulheres. Além disso, a descrição dos tipos masculinos de abusadores, descrita por Lanning (2001), não parece ser válida para as mulheres. Essas podem ser distribuídas em três grupos, segundo Salter (2009): "mães simbióticas", "mulheres que romantizam o abuso" e "companheiras sob coação".

Mães simbióticas

O maior número de abusos cometido por mulheres recai neste grupo. Trata-se de mães de crianças, principalmente pequenas, que parecem ser fundidas a seus filhos e incapazes, por seu funcionamento comprometido, de assumirem o papel de figuras maternas, apresentando, com frequência, comportamento sádico.

Mulheres que romantizam o abuso

Este segundo grupo é composto por mulheres adultas que abusam de adolescentes. Romantizam o relacionamento, tornando-se amantes desses jovens. A situação mais usual é entre professoras que se envolvem com alunos com a metade de sua idade.

Companheiras sob coação

Este grupo é formado por mulheres que são, no princípio, coagidas pelo companheiro, participando de situações de abuso para agradá-lo. Com o tempo, passam a gostar e a tomar iniciativa de fazer sexo com crianças por conta própria.

TIPOS DE ABUSADORES MASCULINOS

Classificação pelo comportamento

Lanning (2001), profissional do FBI, com base em anos de entrevistas diretas com agressores sexuais, na tentativa de avaliar o risco de reincidência, desenvolveu uma nova classificação de abusadores baseada no comportamento. Lanning (2001) já havia descrito dois tipos de abusadores: o situacional e o preferencial, mas, recentemente, concluiu que não se trata de tipos puros, e que a maior parte deles se situa não em um dos polos, mas em um *continuum* entre um tipo e o outro. Além disso, um mesmo abusador pode, inicialmente, ser enquadrado como situacional, mas, com a repetição do abuso, passa a apresentar comportamento mais característico do preferencial.

Polo I – Tipo situacional

É incluído como situacional o abusador cujo envolvimento erotizado com crianças não resulta de uma preferência sexual por essas. Tende a excitar-se com adultos, sendo o fator da escolha da vítima a facilidade de acesso a ela frente a determinadas situações.

O comportamento abusivo é oportunista e impulsivo, podendo decorrer tanto de necessidades sexuais como de não sexuais (poder ou raiva). A pessoa pode, por exemplo, estar com raiva de um familiar da criança/adolescente, e utilizá-la para agredir o objeto de sua raiva. O abusador situacional mantém a racionalidade e avalia os riscos envolvidos em seu crime. O abuso pode ser cometido uma vez ou ser repetido pelo resto da vida, e quanto mais longo for o período, mais ele se torna um abusador de tipo preferencial.

O tipo situacional pode ser subdividido em *regressivo, moralmente indiscriminado* e *inadequado*:

Situacional regressivo

Este tipo de abusador costuma ter vida sexual ativa com outros adultos e não apresenta preferência sexual por crianças. O limite intergeracional é transgredido na busca de gratificação, em decorrência de sentimentos de frustração, baixa autoestima e desvalorização (embora a maior parte das pessoas não utilize o abuso sexual como descarga de suas frustrações e estresse). É o acesso fácil àquela criança que se constitui o fator de escolha. Por isso, esse tipo de abuso é mais frequente nos casos intrafamiliares, apresentando apego e vínculo com a vítima.

Pode haver uso de pornografia ou não, mas, se houver, com mais frequência, ele mesmo tira fotos da criança para uso próprio e não as compartilha com outras pessoas.

Situacional moralmente indiscriminado

O abuso da criança faz parte do conjunto de abusos de diferentes naturezas que pratica frente a outras pessoas, crianças ou adultos (esposa, amigos, sócios). Pode apresentar, também, outros comportamentos delitivos se considerar não haver risco de ser descoberto. É o tipo de pessoa que funciona na linha do "por que não"? Pode fazer uso da força e não apresenta sentimento real de culpa. Faz grande número de vítimas, conhecidas ou não. Portanto, neste caso, o critério de escolha não é o vínculo.

Situacional inadequado

O tipo situacional inadequado é representado por pessoas portadoras de psicose, retardo mental, senilidade ou com personalidade excêntrica, o famoso solitário. São pessoas que apresentam falta de habilidade social, sentindo-se mais à vontade e menos ameaçados com crianças para explorar suas necessidades sexuais. As vítimas não são necessariamente crianças. Qualquer pessoa vulnerável pode ser alvo, incluindo pessoas idosas ou doentes, podendo estas serem conhecidas ou não. Embora socialmente consideradas inofensivas e calmas, podem explodir sua raiva na vítima, cometendo crimes bastante cruéis.

Polo 2 – Tipo preferencial (pedófilo)

O abusador preferencial, como o próprio nome indica, apresenta, em sua identidade sexual, uma definida preferência por crianças ou adolescentes. Faz muitas vítimas, procurando, constantemente, oportunidades para se aproximar de crianças – em parques, clubes, colégios, na família –, chegando a escolher companheiras pelo fato de terem filhos que o atraem. Consegue e mantém relações sexuais com adultos, embora utilizando fantasias com crianças.

Costuma apresentar preferência por um dos gêneros (menino ou menina), bem como por uma determinada faixa etária. Faz uso de pornografia infantil, produzindo material, ou como usuário da internet. Pode ter consciência do mal que o abuso causa à vítima e sofrer por isso, mas não consegue parar.

Devido à compulsão à repetição, originada pela fantasia e pela necessidade, tende a cometer "erros grosseiros", não compatíveis com seu nível intelectual, tais como consultas a *sites* de pornografia infantil no trabalho, envio de seu computador para conserto com arquivos de pornografia infantil, bem como de fotos para serem reveladas.

FORMAS DE COMPORTAMENTO JUNTO ÀS VÍTIMAS

Além da tipologia anteriormente apresentada, Lanning (2001) descreve os diferentes comportamentos que os abusadores manifestam junto às vítimas e que estão associados com as características pessoais de cada um. Segundo o autor, os comportamentos mais comumente apresentados oscilam entre *o sedutor, o introvertido* e *o sádico*.

O sedutor

Apresenta facilidade em falar e se relacionar com crianças, encantando-as com presentes e atenção. Muitas delas têm sorte de não chegar a perceber a natureza sexual da brincadeira (de cavalinho, por exemplo), porque o contexto não oferece a oportunidade de avanço maior. Utiliza a sedução, também, junto aos familiares, para conquistar sua confiança e ter acesso às crianças.

O introvertido

Por não possuir habilidade interpessoal para seduzir, o introvertido utiliza comunicação verbal mínima, explorando, com mais frequência, sua posição de poder. As crianças das quais se aproxima podem ser conhecidas previamente ou não.

O sádico

O prazer sexual é despertado ao infligir dor, sofrimento, humilhação ou medo na vítima. Esse comportamento parece ocorrer em menor escala, algo em torno de 2% a 5% dos abusos.

ALTERNATIVAS PARA UM MELHOR DESEMPENHO

Contexto institucional

O trabalho desenvolvido dentro de instituições, em vez de em contextos privados, tem se revelado mais eficaz. Isso se deve ao fato de que tal contexto tanto favorece o trabalho em equipe e de suporte ao profissional, quanto se constitui em um facilitador na questão da não privacidade das informações e do controle social da conduta abusiva (Corsi, 2003). Nessa forma de intervir, torna-se imprescindível o contrato explícito de que a segurança dos familiares é prioridade e de que esses devem manter os profissionais informados se ocorrerem ameaças ou tentativa do abusador de ficar a sós com a vítima ou de se aproximar dela.

Atendimento em grupo

O trabalho com violência familiar, desenvolvido em grupo, é outra alternativa que tem se revelado mais indicada do que a do trabalho desenvolvido individualmente (Corsi, 2003). O trabalho em grupo favorece a manutenção do foco e a proposição e discussão de temas relevantes ao contexto. Sob o ponto de vista terapêutico, o fato de o abusador sentir-se entre iguais favorece a escuta e dificulta a negação e a resistência.

A presença de uma dupla de profissionais na condução do grupo constitui uma fonte de suporte importante, considerando o que já foi mencionado sobre a intensidade dos sentimentos despertados, tanto de rechaço quanto da possibilidade de se deixar envolver nas negações, minimizações e racionalizações, tão características desse público. Recomenda-se que, se possível, pelo menos um dos membros da dupla de profissionais seja do sexo masculino, uma vez que homens que exercem violência apresentam fortes estereótipos de gênero, acolhendo com menos resistência intervenções realizadas por outros homens.

O abuso sexual é um tema que exige muito do profissional, tanto emocionalmente quanto no aspecto da dedicação de muito de seu tempo aos casos (pelos contatos com familiares, com outros profissionais e com a justiça), tornando-se essencial a presença de uma equipe.

A avaliação diagnóstica

A avaliação psiquiátrica diagnóstica é essencial nos casos de abuso. Além de o prognóstico ser diferente, a avaliação de cada caso é importante para orientar o profissional quanto à possibilidade de inclusão do candidato no grupo, por duas razões. Em primeiro lugar, embora não exista um perfil de abusador, nem diagnóstico no DSM, existem tipos diferentes de abusadores, com prognósticos distintos, que necessitam ser identificados a fim de ser avaliada a possibilidade de participação no grupo.

Em segundo lugar, a avaliação psiquiátrica é importante, porque situações de uso de álcool, drogas ou de doença mental não previamente medicadas e acompanhadas em suas especificidades são fatores que dificultam a participação dessas pessoas nos grupos. A experiência tem demonstrado que, ao apresentarem essas problemáticas de forma não controlada, tais pessoas, além de não apresentarem condições de aproveitar o espaço do grupo para si, inviabilizam, também, o funcionamento do grupo e o tratamento dos outros membros.

O prognóstico

O prognóstico é distinto para os diferentes tipos de agressores; daí a importância da identificação do grupo em que o abusador se inclui. O prognóstico está associado, também, aos fatores dinâmicos do funcionamento do abusador, os quais influenciam suas condições de aderir à terapia, de responder às intervenções terapêuticas e de apresentar mudanças.

O pedófilo apresenta atração por crianças na estrutura de sua identidade sexual, não havendo possibilidade de mudar isso. A fim de minimizar as consequências dessa problemática, os EUA investem em monitoramento dos pedófilos, uma vez cumprida a condenação, e, atualmente, realizam experiências com a chamada "castração química", na tentativa de bloquear o impulso sexual destes. Já o distúrbio de personalidade apresentado pelo situacional moralmente indiscriminado (conhecido como psicopata ou personalidade antissocial) é ainda mais sério do que o caso de pedofilia, e, provavelmente, ainda mais difícil de tratar, diz Lanning (2001). Por suas limitações originadas pela presença de psicose, retardo ou senilidade, também não se pode esperar que abusadores do tipo situacional inadequado sejam beneficiados pelo processo terapêutico, especialmente em grupo. Ao contrário, dificultam o funcionamento deste.

Assim, pode-se concluir que o tipo situacional regressivo constitui o candidato mais promissor a participar de grupos, parecendo apresentar mais capacidade de ser beneficiado pela intervenção terapêutica, apresentando um prognóstico menos limitado.

CONSIDERAÇÕES FINAIS

Embora ainda pouco saibamos sobre o trabalho com abusadores, alguns aspectos parecem se revelar úteis para um eficaz tratamento, tais como:

- a necessidade de o terapeuta possuir conhecimento específico sobre o tema e de estar consciente tanto da questão de poder e de gênero na base de tal comportamento quanto do padrão de compulsão e resistência à mudança de quem exerce o abuso;
- a capacidade do profissional de se interessar pela pessoa, e, ao mesmo tempo, ser firme, objetivo e não ser seduzido pelas negações e racionalizações do abusador;
- o trabalho em contexto institucional;
- o trabalho em equipe de profissionais;
- a importância da identificação quanto ao tipo de abusador;
- a importância da avaliação quanto a distúrbios mentais, limitação intelectual e ao uso de álcool ou drogas, bem como do acompanhamento medicamentoso paralelo;
- o trabalho terapêutico ser realizado de forma conjunta em grupos;
- o uso de técnicas de limites e de confrontação;
- o acesso e a valorização das informações dos membros da família;
- a estreita ligação com a Justiça.

Identificar e tratar a pessoa que exerce abuso não é fácil, sendo que podemos, ou devemos, também contribuir nesse processo melhorando a prevenção para que casos de abuso não sejam iniciados. As seguintes medidas parecem ser eficazes nesse sentido:

- conscientizando a sociedade, em geral, de que não se pode confiar cegamente em ninguém e desmistificando a crença de que pessoas próximas, boas e agradáveis não cometem abuso sexual. Sendo assim, deve-se, independentemente da pessoa, confiar e manter-se atento a quem se aproxima da criança;
- aumentando o sistema de apoio dos cuidadores;
- oferecendo oficinas, tanto para as crianças quanto para seus familiares, sobre formas de proteção e cuidados;
- capacitando os profissionais, melhorando os serviços, humanizando e agilizando o processo por inteiro, desde a comunicação de suspeita, passando pelo contexto de avaliação, bem como pelo sistema judicial;
- dando mais atenção às crianças (apesar da inegável dificuldade de tempo dos pais), reservando mais espaços para conversar, brincar e acompanhá-las em suas atividades e interesses (Salter, 2009).

Segundo referência dos próprios abusadores, a criança só se constitui em alvo fácil por acolher com maior entusiasmo a aproximação de pessoas que lhe deem atenção, criando-se, assim, mais oportunidades de o abuso ocorrer e menos oportunidades de alguém observar, ou de a própria criança falar sobre alguma aproximação especial. É claro que, em se tratando de abuso intrafamiliar, ou cometido por pessoa conhecida da família, o vínculo e a confiança tendem a cegar tanto a vítima quanto os adultos próximos em relação à possibilidade de abuso. Daí a importância de manter-se atento a esses contatos, bem como a importância de que melhores condições e suporte sejam oferecidos às famílias, que lhes permitam serem efetivas em sua função junto às crianças e adolescentes.

REFERÊNCIAS

BROWN, G. R.; ANDERSEN, B. Psychiatric morbidity in adult inpatients with childhood histories of sexual and psysical abuse. *Am. J. Psychiatry*, v. 148, n. 1, p. 55-61, 1991.

CORSI, J. et al. *Maltrato y abuso en el âmbito domestico*. Buenos Aires: Paidós, 2003.

FURNISS, T. *Abuso sexual da criança*. Porto Alegre: Artmed, 1993.

GRILLE, R. Child rearing reforms: the seeds of democracy and human rights. *Journal of Psychohistory*, v. 33, n. 1, p. 47-60, 2005.

HOOPER, C. *Mothers surviving child sexual abuse*. London: Tavistock/Routledge, 1992.

LANNING, K. *Child molesters*: a behavioral analysis. New York: National Center for Missing & Exploited Children, 2001.

MADANES, C. *Sexo, amor e violência*. Buenos Aires: Paidós, 1993.

MADONNA, P. G.; SCOYK, S.; JONES, D. P. H. Family interactions within incest and nonincest families. *Am. J. Psychiatry.*, v. 148, n. 1, p. 46-9, 1991.

PRINT, B.; DAY, C. Empowering mothers of sexually abused children. In: BANNISTER, A. *From hearing to healing*. Harlow: Longman, 1992.

SALTER, A. *Predadores, pedófilos, estupradores e outros agressores sexuais*. São Paulo: M. Books do Brasil, 2009.

SALTER, A. C. *Treating child sex offenders and victims*: a practical guide. Newbury Park: Sage Publications, 1988.

SATTLER, M. Alternativas no trabalho com homens que exercem abuso sexual. In: MACEDO, R. M. (Org.). *Terapia familiar no Brasil na última década*. São Paulo: Roca, 2008.

SATTLER, M. De quem é a responsabilidade no abuso intrafamiliar? *Nova Perspectiva Sistêmica*, ano 5, n. 9, 1996.

SATTLER, M. Incesto: fantasia ou realidade? *Nova Perspectiva Sistêmica*, ano 2, n. 4, 1993.

TILMANS-OSTYN, E. Novas tendências no tratamento dos maus-tratos e do abuso sexual na família. *Pensando Famílias*, n. 3, 2001.

ial" não sejam sinônimos de "doença men-
18

A AVALIAÇÃO DO ABUSADOR

Lisieux E. B. Telles
Paulo Oscar Teitelbaum
Vivian Peres Day

INTRODUÇÃO

Como princípio para o diagnóstico e o tratamento de casos de abuso sexual, é importante definir que "agressão ou abuso sexual" é a designação de um fato, e não de uma patologia psiquiátrica. No mesmo sentido, "crime sexual" é uma definição jurídica, variável no tempo, cultura e meio social, e não um fato médico. Assim, ao falarmos em "agressores sexuais", estamos nos referindo a indivíduos que cometeram um ato definido juridicamente como crime, e não a um diagnóstico psiquiátrico, ainda que alguns indivíduos que cometem agressões sexuais possam padecer de patologia associada.

Tendo como base tais princípios, entende-se que o "perfil típico" do abusador sexual é, na verdade, um mito, já bastante discutido na literatura (Levenson e Morin, 2006; Robertiello e Terry, 2007; Pina et al, 2009). Nesse sentido, o presente capítulo tem por objetivo descrever algumas das linhas de pensamento atuais sobre essa questão, especialmente no que se refere à psiquiatria forense. A magnitude e as proporções que o tema abrange estão longe de ser alcançadas por um só vértice de pensamento. Essa magnitude é demonstrada internacionalmente pela estimativa de que 1 milhão de jovens e adultos são vítimas de crimes sexuais nos EUA a cada ano e de que um terço dos homens e metade das mulheres canadenses são vítimas de algum tipo de abuso sexual antes dos 12 anos (Bagley, 1991; Prentky e Burgess, 2000).

A experiência como médicos psiquiatras forenses do corpo clínico do Instituto Psiquiátrico Forense Dr. Maurício Cardoso, órgão oficial responsável por todas as perícias, avaliações e tratamento dos indivíduos que cometeram delitos e apresentam suspeita de perturbações mentais, provenientes de todo o Estado do Rio Grande do Sul, é "a espinha dorsal" das ideias que serão desenvolvidas neste capítulo. Abordaremos as características da diminuta fração de perpetradores de violência sexual cujas ações, que se configuram como crimes, chegam ao conhecimento do sistema judicial, o que se dá por meio de três vértices distintos: o sujeito denunciado e submetido à perícia por determinação judicial, o sentenciado ao cumprimento de medida de segurança (MS) por diferentes delitos sexuais, e o que volta à liberdade após o cumprimento da MS.

Embora "violência" e "violência sexual" não sejam sinônimos de "doença mental" ou de "transtorno de personalidade", a prevalência das diversas violências sexuais e a gravidade das sequelas deixadas nas vítimas justificam estudos psiquiátricos sobre fatores associados ao fenômeno e ao agente da agressão. Além disso, o abuso sexual mescla-se com o conceito de "violência de gênero", sendo a violência contra a mulher o tipo mais generalizado de abuso dos direitos humanos do mundo e o menos reconhecido, sendo que meninas e mulheres adultas são muito mais vítimas de abusadores conhecidos no ambiente doméstico (Day et al., 2003). Cabe dizer que as pesquisas sobre a associação entre doença mental e conduta violenta ou criminal vêm sendo desenvolvidas por meio de estudos na comunidade, com a população de hospitais psiquiátricos ou com criminosos (ver, por exemplo, Teitelbaum e Oliveira, 2000).

Agressores sexuais cumprindo medida de segurança

Investigadores gaúchos estudaram indivíduos perpetradores de crimes sexuais que foram periciados e considerados como inimputáveis ou semi-imputáveis, passando a cumprir Medida de Segurança (MS) no Instituto Psiquiátrico Forense Maurício Cardoso (IPFMC) de Porto Alegre. A população do IPFMC, à época do estudo (1995), era de 506 pacientes, sendo 461 homens e 45 mulheres. Os pacientes com Medida de Segurança por crimes sexuais eram em número de 28, correspondendo a 9,89% da amostra.

A Tabela 18.1 revela alguns dados desta população.

As vítimas de tais agentes de crime sexual foram, em sua maioria, mulheres (66%), na faixa etária da infância e adolescência (56%). Em 40% dos casos, a vítima era da própria família, havendo predomínio do delito de estupro (64%), seguido por atentado violento ao pudor (21%) e ato obsceno (11%). Durante o período de cumprimento da Medida de Segurança, 46% dos pacientes que cometeram delito sexual encontravam-se abandonados por suas famílias. Esse grupo, quando comparado aos demais pacientes internados no IPFMC, diferenciou-se por ser mais jovem, com maior nível de escolaridade e com maior abandono familiar.

Os pacientes masculinos, em geral, apresentam poucos delitos contra crianças e adolescentes (5,7%), mas quando o delito se refere à abuso sexual, a taxa eleva-se para 56% (Telles et al., 1999).

Cohen e colaboradores (1996) conduziram pesquisa semelhante no Hospital de Custódia e Tratamento Psiquiátrico Professor André Teixeira Lima, na grande São Paulo, chegando a resultados bastante próximos, conforme se verifica na Tabela 18.2.

Uma pesquisa transversal com a população de pacientes de uma das unidades de internação do IPFMC, no ano 2000, investigou 79 indivíduos na mesma situação das pesquisas mencionadas. Desses, 53% haviam cometido crime intrafamiliar, sendo 15% crimes sexuais. O diagnóstico mais prevalente foi psicose (70%), seguido por retardo mental (9%), abuso de substância (5%), transtorno de personalidade (4%) e pedofilia (1%). Foi encontrada alta incidência de uso de álcool (31%) e outras drogas (20%) na ocasião do delito. Mais de 60% apresentavam história de baixa psiquiátrica prévia, sendo alto, também, o índice de violência prévia na história passada desses pacientes dentro do grupo familiar. No entanto, o apoio familiar foi bastante expressivo, 82% recebiam visitas e quase metade usufruíam da alta progressiva. Cerca de 10% assumiram ter perpetrado atos de violência sexual. É chamativo que os que menos contavam com apoio familiar eram os que foram processados por abuso (Day et al., 2000).

Estudo de coorte, conduzido no IPFMC, acompanhou 237 sujeitos (desinternados entre 1994 a 2004), e verificou que 12,7% cumpriram MS por delitos de natureza sexual e, em 61,2% dos casos, a

TABELA 18.1
MS POR CRIMES SEXUAIS NO IPFMC (1995)

Sexo masculino	100,0%
Estado civil solteiro	67,8%
Idade entre 20 e 39 anos	57,0%
Procedentes do interior	53,6%
Escolaridade 1º grau	74,0%
Hospitalização psiquiátrica anterior	38,0%
Diagnóstico psiquiátrico	
Esquizofrenia	42,8%
Pedofilia	14,0%
T Personalidade	14,0%
R Mental	10,7%
T Afetivos	7,1%
Outros	11,4%

TABELA 18.2
PACIENTES CUMPRINDO MS POR DELITO SEXUAL

	IPF Maurício Cardoso Porto Alegre (1995)	HCTP André Teixeira Lima São Paulo (1996)
Sexo masculino	100%	99,6%
Estado civil solteiro	67,8%	60,0%
Idade < 40 anos	57,0%	66,6%
Cor branca	60,7%	43,3%
Diagnóstico de esquizofrenia	42,0%	40,0%
Crime de estupro	64,0%	41,4%

vítima era familiar ou conhecida do agressor. É interessante notar que, examinando uma população cuja internação ocorreu (em média) entre uma e duas décadas antes daquela estudada por Day e colaboradores (2000), na mesma instituição, os achados foram concordantes no que diz respeito ao predomínio do diagnóstico de psicoses (67,5%) e da alta prevalência de internações psiquiátricas anteriores ao delito que originou a MS (61%).

Outro achado que chama a atenção nessa coorte é que não se encontrou diferenças significativas no apoio familiar oferecido ao grupo dos agressores sexuais, quando comparado ao grupo de pacientes sem delitos sexuais (93% e 82% recebiam visitas da família durante a MS, respectivamente). Esse dado confirmou-se pelo fato de que, praticamente, os mesmos percentuais se mantêm quando medido o acolhimento pela família quando da desinternação após cumprimento de medida de segurança, não se revelando diferença com relevância estatística entre os dois grupos ($x^2 = 2,39$; $p = 0,09$).

Pode-se supor que a alta prevalência de sujeitos com alguma forma de psicose ou algum grau de retardo mental como diagnóstico principal, perfazendo 80% da coorte, esteja associada à manutenção do apoio e acolhimento familiar mesmo após o delito de natureza sexual. Nesses contextos, a conduta sexual desadaptada ou desorganizada (agressiva e/ou criminosa) é, em geral, secundária à patologia psiquiátrica (psicose) ou do desenvolvimento (retardo mental).

De outra parte, sendo a coorte constituída por pacientes efetivamente desinternados, e sendo a presença de estrutura e apoio familiar um dos elementos considerados como favorecedores da liberação do paciente é possível supor que esse grupo reunisse características específicas de apoio familiar.

Na mesma linha dos achados de Telles e colaboradores (1999), a coorte revelou que, nos crimes comuns, a vítima não costumava ser uma criança (9,7%), situação que se inverte quando o crime era de natureza sexual (70,0%). Essa diferença mostrou alta significância estatística ($x^2 = 66,67$; $p<0,0001$) (Teitelbaum, 2009). Já o perfil dos pacientes inimputáveis internados no IPF, durante o período de abril a agosto de 2005, segundo Gauer e colaboradores (2007), é mostrado na Tabela 18.3.

Destaca-se que mais da metade dos sujeitos já tinham hospitalização psiquiátrica prévia e encontrou-se uma associação significativa entre crimes contra os costumes e álcool (em 13,3%) e com Cannabis (em 11,8%). Dos que respondiam por crimes sexuais, 38,1% dos sujeitos tinham antecedentes criminais, sendo que esse grupo apresentou a menor incidência de hospitalizações prévias, quando comparado aos transtornos de personalidade (35,5%) ou ao total da amostra (entre 35 e 60%, em média) (Gauer et al., 2007).

Estudos recentes envolvendo populações semelhantes à do IPFMC foram conduzidos por investigadores nos estados de São Paulo e do Rio de Janeiro. Estudo rea-

TABELA 18.3
PACIENTES INTERNADOS NO IPFMC (2005)

Dados sociodemográficos	
Sexo masculino	91,3%
Sem profissão definida	73,2%
Sem companheira	83,2%
Instrução até o 1o grau	74,6%
Dados criminais	
Crimes contra a pessoa	62,1%
Crimes contra os costumes	16,2%
Reincidentes	+ de 50%
Dados diagnósticos	
Psicoses	+ de 60%
Abuso de SPA	27,5%
Retardo mental	20,5%
Transtornos sexuais	3,1%

(n=617)

lizado na Casa de Custódia e Tratamento Psiquiátrico Franco da Rocha (SP), no período de março a julho de 2005, detectou que 18,2% dos pacientes ali internados para cumprimento de medida de segurança cometeram crimes sexuais. Os sujeitos com retardo mental cometeram proporcionalmente mais crimes sexuais quando comparados com os pacientes psicóticos, considerando-se somente crimes sexuais ou contra a vida. Na maioria dos casos de delitos sexuais (78,5%), as vítimas tinham idade inferior a 14 anos (Teixeira et al., 2006).

No hospital Heitor Carrilho, no Rio de Janeiro, uma investigação que abordou o perfil dos 177 pacientes homens internados em medida de segurança, verificou que nenhum deles havia recebido o diagnóstico de parafilia, apesar de 11% terem cometido delitos de natureza sexual. Um achado importante desse estudo foi que os deficientes mentais cometeram o dobro de crimes sexuais que os sujeitos diagnosticados como portadores de psicose. Também destaca-se que mais de 70% dos sujeitos estudados tinham história de tratamentos prévios e que os crimes intrafamiliares tiveram significativa prevalência entre psicóticos e deficientes mentais (Garbayo et al., 2008).

A vítima do agressor sexual e a "cifra negra"

Quanto às vítimas dos crimes de abuso sexual, sabe-se que as consequências desse tipo de agressão são sempre sérias e, mesmo quando não são aparentes ou conscientes, seus efeitos podem levar a quadros psiquiátricos agudos e/ou crônicos durante semanas ou até mesmo a vida toda.

Além das sequelas da agressão a curto prazo, outras graves consequências pessoais, familiares e sociais trazem prejuízos exponenciais. A repetição da situação traumática, e o fato de a vítima ser desacreditada, são aspectos que foram levantados por Ferenczi em 1932, tendo provocado, na época, muita discussão nos meios científicos. Nesse clássico trabalho, em que descreve a "confusão de línguas", referindo-se aos abusos sexuais, ele aponta que, quando a ternura infantil é invadida pela *"paixão/loucura"* do adulto, o paciente/criança necessita de *realidade*. Ou seja, que lhe seja possibilitada a chance de poder enfrentar-se com essa criança (interna) realmente *assassinada, invadida por partes estranhas a si, enxertos e transplantes* (Ferenczi, 2006).

Nesse sentido, Ferenczi, assim como muitos outros autores que se seguiram, apontam a necessidade de permitir que tais vivências sejam acolhidas, para que não sejam retransmitidas por identificação com o agressor às outras gerações que se seguem (Borgogno, 2006). Tal preocupação é bastante atual, podendo a própria equipe de atendimento/investigação tender a retraumatizar a criança com excessivas manipulações. Assim, a inquirição da vítima, como forma de produção de prova no decorrer do processo, hoje é fonte de estudo e vem sendo bastante discutida, tanto quanto a sua utilidade como pela possibilidade de a criança sentir-se novamente desamparada pela "justiça" dos adultos, que deveria protegê-la (Azambuja, 2008).

Os efeitos transgeracionais do abuso sexual vêm sendo estudados sob vários vértices, não havendo, até o presente, firme consenso estabelecido. Alguns estudos têm revelado possível associação, por exemplo, entre o molestador de crianças na vida adulta e o fato de ter sido vítima de abuso sexual na infância. Tal associação não se verificaria entre agressores sexuais (especialmente estupradores) de vítimas adultas (Baltieri, 2007).

Cabe também destacar que os crimes sexuais estão entre os que apresentam os mais baixos índices de notificação judicial (em torno de 10%), gerando uma "cifra negra" estimada em até 90% do total dos casos (Marshall et al., 2006). Preocupados com os casos perdidos, investigadores americanos, na década de 1980, planejaram um estudo envolvendo casos de parafílicos confessos porém não denunciados. Para tanto, pleitearam, e obtiveram, garantia especial do sistema judicial americano, desobrigando-os de denunciar fatos desconhecidos da justiça dos quais viessem a tomar conhecimento por meio de sua pesquisa. Alguns resultados então obtidos estão sumarizados na Tabela 18.4, que fornecem uma noção do potencial ofensivo dos agressores sexuais no meio social.

O elevado índice de não comunicação estaria relacionado, entre outros aspectos, ao fato de que parte desses crimes ocorre no âmbito familiar, aliado aos altos níveis de reprovação social envolvidos, bem como aos ainda incipientes e (muitas vezes) ineficientes mecanismos de proteção às vítimas que são oferecidos pelos sistemas policial (na fase de investigação) e judicial (na produção de provas). No entanto, embora haja baixo índice de notificação judicial de crimes sexuais, se comparados ao número real de ocorrências e ao número de denúncias de outros delitos (Azambuja, 2004; Vieira, 2008), uma parcela dessa população é denunciada e submetida a exame de responsabilidade penal.

O agressor sexual periciado

Como peritos do IPFMC, nos deparamos com uma demanda importante de avaliações de indivíduos que perpetraram crime sexual. O grupo de periciandos agressores sexuais é bastante heterogêneo, variando desde casos de agressão sexual seguida de simulação de doença mental, até sujeitos psicóticos que, durante um surto, cometeram um delito sexual. Também são comuns situações em que indivíduos portadores de retardo mental buscam, como parceiros para jogos sexuais, crianças cuja idade cronológica aproxima-as da idade mental do sujeito. As agressões sexuais são de tipos diversos, podendo ocorrer desde um episódio único até de forma reiterada, tendo ou não um tipo preferencial de vítima, local ou situação; acompanhando-se ou não de outras condutas antissociais.

Em um estudo transversal realizado com réus submetidos a exame de responsabilidade penal por diferentes delitos, no ano de 2000, no IPF, foi encontrada a prevalência de crimes sexuais em 18,5% da população. Nos delitos sexuais, 81% das vítimas foram

TABELA 18.4
POTENCIAL OFENSIVO DE AGRESSORES SEXUAIS NÃO DENUNCIADOS

232 molestadores de crianças	55.250 tentativas 38.727 consumados
126 estupradores	882 vítimas
142 exibicionistas	71 696 episódios

* Adaptado de Abel et al. (1987)

mulheres, enquanto os homens foram mais vitimados por delitos contra o patrimônio e contra a pessoa. As crianças foram mais vitimadas por delitos sexuais (81%) do que qualquer outro delito (Telles, 2006; 2007). O meio físico foi o mais empregado nos delitos sexuais, sendo esse achado de acordo com pesquisa de Pimentel e Pandjiarian (2000), que estudaram casos de estupro em cinco regiões brasileiras, encontrando o meio físico como predominante no delito sexual. Acreditam, essas autoras, que a maior força física do homem e a intimidação pelo uso da violência psicológica sejam os principais fatores determinantes para neutralizar a resistência da mulher ao domínio do agressor.

Levantamento realizado pelo segundo autor com todos os sujeitos submetidos à perícia de responsabilidade penal no IPFMC entre junho/2007 e maio/2008 encontrou que quase 20% deles estavam sendo processados por (Teitelbaum, 2000) um delito de natureza sexual, conforme a Tabela 18.5.

É importante observar que os achados apontados nessa tabela coincidem com aqueles encontrados por Telles (2006) ao investigar população semelhante no início da década (2000), o que sugere possível estabilidade na prevalência desses delitos em nosso meio. Além disso, e de acordo com o esperado nessa população, quando o crime é de natureza sexual, a maior parte das vítimas é criança e faz parte do entorno do agressor (familiares ou conhecidos), destacando-se que a maioria dos agressores sexuais não possui um diagnóstico psiquiátrico definido. Cabe apontar que, mesmo nos casos em que se estabelece um diagnóstico, não se encontra um padrão repetido capaz de definir um perfil característico do abusador (Teitelbaum, 2008).

Em meio próximo, 130 periciandos acusados de delitos sexuais foram avaliados no Instituto Médico Legal de Santiago do Chile. Divididos entre "estupradores" e "abusadores sexuais", em ambos os grupos quase a metade não apresentava um diagnóstico psiquiátrico definido e, entre os que foram diagnosticados, um transtorno de personalidade foi o diagnóstico mais prevalente. Esse achado caracteriza uma população bastante distinta, em termos diagnósticos, daquelas que têm sido estudadas em nosso meio, onde os transtornos de personalidade são pouco encontrados entre aqueles que chegam a ser denunciados e encaminhados à perícia. É interessante notar que apenas no grupo dos abusadores apareceram os diagnósticos de parafilia (2,1%) e de retardo mental (7,3%); de outra parte, 11,8% dos estupradores foram classificados como usuários de álcool (Moore et al., 2005). Além disso, assim como a presença de um delito sexual não é sinônimo de patologia psiquiátrica, um delito sexual contra criança não é sinônimo de pedofilia. Muitos portadores de transtorno antissocial de personalidade, por exemplo, maltratam meninos e meninas, inclusive sexualmente, ao longo de suas vastas "carreiras criminais" sem que isso configure ou justifique um diagnóstico de pedofilia.

TABELA 18.5
PROCESSADOS POR DELITOS SEXUAIS

	SIM (19,1%)	NÃO (80,9%)
N=379		
vítima familiar/conhecido	78,8%	44,8%
vítima criança	79,1%	3,7%
inimputável/semi-imputável	50,0%	62,0%
Diagnóstico Principal		
Sem diagnóstico	37,5%	12,5%
Retardo mental	15,3%	13,4%
TMC alc/drogas	15,3%	34,7%
T Sexuais	12,5%	0,0%
Psicoses	12,5%	28,9%
Transtornos orgânicos	4,2%	4,6%
T personalidade	2,7%	5,9%

(Adaptada de Teitelbaum, 2008)

O agressor sexual desinternado

Estudo de coorte conduzido no IPFMC estudou a reincidência criminal na população de pacientes desinternados (n=237), durante um período de 10 anos (1994--2004), após cumprimento de Medida de

Segurança. Comparou-se o grupo dos que cumpriam MS por delitos sexuais com o daqueles sentenciados por outros delitos. Entre os primeiros, 40% reincidiram após obter liberdade, enquanto, no grupo dos que não haviam cometido delitos sexuais, a reincidência foi de 30,9%, diferença que, no entanto, não revelou significância estatística ($X^2 = 0,99$; $p = 0,32$). Um achado significativo foi o de que ambos os grupos apresentaram praticamente a mesma prevalência de psicoses e retardo mental (aproximadamente 80%).

No que diz respeito ao tipo de delito que caracterizou a reincidência, entre os agressores sexuais, encontrou-se apenas delitos não sexuais contra a pessoa (91,7%), e uma pequena parcela (8,3%) de delitos sexuais. Já no grupo de não agressores sexuais, encontrou-se ampla diversidade criminal na reincidência, envolvendo delitos contra a pessoa, contra o patrimônio, contra a ordem pública, tráfico de drogas, além de um pequeno percentual de crimes sexuais (3,3%). Tais achados sugerem que essa população que cumpriu MS no IPFMC não se caracteriza por sujeitos para os quais a agressão sexual seja conduta preferencial ou proeminente, o que está de acordo com o esperado para um grupo com prevalência de diagnósticos de psicose e retardo mental. No que diz respeito ao grau de relacionamento, o grupo dos sentenciados por delitos sexuais reincidiu contra alguém de seu meio próximo (família ou conhecido) em mais de 90% dos casos, enquanto o outro grupo teve estranhos como vítimas em mais de 65% das situações de reincidência (Teitelbaum, 2009).

Diagnóstico psiquiátrico e comportamento sexual

O DSM IV estabelece que, em casos de retardo mental, demência, alteração da personalidade decorrente de uma condição médica geral, intoxicação com substância, episódio maníaco ou surto esquizofrênico, pode haver redução do julgamento, habilidades sociais ou controle dos impulsos que, em casos raros, leva a um comportamento sexual incomum. Tais casos podem ser diferenciados da parafilia pelo fato de que o comportamento sexual incomum não é o preferido ou obrigatório do indivíduo, sendo que os sintomas sexuais ocorrem exclusivamente durante o curso desses transtornos mentais, e os atos sexuais tendem a ser isolados, iniciando em idade mais avançada.

Os pedófilos também se constituem em um grupo heterogêneo quanto a suas preferências, práticas e críticas em relação ao problema. Muitos indivíduos com esse transtorno afirmam que o comportamento não lhes causa sofrimento e que seu único problema é a reação das outras pessoas a suas atitudes. Outros relatam extrema culpa, vergonha e depressão, por pensarem e sentirem tais impulsos, buscando formas de evitar tais condutas (Telles, 2006).

Diversos estudos ressaltam a possível comorbidade entre as diferentes parafilias e uso de álcool e/ou drogas, transtornos de ansiedade, transtornos de humor e transtorno de controle de impulsos (Raymond et al., 1999; Kafka et al., 2002; Folino et al., 2003; Dunsieth et al., 2004). Além disso, recente pesquisa realizada no Brasil concluiu que o uso de álcool encontra maior associação com molestadores de crianças, enquanto os agressores sexuais de mulheres adultas revelam maiores problemas com o consumo de drogas ilícitas (Baltieri, 2007).

Agressores sexuais, parafilias e imputabilidade

Quanto à imputabilidade penal de periciandos considerados parafílicos, não se encontra um consenso firmemente estabelecido. Alguns exemplos do pensamento de autores nacionais e de outros meios ilustram as diferenças.

Cohen (1996) considera os pedófilos como não sendo inteiramente capazes de entender o caráter ilícito do fato, sendo que agem de acordo com tal entendimento por possuírem uma personalidade sexualmente imatura, além de terem pensamentos compulsivos que aumentam a chance de repetirem um delito sexual e executarem atos sexualmente agressivos.

Veloso de França (1998) reconhece a dificuldade de estabelecer um conceito estrito de "anormalidade", uma vez que pessoas consideradas "anormais" geralmente apresentam-se com inteligência média ou até acima do normal, conduzindo-se, na maioria das vezes, dentro de certos princípios da moral. No entanto, o autor considera adequado enquadrar os portadores de perversões do instinto sexual como semi-imputáveis, dado que o conceito de "responsabilidade", muitas vezes, tem sido substituído pelo de "nocividade" e "periculosidade". Reconhecida a periculosidade desse insano, seu lugar seria no manicômio, onde o bem-estar público estaria isento de suas consequências.

Duque (2004) entende que o enquadramento de um criminoso parafílico no parágrafo único do artigo 26 do Código Penal Brasileiro (CPB), por não ser inteiramente capaz de se determinar, deve se revestir de parcimônia, haja vista serem poucos os casos em que essa situação se verifica. O mesmo autor sugere a análise dos seguintes itens, cuja presença aponta no sentido de uma redução da capacidade de contenção:

- ausência de premeditação ou planejamento;
- baixa tolerância à frustração;
- presença de inteligência limítrofe;
- intenção de não praticar o ato;
- tentativa de lidar com o impulso de maneira adequada, evidenciada, por exemplo, na busca de tratamento;
- ato isolado ou infrequente;
- extraordinária intensidade do impulso;
- presença de arrependimento e preocupação com o sofrimento da vítima.

Diversos outros autores também trataram desse tema. Albornoz (2005) descreve não existir um consenso nas sentenças de acusados de abuso enquadrados nesses casos dos tribunais espanhóis, sendo considerada a possibilidade de atenuação de pena para aqueles casos em que a capacidade de determinação do indivíduo esteja prejudicada ou abolida. Em muitas ocasiões, porém, ocorre a condenação do acusado por entendimento do judiciário de que essa patologia não supõe diminuição da capacidade cognitiva ou volitiva do periciando, não modificando a imputabilidade, salvo quando esteja associada a outros transtornos que potencializem a tendência sexual. Fuller (1989) é enfático ao dizer que a pedofilia não exclui a responsabilidade penal, tampouco a diminui. Bonnet, citado por Folino (1994), sustenta que as peculiaridades perversas de um quadro clínico não podem atuar como árbitros da questão. A condição de inimputabilidade ficaria condicionada à presença ou ausência de psicose.

Pensamos que as divergências quanto aos enquadramentos legais se devam às diferentes apresentações individuais de um mesmo diagnóstico (com distintos níveis de gravidade), à presença de comorbidades e às diversas legislações. De forma geral, predomina o entendimento da condição de imputabilidade para os pedófilos na maior parte dos países, excetuando-se os casos de alguma comorbidade com psicose ou retardo mental.

No Brasil, a legislação admite a figura jurídica da semi-imputabilidade, o que permitiria o encaminhamento dos agressores sexuais parafílicos ao cumprimento de MS em manicômio judiciário. No entanto, vemos que, em nosso meio, isso não costuma acontecer, e a maior parte dos pedófilos não chega a receber medida de segurança. Usualmente, são encaminhados para tratamento os sujeitos psicóticos e/ou de portadores de deficiência mental com conduta pedófila. Estes são os que constituem a população de pacientes com crime sexual em tratamento no IPF (Telles, 2002; 2006).

CONSIDERAÇÕES FINAIS

Neste capítulo, procuramos oferecer, por meio de diversos achados produzidos por investigações conduzidas no Brasil e no exterior, sustentação para a ideia de que não existe um perfil característico e único do agressor sexual, o que é confirmado pela experiência da prática psiquiátrica forense.

Conforme igualmente procurou-se destacar, não há uma associação definida entre diagnóstico psiquiátrico, isto é, entre doença mental ou transtorno de personalidade e agressão ou crime sexual. Múltiplos fatores estão envolvidos na gênese de uma conduta de agressão dessa natureza.

Sabe-se também que uma pessoa não necessita ter uma doença mental ou transtorno de personalidade para praticar um crime sexual. Mesmo em casos de parafilias, essas não são obrigatoriamente produtoras de delitos. A maior parte dessas agressões ocorre nos lares, por pessoas que não preenchem critérios para um diagnóstico psiquiátrico.

Um modelo relacional para o fenômeno, o *continuum* de vários cofatores, incluindo atos sexuais criminosos multiplamente determinados, tornam o psiquiatra forense um dos vários profissionais a lançar reflexões e alternativas para lidar com o problema que é tabu em todas as culturas, e que, portanto, por não poder ser amplamente reconhecido e enfrentado, tende a ser repetido.

REFERÊNCIAS

ABEL, G. G. et al. Self-reported sex crimes of nonincarcerated paraphilics. *J. Interpers. Violence*, n. 2, p. 3-25, 1987.

ALBORNOZ, E. O. C. La pericia psiquiátrico-forense y los delitos contra la liberdad sexual. *Revista de Psiquiatría Forense y Ley*, v. 1, n. 1, p. 5-14, 2005.

ASSOCIAÇÃO PSIQUIÁTRICA AMERICANA. *Manual diagnóstico e estatístico de transtornos mentais*. 4. ed. Porto Alegre: Artes Médicas, 1995.

AZAMBUJA, M. R. F. A inquirição da vítima de violência sexual intrafamiliar à luz do superior interesse da criança. In: BRAUNER. M. (Org.). *Violência sexual intrafamiliar*: uma visão do Direito, Antropologia, Psicologia e Medicina. Pelotas: Delfos, 2008.

AZAMBUJA, M. R. F. *Violência sexual intrafamiliar*: é possível proteger a criança? Porto Alegre: Livraria do Advogado, 2004.

BAGLEY, C. The long term psychological effects of child sexual abuse. *Annals of sex research*, v. 4, p. 23-48, 1991.

BALTIERI, D. *Agressores sexuais e uso de drogas*. Disponível em: <http://psiquiatria.incubadora.fapesp.br/portal/pos/Disciplinas/aulas/mps5737/aula-5-9-2007/danilo%20baltieri.ppt/view>. Acesso em: 20 ago. 2008.

BORGOGNO, F. A "longa onda" da catástrofe e as "condições" da mudança psíquica no pensamento clínico de Ferenczi. *Revista de Psicanálise da SPPA*, v. 13, n. 1, p. 25-38, 2006.

COHEN, C.; FIGARO, C. J. *Saúde mental, crime e justiça*. São Paulo: Universidade de São Paulo, 1996. cap. 12.

DAY, V. et al. Violência doméstica e suas diferentes manifestações. *R. Psiquiatr.*, v. 25, p. 9-21, 2003. Suplemento 1.

DAY, V. P. et al. Crimes na família: uma amostra de pacientes do Instituto Psiquiátrico Forense. In: CONGRESSO INTERNACIONAL DE TERAPIA DE FAMÍLIA, 2000, Porto Alegre.

DUNSIETH JR, N. W. et al. Psychiatric and legal features of 113 men convicted of sexual offenses. *J Clin Psychiatry*, v. 65, n. 3, p. 293-300, 2004.

DUQUE, C. Parafilias e crimes sexuais. In: TABORDA, J. G. V.; CHALUB, M.; ABDALLA-FILHO, E. (Ed.). *Psiquiatria Forense*. Porto Alegre: Artmed, 2004. p. 129-51.

FERENCZI, S. Confusão de línguas entre os adultos e a criança: a linguagem da ternura e da paixão. *Revista de Psicanálise da SPPA*, v. 13, n. 1, p. 13-24, 2006.

FOLINO, J. O. *Interface psiquiátrico judicial*. Buenos Aires: Lema Editorial S.R.L, 1994. cap. 4.

FOLINO, J. O. et al. Transtorno do controle dos impulsos. In: CATALDO NETO, A.; GAUER G. J. C.; FURTADO N. R. (Org.). *Psiquiatria para estudantes de Medicina*. Porto Alegre: EDIPUCRS, 2003. p.532-42.

FRANÇA, G. V. *Medicina Legal*. 5. ed. Rio de Janeiro: Guanabara Koogan, 1998. cap. 9.

FULLER, A. K. Child Molestation and Pedophilia. *JAMA*, v. 261, n. 4, p. 602-6, 1989.

GARBAYO, J.; ARGÔLO, M. Crime e doença psiquiátrica- perfil da população de um hospital de custódia do Rio de Janeiro. *J Brás Psiquiatr*, v. 57, n. 4, p. 247-52, 2008.

GAUER, G. et al. Inimputablidade: estudo dos internos do Instituto Psiquiátrico Forense Maurício Cardoso. *Rev Psiquiatr RS*, v.29, n. 3, p. 286-93, 2007.

KAFKA, M. P.; HENNEN, J. A DSM-IV Axis I comorbidity study of males with paraphilias and paraphilia-related disorders. *Sex Abuse*, v. 14, n. 4, p. 349-66, 2002.

LEVENSON, J. S.; MORIN J. W. Factors predicting selection of sexually violent predators for civil commitment. *Int J Offender Ther Comp Criminol*, v. 50, p. 609, 2006.

LUZ, A. B. Confusão de línguas entre Freud-Ferenczi. *Revista de Psicanálise de SPPA*, v. 13, n. 1, p. 59-72, 2006.

MARSHALL, W. L. et al. *Treating sexual offenders*: an integrated approach. New York: Routledge, 2006.

MINISTÉRIO DA SAÚDE. Secretaria De Políticas De Saúde. *Direitos humanos e violência intrafamiliar*: informações e orientações para agentes comunitários de saúde. Brasília: Ministério da Saúde, 2001.

MOORE, A. A. et al. Perfil de agresores sexuales. *Revista de Psiquiatría Forense y Ley*, v. 1, n. 1, p. 32-40, 2005.

ORGANIZAÇÃO MUNDIAL DE SAÚDE. *Classificação de transtornos mentais e de comportamento da CID 10*. Porto Alegre: Artes Médicas, 1993.

PIMENTEL, S.; PANDJIARJIAN, V. O estupro como "cortesia": direitos humanos e gênero na justiça brasileira. In: GOMES, L. (Ed.). *Cadernos Themis Gênero e Direito*. Porto Alegre: Sulina, 2000. p. 48-57.

PINA, A.; GANNON, T. A.; SAUNDERS, B. An overview of the literature on sexual harassment: perpetrator, theory and treatment issues. *Agress Viol Behav*, v. 14, p. 126, 2009.

PRENTKY, R. A.; BURGESS, A. W. *Forensic managment of sexual offenders*. New York: Kluwer Academic/Plenum, 2000.

RAYMOND, N. C. et al. Psychiatric comorbidity in pedophilic sex offenders. *Am J Psychiatry*, v. 156, n. 5, p. 786-8, 1999.

ROBERTIELLO, G.; TERRY, K. J. Can we profile sex offenders? A review of sex offenders typologies. *Agress Viol Behav*, v. 12, p. 508, 2007.

TEITELBAUM, P. O. Agressores sexuais: quem são e como tratá-los? In: CONGRESSO BRASILEIRO DE PSIQUIATRIA, 26., 2008, Brasília. Aula ministrada no curso avançado de atualização em psiquiatria forense.

TEITELBAUM, P. O. *Taxa basal de recidiva delitiva dos pacientes liberados do Instituto Psiquiátrico Forense "Dr. Maurício Cardoso" de Porto Alegre, Brasil, após cumprimento de Medida de Segurança: follow-up de 10 anos (1994-2004)*. 2009. Dissertação (Mestrado em Psiquiatria Forense)–Universidade Nacional de La Plata, La Plata, 2009.

TEITELBAUM, P. O.; OLIVEIRA, O. P. Delinqüência no RS: um estudo da população carcerária. In: VIOLÊNCIA em tempo de globalização. São Paulo: Hucitec, 2000. p. 503-21.

TEIXEIRA, E. H.; DALGALARRONDO, P. Crime, diagnóstico psiquiátrico e perfil da vítima: um estudo com a população de uma casa de custódia do estado de São Paulo. *J Bras Psiquiatr*, v. 55, n. 3, p. 192-4, 2006.

TELLES, L. E. B. Pedofilia. In: SOUZA, C. A. C.; CARDOSO, R. G. *Psiquiatria forense*: 80 anos de prática institucional. Porto Alegre: Sulina, 2006. p. 275-86.

TELLES, L. E. B. Perícias de responsabilidade penal realizadas no Instituto Psiquiátrico Forense. *Multijuris*: primeiro grau em ação, v. 2, n. 3, p. 44-9, 2007.

TELLES, L. E. B. Um olhar psiquiátrico sobre os delitos sexuais. In: BRAUNER, M. C. C. (Org.). *Violência sexual intrafamiliar*. Pelotas: Delfos, 2008. p.157-64.

TELLES, L. E. B. et al. Crimes sexuais: características de uma população de pacientes internados em um Hospital Psiquiátrico Forense. In: CONGRESSO BRASILEIRO DE PSIQUIATRIA, 17., 1999, Fortaleza.

TELLES, L. E. B. et al. Doença mental e outros modificadores da imputabilidade penal. *R. Psiquiatria. RS*, v. 24, n. 1, p. 45-52, 2002.

TELLES, L. E. B.; FOLINO, J. O. Perfil de reos sometidos a examen de responsabilidad penal, en Porto Alegre, Brasil. *Revista de Psiquiatria Forense y Ley*, v. 2, n. 1, p. 5-13, 2006.

VIEIRA, M. S. Violência sexual: classificações a partir da Delegacia da Mulher. In: BRAUNER, M. C. C. (Org.). *Violência sexual intrafamiliar*. Pelotas: Delfos, 2008. p.105-32.

PARTE III
A integração do atendimento

Em fevereiro de 2005, a avó materna de Cláudia e Márcia comunicou ao Conselho Tutelar que Vinícius, de 40 anos, companheiro de sua filha, Karla, de 25, estaria praticando violência sexual contra as enteadas Cláudia (na época com 5 anos) e Márcia (com 7 anos), com a conivência de Karla. As meninas, por iniciativa do Conselho Tutelar, foram encaminhadas, de imediato, à avaliação psicológica. Vestígios de violência foram encontrados no exame de corpo de delito, ainda que negativo para a ocorrência de estupro.

Diante dos fatos, Vinícius foi denunciado pela prática de atos libidinosos diversos da conjunção carnal, mediante violência e grave ameaça, com aumento de pena por ter sido cometido na condição de padrasto. A mãe das crianças, Karla, foi denunciada pelo crime de atentado violento ao pudor, em concurso de pessoas, cometido contra vítima menor de 14 anos, com aumento de pena por ser cometido por ascendente.

Durante a instrução do processo criminal, Vinícius e Karla negaram a prática dos fatos. Karla se contradisse no depoimento, alegando desconhecer os fatos, só vindo a tomar conhecimento deles quando chamada pelo Conselho Tutelar. Declarou que, mesmo sabendo que seu companheiro, Vinícius, já tinha cometido o delito de estupro, "não passava por sua cabeça que ele abusaria das crianças". Entretanto, na fase policial, logo após a denúncia da avó, a versão apresentada foi diferente. Karla afirmou, naquela oportunidade, perceber que as meninas tinham medo do réu e que Vinícius confessou-lhe que, à noite, na sua ausência, muitas vezes, quis colocar o pênis na boca de Cláudia, a mais velha.

Karla relatou que, certa vez, encontrou uma bermuda da menina com marcas de sangue, indo tirar satisfações da filha. Nesse dia, a vítima, apavorada, falou do abuso, mas a desconfiança de Karla voltou-se contra o pai biológico, João, indo até a Delegacia registrar a ocorrência, atribuindo a ele a autoria. Porém, ao retornar, a filha reafirmou que Vinícius era o autor – e não João. Karla admitiu, ainda, ser "conivente" com Vinícius, ao saber que ele abusava das meninas há cerca de dois anos, ressaltando, no entanto, nunca ter presenciado qualquer agressão. Ela afirmou também que o companheiro é violento, tendo lhe apontado, por várias vezes, um revólver calibre 38.

No transcorrer do processo-crime, foram ouvidas várias testemunhas, além das vítimas. Não houve a técnica do depoimento sem dano. O auto de exame de corpo de delito constatou vestígios de violência na vítima, produzida por instrumento contundente, e, a pedido da mãe das meninas, o juízo determinou o afastamento de Vinícius do lar.

Os laudos psicológicos, referentes a Cláudia e Márcia, constataram que as vítimas estavam sob estresse pós-traumático em função da violência a que foram submetidas. Apontaram também afeto inadequado e uma constante agitação decorrente da presença de muita ansiedade, emoção e sofrimento no ambiente familiar. A primeira apresentou indícios de negligência em relação aos cuidados básicos, tendo inclusive suspeita de atraso no desenvolvimento; a segunda apresentou narrativa coerente em relação as suas ideias, adequada a sua faixa etária, tendo a representação muito clara de situação de abuso sexual, demonstrando sofrimento ao se referir a essas vivências, com evidente prejuízo a seu desenvolvimento, sendo encaminhada para acompanhamento no Programa Sentinela.

A vítima Márcia, quando inquirida, narrou que "era ruim" morar com a mãe e o padrasto, pois ele batia nela e nos irmãos com uma cinta. Lembrou que, certa vez, Vinícius trancou os irmãos em um galpão, ficando a sós com as duas meninas. Levou cada vítima a um cômodo da casa – Márcia para o banheiro e Cláudia para o quarto – despiu-se, tirou-lhes a roupa, colocando o pênis na vagina e no ânus, bem como na boca delas, beijava-lhes o corpo, e, após, ejaculava nas meninas. Além disso, batia nas meninas e ameaçava-lhes cortar a língua ou matá-las, caso o delatassem. Márcia lembrou que o padrasto esfregava em seu corpo uma "gosma branca" que saía do pênis.

O caso apresentado é meramente ilustrativo.

Cláudia, por sua vez, traz a mesma versão. As agressões, segundo ela, não se restringiram a esse dia. Várias vezes, o agressor machucou as meninas até sangrar. Questionadas se relataram os fatos à mãe, as meninas alegaram que sim, só que a reação dela foi de colocar pimenta em suas línguas. Revelaram que, no dia em que Vinícius queimou, propositadamente, a perna de Márcia, com leite, elas fugiram para a casa da avó, contando tudo à tia, Adriana, que desmaiou. A avó não estava em casa. Mais tarde, revelaram para a avó, Anita, que as abrigou em sua casa.

O laudo psicológico destaca que duas meninas, atualmente com 11 e 9 anos, não conseguiriam inventar ou imaginar a mesma história com detalhes que somente quem viveu a situação de abuso poderia conhecer – o que é ejaculação ou mesmo penetração.

Vinícius foi condenado como incurso várias vezes no crime de atentado violento ao pudor, cometido contra vítima menor de 14 anos, aproveitando-se da condição de padrasto, na forma de crime continuado, à pena privativa de liberdade de 11 anos, 1 mês e 10 dias de reclusão, a ser cumprida em regime integralmente fechado. Karla foi condenada como incursa várias vezes no crime de atentado violento ao pudor, cometido contra vítima menor de 14 anos, aproveitando-se da condição de ascendente, na forma de crime continuado, à pena privativa de liberdade de 10 anos, 5 meses e 1 dia de reclusão, a ser cumprida em regime integralmente fechado.

Inconformados, os réus recorreram, sendo mantida a condenação de Vinícius. Karla foi absolvida. É reconhecida como uma vítima das circunstâncias, mulher, hoje, com sete filhos, apesar de contar apenas 29 anos ao tempo em que foi interrogada, impotente, pelas mais diversas razões, precisando trabalhar fora de casa e deixar a salvo da sanha agressiva do companheiro suas pequenas filhas. A absolvição baseia-se, ainda, na não comprovação da manutenção do relacionamento após a formalização das denúncias no Conselho Tutelar e nas dúvidas sobre sua participação no crime. Por outro lado, em virtude de as vítimas serem crianças, com pouca idade e submetidas à autoridade do padrasto, homem já maduro, com 40 anos de idade, à unanimidade, foi mantida a condenação de Vinícius e a anterior pena aplicada.

Não foi ajuizada ação de destituição do poder familiar contra Karla, permitindo-lhe o exercício regular do poder familiar em relação aos filhos.

19

O ASSISTENTE SOCIAL E O ATENDIMENTO A FAMÍLIAS EM SITUAÇÃO DE VIOLÊNCIA SEXUAL INFANTIL

Márcia de Castro Quaglia
Myriam Fonte Marques
Geneviève Lopes Pedebos

INTRODUÇÃO

O presente capítulo tem por objetivo apresentar o processo de trabalho do assistente social diante da complexa situação de violência sexual intrafamiliar cometida contra crianças e adolescentes. A experiência aqui relatada refere-se à intervenção do profissional de serviço social junto a uma equipe interdisciplinar no espaço de um hospital universitário vinculado ao Ministério da Educação.

O ambiente hospitalar confere características distintas aos serviços de atendimento à criança e ao adolescente inseridos em sua estrutura, uma vez que desloca a assistência para o nível terciário do Sistema Único de Saúde, caracterizado pela alta complexidade organizacional e serviços prestados. Nesse sentido, as autoras buscam, neste capítulo, compartilhar o conhecimento adquirido no atendimento de situações de violência, considerando que o abuso sexual viola os direitos fundamentais das crianças e adolescentes, ocasionando importantes sequelas físicas, biológicas, emocionais e sociais em seu desenvolvimento. Com essa finalidade, o presente capítulo foi dividido em quatro partes. Nas duas primeiras, são explicitadas a concepção teórico-metodológica que norteia os processos de trabalho do serviço social e o entendimento do fenômeno em questão: a violência sexual infantil. Na terceira parte, são tecidas considerações referentes aos indicadores sugestivos de abuso sexual na família, na criança, e algumas características do abusador. Na quarta e última parte, são descritos os principais instrumentos utilizados pelo assistente social na avaliação e no acompanhamento social das famílias em que ocorre o abuso, destacando os cuidados necessários na abordagem e na revelação do segredo.

Optou-se em dar visibilidade à abordagem do assistente social no atendimento à criança e o adolescente e suas famílias vitimizados pelo abuso sexual intrafamiliar, enfatizando os processos interventivos e a dimensão técnico-operativa. Cabe ressaltar, no entanto, a relevância do trabalho de prevenção à violência, considerando a dificuldade de se conseguir interromper o ciclo abusivo por meio de ações isoladas.

A INSERÇÃO DO SERVIÇO SOCIAL NA BUSCA DA DEFESA DOS DIREITOS DA CRIANÇA E DO ADOLESCENTE

Historicamente, o serviço social constitui-se como uma especialização do trabalho coletivo, que encontra, na realidade social, o cenário onde se expressa a questão social, sendo este o espaço para o desenvolvimento de suas ações. Como profissão juridicamente regulamentada, pressupõe a existência de um corpo teórico-metodológico e técnico-operativo, sustentado por uma sólida concepção ético-política explicitada na Lei nº 8662/93 (Brasil, 1993) e na Resolução nº 273/93 (CFESS, 1993).

A intervenção profissional se dá no contexto das relações sociais, que, por sua vez, constituem-se a partir de um cenário macrossocial, político e econômico adverso que conduz à reprodução e à intensificação de profundas desigualdades sociais expressas no cotidiano da população. O assistente social tem, historicamente, como objeto de trabalho, as múltiplas expressões da questão social que, no contexto abordado neste capítulo, se revela no fenômeno da violência sexual contra a infância. A violência sexual, por sua vez, caracteriza-se como uma das formas de violação dos direitos humanos fundamentais e dá visibilidade a um processo de violência estrutural e cotidiano que permeia as relações da sociedade em suas mais variadas esferas (Pedersen, 2009).

É neste vasto campo, caracterizado pelas condições concretas (materiais) de vida da população, forjadas pela estruturação das relações econômicas, sociais e culturais, que o serviço social desenvolve seu processo de trabalho junto às famílias, como ilustra o mapa conceitual a seguir (Figura 19.1).

Como afirma Iamamoto (2007), o assistente social deve desenvolver seu processo interventivo tendo ciência das "várias expressões que as desigualdades sociais assumem na atualidade e os processos de sua produção e reprodução ampliada", visando,

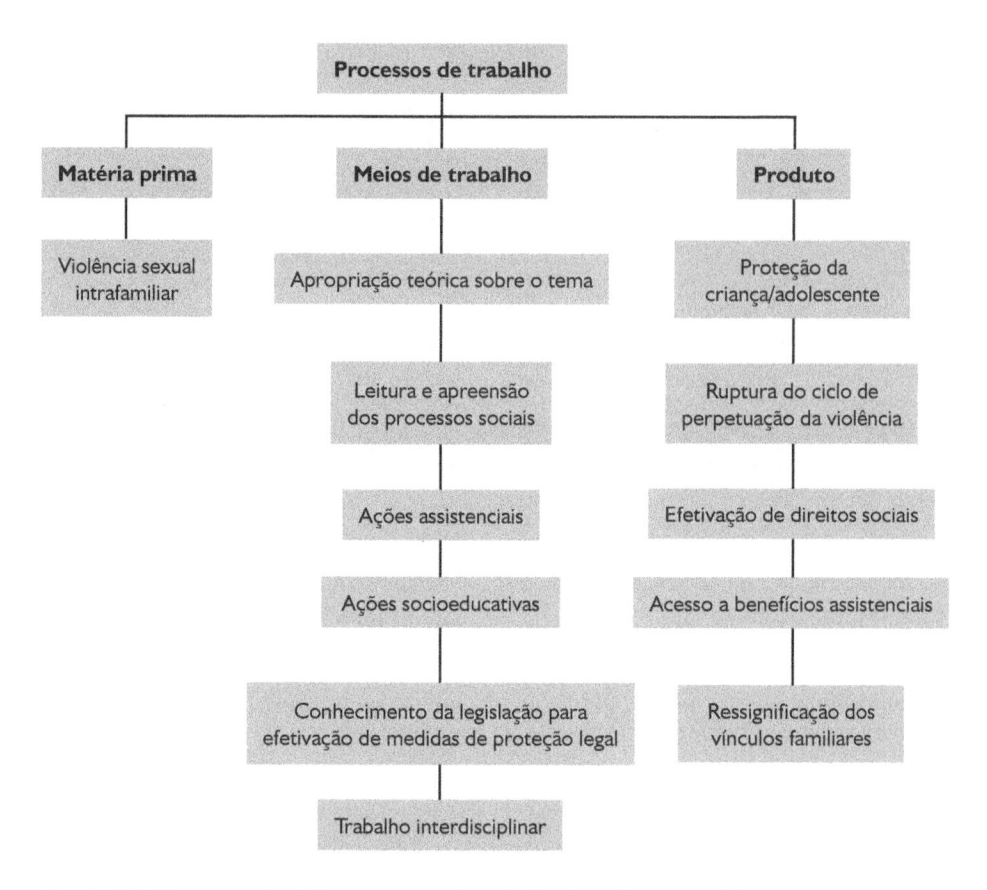

FIGURA 19.1 Mapa conceitual dos processos de trabalho do assistente social.

assim, a "projetar e forjar formas de resistência e de defesa da vida" (Iamamoto, 2007, p. 176-177). Tais formas de resistência, muitas vezes, já estão presentes no cotidiano das famílias, mas de modo parcialmente oculto.

Os processos de trabalho do assistente social integram o processo de trabalho coletivo organizado dentro das condições sociais dadas, cujo produto, em suas dimensões materiais e sociais, é fruto do trabalho combinado ou cooperativo, que se forja com o contributo específico das diversas especializações do trabalho (Iamamoto, 2003, p. 107).

A partir da promulgação da Constituição Federal de 1988 e do Estatuto da Criança e do Adolescente (Lei 8.069/90) – aqui designado como ECA – e da Lei Orgânica da Assistência Social (Lei 8.742/93) – LOAS –, há o desenvolvimento de um novo paradigma assistencial que apresenta como diretriz a compreensão das crianças e dos adolescentes como sujeitos de direitos.

O ECA coloca em pauta a responsabilidade compartilhada pela família, pelo Estado e pela sociedade em geral de prover condições dignas de vida às crianças e adolescentes, tendo ciência dessa etapa como sendo singular no processo de desenvolvimento físico, biológico, psíquico e social dos indivíduos.

Dessa forma, a intervenção do assistente social constitui-se por meio da interação com diferentes atores sociais, e apresenta, como direcionamento, um aparato normativo que respalda, de forma jurídico/legal, as práticas interventivas desenvolvidas pelos diferentes profissionais. O projeto ético-político da profissão evidencia o compromisso na defesa intransigente dos direitos humanos e recusa o arbítrio e o autoritarismo. Além disso, prima pela ampliação e consolidação da cidadania, considerada tarefa primordial de toda sociedade, com vistas à defesa dos direitos civis e sociais (Resolução CFESS 273/93). Para efetivação dessa prática no contexto da violência contra crianças e adolescentes, faz-se necessária a apropriação teórica do tema, o que fazemos na seção a seguir.

CONSIDERAÇÕES ACERCA DA VIOLÊNCIA CONTRA CRIANÇAS E ADOLESCENTES

A violência contra crianças e adolescentes tem sido estudada e pesquisada nos últimos anos, surgindo contribuições importantes, em diversas áreas do conhecimento, que buscam compreender as implicações subentendidas acerca desse tema. Cabe dizer que, por violência infanto-juvenil, entende-se: "todo ato ou omissão praticado por pais, parentes ou responsáveis, contra crianças e adolescentes que – sendo capaz de causar dano físico, sexual e/ou psicológico à vítima – implica, de um lado, uma transgressão do poder/dever de proteção do adulto e, de outro, uma coisificação da infância, isto é, uma negação do direito que crianças e adolescentes têm de serem tratados como sujeitos e pessoas em condição peculiar de desenvolvimento" (Guerra, 1998, p. 32).

A violência é sempre associada a uma forma de manifestação de relações de poder e dominação de um sujeito sobre o outro, expressando uma negação da liberdade do outro, de situações horizontais de igualdade e da própria vida (Ferrari, 2002). O trabalho com essa realidade exige a compreensão acerca da complexidade e da diversidade que envolvem as situações de violência em suas modalidades contra crianças e adolescentes, e, assim, a busca por caminhos para o enfrentamento dessa realidade no cotidiano profissional.

A violência infanto-juvenil é entendida como um grave problema, sendo considerado um fenômeno sócio-histórico presente nas relações familiares. Ao longo do tempo, o trabalho do assistente social foi intimamente associado ao contexto da realidade social da infância, e, nesse percurso, busca ações que possam efetivamente garantir a proteção e a consolidação de sua cidadania, rompendo com ciclos abusivos a que a criança possa estar sendo submetida há muitos anos.

Silva (2008) afirma que trabalhar com as múltiplas expressões da violência na contemporaneidade é uma iniciativa que "não se limita somente ao Serviço Social, mas o desafia no sentido de discutir a violência como uma categoria que se objetiva sob dadas condições sócio históricas, como complexo social que envolve seus profissionais e exige deles posicionamentos e ações que possam inibir processos violentos" (p. 2).

Associamo-nos ao pensamento de Guerra e Azevedo (2002), que parte do pressuposto de que a violência contra crianças e adolescentes deve ser apreendida levando-se em consideração determinantes sociais, históricos, econômicos, políticos e culturais. Deve ainda contemplar uma abordagem sócio-psico-interacionista, "privilegiando a explicação multicausal da conduta violenta de pais contra filhos" (Azevedo, 2002, p.3). Faz-se, assim, necessário intervir junto à realidade e aos sujeitos envolvidos nesse processo na perspectiva da totalidade, evitando-se a fragmentação, a banalização ou a generalização das explicações a respeito da violência (Silva, 2008, p. 7).

A intervenção nessa realidade violenta, como já foi dito, sempre é complexa e de difícil manejo. Exige, para isso, ação de profissionais que tenham consciência de sua práxis, ou seja, de profissionais que busquem em sua ação uma determinada finalidade com intencionalidade definida (Foresti, 2004). Essa intencionalidade deve se basear em práticas transformadoras que visem a contribuir para a redução e a ruptura de ações violentas no âmbito intrafamiliar.

Violência sexual intrafamiliar

O interesse pela temática da violência sexual não se limita aos profissionais que trabalham especificamente com esse objeto. Ela está próxima de diferentes espaços de trabalho, pois, de acordo com estudos realizados pelo Laboratório de Estudos da Criança (Lacri) da Universidade de São Paulo, 1 em cada 3 a 4 meninas, e 1 em cada 6 a 10 meninos serão vítimas de alguma modalidade de abuso sexual até completarem 18 anos (Azevedo, 2000). Tal estimativa de incidência nos leva a dimensionar o impacto de tal situação e apontar a necessidade de uma estrutura institucional articulada e profissionais capacitados para o atendimento dessa grave demanda.

Em um panorama internacional, o Brasil integra o grupo de países que não mantêm estatísticas oficiais sobre casos notificados de violência contra crianças e adolescentes, assim como não existem estudos sistemáticos sobre a incidência e a prevalência desse fenômeno (Azevedo, 2007). Além disso, ainda de acordo com Azevedo (2007), a escassez de dados empíricos referentes a essa realidade pode ocasionar a veiculação de informações equivocadas, como, por exemplo, ser a violência sexual a modalidade de violência mais notificada em nosso país.

Independentemente das dificuldades na elaboração e no registro de levantamentos probabilísticos confiáveis e representativos da realidade brasileira, parece ser consensual, em diferentes instâncias da sociedade, que a violência sexual infanto-juvenil se configura como um grave problema de saúde pública. Para Costa e Victora (2006, p. 144), a saúde pública deve ser entendida como um conjunto organizado de ações que tem por finalidade proteger, promover e restaurar a saúde da população. Caracteriza-se como "a combinação de ciências, habilidades e crenças que estão direcionadas para a manutenção e melhora dos níveis de saúde de todas as pessoas através de ações coletivas ou sociais" (ibidem, p. 145).

São critérios para a consideração de um agravo como um problema de saúde pública, o interesse da comunidade, a prevalência, a gravidade e a possibilidade de controle (Morley apud Costa e Victora, 2006). A partir desses critérios, privilegiam-se dois aspectos fundamentais relacionados à violência sexual infanto-juvenil: a ênfase no desenvolvimento de ações preventivas e a valorização de intervenções direcionadas à diminuição de agravos e sequelas evitáveis, uma vez que os profissionais da saúde, em muito casos, são os primeiros a se depararem com crianças que foram agredidas, agindo, muitas vezes, somente em relação às consequências da violência.

Alguns autores (Farinatti, 1993; Furniss, 1993; Garbarini e Eckenrode, 1999) apontam uma grande diferenciação na dinâmica, nas características e nas intervenção das situações que envolvem abuso sexual das outras modalidades de violência contra crianças e adolescentes. Salienta-se o fato de a violência sexual ainda ser vista como um tabu em várias sociedades, sendo envolta de muitos segredos e contradições, o que a impede de ser interrompida e/ou revelada, sobretudo porque ocorre, em sua maioria, na rede intrafamiliar ou com pessoas muito próximas do convívio afetivo e social da criança.

A conceituação sobre abuso sexual é ampla, mas considera-se o seguinte conceito:

> é todo ato ou jogo sexual, relação hetero ou homossexual entre um ou mais adultos e uma criança ou adolescente, tendo por finalidade estimular sexualmente essa criança ou adolescente ou utilizá-los para obter uma estimulação sexual sobre sua pessoa ou sobre outra (Guerra, 1998, p. 23).

Azevedo e Guerra (1988, p. 13) elaboraram uma descrição detalhada das situações envolvendo abuso sexual, classificando-as como: *não envolvendo contato físico* (abuso verbal, exposição a filmes obscenos, *voyeurismo*); *envolvendo contato físico* (passar a mão, manipulação de genitais, contato oral-genital e anal, etc.) e *envolvendo contato físico com violência* (estupro, brutalização, etc.). Posteriormente, a partir da década de 1990, passou-se também a atentar às situações de pedofilia e de exploração sexual que ocorrem por meio da internet, sendo que as crianças e os adolescentes passaram a ser alvos fáceis e vítimas com muita frequência.

Azambuja (2004, p.68) descreve que o abuso sexual está dividido em familiar e não familiar. As situações que envolvem crianças ou adolescentes que foram vitimizadas por pessoas fora de seu convívio familiar ou de sua relação afetiva apresentam maiores chances de serem protegidas e terem encaminhamentos satisfatórios frente à difícil revelação. Entretanto, os casos ocorridos no seio intrafamiliar apresentam outra dinâmica envolvendo, principalmente, o complô do silêncio e o segredo.

De acordo com Furniss (1993, p. 37-41), o abuso sexual de crianças e adolescentes é considerado síndrome do segredo para a própria criança e para a família, e síndrome da adição para o adulto que abusa, sendo que essas duas síndromes estão diretamente interligadas. Do ponto de vista da criança, há o receio de não ter credibilidade na revelação da situação abusiva, de não ser protegida pelos adultos e o medo de represália por parte do adulto agressor. A família, por sua vez, não quer romper com o "equilíbrio da unidade familiar", temendo pelas possíveis perdas afetivas e econômicas, e, principalmente, não consegue desempenhar seu papel protetor (Scoladerio, 2002). A síndrome da adição, para o adulto agressor, representa uma compulsão, uma gratificação de seus desejos e impulsos. Esse adulto tem "a consciência, a crítica de que o abuso é errado e que é considerado crime" (Furniss, 1993, p. 37), entretanto, não consegue ter empatia pela criança e nem avaliar os danos físicos e psicológicos causados à mesma.

Na prática do abuso sexual intrafamiliar, as crianças podem vir a aceitar a situação e até se adaptar a ela para suportar a violência ocorrida. Entram na dinâmica da chantagem (ameaças) ou dos favores, dos presentes e dos privilégios do adulto abusador. Muitas vezes, a criança consegue fazer a revelação do abuso, mas é desacreditada por parte de seus cuidadores, que a acusam de mentir. Nesse sentido, a criança volta atrás em seu relato e passa a ter que se adaptar a essa ultrajante realidade. Tal processo é considerado como a "síndrome da adaptação", descrito por Summit, citado por Gabel (1997). Esse mesmo autor afirma que, "se a criança não procurou imediatamente ajuda e não foi protegida, sua única opção possível é aceitar a situação e sobreviver, ao preço de uma inversão dos valores morais e alterações psíquicas prejudiciais à sua personalidade" (Summit apud Lamour, 1997, p. 55).

As consequências do abuso sexual para as crianças e adolescentes são múltiplas e danosas, manifestando-se ao longo de todo o seu desenvolvimento biofísico, emocional e social, e tendendo a se emaranhar nos diferentes espaços de inserção dos sujeitos. Ferrari (2002, p. 84) salienta alguns aspectos fundamentais para determinar tais consequências: a idade da criança, o tipo de relação entre a criança e o agressor, a duração e a frequência do abuso, a personalidade da criança e o impacto da relação no ambiente familiar, social e legal. De um modo geral, sabe-se que tais decorrências podem surgir imediatamente ou de forma mais tardia. As consequências mais comuns encontradas na literatura científica são: transtornos alimentares, alterações de comportamento, ansiedade, depressão e/ou tentativa de suicídio, fracasso escolar, agressividade, isolamento social, gravidez precoce, drogadição, alcoolismo, prostituição, distúrbios sexuais, entre outras.

Nesse sentido, é possível identificar os múltiplos nexos causais implicados nesse processo de violação dos direitos da infância e juventude. Diante desse contexto, torna-se imprescindível que o Estado e a sociedade civil pensem em dispositivos de prevenção, intervenção e promoção de medidas de proteção aos sujeitos vitimizados.

Indicadores de risco de violência nas famílias

> Embora todo mundo acredite saber o que é uma família, é curioso constatar que, por mais vital, essencial e aparentemente universal que a instituição família possa ser, não existe para ela, como é também o caso do casamento, uma definição rigorosa.
>
> Françoise Hériter

Compreende-se como família um grupo de pessoas que se acham unidas por laços consanguíneos, afetivos e/ou de solidariedade que se comprometem com o cuidado mútuo (Brasil, 2009). Relacionado a esse conceito, aponta-se que família "é considerada a célula mater da convivência humana" (Rech, 2007, p. 19), existindo uma diversidade de fenômenos que interferem em suas relações interpessoais. Rech (2007) refere que:

> a família é um tipo especial de sistema que se insere na ordem das relações interpessoais mais primitivas e mais consistentes, nas dimensões do tempo psicológico de cada um, no tempo social, histórico e contextual. Ela é delimitada por uma estrutura, com padrões e propriedades que proporcionam as bases, tanto para a estabilidade quanto para as mudanças (Marques apud Rech, 2007, p. 19).

A família, qualquer que seja a natureza de suas configurações, atua como referencial para o desenvolvimento afetivo e social da criança, mas, em alguns casos, é onde seus direitos são violados. Tal aspecto é identificado frequentemente nas situações que envolvem violência sexual contra crianças e adolescentes. O abuso sexual, quando praticado por aqueles em quem a criança confia e que deveria protegê-la, causa profundos danos. Trata-se de famílias com um padrão abusivo de relacionamento interpessoal que revelam as cicatrizes de sua história pessoal.

Furniss (1993) faz referência a dois tipos de famílias abusivas. Em primeiro lugar, há as famílias que socialmente são vistas dentro de uma "normalidade" pelos vizinhos e amigos e que evitam os conflitos familiares e conjugais. A realidade dos relacionamentos nessa famílias, no entanto, é outra: as regras morais são muito rígidas, o casamento é mantido idealizado e a interação abusiva é mantida em segredo, havendo, geralmente, o envolvimento de apenas uma criança. Nessas famílias, o abuso sexual tem a função de negar qualquer tensão e desequilíbrio emocional e/ou sexual entre os pais, sendo o reconhecimento do abuso totalmente descartado pelos membros da família, pois:

a revelação pública do abuso sexual da criança na família organizada e que evita o conflito provoca um imediato desastre familiar. Ações drásticas, fuga, ou o desenvolvimento de sintomas psicossomáticos por parte do pai na revelação inicial são uma atuação para evitar enfrentar os problemas reais, assim como são os pedidos de divórcio (Furniss, 1993, p. 61).

O outro tipo de família é aquela na qual o abuso sexual infanto-juvenil tem a função de regular os conflitos. A desorganização dessas famílias é visivelmente percebida pela sociedade – vizinhos, parentes, amigos e por seus próprios membros. O conflito conjugal é evidente, a prática abusiva é conhecida, mas nada é falado a respeito, havendo, nesses casos, o envolvimento de mais de uma criança. Em tais famílias:

> não é a revelação do abuso sexual da criança, mas a mudança nos relacionamentos familiares e a introdução de fronteiras emocionais e intergeracionais durante o tratamento subsequente que induzem a crise familiar e ameaçam as fundações sobre as quais a família está construída (Furniss,1993, p. 61).

Nesse sentido, a incapacidade dos pais de lidar com seus conflitos conjugais, sexuais, emocionais e familiares estabelece o cenário para manter o abuso sexual da criança por longo tempo, dificultando a revelação e criando situações de extrema confusão para a criança.

Algumas características familiares são sugestivas de abuso intrafamiliar, embora elas, isoladamente, não sejam suficientes para a identificação de abuso sexual, sugerindo-se a presença de mais de três.

A família tende a voltar-se a si mesma, morando em uma área limitada em suas interações sociais, o que protege o segredo do abuso; o modelo de comunicação é desorganizado, incluindo segredos e comunicação indireta; há desequilíbrio de poder entre os pais, sendo um deles, geralmente, autoritário e ciumento, e o outro, submisso. Ainda é relevante considerarmos que ocorre inversão de papéis, com uma forte necessidade de dependência parental, na qual a criança é forçada a cuidar das necessidades de pais autoritários (Rocha, 2004; Farinatti, Biazus e Leite, 1993).

Cabe dizer que nem todas as famílias com as características descritas anteriormente são abusivas. Portanto, deve-se ter atenção para não haver pré-julgamentos ou conclusões precipitadas quanto à ocorrência do abuso sexual em uma família. É importante relacionar os indicadores, bem como observar e acompanhar tais famílias antes de qualquer conclusão.

Além disso, essas famílias costumam assumir atitudes de hostilidade diante de pessoas desconhecidas, e os pais dificilmente autorizam a entrevista de um profissional a sós com seu filho, principalmente quando a suspeita do abuso sexual for detectada em uma instituição hospitalar.

Outros autores (Rocha, 2004; Farinatti, Biazus e Leite, 1993) descrevem os principais indicadores emocionais e comportamentais na criança e adolescente que podem sugerir abuso sexual: mostra interesse não usual por assuntos sexuais e usa terminologia inapropriada para a idade; alterna seu humor, a criança é retraída *versus* extrovertida; há perda ou excesso de apetite; ocorrem frequentes fugas de casa; isolamento social; há atraso no desenvolvimento, perturbação do sono, depressão, ansiedade, agressividade ou passividade exagerada, dificuldade escolar.

Quanto ao perfil do abusador, cabe dizer que esse não é reconhecido por sua aparência física, nem por seu comportamento social, mas, segundo Farinatti, Biazus e Leite:

> existem algumas características que podem ser identificadas, como por exemplo: paradoxalmente dominador e fraco; abusa de álcool e drogas; conduta impulsiva e imatura; excessivamente protetor, possessivo ou com ciúmes da criança, não encorajando contatos sociais

com outros adultos ou crianças; tende a culpar os outros por suas dificuldades; responsabiliza a criança pelo abuso; minimiza a seriedade da situação (Farinatti, Biazus e Leite, 1993, p. 123).

É frequente que o autor do abuso sexual também tenha sofrido violência sexual na infância. Na grande maioria das situações, os abusadores são pessoas lúcidas e conscientes de seus atos. A reclusão do abusador faz com que o abuso cesse, porém, se for uma medida isolada, será uma proteção temporária, uma vez que o abusador frequentemente volta a conviver com a família.

ABORDAGEM METODOLÓGICA NAS SITUAÇÕES DE VIOLÊNCIA SEXUAL INTRAFAMILIAR

O processo interventivo do assistente social tem por base a apropriação de um arsenal técnico-operativo que contempla diferentes instrumentos, procedimentos e técnicas a partir do referencial teórico que ilumina sua prática. Serão explicitados, abaixo, os principais procedimentos adotados pelo assistente social nos atendimentos que envolvem a suspeita e/ou a confirmação da violência sexual. Porém, cabe salientar que os mesmos poderão se adaptar aos diferentes espaços institucionais, ao contexto de atendimento e às necessidades surgidas ao longo do acompanhamento com a família.

Abordagem e revelação

Uma das etapas do trabalho com as famílias é a revelação do abuso sexual. Segundo Furniss (1993), ela se dá de forma *acidental* ou *premeditada*. A revelação acidental ocorre sem a manifestação da criança; quando alguém surpreende o abusador na prática abusiva, o que não é o mais comum, pois o abuso sexual ocorre no privado, sem testemunhas. Essa modalidade também se manifesta quando a criança, em razão dessa violência, sofre lesões e danos físicos, necessitando atendimento médico. Já a revelação premeditada acontece quando a própria criança revela o abuso por não mais suportá-lo, ou quando um irmão menor passa a ser a vítima, como ilustra a seguinte vinheta:

> Juliano* tinha 6 anos quando foi internado na Unidade Pediátrica Hospitalar. Apresentava conduta agressiva, colocava-se em risco fugindo de casa e tendo ideação suicida (várias vezes corria na rua dizendo que se jogaria em frente aos carros). Uma semana antes de sua internação hospitalar, havia mencionado a sua mãe que estava sendo abusado sexualmente pelo avô materno, que era responsável por seu cuidado e do irmão menor no período em que a mãe trabalhava. Acrescentou dizendo que o "vô" também fazia dodói no maninho de 2 anos. Após as primeiras entrevistas com a mãe, a mesma admitiu que já desconfiava de que seu pai também havia abusado de seus outros dois filhos maiores.

Em uma instituição hospitalar, o abuso sexual é identificado das seguintes maneiras: por marcas e sinais que o indicam como causa subjacente do problema principal da consulta ou do motivo da internação; por relato de outras pessoas, vizinhos, familiares e professores que suspeitam de que o abuso possa estar ocorrendo; e por queixa específica feita pela criança ou por seus familiares.

As vias de entrada são o serviço de emergência, as consultas no ambulatório e a internação, quando é observado algum indício pela equipe de saúde. Em sua maioria, o abuso sexual é sem violência física. Quaglia e Marques (2004) dizem que, quando a criança é levada a um hospital para atendimento médico e a violência é

---

* O nome e idade da referida criança foram modificados para manter o sigilo do caso.

muito explícita, torna-se mais facilmente detectável. Por meio dos indícios visíveis, como, por exemplo, hematomas, lacerações genitoanais e doenças sexualmente transmissíveis, o profissional pode identificar rapidamente a realidade apresentada pela criança. Entretanto, muitos são os casos em que não há indícios de violência física, sendo que o diagnóstico pode demorar a ser feito ou passar despercebido. Nessas situações, é relevante a capacidade do profissional para interpretar os sinais comportamentais, emocionais e sociais que a criança apresenta.

A revelação do abuso sexual produz uma crise imediata nas famílias e na rede de profissionais. A complexidade dos processos envolvidos exige uma abordagem interdisciplinar com ações integradas, de modo a não causar mais danos à criança. É um fenômeno que requer muito cuidado no diagnóstico e na forma de intervenção.

No início do atendimento, é importante estabelecer um vínculo de confiança com a criança e com a família, sem julgamentos ou culpabilização, mas demonstrando interesse na história. Em determinado momento, o assistente social poderá mediar o processo de revelação da situação abusiva entre a criança/adolescente e seu responsável, como mostra o relato a seguir:

> Adriana,* uma adolescente de 14 anos, demonstrava idade inferior à que tinha, pois era muito franzina e apresentava comportamento muito infantilizado. Desde os 7 anos, realizava acompanhamento ambulatorial no hospital com queixas frequentes de constipação e dores abdominais. Foi exaustivamente investigada, do ponto de vista clínico, sem doença prévia. No último ano passou a apresentar mudanças importantes em seu comportamento, como isolamento social, abandono escolar e alteração de sono. Nas consultas, a equipe de saúde levantou a hipótese de que Adriana pudesse estar apresentando problemas emocionais e/ou familiares que estivessem interferindo nessas mudanças comportamentais. Seu contexto familiar era constituído de pais separados há vários anos por graves conflitos conjugais, sendo que tanto a mãe como o pai já haviam constituído novas uniões. Adriana residia com a mãe, padrasto e quatro irmãos. Ela e os irmãos visitavam quinzenalmente o pai. Nas consultas, ela sempre comparecia acompanhada de sua mãe, mas na ultima vez, apareceu sozinha, alegando que a mãe, por motivos de trabalho, não pode lhe acompanhar. Nessa ocasião, ela revelou à equipe de saúde que, desde os 5 anos estava sendo abusada sexualmente pelo pai, sendo que no último ano passaram a manter relação sexual completa. Ao realizar esse relato, mostrou-se muito envergonhada, com medo e grande sofrimento. Disse nunca ter revelado à mãe com receio da reação da mesma: temia que ela pudesse "matar o pai". Adriana repetiu várias vezes que gostava muito do pai e não queria lhe prejudicar; somente gostaria que ele não a molestasse sexualmente. A próxima visita de Adriana ao pai seria em sete dias. A equipe de saúde acolheu Adriana em seu relato tão sofrido, enaltecendo sua coragem em revelar esse segredo guardado há tantos anos. Ela recebeu esclarecimentos e foi orientada quanto à gravidade da situação, e buscou-se isentá-la de culpa diante dos fatos ocorridos. Adriana precisava ser protegida; dessa forma, era imprescindível que sua mãe pudesse ter acesso a tal revelação. Após muita insistência, Adriana concordou que sua mãe fosse localizada e comparecesse naquela mesma tarde ao hospital. A mãe, ao chegar, mostrou-se muito ansiosa e temerosa, desconfiando que a filha pudesse estar com um diagnóstico clínico muito grave (chegou a mencionar que fosse câncer). Com a mediação da assistente social, Adriana relatou à mãe o que se passava nas visitas à casa do pai.

---

* O nome, idade e características da situação da adolescente foram modificados para manter o sigilo do caso.

Quando, em uma instituição hospitalar, a equipe interdisciplinar recebe o encaminhamento de uma criança abusada sexualmente ou sob suspeita, a família passa a ser o sujeito de atenção do assistente social. É desencadeado o processo de avaliação, em que a família é entrevistada e um dos primeiros objetivos é verificar o grau de risco a que a criança está submetida e que medidas protetivas deverão ser tomadas. Outro objetivo, que ocorre simultaneamente, é o de avaliar a capacidade da família de proteger a criança de novos abusos e a necessidade ou não do afastamento imediato da criança, por exemplo, hospitalizá-la ou colocá-la em casa de parentes até que as autoridades competentes sejam comunicadas e o abusador, se identificado, seja afastado.

Além disso, é fundamental verificar se a família já tomou as medidas legais e de proteção à criança, como o registro de ocorrência na Delegacia da Infância e do Adolescente; o exame da criança pelo Departamento Médico Legal e avaliar se o Conselho Tutelar ou o Ministério Público foram procurados. Caso essas medidas não tenham sido tomadas, é importante comunicar à família que temos obrigação de fazê-lo, independentemente de outras providências e de sua concordância. Também se faz necessário interpretar, para a família, artigos do Estatuto da Criança e do Adolescente e sua importância na defesa dos direitos da criança.

Outra medida a ser tomada é procurar também saber com a família ou com a pessoa a quem a criança contou o abuso se essa "autorizou" que o assunto seja abordado na frente de toda a família, e, ainda, se a criança sabe o motivo de estarem todos ali. Além disso, outras informações devem ser obtidas, pois facilitarão as condutas subsequentes, como, por exemplo: se havia suspeita de que o abuso sexual podia estar ocorrendo, ou como a família tomou conhecimento do abuso, e qual foi o impacto do fato para eles; se havia ameaça física ou psicológica e em que consistiam, etc.

Segue-se, então, o esclarecimento sobre o contrato de trabalho entre a família e a equipe interdisciplinar da rede hospitalar, que consiste em: entrevistas de avaliação pediátrica ou com ginecologia infanto-puberal; avaliação psicológica; avaliação social; avaliação psiquiátrica, se necessário; e acompanhamento da criança e da família por, no mínimo, um ano, com profissionais da equipe interdisciplinar. Tratando-se de avaliação de abuso sexual, os pais e a criança devem, em um primeiro momento, ser entrevistados individualmente e em local reservado, de maneira imparcial, não acusatória, mas sem desresponsabilizá-los pela gravidade do fato ocorrido.

Habigzang e colaboradores (2005) apontam, no período que se segue à denúncia, alterações nos modos de vida das pessoas que participaram mais de perto da condição de abuso sexual. A configuração familiar modifica-se, porque há saída ou entrada de pessoas na casa, em uma tentativa de proteger as crianças, ou então essas são deslocadas para morarem com outros parentes que podem se responsabilizar por sua proteção. A condição financeira também se altera substancialmente, principalmente se o provedor é o abusador e ele é encaminhado ao sistema prisional. Nestes casos, as famílias se encontram em situação de extrema vulnerabilidade, pois a mãe precisa sair de casa para garantir a renda familiar, e, se ela consegue uma colocação profissional, as crianças passam a ficar sós em casa, necessitando o suporte da rede social à qual pertencem.

As reações da família, principalmente da mãe, frente à revelação do abuso sexual intrafamiliar contra criança são determinantes para a adesão e a continuidade do tratamento. A mãe pode ou não ser consciente da existência do abuso sexual da criança, mas, segundo Furniss (1993), após a revelação, ela precisa de tempo e espaço para pensar sobre as questões conjugais envolvidas, sobre aspectos familiares, e sobre o lado social e financeiro da separação ou divórcio. Além disso, muitas vezes, a mãe precisa de ajuda para lidar com a criança que sofreu o abuso sexual e seus irmãos, que, apesar do abuso, e de certa raiva em relação ao abusador, geralmente também sentem falta do pai ou padrasto.

As mães que reconhecem o abuso invariavelmente entram em conflito em relação aos diferentes aspectos de seu relacionamento com o abusador, sendo geralmente obrigadas a fazer uma escolha. Já aquelas que não conseguem reconhecer o abuso, muitas vezes se sentem culpadas por não terem protegido seus filhos, e temem ser acusadas por vizinhos, amigos, profissionais, pela família extensa e pela própria criança que sofreu o abuso sexual. Quando a família demonstra credibilidade em relação ao relato da criança, e assume estratégias para protegê-la, ela se sente fortalecida, e apresenta maiores recursos para enfrentar a experiência do abuso.

Deve-se envolver no tratamento, se possível, todo o grupo familiar ou pessoas próximas, com os seguintes objetivos:

• promover a reflexão e o entendimento da gravidade da violência ocorrida;
• fortalecer as relações intrafamiliares para o cuidado com a criança, a fim de evitar a exposição da criança a novos riscos;
• orientar e preparar a família para lidar com as consequências advindas do abuso com as crianças e/ou adolescentes;
• apoiar, acolher e orientar o principal cuidador;
• ressignificar os vínculos familiares;
• promover ações socioeducativas para a prevenção de novas práticas abusivas;
• solicitar a presença do suspeito de abuso no acompanhamento, considerando sua dificuldade em participar do processo.

Entrevistas

O processo de atendimento às famílias em situação abusiva, desde o momento da revelação, passando pela avaliação inicial até o seguimento do acompanhamento, se dá a partir de sucessivas aproximações com a realidade social, econômica e relacional de cada família. Conhecer a realidade da família exige apropriar-se de informações sobre seu contexto, como o número de componentes, os vínculos relacionais, a distribuição de papéis entre seus membros, bem como a renda, a escolaridade, a profissão, as condições habitacionais, a existência de doenças prévias, as formas de inserção comunitária, entre outros aspectos que poderão fornecer subsídios ao plano de intervenção.

A entrevista é um instrumento profissional, e, como tal, deve ter uma intencionalidade, sendo conduzida a partir de objetivos claros e definidos. Para Lewgoy e Silveira (2007), "a entrevista é um dos instrumentos que possibilita a tomada de consciência pelos assistentes sociais das relações e das interações que se estabelecem entre a realidade e os sujeitos" (p. 235).

Ainda de acordo com as autoras, algumas etapas compõem a realização da entrevista, sendo elas: o planejamento, a execução, e, por fim, o registro das informações (ibidem, p. 5). O planejamento refere-se à organização prévia que possibilita que a entrevista aconteça dentro de parâmetros de ação norteados pela intencionalidade do entrevistador. Nesse momento, são definidos os objetivos, os instrumentos de coleta de dados, o horário de atendimento e o espaço físico adequados para possibilitar o diálogo com o usuário, respeitando sua privacidade e a necessidade de sigilo das informações coletadas.

A etapa subsequente refere-se à execução, em que serão coletadas as informações e será estabelecido o contrato de trabalho e estimulada a análise reflexiva da situação vivenciada. A finalização do atendimento poderá ocorrer a partir da materialização de encaminhamentos e combinações que serão retomados pelo assistente social no seguimento do acompanhamento. Para Vasconcelos (2002), a prática reflexiva possibilita, ao usuário, a análise e o desvelamento de sua própria situação, proporcionando a participação ativa do sujeito na transformação de sua realidade.

Por fim, faz-se necessário que o registro da entrevista seja efetuado em prontuário específico do profissional e/ou em prontuário único institucional. O registro explicita o compromisso ético-profissional com o respeito à história do sujeito, bem como representa a materialização das informações que estão sendo abordadas.

O assistente social fará sua abordagem com os diferentes membros da família, podendo, em algumas situações, incluir a criança/adolescente. Nessas ocasiões, é importante estabelecer um vínculo de confiança, demonstrando interesse em sua história sem julgamentos ou culpabilização, e enfatizando que ela não teve responsabilidade pelo que aconteceu.

Ouvir da criança/adolescente como ela percebe sua família e a forma como se relacionam, o que pensa sobre o pai, a mãe e demais membros, entre outros aspectos, possibilita identificar os limites e as possibilidades da intervenção proposta, assim como formular estratégias que assegurem a proteção imediata da criança. Nessas situações, as perguntas devem ser formuladas com uma linguagem simples e compatível com o nível de desenvolvimento da criança, mas sempre utilizando linguagem sexual explícita.

O uso do genograma

A construção do genograma familiar é um instrumento utilizado por profissionais que atendem indivíduos e famílias, capaz de identificar e de retratar a estrutura familiar e os modelos de organização da família. Ele fornece informações sobre os vários papéis de seus membros e das diferentes gerações que compõem a família. Refere datas e doenças hereditárias e propicia ações preventivas capazes de promover a saúde. O genograma propicia também compreender o processo de adoecimento nas famílias, conhecer a situação de seus membros e suas relações não apenas dentro da família/núcleo, mas também com as demais famílias com quem convivem e estabelecer suas redes de apoio.

Conforme McGoldrick e Gerson (2001), o genograma registra informações sobre os membros de uma família e suas relações no curso de três gerações. O mapeamento possibilita a análise dos eventos significativos no plano vertical, abrangendo várias gerações, e, no plano horizontal, visualizando a geração dos iguais. Assim, esquematiza as grandes etapas do ciclo da vida familiar, além dos movimentos emocionais e sociais de seus membros.

Em relação ao indivíduo, o genograma auxilia a verificar seus pontos de vulnerabilidade, como os traumas, os fracassos e as fraquezas. Também aponta como o indivíduo reage às frustrações, raivas, preconceitos e mostra sua capacidade de resolver problemas. Em relação à família, podemos avaliar as relações, afastamentos e proximidades, dominância e submissão, flexibilidade e rigidez, poder e hierarquia, repetição das atitudes e esquemas e as crenças do sistema familiar (McGoldrick e Gerson, 2001).

A Figura 19.2 refere-se ao genograma de uma menina de 12 anos, que foi encaminhada ao hospital para tratamento do diagnóstico de Leucemia Mielóide Aguda. No relatório médico do hospital de origem, constava que a doença havia sido diagnosticada durante exames de rotina para avaliação de uma suspeita de abuso sexual relatado pela mesma. Ao ingressar na internação, a menina foi encaminhada para acompanhamento com o Programa de Proteção à Criança (PPC). A adolescente era a segunda de uma prole de três irmãos do primeiro relacionamento de sua mãe. Seus pais haviam se separado há seis anos, no mesmo período em que sua mãe iniciou outro relacionamento em que teve mais quatro filhos. A adolescente e os irmãos permaneceram residindo com a mãe e o padrasto, e o abuso sexual teve início nessa época. Aos 12 anos, a menina fugiu de casa e procurou a residência do pai biológico relatando a situação de abuso. O Conselho Tutelar foi acionado, e o avô materno assumiu sua guarda, pois o pai, desempregado e alcoolista, negou-se a fazê-lo. A menina chegou ao hospital muito assustada e temendo o reencontro com a mãe e o padrasto. Relatava que o abuso se dava com a participação de ambos. As relações aconteciam a três, e ela era estimulada a fazer uso de ácool e outras drogas para "se soltar". O padrasto dizia que estava ensinando a ela as funções de uma mulher, e

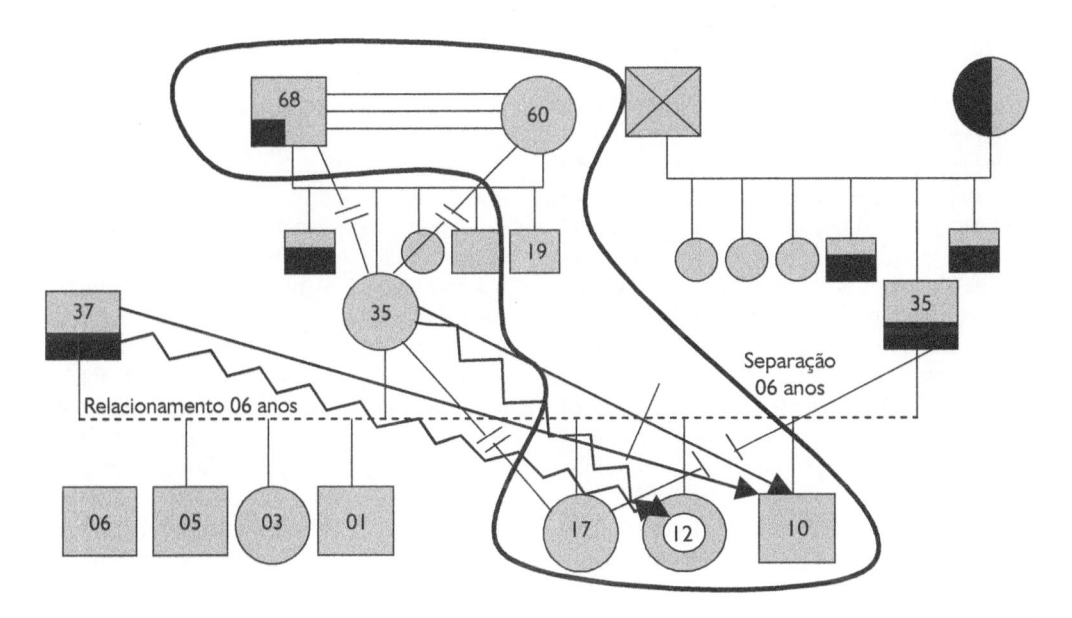

FIGURA 19.2 Genograma. Para mais detalhes, ver McGoldrick, 2005.

que, quando crescesse ela seria sua esposa. Atualmente, mãe e padrasto estão respondendo a processo criminal, sendo que os irmãos da adolescente estão sob a guarda do avô materno, e os filhos do segundo relacionamento da mãe foram abrigados.

Além das aplicações no campo profissional, o genograma ajuda os componentes da família a se enxergar como parte de um todo e a compreenderem que esse todo, que é a família, tem participação ativa na determinação do processo saúde-doença de seus membros. O genograma é muito útil quando há necessidade de facilitar a revelação de segredos familiares.

Rede social

Um importante aspecto a ser considerado nas avaliações e no acompanhamento de famílias em situação de violência sexual diz respeito à configuração de sua rede social de apoio. Atualmente, o termo "rede social" é amplamente utilizado, abarcando uma gama de concepções diferentes acerca de sua constituição, funções e utilidade, o que torna necessário delimitar seu uso. Sluzki define a rede social como "a soma de todas as relações que um indivíduo percebe como significativas ou define como diferenciadas da massa anônima da sociedade" (1997, p. 41), tendo por base a avaliação do próprio sujeito envolvido.

Bateson, citado por Sluzki (1997), amplia o entendimento de rede social para além das fronteiras do indivíduo, incluindo todos aqueles com quem há interação. Acrescenta, ainda, que o sistema significativo dos sujeitos não se limita a sua família nuclear ou extensa, contemplando também seus demais vínculos interpessoais, como os amigos, as relações de trabalho, de estudo, de inserção comunitária e de práticas sociais.

O contexto familiar da criança ou adolescente que sofreu violência sexual, em geral, é caracterizado como um sistema fechado e resistente a mudanças. Nesse sentido, torna-se inócua uma abordagem de proteção e de promoção da criança sem que a sua rede social de apoio seja avaliada e amplamente mobilizada, a fim de que as relações da família com o mundo externo sejam ampliadas.

Existem diferentes metodologias de intervenção que permitem realizar o levantamento dos componentes da rede social dos usuários, estabelecendo planos de intervenção de acordo com as características do núcleo familiar, das relações estabelecidas entre seus membros, do contexto de violência, entre outros. O mapa da rede constitui-se como um desses instrumentos, e visa representar graficamente a configuração da rede do informante como uma fotografia, portanto, registra um momento histórico específico. Sua construção é dinâmica e participativa, sendo que o desenho pode ser refeito inúmeras vezes ao longo do processo, conforme o objetivo estabelecido pelo profissional.

A construção do mapa da rede ocorre no interior do processo reflexivo estabelecido ao longo das entrevistas de acompanhamento à família. É importante que o usuário esteja ciente do registro que está sendo feito e compreenda o objetivo da proposta, que é conhecer e ampliar os vínculos de apoio. O próprio profissional poderá preencher o instrumento ou solicitar que o usuário o faça a partir de um desenho-base. Para construção do mapa, é imprescindível estabelecer uma escuta sensível, conhecendo a história da família, seu contexto familiar amplo, social e também econômico.

Alguns questionamentos podem ser realizados a fim de apreender as informações referentes à rede, como: quais são as pessoas importantes para a família, com quem podem contar quando necessitam de ajuda, com quem se encontram regularmente, entre outros. Outros dados importantes dizem respeito às possibilidades de intensificação do vínculo dos integrantes da rede, ou seja, se é possível que, por exemplo, um determinado integrante da rede participe mais ativamente do cuidado às crianças, compartilhando a responsabilidade com o cuidador principal. As mudanças na intensidade do vínculo poderão ser representadas por meio de setas que indiquem a aproximação ou o afastamento em relação ao usuário central.

A Figura 19.3 apresentada a seguir refere-se à constituição da rede de um usuário do serviço logo após o início de seu acompanhamento pela equipe do Programa de Proteção à Criança.

Trata-se de um menino de 12 anos, filho único, em acompanhamento ambulatorial devido ao diagnóstico de Ataxia Espinocerebelar.* Ele iniciou acompanhamento psicoterápico e relatou, durante os atendimentos, que a mãe agredia-o fisicamente e também seu pai, utilizando-se de objetos como mangueiras, cintos e vassouras. Ao mesmo tempo em que a mãe dormia abraçada nele todas as noites, fazia questão de banhá-lo e ficava observando-o por frestas na madeira das portas, situação que ele relatava com grande desconforto. O menino e a família foram encaminhados para acompanhamento com o Programa de Proteção à Criança. A mãe, dona de casa, dedicou-se sempre aos cuidados do filho. Tinha em sua história de vida vivência de grave violência física por parte de seus pais. O pai do menino era alcoolista e trabalhava como servente de obras. As brigas entre o casal aconteciam com frequência quase diária, envolvendo agressões verbais e físicas. Nesses momentos, o adolescente interpunha-se entre o casal, a fim de proteger o pai, e também era agredido.

A especificidade da situação do menino refere-se principalmente ao padrão rígido das relações estabelecidas entre os membros da família, permeadas pela

---

* As Ataxias Espinocerebelares (SCA) constituem um grupo de doenças genéticas neuro-degenerativas, de herança autossômica dominante, que se caracterizam por uma perda progressiva dos neurônios (células nervosas) do cerebelo, com comprometimento variável das células da base do cérebro e da medula espinhal. Os portadores de SCA apresentam os seguintes sintomas e sinais: ataxia (alteração de equilíbrio), disartria (dificuldade na articulação das palavras), dismetria (dificuldade em realizar movimentos para alcançar um alvo), alterações na voz, na escrita e na coordenação motora. Disponível em: http://genoma.ib.usp.br/

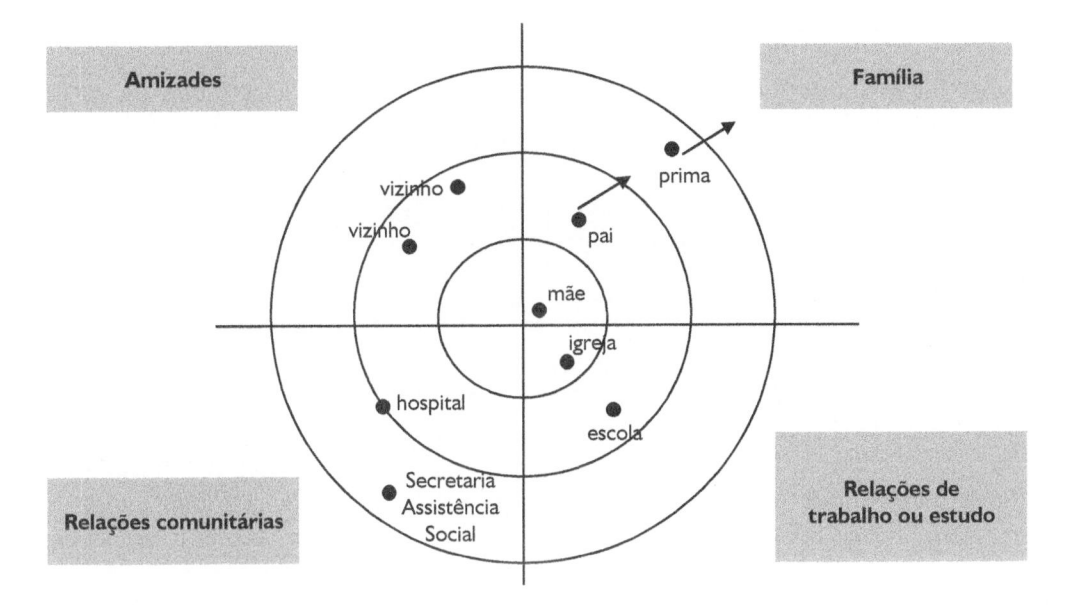

FIGURA 19.3 Mapa da Rede na fase inicial do acompanhamento social.

violência, em que a obediência à autoridade exercida pela progenitora colocava em risco a integridade física e emocional do adolescente. A violência sexual não era entendida pela mãe como uma violação ao direito do menino. Ao construir o mapa da rede da família, tornou-se evidente que a relação mãe-filho apresentava um laço em que o pai não se sentia suficientemente fortalecido para se interpor, cada vez se distanciando mais, o que ocasionava intenso sofrimento ao adolescente. O alcoolismo era motivo de rechaço por parte da mãe, o que ampliava o seu sentimento de desvalia. O menino apresentava, como únicos espaços de convívio, a escola e a igreja, a qual frequentava acompanhado da mãe.

A investigação da composição da rede social pelo profissional juntamente com a família torna tangível seus elementos, fazendo com esse seja o primeiro passo rumo à potencialização dos vínculos e sua ampliação. A participação do usuário permite que ele estabeleça uma relação de autoria frente a sua própria história, e construa, de forma pró-ativa, alternativas de enfrentamento e de transformação da realidade social.

Como abordado anteriormente, nas situações de violência envolvendo crianças e adolescentes, é fundamental ampliar a gama de sujeitos e de instituições que possam vir a integrar a rede de apoio, a fim de incentivar diferentes padrões de relacionamento social, propiciar suporte aos membros da família e intensificar as possibilidades de proteção à criança. Algumas dimensões da rede de crianças e adolescentes são bastante significativas a serem acionadas na quase totalidade das situações acompanhadas: educação (Escolas, APAE's, Serviços de Apoio Socioeducativos – SASE's), proteção legal (Conselhos Tutelares, Ministério Público, Juizados da Infância e Juventude), assistência social (Centros de Referência Especializada em Assistência Social – CREAS, creches, inclusão em Programas Assistenciais) e saúde (Hospital, Programas de Saúde da Família – PSF's, Centros de Apoio Psicossocial – CAPS e CAPS Álcool e Drogas), entre muitas outras instâncias possíveis e igualmente fundamentais.

No seguimento do atendimento ao menino, sua rede social de apoio tomou a seguinte configuração (Figura 19.4).

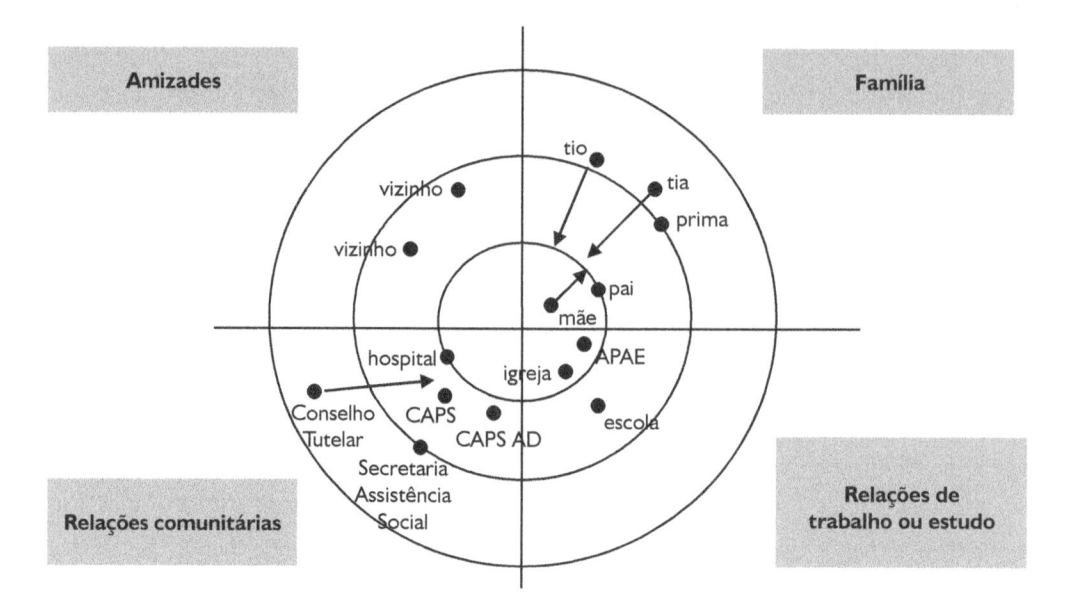

FIGURA 19.4 Mapa da Rede após intervenção social.

O acompanhamento com a família pretendia aumentar o grau de diferenciação entre mãe e filho, intensificando a proximidade do pai. Os tios paternos e a prima foram incluídos com o objetivo de fortalecer o pai frente ao desafio de se tratar do alcoolismo. O adolescente ingressou na APAE no turno contrário à escola a fim de diminuir seu período de permanência em casa. Também passou a frequentar aulas de música, para as quais o pai se responsabilizou por levá-lo. A escola foi contatada para que o desempenho escolar e o relacionamento interpessoal do adolescente com os colegas pudessem ser acompanhados pelo serviço de orientação educacional. A mãe foi encaminhada ao CAPS para avaliação psiquiátrica, e o pai, ao CAPS-AD para tratamento do alcoolismo, além de iniciar a participação semanal no grupo de apoio a pais e familiares dos alunos da APAE. O Conselho Tutelar foi notificado para acompanhamento da adesão familiar ao tratamento e à contenção externa aos episódios de violência.

De acordo com Sluzki (1997, p. 48), a rede social pode ser classificada pelas funções que desenvolve em um dado momento, podendo desempenhar concomitantemente, mais de um papel, tais como: companhia social, apoio emocional, guia cognitivo, regulação social, ajuda material e de serviços e acesso a novos contatos. Acrescentam-se, ainda, outras funções desempenhadas pelas redes, como constituição de identidade, afetividade, oposição, exercício de cidadania, sobrevivência, intersubjetividade, entre outras (Kern, 2003, p.92). As instâncias da rede que serão acionadas pelo profissional devem levar em consideração os objetivos e as prioridades da intervenção, bem como a função que se pretende potencializar em determinado momento.

Acessar a rede social pressupõe não apenas o contato telefônico e o encaminhamento formal às instituições de atendimento, mas, principalmente, a estimulação da sensibilização dos indivíduos envolvidos, o comprometimento e a efetiva responsabilização das esferas de atenção à família. O adequado envolvimento da rede poderá, inclusive, prevenir o rompimento precoce ou desnecessário dos vínculos familiares, pois, somente após esgotadas todas as possibilidades para fortalecimento da proteção da criança dentro do espaço familiar, é que serão encaminhados recursos referentes ao abrigamento ou à inclusão em família substituta por meio de procedimentos legais que garantam a proteção da criança e do adolescente.

Entretanto, é preciso considerar, como salienta Kern (2003), que o assistente social, em seu processo interventivo, tem acesso à vida privada das pessoas em seu aspecto mais íntimo e passa "a conhecer a vivência mais subjetiva de seu usuário nos enfrentamentos que este faz" (Kern, 2003, p. 70). Nesse contexto, é fundamental que o profissional tenha ciência de que nem todas as instâncias da rede social deverão ter acesso à mesma quantidade e qualidade de informações, uma vez que o sigilo e o respeito ao usuário devem constituir-se como parâmetro para a intervenção.

Visita domiciliar

A visita domiciliar é considerada um dos principais instrumentos dos processos de trabalho dos assistentes sociais, que estão imbuídos, em seu cotidiano profissional, na tarefa de imersão na realidade social dos sujeitos que estão sendo atendidos.

Prates (2004), ao se reportar aos instrumentos técnico-operativos do Serviço Social, menciona a importância da visita domiciliar. A referida autora salienta que:

> serão observadas as condições de vida dos sujeitos, bem como procurar-se-á apreender o seu modo de vida, expresso no cotidiano de sua vida familiar, comunitária, no seu trabalho, nas relações que estabelece, no significado que atribui a estas relações, na sua linguagem, com vistas sempre na construção de novas sínteses (Prates, 2004, p. 20).

Como em outros instrumentos, a visita domiciliar apresenta características importantes para que sua execução possa ocorrer de forma satisfatória, a fim de se alcançar os propósitos almejados. Amaro (2003) e Perin (2008) salientam que no mínimo três técnicas são fundamentais para serem desenvolvidas na visita domiciliar: a observação, a entrevista e a história ou relato oral dos sujeitos. Ressalta-se que, antes de se utilizar essas técnicas para o desenvolvimento da visita domiciliar, deve-se considerar as particularidades desse importante instrumento a ser utilizado nas situações de violência infantil no âmbito intrafamiliar.

Como citado anteriormente neste capítulo, é característico dessas famílias o isolamento em sua comunidade, ou seja, pouco frequentam os recursos de saúde, educacionais ou de lazer. As relações estabelecidas são rígidas entre seus membros, bem como entre eles e as demais pessoas de seu grupo relacional. Também encontramos de forma frequente a pouca participação de seus componentes no atendimento proposto pelas equipes de saúde quando já revelada a suspeita ou confirmação da violência, recaindo esse compromisso a uma ou duas pessoas. A avaliação e o acompanhamento social nessa realidade, passa a ser fragmentada e com limitações para se efetivar intervenções que rompam com os ciclos violentos.

Desse modo, a visita domiciliar poderá fazer parte do protocolo de atendimento estabelecido e planejado pelo assistente social, em consonância com os demais profissionais da equipe interdisciplinar, com intuito de uma verdadeira aproximação do contexto e da dinâmica familiar.

Ao planejarmos a visita, é imprescindível que determinados aspectos se façam presentes:

- Estabelecer os objetivos, e qual a intencionalidade para executá-la.
- Demonstrar empatia, respeito, postura de não julgamento aos sujeitos visitados e a sua situação vivenciada.
- Demonstrar postura ética e de sigilo nas informações obtidas.
- Combinar previamente com a família a possibilidade de realizar a visita, explicitando os objetivos, quem serão os

visitadores, e agendar uma data compatível com o interesse de ambas as partes. Caso haja uma negativa da família, é importante que não ocorra a insistência, e que se possa respeitar o desejo dos mesmos. Como afirma Amaro (2003, p. 52), visitas-surpresa, além de invasivas e desagradáveis, revelam-se manifestações de uma cultura autoritária, moralizadora, fiscalizatória e disciplinar, que devem ser banidas do pensamento e da prática do profissional que visita.

• Realizar o registro da visita, levando-se em consideração os principais dados obtidos.

A notificação dos casos de violência como dispositivo de proteção à infância e a adolescência

Temos acompanhado, nas últimas décadas, um avanço memorável na defesa e garantia dos direitos da criança e adolescente, alcançado por meio de um conjunto de normas legais. O Estatuto da Criança e do Adolescente (ECA – Lei nº 8069/90) é um marco na conquista dos direitos dessa população, "elevando as crianças e adolescentes brasileiros à condição de sujeitos de direitos" (Azambuja, 2004, p. 53). Em relação à violência contra as crianças e adolescentes, o ECA contempla em seus artigos 13 e 245, respectivamente:

• A obrigatoriedade de comunicação ao Conselho Tutelar a respeito dos casos de suspeita ou confirmação de violência contra crianças e adolescente.
• O papel dos profissionais e dos serviços da área da saúde e da educação na notificação e encaminhamento das situações de violência aos órgãos competentes, sendo que a não comunicação de tais fatos é considerada infração administrativa sujeita à multa de 3 a 20 salários mínimos.

Dentro desse novo paradigma de entendimento dos direitos da população infanto-juvenil, cabe o comprometimento de qualquer cidadão a devida notificação da violação dos direitos à infância preconizados no ECA, lembrando que ela poderá ser realizada preservando o sigilo da pessoa que denuncia, que pode fazê-lo por meio de contato com os conselhos tutelares, como disque-denúncia, entre outros.

Com relação à área da saúde, também houve avanços promissores na questão da valorização e do comprometimento dos direitos da infância e adolescência. A Portaria nº 1968/2001 do Ministério da Saúde (Brasil, 2001) dispõe sobre a obrigatoriedade das notificações dos casos de violência ou confirmação de maus-tratos contra crianças e adolescentes. O mesmo se estendeu ao Rio Grande do Sul, através da Portaria nº 40/2004 da Secretaria Estadual de Saúde (Rio Grande do Sul, 2004), estabelecendo a notificação compulsória de todos os casos de suspeita ou de confirmação de maus-tratos contra as crianças e os adolescentes atendidos pelo Sistema Único de Saúde (SUS) e determinando que a notificação deverá ser universalizada a toda a rede do SUS através do Relatório Individual de Notificação Acidentes e Violência-RINAV, disponibilizado pela Secretaria Estadual da Saúde aos municípios. Em Porto Alegre, desde 2007, é disponibilizada a Ficha Individual de Notificação de Acidentes e Violência (FINAV), para que sejam realizadas as devidas comunicações a todos os estabelecimentos de saúde do município e encaminhadas para Departamento de Vigilância Epidemiológica.

Além disso, em 2009, o Ministério da Saúde, por meio da Secretaria de Vigilância em Saúde, iniciou um processo de implantação do Sistema Nacional de Informação de Agravos de Notificação – SINAN, sendo um registro único para todos os serviços de saúde em nível nacional.

Segundo o Ministério da Saúde, a notificação compulsória de maus-tratos contra a criança e adolescente é:

> Uma informação emitida pelo setor saúde ou por qualquer outro órgão ou pessoa, para o Conselho Tutelar, com

a finalidade de promover cuidados sociossanitários voltados para a proteção da criança e do adolescente, vítimas de maus-tratos. O ato de notificar inicia um processo que visa a interromper as atitudes os e comportamentos violentos no âmbito da família e por parte do agressor (Brasil, Ministério da Saúde, 2002, p. 14).

Ainda sobre as notificações, o próprio Ministério da Saúde (Brasil, Ministério da Saúde, 2002, p. 14) enfatiza que notificação não é denúncia policial e nem vale como tal. A notificação para os diferentes serviços de saúde serve para o conhecimento das dimensões, formas, vítimas e agentes da violência, possibilitando o desenvolvimento de ações de prevenção, assistência adequada, avaliação de seus resultados, bem como de elaboração de políticas públicas para seu enfrentamento (Secretaria Estadual de Saúde/RS, 2009, p. 5).

A Figura 19.5 mostra o fluxograma das notificações.

Mesmo com todos os avanços descritos, encontramos ainda hoje, junto aos profissionais da área da saúde, dificuldades na realização das notificações e no enfrentamento e no manejo dos casos envolvendo violência contra criança, principalmente naqueles relacionados a abuso sexual, visto a invisibilidade que envolve tal violência. Essas dificuldades perpassam um conjunto de fatores como: desconhecimento e despreparo no manejo das situações, receio de

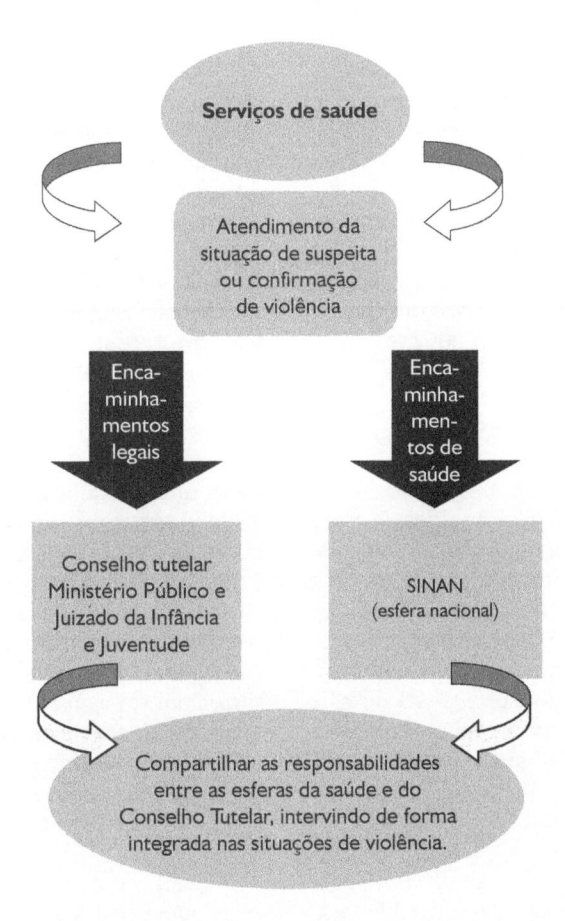

FIGURA 19.5 Fluxograma das notificações.

sofrer represália por parte do agressor e/ou família, ausência de suporte institucional do profissional para respaldar sua notificação, o fato de o profissional atender individualmente a situação (em caso de consultórios particulares) e por sobrecarga de trabalho nas instituições de saúde, que dificultam um olhar mais atento aos sinais manifestados pelas crianças e adolescentes. Além disso, também verifica-se o receio de que a notificação da violência possa representar quebra de sigilo profissional em relação à situação daquela criança e que isso acarrete algum tipo de processo judicial.

A compreensão de todos os aspectos deverá partir do pressuposto de que a notificação dos casos de violência "passa a servir como um instrumento de garantia de direitos e não uma denúncia" (Brasil, Ministério da Saúde, 2002, p. 16). Dessa forma, é possível esclarecer para a criança e/ou adolescente e sua família, de uma forma respeitosa, que existe a necessidade do comunicado da violência aos órgãos legais competentes. É preciso enfatizar que haverá uma rede de suporte para a situação, havendo atendimento do próprio serviço de saúde e do Conselho Tutelar, sendo que a criança, a família e o agressor serão alvos de cuidado (Brasil, Ministério da Saúde, 2002, p. 16).

O estudo social como dispositivo para comunicação da violência sexual

Já referimos que as notificações são fundamentais para garantir a proteção de todos os envolvidos na situação de abuso e que possibilitam romper com o ciclo abusivo instaurado, às vezes, por muitos anos nas famílias. É importante que, independentemente da notificação compulsória, os serviços de saúde que atendem as situações de violência encaminhem aos órgãos competentes de proteção à infância e juventude (Conselho Tutelar, Ministério Público e Juizado da Infância e Juventude) os relatórios da evolução dos atendimentos realizados com a criança e/ou adolescente e família pela equipe interdisciplinar. O trabalho até então produzido ganha sentido quando compartilhado com a rede de serviços.

Na área da saúde, o ambiente hospitalar facilita uma avaliação detalhada das situações de suspeita e/ou confirmação de abuso sexual, pois a criança, encontrando-se internada ou vinculada a atendimento sistemático em nível ambulatorial, tende a sentir-se mais segura e protegida ao fornecer indícios para que ocorra a revelação da situação abusiva. Por outro lado, os profissionais que intervêm nessa realidade, por meio das avaliações realizadas, poderão munir-se de elementos que possam, gradativamente, esculpir um diagnóstico mais preciso da situação, bem como traçar um plano de atendimento, visando à interrupção do ciclo abusivo e promovendo a proteção e os cuidados necessários à criança e à família.

O cenário hospitalar oportuniza que as intervenções nessa situação ocorram por meio de um conjunto de instrumentos, já descritos anteriormente, que possibilitam um conhecimento detalhado da vida da criança e de sua família. Esse processo ocorre por meio de sucessivas aproximações individuais ou coletivas com a rede familiar, de contatos com diferentes recursos da rede social e da visita domiciliar, entre outros instrumentos utilizados. Por último, chega-se a um parecer da situação avaliada.

Esse conjunto de procedimentos auxilia na elaboração do estudo social. Segundo Fávero (2008), é o profissional de serviço social quem "adquiriu competência para dar visibilidade, por meio desse estudo, às dinâmicas dos processos sociais que constituem o viver dos sujeitos" (Fávero, 2008, p. 41).

A realização do estudo social nas situações de abuso sexual requer do assistente social rigor quanto ao processo investigativo da situação a ser estudada, clareza com relação a sua finalidade, bem como a utilização de uma fundamentação teórica, ética e técnica.

Para Iamamoto (2004), o estudo social configura-se como:

> um processo investigativo que se propõe ao conhecimento criterioso de uma determinada situação vivenciada,

identificando as múltiplas condições e relações sociais que a constituem, devendo ser desenvolvido em conformidade com os princípios éticos e a defesa dos direitos dos sujeitos envolvidos (p. 289).

Essa mesma autora ainda salienta a necessidade da escolha dos instrumentos específicos para a operacionalização do fazer profissional, como "entrevistas, observações, visita domiciliar, etc." (ibidem, p. 289).

Após esse estudo detalhado, é o momento de realizar a elaboração de todas as informações obtidas de forma clara e objetiva. Realiza-se, por último, uma análise da situação, fornecendo-se um parecer sobre a situação avaliada, bem como sugerindo medidas que visem à proteção da criança, a continuidade do tratamento do ponto vista social, emocional e físico, etc. O produto do estudo social se concretiza em documento denominado "relatório social". Conforme Fávero (2008), o relatório social é

> um documento específico elaborado por assistente social, que se traduz na apresentação descritiva e interpretativa de uma situação ou expressão da questão social, enquanto objeto de intervenção desse profissional no seu cotidiano laborativo (p. 44-45)

Ressaltamos que, nas conclusões apresentadas no relatório social, os profissionais de serviço social devem ter atenção e cuidado na forma de se manifestar, a fim de evitar, de forma precipitada ou equivocada, a vitimização e/ou culpabilização dos sujeitos envolvidos (Guindani apud Iamamoto, 2004). Nem sempre é possível confirmar o abuso ocorrido, geralmente devido à falta de materialização das provas, pois é sabido que, na maior parte dos casos, o abuso ocorre de forma silenciosa, sem deixar marcas físicas ou visíveis. No entanto, a omissão contraria o compromisso ético-político da formação profissional. Faz-se necessário que o profissional possa registrar todas as informações elencadas por meio da realização do estudo social daqueles sujeitos avaliados, posicionando-se frente aos dados encontrados. Cabe dizer que essa não é tarefa fácil, pois, na maioria dos casos que envolvem abuso sexual intrafamiliar, os dados obtidos reproduzem os conflitos e as contradições encontrados na realidade, o que pode dificultar o posicionamento profissional no desvelamento da realidade que está aparente.

Como já mencionado anteriormente neste capítulo, as intervenções nas situações que envolvem abuso sexual infantil são realizadas em equipe interdisciplinar. Nesse sentido, simultaneamente à elaboração do estudo social realizado acerca da criança e sua família, ocorrem as avaliações de outras áreas que também produzirão seus próprios relatórios.

Farinatti (1993, p. 63) descreve que a comunicação das situações de violência às autoridades legais competentes deve ser feita de início ou após os estudos realizados, dependendo dos dados obtidos. Sugere também que o relatório final contenha as avaliações médicas, sociais, psicológicas (que devem evidenciar as consequências do abuso sobre a criança); os relatos psicossociais; as avaliações dos adultos abusivos; o efeito do abuso sobre a família e a sugestão de um plano específico de continuidade de tratamento.

Salienta-se a importância de não descartar nenhuma informação desde o período inicial da avaliação da suspeita da situação abusiva até seu encerramento, pois essas informações auxiliarão de forma significativa as autoridades competentes para a adoção de medidas imediatas de proteção. Considera-se, ainda, que essas avaliações, traduzidas posteriormente na emissão dos relatórios, poderão resguardar a criança e a família da difícil situação a que foram vitimizadas, evitando-se, assim, a exposição dos mesmos a novas abordagens em diferentes serviços.

O trabalho em equipe interdisciplinar

A intervenção em situações extremas, como aquelas em que a violência física, emocional e/ou sexual permeia relações que deveriam primar pela segurança, proteção e afeto aos que delas dependem, normalmente sucitam nos profissionais envolvidos os mais diversos sentimentos, tais como raiva, tristeza, vergonha, impotência, identificação, culpa, entre outros. Soma-se a isso o fato de envolverem geralmente temas socialmente impregnados de forte conteúdo moral, tabus, mitos e preconceitos, dificultando que o entendimento da realidade seja dissociado da própria construção de valores éticos e concepção moral determinados pela história pessoal, emocional e cultural dos profissionais. Partindo dessa premissa, sugere-se fortemente que as famílias em situação de violência sexual sejam atendidas por uma equipe interdisciplinar, e não somente por profissionais tecnicamente capacitados, com uma proposta de resolução focal e individualizante de problemas.

O trabalho em equipe é fundamental sob diversos aspectos, tais como assegurar que a avaliação e o encaminhamento das situações aconteça de forma coerente e que as mesmas sejam orientadas por princípios éticos. Outra função refere-se à continência propiciada aos profissionais, minimizando o sofrimento a que estão expostos. A complementaridade advinda das diferentes percepções e concepções teórico-metodológicas específicas de cada disciplina servem de parâmetro para o desenvolvimento de um plano de atendimento integral ao usuário do serviço e sua família, uma vez que a violência intrafamiliar, como abordado anteriormente, é concebida como um fenômeno multifacetado, complexo e dinâmico, exigindo uma ampla gama de conhecimentos teóricos e técnico-operativos que possibilitem a atenção à família.

Porém, o plano terapêutico que se propõe interdisciplinar deve ir além de uma mera soma de diferentes visões sobre um determinado objeto de análise. Como salientam Mendes e colaboradores (2008), na interdisciplinaridade, as disciplinas devem comunicar-se umas com as outras, confrontando e discutindo suas perspectivas, uma vez que "a sua complexidade consiste justamente na sua própria construção, que é impregnada por trocas e articulações mais profundas entre os diferentes elementos participantes" (Mendes et al., 2008, p. 30).

O desenvolvimento do trabalho em equipe interdisciplinar deve ter por base a efetivação dessa perspectiva de interação/intervenção. A constituição de um serviço para atendimento de crianças e adolescentes que sofreram violência deverá ultrapassar a perspectiva da existência formal de profissionais de diferentes áreas do conhecimento, e assegurar que essa equipe consiga se configurar com uma proposta efetivamente integrada. A formalização de um espaço institucional para discussão dos casos que privilegie a participação e a contribuição de todos institui a mudança de perspectiva do particular ao coletivo. Nas reuniões, deverão ser estabelecidos encontros sistemáticos semanais a fim de discutir casos novos, definir planos terapêuticos, escolher a abordagem a ser utilizada, escolher os profissionais da equipe que assumirão a situação e o momento adequado para a realização dos encaminhamentos legais, bem como monitorar as situações que permanecem em acompanhamento (Quaglia, Marques, 2004, p. 4).

Ao mesmo tempo em que a equipe oferece suporte técnico e emocional aos envolvidos em casos de abuso, ela não consegue suprir todas as inquietações de seus integrantes. Para Gauderer (1998), o profissional deve, antes de tudo, avaliar sua própria postura e disponibilidade profissional para discutir assuntos relacionados à sexualidade, violência física e emocional, etc. E, se o grau de desconforto for muito grande, o melhor a fazer é encaminhar a família para outros colegas. O reconhecimento desse desconforto, ou, em outra instância, a percepção de que o referencial pessoal do profissional pode estar sendo acionado durante o atendimento é fundamental para que a intervenção não tenha por base uma construção subjetiva.

CONSIDERAÇÕES FINAIS

Que nossas crianças possam um dia até escolher fazer uma tatuagem, mas não tragam dentro de si, nos seus corpos, essas cicatrizes não escolhidas, deixadas pelos maus-tratos afetivos, sexuais, físicos e psicológicos sofridos na infância.

Vânia Regina Mercer

A percepção de crianças e adolescentes como sujeitos em processo de desenvolvimento e portadores de direitos civis, humanos e sociais é relativamente recente e tem como respaldo as ferramentas estabelecidas pelo Estado, principalmente por meio da Constituição Federal de 1988 e do Estatuto da Criança e do Adolescente/ECA. Essa compreensão trouxe uma mudança radical às formas de enfrentamento à violência.

A violência configura-se como um produto sócio-histórico que se encontra em permanente movimento dialético, em que se verifica a alternância entre avanços e retrocessos nas medidas de proteção e violação aos direitos da infância. É nessa contradição, expressa cotidianamente nas relações sociais, que o assistente social realiza suas ações.

O profissional de serviço social desenvolve estratégias para defender e preservar os direitos da criança e do adolescente em todas as suas necessidades, considerando suas peculiaridades e visando a sua formação afetiva, intelectual e ético-moral. Para tanto, a intervenção junto às famílias acontece no intuito de fortalecê-las para o rompimento do ciclo abusivo, bem como para assumirem sua função protetiva de acordo com suas capacidades e potencialidades.

Ao concluir este capítulo, não se pretende estabelecer um modelo único de intervenção social junto às famílias abusivas. No entanto, é preciso apontar que a experiência aqui relatada confirma que a intervenção nessa difícil realidade será mais exitosa se for realizada de forma interdisciplinar e com ações coletivas compartilhadas pelos diferentes serviços envolvidos, possibilitando a promoção e a proteção dos direitos da infância e da juventude.

O fazer profissional associado aos saberes adquiridos foram delineando as noções acerca dos processos interventivos, resultando na metodologia descrita anteriormente, a qual consideramos fundamental para a abordagem das situações de violência. A instrumentalidade apresentada configura-se como um conjunto de ferramentas facilitadoras do processo de avaliação e acompanhamento, e, como tal, devem ser utilizadas de forma flexível e adaptável à realidade familiar e social.

Nesse contexto, é fundamental o comprometimento ético do assistente social com a causa da infância e da juventude. Não banalizar as demandas do dia a dia relacionadas à violência somente é possível por meio da apropriação teórico-metodológica dos conceitos que regem esse tema. Por fim, entende-se que o atendimento às famílias em situação de violência sexual deve estar pautado em um constante exercício de consolidação de competências e de reflexão sobre a concepção de homem e de mundo que norteiam as ações de cada profissional.

REFERÊNCIAS

AMARO, S. *Visita domiciliar*: guia para uma abordagem complexa. Porto Alegre: AGE, 2003.

AZAMBUJA, M. R. F. *Violência sexual intrafamiliar*: é possível proteger a criança? Porto Alegre: Livraria do Advogado, 2004.

AZEVEDO, M. A. Contribuições brasileiras à prevenção da violência doméstica contra crianças e adolescentes. In: WESTPHAL, M. F. (Org.). *Violência e criança*. São Paulo: EDUSP, 2002.

AZEVEDO, M. A.; GUERRA, V. N. A. *A pele de asno não é só história*: um estudo sobre a vitimização de crianças e adolescentes em famílias. São Paulo: Roca, 1988.

AZEVEDO, M. A.; GUERRA, V. N. A. (Org.). *Infância e violência doméstica*: fronteiras do conhecimento. 3. ed. São Paulo: Cortez, 2000.

BRASIL. Conselho Federal De Serviço Social. *Resolução nº 273/93, de 13 de março de 1993*. Institui o código de ética profissional dos assistentes sociais e dá outras providências. Disponível em: <http://www.cfess.org.br/arquivos/resolucao_273-93.pdf>. Acesso em: 17 set. 2010.

BRASIL. *Lei nº 8.069, de 13 de julho de 1990*. Dispõe sobre a proteção integral à criança e ao adolescente. Disponível em: <http://www.planalto.gov.br/ccivil_03/Leis/L8069.htm>. Acesso em: 17 set. 2010.

BRASIL. *Lei nº 8.662, de 07 de junho de 1993*. Dispõe sobre a profissão de assistente social e dá outras providências. Disponível em: <http://www.planalto.gov.br/ccivil_03/Leis/L8662.htm>. Acesso em: 17 set. 2010.

BRASIL. *Lei nº 8.742, de 07 de dezembro de 1993*. Dispõe sobre a organização da assistência social e dá outras providências. Disponível em: <http://www.planalto.gov.br/ccivil_03/Leis/L8742.htm>. Acesso em: 17 set. 2010.

BRASIL. Ministério da Saúde. Secretaria de Assistência à Saúde. *Notificação de maus tratos contra crianças e adolescentes pelos profissionais de saúde*: um passo a mais na cidadania em saúde. Brasília: Ministério da Saúde, 2002.

BRASIL. Ministério do Desenvolvimento Social e Combate à Fome. Secretaria Nacional de Assistência Social. *Política Nacional de Assistência Social*. 2004. Disponível em: <http://www.google.com.br/url?sa=t&source=web&cd=3&ved=0CCMQFjAC&url=http%3A%2F%2Fwww.mds.gov.br%2Fcnas%2Fpolitica-e-nobs%2Fpnas.pdf%2Fdownload&rct=j&q=BRASIL.%20Pol%C3%ADtica%20Nacional%20de%20Assist%C3%AAncia%20Social.%20&ei=EsGTTPvFIIH78AaQ4ZSSDA&usg=AFQjCNFCHXwa0IyVqTS1w5gobC4yf4X41A>. Acesso em: 17 set. 2010.

BRASIL. *Portaria nº 1.968, de 25 de outubro de 2001*. Dispõe sobre a notificação às autoridades competentes, de casos de suspeita ou de confirmação de maus tratos contra crianças e adolescentes atendidos nas entidades do Sistema Único de Saúde. Disponível em: <http://www.brasilsus.com.br/legislacoes/gm/12960-1968?q=>. Acesso em: 17 set. 2010.

COSTA, J. S.; VICTORA, C. G. O que é um problema de saúde pública? *Revista Brasileira Epidemiologia*, v. 9, n. 1, p. 144-51, 2006. Disponível em: <http://www.scielo.br/pdf/rbepid/v9n1/13.pdf>. Acesso em: 16 set. 2010.

FARINATTI, F.; BIAZUS, D.; LEITE, M. *Pediatria social*: a criança maltratada. Rio de Janeiro: Medsi, 1993.

FÁVERO, E. T. O estudo social: fundamentos e particularidades de sua construção na área judiciária. In: O ESTUDO social em perícias, laudos e pareceres técnicos: contribuição ao debate judiciário, penitenciário e na previdência social. 8. ed. São Paulo: Cortez, 2008.

FERRARI, D. C. A. Definição de abuso na infância e na adolescência. In: FERRARI, D.; VECINA, T. (Org.). *O fim do silêncio na violência familiar*: teoria e prática. São Paulo: Ágora, 2002.

FORESTI, A. J. Redesenhando a cidadania infantil. 2004. Trabalho de Conclusão de Curso – Pontifícia Universidade Católica do Rio Grande do Sul, Porto Alegre, 2004.

FURNISS, T. *Abuso sexual da criança*: uma abordagem multidisciplinar. Porto Alegre: Artes Médicas, 1993.

GABEL, M. *Crianças vitimas de abuso sexual*. São Paulo: Summus, 1997.

GARBARINO, J.; ECKERNRODE, J. *Por que las famílias abusan de sus hijos*. Barcelona: Granica, 1997.

GAUDERER, C. *Crianças, adolescentes e nós*: guia prático para pais, adolescentes e profissionais. 2. ed. Rio de Janeiro: Revinter, 1998.

GROSMAM, C. P.; MESTERMAN, S.; ADAMO, M. T. *Violência en la família*: la relación de pareja. 2. ed. Buenos Aires: Universidad, 1992.

GUERRA, V. N. A. *Violência de pais contra filhos*: a tragédia revisitada. 3. ed. São Paulo: Cortez, 1998.

HABIGZANG, L. F.; CAMINHA, R. M. *Abuso sexual contra crianças e adolescentes*: conceituação e intervenção clínica. São Paulo: Casa do Psicólogo, 2004.

IAMAMOTO, M. V. As dimensões ético-políticas e teórico-metodológicas no serviço social contemporâneo. In: MOTA, A. E. et al. *Serviço social e saúde*: formação e trabalho profissional. 2. ed. Brasília: OPAS/OMS; Ministério da Saúde, 2007.

IAMAMOTO, M. V. *O serviço social na contemporaneidade*: trabalho e formação profissional. 6. ed. São Paulo: Cortez, 2003.

IAMAMOTO, M. V. Questão social, família e juventude: desafios do trabalho do assistente social na área sóciojurídica. In: SALES, M. A. (Org.). *Política social, família e juventude*: uma questão de direitos. 2. ed. São Paulo: Cortez, 2004.

KERN, F. A. *As mediações em redes como estratégia metodológica do serviço social*. Porto Alegre: EDIPUCRS, 2003.

LAMOUR, M. Os abusos sexuais em crianças: sedução, culpa, segredo. In: GABEL, M.(Org.).

Crianças vítimas de abuso sexual. São Paulo: Summus, 1997.

LEWGOY, A. M. B.; SILVEIRA, E. M. C. A entrevista nos processos de trabalho do assistente social. *Revista Textos & Contextos*, v. 6, n. 2, p. 233-51, 2007.

MCGOLDRICK, M.; GERSON, R. Genetogramas e o ciclo de vida familiar. In: CARTER, B.; MCGOLDRICK, M. (Org.). *As mudanças no ciclo familiar*: uma estrutura para a terapia familiar. 2. ed. Porto Alegre: Artmed, 2005.

MENDES, J. M.; LEWGOY, A. B.; SILVEIRA, E. C. Saúde e interdisciplinaridade: mundo vasto mundo. *Revista Ciência & Saúde*, v. 1, n. 1, p. 24-32, 2008.

PEDERSEN, J. R. Vitimação e vitimização de crianças e adolescentes: expressões da questão social e objeto de trabalho do serviço social. *Revista Textos e Contextos*, v. 8, n. 1, p. 104-22, 2009.

PERIN, S. D. A visita domiciliar como instrumento de apreensão da realidade social. In: ENCONTRO NACIONAL DO SERVIÇO SOCIAL NO MINISTÉRIO PÚBLICO, 2., 2008. Disponível em: <http://www.mpdft.gov.br/senss/anexos/Anexo_7.6_-_Silvana_Doris.pdf>. Acesso em: 21 set. 2010.

PRATES, J. C. A questão dos instrumentais técnico-operativos numa perspectiva dialético-crítica de inspiração marxiana. In: MENDES, J. M. R.; BELLINI, M. I. B. (Org.). *Revista Textos e Contextos*. Porto Alegre: EDIPUCRS, 2004.

QUAGLIA, M. C.; MARQUES, M. F. A assistência hospitalar na intervenção das situações de violência infantil: relato de experiência no programa de proteção à criança do Hospital de Clínicas de Porto Alegre. In: AZAMBUJA, M. R.; SILVEIRA, M. V.; BRUNO, D. D. (Org.). *Infância em família*: um compromisso de todos. Porto Alegre: Instituto Brasileiro de Direitos e Família, 2004.

RECH, T. *Segredos familiares*: uma complexa trama relacional. Porto Alegre: Imprensa Livre, 2007.

RIO GRANDE DO SUL. Secretaria Estadual da Saúde. *Portaria nº 40, de 20 de outubro de 2004*. Dispõe sobre a notificação compulsória de casos suspeitos ou confirmados de maus tratos contra a criança e adolescentes. Disponível em: <http://www.mp.rs.gov.br/infancia/legislacao/id3444.htm>. Acesso em: 17 set. 2010.

ROCHA, T. Da violência a denúncia: a violência sexual e os recursos médicos assistenciais. In: PIZÁ, G.; BARBOSA, G. *A violência silenciosa do incesto*. São Paulo: Imprensa Oficial, 2004.

SCODELARIO, A. S. A família abusiva. In: FERRARI, D.; VECCINA, T. (Org.). *O fim do silêncio na violência familiar*: teoria e prática. São Paulo: Ágora, 2002.

SILVA, J. F. S. Violência e serviço social: notas críticas. *Revista Katálysis*, v. 11, n. 2, p. 265-73, 2008. Disponível em: <http://www.scielo.br/scielo.php?pid=S1414-49802008000200012&script=sci_arttext>. Acesso em: 19 set. 2010.

SLUZKI, C. *A rede social na prática sistêmica*: alternativas terapêuticas. São Paulo: Casa do Psicólogo, 1997.

VASCONCELOS, A. *A prática do serviço social*: cotidiano, formação e alternativas na área da saúde. São Paulo: Cortez, 2002.

20

O PAPEL DO ENFERMEIRO DIANTE DA FAMÍLIA DA CRIANÇA ABUSADA

Simone Algeri
Graziela Aline Hartmann Zottis
Malviluci Campos Pereira
Sheila Rovinski Almoarqueg
Rúbia Suzana Stein Borges

INTRODUÇÃO

Os enfermeiros, pela natureza de seu trabalho, não raro são os primeiros profissionais a se depararem com a criança que sofreu abuso sexual. Ainda assim, não é incomum que mesmo profissionais experientes tenham pouco conhecimento sobre o abuso sexual de crianças. Nem todos os enfermeiros trabalham com populações vulneráveis, mas é importante, para todos os profissionais de saúde, a habilidade de identificar sinais e sintomas de abuso sexual, bem como conhecer o que são comportamentos sexuais normais e anormais, testes diagnósticos para doenças sexualmente transmissíveis, problemas de saúde que possam ser mal interpretados como indicativos de abuso, o sistema de notificação compulsória e a melhor abordagem de intervenção, que não cause danos adicionais à criança.

Alguns países, como os Estados Unidos e o Canadá, oferecem cursos de especialização que formam enfermeiros especialistas em abuso sexual e estupro, chamados SANEs (Sexual Assault Nurse Examiner). O objetivo de um SANE é não só prover cuidado adequado às vítimas de abuso, preservando sua dignidade e reduzindo traumas psicológicos, mas também coletar evidências que possam colaborar efetivamente na investigação e no processo contra o abusador. Nesses cursos, o enfermeiro é treinado para realizar entrevistas e exames físicos, cuidar dos ferimentos e da profilaxia, além de acompanhar a vítima após a alta hospitalar, em sua recuperação (Patterson; Campbell; Townsend, 2006). No entanto, ainda que no Brasil tais cursos não se encontrem à disposição, é necessário que os enfermeiros que potencialmente venham a ter contato com vítimas de abuso sexual estejam preparados para atuar no sentido de protegê-las. Tal preparação é dever não somente das universidades que formam esses profissionais, mas também do interesse e do comprometimento pessoal e profissional dos enfermeiros em prover um cuidado adequado, pois o conhecimento está à disposição em revistas especializadas e em diversos livros sobre o tema.

O CUIDADO NA INTERNAÇÃO HOSPITALAR

O trabalho do enfermeiro na unidade de internação estabelece uma ligação com a criança abusada e sua família maior do que outros profissionais da equipe interdisciplinar costumam ter com elas. Segundo Algeri e colaboradores (2007, p. 60),

> a proximidade e os vínculos constituídos entre a criança, sua família e o enfermeiro permitem aprofundar as relações, viabilizando a orientação adequada para resolução de conflitos e problemas existentes sob formas de enfrentamento menos destrutivas e mais saudáveis.

Por essa razão, o enfermeiro serve tanto de observador e coletador de informações que alimentam o histórico de atendimento aos envolvidos, quanto de suporte à criança abusada e sua família.

Assim, para que esse profissional possa ser útil em ambas as frentes, ele deve ser capaz de controlar os sentimentos de repulsa, desconfiança e raiva, criando uma ambiente de empatia que permita uma aproximação com os indivíduos que atende. Para Felizardo, Zurcher e Melo (2006, p. 72),

> extremismos, tais como indiferença ou indignação exageradas, não contribuem como solução para o problema. [...] Na verdade, essas reações servem muito mais para deslocar o tema abuso sexual infanto-juvenil para a margem da sociedade, sob risco de neutralizar o assunto e reforçar a lei do silêncio socialmente imposta de não falar dele ou nele publicamente".

Por outro lado, o enfermeiro deve ser capaz de identificar os riscos que a criança sofre ainda durante a internação. Todo contato com os suspeitos do abuso deve ser monitorado, jamais deixando que a criança fique inteiramente sozinha na sua presença. A internação é um momento em que a criança pode sentir-se vulnerável e abandonada, podendo aceitar o contato do abusador como bem-vindo, por ser alguém de sua intimidade. Logo, para o abusador, tal situação pode apresentar-se como uma oportunidade de induzir a criança sobre o quê dizer e o quê negar, além de poder ameaçá-la com as consequências das revelações.

Nossa prática profissional nos permite afirmar que a maioria dos casos de abuso sexual não são denunciados pelas mães porque elas temem a perda do parceiro e de seu sustento, pois, muitas vezes, os abusadores, quando são os pais ou padrastos, são também a principal fonte de renda da família. Assim, a família se protege por medo, vergonha e culpa, tornando mais difícil a intervenção. O segredo familiar sobre o abuso esconde os conflitos da dinâmica funcional desse núcleo, sendo uma forma de viver com a situação, com a ameaça de desestruturação da unidade conjugal e familiar. A criança participa do silêncio, pois sofre diferentes pressões para não revelar o abuso, sob pena de sofrer sanções ainda mais graves, tais como ameaças de abandono, morte, além do intenso receio de que seu relato caia em descrédito. Por isso, a enfermagem deve estar atenta para a natureza das conversas que os cuidadores venham a ter com a criança, observando possíveis orientações para a negação do abuso.

Todas as informações que surgirem durante o cuidado de enfermagem, que possam ser úteis na avaliação, devem ser registradas no prontuário do paciente e informadas nas reuniões de equipe interdisciplinar. Para que se reconstrua a história ocorrida, a fim de definir se o abuso ocorreu ou não, e quem é o abusador, todo dado é importante e não deve ser perdido por falta de registro. Além disso, conforme Algeri e Souza (2006), "é importante que o profissional de enfermagem, através de sua conduta, faça com que o hospital seja um ambiente menos hostil, menos agressivo e mais acolhedor".

AÇÕES PREVENTIVAS

Programas de prevenção devem abranger três diferentes áreas: visitas domiciliares, educação para pais e educação nas escolas (National Sexual Violence Resource Center, 2005). Na história da enfermagem, as visitas domiciliares sempre estiveram presentes e mantêm-se importantes na prevenção dos diversos tipos de abuso infantil. Devido a essa característica, enfermeiros são recursos humanos importantes para programas de prevenção e programas educativos para crianças, pais e outros profissionais.

Enquanto em diversos países, tais como os Estados Unidos, o Canadá e a Austrália, existem protocolos que estabelecem a educação e a orientação às crianças como imprescindíveis à prevenção do abuso, no Brasil existem poucas iniciativas nesse sentido, pois há uma falsa ideia de que falar sobre o assunto com crianças pode assustá-las ou, até mesmo, estimular sua curiosidade sobre sexo.

Um dos bons exemplos no país nesse sentido é o trabalho realizado pelo Serviço de Investigação de Crianças Desaparecidas (SICRIDE), do Paraná, que distribui brochuras para colorir com dicas para as crianças aprenderem a se proteger de eventuais abusadores (SICRIDE, 2003). Programas preventivos voltados à criança baseiam-se na segurança pessoal, na definição do que é considerado agressão sexual, autoestima e autoimagem, e em instruções específicas sobre como evitar ou fugir de uma agressão sexual (National Sexual Violence Resource Center, 2005). Assim, deve-se orientar a criança quanto às seguintes questões (Sadigursky, 1999):

- ninguém tem o direito de tocá-la se ela assim não desejar;
- existem várias formas de tocar o corpo, sendo necessário saber que existem maneiras agradáveis e carinhosas e outras desagradáveis;
- ela pode e deve fazer perguntas quando alguma coisa esteja confundindo seus pensamentos ou sobre temas que possam causar constrangimento;
- pedido de segredo pode ser início de abuso sexual.

Já os programas voltados aos adultos incluem orientações aos pais sobre punições físicas, supervisão adequada dos filhos e responsabilidade pelas necessidades emocionais e materiais das crianças (National Sexual Violence Resource Center, 2005).

Programas de visitas domiciliares buscam reduzir os vários tipos de abuso e negligência por meio de orientação e suporte para capacitar pais e mães em situação de risco. Em um estudo sobre um programa de visitas domiciliares realizadas por enfermeiros ao longo de 15 anos, percebeu-se uma redução nas taxas de abusos contra crianças de 50% se comparadas a grupos que não recebiam as visitas (Putman, 2003 apud Olds et al., 1997). Logo, programas desse tipo, quando realizados com qualidade, exercem um importante papel na prevenção primária de abuso e negligência contra a criança.

A NOTIFICAÇÃO COMPULSÓRIA

O artigo 245 do Estatuto da Criança e do Adolescente (ECA) define que os casos de suspeita ou confirmação de maus-tratos devem ser obrigatoriamente comunicados ao Conselho Tutelar da respectiva localidade, sendo considerada infração administrativa, sujeita à multa de 3 a 20 salários de referência, a não comunicação à autoridade competente, pelo médico ou responsável pelo estabelecimento de atenção à saúde, dos casos de que tenha conhecimento (BRASIL, 1990). Ou seja, não é necessária a confirmação do abuso, bastando que haja suspeita. No entanto, é importante fundamentá-la por meio de anamnese e exame físico cuidadosos e, quando possível, de avaliação social e psicológica. A notificação não é uma ação policial, mas objetiva desencadear uma atuação de proteção à criança e de suporte à família (BRASIL, 2002).

O Conselhos Tutelares, que recebem tais notificações, na maioria das vezes, têm estrutura precária e poucos profissionais para atender a demanda. A falta de exigência de uma formação adequada e específica para assumir o cargo de conselheiro tutelar também gera, muitas vezes, um atendimento ineficiente. Dessa forma, as instituições e seus profissionais da saúde, principalmente aqueles que prestam atendimento pelo Sistema Único de Saúde (SUS), não devem entender que seu compromisso com a vítima se encerra na notificação. O atendimento adequado às vítimas envolve seu tratamento durante a internação, mas também após a alta. Mais do que por instituições e órgãos, o SUS é formado por pessoas. Logo, não basta notificar o Conselho Tutelar; é necessário saber qual conselheiro está recebendo o caso e exigir a contrarreferência para o cuidado adequado e integral das vítimas. Se o Conselho Tutelar não der o seguimento legal, social, médico e psicológico adequado ao caso, é necessário recorrer a outras instituições. As delegacias de polícia poderão tratar de alguns casos, outros serão apenas tratados pelas delegacias especializadas em infância e adolescência. Ainda há a possibilidade, caso nenhuma outra solução seja eficaz ou haja uma emergência grave a ser resolvida, de se ultrapassar essa hierarquia e recorrer diretamente ao Ministério Público e ao Poder Judiciário. Para Zottis e colaboradores (2008):

> Se a complexidade do tema, por um lado, é sedutora para quem o estuda, por outro lado, pode ser desestimulante para quem tenta enfrentá-lo na prática. A impressão que se tem é a de que, para se fazer algo que realmente contribua para diminuir a violência, é necessário muito dinheiro e vontade política. Em geral, a tendência é esperarmos que as contribuições para enfrentar o problema venham de uma instância acima de nós, com a qual não temos contato e, na verdade, nem sequer conhecemos ou sabemos quem é. Os problemas são relegados a uma entidade abstrata e impessoal, eventualmente chamada 'governo', eventualmente 'sociedade', mas que quer sempre dizer 'os outros' (p. 38).

REAÇÕES PESSOAIS DOS PROFISSIONAIS ENVOLVIDOS

A condição estabelecida em uma unidade de saúde, quando a criança é internada com suspeita de ter sofrido abuso sexual, é de um nível elevado de estresse, tanto por parte dos profissionais, quanto dos outros pais e mães de crianças hospitalizadas na unidade.

O enfermeiro é aquele profissional que passa a maior parte do tempo com a criança, responsável pelos cuidados diretos a ela. Para Faller (1993), apesar da educação e treinamento, que especificam como executar nossas atividades profissionais, cada pessoa reage diferentemente aos problemas com os quais se depara em seu trabalho. Abuso sexual de crianças provavelmente desencadeia reações pessoais mais do que qualquer outra situação. Conforme Maldonado e Canela (apud Deslandes 2006),

> Os relatos dos pacientes vêm incorporados à intensa carga emocional, sofrimento e/ou revolta e, potencialmente provocam uma reação em quem os escuta. O profissional se depara com situações que podem ferir alguns de seus referenciais estabelecidos de integridade, moral, família, infância e sexualidade, e se vê obrigado, por sua formação, a lidar com o conflito causado pelas suas reações pessoais à violência e a manter a calma, a atenção e a objetividade, aprendidas como necessárias para um bom atendimento" (p. 313).

Ainda que os sentimentos negativos em relação aos casos se tornem menos intensos com o tempo, eles não desaparecem, e é importante que os profissionais mantenham a capacidade de se comover com problema tão grave. Nesse sentido, há a necessidade de controlar os sentimentos de raiva e rejeição acerca dos abusadores, inclusive reconhecendo seus próprios sentimentos frente ao quadro. É necessário compreender que todos os envolvidos – criança, abusador e família – necessitam de intervenção terapêutica. Entretanto, existe muita dificuldade nesse entendimento, uma vez que profissionais tendem a ser sempre empáticos com as vítimas, sentindo muita pena da criança, e aversão pelo perpetrador.

Profissionais mulheres tendem a ser mais empáticas com vítimas do sexo feminino e suas mães, e a desconsiderar o abusador. Além disso, tendem a ver nas mães que não abandonam seus companheiros abusadores como traidoras do seu sexo. Por outro lado, profissionais homens são mais preocupados com o impacto que as acusações podem ter na vida do acusado, e tendem a ser mais compreensivos (Faller, 1993).

Experiências negativas no campo do abuso sexual podem resultar em frustração, raiva, sensação de desamparo e vontade de desistir. O processo de *burnout* – estado de esgotamento físico e mental, cuja causa está relacionada à vida profissional – eventualmente leva à insensibilidade em relação aos pacientes e à desmotivação pelo processo de ajuda. A melhor maneira de prevenir o *burnout* é a realização de um trabalho de colaboração interdisciplinar, pois ele permite compartilhar a dor e a angústia que muitos casos geram (Faller, 1993).

Embora muitos profissionais tenham como objetivo fornecer ajuda à vítima, outras preocupações acompanham seu trabalho: a vontade de que os abusadores sejam punidos, o sentimento de que eles são perigosos para outrem, a pena em relação ao impacto do abuso na vida da mãe e da família, a crença de que a mãe e a família sejam em parte responsáveis pela situação e a preocupação com as consequências e com a intervenção. No entanto, uma abordagem centrada na vítima é o melhor caminho de lidar com objetivos conflitantes na intervenção. Tal abordagem deve levar em consideração o que é melhor para a vítima, independentemente das outras necessidades que possam se apresentar (Faller, 1993).

CONSIDERAÇÕES FINAIS

Em um momento de expansão no país de programas como o Programa de Saúde da Família (PSF) – em que enfermeiros estão em contato direto com as populações de risco – preparar acadêmicos de enfermagem para reconhecer sinais de abuso sexual e outras formas de violência é fundamental, pois a probabilidade de que eles venham a enfrentar tal situação é muito elevada. As diversas formas de abuso causam sequelas muitas vezes irreparáveis para quem as sofre. Assim sendo, é inadmissível que o profissional de saúde responsável por atender a essa população defronte-se com o fato e não o reconheça ou não dê o devido atendimento e encaminhamento por falta de conhecimento. O mesmo ocorre em uma unidade de internação hospitalar ou outros serviços em que os enfermeiros estejam presentes. O hospital deve configurar-se como um centro de referência para o atendimento multi e interdisciplinar do abuso sexual de crianças e adolescentes, pois esse tipo de violência exige ações integradas de cuidado que envolvam a família, uma vez que, nesses casos, atender somente a criança e/ou adolescente é insuficiente.

Entende-se que cuidar de uma criança vítima de abuso sexual é sempre um desafio sistemático para a equipe de enfermagem na prática clínica, pois exige, além de uma abordagem especializada na complexidade de ações que são necessárias, um compromisso permanente com a denúncia e o debate da questão. A adequada denúncia e debate, por sua vez, exigem, nesse sentido, a formação continuada dos profissionais para aprimoramento do cuidado.

REFERÊNCIAS

ALGERI, S. Violência intrafamiliar contra a criança no contexto hospitalar e as possibilidades de atuação do enfermeiro. *Revista do Hospital de Clínicas de Porto Alegre*, v. 27, n. 2, p. 57-60, 2007.

ALGERI, S.; SOUZA, L. M. Violência contra crianças e adolescentes: um desafio no cotidiano da equipe de enfermagem. *Revista Latino-Americana de Enfermagem*, v. 14, n. 4, 2006.

BRASIL. *Lei nº 8.069, de 13 de julho de 1990*. Dispõe sobre a proteção integral à criança e ao adolescente. Disponível em: <http://www.planalto.gov.br/ccivil_03/Leis/L8069.htm>. Acesso em: 17 set. 2010.

BRASIL. *Notificação de maus-tratos contra crianças e adolescentes pelos profissionais de saúde*: um passo a mais na cidadania em saúde. Brasília: Ministério da Saúde, 2002.

DESLANDES, S. F.; PAIXÃO, A. C. W. Humanização da assistência às vítimas de abuso sexual infantil: retomando o debate sobre a relação médico-paciente. In: DESLANDES, S. F. (Org.). *Humanização dos cuidados em saúde*: conceitos, dilemas e práticas. Rio de Janeiro: Fiocruz, 2006. p. 301-20.

FALLER, K. C. *Child sexual abuse*: intervention and treatment issues. Washington, DC: U.S. Department of Health and Human Services, 1993.

FELIZARDO, D.; ZURCHER, E.; MELO, K. Violência sexual: conceituação e atendimento. In: BRASIL. *Violência faz mal à saúde*. Brasília: Ministério da Saúde, 2006.

NATIONAL SEXUAL VIOLENCE RESOURCE CENTER. *Preventing child sexual abuse*: a national resource directory and handbook. Pennsylvania: NSVRC, 2005. Disponível em: <http://www.nsvrc.org/sites/default/files/Publications_NSVRC_ Directories_A-National-Resource-Directory-Handbook-Preventing-Child-Sexual-Abuse.pdf>. Acesso em: 21 set. 2010.

PATTERSON, D.; CAMPBELL, R.; TOWNSEND, S. M. Sexual assault nurse examiner (SANE): program goals and patient care practices. *Journal of Nursing Scholarship*, v. 38, n. 2, p. 180-6, 2006.

SADIGURSKY, C. A. *Vitimização sexual em crianças e adolescentes*: os profissionais de saúde e os aspectos legais. Salvador: EDUFBA, 1999.

SICRIDE. *ABC da segurança*. Disponível em: <http://www.sicride.pr.gov.br/sicride/modules/conteudo/abc.php>. Acesso em: 6 jan. 2009.

O PEDIATRA DIANTE DA CRIANÇA ABUSADA

Edila Pizzato Salvagni
Sônia Domingues Lueska

INTRODUÇÃO

Frente a uma criança vítima de abuso sexual, o pediatra depara-se com um problema que se constitui em um desafio diagnóstico. A literatura aponta que o exame físico conduz com confiança ao achado definitivo de abuso sexual somente em uma minoria dos casos. Mesmo em casos confirmados, os achados físicos do abuso sexual são surpreendentemente infrequentes. Estudos têm mostrado que, em meninas em quem o abuso sexual foi comprovado, a avaliação médica não revela sinais específicos em 50 a 90% das vítimas (Muran, 2001).

Em grande parte dos casos, o abuso não deixa marcas físicas: a manipulação, a exposição, a sedução, os jogos eróticos, o incitamento e a estimulação não deixam cicatrizes no corpo, mas são devastadoras para o psiquismo. O abuso é sempre um evento de grande impacto sobre a criança. O grau desse impacto depende da idade da criança, do estágio de seu desenvolvimento psicossexual, da natureza do ato abusivo, da frequência com que esse ato se repete, da quantidade da agressão envolvida e do tipo de vínculo da criança com o abusador (Steele, Alexandre, 1987). É esse impacto que determina em tais crianças, vida afora, baixa autoestima, depressão, comportamento suicida e de autoexposição, bem como a tendência a tornarem-se abusadores quando adultos.

O ABUSO COMO POSSIBILIDADE DIAGNÓSTICA

Para que a identificação de abuso sexual seja feita, é necessário, antes de tudo, o pediatra saber que o abuso existe, e considerá-lo como uma possibilidade diagnóstica. Após, o maior problema enfrentado pelo médico é identificar a criança vítima de abuso sexual quando faltam evidências físicas que o comprovem. A forma como as crianças são abusadas sexualmente aliada à natureza vulnerável destas tornam difícil a revelação. Nessas circunstâncias, algumas vezes o médico precisa verificar se houve abuso com base no comportamento e no estado emocional da criança.

Trata-se de uma tarefa difícil, porque pesquisas têm apontado que tais vítimas demonstram elevados níveis de alterações comportamentais e emocionais, sendo vasta a variabilidade de sintomas (Wells; Adams, 1995). Sabemos também que alguns tipos de abuso sem contato – voyeurismo, exibicionismo – e com contato – oral, digital e genital – ocorrem na genitália externa e na área anal, e podem não resultar em alterações físicas (Johnson, 2004).

A não ser que ocorra penetração vaginal, a injúria nas meninas é limitada à região da vulva. Quando o perpetrador roça seu pênis na vulva da criança, pode provocar lesões que ficam limitadas à pele da área genital. O processo de cicatrização se completa em poucos dias, e, quando a criança é examinada posteriormente, a apresentação anatômica da área genitoanal parece normal (Muran, 2001). Assim, uma vez que, frequentemente, essas crianças nunca revelam ou então não revelam de imediato o abuso, a demora na realização do exame pode propiciar o tempo suficiente para que a cicatrização aconteça (Heger et al., 2002) e dificulte o diagnóstico preciso de abuso.

O contato genital intracrural também poderá não resultar em injúria ou evidência anatômica. Achados similares podem ser observados quando o perpetrador manipula digitalmente a vulva ou o intróito vaginal da criança sem que ocorra a penetração. A criança, não entendendo o que aconteceu, pode interpretar o roçar do pênis ou de outro objeto entre seus grandes lábios como penetração vaginal. Essa interpretação pode ser a explicação para a eventual ausência de achados físicos quando a criança afirma ter sido penetrada. É importante que se tenha em conta que ela não tem um modelo de referência para a penetração vaginal antes que isso efetivamente ocorra (Pillai, 2005).

O diagnóstico médico, portanto, é detalhado e complexo, consumindo tempo para sua realização. A história médica é quase sempre incompleta e ambígua. O exame físico frequentemente é normal mesmo nos casos confirmados, e os achados laboratoriais positivos são raros. Na história de abuso sexual, existem peças que precisam ser recuperadas para compor o diagnóstico. A criança, na tentativa de revelar, às vezes o faz sem se dar conta, ou emite sinais e apresenta sintomas muitas vezes comportamentais ou emocionais. Outras vezes, ou simultaneamente, elege seu corpo para sinalizar e verbalizar o abuso sexual. É a situação em que a dor emocional encontra caminho para revelar-se por meio de manifestações físicas.

CENÁRIOS CLÍNICOS

Caso 1

Brenda (nome fictício), 8 meses, vem à consulta pediátrica de rotina. O pediatra constata fissura anal relevante. A mãe nega constipação importante. Também refuta a possibilidade de abuso. No domicílio, moram Brenda, a mãe, o pai e uma meio-irmã. Mesmo negando a possibilidade de abuso sexual, argumentando que a menina nunca fica só, sempre na companhia do pai ou dela, a mãe aceita ser encaminhada para o Serviço de Proteção à Criança do HCPA, ao qual fica vinculada. Nesse local, recebe acompanhamento psicológico, psiquiátrico, pediátrico e do serviço social. O caso evolui sem outras evidências até a menina completar 4 anos, quando começa a sinalizar a situação de abuso. Somente quando os pais se separaram, tanto a mãe quanto a filha são capazes de denunciar o abuso. Quando a mãe finalmente admite o abuso, a equipe presume que a outra filha também fora abusada.

Caso 2

Tiago (nome fictício), 11 anos e 11 meses, comparece com sua mãe ao pronto atendimento pediátrico do Hospital de Clínicas por apresentar lesões na pele, estando já em acompanhamento no posto de saúde, mas sem resolução. O pediatra constata, além das lesões cutâneas disseminadas pelo corpo, lesões de condiloma plano em região perianal compatíveis com sífilis secundária adquirida. Nessa consulta no hospital, o menino revela a sua mãe o abuso sexual pelo padrasto. Tiago vinha apresentando alterações comportamentais (agressividade, irritabilidade, não aceitava limites impostos pela mãe), dificuldades escolares, brigas frequentes na escola e fugas de casa. Exames laboratoriais confirmam o diagnóstico para sífilis e excluem HIV. Sua mãe sofreu abuso sexual aos 7 anos, perpetrado por um primo. O padrasto fazia uso de drogas injetáveis e era portador do HIV. Mesmo frente a essas evidências (a revelação do filho e o diagnóstico clínico confirmado laboratorialmente), a mãe não acredita no filho e confronta seu companheiro, padrasto do menino, que o desmente. Mesmo assim, a mãe consegue fazer a denúncia com registro policial. O padrasto é julgado e condenado.

A revelação, quando ocorre, é sofrida e difícil. A criança teme represália por parte do perpetrador, teme que sua família se desfaça (muitas vezes a união da família é mantida pelo abuso), e teme que não acreditem nela, o que realmente pode ocorrer. Trata-se de temores sentidos pela criança e que muitas vezes se concretizam pela revelação. Assim como o segredo é necessário para a continuação do abuso, quebrá-lo, na maioria das vezes, envolve sua cessação. No entanto, quebrar o segredo, além dessa consequência positiva, tem seu ônus. A revelação do abuso pela criança pode resultar em descrédito e ruptura familiar, com a criança sujeita a passar por muitos lares que não o seu (Roesler; Wind, 1994). Além disso, o perpetrador pode desmentir a criança e nunca relatar o fato.

As crianças vítimas de abuso sexual geralmente apresentam uma variedade de queixas médicas. Podem vir à consulta para avaliação médica pela suspeita de abuso sexual, ou vir para uma consulta rotineira, ou, ainda, por apresentar alterações comportamentais que não são relacionadas com o abuso. Nos últimos contextos, o diagnóstico de abuso sexual depende, sobretudo, de o médico considerar o abuso como uma possibilidade.

Quando, então, suspeitar que muitas vezes um simples abraço, um segurar no colo, uma higiene meticulosa da área genital deixam de ser manifestações de genuíno afeto e cuidado para tornarem-se perversões por parte do adulto? Quando pensar que cuidados e as manifestações de afeto comum entre familiares e suas crianças tornam-se fonte de prazer erótico por parte do adulto usando a criança como objeto de seu prazer? Essa é uma questão central para quem se propõe a trabalhar com crianças.

Dados da história

Em primeiro lugar, ao coletar a história da criança e de sua família, o pediatra deve ter conhecimento de que o abuso sexual de crianças é uma realidade e de que pode acometer indivíduos de qualquer segmento social, cultural, étnico ou econômico. Além disso, uma vez havendo a suspeita, esta deve ser sustentada a despeito da negação e, não raro, da tentativa de intimidação por parte dos familiares. Por último, é imprescindível ao profissional observar atentamente situações, sinais e sintomas que podem estar associadas a abuso sexual. Há diversos indícios na criança que geralmente apontam para a existência de abuso, quais sejam:

Comportamento sexualizado discrepante com a idade da criança

Trata-se de crianças pequenas que dramatizam uma relação sexual, usando partes do corpo de um adulto (tais como mãos e pernas), reproduzem carícias de forma erotizada (tais como beijar na boca e passar a mão em partes íntimas), têm comportamento exibicionista (como roupas íntimas na frente de estranhos).

Comportamento abusivo com outras crianças

Reproduz com crianças menores, ou mesmo com bonecas, as situações de abuso às quais foi submetida.

Distúrbios do sono (pesadelos, terror noturno)

As crianças submetidas a abuso têm uma maior tendência a apresentar distúrbios do sono. Portanto, deve-se ter cuidado ao avaliar esses sintomas e, sempre que presentes, investigar a possibilidade de abuso.

Distúrbios do apetite (anorexia, bulimia)

Qualquer alteração importante do apetite, mesmo que não preencha os critérios para o diagnóstico de anorexia nervosa ou bulimia, deve ser encarado como sinal de alerta determinando que o pediatra inclua abuso sexual em suas hipóteses diagnósticas.

Tristeza, apatia, isolamento, ansiedade

Sempre que tais sentimentos estiverem presentes em crianças e adolescentes sem nenhuma história familiar de abuso ou outros desencadeantes, deve-se levantar a possibilidade de abuso.

Agressividade, acessos de raiva, impulsividade

Quando não fazem parte de um transtorno de personalidade, já diagnosticado previamente, devem ser considerados como possíveis indicadores de abuso.

Distúrbios de conduta, fobias, evitações

Sempre que presentes, devem ser considerados como forte indicadores de abuso, especialmente se relacionados a algum adulto ou lugar específico (casa do pai, casa dos tios, avós, escola).

Sentimento de culpa, baixa autoestima

Esta linhagem de sintomas é mais comumente encontrada em adolescentes e deve sempre suscitar a hipótese de abuso.

Desconfiança, sentimento de desamparo

A perda da confiança nos adultos é sintoma central nos casos de abuso, apesar de não ser específica.

Reações conversivas

Estes sintomas que denunciam, no corpo, a situação de abuso e de seu sofrimento psíquico são mais encontrados em crianças maiores e adolescentes que já alcançaram um nível mais evoluído de funcionamento psíquico.

Tentativa de suicídio, fuga de casa

Sempre que uma criança maior ou adolescente tentar o suicídio, a hipótese de abuso sexual deve ser exaustivamente investigada.

Comportamento delinquencial

A associação entre comportamento delinquencial está claramente associada à violência intrafamiliar, incluindo aí o abuso.

Masturbação compulsiva

É um sintoma de ansiedade que pode estar relacionado a abuso sexual, mas não é específico.

Resistência excessiva ou facilidade exagerada ao exame dos genitais

Habitualmente, alguma resistência ao exame de qualquer parte do corpo é sempre encontrada nas crianças; no entanto, quando a criança é tomada por verdadeiro pânico ou não esboça qualquer resistência ao exame da genitália, deve-se cogitar a possibilidade de abuso.

Dores abdominais recorrentes

O trato gastrointestinal é um órgão de choque para a maioria das perturbações psicossomáticas da criança, incluindo o abuso sexual.

Outras queixas somáticas recorrentes sem causa orgânica plausíveis

Sempre que houver uma excessiva procura de atendimento médico e uma causa orgânica não for encontrada, o profissional de saúde deve estar atento para a possibilidade de somatização de algum sofrimento psíquico, incluindo o abuso sexual.

Queixas ano-genitais recorrentes sem achados específicos no exame físico

Esta apresentação deve sempre remeter à possibilidade de abuso sexual, e, nessa condição, ela deve ser exaustivamente investigada.

Enurese, encoprese

Sempre que uma criança já tenha adquirido o controle esfincteriano tanto anal quanto vesical, apresenta perda involuntária de urina ou fezes, excluídas causas orgânicas, o médico deve incluir abuso sexual em sua lista de possibilidades diagnósticas.

Promiscuidade, medo à intimidade, prostituição

Neste contexto, já estamos frente à sequela de um abuso sexual crônico.

Afeto inadequado dos pais

Sempre que uma situação envolva suspeita de abuso, o esperado é que os pais fiquem apreensivos e se proponham a auxiliar no esclarecimento da mesma. Caso isso não ocorra, ou, pelo contrário, esses se sintam acusados, tal reação robustece a hipótese de abuso.

Comportamento erotizado dos pais ou cuidadores

Em um grande número de casos, o abusador não tem crítica a respeito de seus comportamentos, e, nessas situações, fica explícita sua atitude erotizada para com a criança. "Brincadeiras" de apertar os mamilos das meninas, mãos que escorregam pelas partes íntimas e mesmo o olhar carregado de cobiça e desejo são atitudes que certamente não passam despercebidos à criança e nem a um observador atento.

Isolamento social e físico da família

Famílias oriundas de emigração recente, que morem em lugares distantes ou de difícil acesso, ou que não tenham vínculos dentro de sua comunidade, estão mais propensas a terem casos de abuso.

Doença psiquiátrica nos pais ou cuidadores

Este é um fator alto de risco para abuso sexual, e deve sempre ser investigado quando estiver presente.

Uso de álcool ou outras drogas pelos pais ou cuidadores

Sempre que presente, obriga o profissional a pensar na possibilidade de abuso sexual.

Déficit mental ou físico na criança

Qualquer deficiência torna a criança mais vulnerável a qualquer tipo de abuso, incluindo o sexual.

Deficiência mental dos pais ou cuidadores

É outro fator importante que coloca a criança em risco de ser abusada pelos pais ou pela impossibilidade desses de fornecer proteção adequada, deixando-a exposta.

O EXAME FÍSICO

O exame físico complementa essa longa e cuidadosa coleta de dados da história, que deve ser preliminar a sua realização. O médico deve ser proficiente no exame da criança, e a execução do mesmo não deve resultar em trauma adicional à criança, seja ele físico ou emocional. O médico deve explicar como será o exame e pedir permissão à criança e aos pais antes de realizá-lo, para que a criança não o interprete como mais uma forma de abuso, isto é, daquilo que é feito sem ela o permitir.

Os pais podem esperar que o exame físico mostre evidências que confirmem ou que excluam o abuso. É importante explicar que as evidências raramente estão presentes em pacientes pediátricos avaliados pela suspeita de abuso. É importante, também, que o médico certifique-se que o adulto suspeito de ser o abusador não esteja presente durante o exame da criança.

A interpretação de achados na área genital, no exame clínico das crianças em que há a suspeita de abuso sexual, deve ser realizada com cautela. A abertura himenal não é um indicativo de abuso sexual. Ela varia com o tipo de hímen, a posição da criança durante o exame, o método de exame e o grau de relaxamento e cooperação da criança. A abertura himenal também aumenta com a idade e o peso da criança (Berenson, Grady, 2002).

Portanto, o exame físico e os achados laboratoriais isoladamente não diagnosticam a abuso sexual, mas tornam-se motivo de preocupação quando são acrescidos de alterações comportamentais específicas ou quando não há explicação plausível para os achados.

O exame físico normal não descarta a possibilidade de que a criança tenha sido sexualmente abusada. Achados físicos inexistentes podem ser inerentes à natureza do abuso, ou podem ser o resultado de uma elasticidade himenal intrínseca e a rápida cicatrização dos tecidos ano-genitais.

Na situação em que não se encontram achados físicos consistentes com abuso, o relatório médico deve conter uma declaração do pediatra, tal como "achados normais e não específicos são esperados nas crianças que descrevem terem sido molestadas" ou "um exame normal nem descarta e nem sustenta a alegação de abuso sexual".

Como vemos, é muito difícil documentar a violência sexual da criança, principalmente a violência sexual intrafamiliar. Faz-se necessário compor um diagnóstico que vai além da avaliação clínica da criança. São coletados dados da história e itens sugestivos de abuso intrafamiliar, entrevistando familiares, a própria criança e o suposto agressor (Hall, 1998). É importante também recuperar, da história paterna e materna, dados sugestivos ou comprovados de abuso sexual na infância (Wells, Adams, 1995; Wells et al., 1997; Oates et al., 1998). É necessária, muitas vezes, a inclusão da avaliação de irmãos e de outras crianças próximas à criança com suspeita ou vítimas de fato de abuso sexual. Dados assim coletados podem trazer informações adicionais importantes com as quais é traçado um plano para avaliar atuais e futuros riscos para a criança e para aquelas próximas a seu convívio (Hobbs, Osman, 2007).

CONSIDERAÇÕES FINAIS

Acreditamos que a investigação da criança com suspeita de abuso sexual é muito complexa e se constitui em uma tarefa desafiadora para o pediatra. A literatura aponta que se apoiar somente no exame médico no diagnóstico de abuso sexual é insuficiente. Assim, a avaliação médica, acrescentada da história pessoal e familiar, deve ser interpretada dentro do contexto de como a criança foi abusada, da percepção da criança sobre o abuso e do processo de revelação do abuso.

Muitas dessas crianças chegam para avaliação em um serviço de emergência ou em clínicas privadas. Infelizmente, alguns médicos têm dificuldade de identificar e de manejar corretamente as vítimas de abuso sexual. Os médicos podem ficar relutantes em falar com a família sobre o paciente, porque a avaliação do abuso sexual pode entrar em conflito com o tradicional papel do médico e sua relação com a família.

Alguns médicos também relutam em examinar essas crianças pelo constrangimento e pelo potencial procedimento legal relacionado a essas avaliações. Além disso, existe a possibilidade de que, uma vez encurralado pelas circunstâncias, o agressor faça uso de violência contra as vítimas e as testemunhas, ou mesmo ataque a reputação e a vida pessoal da equipe envolvida no atendimento da criança e de seus familiares.

O pediatra, portanto, ao reconhecer o abuso, deve ter consciência de que é necessário o apoio da rede de saúde e da rede legal. Ou seja, o abuso sexual envolve aspectos legais e de saúde, sendo que requer a abordagem genuinamente multidisciplinar, em que as questões legais e terapêuticas relacionam-se mutuamente de forma complexa e sempre contingente.

Nossa experiência de mais de mais de 20 anos trabalhando com crianças abusadas e suas famílias no Serviço de Proteção à Criança do Hospital de Clínicas de Porto Alegre deu-nos a convicção de que somente uma equipe multidisciplinar consegue dar conta do manejo desses casos. Um profissional sozinho fica muito desamparado, assim como a criança que está sendo atendida, tendo de sustentar essa hipótese ante os constantes ataques à percepção que sofre. A negação sistemática e uníssona dos familiares, a inexistência da materialidade na maioria dos casos e o horror que esses casos desencadeiam fazem com que a dúvida se instaure no íntimo do profissional. Já quando ele pode contar com a colaboração de outros profissionais (enfermeiros, psicólogos, psiquiatras, assistentes sociais e representantes do Ministério Público) e a percepção da situação de abuso, agora compartilhada por uma equipe, fica fortalecida, podendo, então, sobreviver sob a forma de uma convicção.

REFERÊNCIAS

BERENSON, A. B.; GRADY, J. A longitudinal study of hymenal development from 3 to 9 years of age. *J Pediatr*, v. 140, p. 600, 2002.

HALL, D. K.; MATHEWS, F.; PEARCE, J. Factors associates with sexual behavior problems in young sexually abused children. *Child abuse Negl*, v. 22, n. 10, p. 1045-63, 1998.

HEGER, A. et al. Children referred for possible sexual abuse: medical findings in 2384 children. *Child Abuse Negl*, v. 26, n. 6/7, p. 645-59, 2002.

HOBBS, C. J.; OSMAN, J. Genital injuries in boys and abuse. *Arch. Dis. Child*, v. 92, p. 328-31, 2007.

JOHNSON, C. F. Abuse and neglect of children. In: BEHRMAN, R. E.; KLIEGMAN, R. M.; JENSON, H. B. *Nelson textbook of pediatrics.* 17. ed. Pennsylvania: Elsevier Science, 2004. p. 121-32.

MURAN, D. J. Mini-review: the medical evaluation in cases of child abuse. *J Pediatr Adolesc Gynecol*, v. 14, n. 2, p. 55-64, 2001.

OATES, R. K. et al. Prior childhood sexual abuse in mothers of sexually abused children. *Child Abuse and Negl*, v. 22, p. 1113-8, 1998.

PILLAI, M. Forensic examination of suspected child victims of sexual abuse in the UK: a personal view. *J Clin Forensic Med*, v. 12, n. 2, p. 57-63, 2005.

ROESLER, T. A.; WIND, T. W. Telling the secret: adult women describe their disclosures of incest. *Interpers Violence*, n. 3, p. 327-38, 1994.

STEELE, B. F.; ALEXANDER, H. Long- term effects of sexual abuse in childhood. In: MRAZEK, P. B.; KEMPE, C. H. *Sexually abused children and their families.* 5. ed. New York: Pergamon, 1987. p. 223-34.

WELLS, R.; ADAMS, J. Emotional, behavior and physical symptoms reported by parents of sexually abused, nonabused and alleged abused prepubescent females. *Child Abuse and Negl*, v. 19, n. 2, p. 155-63, 1995.

WELLS, R. et al. A validation study of the structured interview of symptoms associated with sexual abuse (SASA) using three samples of sexually abused, alleged abused and nonabused boys. *Child Abuse and Negl*, v. 21, n. 12, p. 1159-67, 1997.

22

O PAPEL DO PSICÓLOGO NOS CASOS DE VIOLÊNCIA CONTRA A CRIANÇA E O ADOLESCENTE

Lucilene de Souza Pinheiro
Vera Lucia Fornari

INTRODUÇÃO

Algumas profissões têm sido constantemente convocadas a rever suas práticas ao longo das últimas décadas. Nesse rol, sem sombra de dúvida, encontramos a profissão de psicólogo, sobretudo quando exercida em terrenos tão complexos e espinhosos como, por exemplo, o atendimento de crianças e adolescentes vítimas de violência. Eis um assunto absolutamente contemporâneo. Nunca falamos tanto sobre a infância vitimizada; nunca questionamos tanto os limites do privado nas relações familiares e também, como nunca, avançamos na construção de uma cultura mais humanizante em prol da infância e juventude no Brasil.

A colaboração da psicologia enquanto ciência nesse processo de transformação social é inegável e de inestimável valor. Porém, mesmo diante de todo esse cenário, as estatísticas teimam em ofertar um número crescente de casos envolvendo as mais diversas formas de maus-tratos sofridos por crianças e adolescentes em nosso país, o que tem se constituído em aumento de demanda de trabalho para os profissionais da área da saúde mental, principalmente psicólogos. Na medida, entretanto, em que esse tipo de violência passou a ser um fenômeno reconhecido social e legalmente, tendo uma visibilidade cada vez maior e que a psicologia é tida como uma das áreas de reconhecido mérito para o trato da questão, nos deparamos, paradoxalmente, com várias dificuldades na atuação profisional de psicólogos perante casos dessa natureza. Tais dificuldades acabam por ir, muitas vezes, na contramão do que hoje se entende como intervenção adequada tanto do ponto de vista terapêutico quanto protetivo e legal chegando, inclusive, a comprometer diagnósticos. Percebe-se uma dificuldade maior quando a violência em questão foi cometida por familiares (em especial, pais) e se esta envolve abuso sexual contra a criança. Engessados, muitas vezes, em pressupostos teóricos e/ou recortes da teoria, muitos psicólogos ainda costumam tratar as situações de violência relatadas pela criança como algo de menor relevância ou como algo resultante de suas fantasias e fabulações, negando dados de realidade e, muitas vezes, ajudando a perpetuar o vínculo familiar que recai sobre essa criança de forma perversa e velada.

No extremo oposto, observamos também a dificuldade que se apresenta ao psicólogo quendo este, ao entender a violência contra a crianças como um fenômeno real e de consequências diversas, desconhece seu papel e/ou teme realizar procedimento importantes para a proteção de seu pequeno paciente. Resistência em realizar notificações (denúncias) aos órgãos de proteção; prioridade do sigilo como norma profissional em detrimento da proteção e efetivo bem-estar da criança; resistência em, ao realizar qualquer notificação, emitir pareceres e/ou relatórios sobre o caso; receio de ser intimado para depor em juízo sobre os casos atendidos; medo de sofrer processo ético junto ao Conselho de Psicologia ou responder por dano moral na esfera cível (geralmente por calúnia e difamação) são apenas alguns dos inúmeros questionamentos e temores que permeiam a prática profissional do psicólogo no atendimento de crianças maltratadas. Dependendo do entendimento, o profissional poderá adotar uma postura que terá interferências na qualidade das intervenções e na evolução dos casos, podendo, assim, ajudar a salvar vidas ou condenar crianças e adolescentes a seguir sendo vítimas de reiterados atos de violência cujas consequências serão sempre danosas a seu desenvolvimento físico e/ou psíquico.

REVENDO NOSSA HISTÓRIA, REVENDO NOSSAS PRÁTICAS

Poucos sabem, mas o Brasil foi o primeiro país a regulamentar a profissão de psicólogo por meio de lei (Bock, 2008). Ainda que registros históricos e literários apontem a existência da ciência psicológica há mais de um século, a profissão de psicólogo é relativamente jovem, tendo sido aqui regulamentada em 27.08.1962 sob a Lei 4119/62. Nascida em uma época em que as políticas sociais e de saúde eram regidas por princípios higienistas, a psicologia era bem-vinda naquele momento, pois, graças à ascensão do uso de testes psicológicos, apontava a possibilidade de prever e ajustar o comportamento humano. Tal entendimento foi fomentado, em grande parte, pela ascensão do uso dos testes psicológicos, já que

> a psicologia prometia através desta tecnologia colocar o homem certo no lugar certo; ... facilitar a aprendizagem; adaptar as pessoas; facilitar a percepção de cada um sobre si mesmo. (Bock, 2008, p. 3)

No que se refere às políticas voltadas para a infância, nossa profissão nasceu quando ainda vigorava o Código de Menores de 1927 (também chamado de "Código Mello Matos"). A política era restritiva e excludente, baseada no "Direito Penal do Menor", e tinha como objeto "não qualquer criança entre 0 a 18 anos, mas aquelas denominadas de 'expostas' (as menores de 7 anos), 'abandonadas' (as menores de 18 anos), 'vadias' (os atuais meninos de rua), 'mendigas' (as que pediam esmolas ou vendiam coisas nas ruas) e 'libertinas' (as que frequentavam prostíbulos)" (Segundo, 2002, p. 4).

A tarefa primeira de educar o "menor", segundo o entendimento da época, era exclusiva da família, mas, quando essa falhava em sua função, o Estado tomava para si tal obrigação. Para corrigir o quadro de "patologia social" apresentado pelo menor pobre e marginal, o Código de Menores previa a medida de internação, que foi largamente utilizada na época como estratégia de controle. Nesse período, espocaram abrigos e internatos para crianças e adolescentes em todo o país, criados straves dos SAMs (Serviço de Atendimento ao Menor). Nesta época, um grande contingente de crianças foi "recolhido" a locais sem estrutura física adequada e onde, não raro, foram vítimas de toda forma de violação. Muitos, quando não eram recolhidos pelo Estado, eram "confiados" ao mesmo pelos próprios pais quando estes, em função da situação de pobreza, percebiam-se incapazes de criar a prole.

Em substituição ao SAM, em 1964 foi criada a FUNABEM (Fundação Nacional do Bem-Estar do Menor) e as FEBEMs estaduais, cujo trabalho, de acordo com o Segundo (2002, p. 6), foi amparado "nos preceitos do militarismo, com ênfase na segurança nacional. A partir dessa nova política, o executivo federal passou a ser o promotor e o executor da medidas imputadas ao menor infrator e ao menor carente.

Em 1979, com alguma reformulação, passou a vigorar um novo Código de Menores (chamado de "Código de Menores de 79") sob o paradigma da "Doutrina da Situação Irregular". Na prática, pouca coisa mudou já que a concepção menorista de infância seguiu sendo a tônica de seu conteúdo. A família, independentemente de suas dificuldades, seguia sendo a única responsável pelo sucesso ou não da educação da criança, sendo que ao Estado competia cuidá-la/corrigi-la tão logo desviasse da norma. Uma das poucas diferenças entre os Códigos de 1927 e 1979 refere-se ao fato de que o primeiro calcou suas ações exclusivamente na política de internação, enquanto o segundo abriu um leque de medidas que iam da advertência à internação.

Mudanças importantes também ocorreram na Constituição Federal Brasileira desde a regulamentação de nossa profissão, que nasceu sob a égide da Constituição de 1946. De 1962 para cá, a Carta Magna foi reescrita em três ocasiões (em 1967, 1969 e 1988), havendo diferenças abissais entre um texto e outro, capazes de retratar os distintos períodos históricos vivenciados pela população brasileira. A Constituição Federal atual, promulgada em 1988, trouxe consigo avanços importantíssimos, sendo reconhecida em seu valor, dentre outros aspectos, pela garantia de direitos individuais para o cidadão e por abrir um espaço inarredável para a proteção dos direitos humanos, dentre eles, os de crianças e adolescentes.

Fruto desse movimento e de intenso debate que mobilizou os mais diversos segmentos sociais, em 1990 foi promulgado o Estatuto da Criança e do Adolescente/ECA (Lei 8069/90), uma das legislações mais avançadas do mundo no que se refere a garantia e proteção de direitos dessa parcela da população. Na medida em que evoluiu da chamada "Doutrina da Situação Irregular" para a "Doutrina da Proteção Integral", em que crianças e adolescentes passaram a ser vistos e entendidos como '**sujeitos em condição peculiar de desenvolvimento**' e cidadãos protegidos por direitos, o ECA contrapôs radicalmente o Código de Menores de 1927 e o de 1979, impondo uma mudança significativa no próprio conceito de infância.

De caráter universal, o ECA tem sob foco todos os sujeitos entre 0 e 18 anos de idade (não apenas aqueles ditos anteriormente como em 'situação irregular') e assegura às crianças e adolescentes brasileiros "todos os direitos fundamentais inerentes à pessoa humana, assegurando-lhes oportunidades e facilidades, a fim de lhes facultar o desenvolvimento físico, mental, espiritual e social, em condições de liberdade e dignidade" (ECA – art.3º). Diferente do prescrito no Código de Menores, solidários à família, agora Estado e sociedade civil também são responsáveis pela tarefa de zelar pelo desenvolvimento saudável de crianças e adolescentes. A grande virada na história mostra que, dentro dos novos preceitos legais, em situação irregular agora estarão não mais crianças pobres, abandonadas, maltratadas ou ditas marginais, mas, sim, quaisquer desses segmentos (família, Estado e/ou sociedade civil) que não cumprirem com sua função de proteção e promoção de direitos para com elas.

Em 1991, iniciou-se a implantação dos Conselhos Tutelares pelo país afora. Integrados ao sistema de garantia de direitos e à própria sociedade civil, os Conselhos Tutelares têm papel fundamental para a conscientização dos direitos prescritos no Estatuto da Criança e do Adolescente. Acredita-se que o fortalecimento das instituições de proteção tem permitido à sociedade brasileira incorporar os preceitos do ECA tão bem traduzidos, em especial, em seus artigos 5º, 13º e 18º, o que revela a construção de uma nova cultura acerca do ser criança e adolescente no Brasil. Dentre vários indicadores que apontam essa mudança de paradigmas, ressalta-se o incremento no número de denúncias que chegam aos órgãos de proteção, demonstrando que a sociedade vem exercitando cada vez mais o dever de proteção e de desvelamento das situações de violências contra crianças e adolescentes.

Esse processo de transformação, cujo imenso valor histórico e civilizatório vem marcar definitivamente nossas relações pessoais, sociais e culturais para com a infância brasileira, passou a exigir do psicólogo posturas e práticas de trabalho consonantes com os atuais marcos legais. Retratando a magnitude desse processo, o próprio Código de Ética Profissional do Psicólogo, como veremos adiante, foi recentemente alterado, a fim de contemplar, dentre outras questões, as novas demandas que recaíram sobre nossa profissão.

Assim, entender, por meio da evolução das diferentes doutrinas (Direito Penal do Menor, Doutrina da Situação Irregular, Doutrina da Proteção Integral), a posição destinada às crianças e aos adolescentes ao longo da história recente do país, permite ao psicólogo maior consciência de seu papel dentro desse cenário, bem como lhe permite refletir sobre os conceitos de infância aos quais a psicologia vem se remetendo desde sua existência enquanto profissão. Acredita-se que, a partir dessa breve retrospectiva histórica, também seja possível compreender por que algumas concepções "menoristas" persistem, apesar dos avanços elencados anteriormente. Não raro ainda ouvimos crianças sendo ameaçadas de serem levadas ao "juizado de menores" ou à "FEBEM" caso não tenham bom comportamento. A própria expressão "menor", utilizada ainda largamente em nosso vocabulário popular para definir crianças e adolescentes, é um dos exemplos vivos dessa herança.

Levando em conta o aspecto subjetivo, também propomos um questionamento sobre a influência de todos esses paradigmas na formação do psicólogo enquanto sujeito humano, já que carregamos uma herança que constitui valores pessoais. Enquanto cidadão, o "ser-humano-psicólogo" também está inserido em uma sociedade que durante séculos não reconheceu a criança como sujeito de direitos; que, como recém-dito, ainda hoje se dirige à mesma pela expressão "menor", e ainda acredita que a agressão física deve fazer parte da relação entre pais e filhos sob pretexto de educação. Dar-nos conta de todas essas questões talvez seja uma primeira possibilidade de entender por que trabalhar com crianças e adolescentes vítimas de violência ainda soa como algo transgressor para muitos profissionais. Além disso, permite construir um posicionamento mais claro acerca das novas demandas que recaem sobre nosso fazer atual, bem como diferenciar uma prática que ainda se propõe a atender princípios higienistas daqueles realmente comprometidos com uma visão de saúde mental e proteção de direitos.

DA PRÁTICA SOLITÁRIA À INSERÇÃO NA REDE DE PROTEÇÃO

Sabe-se que, ao longo da história, crianças e adolescentes sempre foram vítimas das mais diversas formas de maus-tratos, em especial aqueles cometidos no ambiente doméstico. Sabe-se também que essa questão sempre aportou nos atendimento psicológicos com frequência e, por ser considerada historicamente apenas como uma questão de família, a abordagem se remetia exclusivamente às implicações dessa relação sobre a vida emocional do sujeito atendido. Porém, o que até então se constituía com queixa individual demandando unicamente uma intervenção clínica por parte do psicólogo, com o advento do ECA, passou a ter uma dimensão muito maior, e tivemos que nos haver com questões cuja complexidade ultrapassa os limites do convencional na prática psicológica.

Durante décadas, a psicologia clínica teve seu exercício restrito aos consultórios ou clínicas particulares. O trabalho do psicólogo era exercido de maneira solitária, e a relação contemplada era única e exclusivamente a díade paciente-terapeuta. Hoje, ao atender qualquer situação de violência contra a criança e o adolescente, independentemente do contexto em que atua, seja no espaço privado de seu consultório, seja no trabalho junto a comunidades, clínicas, ONGs/OSCIPs, hospitais ou na esfera do serviço público, o psicólogo, mesmo mantendo as especificidades do trabalho clínico, necessitará atuar de maneira articulada com outras áreas e campos do conhecimento. É necessário ter claro que, a partir do momento em que o Brasil ratificou a "Doutrina da Proteção Integral", nossa categoria profissional saiu de um plano isolado e passou a integrar uma "rede de proteção" cuja função social é resguardar e/ou restituir os direitos conferidos às crianças e aos adolescentes pelo ECA. Assim, ainda que recaiam novas obrigações e procedimentos técnicos, ao contrário do que ainda muitos pensam, estar inserido nessa rede de proteção é um avanço significativo para nossa categoria e para a atividade profissional cotidiana do psicólogo.

A importância disso reside nos seguintes aspectos:

1 No reconhecimento de que a violência contra crianças e adolescentes, ainda que ocorra, na maioria das vezes, no âmbito das relações privadas, é um fenômeno multicausal, multifacetado e que requer um conjunto articulado de intervenções para prevenir reincidências;
2 A partir do momento em que se compreende a violência contra a criança e o adolescente como um fenômeno abrangente, e que, apesar de invariavelmente trazer consequências importantes para o plano psíquico, percebemos que a intervenção psicológica é efetiva apenas quando entrelaçada com a intervenção de outros saberes científicos, em especial aqueles do campo social, jurídico, médico e pedagógico;
3 Diferente do sentimento comum à maioria dos psicólogos, que se sente exposta profissionalmente e sob risco, perceber-se pertencendo a uma rede de profissionais que trabalham em conjunto, ainda que em instituições diferentes, traz em si um sentimento e consequências exatamente opostas. Ou seja, a rede, indiretamente, também tem a função de proteger os profissionais que atuam nas situações de violência contra a criança, fortalecendo pareceres e intervenções, bem como reduzindo os riscos de danos secundários às vítimas.

A partir desse entendimento, é importante ressaltar que o trabalho isolado (tanto do psicólogo como de profissionais de outras áreas) perante os casos de maus-tratos contra a criança/adolescente é absolutamente contraindicado, já que qualquer ação isolada oferecerá um olhar simplista e onipotente vindo na contramão do interjogo de fatores complexos que compõem tais situações.

A IMPORTÂNCIA DE RECONHECER OS PRÓPRIOS SENTIMENTOS

Associado a todo aparato teórico, o psicólogo conta com suas próprias emoções e cognições para sustentar a intervenção psicológica. Não é à toa a importância que os conceitos de transferência e contratransferência ocupam nas mais diversas correntes teóricas, assim como a ênfase que se dá para a necessidade de supervisão e tratamento pessoal como parte da formação profissional.

A questão da violência contra crianças é um dos tantos temas que mobilizam sentimentos intensos nos profissionais que nela são chamados a intervir. Poucos temas, porém, são tão polêmicos, pois, além dos fatos por si só serem geralmente impactantes, os sentimentos que despertam costumam misturar-se às vivências pessoais do profissional e ao sentimento de repúdio emanado da sociedade. É importante ter claro que ninguém passa incólume por uma situação de violência, seja quem a vivencia de fato, seja quem atua nos casos intervindo profissionalmente. Amêndola (2002, disponível em www.canalpsi.psc.br/artigos/artigo06.htm) aponta que a situação de violência "gera angústia; ouvir as histórias, mais ainda... viver tal angústia é indescritível...". Dessa forma, é importante assumir que trabalhar com crianças e adolescentes vítimas de maus-tratos é pesado, sofrido e angustiante para quaisquer profissionais, inclusive psicólogos. Estar atento e reconhecer esse fato é, sobretudo, uma questão de ética.

Nogueira e Sá (apud Penso et al., 2008, p.216) são enfáticos ao abordarem essa questão, e, embora se refiram especificamente ao abuso sexual, a colocação também é pertinente ao atendimento das demais formas de violência.

Alguns sentimentos, como raiva, dor, impotência, nojo, agressividade e pena são comuns ao nos depararmos com uma situação de abuso sexual infantil, sendo que a percepção dessas emoções e sentimentos é importante, uma vez que provoca no terapeuta ações que o auxiliam na intervenção. Além disso, conhecer e avaliar essas emoções permite colocá-las adequadamente, sem invadir o espaço do outro e confundir o profissional, que, ao se deixar levar pela emoção, pode incorrer em erros, tais como fazer julgamentos, perguntas inadequadas, tomando decisões apressadas e prejudicando o processo terapêutico.

A título de ilustração, vejamos algumas situações em que o atravessamento de sentimentos e crenças pessoais foi determinante para a qualidade das intervenções profissionais.

Exemplo I

O fato ocorreu com uma colega que, apesar de ter larga experiência clínica com crianças e adolescentes, viu-se bastante mobilizada diante de um paciente que vinha sendo molestado sexualmente pelo pai. Seu depoimento:

> À medida que meu paciente ia narrando as sevícias impostas pelo pai, fui tomada por uma sensação de horror. Primeiro, tive vontade de chorar, de sair correndo e fazer de conta que aquela criança não estava me contando todas aquelas coisas. Depois, senti raiva do menino, achei que fosse fantasia, mentira ou manipulação. Cheguei a me perguntar: 'Por que ele está fazendo isso comigo?'. Quando vi, estava fazendo perguntas que pareciam testar a credibilidade do seu relato quando eu sabia que ele não estava mentindo. Simplesmente, eu não sabia o que fazer com tudo aquilo... .

Nesse caso, dar-se conta do mal-estar sentido e das implicações que isso trazia a seu trabalho junto ao paciente impulsionou a colega para buscar supervisão e orientação junto aos órgãos de proteção. Enquanto condução clínica, inicialmente auxiliou seu pequeno paciente a escolher uma pessoa de confiança com quem ambos (paciente e terapeuta) pudessem dividir a situação. A escolha recaiu sobre a mãe. Paralelamente, foram trabalhados os sentimentos da criança, sobretudo o de medo, diante da revelação. O paciente foi encorajado a contar para a mãe durante uma das sessões as situações de abuso vivenciadas. Tão logo isso ocorreu, foi avaliado o potencial protetivo da genitora, que, absolutamente comovida, disse sentir-se capaz de proteger seu filho de novos abusos, mas que optava em não fazer qualquer registro legal do caso por temer estar cometendo uma injustiça contra o esposo.

Diante da tentativa materna de envolver a psicóloga em um pacto de silêncio típico das situações abusivas, à terapeuta coube trabalhar a importância da notificação como instrumento de proteção. Como a mãe seguiu recusando o procedimento, a própria colega deu ciência à Promotoria da Infância e Juventude de seu município, acionando a rede de proteção. No desdobramento dos fatos, o abuso sofrido pela criança foi confirmado por peritos da área; a mãe não apenas assumiu postura efetivamente protetiva em relação ao filho como também revelou que o esposo já havia molestado sexualmente outras crianças no passado, mas que isso era, até então, um segredo de família. Ao pai, foi decidido o afastamento do lar, e seu contato com o filho pôde ocorrer somente em visitas assistidas e mediante consentimento da criança. Com o tempo, o pai também aderiu ao tratamento psicológico e psiquiátrico.

Nesse relato sucinto, percebe-se que a atuação da psicóloga foi determinante para que o ciclo de violência no qual seu paciente estava inserido fosse interrompido, apesar dos intensos sentimentos com os quais teve que lidar ao longo do caso. Além disso, a boa condução permitiu a efetividade do trabalho clínico sem prejuízos à notificação legal e vice-versa.

Exemplo 2

Uma menina de 8 anos que apresentou vários hematomas e relatou à professora sofrer maus-tratos físicos severos (espancamentos) e humilhações frequentes por parte da mãe e do padrasto. A escola fez denúncia ao Conselho Tutelar, que solicitou avaliação psicológica do caso a fim de avaliar o comprometimento dos vínculos familiares, a presença de danos emocionais na criança e os riscos de reincidência da situação de violência. Como resultado da avaliação psicológica, foi emitido um parecer que indicava "distúrbios de conduta e tendência à mitomania" da paciente. A conclusão apontou que os cuidadores eram "pessoas idôneas, responsáveis pela sua prole e que não ofereciam riscos à integridade física da criança". Ainda assim, a menina seguiu fazendo queixas de maus-tratos à professora. Apesar disso, foi realizada uma reunião com todos os profissionais envolvidos no caso, em que o psicólogo manifestou-se da seguinte forma: "De fato, essa menina apanha dos pais. Eles precisam educá-la. É uma menina difícil, que mente muito. Se não fizerem algo agora, na adolescência será pior. Os pais são pessoas trabalhadoras. Já falei com eles para não exagerarem nas surras".

Essa situação ilustra o quanto crenças pessoais podem interferir na qualidade de nossas intervenções. Aqui fica claro que, para esse psicólogo, a agressão física é um recurso do qual os pais devem lançar mão na educação dos filhos, refletindo, em parte, a herança sociocultural mencionada anteriormente. Além disso, seu discurso imputa à criança a culpa pelas agressões sofridas, isenta os pais do dever de proteção, e sua postura profissional favoreceu que a menina fosse vítima de novos espancamentos. Apesar desse parecer psicológico, o Conselho Tutelar encaminhou o caso ao Ministério Público, que solicitou nova avaliação, dessa vez com profissional especializado na questão.

Parece contraditório alertarmos psicólogos para que estejam atentos a suas emoções e cognições diante de casos envolvendo crianças vitimizadas, afinal, essa é uma regra básica de nossa profissão. Os exemplos citados, porém, ilustram situações mais comuns do que podemos supor. Menosprezar a importância de estar alerta para essas questões com certeza prejudicará a intervenção, podendo provocar, inclusive, o desinteresse do profissional pelo paciente. Além disso, o caso pode ficar à mercê de leituras distorcidas acerca dos fatos que o envolvem e, com isso, a intervenção profissional poderá ocasionar à criança danos secundários tão graves quanto a própria violência sofrida e que gerou a busca pelo atendimento.

A (DESIN)FORMAÇÃO PROFISSIONAL

Outra variável a ser levada em conta e que dificulta a qualidade da intervenção junto às situações de maus-tratos contra a criança decorre de uma expressiva falta de informação e preparo técnico para esse tipo de atendimento. Felizmente, há iniciativas muito positivas espalhadas em algumas universidades do país que têm proporcionado, por meio de ações junto à comunidade, o atendimento de situações de violência, e, paralelamente, um espaço de formação importante para acadêmicos dos mais diversos cursos. Também é importante ressaltar o incremento da produção científica ao longo dos últimos anos, resultado de trabalhos de conclusão, monografias, dissertações de mestrado e teses de doutorado, cuja contribuição é de inestimável valor para o trato da questão.

Apesar disso, o tema ainda não compõe formalmente o currículo dos cursos de psicologia, sendo tratado, na maioria das vezes, de forma informativa e/ou ilustrativa nas disciplinas de Psicologia do Desenvolvimento e/ou afins. Ou seja, além das questões subjetivas (emoções vivenciadas perante os casos) e culturais (os mandatos sociais acerca da infância), nos deparamos, ainda, com uma formação acadêmica deficitária nessa área, que, quando aborda o tema, trabalha conceitos, mas dificilmente aborda as diversas possibilidades de intervenção psicológica e procedimentos técnicos necessários diante dos casos de violência doméstica.

Um exemplo disso reside na dificuldade que muitos profissionais apresentam para identificar os indicadores de violência, na grande maioria das vezes manifestos na conduta e no discurso de crianças e adolescentes vítimas. Quando a forma de violência em questão é o abuso sexual, em especial o intrafamiliar, percebe-se uma dificuldade ainda maior, sendo extremamente comum seus indicadores, principalmente aqueles que expressam atitudes e vocabulário erotizados e inadequados à faixa etária, serem tomados equivocadamente como parte do desenvolvimento psicossexual saudável da criança. Não raro ouvimos colegas emitindo opiniões acerca de fatos abusivos à sexualidade infantil como algo absurdamente típico de um "período de descobertas" e/ou "fantasias edípicas". Assim, saber avaliar questões do desenvolvimento saudável *versus* patológico na esfera da sexualidade infantil é imperativo ao profissional que atende crianças vítimas de abuso sexual ou sob suspeita dessa forma abusiva de maltrato, sob risco de imperícia e/ou imprudência profissional. Nunca é demais lembrar que pareceres e intervenções psicológicas contrários aos fatos reais de violência vivenciados pela criança têm graves implicações, pois contribuem para sedimentar os já arraigados mecanismos de negação que geralmente envolvem os casos. Além disso, favorecem a permanência da família no ciclo de violência e exposição da criança a novos episódios abusivos; reforçam o sentimento de incredulidade na palavra e/ou denúncia da criança; interferem na capacidade da criança em confiar e pedir ajuda em situações de dificuldade; bem como reforçam o senso-comum de que o abuso sexual pertence muito mais ao plano das fantasias infantis ou histerias femininas do que algo, de fato, real e de grande incidência populacional. As situações descritas a seguir exemplificam essa situação.

Exemplo I

Ismin, 7 anos, foi encaminhada pela escola para avaliação psicológica após a professora observar que, ao sentar na ponta da cadeira, a aluna frequentemente esfregava seus genitais em conduta tipicamente masturbatória. Humor deprimido e desenhos com formas excessivamente fálicas também supuseram um pedido de ajuda à professora, que levou o caso à direção e ao setor de orientação escolar para os devidos encaminhamentos.

Durante a consulta psicológica, a mãe referiu que a conduta masturbatória da filha ocorria com frequência e que, em função disso, já tinha aplicado a ela várias surras e castigos. Após algumas sessões de avaliação, o parecer psicológico apontou para a possibilidade de a criança estar emitindo resposta emocional a um período de severa instabilidade financeira da família mas que, ainda assim, sua conduta masturbatória, mesmo que excessiva, fazia parte do desenvolvimento saudável, de seu "momento de descobertas", e que não deveria ser coibido.

Ao longo do tempo, porém, a menina passou a relatar à professora que seu avô, cuja casa ficava contígua a sua, a molestava sexualmente sempre que ficava sob seus cuidados quando os pais saíam para trabalhar. Os atos incluíam masturbação e felação, aos quais não suportava mais ser submetida. O caso foi denunciado ao Conselho Tutelar, que, dentre outras providências, encaminhou a menina para nova avaliação psicológica com profissional especializado no trato da questão. O novo procedimento confirmou não apenas a situação de abuso sexual como também que esse provavelmente vinha ocorrendo já há algum tempo, dada a intensidade dos prejuízos emocionais evidenciados pela criança, dentre os quais os sintomas apresentados na esfera da sexualidade.

Exemplo 2

A avaliação psicológica foi sugerida por um médico pediatra após pedido de orientação de uma mãe cujo filho de 4 anos havia solicitado que lhe beijasse o órgão genital sob a alegação de que o "papai também faz assim".

O resultado da avaliação psicológica procurou tranquilizar tanto a mãe como o pediatra ao afirmar que tais condutas eram típicas da fase edípica na qual o menino se encontrava; que indicavam um período de descobertas anatômicas, e que "pedidos dessa natureza" compunham as fantasias de meninos para com a genitora nesse período do desenvolvimento infantil.

Com o passar do tempo, porém, o menino passou a manifestar conduta sexualizada exacerbada (masturbação excessiva e simulação em detalhes de atos sexuais com brinquedos), agressividade, enurese e terror noturno. Passado algum tempo, uma segunda investigação psicológica foi feita por solicitação novamente do pediatra, dessa vez por profissional especializado. As dificuldades apresentadas pelo menino foram confirmadas como indicadoras de abuso sexual e, após intervenção clínica adequada, a criança pôde contar que, durante visitas quinzenais ao pai (os pais eram separados), este o molestava e frequentemente obrigava-o a assistir suas relações sexuais com a atual esposa.

Como coação à manutenção do segredo, o pai alegava ao filho que fazia "essas coisas" para ensiná-lo a "ser homem", e que, caso contasse à mãe, levaria "uma surra como nunca levara na vida". A revelação e o correto diagnóstico, porém, proporcionaram alívio e proteção à criança, bem como indicação de psicoterapia para tratar as disfuncionalidades emocionais decorrentes do fato.

Os exemplos supracitados endossam a necessidade de o assunto ser mais bem trabalhado na formação acadêmica básica dos psicólogos, já que a mesma, por si só, autoriza o profissional a intervir clinicamente nas situações de violência contra a criança, devendo, portanto, estar instrumentalizado para tal.

Outro ponto importante, que também tem tido pouca ou nenhuma atenção nos bancos acadêmicos, diz respeito às responsabilidades legais que recaem sobre quaisquer profissionais (inclusive psicólogos) no atendimento de casos dessa natureza. Como resultado de uma formação acadêmica incipiente na área, acabamos nos deparando com colegas muitas vezes receosos de incorrer em faltas éticas e responder a processos legais, bem como de realizar denúncias e de comprometer-se mais efetivamente com os casos. Apesar de muitas vezes desejar uma atuação efetiva, o psicólogo geralmente demonstra ter pouca noção dos procedimentos técnicos a serem encaminhados, bem como de seu papel junto à rede de proteção da cidade em que atua e do papel das demais instituições de proteção. E, assim, por desconhecimento e/ou pré-conceitos, acaba por incorrer em erros técnicos nesse tipo de trabalho.

Para exemplificar, citamos, no Quadro 22.1, alguns procedimentos básicos que comumente geram dúvidas e são alvo de controvérsias em nosso meio, justamente por não haver, ainda, um entendimento claro acerca do papel do psicólogo diante da temática em questão.

Acreditamos que essas questões são absolutamente relevantes e que merecem uma maior ênfase quando falamos de formação profissional, uma vez que elas apontam para o campo da ética, da postura técnica e dos procedimentos hoje exigidos do psicólogo em face das situações de maus-tratos cometidos contra a criança e o adolescente, independentemente da concepção teórica que norteia o seu trabalho.

O SIGILO PROFISSIONAL

Esse é também um assunto que merece especial atenção, já que, como vimos, comumente se atribui ao sigilo profissional um dos principais argumentos para a não realização dos procedimentos mencionados no Quadro 22.1. Percebe-se que, igualmente, esse argumento tem sustentado opiniões

QUADRO 22.1

DIFICULDADES ENCONTRADAS PELO PSICÓLOGO NA REALIZAÇÃO DE ALGUNS PROCEDIMENTOS TÉCNICOS E SUAS CONSEQUÊNCIAS

Alguns procedimentos	Motivos que levam o psicólogo à não realização dos procedimentos	Consequências
1. Realizar notificações junto aos órgãos de proteção legal.	• Desconhecimento de seu papel enquanto profissional e cidadão; • Desconhecimento dos preceitos contidos no ECA; • Desconhecimento do código de ética profissional; • Desconhecimento e/ou pré-conceitos acerca das funções dos diferentes órgãos de proteção legal e do sistema de garantia de direitos.	• Descumprimento legal (do ECA e, possivelmente, do Código de Ética Profissional/princípio do menor prejuízo); • Desconhecimento das resoluções do Conselho Federal de Psicologia, em especial sobre elaboração e tipos de documentos produzidos por psicólogos (Resolução CFP nº007/2003).
2. Compartilhar informações e conhecimentos com profissionais de outras áreas.	• Omissão de informações importantes por receio de infringir o Código de Ética e o sigilo profissional; • Dificuldade de estabelecer uma comunicação clara e interagir junto a profissionais de outras áreas; Dificuldade em esclarecer sobre procedimentos técnicos utilizados.	• Reforço dos mecanismos de negação sociais e subjetivos sobre casos de violência infantil; • Não interrupção do ciclo de violência no qual a criança está inserida.
3. Emitir relatórios e/ou pareceres técnicos a fim de auxiliar no embasamento de procedimentos legais que buscam a proteção da criança.	• Dificuldade em esclarecer sobre procedimentos técnicos utilizados • Desconhecimento de seu papel profissional; • Omissão por receio de infringir o Código de Ética e o sigilo profissional; • Desconhecimento sobre como elaborar documentos técnicos, bem como sobre os objetivos e as diferenças entre os mesmos; • Desconhecimento sobre as diferenças entre perícia e avaliação psicológica; • Receio de ser chamado perante juízo para esclarecer o teor dos documentos emitidos; • Receio de ser intimado para depor como testemunha dos casos atendidos; • Receio de responder a processo civil (dano moral) e/ou ético (envolvendo registro profissional).	• Possível exposição da criança a novos episódios de violência e manutenção dos vínculos familiares perversos. • Desqualificação do papel do psicólogo pela rede de proteção.
4. Testemunhar em casos cujos pacientes foram avaliados e/ou tratados em psicoterapia, mediante intimação judicial.	• Novamente recorrem questões de sigilo e dificuldade em posicionar-se perante juízo acerca dos casos atendidos.	

técnicas distorcidas e conduções clínicas equivocadas.

Levando em conta a necessidade de maior consonância com os preceitos legais e com os direitos adquiridos pela população a partir da Constituição de 1988, o Código de Ética Profissional do Psicólogo sofreu recente reformulação, em que a categoria como um todo teve endossado seu compromisso social na proteção dos direitos humanos de forma mais clara e objetiva. Em vigor desde 27.08.2005, o novo Código de Ética traz, dentre seus princípios fundamentais, a necessidade de que o psicólogo sustente seu trabalho:

> I-... no respeito e na promoção da liberdade, da dignidade, da igualdade e da integridade do ser humano, apoiado nos valores que embasam a Declaração Universal dos Direitos Humanos;
> II-... na promoção da saúde e da qualidade de vida das pessoas e das coletividades, contribuindo para a eliminação de quaisquer formas de negligência, discriminação, violência, crueldade e opressão... (Código de Ética do Profissional, 2005).

É inegável que o sigilo profissional seja um dos principais pilares que sustentam a relação entre o psicólogo e seu paciente, possibilitando o fazer terapêutico. No entanto, há situações que são consideradas absolutamente graves, dada a severidade e os riscos que impõem à integridade física e/ou emocional do sujeito, e que requerem um entendimento mais amplo sobre a recomendação do sigilo. Uma dessas situações diz respeito justamente aos casos de violência contra a criança e o adolescente, independente do tipo e do grau em que ocorra.

É importante lembrar que, na dinâmica das relações violentas, o agressor, via de regra, costuma coagir a vítima ao segredo por meio de ameaças ou de extrema sedução, na tentativa de perpetuar e garantir a impunidade de seus atos. Assim, quando situações de violência são reveladas ou deixadas sob suspeita ao terapeuta, o mesmo deve sempre entendê-las como um pedido importante e urgente de ajuda, sendo que, na maioria das vezes, a expectativa do paciente/criança é de que o psicólogo seja o seu porta-voz diante de situações para as quais sente-se impedido (geralmente por medo e culpa) de tornar públicas.

Eis a importância de estarmos cientes de nosso papel e de entendermos o fluxograma de funcionamento da rede de proteção, bem como de termos absolutamente claros nossos limites e nossas possibilidades de ajuda perante casos dessa natureza. Certamente, não competirá ao psicólogo impor medidas legais que protejam o paciente, ainda que, em seu entendimento técnico, o contato da criança com o agressor seja contraindicado. Do mesmo modo, não compete a qualquer outra área dispor sobre procedimentos terapêuticos, avaliar riscos, realizar hipóteses e tecer prognósticos ao paciente que não sejam profissionais da área de saúde mental, ainda que de psicólogo todo mundo acredite ter um pouco. Será no entrecruzamento de saberes que se produzirá a proteção.

Assim, é imperioso que o psicólogo exerça o papel de intermediário, atribuindo *status* de veracidade aos fatos vivenciados pelo paciente no espaço privado de suas relações familiares (a saber, as questões de maus-tratos) e desencadeando os mecanismos de proteção que são da competência de outras instituições por meio de notificações (denúncias) e/ou pareceres técnicos fundamentados. É nesse momento que a ética profissional sobrepõe-se ao sigilo, concepção tão bem resguardada pelo atual Código de Ética Profissional ao dizer que "ao psicólogo é vedado praticar ou ser conivente com quaisquer atos que caracterizem negligência, discriminação, exploração, violência, crueldade ou omissão" (art. 2°, alínea 'a'). Dentre aqueles que trabalham diretamente no atendimento de pessoas vítimas de violência, costuma-se dizer que toda pessoa que tem conhecimento ou suspeita de fatos envolvendo maus-tratos contra a criança e o adolescente torna-se um tipo muito especial de testemunha, ainda que não tenha presenciado *in loco* a situação.

Dessa forma, enquanto "testemunha", o psicólogo tem a obrigação moral, social e profissional de tomar medidas que interrompam as situações de transgressão cometidas contra crianças e adolescentes, ainda que estes sejam seus pacientes. Ao deixar de agir dessa forma, o psicólogo negligencia a orientação prescrita no Código de Ética; ao calar-se, exercita o silêncio e torna-se conivente com situações que ferem a integridade física e emocional dos sujeitos envolvidos; protegido sob o manto do "sigilo profissional", desprotege aqueles que, por sua condição peculiar de pessoas em desenvolvimento, buscam na figura do adulto/profissional credibilidade, cuidados e condições para o exercício de vínculos afetivos mais saudáveis com as figuras que lhes são significativas.

Em seu artigo 9º, o Código de Ética refere que "é dever do psicólogo respeitar o sigilo profissional a fim de proteger, por meio da confidencialidade, a intimidade das pessoas, grupos ou organizações a que tenha acesso no exercício profissional". Já no artigo 10º, complementa:

> Nas situações em que se configure conflito entre as exigências decorrentes no disposto no art. 9º e as afirmações dos princípios fundamentais deste Código, excetuando-se os casos previstos em lei, o psicólogo poderá decidir pela quebra do sigilo, baseando sua decisão na busca do menor prejuízo.

Assim, como forma de adequar-se aos demais preceitos legais em vigor, o Código de Ética Profissional do Psicólogo inaugura o conceito de "menor prejuízo" como princípio norteador da prática psicológica em situações de risco às pessoas, grupos ou organizações, garantindo respaldo à ação profissional mediante a necessidade de efetuar denúncias e de emitir opiniões e documentos técnicos para que medidas de proteção sejam tomadas.

Embora não seja específico em relação às situações de violência contra a criança e o adolescente, o Código de Ética prevê que a quebra de sigilo, nesses casos, não é considerada infração ética, uma vez que está incluída no rol das situações de risco ao desenvolvimento humano saudável. É importante ressaltar que isso respalda, inclusive, o enquadre clínico clássico, pois sempre coube ao terapeuta esclarecer ao paciente sobre a necessidade de dar ciência a terceiros sobre a possibilidade de danos, autoinfligidos ou não, a sua integridade física e/ou emocional.

É importante ter claro que a quebra do sigilo baseada no "princípio do menor prejuízo" não exclui a possibilidade de danos para a relação terapêutica. Entende-se, porém, que os prejuízos acarretados serão sempre menores se considerarmos aqueles produzidos pela situação de violência e pelo silêncio profissional que ganhará sua perpetuação.

POR QUE ATENDER A CRIANÇA?

O contínuo submetimento a qualquer modalidade de abuso, seja ele físico, emocional ou sexual, imprime marcas que acompanham a criança ao longo de sua vida, sendo que um conjunto de sinais denunciadores de seu passado pulsará vivo no futuro, em diferentes formas patológicas. A denúncia interrompe o ciclo vicioso do abusador-abusado, e cria a possibilidade de retirar a criança do aprisionamento na desesperança. De acordo com Ravazzola (1997, p. 90):

> A violência familiar é um dos fenômenos sociais mais absurdos e inaceitáveis. Não somente porque, em geral, trata-se de um feito inesperado e imprevisto na dimensão das relações humanas, nem porque é proveniente de sujeitos que supostamente deveriam atuar solidariamente, protegendo as pessoas das que a abusam, senão – sobretudo e ademais – porque esse ato aberrante tende a repetir-se.

A violência doméstica é um fenômeno cercado por mitos e se manifesta de maneira sigilosa. Um segredo familiar envolve aspectos ideológicos e arcaicos. Nesse sentido – até por sua demanda afetiva e sexual – desvelá-la representa romper um complô de silêncio, bem como deparar-se com a vítima, o agressor e a família em um mesmo e único núcleo cuja dinâmica é perigosa, destrutiva e cíclica.

Uma das peculiaridades desse fenômeno é a negação, mecanismo que impede o abusador de tomar consciência do significado e das consequências prejudiciais de suas próprias condutas. Diante dele, costumamos nos deparar com um sujeito cuja história de vida aponta falhas em seu desenvolvimento emocional, representadas pela repetição mortífera de atos transgressores que, em muitos casos, atravessam gerações. Em linhas gerais, podemos dizer que o abusador é alguém incapaz de se responsabilizar de forma madura por sua demanda afetiva e sexual.

A experiência clínica nos mostra que, na dinâmica psíquica, os mesmos repetem o que sofreram: abusam porque foram maltratados por um adulto em sua infância e/ou sofreram várias outras formas de intrusão ambiental. Raciocínio semelhante nos leva a pensar sobre a dinâmica de mulheres que, na união com parceiros abusadores, buscam inconscientemente repetir as experiências de dependência, submissão e violência vividas na infância. Enoveladas na trama de traumas mal-elaborados e reatualizados dos adultos, a criança fica à mercê da atuação que caracteriza o ato violento.

É importante salientar que, nas famílias incestuosas, a alteridade não existe. Nelas, não há diferença entre o que é ser criança e o que é ser adulto, ser cuidador e ser cuidado. Essa não diferenciação atravessa a construção da subjetividade e prejudica a constituição do eu. Portanto, assim como ficamos sem palavras diante de uma criança violentada, do mesmo modo, procuramos encontrar as palavras que possam compartilhar nossa experiência e contribuir com os demais profissionais que se deparam com tamanha demanda e tentam lidar com a impotência (dentre vários outros sentimentos) vivenciada diante de vítimas violadas em seu direito primeiro, isto é, de que seu corpo lhes pertence.

Do ponto de vista psicológico, sabemos que, quando nos faltam as palavras, cabe o alerta de que estamos lidando com algum acontecimento que não foi inscrito psiquicamente. Nesse momento, a técnica aponta para a importância, dentre outros aspectos, da contratransferência, que permite ao psicólogo conhecer o significado do trauma, de que forma e proporção ele inunda o aparelho psíquico. Por meio desse recurso, o terapeuta poderá sair do impasse, escutar com acuidade e estabelecer ações para o trabalho psíquico da criança e para o ambiente onde ela está inserida, contando com a rede de apoio já instituída.

OS SENTIMENTOS DESPERTADOS NA CRIANÇA MALTRATADA

De acordo com Ferenczi (1933), o repetido trauma na vida adulta corrói a estrutura da personalidade já formada, mas, na infância, o mesmo forma e deforma a personalidade. Toda a adaptação psíquica das crianças abusadas serve ao propósito fundamental de preservar suas relações originais com seus pais/cuidadores. Para sobreviver ao ambiente abusivo, por sentir-se incapaz de escapar ou de alterar a insuportável realidade do abuso, a criança recorre a uma extensa gama de defesas psíquicas ainda imaturas. É sua mente que se altera para banir o abuso da consciência e da memória, sendo que, para isso, faz uso de mecanismos de negação, de voluntária supressão de pensamentos e de relações dissociativas.

O abuso favorece o desenvolvimento de estados anormais de consciência em que as relações saudáveis entre corpo e mente, realidade e imaginação, conhecimento e memória não tardam a falhar. O patológico ambiente do abuso sexual infantil força o desenvolvimento de extraordinárias capacidades, ao mesmo tempo criativas e destrutivas, por meio das quais a criança preserva a confiança em pessoas que não são merecedoras de confiança; a segurança em situações inseguras; o controle em situações terrivelmente imprevisíveis.

A criança constrói um sistema de significados para justificar sua maldade, já que, em muitos casos, ela pensa ser má, e seus pais é que seriam bons. Ela tem como crença que foi ela quem conduziu seus pais a maltratá-la; pensa que, se ela se esforçar o suficiente, poderá algum dia merecer o perdão deles e finalmente conseguir a proteção e o cuidado que tão desesperadamente necessita (Herman, 1992). Todo esse árduo trabalho psíquico criado pela criança serve para que a mesma possa se refugiar e, ao mesmo tempo, preservar um espaço à esperança.

Ferenczi (1933, p. 130) descreve o comportamento e os sentimentos da criança vítima de abuso sexual de maneira muito apropriada:

> Seu primeiro movimento seria a recusa, o ódio, o nojo, uma resistência violenta: 'não, não, não quero, é forte demais, dói, me deixe'. Isso, ou algo parecido, seria a reação imediata, se não fosse inibida por um medo intenso. As crianças sentem-se física e moralmente indefesas, sua personalidade é ainda muito fraca para que protestem, mesmo em pensamento; a força e a autoridade esmagadora dos adultos as emudecem e podem até fazê-las perder a consciência. Mas esse medo, quando atinge o ápice, obriga-as a se submeterem automaticamente à vontade do agressor, a adivinhar o menor de seus desejos, a obedecer esquecendo-se completamente de si e a identificar-se totalmente com o agressor.

Desse modo, para tratar de crianças e adolescentes abusados sexualmente, devem-se eleger técnicas que possam conferir um lugar psíquico aos afetos e às marcas traumáticas e patogênicas que obliteram a possibilidade de devir subjetivo. Segundo Maia (2005, p. 176), "é preciso tirar essas experiências do estado de dissociação".

O ATENDIMENTO PSICOLÓGICO

Atualmente há normas instituídas para proteger as pessoas que sofrem maus-tratos emocionais, físicos e sexuais. Assim, essas pessoas podem contar com profissionais que lhes auxiliem sob o ponto de vista terapêutico, protetivo e legal.

Para ilustrar o sofrimento e a dor que sentem as crianças abusadas, Ravazzola (1997, p. 93) lembra que "... o abusador é aquele que tem maior tamanho, maior força e maior poder que o abusado". A autora também nos convida a levantarmos o véu que pode nos anestesiar. Ao levantá-lo, podemos ver e sentir melhor como essa dor e esse perigo são repetidos às crianças abusadas sexualmente. Além da indignação, essas imagens de abuso promovem reações em nós. São elas que devem dirigir nosso olhar e nossos sentimentos diante de um caso a ser avaliado. Facilita-nos analisar quais as anestesias próprias de cada um dos atores no circuito da violência familiar.

Devemos considerar que, ainda que a lei desempenhe sua necessária função de interdito, distinguindo vítima e culpado, ela costuma impor de modo muito violento a separação entre eles. A intervenção terapêutica está ausente nos recintos dos palácios de justiça. Nenhum apoio nesse sentido é trazido à família abandonada diante de múltiplas angústias. Em um processo de abuso sexual, ocorre a dissolução familiar e, com ela, pode ser produzido um desabamento total das referências, podendo até, às vezes, provocar descompensações (Razon, 2007). Nesse sentido, é comum autores apontarem que, "em muitos casos de atentado violento ao pudor, o procedimento judiciário tem para a criança consequências bem mais nefastas do que o próprio ato" (Getti apud Razon, 2007, p. 484).

Assim, incluir a família no tratamento psicológico oportuniza a todos o falar e o escutar. Durante o tempo em que o abuso foi mantido, imperou o silêncio para calar a crueldade. A oportunidade da fala e da escuta é um exercício desconhecido pela família patológica.

No âmbito técnico, a psicoterapia precisa de um ambiente especial para se processar, tanto no que se refere ao ambiente físico, quanto ao clima emocional apropriado para experienciar algo único e raro. Esse contexto dará origem ao processo de transformação dos cuidados primários em memórias.

Os diferentes tipos de atendimentos prestados a crianças e adolescentes vítimas de violência deverão proporcionar um movimento libertador, evitando a alienação familiar, permitindo que a criança construa confiança, para que possa vir a ser constituída em si mesma. O fato de a criança pertencer a um ambiente no qual ela não consegue discernir o que é um adulto confiável ou não, do ponto de vista psíquico, representa risco. Por estar diante de patologias relacionadas com as falhas ambientais, o psicólogo deverá ser confiável, para que o *setting* marque as diferenças que o sistema familiar não fez. Honrar seu fazer, comportar-se como uma pessoa madura, que não julga, não toma partido, não é vingativa, mas é capaz de relacionar e discriminar entre fantasia e realidade são algumas das características essenciais que se espera desse profissional.

O *setting* deve se tornar um cenário de antigas e novas experiências emocionais, que privilegie a sustentação, o olhar, a escuta, a instrumentação das comunicações não verbais e o jogo transferencial/contratransferencial. O enquadre, tal qual apontou Winnicott (1954), deve contar com seus diversos aspectos e funções: *holding*, espaço transicional, experiência de não integração e a experiência de ser no tempo. A psicoterapia deve permitir à criança "atribuir um valor simbólico a uma dor que é em si puro real, emoção brutal, hostil e estranha" (Pizá e Barbosa, 2004, p. 56), reconstituindo relações afetivas saudáveis e fora do círculo aditivo das violências pregressamente sofridas.

O PAPEL DO PSICÓLOGO JUNTO À EQUIPE DE PROTEÇÃO

As estatísticas são unânimes em apontar o número elevado de casos em que crianças e adolescentes figuram como vítimas de violência, em especial aquela cometida no âmbito das relações familiares. De acordo com relatório geral (disponível em www.sedh.gov.br/ddn100), o Serviço de Disque-Denúncia Nacional/Disque 100 realizou desde seu início, em maio de 2003, até março de 2010, "mais de 2 milhões de atendimentos tendo recebido e encaminhado mais de 120 mil denúncias de todo o país" envolvendo diferentes formas de violação dos direitos das crianças e jovens brasileiros. Destas, 32% configuraram-se em suspeitas ou casos confirmados de abuso sexual, o que comprova a alta incidência populacional do fenômeno. Se somarmos ao Disque-Denúncia as denúncias também recebidas diariamente pelos Conselhos Tutelares, Delegacias de Polícia, Ministério Público e Judiciário, vemos que os números, de fato, são assombrosos.

Para atender a essa demanda expressiva, equipes têm sido formadas buscando acolher e atender essas situações. Denominadas **"equipes de proteção"**, elas têm como foco atender exclusivamente crianças e adolescentes vítimas de maus-tratos, sendo compostas por profissionais que representam diferentes áreas do conhecimento (geralmente psicólogos, assistentes sociais, pedagogos, professores de diferentes disciplinas, advogados, médicos e enfermeiros, dentre outras áreas de igual relevância).

A formação de equipes desse porte justifica-se não apenas pela abrangência estatística, mas também pelas características de multicausalidade do fenômeno e pela necessidade de intervenções diversas que possam tentar dar conta da desordem real e psíquica que as situações de violência provocam na vida das pessoas, em especial crianças e adolescentes vitimizados. A proposta tem sido trabalhar a partir de uma perspectiva interdisciplinar em que o entrecruzamento de saberes é capaz de formar uma microrrede interna de proteção que, ao atuar conjuntamente com outras instituições, tem uma probabilidade muito maior de ajudar o paciente e de pôr fim à situação de violência vivenciada por ele.

Além de benefícios ao paciente, dado que fortalece intervenções, o trabalho em equipe é benéfico também para os profissionais que dela fazem parte, pois tem efeito continente para a angústia, frustrações, incertezas e tantos outros sentimentos inerentes ao exercício profissional daqueles que se sentem convocados a atuar em casos dessa natureza. Trocar opiniões e pareceres, construir estratégias conjuntas de intervenção, discutir e dividir sentimentos alivia o estresse e prepara a equipe para suportar a sobrecarga de emoções que o paciente e sua família, enredados em seus conflitos, costumam projetar, geralmente de forma maciça, sobre algum profissional ou sobre a equipe com um todo. De acordo com esse entendimento, diz Gabel (1997) que, no trabalho com crianças e adolescentes maltratados, "somos colocados em uma posição de grande vulnerabilidade; daí a importância de não ficarmos isolados, mas, ao contrário, de empreendermos um trabalho interdisciplinar como foro adequado para tratar desses aspectos" (p.60).

Nesse contexto, o trabalho do psicólogo é de vital importância e, também, complexo. O psicólogo que trabalha inserido em uma equipe de proteção compõe um perfil profissional diferenciado. A necessidade de formação específica é imperativa, já que, na maioria das situações atendidas, um único caso acaba requerendo que sejam realizadas intervenções múltiplas, dirigidas tanto às questões subjetivas do paciente e sua família (intervenção clínica) quanto às questões de funcionamento da equipe, às questões institucionais e àquelas que compõem o universo jurídico e de proteção legal. Assim, as intervenções serão marcadas pelo entrelaçamento das áreas apresentadas na Figura 22.1.

Mas qual o sentido de todo este trabalho? Por que, enquanto psicólogos, temos que marcar nossa atuação neste campo a partir de um olhar e intervenções tão diversos? Por que temos que nos preocupar em oferecer uma escuta tão delicada não apenas para a criança mas também para sua família (incluindo o agressor) e/ou contexto no qual está inserida? Por que é de nossa competência avaliar o potencial protetivo dos cuidadores e os riscos de novos episódios de violência contra a criança? Por que cabe ao psicólogo, além de suporte técnico, oferecer escuta desvelando sentimentos e questionando reações, entendimentos e condutas da equipe na qual está inserido? Por que alinhavar intervenções psicológicas a intervenções de outras áreas do conhecimento e a questões da esfera jurídica?

Para todas essas perguntas podemos oferecer várias respostas. Porém, quaisquer que sejam, as mesmas deverão sempre

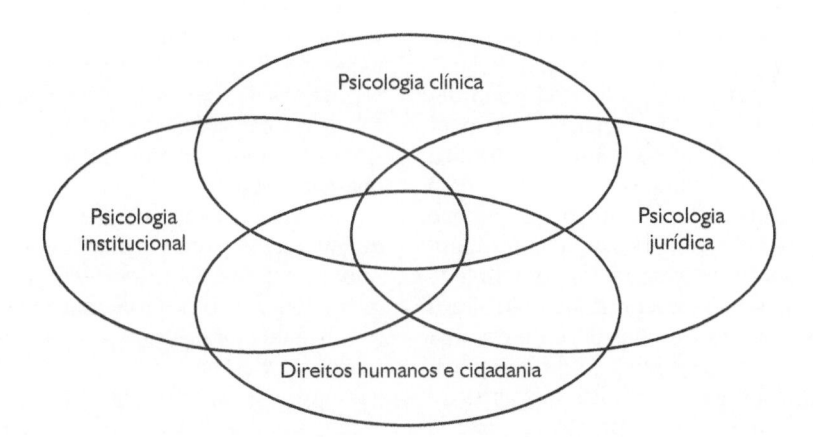

FIGURA 22.1 Entrelaçamento das áreas que compõem o trabalho do psicólogo na equipe de proteção.

convergir para o foco principal do nosso trabalho: sempre a criança! Criança esta que chega, na maioria das vezes, impossibilitada de expressar verbalmente a violência sofrida e que nos oferece os mais diversos sintomas como manifestação de seu sofrimento e do seu pedido de ajuda. Criança que, quando denuncia verbalmente, costuma chegar até nós desacreditada e desamparada pelos cuidadores, em especial pelas mães, para quem o processo de revelação é sempre difícil e também dolorido. Crianças que chegam amedrontadas pelas ameaças do agressor; perdidas em meio a conflitos familiares severos e interesses diversos dos seus. Crianças que chegam assustadas em razão de um procedimento médico-legal; por terem estado em uma delegacia de polícia; por estarem sendo pressionadas a "desmentir" a grave acusação feita contra alguém com quem mantêm vínculo. E, sobretudo, crianças que nos chegam inundadas por sentimentos de culpa, pois a inversão perversa do discurso adulto as faz crer serem elas as responsáveis pela desagregação familiar e por fazerem mal a quem amam; que têm dificuldades em estabelecer relações de confiança e que, pelo vazio do olhar e/ou desordens no comportamento, demonstram a intensidade do sofrimento causado pela vivência de situações que deveriam estar presentes apenas no universo de suas fantasias, mas que lhes foram impostas à realidade pelo caminho da sedução e da violência.

Longe de dramatizarmos as situações de maus-tratos, em especial o abuso sexual, a intenção aqui é dar a ideia do quão devastadora esse tipo de experiência é para uma criança e do quão nociva é para seu desenvolvimento. Mais do que isso, nossa tentativa também é a de ilustrar (ainda que palavras sejam sempre insuficientes para isso) a situação de extrema vulnerabilidade na qual a mesma se encontra quando chega para atendimento. Isso nos permite ter uma noção acerca da gravidade e da complexidade dos casos, o que justifica, por parte do psicólogo e da equipe de proteção, a necessidade de um olhar absolutamente sensível, qualificado, diferenciado do senso-comum e que deverá ter sempre na criança o norte de suas ações, ainda que outras demandas busquem desconstituir esse objetivo.

Ainda que pareça óbvio, manter a atenção sobre essa questão é de extrema relevância, uma vez que é bastante comum presenciarmos profissionais divididos e/ou formando pareceres baseados no discurso dos adultos envolvidos (geralmente discursos desencontrados, defensivos e/ou sedutores) e simplesmente relegando o discurso ou a avaliação criteriosa da criança a um segundo plano. Em alguns casos, a criança chega a ficar completamente esquecida, quando, sem perceber, a equipe se deixa envolver pelo nível de confusão familiar ou dirige sua atenção prioritariamente para o sofrimento dos cuidadores.

É importante sempre lembrar que as famílias que procuram esse tipo de atendimento, buscando ajuda espontaneamente ou encaminhadas por órgãos de proteção, chegam em um momento caótico de suas vidas, em que a situação de violência reflete o severo padrão disfuncional de suas relações afetivas. Assim, há um risco bastante acentuado de que o profissional, e a equipe como um todo, em função de questões transferenciais e contratransferenciais, acabem reproduzindo o funcionamento confuso e caótico das mesmas, fato para o qual é importantíssimo estarem atentos. Quando isso acontece, é muito comum que a equipe também apresente conflitos entre alguns de seus membros, tenha dificuldades na elaboração de diagnósticos e na construção das estratégias de prevenção, bem como "esqueça" de adotar algum procedimento necessário, revelando, por procuração, um sintoma que não é seu.

A experiência clínica nos diz que, quanto mais caótico for o caso, maior é a importância de considerar, em primeiro lugar, aquilo que a própria criança é capaz de dizer ou de demonstrar sobre si e sobre a situação de violência vivida, em vez de priorizar aquilo que é dito sobre ela. Ao proceder assim, muitas vezes conclui-se que aquilo que a família diz e que quer nos fazer crer vai exatamente no sentido oposto daquilo que a criança mostra e da proporção de seu sofrimento. Dessa forma, pode-se dizer, metaforicamente, que a criança deverá ser sempre o fiel da balança para as intervenções da equipe; é por ela e para ela que o trabalho é constituído e para quem são dirigidas as intervenções, tanto na esfera das relações familiares como nas demais ações que se fizerem necessárias. Somente a partir desse entendimento o profissional conseguirá:

- situar-se no caso;
- ter uma compreensão maior daquilo que, de fato, ocorreu com seu paciente;
- entender o lugar atribuído à criança pela família em suas relações e funcionamento;
- emitir parecer sobre riscos de reincidências e sobre o potencial protetivo dos membros da família, bem como sobre a qualidade do suporte afetivo oferecido à criança nesse momento delicado de sua vida (o cuidador tem condições de responder pela proteção da criança? Haverá necessidade de acessar membros da família extensa ou da rede social para exercer a tarefa protetiva? Haverá necessidade de abrigagem temporária?);
- discutir intervenções e encaminhamentos necessários;
- decidir sobre quais contatos deverão ser feitos e quais os serviços da rede de proteção deverão ser acionados;
- realizar, quando necessário, a emissão de documentos e pareceres técnicos, contendo, inclusive, sugestões capazes de subsidiar decisões legais.

Assim, é importante enfatizar: a palavra da criança deve vir sempre em primeiro lugar. Além dos aspectos anteriormente elencados, essa postura também traz em si uma dimensão social maior e da qual muitas vezes o profissional não se dá conta. Ariès (1981) aponta que, ao longo dos séculos, a criança foi vista como um "adulto em miniatura", e que a ideia de infância, dentro de suas necessidades de sobrevivência física e emocional como hoje concebemos, é algo bastante recente. Em razão do caráter adultocêntrico ainda presente em nossa cultura, percebe-se que a palavra da criança ainda possui pouco valor social e, talvez, uma das situações em que isso se torne mais evidente, é justamente quando as mesmas são vítimas de maus-tratos.

Lembremos que, após denunciar (ainda que nem sempre explicitamente) a situação de abuso sofrida, não raro a criança é vista com descrédito por aqueles em quem buscou proteção. Dita como "fantasiosa", "dissimulada", "mentirosa" e/ou de "má-índole" por seus cuidadores e demais familiares, ela muitas vezes também se depara com profissionais e instituições, inclusive legais, que acabam reproduzindo o discurso familiar e a conduta de desamparo. A prática clínica nos mostra que ser acreditada em sua queixa e amparada em seu lamento por figuras que lhe são significativas afetivamente é um dos fatores indispensáveis capazes de proporcionar à criança a elaboração psíquica acerca dos danos emocionais causados pela violência sofrida. Desse modo, a função do psicólogo e da equipe de proteção é justamente estar a serviço da criança e, por meio de um trabalho fundamentado, ser capaz de traduzir o sofrimento e os danos causados à mesma; ser seu porta-voz junto àqueles que, por negação, preconceito ou formação profissional, não conseguem reconhecer o real sentido de suas palavras.

Ao entender seu trabalho a partir deste prisma, acreditamos que o psicólogo passa a ter não apenas uma compreensão mais ampla sobre seu papel e o da equipe em que atua, mas que, principalmente, tornam-se mais claros seus objetivos junto à rede de proteção. A partir disso, acreditamos também na possibilidade que o mesmo terá para ressignificar a importância dos procedimentos técnicos elencados no Quadro 22.1, em especial àqueles que apontam a necessidade de elaboração de documentos e pareceres técnicos para as instituições legais de proteção (Conselhos Tutelares, Delegacias de Polícia, Ministério Público e Judiciário). Como vimos anteriormente, muitos são os argumentos utilizados na tentativa de evitar a emissão dos mesmos. Se percebermos, porém, que esse tipo de documento tem o valor de carregar consigo a palavra da criança, expondo as situações denunciadas e fundamentando a veracidade das mesmas, veremos que os conflitos éticos para sua execução serão dissipados. Nesse sentido, o documento técnico passa a ser o representante da fala da criança em meio a um expediente, inquérito policial ou processo judicial.

Os profissionais que já se depararam com esse tipo de situação sabem que, quando o psicólogo é solicitado a pronunciar-se por meio de pareceres técnicos ou de depoimentos em audiências, geralmente a única coisa da qual se quer saber é se a criança fala a verdade sobre o fato denunciado. Isso quer saber o conselheiro tutelar para que possa aplicar medidas; isso quer saber o delegado de polícias para saber o destino a ser dado a um boletim de ocorrência; isso quer saber o promotor de justiça, que precisa dar sustentação a sua denúncia; isso quer saber o juiz, que precisa prolatar uma sentença; isso quer saber o advogado de defesa, a quem muito interessa desacreditar a palavra da criança ou minimizar seu conteúdo como forma de defender os interesses de seu cliente, dito réu em um processo judicial. Assim, no anseio de cada um fazer seu papel, muitas vezes perde-se a noção da criança enquanto sujeito que sofre, e corre-se o risco de que uma intervenção protetiva e um processo legal se transformem em um mero procedimento administrativo e burocrático. Diante dessa possibilidade, é imprescindível aos psicólogos colocarem-se como porta-vozes da criança, emitindo parecer claro para o caso e sugerindo procedimentos protetivos.

É importante ter claro que, desse modo, o trabalho não assume caráter policialesco, pois não é da competência profissional do psicólogo 'descobrir' quem abusou de uma criança para que a polícia ou a justiça cumpra sua função. Tampouco o profissional deve se deixar pressionar pelos prazos exíguos impostos pelo sistema legal para que avaliações sejam concluídas e opiniões técnicas sejam emitidas, já que, como dissemos, não são estas instituições o alvo de todo o trabalho. Aos psicólogos e às equipes de proteção compete, sim, fazer um trabalho qualificado, que leve em conta os requisitos essenciais à formação de vínculo, ao tempo psíquico e os aspectos do desenvolvimento emocional e cognitivo da criança, acolhendo-a em seu sofrimento.

Desse modo, a investigação psicológica assume uma dimensão muito maior e absolutamente diversa de uma investigação policial ou judicial, ainda que seus resultados devam contribuir com o trabalho dessas instituições. Isso é importante sobretudo se levarmos em conta que o bom andamento jurídico-legal dos casos também tem *status* de reparação e, por tabela, efeito organizador e terapêutico para as vítimas, uma vez que as mesmas têm atendidas suas expectativas quanto a serem acreditadas e tratadas como cidadãs, não apenas de direito como também de fato.

Mouammar (2008, p. 7) nos diz que

> se, para Lévi-Strauss, a interdição do incesto é uma lei universal e mínima para a cultura se diferenciar da natureza, no incesto estamos no próprio campo da natureza, na oposição à cultura, na ausência da cultura, na ausência da humanização das pulsões.... O que é para a criança abusada sexualmente que não uma perversão ao seu direito de, como sujeito, pertencer a essa mesma Lei de igualdade para todo ser humano? Essa criança é um sujeito excluído desse campo simbólico. E, a partir dele, podemos tecer reflexões a respeito da importância desse movimento de denúncias, seja no campo jurídico, seja nas redes sociais, pois essas instituições e pessoas estariam de certa forma procurando restituir a essas crianças o seu direito de ser igual a todos perante a lei, a lei civil e também a Lei simbólica.

Esperamos, com as considerações deste capítulo, ter contribuído para um repensar acerca do papel do psicólogo e para o amadurecimento de suas práticas de trabalho diante de crianças e adolescentes vítimas de maus-tratos. Aqui, chamou-nos a ética e o dever de partilharmos experiências e posicionamentos com nossos colegas de profissão que, independentemente de se sentirem convocados ou não a atuar nessa área, precisam saber os caminhos que devemos percorrer na tentativa de ajudar nossos pacientes a não mais sofrerem e a não reproduzirem violências. Romper o silêncio é um dos caminhos a seguir; esta é uma das intenções com o presente trabalho.

REFERÊNCIAS

AMÊNDOLA, M. F. Avaliações psicodiagnósticas em situações de abuso contra crianças. In: FÓRUM DE PSIQUIATRIA DO HOSPITAL UNIVERSITÁRIO PEDRO ERNESTO, 11., 2002, Rio de Janeiro. Disponível em: <www.canalpsi.psc.br/artigos/artigos06.htm>. Acesso em: 27 nov. 2008.

ARIÈS, P. *História social da criança e da família*. Rio de Janeiro: LTC, 1981.

BOCK, A. M. M. *Psicologia na contemporaneidade*. 2008. Palestra ministrada na Universidade Luterana do Brasil, Canoas, 2008. Disponível em: <www.ulbra.br/psicologia/psicontempo.pdf>. Acesso em: 27 nov. 2008.

BRASIL. Congresso. Senado. *Lei nº 4.119, de 27 de agosto de 1962*. Disponível em: <http://legis.senado.gov.br/sicon/>. Acesso em: 17 set. 2010.

BRAUN, S.; PINHEIRO, L. S. O segredo nas famílias incestogênicas: do silêncio ao rompimento. In: CONGRESSO INTERNACIONAL FAMÍLIA E VIOLÊNCIA, 1999, Florianópolis. *Livro Resumo*. Florianópolis: Universidade Federal de Santa Catarina, 1999.

CÓDIGO DE ÉTICA PROFISSIONAL DO PSICÓLOGO. Disponível em: <http://www.crp07.org.br>. Acesso em: 12 dez. 2008.

DISQUE-DENÚNCIA NACIONAL. Disponível em: <http://www.sedh.gov.br/ddn100>. Acesso em: 6 abr. 2009.

DULFO, F. *A imagem inconsciente do corpo*. São Paulo: Perspectiva, 2007.

FERENCZI, S. Confusão de língua entre os adultos e a criança. In: FERENCZI, S. *Obras Completas*. São Paulo: Martins Fontes, 1992. v. 4.

FERENCZI, S. *Obras Completas*. São Paulo: Martins Fontes, 1992.

GABEL, M. (Org.). *Crianças vítimas de abuso sexual*. São Paulo: Summus, 1997.

HERMANN, J. Children abuse. In: TRAUMA and recovery. New York: Bassis Book, 1992. cap. 5, p. 98-114.

MAIA, M. S. *Extremos da alma*. Rio de Janeiro: Garamond, 2005.

MOUAMMAR, C. C. E. *O abuso sexual infantil e a clínica psicanalítica em um breve encontro com a psicanálise de Françoise Dolto*: revisitando o incesto. Disponível em: <http://www.fundamentalpsychopathology.org>. Acesso em: 20 jan. 2009.

PENSO, M. A. (Org.). Profissionalização de psicólogos para atuação em casos de abuso sexual. *Revista Psico*, v. 39, n. 2, p. 211-18, 2008.

PIZÁ, G.; BARBOSA, G. *A violência silenciosa do incesto*. São Paulo: Imprensa Oficial, 2004.

PORTO ALEGRE. Conselho Municipal dos Direitos da Criança e do Adolescente. *Estatuto da Criança e do Adolescente*: Lei Federal 8.069, de 13.07.90. Porto Alegre: CMDCA, 2007.

RAVAZZOLA, C. *Histórias infames*: os maltratos em las relaciones. 2. ed. Buenos Aires: Paidéo, 1997.

RAZON, L. *Enigma do incesto*: da fantasia à realidade. Rio de Janeiro: Cia. De Freud, 2007.

SEGUNDO, R. *Notas sobre o Direito da Criança*. Disponível em: <http://www.jus2.uol.com.br/doutrina>. Acesso em: 5 jan. 2009.

WINNICOTT, D. O conceito de trauma em relação ao desenvolvimento do indivíduo dentro da família. 1965. In: WINNICOTT, C.; SHEPHERD, R.; DAVIS, M. (Org.). *Explorações psicanalíticas*. Porto Alegre: Artes Médicas, 1994.

23

O MINISTÉRIO PÚBLICO E O DIREITO DA CRIANÇA À CONVIVÊNCIA FAMILIAR

Luiz Antonio Miguel Ferreira

Ao tratar do tema referente ao direito da criança à convivência familiar, duas premissas apresentam-se como elementares para a adequada compreensão da questão:

a) O "ser humano não sobrevive isolado do contexto social e familiar, tendo como característica básica a vivência em grupo" (Clemente e Silva, 2000, p. 115);
b) A família é o local fundamental para o desenvolvimento sadio e harmonioso da criança ou do adolescente.

As referidas premissas são a base do que se apresenta, atualmente, como o direito da criança e do adolescente à convivência familiar. A relação que se estabelece entre o ser humano, que necessita viver em grupo, e a família, como *lócus* privilegiado para o desenvolvimento da criança e do adolescente, tem como origem o nascimento. A ligação, nesse caso, é física, orgânica, pois um cordão umbilical une a mãe ao filho. Mesmo com o rompimento desse cordão, a ligação permanece mediante a existência de outros vínculos que se aperfeiçoam e desenvolvem, como os vínculos afetivo, psicológico e social. É, pois, na família que o ser humano encontra o seu primeiro grupo social.

Decorre dessa relação a importância da família e do direito da criança e do adolescente de nela conviver e integrar para o seu completo desenvolvimento. Nesse sentido, os autores são unânimes.

> É no seio da família que se reproduz uma ideologia, que se transmitem as normas, os valores dominantes, que constitui o suporte das relações sociais, numa dada sociedade. E mais: A família constitui, como bem precisam os sociólogos, o primeiro lugar de aprendizagem dos valores e dos papéis mais fundamentais, como as noções de troca, de companheirismo, de respeito mútuo, de ordem, o sistema de penalizações, de responsabilidade, de disciplina, a relação homem-mulher e a relação mãe e criança (Leite, 1994, p. 79 e 80).

Na visão antropológica, o tema é assim explicado:

> A antropologia diz que o homem se reúne em família não só por causa das necessidades instintivas, mas também por algo de ordem simbólica, no sentido de estar no mundo, isto é, a necessidade de comunicação. Portanto, o que faz o homem viver em família é sua natureza social. É o movimento em direção ao outro que o faz associar-se permanentemente (Sarti, 1999, p. 45).

Na Declaração Mundial sobre a sobrevivência, a proteção e o desenvolvimento da criança nos anos de 1990, ficou expressamente consignado:

> A família é a principal responsável pela alimentação e pela proteção da criança, da infância à adolescência. A iniciação das crianças na cultura, nos valores e nas normas de uma sociedade começa na família. Para um desenvolvimento

completo e harmonioso de sua personalidade, a criança deve crescer num ambiente familiar, numa atmosfera de felicidade, amor e compreensão (Kaloustian, 2002, p.7).

Diante das premissas apresentadas, que ressaltam a importância da família no desenvolvimento das crianças e dos adolescentes, as consequências que se verificam são as seguintes:

a) O Poder Público, as instituições, a sociedade e a comunidade em geral devem respeitar e apoiar os esforços dos pais no desenvolvimento da criança num ambiente familiar adequado. Centram-se essas ações em políticas sociais públicas e em programas (ou projetos) que visam a garantir o direito da criança à convivência familiar.
b) A lei, reconhecendo tal importância, garante-lhe normatividade e oferece meios para que, se for necessário, ocorra a intervenção na família quando esta não cumpre com o seu papel primordial.

No presente artigo, centrar-se-á a análise da questão familiar nessa última hipótese, ou seja, na necessidade da intervenção na unidade familiar por parte do Ministério Público, especificamente a do Promotor de Justiça da Infância e da Juventude para garantir a convivência familiar como direito fundamental da criança e do adolescente, quando a mesma não desempenha adequadamente o seu papel.

O DIREITO DA CRIANÇA E DO ADOLESCENTE À CONVIVÊNCIA FAMILIAR E SUA PROTEÇÃO LEGAL

A convivência familiar encontrou na legislação em vigor a proteção que merecia, para suporte das ações que visam a sua garantia e sustentabilidade. Como uma das primeiras referências à importância da família, apresenta-se a Declaração Universal dos Direitos Humanos (ONU), de 10 de dezembro de 1948, que estabeleceu:

> ARTIGO XVI – (1) Homens e mulheres de maior idade, sem qualquer restrição de raça, nacionalidade ou religião, têm o direito de contrair matrimônio e constituir família. Gozam de iguais direitos em relação ao casamento, sua duração e sua dissolução.
> (2) O casamento não será válido senão com o livre e pleno consentimento dos pretendentes.
> (3) A família é o núcleo natural e fundamental da sociedade e tem direito à proteção da sociedade e do Estado.

Na Declaração dos Direitos da Criança, aprovada pelas Nações Unidas em 20 de novembro de 1959, ficou expressamente consignado, no Princípio VI que:

> A criança necessita de amor e compreensão para o desenvolvimento pleno e harmonioso de sua personalidade; sempre que possível, deverá crescer com o amparo e sob a responsabilidade de seus pais, mas, em qualquer caso, em um ambiente de afeto e segurança moral e material; salvo circunstâncias excepcionais, não se deverá separar a criança de tenra idade de sua mãe. A sociedade e as autoridades públicas terão a obrigação de cuidar especialmente do menor abandonado ou daqueles que careçam de meios adequados de subsistência. Convém que se concedam subsídios governamentais, ou de outra espécie, para a manutenção dos filhos de famílias numerosas.

Na Convenção das Nações Unidas sobre os Direitos da Criança, de 20 de novembro de 1989, a questão em análise ficou assim consignada:

> Preâmbulo
> Os Estados Partes declaram-se convencidos de que a família, como elemento

básico da sociedade e meio natural para o crescimento e o bem-estar de todos os seus membros, e em particular das crianças, deve receber proteção e assistência necessárias para poder assumir plenamente suas responsabilidades na comunidade

Preâmbulo

.. a criança, para o pleno e harmonioso desenvolvimento de sua personalidade, deve crescer no seio da família, em um ambiente de felicidade, amor e compreensão.

Artigo 09

Os Estados Partes velarão para que a criança não seja separada de seus pais contra a vontade desses, exceto quando, de acordo com decisão judicial, as autoridades competentes determinem, de acordo com a Lei, os procedimentos aplicáveis que tal separação é necessária ao interesse superior da criança.

Essa normatividade internacional influenciou diretamente a legislação pátria, que reconheceu a importância da família (natural e substituta) e garantiu o direito à convivência familiar. Nesse sentido, a Constituição Federal de 1988, em seu Artigo 226, estabelece que "a família, a base da sociedade, tem especial proteção do Estado". Além disso, o Artigo 19 do Estatuto da Criança e do Adolescente (Lei n. 8.069, de 13/07/90) diz que "Toda criança ou adolescente tem direito a ser criado e educado no seio da família e, excepcionalmente, em família substituta, assegurada a convivência familiar e comunitária, em ambiente livre da presença de pessoas dependentes de substâncias entorpecentes". Assim, a legislação pátria é suficiente para garantir o direito à convivência familiar, sendo que a efetivação do mesmo se deve mais a uma questão política do que legislativa, sendo necessárias ações que busquem promover a família para a garantia do direito à convivência familiar.

No entanto, se hoje há essa unanimidade em torno da família e do direito à convivência familiar, no passado, tal questão não se apresentava da mesma maneira. A rejeição à criança e ao adolescente por parte da própria família era a regra, que não encontrava qualquer resistência por parte do Estado, da sociedade ou das leis. Na verdade, a criança foi tida como *estranha* até o século XVIII, e era desprezada por seus próprios pais naturais, que a tinha como um estorvo. A ordem era se livrar das crianças sem qualquer sentimento de culpa. Essa situação somente foi desaparecendo com o surgimento da *família burguesa*, quando, então, as crianças foram incorporadas no grupo, passando a se desenvolver o amor materno. Na *família nuclear burguesa*, calcada na monogamia e no trabalho doméstico da mulher, a criança passou a ser reconhecida. Seguindo essa evolução, apareceu a *família patriarcal*, caracterizada por uma hierarquia vertical, centrada no matrimônio.

Atualmente, experimenta-se um novo modelo familiar: a *família nuclear moderna*, caracterizada pelo ingresso da mulher no mercado de trabalho, a igualdade de direitos entre os cônjuges com divisão de tarefas na vida comum, o casamento não se apresenta como fonte primária de procriação com liberdade na questão da filiação e as relações se firmam em uma linearidade. Além disso, a garantia da convivência familiar não é uma obrigação imposta somente à mulher, e passa a ser compartilhada com o homem, quando da vida comum. Nesse sentido, arremata Badinter, citado por Leite (1994, p. 19): "De agora em diante, as mulheres obrigarão os homens a serem bons pais, a dividirem equitativamente não só os prazeres como também os encargos, as angústias e os sacrifícios da maternidade".

Desse modo, com a gradativa mudança na concepção de criança, contemplando-a como sujeito de direitos, e diante das transformações ocorridas na organização familiar, que culminou com a família moderna, é que se verifica uma preocupação com o direito à convivência familiar, sendo essa uma das formas de se alcançar o desenvolvimento sadio e harmonioso dos filhos.

MEDIDAS PARA SE TORNAR EFETIVO O DIREITO À CONVIVÊNCIA FAMILIAR – AÇÕES PREVENTIVAS E REMEDIATIVAS

Uma vez reconhecida a importância da família e a necessidade da convivência familiar, que ganham amparo na legislação pátria, verifica-se que as ações que visam a garantir o direito da criança e do adolescente à convivência familiar devem ter dois focos distintos:

a) Em primeiro lugar, e de forma privilegiada, devem ser desenvolvidas ações para a manutenção dos vínculos com a *família natural*;
b) Em um segundo plano, não menos importante, as ações devem direcionar-se para a colocação da criança e ou do adolescente em *família substituta* quando da impossibilidade de manutenção dos vínculos com a família natural e como modo de se garantir a convivência familiar.

Gomes da Costa (1993, p. 45) aponta que a estratégia de atenção à família (natural ou substituta) deve ser apoiada nos seguintes eixos:

- **Promoção da família:** deve-se preservar a manutenção do vínculo familiar, para que nenhuma criança seja separada de seus pais.
- **Formação da vida familiar:** deve-se buscar formar os pais, transmitindo conhecimentos básicos sobre a importância do diálogo, qualidade de convivência entre as gerações, educação sexual, preparação dos jovens para o mundo do trabalho, gravidez precoce, uso de drogas, violência familiar, relações da família com a escola, impacto dos meios de comunicação sobre a família, entre outros temas;
- **Orientação e proteção às famílias:** nesse caso, há necessidade de uma estrutura, de um serviço próprio que seja responsável desde o fornecimento de informações acerca do acesso a serviços ou de mecanismos legais, até o aconselhamento para enfrentamento e solução de problemas humanos mais complexos vividos no interior da família, como, por exemplo, violência, drogadição, prostituição, delinquência, exploração sexual, etc. Esse trabalho requer pessoal especializado, como assistentes sociais, psicólogos, advogados, educadores, etc.

Na verdade, todas essas ações estão contempladas no Estatuto da Criança e do Adolescente como *medidas de proteção* (art. 101) ou medidas aplicáveis aos pais (art. 129).

O Poder Judiciário, o Ministério Público, os Conselhos Municipais de Direitos e o Tutelar assumem relevância especial na garantia do direito à convivência familiar, dado que são responsáveis, junto com o Poder Executivo, pela efetivação de políticas públicas e programas que venham contemplar a garantia do direito à convivência familiar.

Decorre dessa normatividade a propositura de ações judiciais de natureza social que contemplam o direito à convivência familiar que passaram a integrar a rotina dos julgamentos de nossos tribunais, com a "análise de questões que nunca haviam sido enfrentadas". Essa nova sistemática foi denominada por Fábio Konder Comparato como a *"judicialização das políticas públicas,* que leva os membros do Judiciário a não só dizer o direito tido como justo, mas também a preencher determinados conceitos a partir da interpretação constitucional" (Frischeisen, 2000, p. 18).

Contempla-se, com essas ações, uma evolução do direito da criança à convivência familiar, pois, se antes o mesmo era garantido por meio de uma rede de solidariedade (comunitária ou religiosa), agora a questão diz respeito à própria *cidadania* da criança, o que implica em:

a) Capacitação, competência técnica e compromisso ético das pessoas que lidam com essa questão, uma vez que não

se pode mais contar apenas com a boa vontade ou solidariedade para enfrentar os problemas oriundos da relação pais e filhos; e
b) atendimento à criança e ao adolescente como um direito fundamental, e não como uma ação assistencialista ou paternalista, caracterizada pela submissão de quem se vê recebendo um favor.

Com essa visão de direito à convivência familiar ligada à própria cidadania da criança e do adolescente, torna-se mais fácil compreender o espírito da lei quanto ao tema.

OS DESAFIOS DO DIREITO À CONVIVÊNCIA FAMILIAR – VIOLÊNCIA INTRAFAMILIAR

A família, que desempenha relevante papel na socialização da criança, que atua como agente educadora, como espaço de afeto, carinho, respeito, abrigo, autonomia, liberdade, também pode ser uma família que provoca violência, conflitos, desamparo, sofrimento e dor, principalmente em relação à criança e ao adolescente. Isso porque, dentro da própria família, pode ocorrer o fenômeno da violência intrafamiliar, sendo que esta pode ser física, psicológica, em forma de negligência e sexual.

Centrando-se nesta última, verifica-se a violência sexual intrafamiliar quando um pai, irmão, primo, padrasto, avô, responsável, guardião, ou seja, pessoas com relação de consanguinidade ou não com a criança, mas que gozam de um convívio mais íntimo com ela, aproveitam-se da relação de subordinação, e também da coabitação, para praticar abuso sexual contra a criança ou adolescente, satisfazendo seus desejos de adulto.

Como esclarece Bitencourt (2007, pág. 207), a violência sexual:

> Consiste na utilização de uma criança ou adolescente, que está em fase de formação física, psicológica e emocional, para satisfação dos desejos de um adulto. A vítima – criança ou adolescente – de delito sexual, em especial a intrafamiliar, é exposta a estímulos sexuais impróprios para a sua idade, seu nível de desenvolvimento psicossocial e seu papel na família".

Essa violência sexual, afirma a citada autora, deixa marcas no corpo da vítima que sofre com a violência e a dor, e que produzem consequências graves no âmbito psicológico. A violência sexual está ligada intrinsicamente à violência também psicológica.

Agrava-se este tipo de violência quando a mesma vem acompanhada de uma gravidez. Nesse caso, há claro prejuízo ao "desenvolvimento psíquico tanto da futura mãe, que ainda é uma criança, e prejudica o estabelecimento de um vínculo necessário com o futuro bebê e seu próprio desenvolvimento (Meister, 1999, pág. 219)". Essa violência contraria tudo o que foi estabelecido na legislação quanto aos direitos fundamentais da criança e do adolescente. Assim, estabelece a Constituição Federal:

> Art. 227. É dever da família, da sociedade e do Estado assegurar à criança e ao adolescente, com absoluta prioridade, o direito à vida, à saúde, à alimentação, à educação, ao lazer, à profissionalização, à cultura, à dignidade, ao respeito, à liberdade e à convivência familiar e comunitária, além de colocá-los a salvo de toda forma de negligência, discriminação, exploração, violência, crueldade e opressão.

O Estatuto da Criança e do Adolescente referendou esse posicionamento prevendo, em vários artigos (5, 15, 17, 18, entre outros), a necessidade de garantir o desenvolvimento adequado da criança livre de violência. No entanto, não obstante a previsão legal, não há como negar que a violência sexual intrafamiliar ocorre, e que precisa ter um tratamento especial em face das consequências que produz.

MINISTÉRIO PÚBLICO – DIREITO À CONVIVÊNCIA FAMILIAR E À PROTEÇÃO DA CRIANÇA E DO ADOLESCENTE, VÍTIMAS DE VIOLÊNCIA INTRAFAMILIAR

Conforme apontado nas seções anteriores, a criança e o adolescente podem vivenciar uma situação de violência que se traduz, no aspecto legal, em uma situação de risco social ou pessoal, definida na lei (art. 98 do ECA) como consequência:

a) da ação ou da omissão da sociedade ou do Estado;
b) da falta, omissão ou abuso dos pais ou responsável; e
c) em razão da conduta da criança ou do adolescente.

Centrando a análise especificamente no papel dos pais, constata-se que essa situação de risco ocorre em face de três situações definidas: *falta dos pais*, que se caracteriza pela ausência física deles, como, por exemplo, em razão de falecimento ou de desaparecimento, sendo que, nesse caso, não exercem a guarda do filho; em razão da *omissão* dos pais, que se traduz em negligência e, também, na falta de recursos pessoais ou materiais para manter o filho sob a guarda; e, por fim, quando os pais *abusam* dos atributos inerentes ao poder familiar, sendo esse abuso manifesto na forma de violência física, psicológica ou sexual. Atualmente, define-se esse abuso físico, psicológico ou sexual como violência doméstica, que engloba os maus-tratos.

Extraem-se desses fundamentos que as causas da violência são de natureza social e pessoal. As de *natureza social,* tais como a omissão em face da ausência de recursos, são sanáveis por meio de políticas públicas voltadas para a criança, para o adolescente e para a família, como, por exemplo, programas como o "renda mínima", "bolsa escola" ou aqueles voltados à orientação familiar (programa de proteção à família, apoio psicológico e psicoterápico). Muitas dessas ações estão previstas no Estatuto da Criança e do Adolescente, quando o documento aborda as medidas pertinentes aos pais (art. 129). Por meio de uma política pública efetiva, muitas crianças ou adolescentes podem usufruir do convívio familiar sem maiores riscos.

Já com relação às causas de *natureza pessoal*, assim designadas aquelas referentes aos pais que praticam violência física, psicológica ou sexual, o problema é mais complexo, pois não se resolve apenas com políticas públicas. Essas podem ajudar a enfrentar a questão com o tratamento psicológico dos pais que praticam ou são coniventes com esse tipo de violência e com o tratamento dos próprios filhos. Porém, em determinadas situações, o convívio da criança ou do adolescente na casa do agressor apresenta-se inviável, em razão do risco da revitimização, havendo a necessidade de uma outra solução para o caso, que envolve o afastamento do agressor do lar (sem prejuízo da responsabilização penal) ou a colocação da criança ou do adolescente em família substituta.

Essas ações passam pelo Ministério Público, que se apresenta como a instituição legitimada para acionar o Executivo – quanto à consecução das políticas públicas –, e o Poder Judiciário – nas ações referentes à colocação em família substituta ou afastamento do agressor do lar comum – e quanto a outras medidas garantidoras do direito à convivência familiar da criança e do adolescente, como também da responsabilização penal do agressor.

Também é atribuição do Ministério Público garantir à criança ou ao adolescente vítimas de violência que se encontram abrigados o direito à convivência familiar, via família substituta. Em outras palavras, cabe ao MP buscar minorar as consequências do abrigamento, garantindo um lar que venha a acolhê-los em condições de oferecer um desenvolvimento sadio e harmonioso.

Por fim, pode o Ministério Público, como já afirmado, buscar a implementação de políticas públicas para a garantia do direito à convivência familiar junto ao Poder

Executivo (via inquérito civil – recomendação) e ao Poder Judiciário por meio de ações judiciais (ação civil pública).

Em uma síntese, pode-se afirmar que o Ministério Público deve atuar na garantia do direito à convivência familiar da criança ou do adolescente vítimas de violência sexual, por meio de ações que busquem:

a) a manutenção da criança com a família natural, longe da presença do agressor e sem prejuízo da sua responsabilização criminal;
b) na impossibilidade da manutenção na família de origem ou estendida, buscar a colocação da criança em família substituta e, excepcionalmente, em entidade de abrigo;
c) trabalhar para que as crianças vítimas de violência que se encontram abrigadas encontrem famílias substitutas para a garantia da convivência familiar;
d) implementação de políticas públicas de fortalecimento da entidade familiar e/ou de enfrentamento das questões relacionadas à violência praticada contra crianças e adolescentes no âmbito familiar.

Essas ações encontram respaldo no Estatuto da Criança e do Adolescente que estabelece como atribuição do Ministério Público, no artigo 201:

> III – promover e acompanhar as ações de alimentos e os procedimentos de suspensão e destituição do pátrio poder, nomeação e remoção de tutores, curadores e guardiães, bem como oficiar em todos os demais procedimentos da competência da Justiça da Infância e da Juventude;
> V – promover o inquérito civil e a ação civil pública para a proteção dos interesses individuais, difusos ou coletivos relativos à infância e à adolescência, inclusive os definidos no art. 220, § 3º inciso II, da Constituição Federal;
> VII – instaurar sindicâncias, requisitar diligências investigatórias e determinar a instauração de inquérito policial, para apuração de ilícitos ou infrações das normas de proteção à infância e à juventude;
> VIII – zelar pelo efetivo respeito aos direitos e garantias legais assegurados às crianças e adolescentes, promovendo as medidas judiciais e extrajudiciais cabíveis;...
> X – representar ao juízo visando à aplicação de penalidade por infrações cometidas contra as normas de proteção à infância e à juventude, sem prejuízo da promoção da responsabilidade civil e penal do infrator, quando cabível;
> § 1º A legitimação do Ministério Público para as ações cíveis previstas neste artigo não impede a de terceiros, nas mesmas hipóteses, segundo dispuserem a Constituição e esta Lei.
> § 2º As atribuições constantes deste artigo não excluem outras, desde que compatíveis com a finalidade do Ministério Público.

Agora, como é sabido, a revelação e a comunicação de uma violência sexual geram, ou deveriam gerar, a intervenção de diversas instituições e de profissionais de várias áreas do conhecimento, no sentido de proteger a criança vitimizada e punir o agressor. Em outras palavras, não age o Ministério Público de forma isolada. Trata-se de um trabalho que deve ser desenvolvido em uma rede articulada e preparada para enfrentar tais violações a direitos fundamentais da criança.

Também requer do Promotor de Justiça envolvido nessa área de atuação sensibilidade e competência para lidar tanto com o agressor como com a criança vítima, cercando-se de cuidados técnicos para evitar a revitimização.

CONSIDERAÇÕES FINAIS

O bem-estar de uma criança ou adolescente encontra na convivência familiar seu elemento básico e fundante. Garantir à família (natural ou substituta) apoio, orientação, formação, promoção e sustentação, por meio de políticas sociais públicas e programas, apresenta-se indispensável, constituindo fator decisivo para a garantia dos direitos fundamentais da criança e do adolescente.

Não obstante as transformações ocorridas na sociedade no campo social, econômico, cultural, ético e político, permanece o consenso em torno da família como espaço privilegiado para o desenvolvimento da criança e do adolescente. Ela é a base de tudo e uma das formas de se transformar criança em filhos, cidadãos do mundo.

Essa família que deve ser promovida e protegida, no entanto, também pode se apresentar como transgressora dos direitos fundamentais da criança e do adolescente, que se tornam vítimas da ação ou omissão dos pais. Nesse caso, há necessidade de intervenção na unidade familiar, sendo que o Ministério Público se apresenta como uma das instituições responsáveis por essa ação. Sua atuação visa a garantir os direitos fundamentais da criança e do adolescente, e encontra no Estatuto da Criança e do Adolescente referencial jurídico necessário para dar suporte a suas ações, sendo que a atuação do Promotor de Justiça, nessa hipótese, é necessária e insubstituível. Contudo, como adverte Meister (1999, p. 219): "A intervenção da lei é necessária, mas não é suficiente. Neste aspecto, o que consideramos importante, não é a denúncia pura e simples, para achar um culpado, mas para que se possa trabalhar a situação de maus-tratos desta criança, e retomar uma dinâmica mais equilibrada e saudável para os componentes da família. E ainda, neste prisma, o trabalho preventivo seria o ideal".

Nesse sentido, o trabalho em rede, de caráter preventivo, se apresenta indispensável para o enfrentamento da violência praticada contra criança e adolescente no âmbito familiar. Nesse aspecto, o Ministério Público também deve intervir, uma vez que é um dos atores integrantes do sistema de proteção dos direitos fundamentais da criança e do adolescente. Em síntese, o papel do Promotor de Justiça, nessa questão, é extremamente relevante, devendo ele agir com o maior zelo e presteza em face da confiança que lhe deposita a sociedade.

REFERÊNCIAS

BECHER, Maria Josefina. A ruptura dos vínculos: quando a tragédia acontece. In: KALOUSTIAN, S. M. (Org.). *Família brasileira*: a base de tudo. 5. ed. São Paulo: Cortez, 2002.

BITENCOURT, L. P. Vítima sexual infanto-juvenil: sujeito ou objeto do processo penal. *Revista da AJURIS*, ano 34, n. 107, p. 266-85, 2007.

BRASIL. *Constituição da República Federativa do Brasil, promulgada em 5 de outubro de 1988.* 24. ed. São Paulo: Saraiva, 2000. (Coleção Saraiva de Legislação).

BRASIL. Ministério da Justiça. *Declaração universal dos direitos humanos.* Disponível em: <http://www.mj.gov.br/sedh/ct/legis_intern/ddh_bib_inter_universal.htm>. Acesso em: 21 set. 2010.

CAMPOS, M. M.; ROSEMBERG, F.; FERREIRA, I. M. *Creches e pré-escolas no Brasil.* 2. ed. São Paulo: Cortez; Fundação Carlos Chagas, 1995.

CLEMENTE, M. L.; SILVA, V. R. A guarda de filhos como suporte para que os laços da união sejam mantidos. In: DIREITO de Família e Ciências Humanas. São Paulo: Jurídica Brasileira, 2000.

COSTA, A. C. G. da. *É possível mudar.* São Paulo: Malheiros, 1993. (Série Direitos da criança).

ESTATUTO da Criança e do Adolescente: promulgado em 13 de julho de 1990. 9. ed. São Paulo: Saraiva, 1999. (Coleção Saraiva de Legislação).

FRISCHEISEN, L. C. F. *Políticas públicas*: a responsabilidade do administrador e o Ministério Público. São Paulo: Max Limonad, 2000.

KALOUSTIAN, M. (Org.). *Família brasileira*: a base de tudo. 5. ed. São Paulo: Cortez, 2002.

LEITE, E. O. *Temas de direito de família.* São Paulo: Revista dos Tribunais, 1994.

MEISTER, M. D. Inocência violada: uma face da violência intrafamiliar. *Direito e Justiça*, v. 20, p. 211-26, 1999.

MOTTA, M. A. P. Adoção: algumas contribuições psicanalíticas. In: DIREITO de Família e Ciências Humanas. São Paulo: Jurídica Brasileira, 2000.

ONU. *Convenção sobre os direitos da criança*. 1989. Disponível em: <http://www.onu-brasil.org.br/doc_crianca.php>. Acesso em: 21 set. 2010.

ONU. *Declaração dos direitos da criança*. 1959.

SANTOS, G. *Aspectos filosóficos da adoção*. 2002. Palestra proferida à 3ª Jornada de Adoção de Presidente Prudente, Presidente Prudente, 2002.

SARTI, C. A. Família: visão antropológica. In: DIREITO à convivência familiar e comunitária. São Paulo: Secretaria de Assistência e Desenvolvimento Social, 1999.

24

A ATUAÇÃO DO ADVOGADO NOS CASOS DE VIOLÊNCIA SEXUAL CONTRA CRIANÇAS E ADOLESCENTES

Gladis Alsina Mergen Bohrer
Patrícia Miranda Lourenzon

A Constituição Federal de 1988, pela primeira vez, concedeu patamar constitucional à advocacia, institucionalizando-a entre as funções essenciais à justiça. O presente capítulo visa apontar como o advogado deve proceder nas demandas envolvendo crianças e adolescentes vítimas de abuso sexual, devendo priorizar o melhor interesse dessa população, tantas vezes esquecida frente ao litígio do casal ou mesmo nas demandas de colocação em família substituta. Embora a intervenção judicial não seja imprescindível, havendo a conciliação e a mediação familiar como formas de solução de controvérsias, o advogado mostra-se essencial, porquanto representante dos interesses da parte vitimada.

O advogado, na qualidade de representante da parte vitimada, nos casos envolvendo violência sexual intrafamiliar contra criança e adolescente, deve buscar vincular o Direito de Família ao Direito da Criança e do Adolescente. Somente por meio da observância dos princípios que emanam de ambos os ramos do Direito é possível fazer valerem os princípios constitucionais da dignidade da pessoa humana e da prioridade absoluta à infância, dando ênfase, em qualquer caso, antes da resolução do caso, à garantia de direitos à criança.

O ADVOGADO E OS LIMITES DE SUA ATUAÇÃO

A advocacia, na Constituição Federal de 1988, foi incluída entre as "funções essenciais à justiça", ao lado do Ministério Público e da Advocacia Geral da União. No artigo 133, a Constituição dispõe que "o advogado é indispensável à administração da justiça, sendo inviolável, por seus atos e manifestações no exercício da profissão, nos limites da lei".

O advogado realiza função específica, participando do trabalho de promoção e observância dos princípios jurídicos e do "acesso dos seus clientes à ordem jurídica justa" (Cintra, Grinover, Dinamarco, 2003, p. 220). Como manifestou-se o Supremo Tribunal Federal, a "presença do advogado no processo constitui fator inequívoco de observância e respeito às liberdades públicas e aos direitos constitucionais. É ele instrumento poderoso de concretização das garantias instituídas pela ordem jurídica" (STF, 1996, p. 9.817). Segundo leciona Paulo Luiz Netto Lôbo:

> A indispensabilidade do advogado à administração da justiça é total, não podendo sofrer limitações estabelecidas

em norma infraconstitucional. Nesse sentido, o art. 133 é norma de eficácia plena, ou seja, independe de lei, porque em nosso sistema jurídico, é necessária a participação do advogado na administração da justiça, ao lado do magistrado e do membro do Ministério Público (2002, p. 28).

No mesmo sentido, a Lei nº 8.906/1994 (Estatuto da Advocacia e a Ordem dos Advogados do Brasil) reafirma, no artigo 2º, a indispensabilidade do advogado à administração da justiça e a inviolabilidade por seus atos e manifestações. Insta salientar que a referida lei denomina "advogado" "o bacharel em direito, inscrito no quadro de advogados da OAB, que realiza atividade de postulação ao Poder Judiciário, como representante judicial de seus clientes, e atividade de consultoria e assessoria" (Lôbo, 2002, p. 17).

O advogado, pois, figura como órgão intermediário entre o juiz e a parte, tendo como função "proteger e fazer triunfar os interesses do cliente e o de defender a supremacia da lei como máxima garantia da segurança jurídica e da estabilidade social. Por isso, o advogado, que é, em virtude de seu dever profissional, servidor de seu cliente, é, também em razão de sua função social, servidor da sociedade e do Direito (Sodré, 1975, p. 49-50)".

Além disso, como todo profissional, apresenta prerrogativas relacionadas ao exercício da profissão, bem como limitações que merecem ser observadas, previstas tanto na Carta Magna como no Estatuto da Advocacia e no Código de Ética e Disciplina.

A Constituição Federal prevê, dentre seus fundamentos, a dignidade da pessoa humana, "valor espiritual e moral inerente à pessoa, que se manifesta singularmente na autodeterminação consciente e responsável da própria vida" (Moraes, 2006, p. 16). Assim, incumbe ao advogado representar os interesses da parte, afastando a imposição de qualquer espécie de medida que afronte a sua liberdade de escolha. Ademais, as garantias do devido processo legal, da ampla defesa e do contraditório (artigo 5º, incisos LIV e LV, CF) restringem a atuação do advogado em juízo, de modo a respeitar as normas processuais e os direitos da parte contrária. Sobre o tema, leciona Otávio Piva:

> Decorrente do princípio do devido processo legal, a Constituição determina que, em qualquer processo judicial ou administrativo, será assegurada a ampla defesa aos acusados, ou seja, a possibilidade de o acusado trazer para o processo todos os elementos necessários a esclarecer a verdade dos fatos. Na mesma linha, preserva o chamado contraditório, ou seja, as partes são colocadas em pé de igualdade, sem privilégios, benefícios ou manifestações que, exercidas por uma parte, não possam ser analisadas ou rebatidas por outra. Contraditório é manifestação exterior da ampla defesa. A todo ato produzido por uma das partes, caberá o direito de a outra parte dar a sua versão sobre o alegado (2000, p. 78).

Merece especial destaque, no presente trabalho, o princípio da prioridade absoluta, previsto nos artigos 227 da CF e 4º do ECA, "espelho do princípio da dignidade da pessoa humana para crianças e adolescentes" (AMIN, 2007, p. 19), merecendo serem considerados como pessoas em desenvolvimento. Como bem leciona Tânia da Silva Pereira:

> A Doutrina brasileira reconhece a existência de um 'Direito Fundamental à Infância', fixando não só o seu fundamento subjetivo face à importância para o indivíduo, sua formação e desenvolvimento de sua personalidade, bem como um fundamento objetivo face ao interesse público, necessidade social e até a evolução da comunidade na compreensão de resguardar um período imprescindível ao ser humano e que,

após ultrapassado, jamais poderá ser resgatado (2008, p. 31).

Por fim, observa-se que o exercício da advocacia funda-se em **princípios éticos** que norteiam a conduta humana, tais como probidade, boa-fé e lealdade, acarretando a "busca da necessidade do comportamento ético antes de obediência a qualquer regra do ordenamento jurídico" (Silva, 2000, p. 21). Resta-nos dizer, assim, que a conduta do advogado precisa ser mais ética do que legalista, uma vez que nem sempre a legislação prevê a solução almejada pelas partes, principalmente nas demandas que abarcam direitos de crianças e adolescentes vítimas de abuso sexual intrafamiliar, tema do presente estudo.

A PRESENÇA DO ADVOGADO NAS DEMANDAS JUDICIAIS CÍVEIS ENVOLVENDO VIOLÊNCIA SEXUAL INTRAFAMILIAR CONTRA CRIANÇAS E ADOLESCENTES

As demandas envolvendo crianças e adolescentes são muitas, cabendo-nos, no presente momento, abordar aquelas que abarcam a violência sexual intrafamiliar no âmbito cível, pois, "ainda que a violência com visibilidade seja a que ocorre fora de casa, o lar continua sendo a maior fonte de violência" (Kristensen, Oliveira e Flores, 1998, p. 115).

Com efeito, o artigo 1.513 do Código Civil proíbe, expressamente, a interferência de qualquer pessoa, de direito público ou privado, na comunhão de vida instituída pela família. Todavia, não se pode "excluir tal interferência nas hipóteses de violação de direitos fundamentais. As situações de maus-tratos, opressão ou abuso sexual impostos pelos pais ou responsável" (Pereira, 2003, p. 211).

Não há como desconsiderar que nem todo advogado, ainda que especialista em Direito de Família, conhece todos os aspectos atinentes à violência sexual intrafamiliar, tanto que, quando procurado pela parte – geralmente pela genitora da criança – pode pensar que as denúncias contra o pai/padrasto/parente são falsas, decorrentes de alguma discussão doméstica.

Além disso, profissionais do ramo do Direito de Família muitas vezes imaginam que

a violência sexual de pais, padrastos, tutores e parentes do sexo masculino em geral contra filhas, enteadas, pupilas, sobrinhas ou netas tem lugar em ambientes moralmente regredidos e empobrecidos, por força de uma série de fatores em que falta uma educação moral, cívica e até mesmo religiosa, aliada a fatores de desagregação familiar e à perda de valores fundamentais (Souza, 1998, p. 73).

Também entre os advogados familiaristas, há os que desconhecem que o abusador mantém com a vítima "um nível de ascendência e de temor reverencial que não é, em absoluto, desprezível; pelo contrário, (...) são essa ascendência e esse temor reverencial que fazem com que a vítima se curve às exigências do violador" (Souza, 1998, p. 70). Assim, as Varas de Família são cada vez mais destinatárias de crianças vítimas de violência sexual (Azambuja, 2006), porém, os profissionais da advocacia, comumente, só constatam tais casos no âmbito da Justiça Criminal, conforme jurisprudência abaixo colacionada:

APELAÇÃO CRIME. ATENTADO VIOLENTO AO PUDOR. MATERIALIDADE E AUTORIA DEMONSTRADAS. CONDENAÇÃO MANTIDA. CONTINUIDADE DELITIVA CARACTERIZADA. **Padrasto que, na ausência da companheira, abusava sexualmente do enteado, criança de tenra idade, constrangia a vítima à prática de ato libidinoso diverso da conjunção carnal**, consistente na prática de sexo anal. Materialidade demonstrada, principalmente, pelo auto de exame de corpo de delito que atesta a existência de vestígio de ato libidinoso. (...) A ausência de sangue nas vestes do ofendido não elide a imputação, porquanto é cedido que delitos dessa espécie nem sempre deixam vestígios. (...) Alia-se a intimidação imposta pelo acusado, o qual recomendava ao ofendido que não revelasse nada para a mãe, bem como lhe mandava 'calar a boca' quando se queixava de dor ou pedia que parasse com o ato. Condenação mantida em todos os seus termos. Apelo desprovido, à unanimidade (grifou-se).

Na área cível, os profissionais do Direito por vezes não entendem que "a mãe (ou adulto não abusador), em grande parte dos casos de abuso, se apresenta submissa ao companheiro" (Crami, 2005, p. 19/20), o que redunda em dificuldades em procurar auxílio para afastá-lo do filho abusado. Por vezes, "o convívio com o companheiro acaba gerando, para essas mulheres omissas, uma solução de compromisso, uma cumplicidade, uma quase que 'relação custo-benefício' que favorecem a tolerância e o silêncio" (Souza, 1998, p. 72). Entretanto, quando o adulto não abusador busca o auxílio do advogado, a fim de tomar as medidas judiciais cabíveis, cria-se uma relação de imensa confiança, que é protegida por lei e pela ética, incumbindo ao profissional exigir, de quem quer que seja, a devida obediência (Silva, 2000), configurando-se, assim, o sigilo profissional (artigo 25 do Código de Ética e Disciplina). Sobre o tema, ensina Ruy de Azevedo Sodré:

> O cliente que conta as fraquezas, que relata a vida íntima, que divulga os negócios, vê no advogado, como no padre no confessionário, um profissional íntegro e probo em quem confia, nele depositando sua confiança, mesmo porque sabe que o advogado está vinculado a uma obrigação inerente à própria advocacia, que é o segredo profissional (1975, p. 57).

Nesses casos, não há como vedar a interferência do sistema de justiça na vida familiar, devendo, entretanto, centrarem-se os questionamentos na preservação do melhor interesse da criança ou do adolescente abusado, haja vista que a falta de compreensão da dinâmica do abuso sexual intrafamiliar acaba por gerar intervenções inadequadas com sensíveis prejuízos para a criança, especialmente ao seu desenvolvimento (Azambuja, 2006).

O advogado, na qualidade de representante da parte, intenta a demanda cabível – por exemplo, ações de separação judicial e guarda –, ou ingressa no feito defendendo os interesses do representado – como nas ações de suspensão/destituição do poder familiar –, devendo, sempre, considerar as peculiaridades inerentes ao caso de abuso sexual intrafamiliar. Será, portanto, o profissional da advocacia que "conduzirá as orientações necessárias à família e à equipe, verificará o desdobramento dos processos e inquéritos, acompanhará de perto as ações do Ministério Público, certificando-se de que os procedimentos adotados sejam sempre no sentido de garantir a defesa dos direitos da criança e do adolescente, e de que, no decorrer deste processo, eles não sejam revitimizados por procedimentos jurídicos que não levem em consideração as peculiaridades inerentes a um caso de abuso sexual doméstico" (Crami, 2005, p. 37).

Partimos, agora, para breve análise de algumas demandas, no âmbito cível, nas quais pode ser constatada a presença da violência sexual intrafamiliar contra crianças e adolescentes.

A ação de separação judicial litigiosa pressupõe a imputação, a um dos cônjuges, de qualquer "ato que importe violação dos deveres do casamento e torne insuportável a vida em comum" (artigo 1. 572 CC). Na hipótese da existência de acusação referente à violência sexual, o advogado deve conceder especial atenção ao caso, mormente considerando o clima de desavenças existente entre o casal, capaz de gerar denúncias infundadas, visando a "subsidiar pretensão de cerceamento ou controle do contato do ex-cônjuge ao filho comum" (Shine, 2003, p. 230).

Nesse sentido, vale mencionar o Projeto de Lei nº 4.053/2008, de autoria do deputado Regis de Oliveira, versando sobre a alienação parental: "interferência promovida por um dos genitores na formação psicológica da criança para que repudie o outro, bem como atos que causem prejuízos ao estabelecimento ou à manutenção de vínculo com este". O referido projeto inclui, como forma de alienação parental, a apresentação de falsa denúncia contra o genitor "para obstar ou dificultar seu convívio com a criança", que,

> comunicada a um pediatra ou a um advogado, desencandeia a pior situação com que pode um profissional defrontar-se. Aflitiva a situação de quem é informado sobre tal fato. De um lado, há o dever de tomar imediatamente uma atitude e, de outro, o receio de que, se a denúncia não for verdadeira, traumática será a situação em que a criança estará envolvida, pois ficará privada do convívio com o genitor que eventualmente não lhe causou qualquer mal e com quem mantém excelente convívio" (Dias, 2008).

Incumbe ao profissional do Direito que, por vezes, desconhece os aspectos referentes à violência sexual intrafamiliar, a busca, junto a especialistas da área da saúde mental e do serviço social, por maiores dados a respeito da situação, visando à preservação dos interesses da criança ou adolescente vítima. Por certo, "nossa precária formação acadêmica limita-nos a conhecer os dispositivos e regras legais que determinam a ordem jurídica" (Estrougo, 2002, p. 205), afastando-nos do estudo da "dimensão humana e afetiva" do sujeito da relação jurídica, fato que justifica o trabalho interdisciplinar nas demandas envolvendo violência sexual intrafamiliar.

Quanto ao pedido de guarda, este pode ser formulado de forma autônoma ou na ação de separação judicial, devendo ser atribuída a quem revelar melhores condições para exercê-la (artigo 1.584 CC). Ressalta-se que o advogado, quando procurado pela parte, precisa ter a devida percepção do caso, haja vista que "a disputa de guarda pode representar uma forma de dar continuidade à conflitiva do casal, que, impossibilitado de elaborar o luto pela separação, (...) pode fazer uso da criança como seu complemento narcísico" (Guimarães; Guimarães, 2002, p. 463).

Nos casos em que há suspeita de violência praticada contra o filho, o profissional deve postular a guarda unilateral, atribuindo-na a um só dos genitores, ou a alguém que o substitua (artigo 1.583, § 1º, CC). Nesse sentido, vale apontar a seguinte jurisprudência:

> AGRAVO DE INSTRUMENTO. GUARDA. REVERSÃO LIMINAR. SUSPEITA DE ABUSO SEXUAL. NECESSIDADE DE PROTEGER A CRIANÇA. Não desborda da cautela necessária em caso desse jaez a decisão que reverte a **guarda de uma menina de 10 anos em favor da mãe, afastando-a do pai, a quem é imputada conduta inadequada, indicativa de abuso sexual**, até que aportem aos autos elementos que autorizem, com segurança, a reaproximação da figura paterna. NEGARAM PROVIMENTO. UNÂNIME (grifou-se).

Outrossim, a guarda pode ser apresentada como modalidade de colocação em família substituta (artigos 33 a 35 do ECA), da mesma forma que a tutela e a adoção. Nesses casos, aos genitores que discordarem da medida é garantido o direito ao contraditório, facultando-lhes a representação por meio de advogado, que, havendo indícios ou acusações de violência sexual intrafamiliar, deve postular a realização de estudo social e de perícia psicológica, "prova sempre indispensável em se tratando de inserção de criança ou de adolescente em seio familiar substituto" (Maciel, 2007, p. 580).

Por fim, a suspensão e a destituição do poder familiar, medidas de cunho essencialmente drástico, devem ser aplicadas somente quando se mostrarem a melhor alternativa para a criança ou adolescente, e não como uma simples punição ou um castigo aos pais

(Azambuja, 2007), observando-se os princípios do contraditório e da ampla defesa. Sobre o tema, leciona Kátia Regina Maciel:

> A suspensão está prevista no art. 1.637 do CC e relaciona-se ao abuso de autoridade, à falta aos deveres inerentes ao poder familiar, à ruína dos bens dos filhos e, ainda, à condenação por sentença irrecorrível, em virtude de crime cuja pena exceda a dois anos de prisão. (...) A perda ou destituição do poder familiar é uma das formas de extinção do poder familiar, que ocorre nos casos de castigos imoderados, abandono, atos contrários à moral e aos bons costumes, incidência reiterada nas faltas antecedentes e, ainda, quando comprovado o descumprimento injustificado dos deveres inerentes ao poder familiar (2007, p. 113 e 118).

Assim, é essencial a presença do advogado nas demandas envolvendo crianças e adolescentes vítimas de abuso sexual, tanto para garantir o contraditório e a ampla defesa aos pais (ou apenas ao acusado) como para preservar o melhor interesse da vítima, tantas vezes esquecida frente ao litígio do casal ou mesmo nas demandas de colocação em família substituta. Incumbe ao profissional da advocacia priorizar "as necessidades da criança, suas relações de afinidade e afetividade e suas condições psicológicas e emocionais" (PEREIRA, 2003, p. 216), mostrando aos demais operadores do Direito (juiz e Ministério Público) que, antes da resolução do caso, a prioridade deve ser o bem-estar da vítima.

QUANDO O CASO VAI AO JUDICIÁRIO, O QUE FAZ O ADVOGADO?

Os casos de violência sexual intrafamiliar envolvendo crianças e adolescentes "chegam ao sistema de justiça por meio do Conselho Tutelar, da delegacia de polícia (quando remete o inquérito policial) ou das disputas familiares" (Azambuja, 2006, p. 425). O modo como procede o advogado nesse momento, ganha especial relevância, haja vista que ele "e seu constituinte precisam de confiança mútua, pois o mínimo de desconfiança um do outro torna impossível a continuidade da prestação do serviço jurídico" (Silva, 2000, p. 59).

Com efeito, predomina a ideia de que o advogado deve estimular a parte a ingressar com a demanda judicial, ou mesmo dar continuidade aos litígios judiciais já instaurados. Todavia, "o advogado, tendente a uma parcialidade quanto aos interesses de seu cliente, não pode deixar de alertá-lo quanto às vantagens de um acordo" (Pereira, 2008, p. 373), tanto que seu Código de Ética e Disciplina dispõe acerca do dever de "estimular a conciliação entre os litigantes, prevenindo, sempre que possível, a instauração de litígios" (artigo 2º, parágrafo único, inciso VI).

A conciliação, como forma de findar o litígio por acordo das partes, pode ocorrer a qualquer tempo e grau de jurisdição. No entanto, "o cliente vê com desconfiança qualquer proposta de conciliação, parecendo-lhe que o advogado, por comodismo, trai sua missão" (Acquaviva, 2002, p. 41). Ademais, nos casos em que há indícios ou a presença de violência sexual intrafamiliar, parece-nos difícil pensar em possibilidade de acordo entre as partes.

Não se deve, porém, desconsiderar o fato de que, nesses casos, o advogado trabalha com casos em que a vítima é a criança, destinatária da proteção especial prevista pelo legislador constituinte (artigo 227 CF), não comportando "indagações ou ponderações sobre o interesse a tutelar primeiro, já que a escolha foi realizada pela nação através do legislador constituinte" (Amin, 2007, p. 20). Assim, restando constatada situação em que haja possibilidade de atender a um adulto ou a crianças e adolescentes, a opção deve recair sobre os últimos, mormente considerando a exposição sofrida em demandas dessa espécie.

Embora o advogado seja contratado pela parte, que, por vezes, busca na demanda judicial um conforto após a situação vivenciada, a conciliação no sentido de afastar o abusador por meio de sua retirada espontânea do lar, bem como de fixar visitas no ambiente terapêutico da criança, mostra-se mais adequada do que aguardar a decisão judicial, que pode frustrar as expectativas dos litigantes. Como bem leciona Marcus Cláudio Acquaviva:

> Bom advogado não é o briguento ou turrão que, ao pretender valorizar seu trabalho perante o constituinte, ingressa em pleitos intermináveis, com prejuízo para todos. Advogado excelente, em boa verdade, é aquele que, norteado pelo bom senso, simpatia e conduta ética impecável, sabe propor ao colega adversário um acordo que, muitas vezes, ele já estaria propenso a aceitar. *Com isto evita-se a frustração que uma sentença judicial causa no perdedor, de modo que o acordo sempre contribui para avaliar a tensão social* (2002, p. 42) (grifou-se).

Por outro lado, o advogado pode buscar a mediação familiar, que se refere ao acompanhamento das partes na gestão de seus conflitos para que, por si sós, tomem uma decisão ponderada e eficaz, com solução satisfatória ao interesse da criança (Barbosa, 2003). Insta salientar que "o mediador não decide pelos mediandos, já que a essência dessa dinâmica é permitir que as partes envolvidas em conflito ou impasse fortaleçam-se, resgatando a responsabilidade por suas próprias escolhas" (Barbosa, 2003, p. 342), ao contrário do que ocorre na conciliação, oportunidade em que o conciliador pode impor ou conduzir o acordo.

O advogado, com a devida concordância das partes, postula a suspensão do processo objetivando trabalhar na mediação entre o casal, a fim de viabilizar o encontro e o consenso entre as partes. Resta-lhe facultado buscar o auxílio de uma equipe interdisciplinar para acompanhar os desdobramentos familiares, especialmente nas decisões referentes à guarda ou à visitação dos filhos, sendo opção aos casais "que estão preocupados, prioritariamente, com o bem-estar da criança, mas não possuam a habilidade para fazer acordos" (Pereira, 2003, p. 216).

Portanto, verifica-se que a conciliação e a mediação são formas de resolução de conflitos no âmbito familiar, podendo ser utilizadas antes ou após a instauração do litígio judicial. Em ambas, quando há alegação de abuso sexual, recomenda-se buscar a intervenção do profissional de saúde mental (psicólogo, psicanalista) e do serviço social.

O litígio judicial, por sua vez, pressupõe a observância dos princípios do devido processo legal, da ampla defesa e do contraditório, requisitos para "que seja franqueada às partes a ampla discussão da causa, de modo que haja a maior contribuição dos litigantes para o acerto das decisões" (Cintra; Grinover; Dinamarco, 2003, p. 296). Para tanto, os litigantes devem estar representados em juízo por advogado, por apresentarem eles a capacidade postulatória. Sobre o tema, ensina Humberto Theodoro Júnior:

> A capacidade de postulação em nosso sistema processual compete exclusivamente aos advogados, de modo que é obrigatória a representação da parte em juízo por advogado legalmente habilitado. Trata-se de um pressuposto processual, cuja inobservância conduz à nulidade do processo (2007, p. 114).

O advogado, por conseguinte, ingressa no processo na qualidade de representante da parte, devendo, nos casos envolvendo violência sexual intrafamiliar contra criança e adolescente, vincular o Direito de Família ao Direito da Criança e do Adolescente, observados os princípios constitucionais da dignidade da pessoa humana e da prioridade absoluta à infância. Ressalta-se que, no plano processual, postula as medidas cabíveis para alcançar o objetivo do litigante, produzindo provas para o convencimento do Juiz, mormente considerando o princípio do livre convencimento motivado, previsto no artigo 131 do CPC. Nessa trilha, Nelson Nery Junior afirma que "o juiz é soberano na análise das provas produzidas nos autos e deve decidir de acordo com o seu convencimento.

Cumpre ao magistrado dar as razões de seu convencimento. Decisão sem fundamentação é nula de pleno direito (CF 93 IX). (...) Não basta que o juiz, ao decidir, afirme que defere ou indefere o pedido por falta de amparo legal; é preciso que diga qual o dispositivo de lei que veda a pretensão da parte ou interessado e porque é aplicável no caso concreto" (2006, p. 340).

Nesse sentido, cabe a seguinte indagação: na demanda onde atua o advogado, qual a verdade que se evidenciará? Por certo, existirá mais de uma verdade possível, "atendendo à prova produzida em cada processo, triunfando, afinal, sem que seja a pior ou a melhor, a que se conseguiu provar como a mais evidente. A esta denominaríamos 'verdade judiciária'" (Sodré, 1975, p. 105). Nesse compasso, passaremos à análise das medidas possíveis a serem postuladas pelo advogado, bem como das provas admitidas em direito, capazes de embasar a decisão do magistrado. Vejamos.

No início do processo judicial, é importante que se realize o afastamento do agressor da residência da vítima, pedido formulado pelo advogado com base em dois fundamentos legais: primeiro, o artigo 130 do ECA, o qual prevê que, na hipótese de abuso sexual imposto pelos pais ou responsável, a autoridade judiciária poderá determinar o afastamento do agressor da moradia comum; e, segundo, o artigo 888, inciso VI, do CPC, que dispõe acerca do afastamento temporário de um dos cônjuges da morada do casal, medida comumente denominada "separação de corpos". Cabe ressaltar que o afastamento do agressor se constitui "forma de evitar que esse possa tentar pressionar e chantagear sua vítima, bem como influenciar a família através de um comportamento sedutor, o que poderia aumentar a culpa da vítima pelo ocorrido e sua penalização, mesmo que indiretamente, impedindo que ela receba o apoio familiar tão necessário" (Crami, 2005, p. 65).

No caso de o adulto "não abusador" ter retirado-se da residência com a vítima, fugindo na busca de auxílio de parentes e vizinhos, incumbe ao advogado ingressar com medida cautelar denominada "entrega de bens de uso pessoal do cônjuge e dos filhos", prevista no artigo 888, inciso II, do CPC, haja vista o direito substancial à respectiva posse. Por seu turno, na hipótese de o abusador ter fugido com a vítima, intenta-se a ação de busca e apreensão (artigo 839 CPC), que apresenta duas finalidades: "a procura da coisa ou pessoa, e sua colocação em segurança" (Burnier Júnior, 2002, p. 249). Nesse sentido:

> APELAÇÃO. **BUSCA E APREENSÃO DE MENOR.** (...) Descabe sentença indeferindo a inicial quando existem nos autos elementos tanto capazes de demonstrar que a apelante, mãe da adolescente, detém a guarda da menor, quanto, além disso, **haja necessidade de proteger as crianças de qualquer risco a que possam ser expostas, já que há notícia de abuso sexual, por parte do pai, contra as filhas. Decisão que melhor atender aos interesses da criança.** DERAM PROVIMENTO (grifou-se).

No que tange ao pedido de guarda provisória dos filhos, trata-se de medida cautelar com previsão legal no artigo 888, inciso VII, do CPC. Nesses casos, o advogado geralmente postula a prova consistente na perícia social ou psicológica, oportunidade em que o assistente social verificará, materialmente, as condições em que a criança/adolescente se encontra, enquanto o psicólogo analisará o seu comportamento, a fim de dar embasamento à decisão judicial. Vale enfatizar a lição de Tânia da Silva Pereira:

> Diante de situações de conflitos, deve-se levar em conta a pessoa com quem a criança, sobretudo aquelas de tenra idade, mantém laços mais fortes de afetividade e carinho, como resultado de atendimento diário às suas necessidades biofísicas e psicológicas. Alerta-se, no entanto, para o fato de que, muitas vezes, o rompimento da vida em comum altera as habilidades que as pessoas têm para cuidar dos filhos. De qualquer forma, tais soluções judiciais não fazem

coisa julgada definitiva, permitindo revisão por iniciativa daquele que se mostra insatisfeito com os desdobramentos da referida decisão. Cabe ao advogado, no entanto, desmotivar os pais de lutar judicialmente, ajudando-os a compreender que, quase sempre, quando ganha um dos genitores, quem acaba perdendo é a criança (2008, p. 346).

Na hipótese de o agressor insistir em manter contato com a vítima, incumbe ao advogado requerer a transferência da guarda a outro membro da família, sob pena de eventual colocação da criança em família substituta, ou, até mesmo, em acolhimento institucional (abrigo), hipótese que o advogado deve evitar, objetivando a preservação da convivência familiar, direito previsto constitucionalmente (artigo 227 CF) que preza "a vida em família como ambiente natural para o desenvolvimento daqueles que ainda não atingiram a vida adulta" (Pereira, 2008, p. 273). Nesse sentido, cabe apontar a lição de Maria Regina Fay de Azambuja:

> A separação da criança da família, em razão do abuso sexual intrafamiliar, somente deve ser buscada na impossibilidade de afastar o abusador da moradia comum, hipótese em que a criança deve receber uma completa explicação dos motivos de seu afastamento, pois, caso contrário, "se sentirá acusada, punida e abandonada", não havendo razão para impedir o "contato entre a criança e sua mãe, irmãos e amigos, exceto quando as mães não acreditam na criança, a acusam e rejeitam pelos problemas que seguem à revelação" (2006, p. 430/431).

Quanto às ações de suspensão/destituição do poder familiar, o procedimento tem início, via de regra, por provocação do Ministério Público (artigo 155 ECA), sendo o requerido citado para oferecer resposta escrita e indicar as provas a serem produzidas (artigo 158 ECA). Para tanto, é necessária a representação por advogado. Da mesma forma, é necessária sua presença nas ações de colocação em família substituta (na hipótese de discordância dos genitores), tendo, contudo, dois aspectos serem considerados: **de um lado**, o advogado poderá representar os requerentes da guarda, tutela ou adoção; **de outro**, poderá representar os genitores que discordam da medida. Em ambos os casos, incumbirá ao profissional produzir as provas pertinentes aos interesses do representado.

Assim, partimos ao estudo das provas admitidas no âmbito processual, instrumentos por meio dos quais se forma a convicção do juiz a respeito da ocorrência ou inocorrência dos fatos controvertidos no processo, haja vista que "as afirmações de fato feitas pelo autor podem corresponder ou não à verdade. E a elas ordinariamente se contrapõem as afirmações de fato feitas pelo réu em sentido oposto, as quais, por sua vez, também podem ser ou não verdadeiras. As dúvidas sobre a veracidade das afirmações de fato feitas pelo autor ou por ambas as partes no processo, a propósito de dada pretensão deduzida em juízo, constituem as "questões de fato" que devem ser resolvidas pelo juiz, à vista da prova, dos fatos pretéritos relevantes" (Cintra; Grinover e Dinamarco, 2003, p. 348).

Vale ressaltar que incumbe à parte, ao Ministério Público, bem como ao próprio magistrado, a produção de provas, dispondo o artigo 153 do ECA acerca da liberdade do juiz de investigar fatos e ordenar de ofício as providências necessárias, previsão contida, também, no artigo 130 do CPC. Quanto aos meios de prova possíveis de serem produzidos, destacam-se: depoimento pessoal, prova documental, prova testemunhal, prova pericial e inspeção judicial.

O depoimento pessoal consiste no interrogatório da parte, no curso do processo, tendo como finalidades a provocação da confissão da parte e o esclarecimento dos fatos discutidos na demanda (Theodoro Júnior, 2007). O magistrado, tendo em vista o princípio da igualdade, deve determinar a ouvida de todas as partes "e não de apenas uma ou algumas, a não ser que, pelas circunstâncias do processo, a ouvida das duas partes não se mostre conveniente ou necessária" (Nery Junior e Andrade Nery, 2006, p. 539).

Nas demandas de Direito de Família envolvendo crianças e adolescentes, o seu testemunho é de fundamental importância, tanto no processo de convencimento do juiz quanto na apuração da verdade dos fatos (Oliveira Leite, 2000), prevendo o artigo 28, parágrafo 2º, do ECA que "sempre que possível, a criança ou adolescente deverá ser previamente ouvido e a sua opinião devidamente considerada". Sobre o tema, leciona Eduardo de Oliveira Leite:

> (...) ainda que perturbada no plano psicológico pelo conflito existente entre seus pais, as informações prestadas na oitiva são fundamentais ao convencimento do juiz. Nesse sentido, toda criança, mesmo muito jovem, inclusive na infância, pode evidentemente ser ouvida, ou, ao menos, escutada ou observada, no contexto de um processo judicial entre seus pais, através do recurso de um estudo apresentado pelo assistente social ou através de uma perícia médico-psicológica. (...) A questão é, pois, imensamente complexa, uma vez que a grande dificuldade inerente ao procedimento da oitiva reside no fato de o juiz, antes da entrevista com a criança, nunca a viu, de onde se concluir que é praticamente impossível apreciar de imediato o grau de maturidade intelectual do entrevistado (2000, p. 29).

Todavia, o pedido de oitiva da criança ou adolescente, vítima de violência sexual intrafamiliar, objetivando esclarecer as acusações, não merece ser formulado pelo advogado por se constituir forma de revitimização. Vale lembrar que, "quando a criança se cala, é porque não quer 'tomar partido' e se encontra ainda vinculada a ambos os genitores, de modo que a oitiva diante do juiz geraria um conflito de lealdade (em relação a seus genitores) de efeitos devastadores" (Oliveira Leite, 2000, p. 31).

Quanto à prova documental, essa compreende "não apenas os escritos, mas toda e qualquer coisa que transmita diretamente um registro físico a respeito de algum fato, como desenhos, fotografias e gravações sonoras" (Theodoro Júnior, 2007, p. 503), incumbindo ao advogado juntá-la aos autos a fim de integrar a instrução. Por sua vez, as testemunhas são as pessoas, capazes e estranhas ao feito, chamadas a juízo para informarem o que sabem sobre o fato litigioso, não se confundindo, portanto, com os peritos, que, "como profissionais de confiança do juízo e de saber reconhecido, assumem o compromisso de imparcialidade na avaliação dos casos, comprometendo-se a apresentar um parecer técnico psicológico e/ou psiquiátrico, se for esse o caso, sobre as questões formuladas pelo magistrado e de responder aos quesitos formulados pelos advogados das partes e pelo Ministério Público" (Beuter e Martins, p. 26).

Nesse contexto, resta demonstrado que o advogado ingressa com a demanda cabível, requerendo a produção das provas necessárias à instrução do feito, capazes de conduzir o magistrado à resolução da causa. Imprescindível, no entanto, que as medidas postuladas visem à proteção da criança ou do adolescente vítimas de violência sexual intrafamiliar, de modo a priorizar o seu melhor interesse, como ocorreu no estudo de caso a seguir apresentado.

O CASO DA CRIANÇA-MÃE

No presente caso, ocorrido na cidade de Porto Alegre, o Juiz da Infância e da Juventude proferiu sentença, em observância aos princípios da prioridade absoluta e do melhor interesse da criança, declarando adotável certo bebê, sem que o pai fosse destituído do poder familiar. Vamos aos acontecimentos, lembrando que os nomes utilizados são fictícios.

Marisa, criança-mãe, contava 11 anos de idade. De origem de uma família, como a grande maioria dos brasileiros, pobre e composta de inúmeros filhos, foi entregue, juntamente com a irmã mais velha, para ser criada pela avó paterna e seu companheiro.

Ângela (16 anos), irmã mais velha de Marisa, passou a namorar João, e, confiando no namorado, contou-lhe que, desde os 12 anos, era vítima de abuso sexual por parte do companheiro da avó (na época, com 63 anos). O abuso foi provado por meio de avaliações realizadas em instituição hospitalar. E, como se não bastasse uma vítima, o abusador fez outra: Marisa.

A escola onde Marisa estudava recebeu a denúncia anônima de que a menina estaria grávida do companheiro da avó. Desvendado o segredo, comprovou-se a brutal realidade: Marisa, com 10 anos de idade, estava grávida, tendo o abusador fugido com sua companheira, não sendo mais localizado, embora tivessem sido realizados todos os esforços possíveis nesse sentido. A menina foi encaminhada a um abrigo, permanecendo ali até dar à luz a pequena Maria. Nesse período, a criança contou com o acompanhamento do Conselho Tutelar, de equipes do Abrigo, do Juizado da Infância e da Juventude e do Hospital Presidente Vargas. Durante o período de gestação, a criança-mãe e sua genitora afirmavam que o bebê seria encaminhado para adoção em face da falta de condições para criá-la.

Insta salientar que, quando indicado o nome do suposto pai, e, não havendo o reconhecimento espontâneo ou não sendo ajuizada ação de investigação de paternidade pelo representante legal da criança, teria o Ministério Público legitimidade para ajuizar ação pertinente em busca da concretização do direito da criança de ter um nome e um pai. A ação visaria à identidade pessoal, familiar e social do abusador e o direito fundamental e imprescritível de provar a paternidade da criança. Há também o direito, garantido pelo nosso ordenamento jurídico, a todas as crianças e adolescentes de serem criadas e educadas no seio de sua família, para desenvolver-se em toda a sua plenitude. Entretanto, muitas vezes, família não significa proteção, família não significa aconchego, não significa confiança.

A história de Marisa, a criança-mãe, é uma tragédia, porquanto gerou outra criança, Maria, filha do algoz de sua própria mãe, que, se a criasse, provavelmente a imolaria, faria uma nova vítima. Reconhecida a paternidade, o algoz de Marisa seria legalmente o pai de Maria. Teria ela, então, garantidos os seus direitos, de dignidade, de ser criada pela sua família, de ter reconhecida a paternidade? Certamente não. Reconhecida a paternidade, necessário o ajuizamento imediato da ação de destituição do poder familiar em relação ao pai algoz, pois evidente que não teria condições, sequer intenções, de assegurar à pequena Maria uma vida digna. Provavelmente, seria ela mais uma vítima de abuso sexual. Enquanto tramitassem as ações de reconhecimento de paternidade e destituição do poder familiar, a criança Maria ficaria em acolhimento institucional (abrigo), e sequer poderia ser encaminhada a uma família substituta. Provavelmente a tramitação duraria meses. Portanto, a fim de lhe garantir seus direitos, a criança estaria sendo condenada a permanecer abrigada, institucionalizada por longo período, sabendo-se da importância do carinho, da atenção, do amor, do aconchego, principalmente nos primeiros meses de vida. É muito tempo para cumprir ritos.

Os direitos fundamentais da criança foram de fato assegurados ao ser encaminhado imediatamente em família substituta, sendo adotada por casal já habilitado perante o Juizado da Infância e da Juventude, tendo em vista a inexistência de vínculo afetivo. Procedendo, assim, foi respeitada a sábia e surpreendente decisão da criança-mãe, Marisa, vítima da confiança que depositava em adultos da sua família, que declarou que entregaria a filha para adoção para que fosse criada por uma família que a amasse, uma vez que, por ser também criança, não a podia criar.

A diligente representante do Ministério Público deixou de ajuizar qualquer ação. Opinou pelo encaminhamento do registro de nascimento, constando, apenas, o nome da mãe, sendo que a criança Maria foi imediatamente encaminhada à equipe de adoção. O Magistrado acolheu a promoção em nome do princípio da prioridade absoluta e do melhor interesse da criança, declarando a criança Maria adotável, demonstrado que nem sempre a lei consegue prever a solução que melhor atende aos interesses das crianças e adolescentes vítimas de abuso sexual intrafamiliar.

CONSIDERAÇÕES FINAIS

O reconhecimento da existência do abuso intrafamiliar traz consequências legais diretas sobre todos os envolvidos, tanto que o papel do advogado é, nessas situações, especialíssimo, porque não se trata de representar um cliente, mas de considerar o superior interesse da criança na resolução do caso. Os profissionais da advocacia, por vezes, não estão preparados para trabalhar com demandas envolvendo violência sexual intrafamiliar, mostrando-se cabível reconhecer e entender o problema antes de começar a agir. Um caminho possível é o desenvolvido por meio do trabalho interdisciplinar e complementar de diversas especialidades, de forma a preservar o melhor interesse da vítima. Incumbe ao profissional da advocacia, portanto, dentro dos limites de sua atuação, priorizar as necessidades da criança, suas relações de afinidade e afetividade, bem como suas condições psicológicas e emocionais, mostrando aos demais operadores do Direito que, antes da resolução do caso, a prioridade deve ser da criança, reconhecida constitucionalmente como sujeito de direitos.

REFERÊNCIAS

ACQUAVIVA, M. C. *O advogado perfeito*: atualização profissional e aperfeiçoamento moral do advogado. São Paulo: Jurídica Brasileira, 2002.

AMIN, A. R. Princípios orientadores do direito da criança e do adolescente. In: MACIEL, K. L. A. (Coord.). *Curso de direito da criança e do adolescente*: aspectos teóricos e práticos. 2. ed. rev. e atual. Rio de Janeiro: Lúmen Juris, 2007. p. 19-30.

AZAMBUJA, M. R. F. Dificuldades na aplicação da doutrina da proteção integral pelo sistema de justiça infanto-juvenil à criança vítima de violência sexual doméstica. In: FAMÍLIA notadez: direito de família e sucessões. Sapucaia do Sul: Notadez, 2007. p. 269-312.

AZAMBUJA, M. R. F. Violência sexual intrafamiliar: interfaces com a convivência familiar, a oitiva da criança e a prova da materialidade. *Revista dos Tribunais*, ano 95, n. 852, p. 424-46, 2006.

BARBOSA, A. A.. Mediação familiar: uma vivência interdisciplinar. In: GROENINGA, G. C.; PEREIRA, R. C. (Coord.). *Direito de família e psicanálise*: rumo a uma nova epistemologia. Rio de Janeiro: Imago, 2003. p. 339-46.

BEUTER, C. S.; MARTINS, R. B. G. Crianças e adolescentes vitimizados pela violência sexual intrafamiliar e a credibilidade do testemunho no judiciário: reflexões interdisciplinares. In: BRAUNER, M. C. C. *Violência sexual intrafamiliar*: uma visão interdisciplinar: contribuições do Direito, da Antropologia, da Psicologia e da Medicina. Pelotas: Delfos, 2008. p. 21-32.

BRASIL. *Constituição Federal da República Federativa do Brasil*. 9. ed. São Paulo: LTr, 2008.

BRASIL. *Lei nº 8.069, de 13 de julho de 1990*. Dispõe sobre o Estatuto da Criança e do Adolescente e dá outras providências. Disponível em: <http://www.planalto.gov.br/ccivil_03/Leis/L8069.htm>. Acesso em: 17 set. 2010.

BRASIL. *Lei nº 8.906, de 4 de julho de 1994*. Dispõe sobre o estatuto da Advocacia e a Ordem dos Advogados do Brasil. Disponível em: <http://www.planalto.gov.br/ccivil_03/Leis/L8906.htm>. Acesso em: 21 set. 2010.

BRASIL. *Lei nº 10.406, de 10 de janeiro de 2002*. Institui o Código Civil. Disponível em: <http://www.planalto.gov.br/ccivil_03/Leis/2002/L10406.htm>. Acesso em: 21 set. 2010.

BRASIL. Supremo Tribunal Federal. Petição nº 1.127-9/SP. Relator: Ministro Ilmar Galvão. *Diário de Justiça*, seção I, p. 9.817, 1996.

BRASIL. Tribunal de Justiça do Rio Grande do Sul. 7ª Câmara Cível. *Agravo de instrumento nº 70019015981*. Relator: Desembargador Luiz Felipe Brasil Santos. Esteio, 13 de junho de 2007.

BRASIL. Tribunal de Justiça do Rio Grande do Sul. 8ª Câmara Cível. *Apelação cível nº 70024607541*. Relator: Desembargador Rui Portanova. Ivoti, 18 de setembro de 2008.

BRASIL. Tribunal de Justiça do Rio Grande do Sul. 8ª Câmara Criminal. *Apelação crime nº 70024960049*. Relatora: Doutora Marlene Landvoigt. Santa Cruz do Sul, 17 de setembro de 2008.

BURNIER JÚNIOR, J. P. *Do processo cautelar.* São Paulo: Interlex, 2002.

CENTRO REGIONAL AOS MAUS-TRATOS NA INFÂNCIA (Org.). *Abuso sexual doméstico*: atendimento às vítimas e responsabilização do agressor. 2. ed. São Paulo: Cortez, 2005.

CINTRA, A. C. A.; GRINOVER, A. P.; DINAMARCO, C. R. *Teoria geral do processo.* 19. ed. rev. e atual. São Paulo: Malheiros, 2003.

DIAS, M. B. Síndrome da alienação parental, o que é isso? *Jus Navigandi*, ano 10, n. 1119, 2006. Disponível em: <http://jus2.uol.com.br/doutrina/texto.asp?id=8690>. Acesso em: 11 nov. 2008.

ESTROUGO, M. G. Direito de família: quando a família vai ao tribunal. In: ZIMERMAN, D.; COLTRO, A. C. M. (Org.). *Aspectos psicológicos na prática jurídica.* Campinas: Millennium, 2002. p. 203-15.

GUIMARÃES, A. C. S.; GUIMARÃES, M. S. Guarda: um olhar interdisciplinar sobre casos judiciais complexos. In: ZIMERMAN, D.; COLTRO, A. C. M. (Org.). *Aspectos psicológicos na prática jurídica.* Campinas: Millennium, 2002. p. 447-70.

KRISTENSEN, C. H.; OLIVEIRA, M. S.; FLORES, R. Z. Violência contra crianças e adolescentes na grande Porto Alegre. In: KRISTENSEN, C. H. et al. *Violência doméstica.* Porto Alegre: Fundação Maurício Sirotsky – AMENCAR, 1998.

LEITE, E. O. A oitiva de crianças nos processos de família. *Revista Jurídica*, n. 278, p. 22-38, 2000.

LÔBO, P. L. N. Comentários ao estatuto da advocacia e da OAB. 3. ed. rev. e atual. São Paulo: Saraiva, 2002.

MACIEL, K. L. A. Ação de colocação em família substituta. In: MACIEL, K. L. A. (Coord.). *Curso de direito da criança e do adolescente*: aspectos teóricos e práticos. 2. ed. rev. e atual. Rio de Janeiro: Lúmen Juris, 2007. p. 575-83.

MACIEL, K. L. A. Poder Familiar. In: MACIEL, K. L. A. (Coord.). *Curso de Direito da Criança e do Adolescente: aspectos teóricos e práticos.* 2. ed. rev. e atual. Rio de Janeiro: Lúmen Juris, 2007, p. 71-130.

MORAES, A. *Direito Constitucional.* 20. ed. São Paulo: Atlas, 2006.

NERY JUNIOR, Nelson; NERY, R. M. A. *Código de processo civil comentado e legislação extravagante.* 9. ed. rev. atual. e aum. São Paulo: Revista dos Tribunais, 2006.

PEREIRA, T. S. *Direito da criança e do adolescente*: uma proposta interdisciplinar. 2. ed. rev. e atual. Rio de Janeiro: Renovar, 2008.

PEREIRA, T. S. O princípio do "melhor interesse da criança" no âmbito das relações familiares. In: GROENINGA, G. C.; PEREIRA, R. C. (Coord.). *Direito de família e psicanálise*: rumo a uma nova epistemologia. Rio de Janeiro: Imago, 2003. p. 207-17.

PIVA, O. *Comentários ao artigo 5º da Constituição Federal de 1988.* 2. ed. rev. atual. e aum. Porto Alegre: Sagra Luzzatto, 2000.

SHINE, S. Abuso sexual de crianças. In: GROENINGA, G. C.; PEREIRA, R. C. (Coord.). *Direito de família e psicanálise*: rumo a uma nova epistemologia. Rio de Janeiro: Imago, 2003. p. 229-51.

SILVA, J. C. S. *Ética na advocacia.* Porto Alegre: Fabris, 2000.

SODRÉ, R. A. *A ética profissional e o estatuto do advogado.* São Paulo: LTr, 1975.

SOUZA, J. G. de. *Vitimologia e violência nos crimes sexuais*: uma abordagem interdisciplinar. Porto Alegre: Fabris, 1998.

THEODORO JÚNIOR, H. *Curso de direito processual civil*: teoria geral do direito processual civil e processo de conhecimento. 47. ed. Rio de Janeiro: Forense, 2007. v. 1.

25

O PAPEL DO PODER JUDICIÁRIO

Sérgio Fernando de Vasconcellos Chaves

INTRODUÇÃO

O objetivo deste capítulo é trazer uma visão panorâmica da questão relativa à violência sexual envolvendo crianças e adolescentes e fazer um convite à reflexão acerca do papel do sistema de justiça em tais casos, pois trata-se de um tema, em si mesmo, instigante e complexo. É evidente, no entanto, que esta breve exposição não contém uma opinião definitiva, nem se propõe a trazer soluções prontas para tal questão, pois a amplitude do assunto envolve sistemas de ideias muito extensos e comporta enfoques ideológicos nem sempre conciliáveis. Portanto, a análise realizada aqui aborda doutrinas já estabelecidas, sem fazer questionamentos, e trafega na direção de providências que podem ser adotadas como modo de contribuir para a melhoria do sistema judiciário, na parte que lhe cabe no enfrentamento de tão angustiante problema social.

Assim, sem pretender avançar no exame da questão para outras áreas de estudo, a abordagem da matéria, neste capítulo, fica cingida à violência sexual que é submetida ao exame do Poder Judiciário. Ou seja, será abordada a resposta do Poder Judiciário para as situações em que a criança e o adolescente figuram como vítimas de crimes sexuais, sob o prisma da violência no âmbito cível e no âmbito dos atos infracionais, bem como a prática de violência sexual por crianças e adolescentes.

Com esse intuito, será focalizado, de forma objetiva, o sistema estatal de proteção à infância e à juventude, bem como o exercício da jurisdição, no âmbito do direito de família e da justiça da infância e da juventude, pois essas são as áreas do Direito que se ocupam do tema, quando a figura central é a criança ou o adolescente.

Cabe apontar que, por não se tratar de um fenômeno exclusivamente jurídico, não pode o operador do direito, especialmente o julgador, prescindir da contribuição multidisciplinar para fazer uma abordagem de casos de violência sexual. A multidisciplinaridade é essencial para uma adequada abordagem das questões que são trazidas, pois não se trata apenas de punir os culpados pela violência sexual, mas, sobretudo, de compreender o fenômeno em sua amplitude, e encontrar a solução possível para as pessoas envolvidas nesse tormentoso drama humano.

Embora o problema da violência sexual envolvendo crianças e adolescentes não seja de constatação recente, pois, de certa forma, acompanha a própria história da humanidade, como focaliza Azambuja (2004, p. 20), a conscientização e o enfrentamento desse problema são relativamente recentes, e as soluções estão ainda longe de serem satisfatórias. Pondera a ilustre jurista que "o reconhecimento da criança como sujeito de direitos decorre de um processo histórico", e afirma que há "morosidade na criação de mecanismos jurídicos de proteção à infância, não só no Brasil, como no cenário mundial", lembrando que as primeiras normas de proteção à criança surgiram com a doutrina penal do menor, refletida na codificação criminal de 1830 e no Código Penal de 1890, e ganharam vigor no Código Civil de 1916 e no Código de Menores de 1927, chegando ao Código de Menores de 1979, que se vinculou à doutrina da situação irregular do menor.

Como se percebe, embora lenta e gradual, foi progressiva a conscientização da sociedade acerca da necessidade de assegurar a efetiva proteção a crianças e adolescentes, despertando a preocupação de profissionais das áreas da educação, da saúde e também dos operadores do direito, proporcionando um amplo debate. Essa preocupação criou condições para que a Constituição Federal de 1988 albergasse a doutrina da proteção integral, antes mesmo de serem lançadas as diretrizes normativas da Convenção das Nações Unidas sobre os Direitos da Criança, em 1989.

Sem dúvida, a Constituição Federal de 1988, pródiga em reconhecer direitos e balizar garantias, como jamais qualquer outra legislação pátria o fizera, trouxe inequívocos avanços na proteção de crianças e adolescentes. Mas, como enfatiza Azambuja (2004, p. 57), "o desafio consiste em transformar a vontade do povo, decorrente, entre outros fatores, do amadurecimento sociocultural da nação, em ações que afirmem a criança como sujeito de direitos".

Dessa forma, espera-se que o Estado-Juiz possa contribuir para a consecução da paz e da harmonia na sociedade, e que seja mitigada a dor das pessoas envolvidas nesse drama, que ora assume contornos doentios, ora um perfil bestial, mas sempre revelando uma faceta pouco nobre do próprio ser humano.

A VIOLÊNCIA SEXUAL SUBMETIDA AO EXAME DO PODER JUDICIÁRIO

A violência sexual

Violência, conforme se vê do Dicionário Aurélio, é palavra que provém do latim, *violentia*, que traduz a qualidade de ser violento, isto é, de quem viola com força ou constrange; de quem infringe, transgride, profana, viola, devassa de forma intensa, veemente, com uso de força. E o ato violento ganha expressão jurídica quando atenta contra o direito subjetivo de alguém.

Nesse sentido, é possível afirmar que violência sexual é a conduta desenvolvida por quem ofende, mediante o uso da força, a liberdade sexual de outrem. E o uso da força deve ser compreendido como sendo o constrangimento físico ou moral, efetivo ou presumido.

A rigor, pode-se afirmar que a ordem jurídica estabelece normas que visam a proteger bens e interesses sociais relevantes, que se espalham pelos vários campos do Direito, sendo que a violação desses bens e interesses, lesando uma pessoa ou a própria sociedade, merece a repulsa do Estado, a quem compete preservar a ordem e o bem-estar social. Para tanto, o Estado se vale também do sistema penal, prevendo normas proibitivas (descrevendo fatos como crimes) e suas respectivas sanções. Entre os bens e os interesses protegidos estão a vida, a saúde, a integridade corporal, a família, o patrimônio e, inclusive, a preservação dos bons costumes, que é a expressão usada pelo legislador para se referir à proteção da moralidade pública e sexual.

Assim, cabe destacar que o Código Penal estabelecia cinco grupos de "crimes contra os costumes", e que atentam contra a moral pública e sexual, que são:

a) os crimes contra a liberdade sexual (estupro, atentado violento ao pudor, posse sexual mediante fraude e atentado violento ao pudor mediante fraude);
b) sedução e corrupção de menores;
c) rapto;
d) lenocínio e tráfico de mulheres, e
e) ultraje público ao pudor.

Recente alteração legislativa, porém, estabeleceu algumas modificações, passando a tratar o Título VI do Código Penal, "dos crimes contra a dignidade sexual" e, no capítulo I, que versa sobre "os crimes contra a liberdade sexual", ampliou o conceito de estupro (art. 213), tipificando-o como sendo o fato de "constranger alguém, mediante violência ou grave ameaça, a ter conjunção carnal ou a praticar ou permitir que com ele se pratique outro ato libidinoso". Ou seja, essa figura penal passou a englobar, também, o fato antes definido como atentado violento ao pudor, deixando de ter como vítima apenas a figura da mulher. E esse crime passou a ser apenado com reclusão de 6 a 10 anos. Se resultar lesão corporal grave ou se a vítima contar idade entre 14 e 18 anos, a pena passa a ser de 8 a 12 anos, sendo que, se resultar morte, a pena será de 12 a 30 anos.

Essa nova alteração legislativa trouxe, também, modificação na figura da "violação sexual mediante fraude", que é o fato de algum agente "ter conjunção carnal ou praticar outro ato libidinoso com alguém, mediante fraude ou outro meio que impeça a livre manifestação de vontade da vítima", com previsão da pena de reclusão entre 2 e 6 anos, sendo que, se a vítima for menor de 18 anos, a pena é aumentada em até um terço.

Aliás, a questão relativa à livre manifestação da vontade é de extrema relevância no Direito Penal moderno, sendo que o "capítulo II" do título antes referido do Código Penal trata de "crimes contra vulnerável", isto é, de pessoa cuja vontade sofre limitações, descrevendo o art. 218 da lei penal que é passível da pena de 2 a 5 anos de reclusão a pessoa que "induzir alguém menor de 14 anos a satisfazer a lascívia de outrem".

Na verdade, tais figuras criminais sempre existiram no sistema repressivo pátrio, ainda que com outras denominações. Por exemplo, no Código Criminal do Império, tais fatos estavam inseridos no capítulo intitulado "dos crimes contra segurança da honra"; no Código Penal de 1890, figurava no capítulo "dos crimes contra a segurança da honra e honestidade das famílias e do ultraje público ao pudor", recebendo o mesmo título na Consolidação das Leis Penais de 1932 (Pierangelli, 1980).

Como se vê, em todas as legislações penais do país, sempre houve forte repulsa contra a violência praticada contra a liberdade sexual, isto é, "quando o indivíduo abusa de seus recursos physicos ou mentaes para, por meio de violência, conseguir ter conjunção carnal com sua victima, qualquer que seja o seu sexo" (Gusmão, 1934, p. 121). Para ilustrar, vale lembrar, também, o conceito de Enrico Pessina (apud Mestieri, 1982) quando conceitua "estupro", que chama de *violenza carnale* como sendo "contaminação corpórea de uma pessoa fazendo-a servir para desafogo da luxúria".

Além disso, explica Castelo Branco (1978, p. 21) que,

> ao lado do sentimento moral de pudícia, surgiu, através do tempo, a ideia jurídica da liberdade sexual, dispondo que toda a pessoa, na livre administração de suas coisas e bens, é dona de seu corpo, podendo usá-lo como entender, desde que tal uso não prejudique o direito de outrem.

E pondera que

> o amplexo sexual faz parte daqueles direitos naturais, inerentes à condição humana – direito de nascer, de viver, de alimentar-se, de desenvolver-se, de reproduzir-se, sendo reconhecidas como legítimas todas as defesas destas faculdades biológicas.

O ilustre jurista refere, também, que todos os direitos, mesmo os naturais, devem ser regulados e protegidos tendo em mira a convivência social, dizendo que isso se verifica desde o Código de Hamurabi, do pentateuco mosaico, das regras de Manu, da Lei das XII Tábuas, dos éditos e decretais da Idade Média, das Ordenações e, inclusive de toda a legislação penal pátria. E diz que "o instinto natural de legítima defesa da espécie, com o primitivo tabu eugênico protetor, criaram na pessoa humana o sentimento de pudor" (Castelo Branco, 1978, p. 22), e que esse sentimento constitui patrimônio moral do homem, sendo decorrente de "uma longa luta, através do milênios, diante da tendência animal de transformar-se o ato sexual em fonte apenas de prazer" (p. 20).

A legislação civil e penal certamente não vedam o livre exercício da sexualidade, que inequivocamente é fonte de prazer, não ficando adstrita a sua função meramente reprodutiva da espécie, no entanto, a mesma pune severamente o desregramento da sexualidade quando este é lesivo para o direito de outrem ou quando fere a suscetibilidade social, afrontando os costumes e os padrões de comportamento admitidos pela sociedade.

Embora todo o ato criminoso seja uma violência contra a sociedade, ele pode não ser, em si mesmo, ato violento, pois nem sempre vem acompanhado do uso da força. Assim, interessa ao presente capítulo especificamente a violência sexual, tendo maior relevância a figura do estupro, que inclui o atentado violento ao pudor, pois tal fato típico engloba tanto a conjunção carnal como também a prática de ato libidinoso diverso. Tanto um como outro são praticados de forma violenta, e tal ato de lascívia é realizado sempre mediante constrangimento da vítima, isto é, por meio do uso de violência ou grave ameaça, seja ela física ou moral.

Cabe dizer que, para a tipificação de tais crimes, a violência tanto pode ser real como ficta, pois existe presunção de violência quando a vítima é menor de 14 anos, ou apresenta alguma deficiência mental ou, então, quando, por qualquer outra causa, não pode oferecer resistência. Em razão disso, pode-se afirmar que toda e qualquer prática sexual ou libidinosa contra criança e adolescente de até 14 anos é, necessariamente, um ato de violência, merecendo rigorosa reprimenda penal. Aliás, quando praticado contra pessoa menor, tal ato enseja sempre qualificação do crime e agravamento significativo da pena.

O sistema de proteção da infância e da juventude

A necessidade de proteção

O artigo 227 da Constituição Federal estabelece que é "dever da família, da sociedade e do Estado assegurar à criança e ao adolescente, com absoluta prioridade, o direito à vida, à saúde, à dignidade, ao respeito, à liberdade e à convivência familiar e comunitária, colocando-os a salvo de toda a forma de exploração, de violência, de crueldade e de opressão". Embora a Carta Magna dedique à família papel primordial na proteção da infância e da juventude, não afasta a obrigação concorrente da sociedade, na qual a família está inserida, nem do Estado, que lhe deve assegurar especial proteção. Vale lembrar que o Estado Democrático de Direito foi concebido a partir de uma democracia participativa, em que a própria sociedade participa de forma efetiva da administração do país.

A necessidade de proteção de crianças e adolescentes decorre de sua condição natural de pessoas em desenvolvimento, tratando-se do segmento pessoal e social mais frágil. Para garantir desenvolvimento saudável e digno dessa população, o legislador tratou de catalogar seus direitos fundamentais. A finalidade precípua dessa proteção às crianças e adolescentes reside não apenas no respeito à dignidade humana de que são portadores, mas no fato de serem futuros cidadãos, responsáveis pela continuidade da vida social, pois é assim que a humanidade subsiste, em seu contínuo renovar.

Precisamente por serem frágeis, por estarem em fase de desenvolvimento físico e mental e de afirmação da própria personalidade, crianças e adolescentes necessitam de proteção integral, isto é, precisam viver em um ambiente saudável e precisam ter meios para desenvolver adequadamente suas potencialidades. Assim, uma formação adequada permite a expectativa de que o jovem se torne uma pessoa equilibrada e socialmente útil, e, mais do que isso, que se possa almejar a construção de uma sociedade mais saudável.

Porém, em razão da fragilidade física e psíquica que apresentam, as crianças e adolescentes, por vezes, terminam sendo alvo de abuso sexual, o que é, em si mesmo, um ato de violência. E a constatação que se faz é que esses abusos ocorrem não raro dentro da própria estrutura familiar, o que dificulta sua descoberta e, por consequência, a adoção de providências protetivas, bem como a punição dos responsáveis.

Para que todos os direitos fundamentais sejam preservados, especialmente a incolumidade física e moral de crianças e adolescentes, o Estado erigiu a família como sendo merecedora de especial proteção. E quando a família natural falha, a sociedade e o Estado devem estar presentes e dispor de mecanismos capazes de suprir essa falha e inserir a criança ou o adolescente em uma família substituta.

Não basta assegurar às crianças e adolescentes moradia, vestuário, alimentação, atendimento à saúde, educação e lazer, pois as pessoas precisam, sobretudo, de afeto, isto é, de amizade, de aconchego e de carinho para terem um desenvolvimento saudável. E essa afetividade se encontra especialmente em um saudável ambiente de família, resultando daí a importância da inserção da criança e do adolescente em uma família substituta quando resta inviabilizada a família biológica ou natural.

A responsabilidade da família

Para que seja focalizada a responsabilidade da família no plano social, convém destacar que o conceito de família não é limitado, nem é fechado; ele comporta diversos enfoques, tendo em vista sua função dentro da sociedade.

Em uma acepção ampla, a família pode ser vista como sendo um conjunto de pessoas ligadas pelo vínculo de consanguinidade e afinidade, seja em linha reta ou colateral, e, em uma acepção mais restrita, pode-se dizer que família é o grupo formado pelos cônjuges (ou conviventes), ou ainda qualquer deles, e a prole, constituindo a chamada "família nuclear".

De acordo com a gama de direitos, atribuições ou deveres, tal conceito pode ser ampliado ou reduzido. Por exemplo, no direito sucessório, a noção de família compreende os parentes em linha reta e os colaterais até o quarto grau, além do cônjuge ou companheiro; já para efeitos alimentares, compreende apenas os ascendentes, os descendentes e os irmãos, além do cônjuge ou companheiro; e, para efeito penal, engloba pais e filhos, irmãos e cônjuges (ou companheiros) – em casos de isenção de pena, agravamento ou qualificação do crime, ou até mesmo integrando o próprio tipo penal.

No âmbito da Justiça da Infância e da Juventude, assim como no próprio Direito de Família, interessam as relações familiares mais próximas, isto é, essa instituição enquanto *núcleo familiar*, que é um grupo afetivo de cooperação social, composto pelo casal, unido ou não pelo matrimônio, ou qualquer dos pais e os filhos, unidos pela convivência próxima. E para salientar a importância dessa família nuclear, vale apontar que ela é o único fenômeno social, ao lado da religião, que se encontra em todos os tempos e em todas as culturas, ao longo da história da humanidade.

É a família nuclear que tem, em primeiro lugar, a responsabilidade imediata de dar toda a proteção necessária, material e moral às crianças e adolescentes, bem como assegurar a educação e a formação daquelas que nascem nesse grupo ou a ele se integram mediante guarda ou adoção. Assim, é pela importância extrema da família no contexto social que ganha relevância a questão da violência sexual quando essa ocorre dentro da própria estrutura familiar, quando a criança ou o adolescente figura vítima ou mesmo protagonista de algum abuso sexual.

Sabe-se que pode acontecer conduta sexual indesejada ou desajustada de crianças e adolescentes, seja com relação a irmãos, a primos, a colegas ou a amigos, mas cabe aos pais buscar o amparo pedagógico, médico ou psicológico que se mostrar adequado, para promover a reeducação, a orientação ou o tratamento adequado. Uma família estruturada deve estar apta para resolver tais situações e buscar a proteção necessária. No entanto, a questão preocupante é quando a família falha, ou, pior, quando se trata de abuso sexual intrafamiliar, ou seja, de violência doméstica.

Como diz Guerra (1998, p. 32-33), constitui violência doméstica contra criança ou adolescente toda e qualquer ação ou omissão praticada contra crianças e adolescentes por pais, parentes ou responsáveis capaz de causar dano físico, sexual e/ou psicológico à vítima e que implique transgressão ao poder-dever de proteção, ou seja, "uma negação do direito que crianças e adolescentes têm de ser tratados como sujeitos e pessoas em condição peculiar de desenvolvimento".

Assim, quando essa família nuclear falha ou se mostra doente, sendo permissiva quanto a algum ato de violência doméstica, especialmente quanto a abuso sexual, então cabe a intervenção de qualquer pessoa do grande grupo familiar (preferencialmente dos avós ou tios), ou mesmo fora do grupo familiar, podendo reclamar ao Conselho Tutelar, ao Ministério Público ou mesmo ao Poder Judiciário, providências tendentes a garantir a proteção necessária.

Claro que não se exclui a participação das demais entidades públicas ou privadas, isto é, governamentais ou não, que integram a sociedade e que também se ocupam da proteção de crianças e adolescentes (desde que registradas no Conselho de Direitos, conforme art. 91 do ECA), mas são os órgãos referidos que possuem atribuição legal para adotar medidas eficazes de proteção.

As providências a serem adotadas pelos órgãos públicos são, preferencialmente, as que asseguram proteção à família, provendo-lhe orientação, apoio e acompanhamento, e, sendo o caso, promovendo sua inclusão em programas comunitários ou oficiais de auxílio, com caráter educacional ou assistencial, ou mesmo proporcionando o tratamento psicológico ou psiquiátrico, inclusive para alcoolistas ou toxicômanos. A finalidade de tais providências são, tanto quanto possível, recuperar o organismo familiar, fortalecendo os vínculos entre pais e filhos para que a família possa desempenhar de forma adequada sua relevante função social.

Em casos de maior gravidade, podem ser adotadas medidas mais incisivas, afastando do ambiente familiar o genitor ou o parente responsável pela violação, ou mesmo retirar a criança ou adolescente dessa família, inserindo-a em uma família substituta, mediante guarda ou adoção. A finalidade, pois, não é apenas buscar a responsabilidade penal da pessoa que pratica o abuso, mas resolver a questão pessoal da criança ou do adolescente, assegurando-lhe, também, todo o amparo psicológico, pedagógico e assistencial que se fizer necessário.

Nesse caso, a família substituta é uma nova família nuclear, cuja função é dar à criança ou ao adolescente o amparo pleno para que possa ter uma vida mais digna e se desenvolver de maneira mais saudável, sendo respeitada e recebendo o carinho e o afeto indispensáveis a sua formação.

A responsabilidade da sociedade

Quando a família falha, isto é, quando se verifica omissão, negligência ou desestruturação, compete à sociedade intervir. Essa intervenção pode ser feita por qualquer pessoa que tenha conhecimento de que alguma criança ou adolescente se encontre em situação de risco, isto é, quando algum dos direitos reconhecidos no Estatuto da Criança e do Adolescente, sejam referentes à vida, à saúde, à educação, ao lazer, à recreação ou à convivência familiar e comunitária estejam sendo ameaçados ou violados, seja por ação ou omissão do Estado, seja por falta, omissão ou abuso dos pais ou responsáveis, ou, mesmo, em razão da conduta desenvolvida (Lei n.º 8.069/90).

Flagrada a situação de risco, como por exemplo ocorrência de abuso sexual, cabe a qualquer pessoa da sociedade comunicar o fato à polícia, ao Conselho Tutelar, ou, ainda, ao Ministério Público ou ao Poder Judiciário, que são órgãos e entidades estabelecidas nos Municípios e cuja missão institucional é, também, protetiva.

A intervenção da sociedade, porém, não se resume apenas no fato de cada cidadão ter o direito de dar ciência de violação a direitos de criança ou adolescente aos órgãos públicos, mas de participar ativamente desses órgãos, que foram concebidos precisamente para permitir soluções práticas e desprovidas de burocracia, afastando-se, tanto quanto possível, a busca da jurisdição.

Assim, as providências devem ser adotadas dentro do plano Municipal e, primeiramente, pelo Conselho Tutelar (art. 131 a 140 do ECA e art. 227 da Constituição Federal), tendo relevância também o Conselho Municipal de Direitos da Criança e do Adolescente, a quem compete monitorar e controlar as ações referentes à proteção de crianças e adolescentes, deliberando acerca da utilização do Fundo Municipal, mobilizando a opinião pública e motivando a efetiva participação da comunidade para a efetivação dos direitos.

Aliás, tanto o Conselho de Direitos como o Conselho Tutelar são órgãos do Município e, como diz Seda (1995, p. 125--126), "não podem ficar desligados da estrutura oficial da sociedade politicamente organizada, como se fossem entidades ou organizações alternativas", ou seja, "devem se vincular de forma precisa à estrutura do Poder Executivo Municipal", ponderando que "é através dos Conselhos que a população controla a insensibilidade, o desconhecimento e a má-fé quando esses defeitos forem encontrados na ação das autoridades constituídas".

Para que a proteção dos direitos de crianças e adolescentes não fique no plano retórico, e para que haja a participação efetiva da própria sociedade, foi criado o Conselho Tutelar, que, segundo dispõe o art. 131 do ECA, "é órgão permanente e autônomo, não jurisdicional, encarregado pela sociedade de zelar pelo cumprimento dos direitos da criança e do adolescente, definidos em lei". Esse conselho é composto por pessoas da própria sociedade, que são escolhidas pela comunidade local para o desempenho de suas funções, sendo admitida apenas uma recondução.

Vale lembrar que nosso país constitui um Estado Democrático de Direito, calcado em valores como igualdade, liberdade e dignidade da pessoa humana, cujas características elementares são a submissão ao império da lei, a divisão de poderes e o respeito aos direitos e garantias individuais. Além disso, ele está fundado na soberania popular, que se estabelece no pluralismo de expressão e de organização política, bem como na afirmação da democracia participativa (e não apenas representativa). E, nesse contexto, adquire relevância o Conselho de Direitos da Criança e do Adolescente, cuja finalidade é cuidar das estruturas necessárias e das políticas públicas indispensáveis para a adequada proteção dos direitos de crianças e adolescentes.

Como se vê, o ordenamento jurídico pátrio superou o estágio do público e do privado, como segmentos estanques de atividade jurídica e social no que tange à proteção da infância e da juventude. E há um claro processo de publicização do privado e de privatização do público, em uma interpenetração saudável e necessária para a consecução de uma sociedade mais justa e mais fraterna.

Portanto, nos termos do art. 227 da Constituição Federal, há o convite expresso para que a família, a sociedade e o Estado estabeleçam um pacto de solidariedade, sendo imperativa a conscientização de que o problema da infância e da juventude é de todos, e que sua adequada solução é condição essencial para a edificação de uma sociedade com menos violência e menos desigualdades.

Assim, quando flagrada uma situação de abuso sexual envolvendo criança ou adolescente, se essa violência ocorrer dentro da família, ou os membros da família ficarem inertes, cabe à própria sociedade assegurar a proteção necessária. E, como destacado antes, ganha relevância a atuação do Conselho Tutelar, a quem o legislador conferiu relevantes atribuições, conforme art. 136 do ECA, podendo o Conselho agir de ofício. E, conforme a gravidade do fato, o mesmo deve atender e orientar os pais, inclusive fazendo o encaminhamento a programas oficiais ou comunitários de proteção à família, a tratamento a alcoolistas e toxicômanos, a tratamento psicológico ou psiquiátrico e a cursos ou programas de orientação, fazendo inclusive advertência aos pais ou responsáveis.

Se o fato configurar infração administrativa, crime ou ato infracional, o Conselho Tutelar deve também representar ao Ministério Público para que sejam propostas ações cíveis ou penais cabíveis, podendo encaminhar diretamente ao Poder Judiciário os casos que forem de sua competência (como é o caso de prática infracional por criança, por exemplo). Esses encaminhamentos podem ser feitos sem prejuízo da pronta adoção, pelo próprio Conselho Tutelar, das providências de proteção que se mostrarem necessárias, como, por exemplo, o encaminhamento a acompanhamento psicológico ou psiquiátrico.

Portanto, é ampla e da maior relevância a atuação do Conselho Tutelar na defesa dos direitos das crianças e dos adolescentes. E é a própria sociedade quem age por meio desse organismo.

A responsabilidade do Estado

Vista a responsabilidade da família e da sociedade, também o Estado tem obrigação concorrente, por meio de todas as esferas de poder, pois a política de atendimento dos direitos da criança e do adolescente, de acordo com o ECA (*caput*, art. 86), é por meio "de um conjunto articulado de ações governamentais e não governamentais" da União, dos Estados e dos Municípios. Essa *política de atendimento*, envolve políticas sociais básicas, programas de assistência social, "serviços especiais de prevenção e atendimento médico e psicossocial às vítimas de negligência, maus-tratos, exploração, abuso, crueldade e opressão" (ECA, art. 87, incisos I, II e III), bem como ampla proteção jurídico-social por entidades de defesa de direitos de crianças e adolescentes.

Portanto, cabe ao Município estabelecer as políticas de proteção e amparo aos direitos de crianças e adolescentes, tendo destaque o papel dos Conselhos Municipais de Direitos da Criança e do Adolescente. No entanto, nem sempre tais direitos constituem prioridades para os administradores públicos, que nem sempre são sensíveis aos reclamos dos Conselhos de Direitos, e não raro são promovidas ações civis públicas pelo Ministério Público buscando a reserva de valores orçamentários capaz de atender as demandas sociais. Cabe ao Poder Judiciário, então, em tais situações, determinar a providências legais cabíveis.

Como se infere, a intervenção estatal, por meio do Poder Judiciário, é o último recurso para efetivar a proteção de crianças e adolescentes, embora seja o primeiro e único destinado a punir a violação a seus direitos, no que conta com a participação de fundamental importância do Ministério Público, a quem o legislador conferiu gama enorme de atribuições, sendo ele o principal guardião dos direitos de crianças e adolescentes, com marcante atuação tanto no âmbito da Justiça da Infância e da Juventude, como também na justiça criminal.

O exercício da jurisdição: justiça da infância e da juventude, direito de família e direito penal

Como vivemos em um Estado Democrático de Direito, é imperiosa a submissão ao império da lei, sendo que a proteção da infância e da juventude é responsabilidade da família, da sociedade e, especialmente, do Estado, em todas as suas esferas de poder. Ou seja, dos Poderes Executivo, Legislativo e Judiciário, nos níveis federal, estadual e municipal.

Ao Poder Judiciário compete, também, expressiva parcela de responsabilidade, pois cabe a ele oferecer a prestação jurisdicional, isto é, dizer o direito, impor responsabilidade aos demais entes públicos e tornar efetivos os direitos e as garantias previstos na legislação em favor de crianças e adolescentes, estabelecendo providências de proteção a crianças e adolescentes e dirimindo os conflitos a eles relativos, além de estabelecer a punição administrativa e penal para os que praticarem violações a tais direitos. Essa prestação jurisdicional é feita por meio de uma complexa e ampla estrutura funcional, envolvendo a atuação de Juízes de Direito, em primeiro grau, e Desembargadores, em segundo grau, dentro de suas respectivas áreas de competência.

Quando se trata de violência sexual envolvendo crianças e adolescentes, a matéria tanto pode ser alvo de exame perante a justiça da infância e da juventude, como perante uma das varas cíveis que cuidam de direito de família ou perante o juízo especializado em direito penal.

O tema sobre a criança e o adolescente como vítimas de crimes sexuais constitui matéria própria do Direito Penal quando a violência é praticada por pessoa maior, caso em que se cogita da culpa pela violação e da aplicação de uma pena, com ênfase ao conteúdo punitivo e retributivo. Lida-se com o Direito da Infância e da Juventude quando a violência sexual é praticada por um adolescente, caso em que se cuida da aplicação de uma medida socioeducativa, sem prejuízo de outras medidas de proteção em favor do próprio infrator e também da vítima, quando esta for criança ou adolescente. E a violência sexual tem relevância no âmbito cível, quando a criança ou adolescente for vítima e se verificar negligência, ação ou omissão dos pais, podendo ensejar adoção de medidas graves e incisivas, como afastamento do lar de um dos genitores ou de pessoa da família, bem como a alteração da guarda, a suspensão ou mesmo a destituição do poder familiar.

Não raro, em razão de conflito ou litígio entre os genitores, quando se cuida de separação judicial, regulamentação de visitas ou discussão acerca da guarda de filhos, há alegação de abuso sexual, caso em que a matéria é enfrentada no próprio juízo cível, em uma das varas especializadas em direito de família.

A violência sexual e a jurisdição no âmbito da justiça da infância e da juventude

Antes da Constituição Federal e, portanto, antes também da Lei nº 8.069/90 – Estatuto da Criança e do Adolescente, que materializou a doutrina da proteção integral e viu no jovem uma pessoa em desenvolvimento e sujeito de direitos, a sociedade trabalhava com a noção do menor em situação irregular, sendo tratado como mero objeto do direito. Em tal contexto, Carvalho (1977, p. 238) dizia que "o juiz é a figura central de todo o serviço de assistência ao menor, embora amparado em amplo quadro técnico de serviço social para sua decisão e execução de sua sentença", asseverando que "seu poder administrativo de fiscalização não encontra limites e abrange todos os ramos de atividade de que participem menores" (p. 229).

Hoje, o juiz ainda exerce a atividade administrativa, ao lado da jurisdicional, mas não lhe compete mais prestar a assistência social direta, dispondo ele de amplo e qualificado quadro funcional, sendo que a criança e o adolescente já não são mais objeto da ação estatal protetiva, mas partes no processo, pois são pessoas em desenvolvimento, titulares de ampla gama de direitos que a Carta Magna e a legislação infraconstitucional lhes assegura.

Embora tal atividade do juiz não deva ficar restrita apenas ao processo, é nele que o Juiz desenvolve sua atividade primordial, pois resolve os conflitos e os dramas familiares que lhe são trazidos, bem como estabelece não apenas a solução para aquele caso determinado, mas direciona a solução para inúmeros outros problemas assemelhados. Por essa razão, as exigências para o magistrado são crescentes, devendo ele ter a exata perspectiva dos problemas sociais existentes, assim como deve estar ao lado de todas as pessoas e instituições que têm também o propósito de estudar e buscar soluções para a problemática que cerca a infância e a juventude.

Assim, a atividade jurisdicional especializada na área da infância e da juventude tem o condão de promover a reforma de atitudes de jovens mediante imposição de medidas socioeducativas, de direcionar a reestruturação de muitas famílias, mediante inclusão em programas de atendimento e assistência, bem como de estabelecer vínculos de adoção, tutela e guarda, aplacando, com isso, mágoas e carências da vítima e desigualdades sociais. Dessa forma, juntamente com o trabalho eficaz dos técnicos, advogados e membros do Ministério Público, suas ações objetivam promover a paz e a harmonia na sociedade.

Ainda assim, por mais ampla e nobre que possa ser a atuação do juiz, ele não trabalha sozinho. A pesquisa das causas e o atendimento dos problemas das crianças e adolescentes passa também pela preocupação e pela atuação dos Conselhos Tutelares, bem como pela monitoração dos Conselhos Estadual e Municipal de Direitos, além da atuação firme e forte do Ministério Público, inclusive com marcante atuação extraprocessual. É também valiosa a participação das forças vivas da sociedade, que atuam por meio de organismos não governamentais.

O juiz se vale, cada vez mais, de todo o quadro técnico que o auxilia e que, por vezes, até aponta a solução adequada para casos *sub judice*, não sendo possível prescindir do estudo social, de incomensurável utilidade, além do amparo de laudos de psicólogos e de médicos, inclusive psiquiátricos, dada a complexidade extrema das situações trazidas a ele, mormente aquelas que envolvem abuso sexual.

Além disso, o trabalho do julgador depende também da atuação vigorosa e competente dos advogados, que trazem a visão da parte, aproximando o julgador da realidade emocional e cultural dos envolvidos no processo, bem como a seu universo de valores.

Nesse sentido, a atuação do juiz no âmbito da infância e da juventude deve ser integrada a todos os atores da política de atendimento, que passa por um conjunto articulado de ações governamentais e não governamentais, consoante estabelece o artigo 86 do ECA, isto é, depende de leis, de instituições públicas e privadas, de programas de políticas sociais e de pessoas capazes de tornar efetivas tais propostas.

Todas as questões relativas à proteção de crianças e adolescentes interessam ao juízo especializado. E, no que tange à violência sexual, são apreciadas as situações nas quais a violência sexual é praticada por um adolescente e nas que envolvem violência sexual intrafamiliar.

Quando é atribuída a uma criança a prática de alguma violência sexual, a questão é focalizada sob o prisma pedagógico, e, por mais hedionda que possa ter sido a conduta desenvolvida, ela não responderá a uma representação pela prática de ato infracional, pois tal providência destina-se a adolescentes, sendo cabível apenas a aplicação de uma das medidas de proteção previstas no art. 101 do ECA:

a) encaminhamento aos pais,
b) orientação, apoio e acompanhamento,
c) inclusão em algum programa comunitário ou oficial de auxílio à família ou à criança,
d) tratamento médico, psicológico ou psiquiátrico, em regime ambulatorial ou hospitalar e
e) abrigo em entidade ou colocação em família substituta.

Quando se trata de ato infracional praticado por adolescente, porém, este é alvo de uma representação oferecida pelo Ministério Público e, com a observância do contraditório, se desenvolve um processo com o objetivo de esclarecimento dos fatos, visando à aplicação de uma medida socioeducativa, e, sendo o caso, também de outras medidas de proteção, pois o escopo desse processo é promover a reeducação e a recuperação do adolescente, para que ele possa se tornar uma pessoa apta a conviver em sociedade. Por essa razão é que, sempre que se verifica prática de violência sexual por adolescente, há determinação de que ele e também a vítima, quando menor, sejam submetidos a acompanhamento psicológico ou psiquiátrico.

Além disso, a questão da violência sexual tem relevância no âmbito cível, quando a questão envolve negligência, ação ou omissão dos pais, isto é, quando a criança ou o adolescente sofre violência sexual e a família permanece inerte, ou então – e o que é mais grave – quando a violência sexual é intrafamiliar.

Se a família permanecer inerte, podem ser adotadas providências de amparo e auxílio, adotando o Conselho Tutelar as medidas de proteção cabíveis. E, na hipótese de violência doméstica, o fato deve ser levado ao conhecimento do Ministério Público, a quem compete a propositura de ações reclamando a adoção das medidas necessárias, ainda que graves e incisivas, como afastamento do lar do genitor ou da pessoa da família responsável pelo abuso, alteração de guarda ou a suspensão ou mesmo a destituição do poder familiar. Tudo isso sem prejuízo do encaminhamento dos fatos ao agente do Ministério Público que tenha atribuição para promover a responsabilização criminal do autor da violência.

A violência sexual e a jurisdição no âmbito do direito de família

A questão da violência sexual não é objeto próprio do Direito de Família. Afinal, se há pratica de estupro e o agente é maior, o fato interessa ao juízo criminal; se o agente for menor, o fato interessa à justiça da infância e da juventude. Se a violência for intrafamiliar e a família se mantiver inerte ou os genitores tiverem responsabilidade direta ou indireta no fato, podem ser adotadas providências tendentes a afastar o agente do núcleo familiar ou retirar a criança desse ambiente. Mas essas providências de cunho jurisdicional devem ser adotadas na vara especializada da infância e da juventude.

No entanto, não raro se constata que, em ações de separação judicial, ou de definição de guarda ou de alteração, bem como em ações de regulamentação de visitas, a questão da violência sexual é trazida de forma incidental, e muitas vezes sob forma de insidiosa suspeita, com alguma má-fé. É que a gravidade de uma situação de violência sexual gera, no espírito de qualquer pessoal saudável, um forte sentimento de repulsa, e quando fatos envolvendo esse tipo de violência são trazidos ao julgador e ao agente do Ministério Público em meio a uma ação cível, provocam, por óbvio, uma forte inquietação, gerando a obrigação de fazer cessar, de forma imediata, a possível violência. Isso favorece o pedido de tutela cautelar, podendo ensejar suspensão de visitas ou alteração de guarda. Em tais casos, a providência é adotada sem que exista uma prova cabal do fato, mas a medida drástica se impõe com o propósito nitidamente protetivo e acautelatório.

Com alguma frequência, litígios de família intensos entre um casal, envolvendo visitação e guarda, geram sequelas sobre os filhos, que não raro são transformados em troféus, verdadeiros objetos de disputas que terminam assumindo um contorno irracional. E, muitas vezes, de forma irresponsável, ou torpe até, a acusação de abuso sexual é lançada como argumento derradeiro da vitória para o processo judicial. Em inúmeros casos, porém, lamentavelmente, há a ocorrência de fato de abuso sexual de um dos genitores e nele está a própria raiz do litígio entre o casal.

Sempre que ocorrem situações em que há referência a abuso sexual, que denotam violência doméstica, sem prejuízo do encaminhamento da responsabilização criminal, deve o julgador procurar, em primeiro lugar, a proteção da criança ou adolescente abusado, para que cesse o abuso, adotando providências cautelares, para que depois seja realizada a definição da situação familiar. Para tanto, torna-se imperioso o cabal esclarecimento dos fatos, o que passa, necessariamente, pela realização de estudo social, de perícias médica e psicológica e/ou psiquiátrica, além da coleta de prova oral. Ou seja, devem ser colhidos os depoimentos pessoais das partes, bem como de testemunhas, e a própria pessoa ofendida, criança ou adolescente, se necessário, também devem ser ouvidos, mas com os cuidados e as cautelas necessárias.

Com os fatos descortinados durante a fase cognitiva, o julgador está apto para prolatar sua sentença, que deve focalizar não apenas as pretensões deduzidas pelas partes, mas garantir a proteção dos direitos fundamentais das crianças e dos adolescentes que figuram no processo, resguardando devidamente o núcleo familiar no qual a criança ou o adolescente permanecer inserido, seja com o pai, seja com a mãe.

CONSIDERAÇÕES FINAIS

Como se viu por meio da breve explanação feita, a questão relativa ao abuso sexual somente é trazida ao Poder Judiciário quando o problema já existe, isto é, quando o fato já está prestes a se consumar ou, pior, quando já está consumado. E, quando isso ocorre, é imperioso admitir que os meios de que dispõe a sociedade para a solução extrajudicial do conflito falharam.

Quando a violência sexual ocorre fora do ambiente familiar, a família exerce função de transcendental importância, fornecendo à criança ou ao adolescente o amparo afetivo indispensável e proporcionando-lhe adequada proteção e os meios para receber o tratamento necessário. Mesmo quando o adolescente é protagonista da ofensa, a participação da família é importante, sendo que ele receberá do Estado uma medida socioeducativa capaz de lhe mostrar a censura social acerca do fato, mas também uma medida de proteção, como acompanhamento psicológico ou psiquiátrico, visando a sua reeducação e tratamento.

Nos casos em que os pais são separados, e o relacionamento entre eles é de conflito, o problema relativo ao abuso sexual assume contornos ainda mais graves, pois sobrevém um jogo de atribuição de culpas de difícil solução, que perpassa a discussão acerca da guarda e do direito de visitas e, também, passa a envolver a questão alimentar. Ou seja, o problema imediato do filho deixa de ser o foco principal para, junto com ele, ser trazida toda a carga de mágoas e decepções que marcam, não raro, a ruptura de uma relação familiar. Em tais hipóteses, a questão da efetiva proteção à criança ou ao adolescente envolvido em violência sexual, seja como protagonista ou como vítima, é transferida geralmente para o Estado, que deve intervir de forma bastante incisiva, suprindo as omissões do grupo familiar e impondo deveres e responsabilidades aos pais.

No entanto, quando se cuida da situação dramática de violência intrafamiliar submetida ao exame do Poder Judiciário, as providências legais adotadas são meramente protetivas da criança ou do adolescente, já que as sequelas para a pessoa abusada e para o núcleo familiar em que a violência ocorreu são permanentes e talvez somente o tempo e um trabalho psicológico cuidadoso e competente possam esmaecer suas sequelas.

Quando o abuso é praticado por um dos genitores, torna-se roto todo o tecido familiar, restando rompida a própria cadeia de confiança e de respeito, tornando-se ambivalente inclusive a relação afetiva que vincula os membros da família. A solução possível para tais casos é estabelecer a proteção da pessoa abusada, afastando o abusador da morada da família e impedindo sua aproximação com a criança ou adolescente, assegurando-lhe amparo psicológico ou psiquiátrico, bem como adotando medidas de proteção ao grupo familiar, por meio de um acompanhamento multidisciplinar. Tais medidas devem ser adotadas sem prejuízo, por óbvio, dos procedimentos legais cabíveis relativamente ao abusador: no plano cível, há possibilidade de ser buscada a suspensão ou a destituição do poder familiar; e no plano penal, a devida responsabilização pela prática de crime contra a liberdade sexual.

Como se infere, por mais pronta e eficaz que possam ser as providências adotadas na atividade judicial, por mais qualificada que possa ser a assistência prestada pelos assistentes sociais, psicólogos e psiquiatras, que prestam notáveis serviços como auxiliares do juízo, o fato é, em si mesmo, traumático e traumatizante.

Para que o atendimento prestado pelo Poder Judiciário possa ser mais eficaz, há necessidade, por óbvio, de serem os juízados da infância e da juventude (e também das varas especializadas em direito de família) dotados de um maior número de juízes e de profissionais auxiliares do juízo, como assistentes sociais, psicólogos e psiquiatras, de modo que os atendimentos possam manter o indispensável nível de excelência, não sendo contaminados pela massificação. E é necessário, também, que tais serviços possam atender com a indispensável celeridade – e de forma prioritária – as determinações emanadas do Tribunal de Justiça, a fim de que os conflitos trazidos possam ter um rápido desfecho.

Aliás, a celeridade e a presteza no atendimento de tais questões são imprescindíveis para que se obtenha um resultado minimamente razoável. Mas a grande e derradeira constatação é que toda a questão de atendimento a crianças e adolescentes passa, necessariamente, pelo exame de seu contexto familiar. Ou seja, a receptividade e a cooperação que vier a ser prestada pelo núcleo familiar da criança ou do adolescente é imprescindível para a solução adequada do problema.

A desagregação dos núcleos familiares é, porém, um fenômeno recorrente, que passa pelas mazelas da economia, pela precariedade da educação, pelos apelos de uma sociedade cada vez mais consumista e também pelo esvaziamento dos valores morais e espirituais, que são indispensáveis para o estabelecimento de grupos familiares sólidos, nos quais deve brotar naturalmente a solidariedade e o amor, em suas múltiplas manifestações.

Cabe apontar que a melhor solução que o Poder Judiciário encontra, sempre que há necessidade de estabelecer a suspensão ou destituição do poder famliar, ou quando é necessário retirar a criança ou o adolescente de sua família natural, é inseri-la em uma família substituta, pois não existe outro ambiente mais adequado para que uma pessoa possa se desenvolver, e onde possa ser garantida a atenção e os cuidados necessários para que o jovem desenvolva suas potencialidades e reafirme seus valores morais e espirituais. Não existe outra fábrica de amor que não seja a própria família, seja ela natural ou substituta. A pessoa inserida no novo núcleo familiar será tão mais feliz e equilibrada quanto mais intenso e saudável se tornar o liame afetivo que for estabelecido.

Cabe ao Poder Judiciário, também como forma de prevenção, punir de forma exemplar toda e qualquer conduta que, direta ou indiretamente, conduza a alguma forma de exploração ou abuso sexual contra crianças e adolescentes que lhe seja encaminhada pelos Conselhos Tutelares ou pelo Ministério Público, e editar portarias que, atentando para a realidade cultural e o contexto social das comunidades, estabeleçam limites razoáveis para as atividades de lazer destinadas a crianças e adolescentes, de modo que contem com a receptividade das famílias e das escolas, e possam ser fiscalizadas de forma efetiva, contando com a participação da própria sociedade local.

Afinal, é rigorosamente pertinente também a crítica incisiva de Castelo Branco (1978, p. 22) quando aponta que

> o combate aos crimes contra os costumes, para que dê resultado, trazendo benefícios para a sociedade, deve ser sustentado não apenas nos tribunais, quando os delitos já foram praticados, mas também nos consultórios médicos, nas escolas, nos templos e, principalmente, no aconchego da família, como prevenção contra os mesmos. Antes de combater as consequências, com a condenação dos criminosos sexuais, muitos deles doentes mentais irrecuperáveis, devem ser combatidos os fatores da criminalidade crescente, como a má imprensa, o mau livro, o mau cinema, o mau teatro, a má televisão.

E, lamentavelmente, "numa sociedade corrompida, os valores desaparecem e as aberrações são desculpadas" (p. 19).

REFERÊNCIAS

AZAMBUJA, M. R. *Violência sexual intraframiliar*: é possível proteger a criança? Porto Alegre: Livraria do Advogado, 2004.

BRANCO, V. P. C. *O advogado diante dos crimes sexuais*. São Paulo: Sugestões Literárias, 1978.

BRASIL. *Constituição Federal da República Federativa do Brasil*. 9. ed. São Paulo: LTr, 2008.

CARVALHO, F. P. B. *Direito do menor*. Rio de Janeiro: Forense, 1977.

GUSMÃO, C. de. *Dos crimes sexuaes*: estupro, attentado ao pudor, defloramento e corrupção de menores. Rio de Janeiro: Freitas Bastos, 1934.

MESTIERI, J. *Do delito de estupro*. São Paulo: Revista dos Tribunais, 1982.

PIERANGELLI, J. H. (Coord.). *Códigos penais do Brasil*: evolução histórica. Bauru: Jalovi, 1980.

SEDA, E. *Direito Alternativo*. Campinas: ADES, 1995.

PARTE IV
A integração do cuidado da vítima, família e equipe

Ana e Paulo casaram-se e, dessa união, nasceu Ricardo. Os pais separam-se judicialmente quando o menino tinha 8 meses. A mãe ficou com a guarda de Ricardo, e o pai, com direito de visitas. Quando Ricardo estava com 3 anos, a mãe suspeitou que Paulo estivesse investindo sexualmente contra seu filho durante as visitas. Pleiteou judicialmente a suspensão de tais visitas, restando seu pedido desatendido. Por encaminhamento da pediatra, a mãe registrou ocorrência policial contra Paulo pela prática de violência sexual contra Ricardo, na época com 4 anos e 5 meses. O laudo do DML foi negativo quanto à existência de violência física e sexual, mas constatou-se sinais de abalo psíquico no menino.

Nova perícia, providenciada pela mãe, apontou, nas conclusões, evidências de abuso sexual, sugerindo suspensão das visitas e continuidade no atendimento psiquiátrico ou psicológico de Ricardo para tratar transtorno de ansiedade e conflitos relacionados aos fatos vivenciados pelo menino. Paulo foi suspenso do poder familiar, por tempo indeterminado, com determinação de acompanhamento psicológico, com reavaliação prevista para o período de um ano e meio, tendo direito a visitas monitoradas ao menino, a serem realizadas em consultório médico, por profissional a ser designado pelo juízo.

Paulo, no decorrer do processo-crime pela prática de atentado violento ao pudor, negou a prática dos fatos, bem como de fazer uso de álcool e de drogas, manifestando sua inconformidade por ver-se impedido de falar ao telefone com o filho, assinalando que os fatos têm causado prejuízo ao desenvolvimento de Ricardo. As visitas passaram por várias alterações ao longo do processo: foram suspensas, depois autorizadas novamente, mediante supervisão do avô paterno, e, enfim, foram liberadas. Veio aos autos o pedido de dispensa da inquirição da criança, queu restou indeferido pela autoridade judiciária. Colheu-se o depoimento da mãe, da avó materna, do avô paterno, de cinco testemunhas e de Ricardo (na época com 5 anos), por duas vezes, sendo que, em uma das oportunidades, o depoimento contou com 19 laudas.

Realizou-se nova perícia psiquiátrica com a mãe e o pai de Ricardo. Um dos laudos, referente ao pai (Paulo), concluiu não preencher os critérios diagnósticos para Transtorno de Personalidade e Comportamento, e o outro aponta que Ricardo apresenta TDAH; o da mãe (Ana) concluiu que ela apresenta um quadro misto de ansiedade e depressão. Perícia psiquiátrica realizada com a criança concluiu que ela foi vítima de abuso sexual praticado pelo pai, sugerindo suspensão das visitas. O réu foi absolvido por insuficiência de provas.

O caso apresentado é meramente ilustrativo.

26

AS VISITAS DOS FILHOS AOS PAIS SUSPEITOS DE ABUSO SEXUAL

Maria Regina Fay de Azambuja

INTRODUÇÃO

Com a vigência da Constituição Federal de 1988, marco referencial da instituição do princípio da dignidade da pessoa humana, novo cenário se descortina com reflexos na esfera pública e privada do homem contemporâneo. A proteção aos direitos humanos, em especial às populações mais vulneráveis, passou a constituir-se como a base da organização da nação brasileira.

As crianças, os adolescentes e os idosos passaram a receber tratamento prioritário pelas legislações pós-constituinte. A nova ordem constitucional elucida o compromisso do Brasil com a doutrina da proteção integral, assegurando às crianças e aos adolescentes a condição de sujeitos de direitos, pessoas em desenvolvimento e prioridade absoluta. Inverteu-se, desde então, o foco da prioridade: no sistema jurídico anterior, privilegiava-se o interesse do adulto; com a nova Carta, o interesse prioritário passa a ser o da criança e do adolescente. Os idosos, embora tenham conquistado a prioridade em lei federal, em termos constitucionais, não foram guindados ao patamar de absoluta prioridade, destaque reservado à população infanto-juvenil, por força do artigo 227 da Constituição Federal de 1988.

A mudança de paradigmas tem exigido a substituição de práticas utilizadas no período que antecedeu a Carta de 1988, em que vigorou a Doutrina da Situação Irregular, representada pelo segundo Código de Menores, por ações que garantam o melhor interesse da criança, segundo as disposições trazidas pelo Estatuto da Criança e do Adolescente. Os reflexos da norma abrangem não só as situações que são levadas às varas da infância e juventude, casos em que a situação de risco é flagrante, mas, igualmente, os feitos que tramitam nas varas de família e no juízo criminal, quando, por vezes, os maus-tratos e a violência vêm envoltos em artimanhas construídas pelo mundo adulto, notadamente pelos genitores do infante, não raro com a conivência dos advogados contratados para defender o pai ou a mãe litigante.

Nesse sentido, o presente capítulo aborda as alternativas apontadas pelo sistema de Justiça, à luz do princípio da doutrina da proteção integral, para assegurar à criança o direito à convivência familiar quando sobre um dos genitores recai suspeita de violência sexual intrafamiliar, na tentativa de, quiçá, alertar os profissionais que atuam na área para a imensa responsabilidade de seu agir frente aos novos ditames constitucionais.

O PRINCÍPIO DO MELHOR INTERESSE DA CRIANÇA

Em 1989, é inaugurado, no cenário mundial, o marco referencial no campo dos direitos da criança decorrente de conquistas que foram paulatinamente alcançadas. Em 1924, a Declaração de Genebra afirmou a necessidade de proclamar à criança uma proteção especial. Pouco depois, em 1948, as Nações Unidas proclamaram o direito a cuidados e à assistência especial à infância, por meio da Declaração Universal dos

Direitos Humanos, considerada a maior prova histórica do *consensus omnium gentium* sobre um determinado sistema de valores (Bobbio, 2004). Os Pactos Internacionais de Direitos Humanos, indiscutivelmente, abriram caminho para a profunda mudança de paradigmas experimentada no final da década de 1980 e início dos anos de 1990 na área da proteção à infância.

Seguindo a trilha da Declaração dos Direitos Humanos, vem a Declaração dos Direitos da Criança (1959), e, em 20/11/89, a Assembleia Geral das Nações Unidas adota a Convenção sobre os Direitos da Criança, que passa a constituir o mais importante marco na garantia dos direitos daqueles que ainda não atingiram os 18 anos. Antes mesmo da aprovação da mencionada Convenção pela Assembleia Geral das Nações Unidas, com texto original redigido em árabe, chinês, espanhol, francês, inglês e russo, o Brasil já havia incorporado em seu texto constitucional as novas diretrizes, por meio do artigo 227 da Carta de 1988.

Embora se afirme que "a ideia do valor intrínseco da pessoa humana deite raízes já no pensamento clássico e no ideário cristão" (Sarlet, 2006, p. 29), estando latente desde os primórdios da civilização (Brauner, 2000), o reconhecimento e a proteção dos direitos humanos são conquistas recentes, constituindo-se a base das constituições democráticas modernas (Bobbio, 2004). Para Norberto Bobbio, "direitos do homem, democracia e paz são três momentos necessários do mesmo movimento histórico: sem direitos do homem reconhecidos e protegidos, não há democracia; sem democracia, não existem as condições mínimas para a solução pacífica dos conflitos" (2004, p. 21).

A Convenção das Nações Unidas sobre os Direitos da Criança afirma o direito de a criança conhecer e conviver com seus pais, a não ser quando incompatível com seu melhor interesse; o direito de manter contato com ambos os pais, caso seja separada de um ou de ambos; as obrigações do Estado, nos casos em que tais separações resultarem de ação do Poder Judiciário, assim como a obrigação do Estado de promover proteção especial às crianças desprovidas de seu ambiente familiar, assegurando ambiente familiar alternativo apropriado ou colocação em instituição, considerando sempre o ambiente cultural da criança. Ao debruçar-se sobre a Convenção, menciona Miguel Cillero Bruñol (2001, p. 92):

> A Convenção representa uma oportunidade, certamente privilegiada, para desenvolver um novo esquema de compreensão da relação da criança com o Estado e com as políticas sociais e um desafio permanente para se conseguir uma verdadeira inserção das crianças e seus interesses nas estruturas e procedimentos dos assuntos públicos.

A Convenção das Nações Unidas sobre os Direitos da Criança, em que pese a relevância no âmbito nacional e internacional, é pouco manuseada pelos diversos segmentos sociais, vindo a comprometer sua aplicação em maior escala e seriedade pelos povos firmatários. Para exemplificar, o artigo 3, n. 1 desse documento determina que todas as ações relativas às crianças, levadas a efeito por instituições públicas ou privadas de bem-estar social, tribunais, autoridades administrativas ou órgãos legislativos, devem considerar, primordialmente, o interesse maior da criança. A Convenção das Nações Unidas sobre os Direitos da Criança, adotada pela Assembleia Geral das Nações Unidas, em 20.11.89, foi ratificada pelo Brasil em 26.01.90, aprovada pelo Decreto legislativo n. 28, de 14.9.90, vindo a ser promulgada pelo Decreto presidencial n. 99.710, de 21.11.90.

O que vem a ser o melhor interesse da criança (*the best interest*), mencionado na normativa internacional?

No início do século XVIII, na Inglaterra, a criança era considerada "uma coisa pertencente a seu pai (*a thing to be owned*)". A custódia era preferencialmente concedida ao pai. Posteriormente, a preferência passou à mãe. Nesse período, as Cortes da Chancelaria inglesas "distinguiram as atribuições do *parens patriae* de proteção infantil das de proteção dos loucos" (Pereira, 1999, p. 2). Na tradição anglo-saxã, segundo Fachin (1996, p. 98), alguns fatores estão presentes na concretização do princípio do maior interesse da criança: o amor e os laços afetivos entre o pai ou titular da guarda e a criança; a habitualidade do pai ou titular da guarda de prover a criança com comida, abrigo, vestuário e assistência médica; qualquer padrão de vida estabelecido; a saúde do pai ou titular da guarda; o lar da criança, a escola, a comunidade e os laços religiosos; a preferência da criança, se a criança tem idade suficiente para ter opinião; e a habilidade do pai de encorajar contato e comunicação saudável entre a criança e o outro pai.

Em 1813, nos Estados Unidos, a Corte de Pensilvânia reconheceu o melhor interesse da criança na solução de disputas judiciais relacionadas à guarda do filho, no período pós-dissolução da sociedade conjugal dos pais, ensejando a construção da teoria jurídica conhecida como *Tender Years Doctrine*. Entendeu-se, na época, que a criança, devido à pouca idade, "necessitava dos cuidados maternos, o que representou o critério da *presunção de preferência materna*, posteriormente alterado para a orientação conhecida como *tié breaker*, ou seja, a teoria que recomenda não haver preferência materna, mas a determinação de que todos os elementos devem ser considerados dentro do princípio da neutralidade quanto ao melhor interesse da criança" (Gama, 2003, p. 458).

Na atualidade, a aplicação do princípio do melhor interesse da criança "permanece como padrão, considerando, sobretudo, as necessidades da criança em detrimento dos interesses dos pais, devendo realizar-se sempre uma análise do caso concreto" (Pereira, 1999, p. 3). Não se trata, no entanto, de um conceito fechado, definido e acabado. Relaciona-se diretamente com a dignidade da pessoa humana, fundamento da República e "alicerce da ordem jurídica democrática" (Morais, 2006, p. 117). Nas palavras de Maria Celina Bodin de Morais,

"é na dignidade humana que a ordem jurídica (democrática) se apoia e se constitui". Não há como pensar em dignidade humana sem considerar as vulnerabilidades humanas, passando a nova ordem constitucional a dar precedência aos direitos e às prerrogativas "de determinados grupos considerados, de uma maneira ou de outra, frágeis e que estão a exigir, por conseguinte, a especial proteção da lei" (2006, p. 118).

No que tange à infância e à adolescência, o estabelecimento de um sistema especial de proteção, por parte do ordenamento jurídico, funda-se nas diferenças que a criança e o adolescente apresentam frente a outros grupos de seres humanos, autorizando a aparente quebra do princípio da igualdade, por serem "portadoras de uma desigualdade inerente, intrínseca", recebendo "tratamento mais abrangente como forma de equilibrar a desigualdade de fato e atingir a igualdade jurídica material e não meramente formal" (Machado, 2003, p. 123). Para Martha de Toledo Machado, a "Constituição de 1988 criou um sistema especial de proteção dos direitos fundamentais de crianças e adolescentes", "nitidamente inspirado na chamada doutrina da proteção integral" (2003, p. 108). Como afirma Norberto Bobbio (2004, p. 97),

> uma coisa é ter um direito que é, enquanto reconhecido e protegido; outra é ter um direito que deve ser, mas que, para ser, ou para que passe do *dever ser* ao *ser*, precisa transformar-se, de objeto de discussão de uma assembleia de especialistas, em objeto de decisão de um órgão legislativo dotado de poder de coerção.

O princípio do melhor interesse da criança encontra seu fundamento no reconhecimento da peculiar condição de pessoa humana em desenvolvimento atribuída à infância e juventude. Crianças e adolescentes são pessoas que ainda não desenvolveram completamente sua personalidade, estão em processo de formação, no aspecto físico "(nas suas facetas constitutiva, motora, endócrina, da própria saúde, como situação dinâmica), psíquico, intelectual (cognitivo), moral, social" (Machado, 2003, p. 109). Como afirma Martha de Toledo Machado, "os atributos da personalidade infanto-juvenil têm conteúdo distinto dos da personalidade dos adultos", trazem uma carga maior de vulnerabilidade, autorizando a quebra do princípio da igualdade; enquanto os primeiros estão em fase de formação e desenvolvimento de suas potencialidades humanas, os segundos estão na plenitude de suas forças (2003, p. 115).

Nas palavras de Guilherme Calmon Nogueira da Gama, o princípio do melhor interesse da criança "representa importante mudança de eixo nas relações paterno-materno-filiais, em que o filho deixa de ser considerado objeto para ser alçado – com absoluta justiça, ainda que tardiamente – a sujeito de direito, ou seja à pessoa merecedora de tutela do ordenamento jurídico, mas com absoluta prioridade comparativamente aos demais integrantes da família de que ele participa" (2003, p. 456/467).

Não há como deixar de ressaltar a postura de vanguarda do Brasil ao assumir, em 1988, o compromisso com a doutrina da proteção integral, antes mesmo da aprovação da Convenção das Nações Unidas sobre os Direitos da Criança, representando "um norteador importante para a modificação das legislações internas no que concerne à proteção da infância em nosso continente" (Pereira, 1999, p. 7). Entre os direitos fundamentais assegurados à criança, encontramos, ao lado do direito à vida, à saúde, à educação, à liberdade, ao respeito e à dignidade, o direito à convivência familiar.

Dentro desse contexto, a criança e o adolescente adquirem visibilidade, passando a figurar como sujeitos de direitos, pessoas em desenvolvimento e de prioridade absoluta, revolucionando conceitos e práticas até então incorporadas pelo mundo adulto. Mudar paradigmas não é tarefa para ser realizada em pouco tempo, exige compromisso, conhecimento, vontade e renovada disponibilidade por parte da família, da sociedade e do poder público.

A CHEGADA DA CRIANÇA AO SISTEMA DE JUSTIÇA

Os casos de violência sexual intrafamiliar praticados contra a criança chegam ao Sistema de Justiça através do Conselho Tutelar, da Delegacia de Polícia (quando remete o inquérito policial), ou das disputas familiares envolvendo guarda, visitas, suspensão ou destituição do poder familiar. Dependendo da situação, será acionado o Sistema de Justiça Infanto-Juvenil, Criminal ou de Família.

Cabe ao Conselho Tutelar receber, entre outras situações de ameaça ou violação dos direitos daqueles que ainda não atingiram os 18 anos, os casos de suspeita ou confirmação de maus-tratos, mostrando-se de extrema urgência sua criação e instalação, em todos os municípios, "para a efetivação da política de atendimento à criança e ao adolescente, tendo em vista assegurar-lhes os direitos básicos, em prol da formação de sua cidadania" (Carvalho, 1992, p. 419/420).

Embora sejam inúmeras as formas de violência e maus-tratos praticados contra a criança, o texto privilegia o abuso sexual, especificamente o intrafamiliar, pois, "ainda que a violência com visibilidade seja a que ocorre fora de casa, o lar continua sendo a maior fonte de violência" (Kristensen, Oliveira e Flores, 1998, p. 115). Pesquisa realizada em 1997 pelo Governo do Estado do Rio Grande do Sul, apontou que, em uma amostra de 1.579 crianças e adolescentes em situação de rua, 23,4% não retornavam para casa para fugir dos maus-tratos. Flores e colaboradores, em 1998, estimaram que "18% das mulheres de Porto Alegre, com menos de 18 anos, sofreram algum tipo de assédio sexual cometido por pessoas de sua família" (1998, p. 73).

A violência doméstica contra a criança e o adolescente representa todo ato ou omissão praticado por pais, parentes ou responsáveis contra crianças e adolescentes que – sendo capaz de causar dano físico, sexual e/ou psicológico à vítima – implica, de um lado, uma transgressão do poder/dever de proteção do adulto e, de outro, uma coisificação da infância, isto é, uma negação do direito que crianças e adolescentes têm de ser tratados como sujeitos e pessoas em condição peculiar de desenvolvimento (Guerra, 1998, p. 32/33).

A violência sexual ou exploração sexual, por sua vez, "se configura como todo ato ou jogo sexual, relação hetero ou homossexual entre um ou mais adultos e uma criança ou adolescente, tendo por finalidade estimular sexualmente esta criança ou adolescente ou utilizá-la para obter uma estimulação sexual sobre sua pessoa ou de outra pessoa" (Guerra, 1998, p. 33). É também definida como o envolvimento de crianças e adolescentes dependentes e imaturos quanto a seu desenvolvimento em atividades sexuais que não têm condições de compreender plenamente e para as quais são incapazes de dar o consentimento informado ou que violam as regras sociais e os papéis familiares. Incluem a pedofilia, os abusos sexuais violentos e o incesto, sendo que os estudos sobre a frequência da violência sexual são mais raros dos que os que envolvem a violência física (Kempe e Kempe, 1996).

O abuso sexual pode ser dividido em intrafamiliar e extrafamiliar. Autores apontam que "aproximadamente 80% são praticados por membros da família ou por pessoa conhecida confiável", sendo que cinco tipos de relações incestuosas são conhecidas: pai-filha, irmão-irmã, mãe-filho, pai-filho e mãe-filha, sendo possível que o mais comum seja irmão-irmã, e o mais relatado, entre pai-filha (75% dos casos), sendo que o tipo mãe-filho é considerado o mais patológico, frequentemente relacionado à psicose (Zavaschi, 1991). A violência sexual intrafamiliar praticada contra a criança "retém os aspectos do abuso relativos ao apelo sexual feito à criança, bem como destaca tal ocorrência no interior da família" (Mees, 2001, p. 18). Insere-se o abuso sexual da criança em uma gama extensa de situações de violação dos direitos da infância registrados nos países pobres e ricos, desenvolvidos ou em desenvolvimento.

A demanda do Conselho Tutelar, no que se refere à violência intrafamiliar, abarca situações difíceis de serem enfrentadas. Ao mesmo grupo familiar pertencem os dois polos da ação, agressor e vítima, sendo que "as crianças – vítimas inocentes e silenciosas do sistema e da prática de velhos hábitos e costumes arraigados na cultura de nosso povo – são as maiores prejudicadas nesse contexto calamitoso" (Alberton, 1998, p. 26). Aponta Salvador Célia (1990, p. 43), referindo-se à situação da infância brasileira:

> A maioria das crianças brasileiras começa a ser agredida ainda no ventre materno, pela desnutrição materna e pela violência contra a mulher, e, quando sobrevive às doenças perinatais, respiratórias e preveníveis por vacinação, quando sobrevive à fome e à diarreia, chega à idade adulta agredida pela falta de oportunidade do mercado de trabalho, depois de sofrer o fenômeno da evasão (diga-se "expulsão escolar"), quando, então, poderíamos falar no maltrato da instituição escolar, que, entre outras causas multifatoriais apresenta um currículo completamente desligado da aplicação para as reais necessidades da maioria da população brasileira.

Ao Conselho Tutelar aporta uma demanda que não pode ser devidamente dimensionada, não só pelo fato de ser recente o reconhecimento da violência doméstica, como também em decorrência da "utilização de diferentes definições do fenômeno pelas instituições e pesquisadores responsáveis pelas estatísticas disponíveis, a diversidade das fontes de informações existentes e a inexistência de inquéritos populacionais nacionais" (Reichenheim, Hasselmann e Morais, 1999, p. 110), dificultando sobremaneira a oferta de estimativas seguras.

Mesmo que os casos de violência sexual intrafamiliar praticados contra a criança cheguem ao Judiciário em número muito inferior aos casos reais, como sugerem estudos realizados em outros países, é lá que desemboca a demanda que o Conselho Tutelar não conseguiu equacionar dentro de sua esfera de atribuições (art. 136 do ECA). Justiça da Infância e Juventude, Justiça Criminal e Varas de Família são cada vez mais destinatários de crianças vítimas de violência sexual. Cabe, portanto, a seguinte questão: estarão os integrantes do Sistema de Justiça capacitados para enfrentar a demanda envolvendo violência sexual intrafamiliar praticada contra a criança?

Assegurar o direito à convivência familiar à criança vítima de violência sexual intrafamiliar não se mostra tarefa simples. Inúmeros empecilhos e complicadores dificultam ou impedem o convívio entre pais e filhos. Há casos em que a recomendação é de total afastamento do suspeito, ainda que temporário, ao passo que, em outras situações, é preciso buscar a melhor alternativa para garantir o direito de a criança visitar o genitor sobre quem recai a suspeita de violência sexual enquanto os fatos não se elucidam de forma satisfatória.

O DIREITO DE VISITA FRENTE À VIOLÊNCIA SEXUAL INTRAFAMILIAR

Dentre as inúmeras situações complexas que são trazidas à apreciação do Sistema de Justiça, encontramos o seguinte dilema: como garantir a convivência familiar, direito assegurado constitucionalmente à criança, quando um dos pais, por suspeita ou confirmação de maus-tratos, em especial, violência sexual, se vê privado do contato com a criança em razão da separação de fato, de separação judicial ou, ainda, por expressa ordem da autoridade judiciária, como prevê ao artigo 130 do ECA? Como operacionalizar as visitas nos casos de suspeita de violência sexual ou nos casos em que os genitores apresentam grande dificuldade de diálogo, recaindo sempre em agressões verbais, prejudicando a criança e causando elevados níveis de ansiedade a cada novo encontro?

Os profissionais que atuam na área sabem das dificuldades que a matéria enseja, em especial para aqueles que têm a responsabilidade de tomar decisões que afetam a vida da criança. Algumas alternativas têm sido experimentadas com maior frequência pelo sistema de justiça. Entre elas, cabe mencionar:

a) determinação de visitas dos filhos ao genitor no Fórum;
b) criação do "visitário", em São Paulo, como foi noticiado em reportagem apresentada pelo programa Fantástico (1996);
c) designação de uma pessoa da confiança do genitor guardião para acompanhar a criança nas visitas realizadas ao outro genitor;
d) realização das visitas no recinto do Conselho Tutelar.

As alternativas apontadas, se bem aceitas antes da vigência da Constituição de 1988, na atualidade, não atendem ao melhor interesse da criança, servindo mais ao interesse dos adultos, com evidentes prejuízos aos infantes. Quando as visitas são realizadas no Fórum, a criança frequentemente presencia réus algemados sendo conduzidos para audiências criminais, adultos exaltados e inúmeras outras cenas próprias de adultos que estão em litígio judicial. Por outro lado, a reportagem exibida no Fantástico em 1996 evidenciou a total impropriedade da realização de visitas no local denominado de "visitário", mais parecendo esse espaço um presídio do que um local destinado à convivência familiar e à proteção à criança, além de apontar as inúmeras irregularidades que uma instituição criada para este fim apresenta, o que motivou a interdição do local e suspensão do programa pelo Tribunal de Justiça de São Paulo.

A designação de uma pessoa da confiança do genitor que detém a guarda da criança para acompanhá-la nas visitas ao outro genitor tem se mostrado desastrosa. O genitor sente-se vigiado; e a pessoa que acompanha as visitas passa a ser "um leva e traz", aguçando mais os ânimos e aumentando, via de regra, a ansiedade e a insegurança da criança.

Embora menos frequentes, há decisões determinando a realização de visitas no Conselho Tutelar. Não é atribuição do Conselho Tutelar presenciar a realização de visitas de crianças a seus pais ou familiares, conforme se vê do artigo 136 do ECA, como, aliás, já tem se manifestado o egrégio Tribunal de Justiça do Rio Grande do Sul.

A ineficiência de tais mecanismos, como tem sido possível constatar nos inúmeros feitos judiciais, levou-nos a propor que as visitas, nos casos de suspeita de violência sexual ou de litígio severo, realizassem-se no ambiente terapêutico da criança, permitindo que o profissional que atende à criança possa identificar as dificuldades e oferecer ajuda à dupla criança/genitor, evitando, assim, a reedição do trauma experimentado pela criança e o agravamento dos danos causados a seu aparelho psíquico. Nesse sentido, decidiu a egrégia 7ª Câmara Cível do Tribunal de Justiça do Rio Grande do Sul:

> GUARDA. DISPUTA ENTRE OS PAIS DA CRIANÇA. PREVALÊNCIA DO MELHOR INTERESSE DA CRIANÇA. 1. As alterações de guarda devem ser evitadas tanto quanto possível. 2. O principal interesse a ser protegido é o da menor. 3. Para a definição da guarda, deve-se verificar qual dos pais possui melhores condições de permanecer com a guarda da criança e, se a guarda provisória está definida em favor da mãe, que vem cumprindo adequadamente esse papel, tal situação deve ser consolidada, já que a guarda paterna não se mostrou adequada. 4. Sem ocorrência de fato novo superveniente e relevante capaz de colocar o infante em situação de risco, descabe proceder nova alteração da guarda. 5. Definida a guarda em favor da mãe, é cabível estabelecer a regulamentação de visitas do pai, pois materializa o direito do filho de conviver com o genitor não-guardião, assegurando o desenvolvimento de um vínculo afetivo saudável entre ambos. 6. Diante das peculiaridades do caso dos autos, mostra-se recomendável a aplicação de medida de proteção a menor, pelo prazo de dois anos, para o fim de manter a guarda em favor da genitora da menor e fixar visitas quinzenais, na presença do profissional da saúde mental que realiza o acompanhamento psicológico/psiquiátrico da criança, incumbindo a este encaminhar, ao Juízo, relatório bimensal, a fim de avaliar a situação das partes, cabendo ao Juízo de primeiro grau, se conveniente, realizar novo planejamento, suspendendo ou mantendo a supervisão das visitas. Recursos providos em parte. (TJRGS, Apelação Cível nº 70033658147, em 12/05/2010, Sétima Câmara Cível, Rel. Des. Sérgio Fernando de Vasconcellos Chaves, Esteio.)

Assegurar à criança seu melhor interesse, como impõe a Convenção das Nações Unidas, não é tarefa simples. Exige cauteloso exame dos fatos, profissionais devidamente preparados (Advogados, Defensores Públicos, agentes do Ministério Público e Magistrados), contribuição de profissionais especializados, advindos de outras áreas do conhecimento, em especial, do serviço social, da pediatria, da psicologia e da psiquiatria; exige uma postura atenta e vigilante de todos que atuam no caso a fim de evitar que o processo judicial se torne mais um palco de violência a serviço do interesse dos adultos, relegando a criança, mais uma vez, a um plano inferior.

Trabalhar sob o manto da interdisciplinaridade significa romper com velhos paradigmas, exigindo um "esforço de busca da visão global da realidade, como superação das impressões estáticas e do hábito de pensar fragmentador e simplificador da realidade" (Azambuja, 2004, p. 145). A interdisciplinaridade se faz necessária em face da "rigidez, da artificialidade e da falsa autonomia das disciplinas, as quais não permitem acompanhar as mudanças no processo pedagógico e a produção de conhecimentos novos" (Paviani, 2008, p. 14). Nesse contexto, a interdisciplinaridade "impõem-se, de um lado, como uma necessidade epistemológica e, de outro, como uma necessidade política de organização do conhecimento, de institucionalização da ciência" (Paviani, 2008, p. 15).

A interdisciplinaridade pressupõe o "abandono de posições acadêmicas prepotentes, unidirecionais e não rigorosas, que fatalmente são restritivas, primitivas e tacanhas, impeditivas de aberturas novas, camisas-de-força que acabam por restringir alguns olhares, tachando-os de menores" (Souza, 1999, p. 163). Sobre o tema, "muitos falam, poucos entendem; há muitos discursos, poucos praticam efetivamente; fala-se em apoio de todos os níveis institucionais, mas, poucos, poucos são aqueles que têm comprometimento efetivo ou prático com projetos interdisciplinares" (Azambuja, 2004, p. 150).

Como se vê, os fatos a serem avaliados nem sempre são de fácil percepção e constatação: exigem abordagem interdisciplinar aliada à sensibilidade e capacitação específica dos profissionais. Advogados, técnicos, promotores e procuradores de justiça, assim como os magistrados, devem estar cientes das múltiplas facetas que compõem as relações familiares, especialmente porque, "muitas vezes, o rompimento da vida em comum altera as habilidades que as pessoas têm para cuidar dos filhos" (Pereira, 1999, p. 49/50), gerando um cenário com novas configurações nas relações entre pais e filhos. De nada adianta, nesses casos, trazer aos autos exclusivamente provas do relacionamento da época em que a família não experimentava o conflito da separação.

Há que se resgatar a história familiar dentro de sua dinâmica atual, a fim de que a decisão judicial possa alcançar a efetividade buscada. Caso contrário, corre-se o risco de a decisão "exacerbar ainda mais o conflito entre os pais, com resultados incertos, mantendo climas tensos e hostis, conduzindo a uma insatisfação geral" (Pereira, 1999, p. 49), com graves prejuízos ao desenvolvimento da criança. Nesse sentido, vale lembrar que "os conflitos sociais e os de família são os mais sensíveis; não se resolvem com um decreto judicial, que somente pode advir do último escolho"; "(...) os conflitos de família podem compor-se tecnicamente pela sentença, mas com ela não se solucionam. Pelo contrário, com frequência, o comando judicial, muitas vezes, agrava um problema sem resolvê-lo" (Venosa, 2003, p. 26).

Dentro da cadeia de transformações que são estampadas pelo novo Direito de Família, o mais importante parece ser a percepção que começa a florescer no meio jurídico no sentido da necessidade de se buscar uma capacitação mais específica para os profissionais lidarem com os dramas familiares, porquanto, na maioria das universidades, ainda não se encontram disponíveis, em seus currículos, noções sobre os direitos da criança, inseparáveis do atual Direito de Família.

Do profissional que atua na área do Direito de Família exige-se, cada vez mais, além do conhecimento dos institutos contemplados no Código Civil, a compreensão do funcionamento da estrutura psíquica dos indivíduos, porquanto "compreender o funcionamento da estrutura psíquica é compreender também a estrutura do litígio conjugal, em que o processo judicial se torna, muitas vezes, uma verdadeira história de degradação do outro" (Pereira, 2003, p. 10).

O tratamento dispensado às famílias que chegam ao sistema de justiça em muito influencia seu destino, ocasionando um efeito importante nas pessoas envolvidas no conflito, mesmo que de forma não perceptível, inconsciente, porquanto, para as partes, o Estado e o Poder Judiciário são representantes da figura paterna.

É comum, nas demandas que chegam ao Juízo de Família, observar a inclusão da criança na conflitiva do casal, mostrando-se necessário, nesses casos, auxiliar os pais em um trabalho de discriminação entre seus conflitos conjugais mal elaborados e as necessidades da criança. Estas incluem a possibilidade de seguir tendo uma relação de continuidade, o que envolve uma relação de confiança e proteção, que será proporcionada se valorizado for aquele que representa para a criança uma figura de apego. Em uum segundo momento, é preciso auxiliar os pais a reconhecerem a importância do papel de ambos os pais na criação dos filhos (Guimarães e Guimarães, 2002, p. 460).

Além de buscar conhecimentos advindos de outras áreas do conhecimento, como a psicologia, a psicanálise, a sociologia, a educação, devem os profissionais agir com competência, utilizando os recursos disponíveis para o fim de preservar, ao máximo, a integridade da criança, ajudando os pais "a ampliar a consciência da extensão de sua responsabilidade e a balizar o limite da interferência que o Estado possa ter e da ajuda que deva prestar na tarefa de cuidar e educar as crianças" (Groeninga, 2006, p. 66/67).

O novo Direito de Família, hoje imbricado ao Direito da Criança, descortina inúmeras e valiosas oportunidades de garantia dos direitos fundamentais àqueles que a Carta Maior elegeu como prioridade absoluta, estando nas mãos dos profissionais que atuam nos conflitos a responsabilidade pela sua eficácia, por meio de novas práticas, não experimentadas na vigência da revogada doutrina da situação irregular.

CONSIDERAÇÕES FINAIS

A família, assim como o novo Direito de Família, passa por profundas modificações, acompanhando a evolução do conhecimento científico, dos movimentos sociais e políticos, bem como do processo de globalização. Tais modificações exigem a capacitação maior dos profissionais que integram o sistema de justiça, a fim de que as ações tomadas nesse âmbito tenham eficácia na vida daqueles que veem seus traumas expostos ao juízo de família.

Na atualidade, não há como desvincular o novo Direito de Família do Direito da Criança e do Adolescente, urgindo que se invista em ações marcadas pela interdisciplinaridade, sem perder de vista a aplicação dos princípios da dignidade da pessoa humana e da prioridade absoluta à infância em atenção ao comando constitucional vigente.

O compromisso do Brasil com a Doutrina da Proteção Integral exige a revisão de práticas pelos diversos segmentos da sociedade civil e do poder público. O sistema de justiça não pode se manter inerte, repetindo procedimentos não recepcionados pela Constituição Federal e pelo Estatuto da Criança e do Adolescente, fazendo-se urgente repensar suas ações.

Não há como retroceder em face do atual estágio de desenvolvimento da humanidade. Assim, os esforços dos profissionais que integram o sistema de Justiça devem se voltar a acompanhar os avanços verificados na área dos direitos humanos fundamentais, privilegiando o melhor interesse da criança.

Assegurar direitos à criança não se constitui tarefa simples. Exige constante revisão e abandono de práticas que se encontram enraizadas na cultura brasileira. As dificuldades, em vez de entraves, devem servir de estímulo à implantação dos novos paradigmas voltados à infância. O Brasil, na trilha da quase totalidade dos países, ao firmar a Convenção das Nações Unidas sobre os Direitos da Criança, elegeu a criança como prioridade absoluta, conferindo-lhe direitos e reconhecendo sua peculiar condição de pessoa em desenvolvimento, não mais se admitindo retrocessos no tratamento à infância. Sem a proteção integral à criança não será possível alcançar a tão almejada dignidade da pessoa humana, proclamada, com tanta clareza, no artigo 1º da Carta Maior.

REFERÊNCIAS

ALBERTON, M. S. O papel dos conselhos tutelares. In: ALBERTON, M. S. et al. *Violência doméstica*. Porto Alegre: Fundação Maurício Sirotsky – AMENCAR, 1998.

AZAMBUJA, M. R. *Violência sexual intrafamiliar*: é possível proteger a criança? Porto Alegre: Livraria do Advogado, 2004.

BOBBIO, N. *A era dos direitos*. Rio de Janeiro: Elsevier, 2004.

BRASIL. *Constituição da República Federativa do Brasil*: promulgada em 5 de outubro de 1988. 41. ed. São Paulo: Saraiva, 2008.

BRASIL. *Decreto nº 99.710, de 21 de novembro 1990*. Promulga a Convenção sobre os Direitos da Criança. Disponível em: <http://www.planalto.

gov.br/ccivil_03/decreto/1990-1994/D99710.htm>. Acesso em: 17 set. 2010.

BRASIL. Superior Tribunal de Justiça. *Recurso Ordinário em Mandado de Segurança nº 11064/MG.* Relator: Ministro Jorge Scartezzini. Disponível em: <https://www2.mp.pa.gov.br/sistemas/gcsubsites/upload/14/jurisprudencia_stjmaustratos2.pdf>. Acesso em: 17 set. 2010.

BRASIL. Superior Tribunal de Justiça. *Recurso Ordinário em Mandado de Segurança nº 19103/RJ.* Relator: Ministro Jorge Scartezzini. Disponível em: <https://www2.mp.pa.gov.br/sistemas/gcsubsites/upload/14/jurisprudencia_stjmaustratos3.pdf>. Acesso em: 17 set. 2010.

BRASIL. Tribunal de Justiça do Estado do Rio Grande do Sul. 7ª Câmara Cível. *Agravo de instrumento nº 70013518659.* Relatora: Desembargadora Maria Berenice Dias. Gravataí, 15 de fevereiro de 2006.

BRASIL. Tribunal de Justiça do Estado do Rio Grande do Sul. 7ª Câmara Cível. *Agravo de instrumento nº 70014814479.* Relatora: Desembargadora Maria Berenice Dias. Santa Vitória do Palmar, 7 de junho de 2006.

BRASIL. Tribunal de Justiça do Estado do Rio Grande do Sul. 7ª Câmara Cível. *Agravo de instrumento nº 70015391758.* Relatora: Desembargadora Maria Berenice Dias. Passo Fundo, 16 de agosto de 2006.

BRASIL. Tribunal de Justiça do Estado do Rio Grande do Sul. 7ª Câmara Cível. *Agravo de instrumento nº 70015902729.* Relator: Desembargador Luiz Felipe Brasil Santos. Porto Alegre, 6 de setembro de 2006.

BRASIL. Tribunal de Justiça do Estado do Rio Grande do Sul. 7ª Câmara Cível. *Agravo de instrumento nº 70016798654.* Relator: Desembargador Luiz Felipe Brasil Santos. Espumoso, 8 de novembro de 2006.

BRASIL. Tribunal de Justiça do Estado do Rio Grande do Sul. 7ª Câmara Cível. *Apelação cível nº 70009514001.* Relatora: Desembargadora Maria Berenice Dias. Taquara, 22 de setembro de 2004.

BRASIL. Tribunal de Justiça do Estado do Rio Grande do Sul. 7ª Câmara Cível. *Apelação cível nº 70014552947.* Relator: Desembargador Luiz Felipe Brasil Santos. Alvorada, 2 de agosto de 2006.

BRASIL. Tribunal de Justiça do Estado do Rio Grande do Sul. 7ª Câmara Cível. *Apelação cível nº 70015041791.* Relatora: Desembargadora Maria Berenice Dias. Herval, 12 de julho de 2006.

BRASIL. Tribunal de Justiça do Estado do Rio Grande do Sul. 7ª Câmara Cível. *Apelação cível nº 70033658147.* Relator: Desembargador Sérgio F. Vasconcellos Chaves. Esteio, 15 de maio de 2010.

BRASIL. Tribunal de Justiça do Estado do Rio Grande do Sul. 7ª Câmara Criminal. *Apelação crime nº 70013038625.* Relator: Desembargador Nereu José Giacomolli. Bagé, 5 de janeiro de 2006.

BRASIL. Tribunal de Justiça do Estado do Rio Grande do Sul. 8ª Câmara Cível. *Apelação cível nº 70014800528.* Relator: Desembargador José Ataídes Siqueira Trindade. Cruz Alta, 4 de maio de 2006.

BRASIL. Tribunal de Justiça do Estado do Rio Grande do Sul. 8ª Câmara Cível. *Apelação cível nº 70014866453.* Relator: Desembargador Luiz Ari Azambuja Ramos. General Câmara, 4 de maio de 2006.

BRAUNER, M. C. C. Nascer com dignidade frente à crescente instrumentalização da reprodução humana. *Revista de Direito*, n. 14, 2000.

BRUÑOL, M. C. O interesse superior da criança no marco da convenção internacional sobre os direitos da criança. In: MENDEZ, E. G.; BELOFF, M. (Org.). *Infância, lei e democracia na América Latina*. Blumenau: FURB, 2001. v. 1.

CARVALHO, R. M. de. Comentários ao art. 136 do ECA. In: CURY, M.; SILVA, A. F. A.; MENDEZ, E. G. (Coord.). *Estatuto da criança e do adolescente comentado*. São Paulo: Malheiros, 1992.

CÉLIA, S. Maltrato e negligência: intervenção a nível preventivo. In: LIPPI, J. R. *Abuso e negligência na infância*: prevenção e direitos. Rio de Janeiro: Científica Nacional, 1990.

FACHIN, L. E. *Da paternidade*: relação biológica e afetiva. Belo Horizonte: Del Rey, 1996.

GAMA, G. C. N. da. *A nova filiação*: o biodireito e as relações parentais. Rio de Janeiro: Renovar, 2003.

GROENINGA, G. C. Do interesse à criança ao melhor interesse da criança: contribuições da mediação interdisciplinar. *Revista da Escola da Magistratura do Estado de Rondônia*, n. 14, 2006.

GUERRA, V. N. A. *Violência de pais contra filhos*: a tragédia revisitada. 3. ed. São Paulo: Cortez, 1998.

GUIMARÃES, M. S.; GUIMARÃES, A. C. S. Guarda: um olhar interdisciplinar sobre casos jurídicos complexos. In: ZIMERMAN, D.; COLTRO, A. C. M. (Org.). *Aspectos psicológicos na prática jurídica*. Campinas: Millennium, 2002.

KEMPE, R. S.; KEMPE, C. H. *Niños maltratados*. 4. ed. Madrid: Morata, 1996.

KRISTENSEN, C. H.; OLIVEIRA, M. S.; FLORES, R. Z. Violência contra crianças e adolescentes na grande Porto Alegre. In: KRISTENSEN, C. H. et al. *Violência doméstica*. Porto Alegre: Fundação Maurício Sirotsky – AMENCAR, 1998.

MACHADO, M. T. *A proteção constitucional de crianças e adolescentes e os direitos humanos*. Baruere: Manole, 2003.

MEES, L. A. *Abuso sexual, trauma infantil e fantasias femininas*. Porto Alegre: Artes e Ofício, 2001.

MORAIS, M. C. B. de. O conceito de dignidade humana: substrato axiológico e conteúdo normativo. In: SARLET, I. W. *Constituição, direitos fundamentais e direito privado*. Porto Alegre: Livraria do Advogado, 2006.

PAVIANI, J. Interdisciplinaridade: conceitos e distinções. 2. ed. rev. Caxias do Sul: EDUCS, 2008.

PEREIRA, R. C. Família, direitos humanos, psicanálise e inclusão social. *Revista Brasileira de Direito de Família*, ano 4, n. 16, p. 5-11, 2003.

PEREIRA, T. M. S.; MELO, C. C. Infância e juventude: os direitos fundamentais e os princípios consolidados na constituição de 1988. *Revista Trimestral de Direito Civil*, v. 3, p. 89-109, 2000.

PEREIRA, T. S. *O melhor interesse da criança*: um debate interdisciplinar. Rio de Janeiro: Renovar, 1999.

PORTO ALEGRE. Secretaria Municipal de Coordenação Política e Governança Local. *Relatório de prestação de contas do Conselho Tutelar de Porto Alegre*: de 1/11/05 a 31/10/06.

REICHENHEIM, M. E.; HASSELMANN, M. H.; MORAIS, C. L. Consequências da violência familiar na saúde da criança e do adolescente: contribuições para a elaboração de proposta de ação. *Ciência e Saúde Coletiva*, v. 4, n. 1, 1999.

SARLET, I. *Dignidade da pessoa humana e direitos fundamentais na constituição federal de 1988*. 4. ed. Porto Alegre: Livraria do Advogado, 2006.

SOUZA, L. C. P. de. Atitude interdisciplinar: virtude e força nas realidades cotidianas. In: FAZENDA, I. (Org.). *A virtude da força nas práticas interdisciplinares*. Campinas: Papirus, 1999.

VENOSA, S. S. *Direito civil*: direito de família. 3. ed. São Paulo: Atlas, 2003. v. 6.

ZAVASCHI, M. L. S. et al. Abuso sexual em crianças: uma revisão. *Jornal de Pediatria*, v. 67, n. 3/4, 1991.

27

O PROGRAMA DE PROTEÇÃO À CRIANÇA: UMA PROPOSTA INTERDISCIPLINAR NA ASSISTÊNCIA A CRIANÇAS EM SITUAÇÃO DE VIOLÊNCIA

Myriam Fonte Marques
Simone Algeri
Natalia Soncini Kapczinski
Gabriele Jongh Pinheiro Bragatto
Joana Bücker
Rúbia Suzana Stein Borges
Sheila R. Almoarqueg
Márcia de Castro Quaglia
Michele Csordas
Edila Pizzato Salvagni
Maria Regina Fay de Azambuja
Maria Lucrécia Scherer Zavaschi
Sônia Domingues Lueska

INTRODUÇÃO

Ao receber crianças que sofreram violência sexual, a instituição hospitalar, em muitas ocasiões, passa a ser uma referência no atendimento à criança e sua família, uma vez que é um lugar privilegiado que permite aos profissionais intervirem diretamente na problemática da violência infantil (Farinatti, 1993).

Dentre as diferentes modalidades de intervenção profissional relacionadas à violência infantil, o enfoque interdisciplinar vem sendo considerado como um modelo ideal para as diferentes instituições que realizam o atendimento a crianças e adolescentes (Garcia, 2002). A articulação de diferentes saberes, associada a ações interventivas pelas equipes interdisciplinares, é fundamental para interromper o ciclo abusivo de violência instaurado na dinâmica das famílias. Lutar pelas garantias necessárias à cidadania infantil, bem como pelo compromisso ético-político dos profissionais frente a essa realidade torna-se prioridade a todos envolvidos no trabalho com crianças e adolescentes.

A INTERDISCIPLINARIDADE NA ABORDAGEM DO ABUSO SEXUAL INFANTIL

A partir de uma suspeita ou confirmação de violência sexual intrafamiliar praticada contra uma criança, é necessário o trabalho interdisciplinar de diversos profissionais para que os resultados da intervenção possam ser menos danosos a ela e a sua família. Como salienta Gomes (1999), "nem a saúde nem outro setor consegue, com um só olhar, dar conta da complexidade que é a prevenção da violência contra crianças e adolescentes". Nesse sentido, complementa Arend (1997, p. 12), quando afirma que:

> Dado um contexto social complexo, cada pesquisador lançará seu olhar específico, colocará os óculos de seu referencial teórico. O político problematizará as questões que envolvem o poder, o antropólogo visualizará as questões sob a ótica da cultura, o sociólogo a partir dos movimentos sociais. Será no entrecruzamento desses olhares que se fará a inter e transdisciplinaridade.

Assim também assinala Iamamoto (2002):

> é necessário desmistificar a ideia de que a equipe, ao desenvolver ações coordenadas, cria uma identidade entre seus participantes que leva à diluição de suas particularidades profissionais. São as diferenças de especializações que permitem atribuir unidade à equipe, enriquecendo-a e, ao mesmo tempo, preservando aquelas diferenças.

Souza (1999), por sua vez, destaca que assumir uma atitude interdisciplinar implica "viver cada instante da vida sob questionamento e reflexão, cuidando para não precipitar conclusões sobre realidades".

A experiência profissional no cuidado de crianças abusadas sexualmente permite afirmar que o atendimento de uma criança nessa situação mobiliza a equipe de maneira semelhante à mobilização da vítima, instalando-se sentimentos de perplexidade e de ataque à capacidade de perceber e pensar dos profissionais, cabendo-lhes, a cada passo do tratamento, reconhecer e reorientar seus sentimentos. Barros e Suguihiro (2003) apontam que o relacionamento que compõe uma equipe interdisciplinar deve ocorrer de forma horizontal, respeitando-se o direito de cada um no sentido de não se perder de vista a particularidade de cada trajetória.

O CUIDADO ESPECIALIZADO EM SITUAÇÕES DE ABUSO SEXUAL: O RELATO DA EXPERIÊNCIA DO PROGRAMA DE PROTEÇÃO À CRIANÇA DO HOSPITAL DE CLÍNICAS DE PORTO ALEGRE

Maria Vitória,[*] 10 anos, branca, estudante do 4º ano do ensino fundamental, internou-se no HCPA em 2008 com suspeita de intoxicação exógena após ingerir comprimidos que seriam de uso de seu irmão. Nessa ocasião, relatou para a equipe de saúde que estava com muita dor de cabeça e pegou os remédios do irmão para aliviar a dor, até que sua mãe chegasse do trabalho. Como a dor não passava, foram ingeridos vários comprimidos, o que ocasionou a intoxicação e a necessidade de atendimento de urgência, primeiramente na Unidade de Tratamento Intensivo e, após, na Unidade de Internação Clínica. Maria Vitória recuperou-se bem. Foi exaustivamente investigada do ponto de vista clínico, descartando-se qualquer possibilidade de doença neurológica ou qualquer outro diagnóstico. Diante desse quadro, nossa equipe levantou a suspeita de Maria Vitória ter dificuldades emocionais relacionadas a seu contexto intrafamiliar.

Nos dias subsequentes a sua internação, Maria Vitória foi gradativamente fazendo vínculos com os membros da equipe de saúde, conseguindo relatar situações importantes da dinâmica familiar. Referia que não gostava de permanecer sozinha em casa no período em que sua mãe ausentava-se para trabalhar. Também afirmava relacionar-se bem com os irmãos e o padrasto, a quem considerava como seu pai. Mas, às vezes, mostrava-se ambígua, informando o desejo de residir com os avós maternos.

A família da referida criança era constituída por sua mãe, seu padrasto e cinco irmãos (Marcelo, 16 anos; Miguel, 14 anos; Maria Laura, 13 anos; Marcos, 8 anos e

---

[*] O nome e a idade da referida criança e familiares foram modificados para manter o sigilo do caso.

Matheus, 7 anos). Os pais de Maria Vitória haviam se separado quando a menina tinha apenas 1 ano de idade. O genitor pouco convivia com a família e falecera há três anos. A mãe, Maria Elisa, 36 anos de idade, encontrava-se trabalhando em mercado formal na atividade de serviços gerais. A mesma vivia em união estável há cerca de 10 anos com Paulo, 30 anos, motorista autônomo. Dessa relação, tiveram dois filhos (Marcos e Matheus). A família residia em zona rural, em município da região metropolitana. O local de moradia era próprio, sendo a casa com quatro cômodos, luz e saneamento básico. A renda da família era de aproximadamente três salários mínimos, o que demostrava limitações econômicas importantes. Em sua comunidade, a família vivia de forma isolada, estando pouco vinculada aos serviços locais como a Unidade Básica de Saúde (UBS) e o Centro de Referência de Assistência Social (CRAS), tendo como único vínculo relativamente estável a escola. Os demais membros da família extensa materna (avós e tios) mantinham contato, mas de forma esporádica. Os amigos eram poucos. Maria Vitória tinha bom aproveitamento escolar, mas tinha histórico de muitas faltas por motivos de saúde naquele último ano.

No ambiente hospitalar, Maria Vitória recebia visita de seus familiares com frequência, mas sua mãe e padrasto não lhe acompanhavam na unidade de internação devido a compromissos de trabalho, bem como pelo cuidado com os demais filhos.

No decorrer do período de internação de Maria Vitória, foram sendo delineadas as relações e conflitos familiares. E, principalmente, a revelação da criança para a equipe de saúde: estava sendo abusada sexualmente pelo padrasto há vários anos. Já havia falado para sua mãe, que lhe pediu que nada fosse comentado com ninguém, inclusive com nenhum profissional do hospital, pois resolveria sozinha essa situação.

A mãe, ao perceber que o segredo da filha havia sido rompido, mostrou, inicialmente, preocupação com a filha. Afirmou que já havia orientado as filhas para poderem se proteger do padrasto (pois sempre ouvia notícias de abuso sexual envolvendo padrastos e enteados). Acrescentou que não acreditava nos encaminhamentos legais e que ela mesma ia resolver a situação, utilizando a expressão popular: "vou fazer justiça com as próprias mãos" (mencionava que iria envenenar a comida do companheiro). Inclusive, já havia pensado em algumas alternativas para protegê-las de um suposto abuso sexual após alta hospitalar, dizendo que ia comprar um cadeado para fechar o quarto das meninas e também ensiná-las a permanecerem com um canivete embaixo do travesseiro para poder marcar o braço do padrasto, caso ele tentasse tocá-las. Assim, no dia seguinte, ela ficaria sabendo o que aconteceu e faria o que deveria ser feito. Posteriormente, mudou sua posição: disse que a filha estava inventando essa história para poder chamar a atenção da família para ter benefícios.

A partir dessa data, Maria Elisa começou a espaçar as visitas à filha no hospital e, quando fazia, era de forma hostil, culpabilizando-a por todas as dificuldades da família. Paulo não se manifestou e não tentou mais visitar a criança nem fazer contato com nenhum membro da equipe de saúde. Maria Vitória queixava-se de saudades de toda a família, inclusive solicitando muito que o padrasto fosse vê-la. Dizia que gostava muito dele, sendo que fazia cartazes para ele e colava na cabeceira de seu leito, afirmando que só não gostava quando ele a tocava.

Maria Vitória ainda permaneceu por longo período hospitalizada até que houvesse a definição legal de sua situação. Esse período foi primordial para seu acompanhamento psicológico, bem como para a tentativa de atendimento a sua família, que se negou, por último, a receber qualquer ajuda terapêutica da equipe de saúde do hospital. Foram realizados exaustivos contatos, discussões e reuniões com a rede de proteção legal: Conselho Tutelar, Ministério Público e Juizado da Infância, para o melhor encaminhamento do caso. Foram acionados também os recursos da rede psicossocial, para a continuidade de atendimento a Maria Vitória em sua comunidade, uma vez que era inviável a continuidade do atendimento ambulatorial por nossa equipe, devido a distância do seu município de origem até Porto Alegre.

Por decisão judicial, Maria Vitória ficou sob a responsabilidade legal de seus avós maternos até a conclusão do processo. Também houve toda a preocupação da equipe para que os demais irmãos pudessem ser protegidos e receber acompanhamento terapêutico em sua comunidade de origem. Temos ainda realizado reuniões frequentes com a equipe terapêutica que atende ao caso na comunidade. O processo judicial ainda não havia sido concluído até o encerramento da descrição deste caso.

O relato anteriormente descrito faz parte de um triste cotidiano a que muitas crianças e adolescentes são submetidos em seu meio familiar. Muitas dessas histórias conseguem ser interrompidas quando há a ruptura do pacto de silêncio estabelecido na família. Dessa maneira, essas narrativas podem chegar até os profissionais da área da saúde de diferentes formas: pelo relato da própria criança, pela família ampliada, vizinhos e/ou amigos, como causa secundária da doença de base apresentada e/ou pelo aparecimento de sintomas clínicos e/ou emocionais apresentados pela criança. Assim, a experiência da equipe interdisciplinar na atenção a crianças que sofreram abuso sexual está centrada nestes aspectos, envolvendo o adoecimento da criança e sua chegada até o atendimento hospitalar. A invisibilidade das situações de abuso sexual se faz presente, uma vez que a maior parte das crianças atendidas nesses serviços não demonstram marcas explícitas.

Uma das maiores dificuldades para a identificação e prevenção do abuso sexual é que, na maioria das vezes, o abusador é pessoa próxima das relações de afeto da vítima, e isso constitui um tipo de violência que ultraja as regras de convívio sociocultural e apresenta poucos casos notificados se comparados com o número real de ocorrências. Dentro das muitas modalidades de intervenção profissional nas situações de violência infantil, salientamos o pensamento de diferentes autores que defendem a ideia de que esta intervenção será mais exitosa se ocorrer em equipe interdisicplinar.

Em Porto Alegre, na década de 1970, desenvolveu-se um trabalho precursor dentro dessa perspectiva em um hospital público pediátrico, atuando como modelo para novas iniciativas em outras instituições hospitalares no decorrer das décadas seguintes. Farinatti descreveu esse modelo de abordagem enfatizando que "o grupo interprofissional pertence ao sistema de ajuda social, não tendo mandato legal para a intervenção, agindo terapeuticamente e como assessoramento dos poderes constituídos" (1993, p.61).

Quando, em 1990, o Estatuto da Criança e do Adolescente estabeleceu obrigatoriedade de notificação dos casos de negligência, abuso físico, sexual, emocional, crueldade e opressão (Art.13) – principalmente para instituições de saúde (hospitais, Centro de saúde, Unidades Básicas de Saúde), instituições da área da Assistência Social, bem como entidades de ensino –, o HCPA já se preocupava com o diagnóstico do fenômeno, bem como com o tratamento oferecido às crianças e suas famílias. Em 1986, percebendo que o número de situações de violência infantil identificadas na Unidade de Internação Pediátrica do HCPA era mínimo, o Serviço Social, estudando o fenômeno, concluiu que: as situações não eram identificados por falta de atenção ao fenômeno, por falta de apoio de estrutura institucional e da própria rede social e legal extra-hospitalar e por dificuldade dos profissionais da rede hospitalar se envolverem na intervenção de natureza sociolegal (Quaglia e Marques, 2004, pg.214).

Com base nessas conclusões, formou-se um grupo de profissionais (assistente social, psicóloga e psiquiatra), com o apoio institucional, para quem seriam encaminhadas as situações de suspeita ou confirmação de violência, a fim de que as pessoas envolvidas nessas situações recebessem o devido atendimento e acompanhamento. Esse grupo, gradativamente, foi ampliado agregando-se outros profissionais (pediatra e enfermeira) e transformando-se, posteriormente, em um programa institucional designado Programa de Proteção à Criança (PPC), sob a coordenação do Serviço Social.

Atualmente, o PPC é constituído por profissionais do serviço social, da psicologia, psiquiatria, pediatria, enfermagem e recreação. Há cerca de 10 anos, o Programa conta com a valiosa participação voluntária de uma procuradora de justiça que muito tem contribuído nas discussões dos casos no que se refere às questões legais.

A faixa etária das crianças atendidas pelo PPC é de 0 a 12 anos incompletos, porém, nos últimos anos, ampliou-se o atendimento aos adolescentes em situação de risco. Os principais objetivos do programa são os descritos abaixo:

- Diagnosticar e atender crianças em situação de violência que são identificados no ambiente hospitalar;
- Defender os direitos da criança de sobrevivência e bem-estar físico, social e psicológico;
- Proporcionar atendimentos clínicos, psicológicos e/ou psiquiátrico à criança;
- Atender e acompanhar as famílias da criança nas questões sociais, psicológicas e psiquiátricas;
- Comunicar ao Conselho Tutelar os casos de suspeita ou confirmação de violência contra criança, conforme rege o Estatuto da Criança e do Adolescente (Art. 13);
- Trabalhar em parceria com recursos sociais e legais externos ao Hospital, formando uma rede de apoio para que as medidas de proteção à criança sejam efetivadas, como órgãos legais (Conselhos Tutelares, Promotorias da Infância, Juizados da Infância,) escolas, creches, Centros regionais de assistência social, Unidade Básica de Saúde, entre outros;
- Documentar as situações atendidas para fins de estatísticas, estudo e pesquisa;
- Atuar como campo de estágio na formação profissional para diferentes áreas (medicina, enfermagem, psicologia e serviço social), multiplicando as ações diferenciadas no atendimento a violência infantil.

De modo geral, objetiva-se, nos atendimentos efetivados, reduzir os agravos do ponto de vista físico, emocional e social que podem vir em consequência desta violência, buscando-se, também, constantemente, a prevenção de novas situações abusivas, pois intercambiar permanentemente a filosofia desse serviço com as instituições da rede pública e privada do município possibilita articular ações e estratégias, evitando a fragmentação e a sobreposição das intervenções.

Esse trabalho considera o modelo histórico-crítico apontado por Azevedo e Guerra (1998) na abordagem do fenômeno da violência infantil, pois configura-se como o mais abrangente para a intervenção nesta difícil realidade.

Além disso, nossa metodologia de trabalho é basicamente centrada nos aspectos relacionados a seguir e contida no fluxograma (Figura 27.1).

- Toda criança com suspeita ou confirmação de violência identificada em qualquer área do Hospital deverá ser encaminhada para avaliação com profissionais da equipe que compõe o Programa;
- Qualquer integrante da equipe receberá o encaminhamento do caso e realizará uma abordagem inicial com a família e a criança para conhecimento da situação e para assegurar a continuidade do atendimento;
- Os profissionais que compõem o PPC reúnem-se semanalmente para discussão e encaminhamento dos casos. Nesses encontros, são traçados os planos de atendimento e a abordagem realizada e definidos os profissionais que assumirão o caso e o momento adequado para os encaminhamentos legais;
- Embora as medidas de proteção, na esfera legal, sejam adotadas imediatamente, a criança e a família permanecem em acompanhamento com profissionais do PPC por, no mínimo, um ano;
- Várias atividades são realizadas conjuntamente pelos profissionais, como: entrevistas com as famílias, visitas domiciliares,

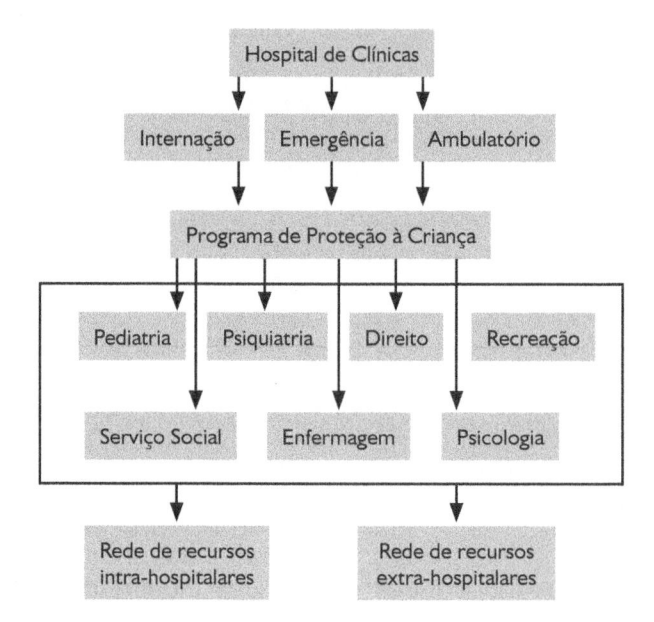

FIGURA 27.1 Fluxograma de atendimento.

visitas institucionais, garantindo o modelo interdisciplinar de atendimento;
- Todos os profissionais envolvidos na situação tecem seus pareceres com o intuito de encaminhar a situação aos órgãos de proteção aos direitos da criança e do adolescente;
- Mensalmente, na reunião do Programa de Proteção à Criança, são realizadas atividades científicas, como: apresentações de trabalhos, seminários teórico, discussão de filmes sobre a temática com intuito de capacitação e atualização dos profissionais.

Cabe mencionar a importância das reuniões interdisciplinares como espaços de apoio, suporte e reflexão aos profissionais que estão diretamente no atendimento às crianças e famílias. Zavaschi (2009, p.60) faz referência à equipe interdisciplinar no atendimento a crianças vulneráveis como tendo que ser um "time muito articulado, coeso e dinâmico". Dessa forma, os profissionais têm a chance de estarem constantemente refletindo sobre seu agir profissional, suas competências técnicas e, principalmente, de poderem rever suas capacidades pessoais de intervirem nessa realidade, visto a magnitude que tal temática desempenha no cotidiano profissional de cada de um de nós.

Acreditamos que essa atividade profissional pode ser traduzida como um espaço permanente para a discussão e o aprofundamento de estudos que viabilizam ações mais eficientes e eficazes que indiquem implementação de medidas resolutivas na busca de uma ampliada defesa às necessidades da criança em sua totalidade.

AS ATIVIDADES DA EQUIPE INTERDISCIPLINAR

Nesta seção, descrevemos resumidamente as abordagens que cada profissional da equipe realiza em seu contexto específico de ação em relação aos casos de abuso sexual.

Enfermagem

No âmbito hospitalar, o enfermeiro entra em contato, com frequência, com as vítimas e os envolvidos em violência intrafamiliar e ocupa uma posição importante na intervenção frente a essa realidade. A proximidade e os vínculos constituídos entre a criança, sua família e o enfermeiro permitem aprofundar as relações, viabilizando a orientação adequada para a resolução de conflitos e problemas existentes sob formas de enfrentamento menos destrutivas e mais saudáveis.

Tal intervenção é realizada mediante o atendimento no ambulatório, a internação pediátrica e a integração entre hospital e universidade, capacitando acadêmicos para o adequado enfrentamento do problema.

Para tanto, o enfermeiro deve estar atento para os dados subjetivos trazidos pelos pais e/ou cuidadores e o relato de suas histórias. É por meio da realização de uma adequada consulta de enfermagem que há possibilidade de conhecer a realidade da criança vítima de abuso. Para Almoarqueg e colaboradores (1998),

> o papel do enfermeiro pediátrico é reconhecer as situações de risco e/ou evidências que indiquem situação de maus-tratos à criança hospitalizada nas unidades de internação, participar do processo de levantamento de dados acerca da criança e da família, estimular a manutenção do vínculo da criança com a família, preservar a ética e proteger a criança da manifestação de preconceito e violência, realizar a avaliação do paciente mediante exame físico e a aplicação da anamnese de enfermagem, observar as atitudes da criança e do acompanhante, realizar entrevistas com familiares e pacientes, proceder visita domiciliar e orientar familiares nos cuidados básicos de saúde, a partir do diagnóstico de enfermagem estabelecido.

O processo educativo desenvolvido pelo enfermeiro no cotidiano de suas ações de cuidado na internação hospitalar e por ocasião de uma visita domiciliar dizem respeito à importância do atendimento das necessidades básicas da criança, da observação da interação mãe e filho, da promoção de vínculo e apego, além de realização dos cuidados de higiene, medicação, estimulação psicomotora e criação de subsídios adequados para o desenvolvimento das habilidades familiares no cuidado da criança, no sentido de promover a adequada compreensão da família do processo de crescimento e desenvolvimento da criança.

O trabalho exercido pelo professor de enfermagem no Programa de Proteção, além da consultoria nos casos, constitui um espaço de estudo teórico-prático em formação contínua dos profissionais. Algeri e Souza (2006) destacam a importância da participação do enfermeiro "em grupo de pesquisa para estudar e enfrentar, cada vez mais instrumentalizado, o desafio de cuidar de famílias de crianças em situação de violência intrafamiliar".

Serviço social

O assistente social convive cotidianamente com as mais amplas expressões da questão social, matéria-prima de seu trabalho (Faleiros, 2002). Entre tais expressões, a violência infantil constitui-se uma das principais demandas surgidas para quem está diretamente envolvido no atendimento a crianças e adolescentes. Ao inserir-se em um espaço institucional, mais especificamente no ambiente hospitalar, no atendimento a crianças, adolescentes e suas famílias, o profissional de serviço social necessita desenvolver competências profissionais e pessoais para intervir de forma qualificada e eficaz nessa difícil realidade.

Em nossa experiência no atendimento às famílias, realizamos o acompanhamento social, desde a suspeita da violência, passando pelo difícil diagnóstico, o rompimento do segredo e a revelação das situações abusivas vivenciadas pela criança e/ou adolescente. O acompanhamento social referido diz respeito ao conhecimento da dinâmica familiar, da realidade social, econômica, habitacional, cultural e a inserção da família em sua comunidade de origem.

Para a coleta desses dados são utilizadas sucessivas aproximações individuais e/ou em grupos com a rede familiar, contatos e encaminhamentos com diferentes esferas da área legal, da saúde, educacional e social que possam estar envolvidos na situação. Posteriormente, é oferecida a possibilidade de continuidade de tratamento a que a família necessita, o que pode estender-se por vários anos. Além disso, torna-se fundamental o enfrentamento da violência infantil ancorada nos pressupostos metodológicos do trabalho em redes (Kern, 2003), para que se efetive a proteção e o resgate da cidadania das criança, dada a violação de seus direitos.

Recreação terapêutica

O brincar desempenha importante papel no desenvolvimento infantil. Por meio dele, garante-se a evolução física, cognitiva, psicológica e social das crianças. O brincar pode ser livre ou estruturado, com regras ou sem, ser individual ou em grupo. O essencial é que essa atividade não seja suprimida, isto é, que faça parte da vida de crianças e também de adultos.

Existem ambientes propícios ao brincar, outros nem tanto. O hospital, à primeira vista, pode ser considerado um local onde o brincar não existe. Todavia, essa afirmação é falsa, pois onde se encontram crianças, deve-se encontrar também o brincar.

Percebendo a necessidade da atividade lúdica, algumas instituições hospitalares oferecem lugar adequado e profissionais qualificados para esse fim. Essa importância foi finalmente reconhecida na Lei nº 11.104, 21/03/05, que dispõe sobre a obrigatoriedade de instalação de brinquedotecas nas unidades de saúde que ofereçam atendimento pediátrico em regime de internação.

A sala de recreação hospitalar pediátrica é um local destinado às crianças em situação de internação. Esse é um espaço adaptado ao momento difícil de doença e de saída do convívio familiar, escolar e social. A sala é geralmente equipada com jogos, brinquedos, materiais de áudio, vídeo e artes plásticas, além de revistas e livros.

Essa área também funciona como um local rico para observação de crianças em possível situação abusiva. Por tratar-se de um espaço em que as crianças se encontram em um momento de descontração, a brincadeira pode ser importante na relação dessas crianças com o brincar, seja com outras crianças, com técnicos e até mesmo com seus familiares. Os profissionais dessa modalidade de atenção – educadores físicos, pedagogos ou terapeutas ocupacionais – são capazes de intervir em momentos de risco, além de levarem informações importantes para as reuniões interdiscilinares do Programa de Proteção à Criança, possibilitando a construção de um plano de atendimento individual para cada criança vítima de situações de violência, juntamente com os demais membros da equipe.

Psiquiatria da infância e adolescência

A psiquiatria da infância e adolescência tem um papel importante no trabalho da equipe interdisciplinar, uma vez que, aos profissionais responsáveis por esse trabalho, cabe realizar o diagnóstico psiquiátrico, que pode ser único ou múltiplo, de acordo com a presença ou não de patologias concomitantes ao diagnóstico de abuso e maus-tratos.

O abuso sexual é a exposição de uma criança a estímulos sexuais inapropriados para sua idade, seu nível de desenvolvimento psicossocial e seu papel na família. As crianças submetidas ao abuso sexual podem apresentar problemas ao longo de seu desenvolvimento, tais como automutilação, tentativas de suicídio, adição a drogas, depressão, isolacionismo, despersonalização, hipocondria, timidez, impulsividade, hipersexualidade, agressão sexual, desvio de identidade de gênero e distúrbios de conduta, como mentiras, fugas de casa, roubos e estupro. Também é frequente apresentarem síndromes dissociativas e transtorno severo de personalidade (Zavaschi et al., 1991). O abuso sexual na infância e adolescência está associado a consequências desastrosas para homens e mulheres, influenciando negativamente seus relacionamentos afetivos na idade adulta. Os efeitos do abuso sexual, além das manifestações traumáticas imediatas, podem perdurar ao longo da vida e manter sequelas por várias gerações (Frias-Armenta, 2002). Além disso, as vítimas ficam mais sujeitas a estresse pós-traumático e revitimização, ou seja, se submetem reiteradas vezes a situações de violência e maus-tratos (Neumann et al., 1996).

Os efeitos dos maus-tratos físicos também deixam graves sequelas, por gerações, constituindo-se um significativo fator de risco para inúmeros problemas na vida adulta, incluindo depressão, além de maior vulnerabilidade para eventuais estressores.

Quando o psiquiatra levanta a suspeita de abuso sexual e maus-tratos, deve encaminhar o paciente para internação, tendo em vista a segurança da criança. Historicamente aprendeu-se que uma investigação diagnóstica com o paciente em ambulatório pode estar fadada ao fracasso, uma vez que os abusadores podem deixar de comparecer ao serviço de atendimento assim que percebem a hipótese diagnóstica levantada. A guarda provisória da criança fica com a direção do hospital, enquanto o diagnóstico e o correto encaminhamento for realizado, garantindo, assim, à equipe, a possibilidade de trabalho.

Os maus-tratos, mas, sobretudo, o abuso sexual, trazem consigo uma tendência dos envolvidos à negação dos fatos, o que pode levar a um número subestimado de diagnósticos. A negação acompanha deliberadamente o abusador e, inconscientemente, os técnicos que têm como ofício elucidar a questão. A negação também acompanha a família, que é perpetradora ou testemunha (Zavaschi et al., 1990, 1991; Tetelbom, 1991, Zavaschi, 2002; Somenzi et al., 1996; Ferreira, 1999; Azambuja, 2000). A negação ainda pode advir da própria vítima. Muito pequena, e portadora de um aparelho cognitivo em formação, diante da violenta ruptura de todos os referenciais físicos e afetivos, o que lhe resta não é mais do que a confusão e a degradação dos sentimentos, a qual Shengold chamou de "morte da alma" (Shengold, 1999).

Os casos de abuso intrafamiliar sempre são mais graves e de mais difícil diagnóstico do que os abusos e maus-tratos extrafamiliares. Um caso ilustrativo de abuso extrafamiliar e de suas funestas consequências para a saúde e o desenvolvimento da criança é o caso de Jairo e seu irmão Jonas. Como os pais necessitavam trabalhar para garantir o sustento da família, valeram-se dos préstimos de vizinhos, aparentemente boas pessoas, para que os filhos ficassem bem cuidados enquanto estivessem fora. Os vizinhos, com aparente solicitude e dedicação, foram persuadindo e seduzindo os pequenos, exigindo-lhes, progressivamente, práticas sórdidas, que culminaram com sevícias e violência, com ameaças de morte caso contassem a seus pais o que estava acontecendo. Essas crianças ficaram expostas ao abuso por um período de 12 meses, tamanha foi a negação dos pais até que tudo se esclarecesse. Atualmente, essas crianças encontram-se no grupo dos revitimizados, constituindo-se, portanto, como crianças com risco de desenvolverem depressão na vida adulta e tantas outras possíveis sequelas, caso não sejam tratados.

Chegaram ao psiquiatra, em uma unidade de tratamento denominada Centro de Atendimento Psicossocial da Infância e Adolescência do Hospital de Clínicas de Porto Alegre (CAPSi), duas crianças assustadas, confusas, com sérias dificuldades escolares, demonstrando grande inquietude. A cada criança foi indicado um médico assistente, residente de psiquiatria da infância e da adolescência. A eles, juntamente com a equipe, coube levantar os sintomas, solicitar exames complementares – como hemograma, exame comum de urina, provas de função hepática, renal, pancreática e, eventualmente, testes hormonais. Também foram realizados exames psicológicos e psicopedagógicos. Não apresentaram nenhuma alteração física que justificasse indicação de intervenção. O diagnóstico psiquiátrico baseou-se em achados clínicos: Jairo, o mais velho, apresentou extrema ansiedade, ideias delirantes de perseguição, desorganização do pensamento, inquietude, descontrole dos impulsos, agressividade. Jonas, o menor, apresentava uma intensa irritabilidade, tristeza, desânimo e ideação suicida.

O trauma causado pelo abuso levou Jairo, o mais velho, a uma ruptura com a realidade, um quadro de desorganização psíquica. O menino recebeu o diagnóstico de transtorno global do desenvolvimento, segundo o DSM IV (American Psychiatric Association, 1994). Jonas desenvolveu um quadro de depressão maior, segundo o mesmo referencial. Além disso, buscou-se elaborar uma compreensão psicodinâmica da situação dos meninos e da família.

Os irmãos foram encaminhados ao tratamento no CAPSi, que consistiu de tratamento diário, no turno da manhã, intervenção farmacológica para o transtorno global, no caso de Jairo, e para a depressão maior, no caso de Jonas. Durante a manhã, participaram de oficinas terapêuticas, isto é, de psicoterapia. À tarde, seguiam regularmente frequentando o colégio. Seus pais participaram de grupos dirigidos por uma assistente social. O pai foi encaminhado a tratamento individual. Contatos e reuniões frequentes com a escola se fizeram necessários para que fossem empenhados esforços conjuntos a fim de que os meninos pudessem alcançar êxito nos estudos. Trabalho conjunto com o Conselho Tutelar e o Ministério Público foram necessários, além de acompanhamento dos meninos em depoimentos. Os criminosos foram condenados.

O caso do meninos Jonas e Jairo é exemplo de um trabalho terapêutico de alta complexidade que alcançou seus objetivos em aproximadamente quatro anos. Em casos como esse, fica evidente que o psiquiatra necessita trabalhar em equipe, pois, caso contrário, dificilmente obterá êxito.

Psicologia

O papel da psicologia é avaliar cada criança por meio de psicodiagnóstico, a fim de verificar possíveis traumas e sofrimento psíquico relacionados à situação de abuso, potencial cognitivo e necessidade de tratamento psicoterápico.

A avaliação psicodiagnóstica tem duração de aproximadamente oito consultas, podendo adequar-se às necessidades de cada criança. O trabalho é realizado mediante testes projetivos, psicométricos e entrevistas com os pais e/ou responsáveis pela criança. As entrevistas são denominadas de "anamnese" e objetivam coletar dados sobre a rotina da criança, seu desenvolvimento neuropsicomotor (quando caminhou, engatinhou, controlou os esfíncteres), seus aspectos emocionais, os motivos do encaminhamento (muitas vezes os pais negam ou omitem a questão do abuso e/ou negligência) e também avaliar a conduta e o vínculo desse cuidador com o paciente. Não há um número exato de consultas destinadas a essa etapa, mas geralmente utilizam-se, em média, duas sessões.

Após essas entrevistas, realizam-se horas do jogo diagnósticas com o paciente. Segundo Aberastury (1996), a função do brinquedo na avaliação e no tratamento de crianças, discutida por Melanie Klein, apresenta o mesmo valor que as associações têm no tratamento analítico de adultos. Isso se explica porque as crianças geralmente não têm consciência de sua enfermidade, nem de seus desejos de cura, não buscando o tratamento ou a avaliação por vontade própria. Então, é através do brinquedo que elas demonstram seu conflito interno. Com as crianças menores, a hora do jogo compõe a base da avaliação, pois acredita-se que, como ressalta Werlang (2000), é por meio do brinquedo que a criança tem possibilidade de expressar seus desejos, construindo e recriando sua realidade, projetando seus conteúdos internos.

Utiliza-se, então, uma caixa de brinquedos que contém bonecos representando uma família terapêutica (assexuada e sexuada), bonecas, carros, armas, casinhas, jogos de quebra-cabeça, entre outros. Assim, consegue-se perceber como é o brincar dessa criança e se brinca sozinha ou interage com o avaliador. Também é avaliado se suas brincadeiras estão adequadas para sua idade, se são regressivas ou hipersexualizadas. Crianças com algum tipo de trauma ou vivência relacionada com a sexualidade costumam representar esse conflito de alguma forma no brinquedo, por isso a importância da utilização dessa técnica.

Entre os testes projetivos, os mais utilizados são o Teste das Fábulas e o HTP (House-Tree-Person), sendo o primeiro uma técnica de contar histórias e, o último, uma técnica projetiva gráfica. No Teste das Fábulas, conta-se o início de uma história, associada a uma lâmina com desenhos, solicitando à criança que formule o final dela. As histórias trazem conteúdos relacionados aos vínculos com figuras parentais, medos infantis, conflitiva edípica, sexualidade, autonomia e dependência, entre outros. A criança projeta na lâmina seus conflitos e vivências, fazendo com que o examinador tenha um bom entendimento psicodinâmico de seu caso (Kapczinski et al., 2009).

No teste projetivo gráfico HTP, solicita-se para a criança desenhar uma casa, uma árvore e uma pessoa, e posteriormente colorir e responder a um inquérito sobre os mesmos. Por meio desses desenhos, pode-se investigar se a criança apresenta ajustamento adequado ou alguma dificuldade de cunho emocional. Crianças com trauma, exposição ou violência sexual com frequência realizam desenhos com formato fálico ou representando, de alguma forma, o conflito vivenciado, como ilustração da árvore representada na Figura 27.2.

Avalia-se também a motricidade do paciente, pois crianças com déficit cognitivo geralmente realizam desenhos empobrecidos. Nesse sentido, os testes psicométricos mais utilizados são o WISC-III, utilizado em crianças maiores de 6 anos, e a Escala de Maturidade Mental Colúmbia, para crianças

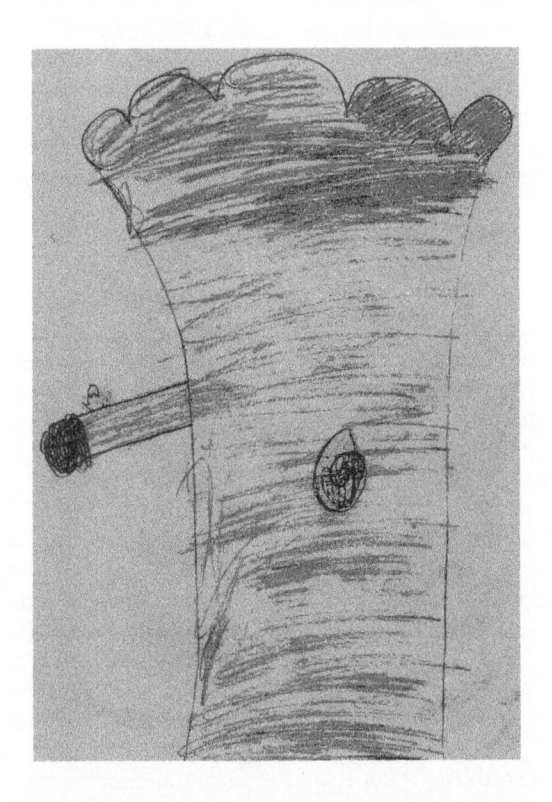

FIGURA 27.2 Desenho com formato fálico representando o conflito vivenciado.

a partir de 3 anos e 6 meses. Tais testes têm por finalidade avaliar o funcionamento intelectual do paciente. Por meio do WISC-III, consegue-se avaliar se a criança está funcionando cognitivamente acima, abaixo ou de acordo com seu potencial.

O WISC-III foi adaptado e padronizado para a população brasileira por Vera Lúcia Marques de Figueredo (2002). O instrumento é composto por vários subtestes, medindo diferentes aspectos do funcionamento intelectual. O resultado da criança em cada tarefa é totalizado em um escore bruto que, por sua vez, é convertido para uma escala normalizada. O desempenho nesses subtestes é resumido em três medidas compostas: QIs Verbal, de Execução e o Total.

Após toda a avaliação, faz-se a correção e a elaboração do laudo psicológico. Esse é anexado ao prontuário do paciente, após discussão dos resultados com o PPC. Também realiza-se uma entrevista de devolução com os responsáveis da criança, enfatizando os prejuízos que o trauma acarretou nos aspectos emocionais da criança, bem como suas potencialidades e capacidade de resiliência. Caso seja concluído que esse paciente se beneficiará de um tratamento psicoterápico, avaliado pelo grau de sofrimento que ele se encontra, encaminha-se o caso para atendimento com frequência semanal. As sessões têm duração de 45 minutos e são realizadas em uma sala com brinquedos e jogos.

A psicoterapia tem como referencial teórico a psicanálise e é realizada somente com a criança. Entretanto, são entrevistados os responsáveis com frequência mensal para avaliar o andamento e a percepção desses em relação à melhora do quadro da criança. Paralelamente aos atendimentos, discute-se, nas reuniões semanais do PPC, a evolução do tratamento. Caso haja agravamento do quadro, é também solicitada avaliação pela psiquiatria infantil.

Pediatria

O diagnóstico do abuso sexual e a consequente proteção necessária à criança e ao adolescente dependem também de o pediatra considerar o abuso como uma possibilidade. O conhecimento pelo médico de que o abuso sexual existe e de que está presente na vida de muitas crianças e adolescentes constitui-se em um grande avanço na identificação desses casos. A esse conhecimento, deve se aliar a humildade em reconhecer que o médico não trata sozinho casos como os de abuso sexual, mas integrado a uma equipe de diferentes profissionais.

Além disso, o maior problema enfrentado pelo médico e pelos meios de proteção legal é a comprovação do abuso sexual quando falta a evidência física do abuso. De fato, diferentemente dos maus-tratos físicos, cujo diagnóstico é baseado em evidências observadas a olho nu ou por meio de exames de imagens, o abuso sexual é, na grande maioria das vezes, evidenciado por sinais indiretos expressos em alterações comportamentais, aliados a fatos revelados pela vítima ou por algum adulto próximo.

O pediatra pode ser um dos primeiros profissionais a ser procurado quando um ou os dois responsáveis estão preocupados com a possibilidade de abuso sexual. O pediatra deve saber ouvir as queixas nem sempre explícitas e saber decodificar os sinais emitidos pela criança ou adolescente que "verbalizam", dessa forma, o abuso sexual. Além disso, a anamnese deve ser realizada com bastante cuidado, devendo-se poupar ao máximo o paciente de repetir sua história aos diferentes profissionais que cuidam de seu caso. O pediatra deve ter em mente que o relato reascende o sofrimento vivido, sendo que a dor e também a vergonha reaparecem.

O exame físico muitas vezes não pode ser realizado no primeiro contato com a criança ou adolescente. Sempre que possível, deve ser respeitada essa impossibilidade e realizado o exame no momento oportuno. É importante lembrar que é necessário ter a aquiescência de nosso paciente para a realização do exame, que deve ser realizado junto de um familiar em quem a criança confie, para que esse procedimento necessário não seja visto e sentido pela criança como mais uma forma de abuso.

Sistema de Justiça

Muitos dos casos de crianças vítimas de violência sexual que chegam ao hospital público por meio do Conselho Tutelar ou mesmo de Postos de Saúde ou emergências, passam a exigir também medidas no âmbito do sistema de Justiça. Nos casos em que a família não apresenta condições de proteger o filho, é necessário acionar o Ministério Público para a adoção de medidas judiciais cabíveis, como, por exemplo, ajuizar ações de suspensão ou destituição do poder familiar, dependendo do exame cuidadoso do caso a ser feito pelo Promotor de Justiça, com o auxílio dos laudos e informações fornecidas pelos profissionais da saúde. Outro desdobramento bastante comum é o registro da ocorrência policial, sempre que estiver presente, em tese, um crime ou uma contravenção penal. Concluída a fase investigatória, as peças são igualmente remetidas ao Ministério Público para oferecimento de denúncia, pedido de diligências ou arquivamento (quando não vislumbrar configurado o fato delituoso praticado por aquele agente). Além dos desdobramentos nas áreas da justiça da infância e juventude e criminal, em algumas situações, a família é orientada a buscar a defensoria pública ou advogado contratado para buscar, em juízo, alteração de guarda, pensão alimentícia ou, ainda, reconhecimento de paternidade.

CONSIDERAÇÕES FINAIS

Ao refletirmos sobre nossa abordagem no cuidado à criança vítima de abuso sexual, não temos a pretensão de propor um modelo único para o desenvolvimento de ações. Também não pretendemos esgotar a discussão sobre a temática em nossa realidade de trabalho, mas julgamos pertinente que cada equipe desenvolva seu estilo próprio de entender e de viabilizar ações no sentido de enfrentar essa problemática. Esperamos que nosso relato possa desencadear discussões aos profissionais envolvidos no atendimento a crianças e adolescentes, que venham a enriquecer a todos que estão envolvidos no combate à violência, buscando-se sempre o resgate da cidadania infantil.

Foi possível perceber, ao longo de nossa experiência, que os profissionais comprometidos com essa realidade precisam aprender, em suas atividades cotidianas, um referencial teórico específico e atualizado, bem como desenvolver estratégias de educação continuada que ofereçam subsídios que possibilitem atuar adequadamente no atendimento de casos de violência. Também entendemos que adotar uma atitude de compreensão, afeto, acolhimento, respeito e senso de ética à situação da criança e sua família são princípios primordiais para delinearmos espaços de reflexão, aprendizagem e, principalmente, de mudanças nas condutas abusivas. Com referência ao agressor, entendemos que não podemos ter uma atitude de desculpabilizá-lo sobre o ocorrido, mas sendo importante reforçar sua responsabilidade sobre a gravidade de sua atitude, enfatizando os direitos à criança preconizados no ECA.

Consideramos que alguns aspectos foram decisivos para a permanência e a continuidade do trabalho interdisciplinar do Programa de Proteção no HCPA ao longo desses 20 anos. Citamos o apoio institucional, por acreditar na atenção integral à criança e sua família, no comprometimento e na seriedade de profissionais de diferentes áreas ligadas ao cuidado da criança, por estarem imbuídos do desejo de realizar uma proposta de trabalho que pudesse vislumbrar o fortalecimento de novas relações familiares capazes de proporcionar rupturas nas atitudes que violam os direitos da população infanto-juvenil e, por último, na credibilidade destes profissionais em legitimar suas ações no processo coletivo, fazendo da proposta interdisciplinar uma constante retroalimentação positiva para cada pessoa e do próprio fortalecimento do grupo em geral.

Concluímos este capítulo assinalando que nosso percurso nessa difícil caminhada contra a violência infanto-juvenil possa continuar sendo traçado através de olhares atentos, de ações preventivas e curativas, visando sempre ao comprometimento com a defesa da proteção integral dos direitos da criança.

REFERÊNCIAS

ABERASTURY, A. *Abordagens à psicanálise de crianças*. Porto Alegre: Artes Médicas, 1996.

ALMOARQUEG S. R.; JUNGBLUT I. C. O.; ISSI H. B. Trabalhando pela reconstrução da infância: o papel da enfermeira de unidade de internação pediátrica no programa de proteção à criança do hospital de clínicas de Porto Alegre. *Texto e Contexto Enfermagem*, v. 8, n. 2, p. 506-9, 1999.

AMERICAN PSYCHIATRIC ASSOCIATION. *Diagnostic and statistical manual of mental disorders – DSM IV*. 4. ed. Washington, DC: American Psychiatric Association, 1994.

ARENDT, R. J. J. Psicologia comunitária: teoria e metodologia. *Psicologia*: Reflexão e Crítica, v. 10, n. 1, p.12, 1997.

AZAMBUJA, M. R. F. O caminho percorrido pela criança-vítima. In: ESTADO DO RIO GRANDE DO SUL. Assembléia Legislativa. Comissão de Cidadania e Direitos Humanos. *Violência doméstica*. Porto Alegre: [2000].

BARROS, M. N. F.; SUGUIHIRO, V. L. T. A interdisciplinaridade como instrumento de inclusão social: desvelando realidades violentas. *Revista Virtual Textos & Contextos*, n. 2, p. 3, 2003.

BRASIL. *Lei nº 8.069, de 13 de julho de 1990*. Dispõe sobre a proteção integral à criança e ao adolescente. Disponível em: <http://www.planalto.gov.br/ccivil_03/Leis/L8069.htm>. Acesso em: 17 set. 2010.

CRAMI. *Abuso sexual doméstico*: atendimento às vítimas e responsabilização do agressor. São Paulo: Cortez, 2002. v. 1, p. 43.

FALEIROS, V. P. *Estratégias em serviço social*. São Paulo: Cortez, 1999.

FARINATTI F.; BIAZUS D. B.; LEITE M. B. *Pediatria social*: a criança maltratada. Rio de Janeiro: Medsi, 1993.

FERREIRA, M. H. M. Algumas reflexões sobre a perplexidade compartilhada diante do abuso sexual. *Revista Ceapia*, v. 12, p. 27-44, 1999.

FRIAS-ARMENTA, M. Long-term effects of child punishment of mexican women: a structural model. *Child Abuse Negl.*, v. 26, p. 371-86, 2002.

GARCIA, M. R. C. Teorias e técnicas do atendimento social em casos de violência intrafamiliar na infância e na adolescência. In: FERRARI, D. C. A.; VECINA, T. C. C. (Org.). *O fim do silêncio na violência familiar*. São Paulo: Ágora, 2002.

GOMES, R.; SILVA, C. M. F. P.; NJAINE, K. Prevenção à violência contra a criança e o adolescente sob a ótica da saúde: um estudo bibliográfico. *Ciência e Saúde Coletiva*, v. 4, n. 1, p. 171-81, 1999.

IAMAMOTO, M. V. *Projeto profissional, espaços ocupacionais e trabalho do assistente social na atualidade*. Brasília: CFESS, 2002. p. 41.

KAPCZINSKI, N. C.; WELLAUSEN, R. S.; OLIVEIRA, M. Z. A importância da avaliação psicológica. In: ZAVASCHI, M. L. S. et al. *Crianças e adolescentes vulneráveis*: o atendimento interdisciplinar nos centros de atenção psicossocial. Porto Alegre: Artmed, 2009.

KERN, F. A. *As mediações em rede como estratégia metodológica do serviço social*. Porto Alegre: EDIPUCRS, 2003.

NEUMANN, D. A. et al. The long-term sequelae of childhood sexual abuse in women: a meta-analytic review. *Child Maltreat*, v. 1, n. 1, p. 6-16, 1996.

QUAGLIA, M. C.; MARQUES, M. F. A assistência hospitalar na intervenção das situações de violência infantil: relato da experiência do programa de proteção à criança do hospital de clínicas de porto alegre. In: AZAMBUJA, M. R.; SILVEIRA, M. V.; BRUNO, D. D. (Org.). *Infância em família*: um compromisso de todos. Porto Alegre: IBDFAM, 2004.

SHENGOLD, L. L. Maus-tratos e privação na infância: assassinato da alma. *Revista Ceapia*, v. 12, p. 7-26, 1999.

SOMENZI, L. et al. Transtornos alimentares e sua relação com abuso sexual na infância: relato de um caso. *Rev. Psiquiatr.*, v.18, n. 3, p. 367-73, 1996.

SOUZA, L. C. P. Atitude interdisciplinar: virtude e força nas realidades cotidianas. In: FAZENDA, I. (Org.). *A virtude da força nas práticas interdisciplinares*. Campinas: Papirus, 1999. p. 153-154, 163.

TETELBOM, M. et al. Abuso sexual intrafamiliar: um alerta. *J. Bras. Psiquiatr.*, v. 40, n. 3, p. 145-8, 1991.

WECHSLER, D. *WISC-III*: escala de inteligência Wechsler para crianças: manual. 3. ed. São Paulo: Casa do Psicólogo, 2002.

WERLANG, B. Entrevista lúdica. In: CUNHA, J. *Psicodiagnóstico*: V. 5. ed. Porto Alegre: Artmed, 2000.

ZAVASCHI, M. L. Abuso e maus-tratos na infância e adolescência: a negação como fator conspirador ao diagnóstico. *Rev. Psiquiatr*, v. 24, n. 2, p. 201-12, 2002.

ZAVASCHI, M. L. et al. Abuso sexual em crianças: uma revisão. In: LIPPI, J. R. S. (Ed.). *Abuso e negligência na infância*: prevenção e direitos. Rio de Janeiro: Científica, 1990. p. 87-96.

ZAVASCHI, M. L. et al. Abuso sexual na infância: um desafio terapêutico. *Rev. Psiquiatr*, n. 13, p. 136-45, 1991.

ZAVASCHI, M. L. S. (Org.) et al. *Crianças e adolescentes vulneráveis*: o atendimento interdisciplinar nos centros de atenção psicossocial. Porto Alegre: Artmed, 2009.

28

DINÂMICA E RISCOS DO TRABALHO DOS PROFISSIONAIS

Maria Helena Mariante Ferreira
Ieda Portella

INTRODUÇÃO

A situação de abuso sexual se impõe de uma forma intrusiva na prática diária de profissionais que trabalham com crianças nas áreas da justiça, da educação e da saúde. Os profissionais precisam transitar em um terreno delicado e complexo, sendo invadidos por angústias intensas e tendo que exercer a função discriminadora de manter a segurança social, proteger a vítima, sua família e o réu como portador de transtorno mental e provedor do grupo familiar.

Os conceitos da psicologia sobre o desenvolvimento humano, bem como sobre as funções parentais estruturantes, colocados a serviço da justiça, como referência para situações patológicas, têm sido fonte de conflitos e mal-entendidos. O atual conhecimento sobre a patologia das funções parentais é recente e não completamente assimilado pelos profissionais das diferentes áreas. A instrumentalização deficitária dos profissionais aumenta expressivamente a carga de angústia a que estão expostos em casos que envolvem abuso.

O impacto da revelação do abuso sexual nas equipes profissionais aciona mecanismos psicológicos muito particulares, tornando essa área de atendimento digna de uma atenção especial. Tal revelação suscita reações emocionais poderosas que interferem na relação e no manejo dos envolvidos.

Trabalhar com crianças abusadas sexualmente é lidar com um desafio singular. Esse desafio envolve entender sentimentos avassaladores e confusos que outras condições não provocam. As reações contratransferenciais e as reações vicariantes ao trauma trazem consigo uma carga de angústia que se sobressai para além do âmbito do ambiente de trabalho.

Algumas situações difíceis devem ser enfrentadas, como o fato de o abusador ser réu e paciente e a situação da família, que deve lidar com uma pessoa que sofre de transtorno mental e comete delitos. Faz-se necessário, portanto, uma articulação especial entre as áreas da justiça e da saúde. Assim, as ciências que trabalham com saúde mental podem se colocar a serviço da justiça e trabalhar em consonância com ela. Do mesmo modo, os profissionais da justiça devem aproximar-se dos métodos e possibilidades da área da saúde, formando um conhecimento integrado.

Ajudar a vítima de abuso envolve também ajudar o abusador a assumir a responsabilidade por sua ação e, ambos, a terem acompanhamento de saúde. Essa ajuda, por sua vez, exerce um papel importante na restauração da dignidade de cada um e da estima dos profissionais e da sociedade. Tal ação de auxílio pode ser mediada ao mesmo tempo pelo ato médico e pelo jurídico. Abre-se, assim, a possibilidade de tornar concreta uma dinâmica que busque garantir a proteção tanto do abusador, como portador de transtorno mental, quanto da família.

Um trabalho tão complexo exige uma ética diferenciada. Ela deve considerar com maior ênfase o papel dos valores na tomada de decisões (Ramos e Sariego, 2001). Para Oddi, Cassidy e Fisher (1995), uma prática eticamente consistente requer sensibilidade moral e uma ação moralmente aceitável, reconhecendo conflitos centrados nos direitos, nos deveres ou nos princípios.

Benner (1997) considera que o ponto de partida para a definição de matrizes éticas deve ser a realidade humana. Face aos problemas que colocam em causa a dignidade, os direitos e o bem-estar, os princípios tradicionais de referência seriam insuficientes. O autor aponta que "o trabalho moral e emocional daqueles que recebem e cuidam do outro em situação de necessidade e vulnerabilidade está contido na linguagem dos direitos, autonomia e justiça".

Concordamos com Hogan (1973), que considera que o comportamento moral envolve vários fatores, como socialização, juízos morais, empatia, conhecimento e formação. Assim, o comportamento moral exige funções egoicas altamente diferenciadas, maduras e estáveis, uma vez que o trabalho do psicólogo com casos de abuso sexual pressupõe aptidão, conhecimento e estrutura pessoal, assim como uma abertura para ações multidimensionais.

Este capítulo envolve o estudo dos aspectos éticos, psicodinâmicos e operacionais da saúde mental e da justiça. Visualiza as vicissitudes das reações emocionais ao abuso como armadilhas que atingem profissionais de todas as áreas. Finalmente, discute o entendimento dessas reações como forma de melhorar o diálogo entre os profissionais, a manutenção de sua saúde e o progresso na efetividade das tomadas de decisões.

ENCARANDO O ABUSO SEXUAL

Para encarar o abuso sexual e diminuir os riscos, tanto da vítima e de sua família como dos profissionais envolvidos no caso, alguns passos devem ser seguidos:

Tomar e manter consciência do abuso como experiência real

Por muito tempo, pensava-se que a fantasia ou desejo infantil pudesse mimetizar as situações alegadas de abuso. Como se pode constatar no Capítulo 11, que discute o brinquedo como ferramenta para o diagnóstico de abuso, hoje temos formas de discriminar fantasia e realidade através da atividade lúdica, sem onerar a criança com narrativas. Vencer o impacto da revelação, reconhecer e validar o trauma são essenciais para o bom andamento do trabalho e da proteção da vítima. Segundo Saltiel (1997), um trauma psíquico começa a ter existência quando é reconhecido como tal por parte do cuidador, e adquire realmente peso quando nomeado e ligado etiologicamente aos transtornos emocionais da vítima. Lartigue e Vives (1990) mostram que a ressignificação de uma experiência precoce se dá na revivência da experiência emocional em um outro momento, posterior à situação original.

Validar a revelação

O momento da constatação e validação do relato da criança é essencial para a diminuição do risco no profissional, na criança e na geração por vir (ver Capítulo 11). Assim agindo, o profissional estabelece um caminho diferenciado e não se deixa envolver por armadilhas contratransferenciais, que descreveremos mais adiante.

Receber o vínculo traumático

Ao tomar conhecimento (apoderar-se) das memórias reveladas pela criança vítima, a equipe profissional muitas vezes cria a fantasia de que elas deixam de existir e de pesar para a vítima (Courtois, 1988,1999). No entanto, isso não acontece de fato, e seu papel de usar a revelação para um melhor uso operativo da mesma exige alguns passos. A dificuldade a equacionar nesse processo é a da preservação do atendimento e da proteção à vítima, a sua família e aos profissionais contra mais riscos. No entanto, o uso adequado da revelação exige a consciência de que a vítima apresenta suas memórias de forma não organizadas e não simbolizadas

(Davies e Frawley, 1994), e suas percepções cognitivas são distorcidas sobre si, os outros e o mundo (Elliot e Briere, 1995).

Entender características das relações transferenciais

Superado esse impasse, surgem os desafios ligados ao tipo de vínculo que a criança tem com o abusador, as características do relato obtido e as defesas predominantes usadas pela vítima e sua família (Courtois 1998, 1999). A ansiedade dos profissionais acerca de sua segurança pessoal ou da estabilidade no trabalho e a dissociação na equipe também são outros obstáculos que se manifestam. O profissional deve ter consciência de que o vínculo típico de vivências traumáticas se caracteriza por vulnerabilidade, desconfiança e sofrimento nas relações interpessoais. Além disso, a dificuldade de aceitar um olhar positivo, causada pelo sentimento de culpa em relação ao abuso, e a dificuldade de depender afastam a pessoa que tenta ajudar. É difícil também tolerar os comportamentos invasivos entre a equipe, o que ocorre pela reencenação da experiência traumática.

A criança pode reagir assumindo quatro diferentes papéis: de vítima, de identificação com o agressor, de salvador ou de observador passivo. Esses posicionamentos afetam a equipe profissional, que não tem fórmulas mágicas para lhe dar uma nova família e salvá-la da dor da perda de suas esperanças. Por outro lado, a vítima teme a investida da equipe como a de novos abusadores, o que provoca seu afastamento desta.

Características do relato infantil afetam o desenvolvimento do trabalho pelo impacto que têm nos profissionais, pelos mecanismos utilizados pela criança e pelas características da memória traumática. Ao relatar, a criança defronta-se com o outro, que pode validar ou não o que escuta. Cria-se, assim, uma nova situação interna de constar e reviver o sofrimento na esfera do *self* e da autoestima. Reativam-se fortes sentimentos de medo, intolerância, horror, ansiedade e confusão, culpa, ataque à autoestima, impotência, paranoia e raiva (as mesmas vividas pelo paciente no momento do abuso) e que, até então, estavam só em seu poder. Esses sentimentos são transmitidos aos profissionais, que passam a experimentá-los por empatia, podendo negá-los ou tentar sua metabolização a fim de poder ajudar a criança com a eficiência que a situação requer. A invasão da equipe terapêutica pela controvérsia provoca na vítima mais dúvida e vigilância. Ela passa a se resguardar mais e fica enraivecida com a repetição da negação social, o que a impede de manter a revelação.

ESTUDANDO AS REAÇÕES CONTRATRANSFERENCIAIS

Um dos riscos que corre o profissional que trabalha com o abuso sexual é o de ser atingido pela síndrome de *burnout* (Pines e Aronson, 1988), que traz sérias consequências para seu bem-estar e para a qualidade e a segurança de seu trabalho. A síndrome, que foi encontrada e descrita em profissionais nas UTIs, é caracterizada pelo estado de exaustão mental no trabalho, resultado dos altos níveis de estresse ocupacional, associado com atitudes, emoções e comportamentos negativos em relação ao próprio desempenho. Uma das formas de evitar sofrimentos intensos como esse é buscar entender os aspectos da transferência e contratransferência que participam das relações entre profissionais e a vítima e sua família

A evolução do atendimento diferencia-se em ritmo e complexidade nas diferentes situações de abuso revelado, suspeito ou alegado. Como já vimos, o campo profissional se vê invadido por pressões, controvérsias e armadilhas montadas pelas memórias traumáticas confusas e vicariantes. Os campos da transferência estão sempre mudando em função da matriz traumática dissociada. Todos esses fenômenos foram estudados por Loewenstein (1993), que os conceituou como "campo relacional dissociativo pós-

-traumático" ou "traumatização vicariante", que se refere à mudança permanente no relato e nas atitudes das vítimas, o que torna a equipe mais vulnerável ao impacto da controvérsia.

As flutuações correspondentes aos sintomas do Transtorno de Estresse Pós--Traumático (DSM-IV) na vítima, como entorpecimento e insensibilidade, distanciamento emocional e fechamento, provocam na equipe um sentimento desagradável de estar se intrometendo em uma situação dolorosa. A equipe vivencia intensamente esta "intrusão", passando a exibir sinais de sofrimento psíquico.

Surgem, então, reações desreguladas, que podem se caracterizar por atração, aproximação, ataque e agressão (Renshaw, 1982). Os profissionais repetem o ocorrido dentro da vítima e estruturam-se para evitar a reencenação e a revivência dolorosas. Essas são repassadas para a equipe profissional e constituem-se em entraves para o atendimento. Os sentimentos mais mobilizados, em geral, são os relacionados à autoestima: o medo, a ansiedade, a intolerância, o horror, a raiva, a impotência, a culpa e a paranoia.

Passaremos a descrever a interferência de cada um desses sentimentos na evolução do caso, em cada tipo de posição assumida (Courtois, 1988, 1999). Cabe ressaltar que essas reações e posições podem se modificar e se intercambiar no tempo. Como são posições defensivas, muitas vezes apresentam um caráter deletério, mas, em outras, construtivo. O importante é que sentimentos e posições sejam reconhecidos, identificados, e que seu caráter não seja rígido e imutável.

REAÇÕES CONTRATRANSFERENCIAIS

Posição de evitação

Evitar resulta do desejo de negar, não ver ou escapar do problema, e acarreta fechamento na equipe terapêutica. O medo existente frente à situação de abuso envolve o temor da própria vítima, de sua família e dos profissionais da equipe. Aparece também o medo do que pode vir a ser descortinado e sua repercussão dentro de cada um. É mais intenso ante a vítima que não tem memória clara, chega contaminada ou faz relatos de abusos horríveis, sádicos, organizados ou litigiosos. A vítima e a família que funcionam em um nível de equilíbrio psíquico limítrofe com a realidade são fonte de ansiedade e medo.

Evita-se, também, por intolerância aos assuntos tratados e, como defesa, a equipe pode usar mecanismos de supressão e restrição dos assuntos relacionados ao trauma. Redirecionam-se os temas para assuntos mais "pertinentes". Nos profissionais homens, pode ser mais comum a identificação com o agressor e o impacto das dificuldades com a relação de poder com mulheres e crianças.

O horror por vezes leva a equipe a encorajar o esquecimento do problema e a retomada da vida e do futuro ("tocar para frente"). A ansiedade e a confusão que tomam conta dos profissionais atacam sua capacidade de pensar, instalando-se o caos no exercício de seu papel. Essa confusão varia entre a rigidez e a permissividade, podendo levar à reversão dos papéis e, portanto, à improdutividade.

A baixa autoestima dos profissionais envolvidos resulta da paralisação frente à ausência de resposta ou de solução mágica. É resultado da consciência de não poder desfazer o passado, de não poder aliviar a dor da vítima no presente e garantir seu bem-estar futuro. A impotência, o desamparo e a vergonha provêm da incapacidade de encontrar soluções, e do fato de o profissional considerar-se sem capacitação. Muitas vezes, leva-se ao encaminhamento do caso para outros profissionais ou para outras instâncias, pois o profissional busca outras soluções na esperança de um "salvamento secundário".

A impotência resulta da sensação de incapacidade pessoal de resolver o problema. A equipe se vê paralisada e paranoide ante a sensação de poder abordar falsas memórias, ser vítima de processo, das autoridades, dos familiares e dos colegas. Isso tudo paralisa a equipe e aciona o medo de devastação na vida profissional.

O sentimento de raiva surge pela sensação interna de ambiguidade. Agindo na posição de evitar, a equipe comete "erros de distanciamento" e "erros de deslocamento". Tais erros se caracterizam por incredulidade e dúvida, excessiva cautela, não exploração dos assuntos relacionados ao trauma e cumplicidade com o segredo. Há sabotagem da revelação/discussão e aceitação do silêncio. A equipe fica indisponível para ouvir e assume o papel de testemunha passiva.

Posição de atração

A posição de atração é um movimento de impulso e excitação face à situação de abuso. Ela envolve reações que fazem uso de defesas contrafóbicas e de negação. Desconsiderando riscos, falsidades e contaminações, o profissional assume uma atitude ingênua e de ausência de crítica ante as informações relativas ao abuso. Envolve identificação excessiva com a vítima e intrusão em seu mundo. A vítima é encarada como regressiva e vulnerável, sendo negados seus aspectos agressivos e manipuladores. Pode ser mais comum em mulheres identificadas com as vítimas.

A culpa leva a equipe a considerar o paciente frágil, e, por isso, leva a protegê-lo e a permitir-lhe situações especiais. Extravasa o problema para além do âmbito profissional, atingindo a vida pessoal. Culpa por não ter identificado o fato em outras situações (por parte de familiares e amigos) também ocorre. Quanto ao sentimento de medo, este aciona uma postura reativa de desconsideração aos riscos e aos aspectos agressivos dos envolvidos.

A intolerância à incerteza, à ambiguidade e à dúvida leva à precipitação, forçando precocemente a revelação, podendo-se aceitar falsas memórias. Isso se traduz na impaciência na investigação, na sabotagem da discussão da revelação, na cumplicidade com o exagero ou no falseamento com o preenchimento de lacunas das memórias. A capacidade de investigar fica prejudicada por excessiva credulidade e se caracteriza por pouca cautela, crítica e exploração precoce e apressada do ocorrido.

Com o sentimento de ansiedade e confusão, a capacidade de pensar da equipe se vê atacada pela reversão de papéis, que regride o paciente, favorecendo a dependência e impedindo a autonomia. A vítima reedita o jogo do poder e abuso sobre os profissionais que se submetem a ela. A equipe passa a ser alvo da sedução e do desprezo da vítima e de sua família.

A autoestima da equipe é afetada, e há perda da identidade e função profissional. O profissional assume uma reação compensatória, que fragiliza e impossibilita uma ação efetiva. Os profissionais se sentem isolados e desconfiados, não acreditando nas possibilidades de ajuda de outros profissionais, familiares e colegas, alastrando sua raiva para eles e a sociedade.

A equipe comete erros de intrusão, identifica-se com a vítima, com credulidade excessiva e pouca cautela e crítica na investigação. É precipitada, cúmplice com o exagero, sabotando a discussão da revelação. Assume o papel de salvadora e provedora.

Posição de ataque

Ocorre quando sentimentos de raiva predominam, sendo que o profissional assume uma postura agressiva e é invadido por emoções negativas, dirigidas indiferenciadamente a todas as pessoas envolvidas no abuso. Isso ocorre inicialmente quando se encontra inseguro e envolvido com conflitos relacionados ao poder.

Aparece o medo dos impulsos agressivos dos envolvidos, que o colocariam em risco. A raiva também aparece quando os profissionais percebem e não toleram a relação ambivalente positiva da vítima com o agressor.

A partir desse sentimento, surge a conduta intolerante, que o faz evitar encarar dados empíricos, seguros, isolando-se do relato de assuntos associados ao abuso e negando sua veracidade. O profissional assume uma postura incrédula, intolerante à dúvida, e a melhor fuga é a alegação de falsas memórias. Reedita a conduta do ofensor, violando a identidade e a liberdade do abusado.

Dessa maneira, o exame adequado do trauma fica comprometido. O profissional ataca sua própria capacidade de pensar, desconsiderando a linguagem simbólica e a compreensão dinâmica, sabotando a discussão da revelação. Passa a necessitar de corroboração com provas materiais para comprovação empírica, embotando seu conhecimento para lidar com a ambiguidade e a controvérsia. Tem a consciência do ataque a si próprio em função da sensação de não ter capacitação para o manejo efetivo e imediato do caso, o que afeta sua autoestima.

O ataque, motivado por sentimentos de ansiedade e confusão, leva à descrença e à instituição de uma conduta punitiva. Com essa postura, o profissional muitas vezes se identifica com o agressor e imputa à vítima uma cumplicidade com o abuso, desconsiderando seu aspectos pessoais e evolutivos. Permanece desconfiado, cético, descrente e rígido na busca de corroboração. A equipe comete erros de ataque e se identifica com o agressor, explorando inadequadamente o trauma.

DIFICULDADES TÉCNICAS E RISCOS PROFISSIONAIS E PESSOAIS

A dificuldade técnica com que se defrontam os profissionais que lidam com casos de abuso sexual é manter a oitiva face ao relato mutante da criança e da família (Davies e Frawley, 1994). O relato distinto para os diferentes membros da equipe por vezes fragmenta a mesma e fomenta a discórdia. Assim, manter o fluxo de contato entre as diferentes equipes profissionais é a ferramenta fundamental nos acompanhamentos conjuntos. Nesse contato, a transferência e a contratransferência devem ser constantemente monitoradas, uma vez que reações díspares e negativas, se não analisadas, podem comprometer a eficiência do trabalho (Davies e Frawley, 1994).

Algumas situações expressam esses ataques à percepção:

- a dissociação dos diferentes serviços que acompanham a criança vítima;
- discussões e disputas infrutíferas sobre a constatação, o diagnóstico e a forma de abordagem judicial, social e médica;
- a reemergência da controvérsia das "falsas memórias", reforçando a negação e o segredo, e aumentando a desproteção e o isolamento da vítima, de sua família e da equipe profissional.

A violência do abuso sexual nasce da e resulta em uma dificuldade de discriminação de papéis. A confusão se instala em todos os envolvidos – a criança, a família, os profissionais e a sociedade, favorecendo a manutenção do segredo, assim como da patologia aditiva do abusador.

Sendo uma ocorrência que deve ser atendida por diversos profissionais, tanto da área médica como da área jurídica, é necessário o consenso. Para tanto, além de capacitada, a equipe deve estar preparada para lidar com a dissociação de seus membros.

Diante dessa realidade é que se encontra a equipe jurídica e da saúde, quando envolvida no atendimento conjunto, e dela se exige um redirecionamento curativo e construtivo. À equipe, cabe o restabelecimento da proteção, o diagnóstico e o tratamento conjuntos. Se essa integração falha, reedita-se o problema, com consequências nefastas para todos os envolvidos.

Poder recuperar a fé no mundo e a esperança de algo melhor é um dos objetivos do cuidado da vítima e do trabalho da equipe. Acreditar no resgate da capacidade simbólica dos envolvidos por meio de novos parâmetros de trabalho conjunto é a única saída.

CONSIDERAÇÕES FINAIS

A perplexidade diante da identificação do abuso sexual impede que medidas sociais e de saúde sejam desencadeadas de modo eficiente (Ferreira, 1999). O reconhecimento do abuso como um problema social significativo exige o estabelecimento de locais de segurança para abrigo do sobrevivente e o controle do desenvolvimento após a revelação (Taylor-Browne, 1997; Cox, 1997). Tais recursos são parcos ou inexistentes. Há indignação moral, um falso reforço à capacidade da criança para se defender e uma preocupação instigante de "preservar" a família que merecem maior consideração.

A vulnerabilidade da contratransferência, ferramenta extremamente importante nos atendimentos da criança e da família em que o abuso ocorreu, é um assunto preocupante. Cada equipe oscila entre os diferentes aspectos no curso de seu trabalho. Há ênfase em um deles em função de sua história, de sua formação e *status* profissional e dos envolvidos. Como de uso, o importante é que a evolução do atendimento seja ativamente analisada pela equipe. Para tanto, deve haver monitorização das respostas que não são características ou usuais da equipe ou de cada um de seus membros. Faz-se necessário o uso desses desvios para a compreensão da vítima e do episódio de abuso. Ventilação, redireção, supervisão e consulta com colegas são instrumentos importantes para esse manejo. Em especial, é importante a equipe discutir seus erros entre si e, por vezes, com o paciente para possibilitar a expressão e o registro dos sentimentos genuínos dos pacientes. Isso coopera com a reconstrução do *self* de forma diferente do que aconteceu na situação de abuso ou trauma.

É importante salientar a necessidade de apoio e de cuidado constante ao profissional e à equipe que atende a criança abusada, em função do aumento importante do estresse que esse tipo de trabalho traz, que se configura como bem superior ao encontrado no trabalho com os demais pacientes e semelhante ao estresse que contamina as equipes que trabalham com pacientes em centros de tratamento intensivo, ultrapassando os limites do ambiente profissional e contaminando a vida familiar e pessoal dos cuidadores.

Devem ser parte integrante do trabalho da equipe o apoio e a vigilância sobre sua própria saúde física e mental. Da mesma forma, a elaboração de modelos de organização, *guidelines*, normas, protocolos e indicadores facilita e estrutura o trabalho, sendo uma nova forma de ajuda.

REFERÊNCIAS

AMERICAN PSYCHIATRIC ASSOCIACION. *Manual diagnóstico e estatístico de transtornos mentais (DSMIV)*. Porto Alegre: Artmed, 1995.

BENNER, P. A dialogue between virtue ethics and care ethics. *Theoretical Medicine and Bioethics*, v. 18, n. 1-2, p. 47-61, 1997.

COURTOIS, C. A. *Healing the incest wound*. New York: W. W. Norton & Company, 1998.

COURTOIS, C. A. *Recollections of sexual abuse*. New York: W. W. Norton & Company, 1999.

DAVIES, J.; FRAWLEY, M. G. *Treating the adult survivor of childhood sexual abuse*: a psychoanalytic perspective. New York: Basic Books, 1994. cap. 6, p. 103-108.

ELLIOT, D. M.; BRIERE, J. Transference and countertransference. In: CLASSEN, C. (Ed.). *Treating women molested in childhood*. San Francisco: Jossey-Bass, 1995. p. 187-226.

FERREIRA, M. H. M. Algumas reflexões sobre a perplexidade compartilhada diante do abuso sexual. *Revista de Psicoterapia da Infância e Adolescência*, n. 12, p. 27-44, 1999.

HOGAN, R. Moral conduct and moral character: a psychological perspective. *Psychol Bull*, v. 79, n. 4, p. 217-32, 1973.

LARTIGUE, T.; VIVES, R. J. Trauma psiquico y desarrolo libidinal en el hombre de los lobos. *Cuadernos de Psicoanalisis*, v. 23, n. 1-2, p. 37-42, 1990.

LOEWNSTEIN, R. J. Posttraumatic and dissociative aspects of transferences and countertransferencein the treatment of multiple personality disorder. In: KLUFT, R. P.; FINE, C. G. (Ed.). *Clinical perspectives on multiple personality disorder*. Washington, DC: American Psychiatric Press, 1993. p. 51-86.

ODDI, L.; CASSIDY, V.; FISHER, C. Nurses' sensitivity to the ethical aspects of clinical practice. *Nursing Ethics*, v. 2, n. 3, p. 197-209, 1995.

PINES, A.; ARONSON, E. *Career burnout*: causes and cures. New York: Free Press, 1988.

RAMOS, M. A.; SARIEGO, J. R. A. Consideraciones acerca de la aplicación de una ética renovada al proceso de atención de enfermería. *Rev. Cubana Enfermer.*, v. 17, n. 1, p. 20-26, 2001.

RENSHAW, D. *Incest*: understanding and treatment. Boston: Little, Brown and Company, 1982.

SALTIEL, P. L. Definicion del concepto trauma en la teoria y en la técnica. *Cadernos de Psicoanalisis*, v. 30, n. 1-2, p. 27-32, 1997.

TAYLOR-BROWNE, J. Obfuscating child abuse I: the identification of social problems. *Child Abuse Review*, v. 6, n. 1, p. 4-10, 1997.

ÍNDICE

A

Abusador
  avaliação, 248-257
    agressor desinternado, 253-254
    agressor periciado, 252-253
    agressores sexuais, parafilias e
      imputabilidade, 254-255
    cumprimento de medida de segurança, 249-251
    diagnóstico psiquiátrico e comportamento sexual, 254
    vítima do agressor e a "cifra negra", 251-252
  o que sabemos, 234-247
    abordagem atual, 238-240
    abuso por mulheres, 242-243
    alternativas para melhor desempenho, 245-246
      contexto institucional, 245
      atendimento em grupo, 245
      avaliação diagnóstica, 245-246
      prognóstico, 246
    avaliação interativa, 241-242
    comportamentos junto às vítimas, 244-245
      introvertido, 245
      sádico, 245
      sedutor, 245
    dificuldade de avaliação, 240-241
    tipos masculinos, 243-244
      tipo preferencial (pedófilo), 244
      tipo situacional, 243-244
    visão sistêmica e a contribuição feminista, 236-238
Abuso
  criança vítima de violência sexual
    (dificuldades inerentes), 136-149
  enfrentamento, 36-38
  sexual intrafamiliar
    como manifestação da violência, 25-34
    psicoterapia de orientação psicanalítica, 226-233
    resistência pelas famílias, 29-33
Ações preventivas (papel do enfermeiro), 287-288
Advogado (atuação)
  violência sexual contra criança e adolescente, 327-339
    caso da criança-mãe, 336-338
    demandas judiciais, 329-332
    limites, 327-329
    poder judiciário, 332-336
Afetividade (bioética), 114
Afeto inadequado dos pais (cenários clínicos), 295
Agressividade (cenários clínicos), 294
Agressor sexual, 234-257
Álcool, uso do (cenários clínicos), 295
Alteridade (bioética), 112
Ansiedade (cenários clínicos), 294
Apatia (cenários clínicos), 294
Apresentação clínica (casos de abuso sexual), 68-69
Assistência a crianças em situação de violência, 365-379

Assistente social (atendimento a famílias)
  defesa dos direitos da criança e do adolescente, 261-263
  violência
    contra criança e adolescente
      (considerações), 263-268
    familiar (indicadores de risco), 266-268
    sexual intrafamiliar, 261-285
      abordagem metodológica nas situações, 268-283
        abordagem e revelação, 268-271
        comunicação da violência sexual, 280-281
        entrevistas, 271-272
        equipe interdisciplinar, 281-283
        genograma (uso), 272-273
        notificação dos casos, 278-280
        rede social, 273-277
        visita domiciliar, 277-278
Ataque, posição de, 384-385
Atenção imediata, 45-46
Atendimento
  ambulatorial (atuação profissional), 142-144
  criança violentada (dificuldades), 49-53
    impacto da revelação, 49-51
    reação da equipe cuidadora, 51-53
    relação com equipe cuidadora, 51
  integração, 259-352
  psicológico, 311-312
Atração, posição de, 384
Avaliação
  criança vítima de violência sexual, 136-149
    dificuldades inerentes ao abuso e
      maus-tratos, 137-139
      caso André, 144-148
      caso Jaqueline, 139-140
      caso Lia, 140-141
      caso Raquel, 139
      confusão, submissão, terror sem nome, 138-139
      contratransferência, 138
      fatores de risco, 142
      fatores protetores, 141-142
      negação e ocultação, 138
      profissionais no atendimento
        ambulatorial, 142-144
  instrumentos, 162-182
    entrevistas, 164-171
      entrevista forense, 166-170
      semiestruturadas, 170
      The Metropolitan Toronto Special Committee on Child Abuse, 170
      Children's Attributions and Perceptions Scale, 170
      Semi-structured clinical interview for children and adolescents, 170
      Semi-structured interview protocol based on Macfarlane and Krebs; Wood, Schell, and Murphy, 170-171

escalas e questionários, 171-172
   Child Sexual Behavior Inventory, 171
   Weekly Behavior Report, 171
   The Childhood Experience of Abuse and Care Questionnaire, 172
   questionário de avaliação de abuso sexual em crianças, 172
   Childhood Trauma Questionnaire, 172
exame clínico, 175-176
testes projetivos, 173-175
   teste das fábulas de Duss, 173-174
   desenhos, 174
   Rorschach, 174-175
integração, 127-257
psíquica, 63

B

Bioética complexa, 107-115
   abordagem contemporânea, 109-110
   afetividade, vínculos, desejos, 114
   casos relacionáveis, 113
   complexidade e interfaces dos referenciais, 112-113
   dos problemas às consequências, 110
   história, 108-109
   referenciais teóricos, 110-112
      alteridade, 112
      direitos humanos, 111-112
      princípios, 111
      virtudes, 110-111
   sistemas de crenças, tradições e interesses, 113-114
Brincar normal e patológico
   presença ou ausência, 153
   relação entre os personagens, 155-156
   sentimento e emoção, 153
   tema do brinquedo, 155
   tempo e permanência, 153
   tipo de brinquedo, 153-155
   variação e adequação da atividade, 156
Brinquedo
   bonecos anatômicos, 165-166
   diagnóstico de abuso, 150-161
      brincar (natureza e função), 150-151
         adaptação, 150-151
         brincar normal e patológico, 156-160
         comunicação (forma),
         histórico do interesse pelo significado, 151-152
         saúde (manutenção), 151
         universalidade, 150
   significado, 151-152

C

Casal (função-), 208
Centralidade da criança e do adolescente, 38-40, 293
Comportamento
   abusador (tipos masculinos), 243-244
   erotizado dos pais ou cuidadores (cenários clínicos), 295
   vincular materno (normalidade e desvios), 204-215
      casal (função), 208
      família (função), 208-209
      mãe (função), 205-207
      pai (função), 207-208
      transmissão do abuso entre gerações, 209-213
Comunicação
   da violência (atendimento a famílias), 280-281
   forma (brincar), 151

Conselho Tutelar, 19, 23, 37, 43-45, 49, 54, 73, 119, 144-145, 147, 259-260, 270, 272, 276, 278-280, 288, 304-305, 332, 337, 345-347, 349, 357-359, 364, 367, 369, 374,372
Convivência familiar (direito da criança), 318-326
Crenças, sistemas de (bioética), 113-114
Criança
   vítima de violência sexual (avaliação), 136-149
   vítima
      inquirição (aspectos jurídicos e psíquicos), 48-66
      atendimento (dificuldade), 49-53
      produção da prova, 53-54
      princípio do melhor interesse da criança, 53-54
Cuidado
   enfermeiro (internação hospitalar), 286-287
   da vítima, família e equipe (integração), 353-387

D

Deficiência mental dos pais ou cuidadores (cenários clínicos), 295
Déficit mental ou físico da criança (cenários clínicos), 295
Denúncia ao sistema de justiça, 44-45
Depoimento sem dano, 79-87, 97-98
Desconfiança (cenários clínicos), 294
Desejos (bioética), 114
Desenhos (instrumentos de avaliação), 174
Desenvolvimento da personalidade (violência sexual), 216-225
Diagnóstico de abuso (brinquedo), 150-161
Diálogo (processo de atenção), 45-46
Direito (Ministério Público), 318-326
Direito
   à saúde, 43-44
   da criança à convivência familiar, 318-326
   de família
      poder judiciário, 347-350
      violência sexual e jurisdição, 350
   de ser ouvido, 41
   de visita frente à violência sexual intrafamiliar, 359-362
   penal (poder judiciário), 347-350
Direitos da criança e do adolescente, 35-47
   abuso, exploração e violência sexual, 36-38
   assistente social, 262-263
   atenção imediata, 45-46
   centralidade da criança e do adolescente, 38-40
   direitos e o fazer profissional, 40-41
   humanos (bioética), 111-112
   saúde, educação e justiça (cotidiano e a violência), 41-45
      direito à saúde, 43-44
      escola protetiva, 42-43
Discurso e trauma da vítima, 93-95
Dissimulação (dificuldade de avaliação), 240-241
Dissociação, sintomas de, 212
Distúrbios
   de conduta (cenários clínicos), 294
   do apetite (cenários clínicos), 293
   do sono (cenários clínicos), 293
Doença psiquiátrica dos pais ou cuidadores, 295
Dor abdominal (cenários clínicos), 294
Drogas, uso de (cenários clínicos), 295
DSD *ver* Depoimento sem dano, 90

E

Educação (cotidiano e a violência), 41-45
Emoção (brincar normal e patológico), 153
Encoprese (cenários clínicos), 295

Enfermagem (equipe interdisciplinar), 370-371
Enfermeiro (papel)
  família da criança abusada, 286-290
    ações preventivas, 287-288
    internação hospitalar, 286-287
    notificação compulsória, 288-289
    reações pessoais dos profissionais envolvidos, 289-290
Entrevista, 164-171, 271-272
  instrumento de avaliação, 164-171
    entrevista forense, 166-170
    entrevista semiestruturadas, 170
      The Metropolitan Toronto Special Committee on Child Abuse, 170
      Children's Attributions and Perceptions Scale, 170
      Semi-structured clinical interview for children and adolescents, 170
      Semi-structured interview protocol based on Macfarlane and Krebs; Wood, Schell, and Murphy, 170-171
  assistente social (atendimento a famílias), 271-272
Enurese (cenários clínicos), 295
Equipe
  cuidadora
    reação (aspectos técnicos peculiares), 51-53
    relação com a criança vítima, 51
  de proteção (papel do psicólogo), 312-317
  interdisciplinar
    assistente social (atendimento a famílias), 281-283
    programa de proteção à criança, 370-377
  multidisciplinar (psiquiatra de criança e adolescente), 73
Erotização (cenários clínicos), 295
Escalas (instrumento de avaliação), 171-172
Escuta
  criança, 123-125
  estigma familiar, 130-133
Estado (sistema de proteção da infância e da juventude), 347
Estatísticas, 119-120
Estupro, 18, 55, 64, 70, 103-104, 249-250, 257, 259, 265, 286, 341-343, 350, 352, 372
Ética *ver também* Bioética
Eu (reconhecimento), 217-218
Evitação
  cenários clínicos, 294
  posição de, 383-384
Exame
  clínico (instrumentos de avaliação), 175-176
  da criança (laudo psicológico e psiquiátrico)
    exame das funções mentais, 187-189
    impressão geral transmitida pela criança, 186-187
  físico (pediatra), 295-296
  ginecológico (resistência ou facilidade exagerada), 294
Exploração
  enfrentamento, 36-38
  e violência sexual, 36-38

F

Família
  abuso sexual intrafamiliar (psicoterapia de orientação psicanalítica), 226-233
  assistente social (atendimento), 261-285
  atingida pelo abuso (intervenção interdisciplinar), 129-135
  direito da criança à convivência familiar, 318-326
  estigma familiar, 130-133
  função (comportamento vincular materno), 208-209

  isolamento social e físico (cenários clínicos), 295
  laudo psicológico e psiquiátrico, 185-186
  responsabilidade (sistema de proteção), 344-345
  violência sexual intrafamiliar, 261-285
Fases (desenvolvimento da personalidade), 218-223
  fase anal, 220-221
  fase da latência, 222-223
  fase genital, 221-222
  fase oral, 218-220
Fatores (abuso e maus-tratos)
  de risco, 142
  protetores, 141-142
Fobias (cenários clínicos), 294
Formação profissional (papel da universidade), 116-1126
Fracasso no trabalho terapêutico, 237-238
Fuga de casa (cenários clínicos), 294

G

Genograma, uso do (assistente social), 272-273
Gerações, transmissão do abuso entre, 209-213
Grupo, atendimento em (o que sabemos), 245-246

I

Impulsividade (cenários clínicos), 294
Inconsciente e a produção probatória, 95-97
Inquirição da criança vítima, 48-66
Instrumento de avaliação, 162-182
Integração
  da avaliação, 127-257
  da linguagem, 23-126
  do atendimento, 259-352
  do cuidado da vítima, família e equipe, 353-387
Interdisciplinaridade, 120-121, 129-135, 365-379
  intervenção (família atingida pelo abuso), 129-135
  programa de proteção à criança, 365-379
Interesses (bioética), 113-114
Internação hospitalar (enfermeiro), 286-287
Intervenção interdisciplinar, 129-135
  escuta ao estigma familiar, 130-133
Introvertido (comportamentos junto às vítimas), 245
Isolamento
  cenários clínicos, 294
  social e físico da família (cenários clínicos), 295

J

Jurisdição, exercício da, 347-350
Justiça
  aspectos jurídicos e psíquicos da inquirição, 48-66
  cotidiano e a violência, 41-45
  da infância e da juventude (poder judiciário), 340-352

L

Laudo psicológico e psiquiátrico (abuso sexual), 183-203
  desenvolvimento do laudo, 185
  exame da criança, 186-189
    diagnóstico, 189
    exame das funções mentais, 187-189
    impressão geral transmitida pela criança, 186-187
    técnicas a serem utilizadas, 189-199
      psicodiagnóstico de Rorschach, 191-197
      psicológicas, 189-190
      The Children's Play Therapy Instrument, 197-199
  função do laudo, 184-185
  história familiar, 185-186
Laudos, 121-123

Linguagem, integração da, 23-126

M

Mãe (comportamento vincular materno), 205-207
Masturbação compulsiva (cenários clínicos), 294
Matriz inquisitória e paranóica, 92-93
Maus-tratos (dificuldades inerentes), 136-149
Medida de segurança (agressores sexuais), 249-251
Medo à intimidade (cenários clínicos), 295
Memória
   episódica, 62
   procedural, 62
Mentira (dificuldade de avaliação), 240-242
Ministério público
   direito da criança à convivência familiar, 318-326
      medidas de garantia, 321-322
      proteção à vítima da violência intrafamiliar, 323-324
      proteção legal, 319-320
      violência instrafamiliar, 322
Mito
   da criança pura, 91
   da verdade, 91-92
Mulher (abusador), 242-243

N

Negação (criança vítima de violência sexual), 138
Notificação compulsória (papel do enfermeiro), 288-289
Notificações, 119-120

O

Ocultação (criança vítima de violência sexual), 138

P

Pai (comportamento vincular materno), 207-208
Pais suspeitos de abuso sexual, 354-364
Paranóia (quadro mental paranóico), 88-106
Pareceres, 121-123
Pediatra (criança abusada), 292-297
   abuso como possibilidade diagnóstica, 291-292
   cenários clínicos, 292-295
      casos, 292-293
   cenários clínicos
   equipe interdisciplinar, 376-377
Pedófilo (tipo abusador), 244
Personalidade, desenvolvimento da (violência sexual), 216-225
   ataques ao desenvolvimento, 218
   fases do desenvolvimento, 218-223
      fase oral, 218-220
      fase anal, 220-221
      fase genital, 221-222
      fase da latência, 222-223
   fundamentação teórica, 216-217
   reconhecimento do eu – *self*, 217-218
Perspectiva adultocêntrica, 38-40
Poder judiciário, 332-336, 340-352
   violência sexual submetida ao exame, 341-350
      exercício da jurisdição, 347-350
      sistema de proteção da infância e da juventude, 343-347
         necessidade de proteção, 343-344
         responsabilidade da família, 344-345
         responsabilidade da sociedade, 345-347
         responsabilidade do estado, 347
      violência sexual, 341-343

Polígrafo (dificuldade de avaliação), 242
Prevenção (papel do enfermeiro), 287-288
Princípio do melhor interesse da criança
   visita dos filhos, 354-357
Princípio
   do melhor interesse da criança, 53-54
   bioética, 111
Processo penal
   violência branda e quadro mental paranóico, 88-106
      depoimento sem dano, 90
      exemplo do que se passa...
      hospitalidade entre saberes, 89-90
      mito da criança pura, 91
      mito da verdade, 91-92
      produção probatória e o inconsciente, 95-97
      trauma e discurso da vítima, 93-95
Produção da prova, 53-54
Profissionais
   advogado, 327-339
   atendimento ambulatorial, 142-144
   dinâmica e risco do trabalho, 380-387
   enfermeiro (papel), 286-290
   formação (papel da universidade), 116-126
   pediatra, 292-297
   psicólogo (papel), 298-317
Programa de proteção à criança, 365-379
   assistência a crianças em situação de violência
      equipe interdisciplinar, 370-377
         enfermagem, 370-371
         pediatria, 376-377
         psicologia, 374-376
         psiquiatria da infância e adolescência, 372-374
         recreação terapêutica, 372
         serviço social, 371-372
         sistema de justiça, 377
      interdisciplinaridade, 365-366
      relato de caso, 366-370
Promiscuidade (cenários clínicos), 295
Prostituição (cenários clínicos), 295
Proteção
   atenção imediata, 45-46
   integral à criança e ao adolescente, 41
   poder judiciário, 340-352
Proteção legal (direito da criança à convivência familiar), 319-320
Prova (produção), 53-54
Psicologia (equipe interdisciplinar), 374-376
Psicólogo (papel)
   atendimento psicológico, 311-312
   desinformação profissional, 304-306
   junto à equipe de proteção, 312-317
   por que atender a criança? 309-310
   reconhecimento dos próprios sentimentos, 302-304
   sentimentos da criança maltratada, 310-311
   sigilo profissional, 306-309
   violência contra criança e adolescente, 298-317
      história e práticas, 299-301
      rede de proteção, 301-302
Psicoterapia de orientação psicanalítica, 71-72, 227-232
   abuso sexual intrafamiliar, 226-233
   revisão teórica, 227-228
   caso clínico, 228-232
Psiquiatra de criança e adolescente
   equipe interdisciplinar, 372-374
   visão na avaliação e no atendimento, 67-78

apresentação clínica, 68-69
aspectos compreensivos, 69-71
desafios, 76-77
equipe multidisciplinar, 73
investigação e encaminhamento, 75-76
suspeita de abuso sexual, 75
tratamento, 73-75

Q

Quadro mental paranóico, 88-106
Questionários (instrumento de avaliação), 171-172

R

Raiva (cenários clínicos), 294
Reações contratransferenciais, 382-385
Recreação terapêutica (equipe interdisciplinar), 372
Rede de proteção (papel do psicólogo), 301-302
    social (atendimento a famílias), 273-277
Relações transferenciais, 382
Relatórios, 121-123
Responsabilidade
    estado, 347
    família, 344-345
    sociedade - 345-347
Retração, fenômeno da, 239-240
Rorschach (instrumentos de avaliação), 174-175

S

Sádico (comportamentos junto às vítimas), 245
Saúde
    cotidiano e a violência, 41-45
    direito, 43-44
    manutenção (brincar), 151
Sedutor (comportamentos junto às vítimas), 245
Sentimento
    brincar normal e patológico, 153
    de desamparo (cenários clínicos), 294
    criança abusada, 293-296
    criança maltratada (papel do psicólogo), 310-311
    psicólogo (papel), 302-304
Serviço social (equipe interdisciplinar), 371-372
Sigilo profissional (papel do psicólogo), 306-309
Sistema
    de justiça
        denúncia, 44-45
        equipe interdisciplinar, 377
    de proteção da infância e da juventude, 343-347
Sociedade (responsabilidade), 345-347
Suicídio, tentativa de (cenários clínicos), 294
Suspeita de abuso sexual, 75

T

Técnica (laudo psicológico e psiquiátrico), 189-199

Teste
    das fábulas de Duss (instrumentos de avaliação), 173-174
    projetivo (instrumentos de avaliação), 173-175
Trabalho profissional (dinâmica e risco), 380-387
    dificuldades técnicas e riscos profissionais e pessoais, 385-386
    encarando o abuso sexual, 381-382
        relações transferenciais, 382
        revelação (validar), 381
        tomar e manter consciência do abuso, 391
        vínculo traumático (receber), 381-382
    reações contratransferenciais, 382-385
        posição de evitação, 383-384
        posição de atração, 384
        posição de ataque, 384-385
Tradições (bioética), 113114
Transdisciplinaridade (assistente social), 281-283
Trauma e discurso da vítima, 93-95
Tristeza (cenários clínicos), 294

U

Universidade, papel da (formação de profissionais)
    casos de violência sexual, 116-126
    caso, 116-118
    escuta de crianças, 123-125
    interdisciplinaridade, 120-121
    laudos, relatórios e pareceres, 121-123
    notificação e estatísticas, 119-120
    visão sócio-histórica, 118-119

V

Vínculos (bioética), 114
Violência
    branda, 88-106
    estrutural, 25-34
    sexual, 36-38, 348-350
        jurisdição
            âmbito da justiça da infância e da juventude, 348-350
            âmbito do direito de família, 350
    intrafamiliar, 261-285
Virtudes (bioética), 110-111
Visita
    domiciliar (assistente social), 277-278
    dos filhos (pais suspeitos de abuso sexual), 354-364
        chegada da criança ao sistema de justiça, 357-359
        direito de visita frente à violência sexual intrafamiliar, 359-362
        princípio do melhor interesse da criança, 354-357